北京信息化年鉴

BEIJING INFORMATIZATION YEARBOOK

2018

北京市经济和信息化局 编

北京出版集团公司
北 京 出 版 社

图书在版编目（CIP）数据

北京信息化年鉴．2018 / 北京市经济和信息化局编．— 北京：北京出版社，2018.12
ISBN 978-7-200-14507-6

Ⅰ．①北… Ⅱ．①北… Ⅲ．①信息工作—北京—2018—年鉴 Ⅳ．①G203-54

中国版本图书馆CIP数据核字（2018）第266852号

策　　划　白　珍
责任编辑　白　珍
特约编辑　杨秀珍
装帧设计　云伊若水
责任印制　承伯平

北京信息化年鉴　2018
BEIJING XINXIHUA NIANJIAN　2018
北京市经济和信息化局　编
*
北京出版集团公司
北　京　出　版　社　出版
（北京北三环中路6号）
邮政编码：100120
网　址：www.bph.com.cn
北京出版集团公司总发行
新　华　书　店　经　销
北京华联印刷有限公司印刷
*
889毫米×1194毫米　16开本　26.75印张　插页28　630千字
2018年12月第1版　2018年12月第1次印刷
ISBN 978-7-200-14507-6
定价：280.00元

▲ 4 月 6 日，《京津冀协同推进北斗导航与位置服务产业发展行动方案（2017—2020 年）》新闻发布会举行

▲ 4 月 6 日，《京津冀协同推进北斗导航与位置服务产业发展行动方案（2017—2020 年）》发布，共享单车将实现标准化管理

▲5 月 18 日，2017 京津冀大数据创新应用论坛举行

▲7 月 13 日，中国电信新一代物联网 NB-IoT 在北京正式商用

▲9月21日，《北京市推进两化深度融合　推动制造业与互联网融合发展行动计划》正式发布

▲12月12日，首届中国网络安全产业高峰论坛召开

▲6月8日至10日，2017科博会"智慧北京展"召开。会议主题"智享生活　慧及万家"

▼现场体验

南宁科技馆
智慧科技馆
浙江省科技馆
创客空间
广州青少年科技馆
广州市科学中心
内蒙古科技馆
武汉科技馆
新疆科技馆
宁夏科技馆
地址:北京市海淀区苏州街16号神州数码大厦十六层
电话:010-82609889
robothespian

▲ 智能机器人

▼ 现场体验

SIASUN
SIASUN 新松
新松机器人投资有限公司
产业项目介绍
下料区

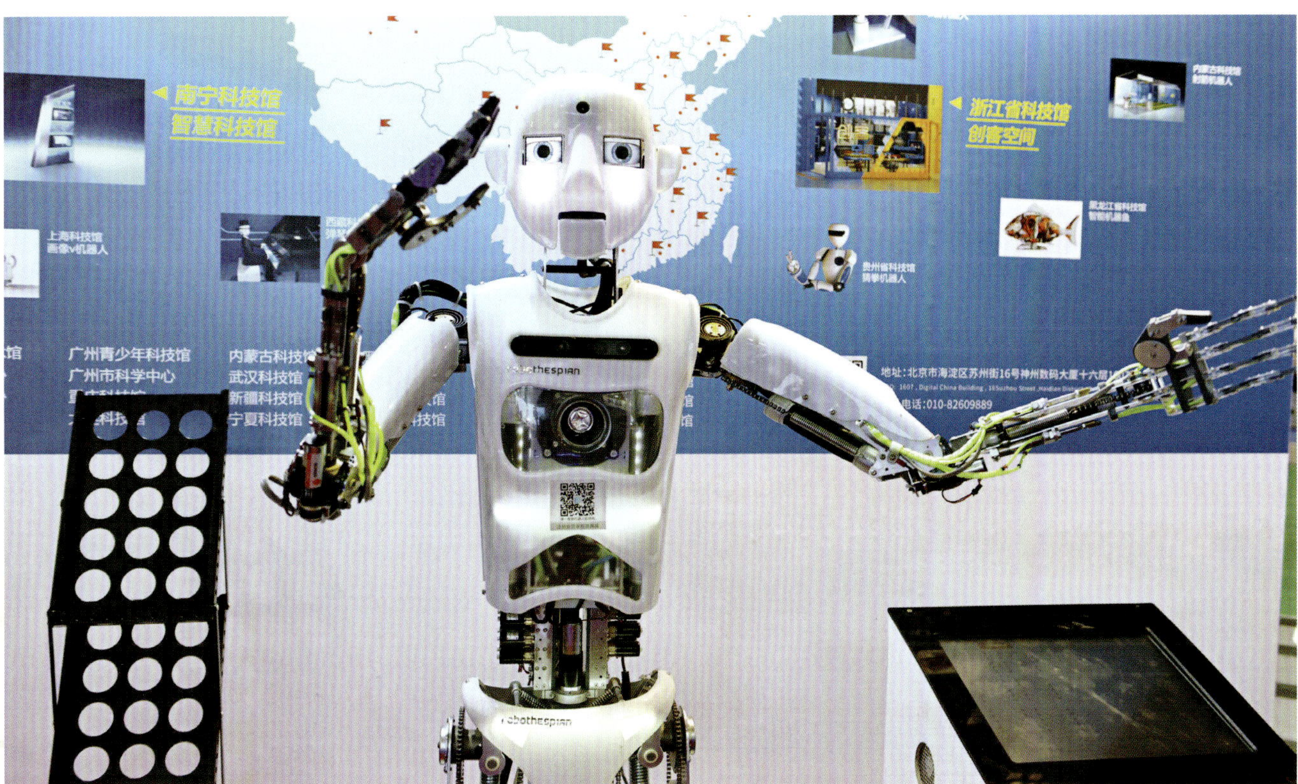

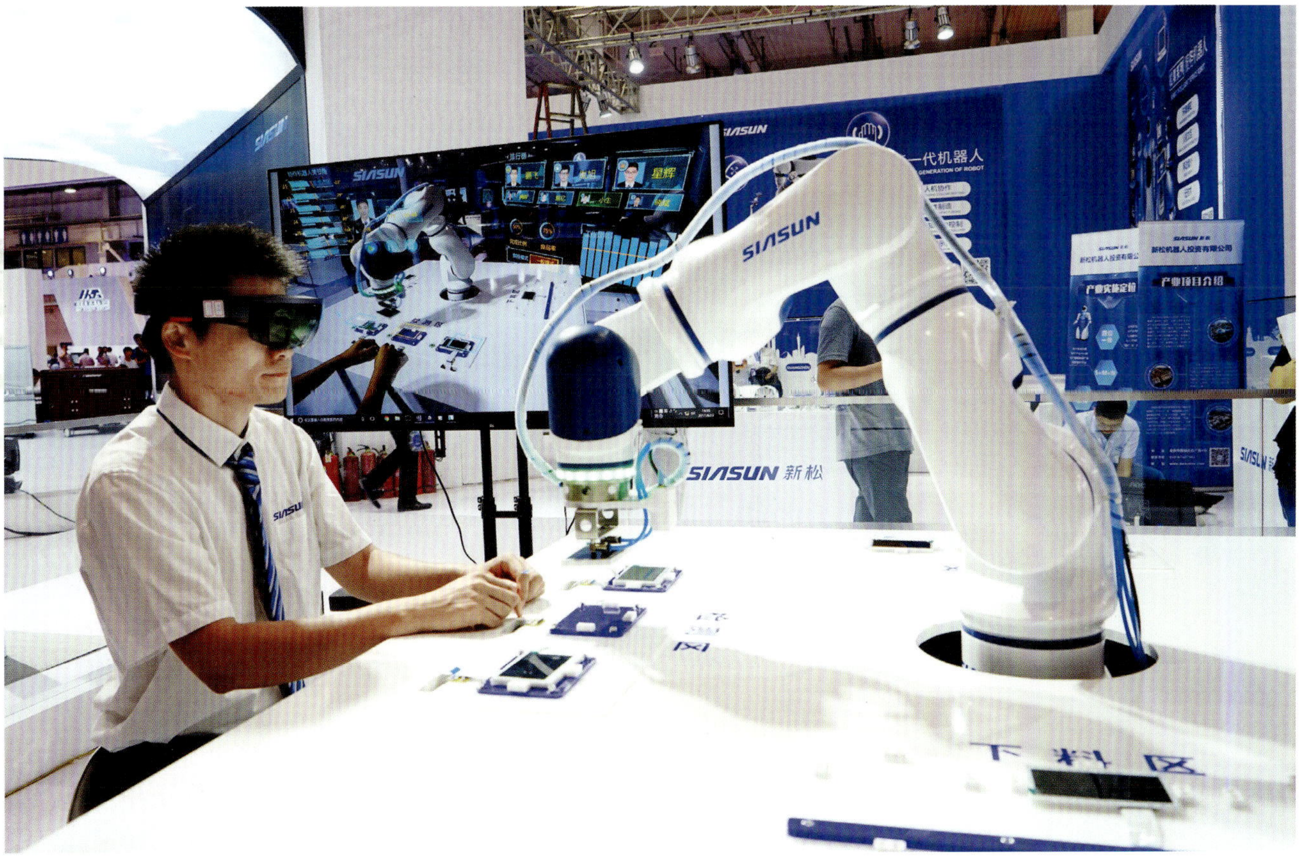

▲8 月 8 日，世界机器人大会新闻发布会召开

▲8 月 23 日，世界机器人大会召开

▲7 月 18 日，市经济信息化委获得首届中国城市信用建设高峰论坛“城市信用建设创新奖”

▲8 月 4 日，2017 年北京市社会信用体系建设联席会议召开

5月，市经济信息化委领导检查“一带一路”高峰论坛通信保障情况

▲6 月 19 日至 23 日，市第十二次党代会在北京会议中心举行。市经济信息化委全程参与并完成信息化保障工作

▲10 月，中共十九大通信保障和信息安全保障任务圆满完成。图为市经济信息化委领导听取情况汇报

▲ 2017 年北京市网上政务服务大厅（市政务服务办）

▶ 2017 年北京市统一行政审批管理平台（市政务服务办）

▲6 月 29 日，第二十一届中国国际软件博览会在京召开

▲12 月 19 日，北京市食品药品监督管理局网络订餐平台自律共建联盟“阳光餐饮”工程推进现场会召开

（市药监局）

◀ 2017 年 8 月北京市体育局网站第十三届全国运动会专题（市体委）

▲ 2017 年丰台区政务大数据汇聚平台（丰台区）

《北京信息化年鉴》编纂委员会

《北京信息化年鉴》编辑部

《北京信息化年鉴》组稿人员

（以姓氏笔画为序）

丁建军　于喜鹏　王长宏　王雨　王昊
王雷　王颖　邓海燕　由凡　冯瑜
曲晓妹　吕旺　吕洲　朱宝刚　朱赛男
任向群　刘力　刘征　刘劲松　安慧娟
许晶　许逯苹　孙志勇　孙国萍　孙晨曦
苏红　李飞　李冰　李佳　李原
李倩　李萌　李书亮　李严博　李春伟
李晓春　李雪飞　李慧燕　杨薇　杨晓艳
连晓敏　吴国健　吴金凤　言芳　沈玲玲
沈学雷　宋佰譞　张刚　张昀　张洋
张贺　张靓　张秀莉　张杰妮　张星刚
陆晓爽　陈晔　陈萌　陈羽茜　陈秋怡
范迪佳　昂登华　罗向东　金娟　金鑫
周梅　庞峥　郑立勇　赵利　赵嵩
赵霆　赵丽君　胡月婷　胡跃平　柳胜杰
哈铁柱　段红　侯月　费明洁　袁焕磊
郭芳　桑凌岳　黄永波　黄杉彬　曹中强
曹新华　常欢　康沂　梁正央　隋春英
董冠宇　韩冰　蒲铮　綦新亮　蔡亚男
蔡晋昌

编 辑 说 明

一、《北京信息化年鉴（2018）》由北京市经济和信息化局主办，北京市产业经济研究中心承办。

二、本年鉴编纂坚持以马克思列宁主义、毛泽东思想、邓小平理论、“三个代表”重要思想、科学发展观、习近平新时代中国特色社会主义思想为指导，全面贯彻落实中共十九大精神，遵循实事求是的原则，科学、客观地反映实际情况。

三、本年鉴是一部反映北京信息化全面情况的大型工具书和资料性年刊。通过大量文字、数据、图片，真实地记录了北京市2017年度信息化领域发展变化的基本情况和发生的大事、要事、新事及有影响力的新建设、新成就、新进展、新经验。对于全面、系统地了解和掌握北京市信息化发展所取得的成就，研究北京市信息化的发展变化及规律，指导下一年度的信息化工作具有重要的参考价值。

四、本年鉴采用文章和条目两种体裁，以条目体为主。辟有特载、大事记、综述、信息基础设施、信息产业、信息安全、政务信息化、经济信息化、社会信息化、区信息化、信息化软环境、规范性文件及附录13个一级栏目。为方便读者阅览，卷首设有中英文目录，卷尾设有主题词索引。

五、入选本年鉴的文章和条目，由相关供稿单位提供，经供稿单位主管负责人审核，由编辑部收集、整理、编辑。

六、本年鉴主要反映2017年1月1日至2017年12月31日期间情况（部分内容收录时间略有放宽），因此，书中条目时间前不再加2017年。

七、因北京市机构改革，11月8日市经济信息化局挂牌在前，本年鉴出版在后，除封面、版权页已变更为市经济信息化局外，其他署原机构名称。各栏目涉及机构名称，第一次出现用全称，再次出现用规范简称或习惯俗称。

八、本年鉴行文规范严格按国家、地方标准，如遇特殊事项，形式服从内容，局部统一。

九、《北京信息化年鉴》自2010年起规范编辑并出版，本年鉴为第9卷。年鉴得到全市各委办局及相关单位领导和供稿人员的大力支持，我们深表感谢。

十、欢迎各界读者关注年鉴、收藏年鉴、使用年鉴，并对年鉴的不足之处给予指正，帮助我们进一步改进年鉴的编纂工作，更好地为读者服务。

十一、《北京信息化年鉴》编辑部联系方式：

电　话：（010）85235624/85235643

电子邮箱：bjxxhzj@126.com

地　址：北京市朝阳区工体北路6号凯富大厦5层510室

邮政编码：100027

目 录

特 载

大事记

综 述

信息基础设施

信息产业

信息安全

政务信息化

经济信息化

社会信息化

区信息化

信息化软环境

规范性文件

附　录

索　引

Contents

Special Issues

Chronicle Events

Overview

Information Infrastructure

IT Industry

Information Security

Government Informatization

Enonomic Informatization

Social Informatization

District Informatization

Informatization Soft Environment

Normative Documents

Appendix

Indexes

特　载

本栏目主要刊载2018年北京市经济和信息化工作报告以及北京市经济和信息化委员会领导在第5届中国国际云计算技术和应用展览会暨论坛上的致辞、第21届中国软件博览会上的讲话和2017年北京市企业诚信创建活动总结大会上的讲话。

疏解功能谋发展　聚焦创新促提升 以改革创新精神开启经济和信息化发展新征程

——在2018年北京市经济和信息化工作会上的报告

北京市经济和信息化委员会主任　张伯旭

（2018年2月1日）

今天的会议，是在中共十九大之后召开的第一次全市经济和信息化工作大会，具有承前启后、继往开来的重要意义。会议的任务是：总结2017年以及5年来全市经济和信息化的发展情况，分析把握新形势新要求，部署2018年重点工作，动员全系统干部不忘初心、牢记使命，以改革创新精神开启经济和信息化发展新征程

一、2017年及过去5年工作回顾

2017年以来，在市委、市政府的坚强领导下，全市经信系统深入学习贯彻习近平新时代中国特色社会主义思想和中共十九大精神，认真抓好“两贯彻一落实”，坚持稳中求进工作总基调，集中攻坚抓疏解，精准施策谋发展，圆满完成全年目标任务。初步统计，全市工业增加值同比增长5.4%，软件和信息服务业营业收入增长13.9%，均超额完成年度任务。规模以上高技术制造业和战略性新兴产业增加值分别增长13.6%和12.1%，引领作用持续增强。工业劳动生产率达40.8万元/人，单位工业增加值能耗下降8.7%，达到历史最好水平。“高精尖”产业发展政策体系更加完善，新型智慧城市建设水平持续提升，推进高质量发展的基础更加稳固。

（一）产业疏解退出取得阶段性成果。严格执行新增产业禁限目录，修订工业污染行业生产工艺调整退出及设备淘汰目录，化学原料药生产环节全部退出。加快集中有序疏解，退出一般制造业企业651家，完成全年任务的130%。清理整治“散乱污”企业6194家，实现阶段性目标。清理整治镇村产业小区和工业大院64家。圆满完成东方化工厂拆除工作。全年规模以上工业从业人员减少4.5万人，降至96.4万人，首次回落到百万人以内。

（二）京津冀产业协同向纵深推进。配合开展雄安新区产业准入目录和负面清单等政策研究，协助开展城市副中心“高精尖”产业发展研究。北京（曹妃甸）现代产业发展试验区城建重工专用车等重点项目正式投产。北京·沧州生物医药产业园万生药业等4家企业竣工试生产。启动建设北京·滦南大健康产业园，意向签约北京企业40余家，其中开工建设8家。京津合作示范区建设全面提速。推进京津冀大数据综合试验区建设，发布京津冀协同推进北斗导航与位置服务产业发展行动方案（2017—2020年），应用感知体验中心和大数据协同处理中心建成启用，环京大数据基础设施支撑带初具规模。京津冀三地信用平台实现互联互通，多领域协同全面提升。对口支援和区域合作工作稳步推进。

（三）产业创新发展能力持续提升。深入落实创新型产业集群与2025示范区建设实施方

案，出台促进重大创新成果转化落地项目管理办法、机器人产业创新发展路线图等配套政策，开展“一区”产业布局研究。新成立石墨烯等7家产业创新中心，新认定企业技术中心74家。支持成立北京市企业技术创新服务联盟，在全国率先发布企业技术中心建设规范标准。积极推进绿色制造工程，京东方等8家企业获评首批国家级绿色工厂。发布实施制造业与互联网融合发展行动计划，两化融合指数提高5.1个百分点。启动实施“智造100”工程，8家企业入选工信部智能制造系统解决方案供应商推荐目录，超过总数1/3。百度、360等互联网企业加快在人工智能、大数据等新兴领域布局，32家企业入选中国互联网企业100强，数量居全国之首。统筹推进军民融合和央地合作，光启超材料研究院等项目落户未来科学城。完善中小企业公共服务体系，公开遴选中小基金母基金管理机构，中小企业创业创新活力不断增强。

（四）“高精尖”产业结构加快构建。与市科委共同牵头起草并以市委、市政府名义印发新一代信息技术、集成电路、新材料等10个“高精尖”产业发展指导意见，市统计局印发了“高精尖”产业分类标准，市财政局、规划国土委、人力社保局等出台了支撑“高精尖”产业发展的财政、土地、人才等一揽子政策，中关村管委会发布了人工智能产业培育行动计划等文件，“高精尖”产业发展政策体系更加完善。统筹利用产业资金和“高精尖”基金支持产业发展，产业资金支持项目48个，涉及总投资530亿元，“高精尖”基金完成投资决策项目28个，新设立子基金8支，带动10倍以上社会资本投入。推动燕东8英寸集成电路工艺线、奔驰纯电动乘用车等一批重大项目落地建设。积极推进质量品牌建设，编制印发“三品”专项行动的实施意见。鼓励支持企业“走出去”，北汽福田、同方威视等企业在海外建设工厂和研发中心。抓好以会促产，成功举办2017世界机器人大会、第二十一届中国国际软件博览会、首届中国网络安全产业高峰论坛，吸引国内外“高精尖”资源要素在京集聚发展。

（五）“智慧北京”建设示范引领。组建城市副中心信息化工程推进工作专班，有序推进行政办公区综合运管、物联网、综合办公等平台建设，保障副中心入驻单位信息化需求，推动各单位信息化系统迁移入云。加快数据共享开放，出台我市政务信息资源管理办法。完善信息基础设施，全市首张窄带物联网正式商用，百兆及以上宽带用户占比超过50%，4G用户占比超过73%。推动各领域公共服务与“北京通”深度对接，正式上线“北京通”App，新增发放“北京通”卡1030万张，累计发卡2297万张。加快社会信用体系建设，印发建立完善信用联合奖惩制度、加快推进诚信建设的实施意见。大力推进社会信用深度应用，联合惩戒的威慑力显著增强。圆满完成中共十九大、“一带一路”高峰论坛等重大活动无线电、应急通信和信息安全保障工作。

（六）“放管服”改革深入推进。进一步精简职权事项，取消工业和信息化投资核准事项中的环评等前置条件。清理审批相关中介服务事项和涉及企业群众办事的各类证明，动态更新权力清单，大幅压减核准事项，全面梳理公共服务事项26项。落实国家相关税收优惠政策，为软件企业减免所得税37.57亿元。聚焦345家重点企业，组织“走基层、下企业、强服务”活动，协调解决困难和问题200余项。深入推进行政执法，市区两级执法工作均取得新突破。践行安全生产“一岗双责”，积极落实民爆、军工领域相关安全监管职责，加强工业和软件信息服务业领域安全生产指导，全系统安全责任意识和安全管理水平显著提升。

2017年的成绩既是大家一年来努力工作的结果，更是过去5年不懈奋斗的集中体现。5年来，在市委、市政府的坚强领导下，我们坚定不移推进全面从严治党，牢固树立新发展理念，深入落实首都城市战略定位和京津冀协同发展战略，大力推进疏解功能谋发展，加快构建“高精尖”产业结构，持续打造新型智慧城市，取得了历史性成就。

这5年，我们顺势而为，科学谋划，形成了全市经济和信息化转型发展的新战略。结合新要求，找准工作定位，调整工作重心，聚焦抓好战略布局、政策制定、标准创制和平台创建，实现战略转型。制定、发布《中国制造2025》北京行动纲要系列政策文件，出台“高精尖”产业发展系列指导意见，全面清晰回答了北京发展什么产业和如何发展的问题，向社会释放了北京要高质量发展的强烈信号，得到了各界空前的高度认可，形成了共谋发展的强大合力。制定疏解退出的2个“负面清单”目录和推动发展的2个“鼓励清单”目录，正式印发经济和信息化各领域“十三五”规划，基本完成新时期全市经济和信息化工作的顶层设计，形成了紧扣中心、适度超前，多层次、多维度、全覆盖的政策体系和工作机制。

这5年，我们主动担当，攻坚克难，打赢了产业疏解退出的新战役。科学把握“舍”与“得”的关系，把疏解作为发展“高精尖”产业的重大机遇，统筹推进一般制造业疏解退出、“散乱污”企业以及产业小区和工业大院清理整治。5年来，累计关停退出一般制造和污染企业1992家，初步测算，腾退土地约11平方公里，减少大气污染物年排放量约1.5万吨。2016年以来，牵头完成10671家“散乱污”企业清理整治工作。累计压缩水泥产能约500万吨，压减工业燃煤约400万吨，基本实现工业无燃煤，超额完成清洁空气行动计划的任务目标。

这5年，我们携手津冀，整体推进，构建了京津冀产业协同发展的新格局。坚持优势互补、互利共赢原则，以共建园区为重点，强化协同创新，推动京津冀三地产业整体升级。建立了京津冀产业协同发展工作机制，协助编制了石家庄（正定）中关村集成电路等产业发展规划，集中打造了北京（曹妃甸）现代产业发展试验区、北京·沧州生物医药产业园、北京·张北云计算产业基地、北京·滦南大健康产业园等一批共建园区，推动实施了生物医药和保健品产业异地监管等机制创新。海淀、丰台等区积极行动，与秦皇岛、保定等地共同打造了一批特色产业园。首钢、北汽、金隅等企业主动在津冀布局，充分发挥了产业辐射带动作用。京津冀产业协同从蓝图走向了现实。

这5年，我们与时俱进，锐意进取，开创了产业创新发展的新局面。把打造“高精尖”产业作为构建“高精尖”经济结构的主攻方向和突破口，推动成立市创新型产业集群与2025示范区建设专项办公室、市制造业创新发展领导小组等统筹工作机构，建立了全市工业和科研用地项目供地联审等工作机制，设立了“高精尖”产业基金等各类基金，全方位推动“高精尖”产业发展。创建了国家首批首个制造业创新中心，建设了10个市级以上产业创新中心，智能制造综合标准化项目在工信部立项数量连续3年全国第一。大力推动中小企业创业创新，深入实施北京市促进中小企业发展条例，中小企业发展全国领先。大力支持企业自主创新，集成电路、新型显示等重大科技项目取得突破进展，实现在世界上从跟跑、并跑到领跑的飞跃。北斗导航与位置服务芯片技术实现突破，02国家重大专项光刻机核心部件实现国产化，全球首个5G大规模天线设备研制成功，中芯北方12英寸生产线月产能达到2.8万片，京东方大尺寸面板市场占有率全球第一，义翘神州建成全球领先重组蛋白库。多项创新技术填补国内外空白，制造业与互联网深化融合发展，“高精尖”产业逐渐成为发展新动能。

这5年，我们高点定位，统筹推进，实现了新型智慧城市建设的新突破。立足破解“大城市病”、提升市民获得感、提高政府效率，深入实施智慧北京行动纲要、大数据和云计算行动计划等一系列政策措施，建成覆盖交通、人口、安全、环保、信用等各领域的全市统一信息化平台，建设了六里桥政务云，实施智能交通、大气污染监测、不动产登记等一批重大应用项目，加快了全市各类信息系统和公共服务数据整合汇聚，推出了“北京通”“法人一证通”等一系列便民惠企服务举措。完善全市信息基础设施，实现4G网络城乡全覆盖，完成铜缆网络光纤化改造，宽带平均可用下载速率提高3倍，累计在超过1000个公共场所提供免费无线上网服务。高标准完成城市副中心智慧城市规划和行政办公区信息化建设总体设计，加快推进行政办公区智慧应用工程。我市连续3年被评为亚太区领军智慧城市，首都之窗连续11年在政府网站绩效评价中排名全国第一。城市信用状况位列全国之首，海淀区成为全国信用试点示范城区。

这5年，我们从严从实，改革创新，取得了党的建设和自身建设的新成就。严格落实全面从严治党主体责任，切实提高政治站位，增强“四个意识”，深入推进党的群众路线教育实践活动、践行“三严三实”要求、推进“两学一做”学习教育常态化制度化，基层党组织建设和党员队伍建设不断加强。严明党的各项纪律，筑牢拒腐防变思想根基，严格落实中央“八项规定”，深入开展专项治理，着力强化正风肃纪。加强政务公开，主动接受社会各界监督，权力运行更加公开透明。聚焦中心工作，加强政策解读、新闻宣传和舆论引导，弘扬了主旋律，传播了正能量。围绕新形势新任务，主动调整内设机构和职能，坚持正确选人用人导向，持续优化干部队伍结构，加强培训教育，干部队伍业务素质和管理水平显著提升，全系统凝聚力、战斗力不断增强，整体面貌焕然一新。

这些成绩的取得，是市委、市政府正确领导和工信部精心指导的结果，是各兄弟委办局大力支持与帮助的结果，更是各区政府、开发区及广大企业共同努力的结果。在此，我代表市经济信息化委，对各界的支持和帮助，表示衷心的感谢和崇高的敬意!

同时，我们也清醒地认识到，工作中还存在一些不足。产业疏解与“高精尖”产业发展同步推进的格局还未真正形成，谋划利用腾退空间发展“高精尖”产业的步伐亟须加快，固定资产投资力度仍需加大。存量产业绿色化、智能化升级还要继续加快。三大科学城与各区之间的对接转化和利益共享等机制还有待健全，引导社会资本参与北京产业创新发展还不够，精准施策的水平还需要进一步提升。数据开放共享亟须突破，运用信息化手段提升城市精细化管理和服务民生水平仍需努力。对此，我们要坚持问题导向、目标导向，切实加以解决。

二、2018年重点工作安排

2018年是全面贯彻中共十九大精神开局之年，是改革开放40周年，是决胜全面建成小康社会、实施“十三五”规划承上启下的关键一年。中共十九大描绘了决胜全面建成小康社会、夺取新时代中国特色社会主义伟大胜利的宏伟蓝图，为新时代首都发展指明了方向。刚刚召开的我市“两会”提出了抓好“三件大事”，打赢“三大攻坚战”的艰巨任务。总的来看，北京正经历从聚集资源求增长到疏解功能谋发展的重大转变，加速进入“疏解”与“提升”“减量”与“提质”并重的新阶段。北京不仅要发展，而且要高质量的发展，比历史任何一个时期，都要更加依靠创新发展，适应在资源环境硬约束下，实现发展动力转换、模式创新、水平提升。比历史任何一个时期，都要更加依靠信息化手段，适应信息时代科技变革的挑战，提升产业发展层次、城市治理能力和市民获得感。我们要增强责任感、紧迫感和使命感，把思想和行动统一到中央和市委、市政府的决策部署上来，着力抓好工作统筹，着力强化聚焦发展，着力推动改革创新，坚定不移加快疏解功能谋发展，坚定不移推进京津冀产业协同发展，坚定不移构建“高精尖”产业结构，坚定不移改造提升存量产业，坚定不移推动数据共享开放、建设好新型智慧城市，坚持一张蓝图绘到底，将经济和信息化发展提升到新高度、新境界、新水平。

今年全市经济和信息化工作的总体要求是：全面深入学习贯彻中共十九大精神，以习近平新时代中国特色社会主义思想为指引，牢固树立“四个意识”和“四个自信”，坚持稳中求进工作总基调，坚持新发展理念，按照高质量发展的要求，坚持以供给侧结构性改革为主线，认真落实市第十二次党代会的决策部署和新版城市总体规划，全力推动产业疏解实现新突破，“高精尖”产业实现大发展，信息化建设实现大提升。

全市经济和信息化发展主要预期目标是：保持经济平稳运行，规模以上工业增加值增长3.5%左右，软件和信息服务业营业收入增长11%左右。质量效益提高，规模以上工业全员劳动生产率提高3.5%左右，高技术制造业和战略性新兴产业增加值占比持续提高，万元工业增加值能耗下降2.5%左右，工业用新水零增长。“北京通”应用实现新突破，数据共享开放取得实质性进展。

2018年，我们要着重抓好以下工作。

（一）统筹疏解整治与提升，加快推进京津冀协同发展。

紧紧抓住疏解非首都功能这个“牛鼻子”，攻坚克难、持续突破，加快产业疏解退出，同时系统谋划、一体推进提升任务，在京津冀范围内持续优化产业布局，调整产业结构，营造产业发展良好环境。

加快产业疏解退出步伐。修订出台新版新增产业禁限目录，严格执行新修订的淘汰退出目录，确保不符合首都城市战略定位的工业行业和生产工艺按期退出。疏解退出一般制造业企业500家。会同市环保局，指导各区坚决依法清理整治“散乱污”企业，按照“先停后治”的原则分类处置，重点对污染较重的违法违规企业进行清理整治，实现“动态摸排、动态清零”。按照属地为主、层层落实的原则，加快推进清理整治镇村产业小区和工业大院。加强疏解整治与提升工作统筹推进，配合相关部门，研究腾退土地再利用政策和操作办法，坚持腾笼换鸟与筑巢引凤并举，促进产业转型升级。各区要进一步落实主体责任，细化工作方案，深入抓好落实。

健全协同发展政策机制。配合制定实施本市京津冀协同发展新3年行动计划，实施好关于加强京津冀产业转移承接重点平台建设的意见，落实京津冀全面创新改革试验方案，加强三地产业政策衔接。充分发挥市区两级统筹和京津冀三地产业协同发展机制，加强产业转移项目精准对接、统计监测和跟踪服务。聚焦京津冀产业转型升级，加快职业教育与产业融合发展，促进高技能人才联合培养和自由流动。总结前期经验，制定总体实施方案，深入推进京津冀联网智能制造工程。推动装配式建筑等产业在京津冀区域实现产能合理布局。全面推进北京优势产业、优势企业与河北、天津开展信用服务、中小企业等各领域合作，带动津冀重点区域实现产城融合。

加强产业园区共建。支持雄安新区发展高端高新产业，服务北京企业参与雄安新区基础设施建设，引导高端项目向城市副中心转移布局，推动雄安新区与城市副中心两翼联动。继续支持北京(曹妃甸)现代产业发展试验区建设，加快首钢京唐二期、金隅·曹妃甸协同发展示范产业园等项目建设步伐。推动北京·沧州生物医药产业园、北京·滦南大健康产业园、北京·深州家具产业园建设。促进产业对接合作，推动京津合作示范区发展。加快建设京津冀大数据综合试验区，促进北斗导航与位置服务产业联动发展。认真做好援藏、援疆、援青等对口支援工作，加强南水北调沿线及河北张承保地区的产业扶贫，推进京蒙、京沈、京赣产业合作，促进共赢发展。

（二）落实“高精尖”产业发展系列政策，对标国际一流构建“高精尖”产业体系。

坚持质量第一，效益优先，抓好“高精尖”产业发展系列指导意见的落地实施，加强统筹推进、集中布局，支持“高精尖”项目加快落地、“高精尖”企业做强做大。

推动全市产业统筹集中发展。探索建立全市产业项目落地统筹机制，加强对各区发展“高精尖”产业的跟踪评价。推动全市产业向重点园区集聚、重点园区向主导产业集聚、主导产业向创新型企业集聚。指导各区明确主导产业，精选1~2个重点产业领域精耕细作、精准施策，实现差异化、特色化发展。支持通州、海淀建设国家网络安全产业园，支持大兴建设高端医疗器械产业园，支持顺义打造航空发动机创新基地，支持海淀打造人工智能产业园，支持房山建设医工交叉科技园，支持平谷建设中华老字号食品产业园，支持西城建设信用产业园等，打造一批新型产业基地。

落实“高精尖”产业发展系列政策。认真贯彻实施新一代信息技术等10个“高精尖”产业发展指导意见，细化工作方案和责任分工，建立完善项目库和任务清单，积极引进一批“高精尖”新项目，加快推进中芯北方14~28纳米产线、新一代细胞免疫治疗等重点项目建设。会同市统计局、规划国土委、工商局等部门，科学设立单位产出效益、产业人口密度、研发投入强度和资源环境约束等产业指导标准，完善工业和科研用地项目供地联审工作规则，保障项目顺利落地；出台实施新兴行业登记指导目录，帮助符合条件的企业顺利注册。对标国内领先、国际一流，制订实施创新型企业培育壮大3年行动计划，支持一批行业领军企业、独角兽企业和隐形冠军企业发展壮大。抓住城市副中心、首都新机场建设和2022年冬奥会残奥会的历史契机，鼓励企业有针对性开发新产品、培育新市场，发展相关“高精尖”产业。继续办好世界机器人大会和国际软件产业博览会，吸引国际创新人才和“高精尖”企业在京集聚。

完善“高精尖”产业发展支撑体系。深化产融合作，与市科委、金融局等部门密切配合，实施好鼓励企业加大研发投入、上市融资、产业投资等一揽子政策措施，利用好全市科技创新基金，深化“高精尖”产业基金建设，在智能制造、人工智能等领域再设立一批子基金，吸引社会资本参与“高精尖”产业发展。指导各区利用好促进“高精尖”产业发展的用地、用房、人才服务等政策，抓住允许产业园区安排不超过建筑规模15%的配套功能、推行入园企业投资项目承诺制等重大利好，落实降低成本和企业减负措施，营造有利于“高精尖”企业落地发展的营商环境。同时，利用好促进工业和软件信息服务业平稳发展奖励资金，专款支持符合首都城市战略定位的骨干龙头企业坚定在京发展信心，加大创新投入，促进提质增效。各区要细化出台配套措施，形成支持“高精尖”产业发展的强大合力。

（三）深化融合发展，加快传统产业优化升级。

统筹推进两化融合、军民融合，深化质量品牌建设，加快推进存量企业转型升级，实现传统产业优化提升。

推动互联网、大数据、人工智能与制造业融合发展。制定发布关于进一步扩大和升级信息消费持续释放内需潜力的实施意见，培育新技术、新业态、新模式，发展壮大数字经济。深入落实制造业与互联网融合发展行动计划，建立市区协同工作机制，制定实施“贯标100”“双创100”“协同100”“新供给100”行动方案，推动1000家以上工业企业开展两化融合评估诊断和对标引导工作，大力推进工业互联网平台建设和工业技术软件化。

统筹推进军民融合和央地合作。抓住央企特别是国防科技工业混合所有制改革契机，促进“军转民”产业落地，探索“民参军”发展路径，推动在京央企、军企参与“高精尖”产业发展。深化央地在技术、资本、市场等方面的对接与合作，推动实施两机重大专项、深海装备创新中心等一批示范项目，促进中核、国电等企业在京发展新项目，支持航天科技、航天科工、中航工业等军工集团和在京央企建设特色产业园区，打造特色产业链集聚发展模式。

加快存量优势企业转型升级。健全工业大数据平台，全面梳理分析现有存量规模以上工业企业，实行分级分类管理服务。大力实施绿色制造工程，支持企业开展清洁生产和能源管理中心建设，实施一批绿色化技术改造项目，推动建设10家绿色工厂、2~3家绿色园区，2~3家绿色设计示范企业，持续构建绿色制造体系。制订北京智能制造发展行动计划，深入开展“智造100工程”，实施20个左右智能制造应用示范项目，打造10家以上智能制造标杆企业，培育一批智能制造系统集成解决方案供应商和装备供应商，推动制造业智能化转型升级。支持消费品工业“增品种、提品质、创品牌”，强化民生产品供给，振兴老字号品牌，研究构建首都食品产业的基础性保障体系，推动工艺美术产业跨界跨域融合发展，打造中国国际时装周等时尚品牌。

（四）深入推进创新驱动发展，提升产业创新发展水平。

落实好全国科技创新中心建设战略，以创新型产业集群和中国制造2025创新引领示范区为主平台，提升产业创新水平，推动形成“创新载体多、创新要素全、创新环境好、成果转化快”的全面创新发展格局。

打造创新型产业集群和中国制造2025创新引领示范区。深入落实“一区”建设实施方案，制定项目（任务）管理办法，确保完成年度17项重大项目和16项重大任务。深化研究“一区”产业布局规划，支持亦庄开发区、顺义区优化产业空间布局，加快创建中国制造2025示范区。支持亦庄开发区优化提升和扩大发展，统筹大兴区、通州区等空间资源，聚焦新能源汽车、新一代信息技术等千亿级产业集群，抓好中航智等重大项目落地，打造“高精尖”产业发展主阵地。

加快推动科研成果落地转化。加强城—区对接，探索建立创新型项目和科技成果的发现、跟踪机制，建立健全各区与三大科学城的对接转化和利益共享机制。会同市科委等相关部门，建设市级层面科技成果转化统筹协调与服务平台，实施好促进重大创新成果转化落地项目管理办法。在集成电路、生物医药、智能装备等领域搭建一批技术创新公共服务平台。积极推进北京生物医疗前沿科技园、北京航材院中试基地、北京光学系统公司等科技成果转化项目，抓好市场导入和产业化环节。支持各区完善科技成果转化配套条件，制定导向明确的鼓励政策，抓好中试、成果转化基地和配套服务能力建设。

大力抓好创新型中小微企业培育。落实好新修订的中小企业促进法。发挥本市中小资金和中小基金的引导作用，强化对创新融资、基金机构、中小服务机构等支持，拓展中小资金的支持领域，创新面向小微企业的金融产品和服务，缓解小微企业融资难、融资贵问题。持续提升中小企业公共服务平台网络的综合能力，强化中小企业公共服务平台和小微企业创新创业示范基地等载体建设，不断激发中小企业的创新活力。

构建具有国际竞争力的产业创新体系。抓好产业创新中心、企业技术中心、产业设计中心三大创新载体建设，修订出台北京市产业创新中心实施方案，进一步加强北京市企业技术中心建设实施方案，力争新创建1~2个国家级制造业创新中心、5家左右市级产业创新中心、50家企业技术中心、10家市级设计中心和一批产业技术基础公共服务平台。积极推动国家智能网联汽车创新中心等机构落地建设，支持北京前沿国际人工智能研究院等机构建设发展。持续加强重点领域标准体系建设，鼓励企业参与国际标准创制，推动建立轨道交通测试标准、智能车联技术标准，填补行业标准空白。实施质量品牌提升计划，优化知识产权创制运营，在人工智能、大数据等领域组建专利联盟及专利池。鼓励支持企业响应“一带一路”倡议，加强国际合作，开拓海外市场。

（五）推进新型智慧城市建设，加强信息惠民服务。

着眼超大城市治理体系建设，运用新一代信息技术提升城市精细化管理水平和信息惠民服务能力，推动城市管理精治、共治、法治。

加快副中心智慧城市建设试点。着力推进城市副中心各项信息化设施、智慧城市工程项目落地，建设好移动公共服务平台、综合办公门户和物联网平台等重点应用工程。指导首批搬迁单位的信息化搬迁工作，保障各部门顺利搬迁入住。完善市级政务云总体布局，加快通州政务云建设，除特殊情况外，原则上各搬迁单位信息系统要统一迁移或备份到市级政务云平台，逐步形成以通州为主、六里桥为辅的保障格局。推进政务云技术规范建设，促进云服务的标准化。

加快推动以信息化助力城市精细化管理。落实好北京市政务信息资源管理办法，开展政务信息资源、社会数据的汇聚，大力推动系统整合和数据资源共享开放。组织实施北京大数据行动计划，建立集大数据汇聚、管理、应用和评估“四位一体”的长效工作机制，构建政府机构、社会企业、科研院校、研究机构相互合作的大数据生态体系。建设完善市级大数据平台，为大数据管理和共享开放应用提供技术支撑，实现政府、企业和社会数据的贯通和融合。配合相关部门，综合运用物联网、大数据等信息技术和法律、行政等配套手段，加快推进智能停车管理、大气污染区域联防联控联治、京津冀应急资源共享和灾害风险统一防控、城市网格化管理等创新应用，有力提升城市智能化管理水平。

持续推进信息惠民服务。加快“北京通”服务体系建设，升级上线“北京通”App2.0 版，推动与医疗、民政等服务深度对接，年内新增发放多功能卡 200 万张，将“北京通”打造成为全市民生政务服务的窗口。加快网络提速降费，推动 5G 试点工作，继续在公共场所提供免费无线上网服务，实施电子政务网络升级改造，实现对工商专网和地税专网的整合，不断完善面向智能时代的信息基础设施。扩大“互联网 + 政务服务”统一认证覆盖范围，推进电子证照应用，对接网上服务大厅，推进一体化政务服务办理。搭建统一非税支付平台，配合市财政局，支撑市属高校住宿费学费在线统一缴费，支撑行业主管部门推进票据电子化，大力提升公共服务智能化水平，增强民众获得感。

加快社会信用体系建设。印发实施北京市社会信用体系 3 年重点工作任务，贯彻落实北京市公共信用信息管理办法。完善全市公共信用信息服务平台，加快推进公共信用信息归集、共享和应用，推进与重点行业和领域业务系统的对接。试点开展信用大数据创新应用工作，在交通、职业信用等领域实现突破，推动信用体系延伸到经济社会各领域。以信用修复为抓手，加强企业信用体系建设。推动个人信用评分工作，推进 14 类重点人群诚信领域的社会化应用。研究制定促进信用服务行业发展的政策措施，推进政府部门带头使用信用信息和信用产品，培育一批全国领先的信用品牌服务机构，促进信用产业发展。

做好网络安全、无线电监管和服务保障。推进建立信息安全多部门联合检查机制，强化安全风险通报，加强副中心信息化规划建设、政务云、大数据、工控系统等重点领域的网络安全服务和技术支撑。开展应急演练，确保全市重要政务信息系统和网站不发生重大信息安全事件。提前筹划冬奥会等重大活动无线电技术设施、信息基础设施建设，扎实做好无线电管理、应急通信和信息安全等各项服务保障工作。

（六）全面加强自身建设，为经济和信息化发展提供坚强保障。

深入学习贯彻中共十九大精神，用习近平新时代中国特色社会主义思想武装头脑、指导实践、推动工作，不断强化作风、提高本领，为各项事业发展提供坚强的组织保障。

深化全面从严治党。认真开展“不忘初心、牢记使命”主题教育，持续推进“两学一做”学习教育常态化制度化，提高思想政治水平。压紧压实党建主体责任，认真落实“一岗双责”，严格党内政治生活，抓好意识形态工作，强化党内监督。继续加强基层党组织和党员队伍建设，构筑坚强的战斗堡垒。坚定不移推进党风廉政建设，持之以恒正风肃纪，认真贯彻落实中央“八项规定”及其实施细则，坚持不懈改进作风，深化廉政风险防控，始终保持反腐败高压态势，保证干部清正、政府清廉、政治清明，推动全面从严治党向纵深发展。

加强工作统筹。紧跟市委、市政府的工作节奏和要求，站在全局谋划工作，在产业疏解、“高精尖”产业发展、数据共享开放等关键领域加大统筹力度，积极出政策、制标准、搭平台、优服务。调动各区、企业和社会各方面积极性，共同参与“高精尖”产业发展，对基层存在的瓶颈问题，企业反映的实际困难，主动担责，加强政策研究、跟踪服务和推动落实。加强宣传报道和舆论引导，组织好纪念改革开放 40 周年等重大活动、重大政策、社会热点的新闻宣传工作。

增强工作本领。推动高质量发展，迫切需要一支高素质专业化的干部队伍。强化质量意识，建立质量导向的工作机制，切实把高质量要求体现到工作的方方面面。提高创新能力，不断掌握新知识、熟悉新领域、开拓新视野，善于运用大数据、物联网等新技术推动管理创新。提高专业能力，培育专业精神，举办好推动高端产业发展等专题培训，进一步统一和提升全系统领导干部抓发展、促发展的思想认识和能力水平。弘扬工匠精神，组织开展第十八届工业和信息化职业技能大赛，培养壮大“高精尖”产业高技能人才队伍。提高开放能力，对标国际一流标准，关注世界发展前沿，学习借鉴国际大都市和发达省市经验做法，掌握产业发展特点和演进规律，提高制定政策、宣贯政策和精准施策的本领。

推进改革创新和依法行政。深化“放管服”改革，建立健全市区协同、标准规范的核准备案管理体系，打造新型信息化政府服务体系，形成信息共享、部门协同的事中事后监管体系。按照“立、改、废”并重，“近、中、远”相结合的思路，推进本市信用立法，推动信息化促进条例、中小企业促进条例等地方性法规修订工作。强化依法行政，加强产业疏解退出等工作的法律风险研判和防范，推动各项工作在法治轨道运行。深入做好法治宣传，加强行政执法。完善制度程序，强化重大决策制定、规范性文件出台的源头管理。对已经发的文件、立的项目、授的牌子，加强后续管理服务，切实发挥作用。

抓好安全稳定。保持战略定力，绷紧安全发展这根弦，处理好发展与稳定的关系，把握好工作节奏，做到既快又稳。进一步加强安全生产管理制度建设，完善“一岗双责”工作体系，落实民爆、军工领域相关安全监管职责，以及工业和软件信息服务业领域安全生产指导职责，督促企业落实主体责任，保障安全稳定。重大活动和节日期间，各单位一定要加强隐患排查和应急值守，确保万无一失。

同志们，新时代蓝图已绘就，新征程奋进正当时。我们一定要真抓实干，奋发有为，加快谱写经济和信息化发展的新篇章，为北京率先全面建成小康社会、建设国际一流的和谐宜居之都，贡献更大力量。

在第5届中国国际云计算技术和应用展览会暨论坛上的致辞

北京市经济和信息化委员会主任　张伯旭

（2017年5月3日）

中国经济正处于速度换挡、结构调整、动力转换的历史新方位，经济系统内部正在发生一系列重大变革。以新一代信息技术为代表的新一轮科技和产业革命正在孕育，以信息化培育新动能、以新动能厚植新优势，是驱动国家和区域经济社会发展的重要引擎，而云计算则是信息技术发展和服务模式创新的集中体现，是新一代信息技术的核心内容。云计算所引发的软件开发部署模式的创新，促进了相关产业链的深度分解与融合，也为大数据、物联网、人工智能等新兴领域的发展提供基础支撑。通过云计算的创新应用，有效整合各类设计、生产和市场资源要素，促进产业链上下游的高效对接与协同创新，已成为推动制造业与互联网融合的关键驱动力，加快制造业向智能化、数据化和服务化转型升级。

当前，北京正在深入落实习近平总书记北京考察重要讲话精神，以建设具有全球影响力的科技创新中心为引领，坚定不移地将疏堵结合，努力打造北京经济发展新高地，更好地辐射带动京津冀城市群发展。北京市深度对接党中央、国务院做出的实施《中国制造2025》重大战略决策，制定发布了《〈中国制造2025〉北京行动纲要》《北京市促进大数据和云计算发展行动计划（2016—2020）》，紧密围绕建设全国科技创新中心、统筹疏解非首都功能、打造“高精尖”经济结构、推动京津冀协同发展等首都功能要求，提出未来5年至10年以推动“在北京制造”向“由北京创造”转型为主线，全面实施“3458”行动计划，重点培育“新产业生态”，实施包括云计算与大数据在内的8大产业专项，通过聚焦现阶段需要重点突破的领域，更好发挥政府统筹引导作用，调动市场主体，开展协同创新，构建新型产业生态系统，掌握产业主导权。

目前，在云计算产业促进方面，北京市正在如下4个方面积极推动相关工作进展：一是加快推动云计算基础设施建设，大范围铺设高速宽带网络，实现4G网络全覆盖，将在北京城市副中心、世园会、新机场以及冬奥会场馆等具有示范效应的区域率先开展5G网络商用；二是全面推进市级政务云服务模块化，持续提升政务云服务功能，推动市级各部门的应用系统逐步迁移到市级政务云；三是建设京津冀工业云平台，围绕工业化和信息化深度融合需求，通过政府购买服务的模式，为三地工业企业提供ERP管理、协同设计、协同制造、数据分析、IT基础设施等免费云服务；四是通过在中关村、北京经济技术开发区等产业聚集区建设一批云计算创新创业平台，支持互联网龙头企业构建创客空间，利用开展竞赛、设立基金等形式，激发云计算领域的创新创业活力，为北京打造完善的云计算创新创业发展环境，成为全国云计算创新中心、应用中心和产业高地。

通州城市副中心建设、2022年北京冬奥会特别是京津冀协同发展都为北京云计算和大数据产业发展开辟了广阔前景，对云计算、大数据、物联网等新技术的广泛应用创造了巨大需求；北京市将紧紧抓住有利契机，以云计算为基础、大数据为引擎、物联网为手段，通过数据开放，实施开放共享工程，形成数据汇聚集中和社会融合新态势，营造智慧、高效、便民、开放的创新发展环境。为此，北京市将持续坚持云计算“四个发展”思路和理念，将相关工作推向深入。

一是持续坚持“协同促发展”。全面落实京津冀协同发展的战略要求，按照京津冀大数据综合试验区建设方案和京津冀三地签署的信息化战略合作协议，京津冀同步进行信息化设施规划布局，持续推动张北“中国数坝”云计算产业基地建设，以云计算、大数据引领产业发展各要素资源汇聚，探索上下游协作共赢的新型技术应用和商业模式，推动京津冀三地云计算产业协同发展。

二是持续坚持“应用促发展”。北京的祥云工程将升级到3.0版，围绕破解城市发展难题，落实首都功能定位的需求导向，持续推进云计算在教育、健康、交通、政务、文化等领域的重大应用，利用云计算、大数据进行决策管理，提升政府治理能力和服务效能。结合通州城市副中心建设，平稳推进全市政务云平台建设，逐步实现全市政务系统迁移入云，促进数据资源汇聚共享。持续推动公有云服务平台建设，加快推进公有云服务应用，深入推广更加完整的云计算集成和迁移解决方案；鼓励企业利用云计算开展创新创业，培育一批基于云计算的平台经济、分享经济新业态。

三是持续坚持“融合促发展”。北京市积极支持云计算与物联网、移动互联网等融合发展，鼓励用云技术重构和整合传统的产业链条，加快催生新技术、新产品、新模式、新业态。贯彻落实《关于深化制造业与互联网融合发展的指导意见》，深入探索工业企业信息化创新应用和一体化协同服务新模式，深挖云计算重构整合生产资料、连接产业链资源、加快新旧发展动能转换的核心能力，打造“全要素、多功能、一体化”的工业云服务平台。

四是持续坚持“开放促发展”。以推动服务业扩大开放综合试点工作为契机，积极推动云计算产业国际技术应用合作，实现国内技术产品的突破；积极参与国际云计算标准工作；打造一批以开源为基础的世界级云计算企业，企业在国际云计算开源社区、联盟和标准组织中成为核心技术贡献源，提升在云计算领域的话语权。支持骨干云计算企业在海外进行布局，设立研发中心，拓宽海外市场渠道，开展跨国并购等业务，提高国际市场拓展能力。

在国家发展改革委、工信部、网信办等有关部门的大力支持下，北京的云计算产业正不断地向高端化、开源化发展。我们期待通过本次盛会，进一步增强与云产业各界朋友的沟通、交流，广泛开展务实合作，以应用促创新，以创新促发展，携手推进中国云计算产业蓬勃发展。

拥抱软件赋智时代　实施软件城市工程

——在第21届中国国际软件博览会上的讲话

北京市经济和信息化委员会主任　张伯旭

（2017年6月30日）

2016年，在第20届中国国际软件博览会高峰论坛上，我第一次提出软件赋值、赋能、赋智3大功能的概念：从软件技术驱动社会经济发展的历史看，软件从计算机时代作为工具属性发挥“赋值”功能，发展到互联网时代作为要素属性发挥“赋能”功能，现在正向智能时代作为社会细胞属性发挥“赋智”功能迈进。

伴随着3个功能的演进，软件应用深度和广度也在不断拓展，几十年前，以个人级应用为主，逐步发展到企业级应用为主，现在则以城市级应用为主，并且正在重新定义城市，“创造”出更为复杂、更为多样的应用场景。接下来，我针对“拥抱软件赋智时代，实施软件城市工程”这一主题，谈一谈对城市级软件应用的一些思考。

一、软件发展步入城市级应用的新阶段

软件技术的发展已经经历了半个世纪，越来越深刻地改变社会经济体系的运行，越来越体现出“软件改变世界”的变革驱动者特征。回顾历史，软件技术应用大致可以分为3个阶段。

一是以辅助工作为特征的个人级应用阶段，即A（Work–Aid）阶段。在这一阶段中，我们说软件是工具，辅助个人（包括管理者）信息处理和事务管理，是传统工具的终结者。典型的如：字处理软件替代纸和笔，办公自动化（OA）系统替代了通知栏和会议室，使用CAD辅助设计软件做到了甩图板，数据库软件取代了文件柜。在A阶段，软件大幅度降低了成本，提高了生产效率，起到了赋值的作用。

二是以流程处理为特征的企业级应用阶段，即B（Business–Process）阶段。在这一阶段，我们说软件是流程。大型组织的办公逻辑、管理规则、办事流程被分解、重构成不同环节，每个环节通过软件实现程序化、标准化和最优化。具有鲜明行业特性的软件大量出现，例如：银行的核心业务管理系统、证券交易所的电子交易系统、电信行业的运营支撑系统、政府行业的审批系统、大型企业的ERP系统等。在B阶段，软件让流程变得更敏捷，扩大了各类组织对资源的调度能力和掌控能力，创造了新的业务模式和新价值，在赋值作用的基础上，进一步起到了赋能的作用。

三是以系统整合为特征的城市级应用阶段，即C（Smart–City）阶段。在这个阶段，我们说软件是平台。软件从局限于个人、组织的应用，发展到跨组织、跨领域、跨区域的应用。大型电商平台、社交平台、共享平台等软件均突破了原有应用场景的限制，成为超大型的软件体系。在管理软件方面，北京市率先实践了城市网格化管理系统，也是这个阶段的显著标志。在这一阶段，软件能够大规模沉淀数据，具备了智慧的基础，起到了赋智的作用。

“城市级应用”的出现，是技术供给驱动和发展需求，拉动2个方面互动综合作用的结果。

从技术供给侧来看，随着计算能力、输入输出能力、储存能力、通信能力、处理能力的不断发展以及算法研究、设计方式、开发方法的创新丰富，软件的应用范围和应用深度得以拓展，软件技术革新的步伐不断加快，软件变得更加强大、更加有力，并与互联网、物联网、云计算、大数据等技术加速融合，呈现出软件定义计算、定义网络、定义存储、定义功能到定义一切的发展趋势，有能力赋予经济社会发展以新动能，有能力进行城市级尺度乃至更大尺度的系统管理。

从社会需求侧来看，随着工业化、城市化、互联网化进程交织加速并行，企业间、公众间、生产者和消费者间、城市间的经济社会活动日趋复杂，出现了众多新的“业务关联”。城市作为现代社会资源组织管理的主要单元，也出现了人口膨胀、交通拥挤、住房困难、环境恶化、资源紧张等诸多病灶，带来大量新的服务需求。应对数字化时代，优化生产生活活动，建设好、治理好城市，客观上需要打破以往面向独立主体、分割领域、分散行为提供软件产品和服务的模式，提供贯通产业链、服务链、区域链、行为链的一体化解决方案，建设标准更统一、数据更集中、信息更全面、决策更智能的新型软件信息支撑系统。

我们说技术供给和城市发展需求是动态交互作用的。我们看到前一个阶段，全国范围内

出现了智慧城市建设的热潮，就是应对超大城市管理复杂性的结果，网络化管理、平安城市、城市云等大型系统应运而生。最近1个时期，我们注意到，需求创造了新供给，以万物互联、大数据和人工智能为代表的新供给，又在快速改变城市的结构和面貌，出现了软件重新定义城市的重要趋势。

二、软件正在重新定义城市

如今，我们已处于一切都将连接的数字化、智能化发展的新时代，软件历经内嵌计算机硬件、拓展计算机功能到服务生产生活需求，已经全面渗透、全面支撑和全面服务国民经济和社会发展各个领域，呈现“计算无处不在、网络无处不在、数据无处不在、软件无处不在”的发展态势，软件的功能价值从前端显性支撑，加速向后台隐性驱动转变升级，成为经济社会发展不可或缺的要素构成和“社会细胞”组成。基于万物互联、基于开放合作、基于共享协同，无处不在的软件应用，正在重新定义城市并改变着城市。

软件定义城市（Software Define City）是软件城市级应用的高级阶段。从当前看，软件主要从3个方面重新定义城市。

第一，软件重新定义城市的基本功能。城市是由多种复杂系统所构成的有机体，承担着生产、服务、管理、协调、集散、创新等基本功能。在人类5000余年的城市发展史中，这些基本功能持续强化。但是在今天我们看到，基于网络的软件应用正在重新定义其中的某些功能。比如，生产功能。过去，城市是人类最主要的工业生产聚集地。城市生产布局一般强调全产业链，规模化集中安排工业企业，强调建设效率高、成本低的工业区（开发区）。而现在，基于软件背后驱动的网络化生产模式和工业云服务，让产业链的各环节可以分散布局，异地协同。这就改变了原有的城市生产组织方式，重新定义了城市的生产功能。研发、设计、加工等不同功能可以在城际之间、城乡之间进行再分配。这也是我们推进京津冀协同发展、加快疏解非首都功能的大逻辑。

第二，软件重新定义城市服务模式。向城市公众提供交通、教育、居住、卫生、安全等公共服务是城市的基本职责。公共服务水平决定着现代城市的竞争力。随着科学技术的不断进步，城市提供公共服务的能力和模式也不断演进升级，目前也进入了软件定义城市公共服务的时代。以交通服务为例，现在，超大城市的交通体系仍未脱离巨量个体出行和大容量公共交通2种基本服务模式。交通问题，包括交通拥堵、出行时间长、安全隐患大，是“大城市病”的最集中体现。近几年来。软件技术的深度应用开始重新定义城市交通服务。已经普遍使用的打车软件和网约车服务，依靠软件实现了个性化使用社会车辆，突破了要么私有，要么公共的传统模式选择，我们可以称之为软件定义的共享交通模式。这2种方式还只是软件定义交通的雏形，只是改变了现有车辆的组织方式。未来，随着无人驾驶的普及，软件将进一步重新定义城市交通设施、定义交通格局、定义出行方式，现有的私人汽车和公共汽车都可能会退出历史舞台，就像今天人家不会每家每户购买自行车一样，我们将不再购买小轿车，但是我们将拥有更加高效、直达、个性、智能的出行服务，我们将看到一场由软件驱动的城市交通革命。

第三，软件重新定义城市运行管理。随着软件和其他信息技术的发展，我们通过数字城市、网络城市、感知城市、智慧城市的建设，已经极大地改变了城市管理手段，提升了城市运行和管理水平。展望未来，城市管理和运行的诸多环节和整个体系还将被软件颠覆。随着万物互联的推进，城市的各项设施都将赋予智能，未来城市运行将基于智能设施实现“自管理、自运行、自优化”，城市管理将基于超级城市大脑实现“自组织、自升级”。现在我们已经看到的软件定义城市管理的雏形出现在治安管理领域。“平安城市”“雪亮工程”的建设，使得大多数城市实现了视频监控全覆盖，在一定程度上替代了巡逻制度。而人脸识别等人工智能技术的发展，将推动新一代城市管理软件技术发展，让城市从各个方面变得更加美好。

从以上分析我们可以看到，软件定义城市的时代已经到来，这就需要我们改变对城市建设和发展的传统认知。过去，我们的城市建设投资，更多是水、电、路、房等传统基建硬投资；未来，我们的城市建设投资，更多是网络数据平台等新兴要素软投资。城市的发展要树立“软件定义”理念，把实施“城市软件工程”作为城市未来规划建设发展的战略重点。

三、“城市软件工程”总体框架

“城市软件工程”是适应软件定义城市的要求，把软件作为城市发展的新要素，当作城市运行的新细胞，对软件体系进行总体规划、系统设计和集成实施。这是一项整合应用工程，更是一项集成创新工程。目的是让软件覆盖各领域、贯通各环节、链接各主体，赋予城市以智慧，将城市打造成一座能够有序运行、自我调节、良性互动的宜居生命体。

在这个体系中，人与物等城市所有元素都是通过统一标准的信息编码后形成的可感知的数字化存在；人与人、人与物的经济社会活动与城市运行信息都可转化为可采集汇聚的数据；这些数据经过一个类似人脑的城市中枢控制大脑和类似人体免疫系统的信息安全体系，进行加工处理和应用分发；城市的管理者、企业、市民都可基于这样的数据提供和接受更高效、便捷的政务、商务和生产生活服务；整个城市的运行管理由此逐步走向精细化，资源配置走向精准化、社会服务走向精益化。

具体来讲，“城市软件工程”架构包括 5 个方面。

一是统一的城市大脑系统。主要是利用云计算、增强现实和人工智能等技术，建设 1 个能够整合汇聚城市各类数据资源、能够运算处理复杂数据信息的城市中枢控制系统，即智慧大脑。利用这个大脑，可以解剖城市中相互交织的各种因素、互为关联的各个领域、互为影响的各类问题，支撑决策、服务市民，实现城市各个“器官”的协调运转。比如目前我们在城市副中心建设的城市运行管理中心，就是 1 个城市大脑项目。

二是全域的城市编码体系。主要是对城市所有基础设施、楼宇、车辆等物体和所有市民和机构，进行标准统一的位置、身份等数字信息编码，实现空间、主体全覆盖。这是建设数字智能城市的基础工作。比如我们目前正在实施的“北京通”，就是用 1 个伴随一生的虚拟号贯通了社保卡、交通卡、就诊卡等各类卡证的数据和服务，用 1 个 App 汇聚集成全市已有的 40 余项公共服务能力，实现“百姓少跑腿、信息多跑路”。

三是动态的数据采输体系。主要是在城市编码基础上，结合互联网、物联网建设，分门别类、因地制宜推进城市基础运行、企业产销活动和市民生活服务等各类数据的感知、采集、传输体系建设。要认识到，数据庞大不等同于形成大数据，大数据也不是简单地汇聚数据。必须要加强对数据模型的研究，探索构建集时间、空间、主体、行为、属性和价值于一体的六维数据模型;同时，积极发展数据挖掘、筛选、清洗、处理的软件技术工具。

四是重构的服务应用体系。主要是发展基于互联网、物联网的信息服务和数据服务架构，深入推进软件向平台化、网络化、移动化应用延伸，突破行为主体的时空属性制约，全面重构政务、商务和生活服务，整体优化城市生态。创造智能家居、机器人等“软件+硬件”的智能科技产品，扩大数字内容、网络教育等“软件+内容”的信息消费供给，培育在线服务、共享经济等“软件+服务”的新型服务经济。

五是可靠的安全保障体系。着眼城市安全是整体而不是割裂、动态而不是静态、开放而不是封闭、共同而不是孤立的特征，坚持核心技术攻关和系统综合防护。聚焦城市的金融、能源、电力、通信、交通等关键领域，突破操作系统和数据库等领域核心基础技术，开发高端可信计算系统、构建自主可控的保障体系。对于产业、生活等领域，推广综合性云安全解决方案、发展大数据的网络安全服务。

软件定义城市不仅是软件产业发展的重要趋势，对于我们重新认识城市、规划城市、建设城市和管理城市，也有着重大理论和实践意义。过去，我们的城市建设投资，更多是水、电、路、房等传统基建硬投资；未来，我们的城市建设投资，更需要的是网络数据平台等新兴要素软投资。树立“软件定义”的城市发展理念，根本途径是实施“城市软件工程”，把软件作为未来城市发展的战略重点和战略资源，放在更加核心的地位上，统筹规划，系统建设。

当前，我们正按照习总书记视察北京的重要讲话精神，围绕“建设一个什么样的首都，怎样建设首都”的时代命题，加快开创首都发展新格局。我相信，未来的北京必将是1座软件渗透、软件托起、软件创新的城市。希望大家树立“软件定义城市”新理念，大力发展软件技术创新与应用创新，为落实“四个中心”定位、加快建设国际一流的和谐宜居之都做出新贡献!

在2017年北京市企业诚信创建活动总结大会上的讲话

北京市经济和信息化委员会副主任 毛东军

(2017年12月22日)

今天，我们召开2017年北京市企业诚信创建活动总结大会，主要目的是总结今年的工作、部署明年的任务、表彰诚信创建企业。刚才，创建秘书处总结了2017年工作；北京同仁堂、首汽汽修公司、东华软件、汽修行业协会分别进行了经验介绍；宣布了诚信创建企业名单，颁发了奖牌证书；首都文明办发布了创建活动相关政策；在此，我代表市经济信息化委、首都文明办、市工商局和市地税局4家主办单位，向被评为2017年诚信创建的506家企业表示热烈的祝贺，对参加创建活动的23家行业协会的辛勤努力，表示衷心的感谢!

大家都知道，信用是市场经济的基石。党中央、国务院高度重视社会信用体系建设工作，把信用体系作为当前新形势下加强和创新社会治理的重要手段。去年，习近平总书记主持会议，4 次审议信用体系相关议题，国务院又连续印发了 6 个顶层设计性文件，这是前所未有的。今年，在刚刚闭幕的中共十九大会议上，习总书记对信用体系建设又提出了一系列新要求，特别提出：要推进诚信建设，强化社会责任意识、规则意识、奉献意识。总书记在中共十九大报告中多处提到信用工作，充分体现了党中央对信用工作的高度重视，我们一定要认真学习党中央、国务院关于信用工作的指示精神，充分认识加快信用体系建设的重要性。

为认真贯彻落实党中央、国务院的决策部署，近年来，市经济信息化委作为全市信用工作的牵头部门，会同相关部门大力推进社会信用体系建设工作，取得一系列的新突破。一是先后印发了《关于加快社会信用体系建设的实施意见》和《关于建立完善信用联合奖惩制度的实施意见》2 个市政府文件，这 2 个文件的印发实施，为北京市社会信用体系建设工作指明了方向；二是建设完成了全市统一的公共信用信息服务平台，统一归集了企业、个人、社团和事业单位的信用信息，实现了公共信用信息的有效共享应用；三是建立完善了全市信用联合奖惩机制建设，对严重失信企业和个人实施了限制参加政府招投标、限制政府采购、限制出境、限制乘坐飞机和高铁等联合惩戒措施，使失信者处处受制；四是加快推进了京津冀信用合作共建工作，实现了三地信用平台的对接和企业信用信息的共享，初步建立了信用惩戒联动机制，今后凡是在北京市严重失信的企业，在天津市和河北省照样受到惩戒。明年，我们还要按照市政府的要求，实施第二阶段工作任务，全面推进北京市社会信用体系建设工作。从目前来看，可以讲，北京市信用工作正处于大力推进和快速发展的机遇期。

企业诚信创建工作是北京市信用体系建设的重要组成部分，也是落实市政府决策部署的具体举措。为加快推进诚信创建工作，近期，市经济信息化委、首都文明办、市工商局、市地税局 4 家单位共同研究决定，将由原来的指导单位提升为主办单位，主要目的就是加强对创建工作的组织领导，加大对诚信创建企业的联合激励力度。在此，我希望各行业协会商会一定要提高认识、严密组织、扎实工作，真正将管理水平高、服务质量好、示范带动强的企业评选上来，确保评选出的企业真正起到示范作用。同时，也希望 4 家主办单位的主责业务处室进一步加强组织领导，细化评价体系，加大监管服务力度，扎实推进各项工作，使创建活动再迈上新的台阶，成为全国信用工作的品牌项目。

同志们，信用体系建设是一项功在当代、利在千秋的事业，是一项长期而艰巨的系统工程，需要全社会的共同努力。我们衷心希望大家积极参与到我市信用体系建设工作中来，积极参与到诚信创建工作中来，共建共享诚实守信、文明和谐的“信用北京”，让信用体系建设使人民的生活更加美好！

大事记

本栏目以月为序，主要记载北京信息化领域发生的大事、要事。

1月

12日 北京市经济和信息化委员会（简称市经济信息化委）组织主办，北京市经济技术市场发展中心、北京市中小企业服务中心协办的《〈中国制造2025〉北京行动纲要》“高精尖”项目路演活动在北京中关村智造大街举行。此次路演围绕“高精尖”8大专项实施领域，分新一代健康诊疗与服务、智能制造系统和服务、云计算和大数据3个专场共27个项目，展示北京“高精尖”产业创新发展成果。

14日 据《北京晚报》消息，常住北京市的外埠老年人今日可以通过网上申请“北京通”，领卡时按照要求携带相关证件即可。

17日 第12批开通“-MyBeijing-”免费无线上网服务的129个公共场所开始正式提供服务，同时对已开通的18个公共场所的无线信号进行补充覆盖。至此，可为公众提供服务的公共场所总计达到511个。其中，办事大厅77个，医院卫生服务站41个，文化体育场所33个，东城区主要街道、胡同349条，交通枢纽、公园博物馆、社区服务中心、乡村等11个。

同日 北京歌华有线电视网络股份有限公司与（简称歌华有线）密云区合作推出北京市首个覆盖全区的电视云服务平台——“密云便民服务频道”，汇集区民政局、卫计委、气象局等14个委办局为民服务个性化需求，提供密云新闻、教育导航、就业社保、健康医疗、为老服务等9大服务功能，实现了遥控器“0”键一键进入主页。

18日 第三届物联网感智创新大赛颁奖仪式在北京举行。

19日 歌华有线高清交互数字电视平台上线《中考实验满分冲刺》课程产品。课程全面对接2017年中考《考试说明》的相关要求，内容覆盖初中物理、化学、生物3个学科全部65个实验考点。

25日 市经济信息化委组织召开北京市“法人一证通”证书服务项目（2016年度）验收评审会。国家工商总局、中国人民大学、中科院、中电集团、国家信息中心的专家开展项目评审，市地税局、市工商局等政府部门代表以及企业法人单位代表参与项目评价，经过对9个方面42项内容打分评价，一致同意项目通过验收。

同月 在国家信息中心和国际数据集团（IDG）主办的“2016亚太智慧城市发展高峰论坛”上，北京市继2015年获得该活动两大奖项后，2016年度再次获得“2016中国领军智慧城市”和“2016亚太区领军智慧城市”称号。

2月

17日 东城区2016年软件正版化工作通过北京市使用正版软件工作联席会议检查。

23日 东城区信息化协会、东城区老字号协会联合举办的“中国移动 互联网+时代老字号信息化时代发展之路”研讨会在中国移动集团北京有限公司召开。

3月

1日 北京市信息资源管理中心在应急中心指导配合下，组织开展云环境下异地实时系统数据备份和恢复演练，检验云环境下政务信息系统容灾备份数据完整性、可用性及可靠性，查找云环境下容灾备份的新特点和存在的问题及不足，了解相关事件的发现、上报、联动协调、应急处置、总结报告等应急处置流程。

2日 歌华有线与北京首都开发控股（集团）有限公司签订《合作框架协议》和《智慧云项目（涿州基地）项目管理委托协议》，并就智慧云项目（涿州基地）的后续建设，以及在“智慧社区”“智慧楼宇”“智慧工地”“智慧物业”等领域合作进行探讨。

7日 东城区信息办针对Apache Struts 2高危漏洞启动应急预案，与各单位建立信息安全分享机制，保障了数字东城网站群的安全。

15日 全国“两会”应急通信和信息安全保障任务完成。共投入保障人员1500余人次、保障车辆140余台次，网络信息安全应急设备50台（套）。

22日 北京市第12批“海聚工程”入选专家奖励证书颁发仪式在市委报告厅举行，全市共有133人入选第12批“海聚工程”。

23日至24日 市通信保障和信息安全应急指挥部办公室组织机动局无线电通信队在河北省易县五零站附近地域进行了“1703应急通信保障演练”，服务高峰论坛、中共十九大等重大活动保障。

28日 工业和信息化部计算机与微电子发展研究中心（中国软件评测中心）在北京发布第15届中国政府网站绩效评估结果，“首都之窗”门户网站蝉联省级政府网站评估第1名，并连续10年获得省级网站评估绩效第1名。在区政府网站评估中，大兴区、西城区入围前10名。

同日 海淀区政府常务会议原则同意《海淀区智慧海淀建设项目管理办法》（修订版）以区政府名义发布实施。30日，2017年度智慧海淀建设项目启动会议召开。

29日 “北京美丽智慧乡村信息服务平台”上线试运行，提供村务公开、党务公开、财务公开、在线教育和院线电影等10项应用服务，用户范围覆盖延庆区张山营镇32个村近8000户家庭。

4月

1日 市经济信息化委主管市信息资源管理中心，中心平台管理部负责运维管理的统一认证系统项目正式移交市公共信息服务中心。

6日 市经济信息化委联合天津市工业和信息化委员会、河北省工业和信息化厅，召开《京津冀协同推进北斗导航与位置服务产业发展行动方案（2017—2020年）》新闻发布会。方案明确了京津冀北斗产业下一步的重点任务和保障措施。

10日 东城区信息办保障望坛棚改户意向签约项目，通过望坛棚户区改造信息系统实现统一，同时分散放号和排号，实现居民对签约排号工作的社会监督。

19日至21日 市经济信息化委在北京会议中心组织召开2017年度电子政务信息安全人员持证上岗培训暨信息安全保障工作部署会。全市共83家单位约200名信息安全主管部门负责人和信息安全岗位持证人员参加。会议就《中华人民共和国网络安全法》及国家网络空间安全战略、政务云安全政策标准与实践、市政务云入云安全建议、政务信息安全大数据分析和信息系统应用安全检测平台使用等内容进行了讲解。

21日 市经济信息化委组织召开北京市软件和信息服务业及两化融合推进工作会，会议对产业运行、两化融合、京津冀协同发展等重点工作进行部署。全市16个区和北京经济技术开发区的软件信息服务业主管领导和相关联盟协会以及部分重点企业代表参加会议。

24日 《中关村智慧灯杆产业联盟筹备组动员会》在北京市乡镇企业大厦召开，旨在促进联盟筹备组各企业对接，共同商议联盟发展目标、方向、推进措施，为中关村智慧灯杆产业联盟的成立做准备。

27日 市高级人民法院、市经济信息化委主办的“北京法院审判信息网接入北京市法人一证通仪式”在北京展览馆举行。北京市的企业法人可使用一证通数字证书，登录北京法院审判信息网（http://www.bjcourt.gov.cn）实现身份认证，办理网上立案、案件查询、查阅诉讼档案等事项。

5月

5日至7日 全国基础教育信息化应用展在京举办。

6日 凌晨1：20，由于北京联通公司网络传输设备故障，造成800兆无线政务网189个基站中断数小时。

11日 市经济信息化委组织召开2017年北京市企业诚信创建活动启动会。市各参加创建活动的协会、商会、征信服务机构负责人参加了会议。

13日 市信息资源管理中心运维保障部接到市经济信息化委关于新型“蠕虫”式勒索病毒事件的电话通告，启动应急预案，组织相关部门关闭涉及应用政务云服务的445端口，对DATA资源网、信用北京网、公务员邮箱进行漏洞修复，同时发邮件通知中心利用勒索者软件清除工具和蠕虫勒索软件免疫工具对所有办公电脑终端以及相关服务器进行漏洞修复及安全排查。截至14日下午3点半，完成对中心涉及的9个政务应用的102台服务器漏洞修复。

14日至15日 “一带一路”国际合作高峰论坛在京举办。市经济信息化委全程参与应急通信和信息安全保障，完成雁栖湖会议中心、国家会议中心、故宫、国家大剧院、人民大会堂5个主要活动场所，55家重要官员和媒体入驻的酒店的800兆无线政务网覆盖建设、信号测试、网络优化、设备巡检及备品备件准备等工作，完成应急通信车现场保障点位的踏勘、电力保障准备、满负荷压力测试等工作，完成94个基站、15条链路的业务割接调整，对46个基站、累计73个载波进行了扩容；完成外交部、国家发展改革委和北京市服务保障领导小组“一办七组”共1240部800兆手台的保障和使用培训事项。

15 日 市经济信息化委组织召开“电子围栏试点”现场实测具体情况交流座谈会，了解5月8日至9日通州区共享自行车政府监控与服务平台的上线试运营情况，北斗导航位置服务（北京）有限公司、ofo 小黄车公司相关人员参会。

18 日 2017 京津冀大数据创新应用论坛在廊坊京津冀大数据应用感知体验中心举行，工业和信息化部、中央网信办、国家测绘局、京津冀三地工信部门的主管领导，以及国家信息化领域的专家和参与试验区重大工程建设的企业代表、行业组织负责人出席论坛。

同日 歌华有线微信营业厅（公众号：歌华有线）上线，提供业务报装、账户充值、故障报修、宽带续费、营业厅地址查询等服务。

23 日 歌华有线总前端频道配置调整，新增 CCTV−2、CCTV−4、CCTV−7、CCTV−9、CCTV−10、CCTV−12、CCTV−14 以及 CETV−1 高清共 8 套高清频道。

23 日至 25 日 在上海市召开的第 8 届中国卫星导航学术年会上，北京市北斗星通、合众思壮、雷科防务、华力创通、东方联星、北斗天汇等多家企业发布北斗新产品。

26 日 由北京联通公司和东城区信息化协会联合举办的“互联网 + 大数据时代”——政企协同信息化建设交流会在中国联通北京分公司召开，东城区相关单位和协会会员单位代表 60 余人参加会议。

同月 信息资源管理中心完成全市域正射影像的制作，可向全市各级部门提供最新的影像资料服务。其成果包括北京市平原地区 0.2 分辨率的真彩色正射影像、全市域 0.5 分辨率的真彩色正射影像。航空摄影范围 22000 平方千米。其中，北京市平原地区为 1∶10000 真彩色，山区为 1∶30000 真彩色。

6 月

12 日 歌华有线高清交互数字电视平台“增强电视”应用上线，覆盖使用 HMT 2200 高清交互机顶盒的 300 余万用户。“增强电视”项目以直播频道为蓝本，通过创新型的交互逻辑，降低用户使用复杂度，以“一键进入”的操作方式提升新媒体业务用户体验。

19 日至 23 日 市第 12 次党代会在北京会议中心举行。市经济信息化委作为市第 12 次党代会信息化保障组成员单位，全程参与并完成党代会信息化保障工作。

26 日 昌平区“智慧崔村—美丽八家村”电视云服务平台正式上线。“智慧崔村—美丽八家村”电视云服务平台是北京市首例村级电视云服务平台，包括美丽八家、智慧党务、三务公开、村民课堂四大功能模块，村民可以第一时间了解到身边所发生的事情，并享受多项便民服务。

28 日 市通信保障和信息安全应急指挥部办公室组织北京市无线电通信队，在天津市独流减河特大桥附近区域，与海河水利委员会、天津机动通信局等单位共同举行“2017 年防汛与天津全运会保障联合应急演练”。演练完成了预定的 5 个科目，分别是北京市无线电通信队和天津机动局开通海事卫星电话、北京市无线电通信队通过卫星链路开通华为 4G 基站车、北京市无线电通信队大动中通与天津机动局静中通开通会议电视、北京市无线电通信队小动中通和天津机动局指挥车开通会议电视、北京市无线电通信队短波车与天津机动局短波车互通。

29 日　以“软件定义世界，智能引领未来”为主题的 2017 第 21 届中国国际软件博览会在北京展览馆举行。

同月　北京北咨信息工程咨询有限公司推荐参评的“北京公交图像信息系统建设咨询”和“北京西站地区信息化监控系统项目建议书（代可行性研究报告）”2 个项目，分别获得 2016 年度北京市优秀工程咨询成果一等奖和三等奖。

7 月

13 日　中国电信北京公司联合天翼物联产业联盟、华为共同举办主题为“物联新时代　智慧新北京”的中国电信新一代物联网 NB-IoT 在京正式商用发布会。开启中国电信北京公司 NB-IoT 网络正式商用。中国电信北京公司与北京市燃气集团有限责任公司、北京环境卫生工程集团有限公司、ETCP 集团，以及上海移远通信技术股份有限公司、芯讯通无线科技（上海）有限公司、利尔达科技集团股份有限公司、联想懂的通信等模组厂商签署战略合作协议，共同打造北京物联网产业生态圈。

18 日　在市经济信息化委、国家发展改革委指导下，新华社、杭州市政府主办的首届“中国城市信用建设高峰论坛”上获得城市信用建设创新奖。

24 日　非法传销组织“善心汇”会员在大红门地区福海公园大量非法聚集。政务网管中心协调物联专网运营商首信公司启动应急预案，针对福海公园现场物联专网信号进行应急优化，保障了事件处置的指挥调度工作。本次保障，共出动 2 辆保障车辆，9 名工程师；调整周边 4 至 5 个基站的参数，开通 2 部专网 4G 图传单兵设备；向福海公园勤务现场送去专网 4G 图传单兵设备 1 部。

8 月

3 日至 4 日　东城区信息办召开“双公示”信息数据项网上填报工作培训会，规范网上公开“双公示”填报事项。

18 日　市经济信息化委指导北京两化融合服务联盟在北汽福田举办“北京两化融合服务联盟成立一周年暨 2017 北京市工业电子商务试点工作座谈交流会”。联盟副理事长单位京东集团、北汽福田、太极计算机、葛洲坝能源重工、鸿霁科技、用友网络、云道智造、国润创投、航天云网，以及慧聪网、酒仙网、敦煌网、当当网、小米通讯、中航金网、智慧联合、顺丰速运、一亩田、农信互联等工业电商企业代表 50 余人参加了本次会议。

22 日　2017 世界机器人大会在北京经济技术开发区亦创国际会展中心召开。

同日　工业和信息化部组织开展服务型制造示范遴选推荐工作，公布首批服务型制造示范企业 30 个、示范项目 60 个、示范平台 30 个。

其中，北京市1家企业、3个项目被评为国家级服务型制造示范企业和示范项目。小米通讯技术有限公司被评为示范企业，首都航天机械公司航天产品全生命周期管理平台、北京德威特继保自动化科技股份有限公司基于物联网云计算的一、二次融合节能管控服务系统、中国航空工业集团公司中航工业电子采购平台3个项目被评为示范项目。

24日 工业和信息化部办公厅公布2017年国家级两化融合管理体系贯标试点企业名单706家，其中有北京市30家企业。至此，北京市累计推进两化贯标试点企业达248家，其中国家级试点125家、市级试点123家。

同日 工业和信息化部正式公布首批制造业“双创”平台试点示范项目117个。其中，北京市京东、小米、太极、航天云网、树根互联、北汽福田、首钢自动化、中国铝业、船舶工业、智慧神州10家企业围绕“双创”平台＋要素汇聚、“双创”平台＋能力开放、“双创”平台＋模式创新、“双创”平台＋区域合作4个领域申报的14个项目，被评为首批制造业“双创”平台试点示范项目，全国占比12%。

28日 按照市委市政府要求，北京歌华有线电视网络股份有限公司高清交互数字电视平台上线《央视报道》新闻栏目，设“新闻”和“专题”2个分区，及时更新中央电视台有关北京的建设成就报道，每周更新新闻节目超过2000分钟。

30日 “高精尖”基金联席会议办公室委托经济技术市场发展中心举办的“北京高精尖产业发展基金信息安全专场路演会”召开，来自信息安全领域的投资机构、金融机构、企业和中介服务机构30余人参加会议。经济技术市场发展中心介绍了“高精尖”基金政策、合作模式及目前的运营情况。北京优炫软件股份有限公司、北京中科同向信息技术有限公司、北京溯安链科技有限公司、天津圣目信息安全技术股份有限公司4家企业进行了项目路演。

9月

18日 东城区信息办对全区100余家单位开展软件正版化工作实地检查，要求检查不合格的计算机限期整改，确保软件正版化工作落到实处。

20日 门头沟区召开“门城通”上线新闻发布会。“门城通”是门头沟区在“北京通”数据服务平台基础上，通过购买服务方式打造的区级政务服务窗口，依托市级平台，避免重复建设，最大限度地实现了集约化；并在市级基础上加载区域特色服务，是共性和个性相互融合的一种尝试。通过与门头沟政务服务体系的对接，民众可依托“门城通”享受移动化政务服务；利用移动互联网，通过“随手拍”等功能，将城市网格化管理延伸至百姓手边；通过与区级既有办公系统对接，提供移动化服务，提高办公效率，提升服务质量。

21日 市政府新闻办公室与市经济信息化委联合举办《北京市推进两化深度融合　推动制造业与互联网融合发展行动计划》（简称《行动计划》）新闻发布会。《行动计划》主要内容是实施生产模式转型行动、服务模式创新行动、基础能力提升行动3大行动。

22日 中关村云计算产业联盟联合泰智会产业加速器与台湾STARFAB加速器在北京举

行“京台前沿科技创新中心”揭牌仪式，并组织两地优秀项目进行展示及现场路演。

29日 市经济信息化委在乡企大厦501会议室组织召开中共十九大网络安全保障动员会暨北京市政务信息安全应急队伍授牌仪式。

同月 工信部公布2017年（第16届）中国软件业务收入前百家企业名单，北京市35家软件企业入选，入选企业数量为历年最高，居全国首位。国网信通、百度云、千方科技、普天信息、和利时、立思辰6家企业新入围。

同月 北京北咨信息工程咨询有限公司通过信息安全管理体系再认证换证审核，取得新的3年有效期的认证证书。

10月

17日 北京市政务服务中心审批业务平台建设项目通过竣工验收。

26日 北京市首个智慧小区示范项目——昌平区顶秀青溪园小区揭牌。

同月 中共十九大通信保障和信息安全保障任务圆满完成。

同月 工信部与北京市政府正式签署《关于建设国家网络安全产业园区战略合作协议》。

11月

2日 通州区“北苑生活圈”电视云服务平台正式上线。“北苑生活圈”电视云服务平台设有关注北苑、为您办事、一刻钟服务圈、京城京味、多彩社区、科普中国等7大功能模块，覆盖北苑街道19个社区，可以为4.6万居民提供预约挂号、一刻钟路途范围内的商家买卖信息、书画舞蹈类业余生活成果展示等服务。

7日 东城区信息办组织北京联通、北京移动、珐琅厂、北京稻香村、北京大道信通等30余家企业开展新《中华人民共和国无线电管理条例》宣传工作。

8日 北京软件和信息服务业协会第9届会员代表大会暨2017年会在新世纪日航饭店举办，300余家会员企业代表出席会议。会议发布2017年北京软件和信息服务业综合实力百强企业榜单，举行京津冀软件人才培养平台共建单位授牌仪式。百度、航天信息、腾讯位列百强企业榜单前三名。

13日 歌华有线业务在“微信—钱包—生活缴费”栏目上线。用户可选择“微信—钱包—生活缴费—有线电视”，输入智能卡编号办理欠费补缴及充值业务。

14日 市经济信息化委、市发展改革委、市网信办、市编办、市财政局、市审计局联合发布《关于推进我市政务信息系统整合共享的实施方案》。明确市政务信息系统整合共享工作的总体目标和要求，提出市政务信息系统整合共享工作的主要任务和保障机制。

同日 市经济信息化委面向全市各部门发布《北京市经济和信息化委员会关于关停北京市决策信息服务系统的通知》，同时组织开展决策信息服务系统的关停系列工作。

15日 东城区信息办与景山街道办事处在皇城根遗址公园举办无线电管理宣传咨询日

活动。

16日 第2届“中国数坝”暨中国互联网大会“支撑冬奥张家口赛区”峰会在河北省张家口市召开。

17日 东城区举办国家机关软件正版化工作培训会，对111家单位的120余人进行了软件正版化相关知识及检查考核相关工作的培训。

29日 在全国“双安双创”现场上，国务院领导通过“三农”服务热线与蔬菜植保专家进行了远程通话。

同月 北京软件造价评估技术创新联盟暨中国计算机用户协会软件造价分会授予北京北咨信息工程咨询有限公司“工业和信息化部行业标准《软件研发成本度量规范》2017年度应用示范单位”奖项。

同月 中国电子企业协会被授予2017年“全国电子信息行业优秀企业”荣誉证书。

12月

4日 政府投资信息化项目全流程管理工作经验交流暨政务信息系统整合政策解读会在北京会议中心召开。会上解读了《关于推进我市政务信息系统整合共享的实施方案》，市级各有关单位、各区信息化牵头部门参加了会议。

6日 “北京市公共信用信息统一管理服务平台”正式上线提供服务。

12日 首届中国网络安全产业高峰论坛召开。论坛由工信部、市政府共同指导，市经济信息化委、市通信管理局主办，以“做强网络安全产业，服务网络强国建设”为主题，共同探讨网络安全产业高端化、自主化、体系化发展，并启动国家网络安全产业园区建设。

14日 中国电子信息行业联合会发布2017年度信息系统集成及服务大型一级企业证书企业名单，北京19家企业获得证书，占比48.7%，是全国获证最多的城市。其中，石化盈科、和利时和易华录3家企业为首次获得该证书。

22日 市经济信息化委组织召开2017年北京市企业诚信创建活动总结大会。各创建协会商会负责人、创建企业代表和信用服务机构代表400余人参加了会议。会议发布了《北京市诚信企业创建活动管理办法》，向506家“2017年北京市诚信创建企业”颁发了奖牌、证书。北京同仁堂、首汽汽修、东华软件和北京汽修行业协会分别介绍了诚信创建工作经验。

27日 市政府印发《北京市政务信息资源管理办法（试行）》。明确北京市政务信息资源管理工作的具体要求，提出了相关保障措施和监督机制。

同月 市信息资源管理中心首次通过公开招标完成北京市五环外的全市域航空摄影工作。

同月 以“创新服务智慧运营”为主题的2017年中国通信网络运营维护服务年会在北京召开，北京浩瀚深度信息技术股份有限公司获得“2016—2017年度通信网络运营维护服务用户满意企业”称号。

同月 北京浩瀚深度信息技术股份有限公司获得“2016—2017年度中关村信用培育双百工程——百家最具影响力信用企业”“2017年北京市诚信系统集成企业”“2017年度科技创新型企业”“2017年北京市诚信创建企业”等多项称号。

同月 北京北咨信息工程咨询有限公司再度获得中国计算机用户协会网络应用分会颁发的 2017 年度“用户满意奖”荣誉证书。

北京信息化年鉴

综　述

本栏目主要记述京津冀产业协同、科技创新、“高精尖”产业结构、“智慧北京”建设、“放管服”改革推进等方面情况。

2017年北京经济和信息化发展基本情况

2017年，在市委市政府的坚强领导下，全市经信系统深入学习贯彻习近平新时代中国特色社会主义思想和中共十九大精神，认真抓好“两贯彻一落实”，坚持稳中求进工作总基调，集中攻坚抓疏解、精准施策谋发展，完成全年目标任务。

京津冀产业协同向纵深推进。年内，京津冀大数据综合试验区建设推进，《京津冀协同推进北斗导航与位置服务产业发展行动方案（2017—2020年）》发布，应用感知体验中心和大数据协同处理中心建成启用，环京大数据基础设施支撑带初具规模。京津冀三地信用平台实现互联互通，多领域协同全面提升。

产业创新发展能力持续提升。年内，《北京市推进两化深度融合　推动制造业与互联网融合发展行动计划》发布，两化融合指数提高5.1个百分点。启动实施“智造100”工程，8家企业入选工信部智能制造系统解决方案供应商推荐目录，超过总数的1/3。百度、360等互联网企业加快在人工智能、大数据等新兴领域布局，32家企业入选中国互联网企业100强，数量居全国之首。

“高精尖”产业结构加快构建。年内，市经济信息化委与市科委共同牵头起草并以市委市政府名义印发新一代信息技术、集成电路、新材料等10个“高精尖”产业发展指导意见，市统计局印发“高精尖”产业分类标准，市财政局、市规划国土委、市人力社保局等出台了支撑“高精尖”产业发展的财政、土地、人才等一揽子政策，中关村管委会发布《中关村国家自主创新示范区人工智能产业培育行动计划》等文件，“高精尖”产业发展政策体系更加完善。举办第21届中国国际软件博览会、首届中国网络安全产业高峰论坛，吸引国内外“高精尖”资源要素在京集聚发展。

“智慧北京”建设示范引领。年内，城市副中心信息化工程推进工作专班组建，有序推进行政办公区综合运管、物联网、综合办公等平台建设，保障副中心入驻单位信息化需求，推动各单位信息化系统迁移入云。加快数据共享开放，出台北京市政务信息资源管理办法。完善信息基础设施，全市首张窄带物联网正式商用，百兆及以上宽带用户占比超过50%，4G用户占比超过73%。推动各领域公共服务与“北京通”深度对接，“北京通”App正式上线，新增发放“北京通”卡1030万张，累计发卡2297万张。加快社会信用体系建设，印发《关于建立完善信用联合奖惩制度加快推进诚信建设的实施意见》。大力推进社会信用深度应用，联合惩戒的威慑力显著增强。完成中共十九大、“一带一路”高峰论坛等重大活动无线电、应急通信和信息安全保障工作。

“放管服”改革深入推进。年内，进一步精简职权事项，取消工业和信息化投资核准事项中的环评等前置审批条件。清理审批相关中介服务事项和涉及企业群众办事的各类证明，动态更新权力清单，大幅压减核准事项，全面梳理公共服务事项26项。落实国家相关税收优惠政策，为软件企业减免所得税37.57亿元。深入推进行政执法，市、区两级执法工作均取得新突破。

（市经济信息化委）

信息基础设施

本栏目主要记述北京信息化规划与建设、互联网、有线电视网、无线电管理等方面情况。

概　述

2017 年，北京市全力配合城市副中心信息基础设施规划建设，按期完成副中心电子政务网络接入，有序推动有线政务专网升级改造方案相关工作，完成“两会”、“一带一路”、中共十九大等重大活动期间的政务专网通信保障任务。

年内，市委发布《关于加快发展北京智能装备制造业的指导意见》，明确北京市高端装备制造业未来几年发展的重点方向和主要任务。市规划国土委会同市通信管理局、市经济信息化委等相关单位，编制完成《北京市公共移动通信基站专项规划（2016—2020）》，并获得市政府批准。市经济信息化委发布《北京市智能机器人产业创新发展路线图》，指明北京市智能机器人产业的发展路径。

北京市落实“宽带中国战略”要求，将宽带网络作为战略性公共基础设施，全力推进全光纤网络城市建设，大幅提升北京市宽带接入能力。继续推进服务标识为“–MyBeijing–”的公共场所免费无线上网工作。北京市首个 1000 兆光纤示范小区揭牌。

北京歌华有线电视网络股份有限公司（简称歌华有线）启动光纤到户网络改造工作，年内新建双向网 50 万户，累计开通双向网 600 万户。北京市有线电视注册用户达到 586 万户，较 2016 年年底增长 6 万户；高清交互数字电视用户突破 500 万户。

年内，北京市全力做好无线电频率管理、无线电台站管理和空中电波秩序管理，完成“一带一路”国际合作高峰论坛和中共十九大期间的无线电安全保障任务，维护了北京地区良好的空中无线电波秩序。

（市经济信息化委）

规划与建设

【通信和互联网企业家座谈会召开】 1 月 5 日，市经济信息化委为充分发挥北京市信息服务企业在推进智慧城市建设，特别是城市副中心信息化建设中的市场主体作用，组织召开通信和互联网基础设施建设企业家座谈会。神州泰岳董事长王宁、东土科技董事长李平、启明星辰董事长严望佳、曙光信息总裁历军等 10 余家企业负责人，以及原市政府副秘书长、中关村科技园区管委会区域创新合作顾问戴卫，市经济信息化委主任张伯旭、副主任毛东军、委员姜广智参加会议。张伯旭介绍了北京市智慧城市建设的总体思路和要求以及目前存在的问题，希望企业家们将各企业最好的技术、产品和服务在北京做出示范应用。毛东军介绍了城市副中心信息化建设的具体需求，并对企业家关心的问题给予答复。企业家们分别介绍了本公司主营业务以及相应信息化产品和服务，并为城市副中心的信息化建设建言献策。戴卫代表企业家们表示，愿意为北京智慧城市建设贡献智慧和力量，为实现国际一流和谐宜居之都示范区而努力奋斗。

（市经济信息化委软件服务处）

【智能机器人发展路线图发布】8月，在2017世界机器人大会上，市经济信息化委发布《北京市智能机器人产业创新发展路线图》，指明了北京市智能机器人产业的发展路径。推动产业集聚发展，年内超过15家机器人及上下游企业在经济技术开发区注册，产业聚集效应初步显现。

（市经济信息化委智能装备处）

【副中心行政办公区无线政务网覆盖】11月13日，北京市政务网络管理中心（简称市政务网管中心）组织召开对正通公司《北京市800兆无线政务网城市副中心行政办公核心区覆盖方案可行性研究报告》的专家评审会，确定无线政务网城市副中心行政办公区1.4平方千米按照新建6个室外基站、2套室内信源基站和10套室内分布系统的方案进行建设。12月4日，城市副中心行政办公区综合物业楼（C2楼）室内无线政务网覆盖完成。

（市政务网管中心）

【副中心行政办公区物业楼外网开通】11月16日，副中心行政办公区综合物业楼（C2楼）开通市级政务外网。自3月起，市政务网管中心按照市经济信息化委的要求，启动副中心行政办公区政务外网接入工作。经过光缆资源调研摸底，反复与北京市政务外网建设运维单位——首都信息发展股份有限公司确认实施方案，同时与副中心工程建设指挥办公室信息化部保持密切联系，随时掌握工程建设进展。在副中心行政办公区综合物业楼（C2楼）具备施工条件后，立即要求首信公司、歌华有线进行楼外和楼内的光缆敷设。副中心行政办公区的信息化建设工作全面进入实施阶段。

（市政务网管中心）

【智能装备制造业的指导意见发布】12月26日，市委发布《关于加快发展北京智能装备制造业的指导意见》，向社会传达北京市大力发展智能装备产业的意愿决心，明确北京市高端装备制造业未来几年发展的重点方向和主要任务。

（市经济信息化委智能装备处）

【移动通信基站专项规划完成】年内，市规划国土委会同市通信管理局、市经济信息化委、北京铁塔公司等相关单位，编制完成《北京市公共移动通信基站专项规划（2016—2020）》，并获得市政府批准。规划要求在建设移动通信基站时，统筹考虑城市公共空间的优化利用和市场对资源的配置作用，坚持“统一规划、资源共享、结合建筑设置优先、注重景观风貌协调”原则，综合考虑城市整体景观风貌、特定区域的特殊环境要求，以及城市交通、市政、园林等多方面条件因素。

（市经济信息化委信息设施处）

【政务专网升级改造建设】年内，“一带一路”、党代会、“两会”等重大活动期间的政务专网通信保障任务完成。截至年底，有线政务专网市级接入单位2328个；政务外网横向虚拟专网17个、政务外网纵向虚拟专网88个；与国家政务外网连接的虚拟专网33个；政务内网横向虚拟专网2个、政务内网纵向虚拟专网1个；800兆无线政务网政务用户达102397个。按期完成副中心电子政务网络接入工作。

（市经济信息化委信息设施处）

【冬奥会专用网络通信基础设施资源研究】年内，为配合2022年冬奥会场馆规划设计工作的开展，确保各场馆的规划设计能够满足未来专用无线通信网络的建设需求，市政务网管中心完成对 2022 年冬奥会和冬残奥会专用网络通信基础设施资源摸查及规划布局研究。通过对 26 个竞赛和非竞赛场馆内及场馆周边的无线专用网络通信基础设施资源现状进行摸底核查，提出 2022 年冬奥会集群通信总体规划和每个场馆的分项规划，为场馆专用网络通信基础设施建设提供了设计依据。

（市政务网管中心）

互联网

【全力推进宽带网络建设】年初，北京市落实“宽带中国战略”要求，将宽带网络作为战略性公共基础设施，全力推进全光纤网络城市建设，大幅提升北京市宽带接入能力。截至 3 月底，全市具备光纤接入能力家庭累计超过 1000 万户，固定宽带家庭用户数累计约 721.22 万户。其中，50 兆及以上宽带用户占比约 67.59%，百兆及以上宽带用户占比约 17.82%，宽带用户平均带宽 47.94 兆，提前一年实现国家要求的提速指标。北京市平均可用下载速率提升到 14.34 兆。2016 年年底，铜缆网络光纤化改造全面完成，获得“宽带中国”示范城市最佳实践奖。

（市经济信息化委新闻宣传处）

【1000M 光纤示范小区揭牌】5 月 19 日，“1000M 光纤示范小区”揭牌仪式在通州区天时名苑小区举行，该小区业主将率先感受到超高速带宽给生活带来的全新体验。建设 1000 兆光纤示范小区，是北京联通响应政府号召，在推出落实提速降费、服务企业和民生的 6 大举措后开展的又一项实际行动，以落实党中央、国务院关于“一带一路”建设的重大战略决策部署和提速降费的要求，呼应国际电联“发展大数据，扩大影响力”主题，进一步助力“宽带北京”建设。

5 月 19 日，“1000M 光纤示范小区”揭牌仪式在天时名苑小区举行

（市经济信息化委网站）

【继续推动提速降费工作】年内，北京铁塔公司加快建设基站，满足电信运营商移动网络布局需求；世园会 5G 试点对接，完成试点初步方案。截至年底，北京市 4G 基站累计达 7.71 万个，基本实现城乡覆盖，4G 用户数超过 2741 万户，为大幅提升北京市平均可用下载速率奠定基础。按照北京市与中国联通、中国移动签署的战略合作框架协议，各公司认真履行协议内容，增加内容分发网络（CDN）节点数，推动本地流量占比提高。5 月，北京联通公司启动公众宽带实现全网光宽带用户“百兆起步，千兆示范”，6 月底前百兆以下光纤用户全部免

费提速至百兆，100 兆免费提速至 200 兆，200 兆免费提速至 500 兆。截至年底，全市具备光纤接入能力家庭累计超过 1000 万户，固定宽带家庭用户数累计约 797.73 万户，其中百兆及以上宽带用户占比超过 50%。

（市经济信息化委信息设施处）

【推进公共场所免费无线上网】 年内，服务标识为“–MyBeijing–”的公共场所免费无线上网工作全力推进。自 5 月 1 日起，将每人每天上网时长由 2 个小时调整为不限时；实现“北京通”App 实名认证用户无感知上网；实现市级与海淀区免费上网用户账号互认证，公众在市级和海淀区提供的免费无线上网服务场所间切换，无须再次注册即可无感知上网，避免了重复建设，提高了公众上网便捷度。截至年底，新增服务场所 651 个，完成市政府“新增 400 个公共场所无线上网功能，并提供免费服务”的民生实事项目，累计超过 1000 个场所提供免费无线上网服务，累计注册人数超过 73.5 万，累计上网超过 1717 万人次，累计上网时长约 1193 万小时，使公众充分享受到了智慧城市建设的成果。

（市经济信息化委信息设施处）

有线电视网

【有线电视网络改造建设】 年内，歌华有线启动光纤到户网络改造工作，新建双向网 50 万户，累计开通双向网 600 万户。累计完成 53 个机房 DOCSIS 3.0 系统升级工作，覆盖用户达 500 万户。

（歌华有线）

【有线电视频道入网】 年内，歌华有线大网中传输 59 套模拟电视节目，其中中央电视台节目 15 套、北京电视台节目 10 套、中国教育台节目 2 套、外省卫视节目 32 套。平移网中传输 197 套数字电视节目和 18 套数字广播节目，197 套电视节目中含标清数字电视节目 150 套。其中，中央电视台节目 16 套、北京电视台节目 10 套、中国教育台节目 3 套、外省卫视节目 34 套、卡通频道节目 2 套、购物频道节目 12 套、区节目 1 套、区专供节目 10 套、付费频道节目 61 套、歌华自办节目 1 套。高清数字电视节目 47 套，其中 3D 试验频道 1 套、歌华自办节目 1 套、区节目 3 套。平移网中模拟电视节目数量 24 套，其中中央电视台节目 6 套、中国教育台节目 1 套、北京电视台节目 9 套（含区自办 1 套）、外省卫视 8 套。

（歌华有线）

【电视、宽带用户数量稳定增长】 年内，歌华有线有线电视注册用户 586 万户，比 2016 年增长 6 万户；高清交互数字电视用户突破 500 万户，比 2016 年增长 20 万户；家庭宽带在线用户 56.9 万户，较 2016 年增长 6.3 万户。

（歌华有线）

【高清交互数字电视系统建设】 年内，歌华有线完成 HFC 网管、数据网运维管理和数据网综合监控管理等系统的优化升级；iBOSS 完成对 105 项新业务需求的支撑。

（歌华有线）

【城市副中心信息化建设】年内，歌华有线按照北京城市副中心建设总体计划，推进城市副中心发展所要求的信息化基础设施建设，开展通信楼机房和行政办公区接入机房相关建设。

（歌华有线）

【北京冬奥会有线电视专网建设】年内，歌华有线跟踪冬奥会有线电视专网项目，与河北省网签订专网合作协议。

（歌华有线）

【有线无线融合网方案获批准】年内，歌华有线无线融合网项目试点方案得到国家新闻出版广电总局科技司的同意批复。

（歌华有线）

无线电管理

【概况】年内，市无线电管理局贯彻落实全国无线电管理工作座谈会和北京市经济和信息化工作会议精神，全力做好无线电频率管理、无线电台站管理和空中电波秩序管理，完成“一带一路”国际合作高峰论坛和中共十九大期间的无线电安全保障任务，维护了北京地区良好的空中无线电波秩序。

（市无线电管理局）

【“一带一路”高峰论坛无线电保障】5月，市无线电管理局作为“一带一路”国际合作高峰论坛中筹委安保组成员单位和市领导小组成员单位，按照相关要求，参加了中央安保领导小组无线电管控组执行领导小组。论坛期间，全军电磁频谱管理委员会办公室、国家民航总局、国家无线电监测中心及河北省、天津市等7个省市及单位的无线电管理机构同步参加保障，为活动安全举办提供支持。局内成立高峰论坛无线电安全保障领导小组，局机关成立无线电安全指挥中心，雁栖湖区域设立前线指挥部，及时解决和处理突发问题。在充分研判无线电安全形势并征询相关部门意见后，首次确定在重大活动期间不实施无线电管制。完成无线电安全保障任务。“一带一路”高峰论坛筹委会安全保卫组授予市无线电管理局“安保贡献先进集体”称号。

（市无线电管理局）

【政务物联数据专网获无线电台执照】7月，根据《中华人民共和国无线电管理条例》“设置、使用无线电台（站）应当向无线电管理机构申请取得无线电台执照”的规定，市政务网管中心向市无线电管理局申请物联专网317个基站的无线电台执照，通过相关测试并获得批准。北京市政务物联数据专网是北京市信息化基础设施重点建设项目之一，以北京市电子政务网络为依托，使用TD-LTE宽带移动通信技术，采用BOT模式建设，由市政务网管中心负责管理，首都信息发展有限公司建设运维。它独立于公众网络，以支撑北京市城市日常管理、安全运行、重大活动保障、突发事件处理及民生服务为宗旨，不进行任何商业运营。

（市政务网管中心）

【中共十九大无线电安全保障】10月，市无线电管理局配合国家有关部门对会场周边的公众移动通信进行检查，严厉打击北京及周边地区的“黑广播”和“伪基站”,保证航空频率安全。先后参与制订《中国共产党第十九次全国代表大会京津冀地区无线电安全保障工作方案》和《党的十九大期间京津冀地区无线电安全保障应急处置预案》,制订《北京市无线电管理局党的十九大无线电安全保障工作方案》,对指挥调度、职责分工、协同作战、应急处置等工作进行明确部署。参加以工业和信息化部无线电管理局局长为组长,国家、军队、相关行业和京津冀无线电管理机构领导为副组长的无线电安全保障领导小组。建立无线电管控小组等3级指挥体系。会议期间,北京市投入全部监测站和工作人员,国家无线电监测中心,天津市、河北省无线电管理机构同步参与保障。会议结束后,中央保密办对市无线电管理局参与保障人员专门致信予以表扬;工信部部长做重要批示,对市无线电管理局保障工作给予充分肯定。

(市无线电管理局)

【无线电频率管理】年内,市无线电管理局利用无线电监测结果和频谱评估成果,采用大数据技术管理无线电频率,把有限和宝贵的频率资源优先配置于重要领域、重要行业和重要用户。全年共完成频率审批58件,延期审批50件,配合国家无线电办公室完成外国元首访华临时频率指配49件。落实气象雷达、广播电台、热力等部门用频需求的组织协调工作。根据市政府相关文件要求,配合市经济信息化委协调解决了轨道交通1.8G频率申请及后续的行政许可事项。

(市无线电管理局)

【无线电台站管理】年内,北京市对无线电台站实施分级管理,建立台站联系人制度,协调解决重要用户反映的问题。完成北京地区使用航空无线电专用频率和广播电视专用频率无线电台(站)抽查;完成原国管卫星地球站的接收工作。开展业余无线电培训和许可,累计发放业余无线电A类、B类操作证3216个,发放业余无线电台执照3119个。组织2017“中国HAM‘五五节’北京业余无线电交流汇”和业余无线电“2017应急通信演练”活动。完成62件设置无线电台的行政审批。办理617家单位台站年审工作。与市地税局合作,完成收缴频率占用费698万元。

(市无线电管理局)

【宣传贯彻无线电管理条例】新修订的《中华人民共和国无线电管理条例》(简称新条例)于2016年12月1日正式施行。4月11日,全市宣传贯彻新条例部署工作会议召开,市相关委办局、区及主要设台单位、驻京部队代表近200人出席了会议。6月13日至14日,召开新条例培训会,市无线电管理局、各区无线电管理人员及市打击“黑广播”协调机制单位代表等70余人参加了培训。年内,通过公交电视、地铁电视、城市电视、公交候车亭灯箱、地铁线路导向屏等公众热门平台拓展新条例宣传工作的覆盖面。年内,市无线电管理局赴中国传媒大学附属小学、首都经济贸易大学密云分校、首都师范大学房山分校开展3次无线电进校园宣传活动,指导并支持各区结合各自特点开展宣传工作,发放宣传资料3.2万份、宣传品2万份。

(市无线电管理局)

【无线电监测】年内,市无线电管理局完成12份监测频谱统计报告,月报累计监测时间12960小时(按分站叠加计算);完成外国元首访华专项监测工作;组织开展了北京城市副中心TDOA监测网实验;完成“一带一路”峰会无线电监测和中共十九大期间无线电用频安全保障工作。

(市无线电管理局)

【电磁环境测试和设备检测】年内，市无线电管理局完成56个单位、62个通信网、60个测试点的电磁环境测试；完成33个单位、34个通信网的台站技术验收，为全局的频率及台站行政审批工作提供了技术支撑；完成27家单位的设台验收，测试设备123台；签署5份入关检测协议，涉及进口设备15601台；检测业余电台4751台。

（市无线电管理局）

【监测技术设施建设】年内，市无线电管理局完成监测网升级改造建设项目的招投标及合同签订工作。按照市经济信息化委的统一部署，将监测系统、信息化系统、安防系统的部分功能迁移至政务云，初步建立了基于政务云的监测大数据云平台处理能力。完成2017年至2018年监测网及其辅助技术设施运维招投标及合同签订工作；配合完成了2018年项目申报及相关审计工作；完成无线电台站核查系统购置项目收尾工作；完成了监测车车载灭火系统和便携式场强及电磁辐射测试系统安装工作。

（市无线电管理局）

【打击“黑广播”“伪基站”】年内，市无线电管理局根据中央和北京市的统一部署，在工信部专项行动领导小组和市委政法委（市维稳办）的领导下，参与了打击整治生产销售使用“伪基站”违法犯罪活动专项工作,共参与打击“黑广播”行动45起,查获非法设备64套;出具“伪基站”认定书155份，认定设备158套次；开展无线电行政执法11起,立案11起,结案11起,罚没设备1套，下发责令改正通知书8份。

（市无线电管理局）

【参与北京冬奥会筹办】年内，市无线电管理局到2022年北京冬奥组委进行工作对接，对相关事宜进行沟通和明确；制订冬奥会前无线电保障规划；组织人员两次对延庆海陀山赛道进行考察，对无线电监测设施建设事宜进行筹划，初步选择了保障地点，并向奥组委、规划院等部门提出无线电保障需求；参加北京冬奥会无线电管理第一次联席会议筹备会，各方就联席会议的参会人员、会议形式、会议议题进行了研讨。

（市无线电管理局）

信息产业

本栏目主要记述电子信息产业、软件和信息服务业、新技术应用等方面情况。

概述

2017年，北京市电子信息产业重点推动京津冀协同发展、推进科技创新中心建设、加快构建“高精尖”经济结构等项工作。全年工业和信息化部监测的北京电子信息产业规模以上企业集团110家。全行业主营业务收入2957.98亿元，比上年增长5.15%；利润总额223.98亿元，比上年增长71.72%；纳税总额30.06亿元，比上年增长29.54%；工业销售产值1801.53亿元，比上年增长4.51%；出口交货值532.05亿元，比上年增长4.58%；新增固定资产投资额105.65亿元，比上年下降9.28%。主要产品移动手机、显示器、液晶面板、电子元件产量比上年下降，计算机、集成电路产量比上年上升。

结构调整成效显著，行业全年保持两位数增长，全行业累计实现增加值增速10.8%。其中，通信产业所占比重降至全行业45%左右，尤其是传统手机组装制造业占比大幅下降；数字电视（半导体显示）产业产值占比接近25%，支撑全行业增加值增速的大幅提升；集成电路产业受国家政策影响持续增长，整体产值占北京市电子信息产业的15%；计算机产业受移动互联网产业发展的影响，整机产品产值逐年减少，约占北京电子信息产业的15%。

领军型企业增多，继联想成为世界级计算机领军企业后，京东方成为全球液晶显示领域世界领先企业，多个品类占据全球市场份额第一，OLED、柔性屏等先进技术产品达到世界先进水平。小米公司重回国内智能手机市场前3名，并在国际市场取得突破。紫光、中芯、北方华创等一批集成电路企业在各自领域具备国内领先优势地位。2017年第31届中国电子信息百强企业排名中，北京地区有10家企业入围，营业收入共计6322.41亿元，利润251.54亿元，上缴税金165.32亿元。百强企业加大科研经费的投入，引进科研人员，促进企业提升核心竞争力。

企业市场竞争力强，北京市热点领域优势突出。全年近90%的市政府投资热点技术项目由北京市企业承建，交易额达11.95亿元，占政府投入金额的94.5%。其中，信息安全企业127家，产值2.75亿元；云计算企业85家，产值2.41亿元；物联网企业101家，产值3.85亿元；大数据企业130家，产值2.94亿元。全国涉及软件和信息技术服务相关项目中，北京市中标企业共3193家，占全国比重为11.47%，比上年增长20.3%；北京市涉及软件和信息技术服务相关项目中，北京市中标企业共1218家，比上年增长34%。

2017年，北京市软件行业实现营业收入8752.1亿元，比上年增长13.9%，增速为近5年最高值；实现增加值3169亿元，比上年增长12.6%；占全市GDP比重为11.3%，占第三产业GDP比重为14.0%，创历史新高。在营软件企业数量达25788家，比上年增长0.47%。软件业务收入7836.7亿元，比上年增长19.4%，软件出口创汇31.8亿美元，比上年增长3.1%。

北京市软件产业已形成较为完整的生态系统，产业链布局加速内生外延，不断孵化和衍生新兴业态，云计算、大数据、工业互联网等高端领域引领行业变革。

云计算产业稳健增长，实现营业收入870.61亿元，比上年增长10.1%。从运营商到传统企业，从互联网到新兴企业，组成了各具特色的云计算产业生态链；云计算基础技术研发取得突破，云计算应用领域不断深入，政府、金融等行业已成为主要领域。

（市经济信息化委电子信息处）

电子信息产业

【概况】2017年，北京市电子信息制造业实现工业产值2199.5亿元，比上年增长8.9%，新增固定资产投资额105.65亿元，比上年下降9.28%。2017年，行业处于回升期，全行业累计实现增加值增速10.8%。年初高位开局，随后月度增速逐级放缓。形成2017年高增速的原因，一是2016年同期基数过低，二是行业结构进一步优化，高附加值产品、新产品占比进一步增加。从细分行业看，通信产业所占比重已降至全行业的45%左右，尤其是传统手机组装制造业占比大幅下降，仅占通信行业的10%以内，取而代之的是以设计、研发、品牌营销为主，生产委外代工的新型制造业运营模式。这种产业运营模式的转变，进一步巩固了北京市在通信产业的技术优势地位，提升了产业核心竞争力。以小米、锤子为代表的移动互联网公司，2017年全年产销智能手机超过7000万部，实现工业产值超过600亿元。数字电视（半导体显示）产业保持较好发展，产值占比接近25%。京东方八代线实现满产满销，五代线实现传感器转型。核心元器件制造业的增长，有力支撑了全行业增加值增速的大幅提升。集成电路产业受国家政策影响持续成长，整体产值占北京市电子信息产业的15%，其中中芯国际项目实现满产，中芯北方项目支撑了北京市电子信息行业的固定资产投资，智芯微电子、威讯、瑞萨半导体等企业也呈现良好发展态势。计算机产业受移动互联网产业发展影响，整机产品产值逐年减少，约占北京市电子信息产业的15%，其中同方公司减少超过2/3，联想集团减少至200亿元规模。

表1 2017年北京市部分电子产品产量统计表

序号	产品	单位	产量	
			全年累计	比2016年增减%
1	移动手持机	万部	7500.53	−1.80
2	计算机	万台	847.56	14.68
3	显示器	万只	350.54	−25.30
4	集成电路	万块	712845.09	6.20
5	液晶面板	万片	10919.63	−25.90
6	电子元件	万只	57358.08	−11.80

（市经济信息化委电子信息处）

【大唐电信集团项目获国家科技特等奖】1月9日，在国家科学技术奖励大会上，大唐电信集团（电信科学技术研究院）作为主要单位完成的“第四代移动通信系统（TD−LTE）关键技术与应用”项目获得2016年度国家科学技术进步特等奖。

（海淀区信息办）

【首批36家前沿技术企业授牌】1月20日，中关村管委会向中科寒武纪、商汤科技等36家企业授予“中关村前沿技术企业”标牌。前沿技术企业选拔重点聚焦 3 大领域：以人工智能、大数据、虚拟现实、高端芯片、智能机器人、无人驾驶等为代表的新一代信息技术领域；重大生物医药和高端医疗器械技术领域；以石墨烯、液态金属、量子通信等为代表的材料技术领域。

（海淀区信息办）

【12 英寸清洗机流片量打破纪录】1 月，北京七星华创电子股份有限公司自主研发的 Saqua 系列 12 英寸清洗机，在中芯国际完成 52 万片生产线流片，创造了国产 12 英寸集成电路清洗设备流片量纪录。Saqua 系列清洗机是七星电子自主研发、具有完全自主知识产权的新一代高端清洗工艺设备，应用于 IC 制造中铜互连清洗工艺。设备采用全新的模块化设计理念，通过了 65 纳米 /55 纳米 /40 纳米大生产工艺验证，各类指标优异，在生产效率、稳定性、可靠性等方面实现了与进口设备相媲美的技术水平。

（北京电控）

【小米自主研发芯片正式商用】2 月 28 日，小米公司发布了定位中高端的自主研发芯片“澎湃 S1”，此举使小米成为继苹果、三星、华为之后，全球范围内具有同时生产芯片和手机能力的企业。“澎湃 S1”芯片采用八核架构，首批量产并搭载于同时发布的小米新款旗舰拍照手机小米 5C。

（海淀区信息办）

【小米公司宣布在印度建第二座手机工厂】3 月 20 日，小米公司宣布，将与富士康合作，在印度开工建设第二座手机工厂。建成后，小米公司在印度的产能可提升至平均每秒制造一部手机，小米新工厂将为周边 100 余个村的村民创造 5000 个工作岗位。

（海淀区信息办）

【世界首台光量子计算机诞生】5 月 3 日，世界上第一台超越早期经典计算机的光量子计算机在中国诞生。标志中国的量子计算机研究迈入世界一流水平行列。该光量子计算机是由中科大、中国科学院——阿里巴巴量子计算实验室、浙江大学、中科院物理所等协同研发完成。

（海淀区信息办）

【龙芯中科发布四款新一代芯片】5 月 9 日，中关村海淀园企业龙芯中科公司发布龙芯 1H、龙芯 2K1000、龙芯 3A3000 龙芯 3B3000 四款新一代国产芯片，其中龙芯 3A3000 龙芯 3B3000 芯片采用自主微结构设计，是目前国产 CPU 中单核 SPEC 实测性能最高的芯片之一，达到国际先进水平，其访存带宽达到与国际主流处理器相当的水平。

（海淀区信息办）

【中国首条 AMOLED 生产线投产】5 月 11 日，京东方成都第六代柔性 AMOLED 生产线正式投入生产，是中国首条第六代柔性 AMOLED 生产线。该生产线总投资 465 亿元，于 2015 年 5 月开工建设，2016 年 7 月主体厂房封顶，设计产能为每月 4.8 万片玻璃基板（玻璃基板尺寸为 1850 毫米 ×1500 毫米），定位于高端手机显示及新兴移动显示等产品。

（北京电控）

【中国首个 80 纳米磁随机存储器】5 月 27 日，北京航空航天大学与微电子所联合研制的中国首个 80 纳米自旋转移矩——磁随机存储器芯片（STT–MRAM）器件，采用可兼容传统 CMOS 集成电路的工艺方法和流程，具备产品化、产业化转移的条件。应用于大型数据中心可降低功耗，用于各类移动设备可提高待机时间。

（海淀区信息办）

【长波通信技术研发取得新突破】5 月，北广科技股份有限公司承担的某型大功率甚低频全固态发射机项目的研制工作完成，标志公司在长波通信技术领域研发取得新突破。项目采用了数字处理、计算机智能监控等技术，具有整机效率高，管控自动化、智能化，可维性强等特点，对更好地实现海上远程通信、构建甚低频通信完整体系具有重要意义。

（北京电控）

【全球首创OLED内嵌式触控技术】5月，SID（国际信息显示学会）展会在美国洛杉矶会展中心举办，京东方携多款OLED产品亮相。其中，全球首款1.53英寸内嵌式触控OLED显示屏创新性地采用了由京东方和集创北方共同研发的内嵌式触控技术，提升了触控产品的信噪比，使触控更为灵敏、流畅，实现了屏幕的轻薄化，显著改善了画质，简化供应链、提升生产效率、降低系统成本。该技术属于全球首创。

（开发区亦庄时讯）

【AMOLED显示屏亮相2017年数博会】8月10日，全球移动消费电子盛会2017年数字世界博览会（iWorld 2017）举行。京东方以显示屏作为物联网信息出入口，展示了在零售、艺术、医疗等细分领域提供的物联网整体解决方案，立体呈现出未来智慧生活的方方面面。展会上，京东方将手机和平板电脑合二为一，带来7.56英寸QHD柔性AMOLED显示屏，可实现半径5毫米的对折折叠。同样“一屏二用”的还有4.35英寸柔性腕带显示产品，是市面上普通腕带产品尺寸的3倍，弯折半径为10毫米。细长状的整体屏幕在展平状态下可作为手机使用，弯曲状态下可作为腕带戴在手腕上，是对可穿戴手机、可穿戴手环等柔性显示产品的创新应用。基于在柔性显示领域的优势，京东方还展出了2款5.5英寸WQHD柔性OLED显示屏，可实现“S”形弯折与对折折叠，同时集成多点压力触控技术，可支持最多10点压力触控。京东方提供的显示屏融合了互联网、人工智能和大数据的智慧系统整体解决方案。

（北京经济技术开发区新闻中心）

【2017世界机器人大会召开】8月22日至27日，由市政府、工业和信息化部、中国科学技术协会主办，中国电子学会、市经济信息化委、北京经济技术开发区管委会承办的2017世界机器人大会在北京经济技术开发区亦创国际会展中心召开。大会举办了6大专题主论坛、20场专题论坛，邀请来自全球顶尖学府、研究机构和机器人企业的300余位行业大咖开展学术、技术交流与探讨；大会汇聚150余家全球著名企业，展示千余件行业科技成果和产品；吸引超过4500名选手参赛。超过25.5万名观众现场参观博览会。

（市经济信息化委智能装备处）

【亦庄打造集成电路“硅谷”】8月29日，位于北京经济技术开发区路东区的开发区集成电路标准厂房项目FAB B3A厂房举行上梁仪式。集成电路标准厂房项目投资约17.9亿元，于4月1日开工建设，总建筑面积共计约19.3万平方米。可满足5万片/月相关芯片生产制造需求。其中，FAB B3A厂房为生产制造厂房，是整个项目的核心，位于用地中部。本项目主要为北京市集成电路企业生产制造提供标准厂房空间，为入区的集成电路高科技研发和制造类企业提供理想的产业工作环境。项目的实施对于进一步升级北京市及开发区集成电路产业，促进全产业链向高端高附加值领域拓展，创新聚集发展具有重要意义。

（北京经济技术开发区新闻中心）

【京东方全球首款数学艺术馆获奖】9月2日，2017年柏林国际电子消费品展览会（IFA）揭晓了本年度“IFA产品技术创新奖”。京东方推出的全球首款数字艺术馆——BOE画屏从众多创新应用产品中脱颖而出，获此项大奖。BOE画屏于2016年11月8日在京东方全球创新伙伴大会（BOE IPC 2016）上全球首发，它包含精选艺术内容库、艺术欣赏交易平台、能还原艺术原作的显示终端以及更多附加服务。其无损伽马技术保障了色阶全表现，能更好地还原画作的真实质感。BOE画屏连接了艺术家与大众，集艺术展示、欣赏、传播和交易于一体，致力于将科技与艺术结合，把艺术带进千家万户。自面世以来，BOE画屏现身众多生活场景，带来全景式美学盛宴。无论是高端艺术馆还是平常人家，无论是静态画作还是动态影像，BOE画屏都以其超凡的画面表现力和强大的交互功能，传达出物联网时代下的科技与艺术结合之美。

（北京经济技术开发区新闻中心）

【世界首款手机AI芯片发布】 9月2日，华为公司在德国柏林IFA 2017大展上举办全球新品发布会，正式发布麒麟970芯片，是世界首款具有专用人工智能元素的手机芯片。麒麟970芯片采用台积电10纳米工艺，在不到100平方毫米的狭小面积内集成55亿个晶管体，集成度高，运行速度快，功能更强。

（海淀区信息办）

【京东方与中国移动合作】 9月，京东方与中国移动签署合作协议，双方就提供数字化显示产品与系统达成合作，将共同推进运营商TV（IPTV & OTT）产业发展，共同推出多款领先的大尺寸4K超高清电视产品，并以“China Mobile”电视品牌与消费者见面，京东方拥有强大的面板资源、整机智能制造能力，以及软件和系统解决方案，中国移动自有营销渠道非常强势，双方强强联手，将快速开辟运营商TV新市场。京东方还发挥自身在物联网显示端口优势，结合中国移动在网络运维、连接管理等领域的力量，共同打造数字化、智能化的显示终端产品及服务，创建领先的物联网新生态。作为一家为信息交互和人类健康提供智慧端口产品和专业服务的物联网公司，京东方与中国移动共同推进运营商TV业务发展，是京东方布局物联细分市场的解决方案，也是产业间软硬结合的典型案例，将为企业探索物联网市场发展提供有益借鉴。

（北京经济技术开发区新闻中心）

【国内首台8英寸金属刻蚀设备】 11月，北方华创科技集团股份有限公司自主研发的国内首台8英寸金属刻蚀设备进入中国最大代工厂生产线，实现了国产高端装备应用工艺的又一次重要突破。该设备主要应用于8英寸0.13微米及以下技术代Al金属刻蚀工艺，是北方华创基于多年技术积累，针对用户需求进行的深度定制开发产品，在8英寸传统刻蚀技术基础上集成应用了多项12英寸刻蚀设备先进技术，关键技术指标达到国际先进水平。

（北京电控）

【中芯国际40纳米平台】 12月13日，中芯国际集成电路制造有限公司与Efinix共同宣布，中芯国际40纳米工艺平台成功交付Efinix首批Quantum可编程加速器产品样本。从使用中芯国际物理设计工具（PDK）进行产品开发，到系统生效交付产品样本，双方仅用5个多月时间。Efinix的Quantum可编程加速器技术可将面积利用率提高4倍，明显优于传统的编程技术。这一突破性优势使Efinix的硅产品能够在定制逻辑、深度学习以及计算加速等高速成长的市场拥有竞争力。中芯国际40纳米低漏电工艺平台已实现量产超过5年，拥有220多个产品。FPGA（现场可编程门阵列）产品在技术开发上有很大的挑战性，但Efinix的Quantum技术大大推进了它的发展。

（北京经济技术开发区新闻中心）

【全球首条10.5代线投产】12月20日，全球首条最高世代线——京东方合肥第10.5代TFT–LCD生产线提前投产。

（北京电控）

【集成电路设计领域】年内，北京大学5纳米碳纳米管集成电路项目达到世界顶尖水平；紫光展讯研发的16纳米工艺的LTE多模芯片，测试达到稳定量产水平。

（海淀区信息办）

【集成电路产业】年内，市经济信息化委在集成电路领域协调有关部门解决了集成电路制造业重金属排放指标，为产业发展打开了空间；梳理了全市集成电路产业发展现状及对标国内省市情况，市领导高度重视并对后续发展专题进行了研究，形成《北京加快科技创新发展集成电路产业的指导意见》；主办了北京微电子国际研讨会、中国集成电路设计分会年会，为北京集成电路产业发展搭建国际交流平台，取得良好反响；下达02专项地方配套资金项目共7项，总计25713万元，实现光刻机最核心部件曝光光学系统的国产化，填补了国家高端精密光学产业空白，并推动组建北京光学系统公司。

（市经济信息化委电子信息处）

【BOE 8K超高清系统解决方案】年内，京东方科技集团股份有限公司推出全球领先8K超高清系统解决方案，包括BOE 4K/8K影像服务云平台、BOE 8K解码播放器和BOE 8K显示终端3个组成部分。该方案推动了8K加快应用于商用显示，使8K走入家庭成为可能。截至年底，京东方已推出27英寸、65英寸、75英寸、98英寸、110英寸等全系列8K超高清显示产品。

（北京电控）

【液晶显示驱动芯片NV3029】年内，北京燕东微电子有限公司设计生产的液晶显示驱动芯片NV3029，主要运用于手机产品、数码产品、可穿戴设备等消费类产品，打破了国外垄断地位，有利于提升国家显示行业的自主创新能力和本土化配置能力。NV3029市场占有率从18%提升至25%，累计销售额超过10亿元。该产品获得工信部第11届中国芯“最佳市场表现产品”奖项，以及获得“2017年度大中华IC设计成就奖之年度最佳驱动芯片”奖项。

（北京电控）

【NMC612D硅刻蚀机】年内，北方华创微电子自主开发面向集成电路领域的硅刻蚀设备——NMC612D硅刻蚀机，可用于逻辑芯片（Logic）、3D闪存（Nand）、动态存储（DRAM）等晶圆制造技术。该产品采用新开发的同步脉冲等离子技术，通过对等离子体的实时控制和诊断来实现低损伤和高选择比，采用多区ESC以获得更高的CD均匀性，增加高温上电极的设计来降低缺陷，增大Throughput，设备多项关键指标达到国际先进水平。NMC612D硅刻蚀机实现了近3000万元的销售额，实现了逻辑产品和3D NAND产品的应用；NMC612系列的12英寸硅刻蚀机共实现销售收入近1.7亿元。

（北京电控）

【硅外延SES630A APCVD系统】年内，北方华创微电子生产硅外延SES630A APCVD系统，可满足功率半导体和集成电路领域6英寸或8英寸高质量的硅外延片的生产，适用于厚度5~130微米范围N型、P型掺杂精确可调的外延工艺。该设备具有成膜均匀性好、产能高、兼容性好、自动化程度高、占地面积小和性价比高等特点。该设备入选“第12届（2017年度）中国半导体创新产品和技术”项目。截至年底，SES630A APCVD系统已获得销售收入超过 3000 万元。

（北京电控）

【全球领军型企业北京增多】年内，京东方继联想成为世界级计算机领军企业后，成为全球液晶显示领域领先企业。京东方公司在多个品类全球市场份额占据第一，OLED、柔性屏等先进技术产品与世界先进水平同步。小米公司经历 2016 年的挫折后，在 2017 年实现逆袭，重回国内智能手机市场前 3 名，并在国际市场取得突破，有望成为移动互联网领域的世界级企业。紫光、中芯、北方华创等集成电路企业在各自领域也具备了国内领先的优势地位。

（市经济信息化委电子信息处）

【10 家北京企业入围中国电子信息百强】2017 年第 31 届中国电子信息百强企业排名中，北京地区有 10 家入围。营业总收入共计 6322.41 亿元、利润 251.54 亿元、上缴税金 165.32 亿元。本届百强企业加大科研经费的投入及引进科研人员，促进企业提升核心竞争力，尤其在组织机构设置时注重研发部门的设立，配置专业的研发人员；重视“知识产权推进计划”，着力提高工业企业知识产权运用能力，在创新知识产权运用模式、建立工作体系、营造知识产权运用氛围等方面取得重大成果。北京百强企业在科技创新、战略发展、公益方面做出了重要贡献。

（市经济信息化委电子信息处）

【发挥“高精尖”产业资金引导作用】年内，北京市加快疏解非首都核心功能、加强环境治理。发挥骨干企业的总部优势、创新资源优势，实现了北京电子信息产业在调整中落实大项目。年内，重点支持中芯北方项目投资补贴 8000 万元，支持小米松果芯片研发项目贷款贴息 2375 万元，支持华大、智芯微、京东方、集创北方、北方华创、利亚德等 10 个“高精尖”项目 6682 万元。中芯北方项目截至年底月产能达 2.9 万片，年度投资约 60 亿元，累计投入约 185 亿元。入选国家重点布局集成电路产业项目，是《国家集成电路产业发展推进纲要》发布实施以来国内最大的集成电路制造项目。北京市聚焦集成电路领域，推动燕东 8 英寸线项目建设，总投资 48 亿元，已完成立项开工和部分主要设备采购。推动纳微矽磊 MEMS 生产线、集成电路标准厂房建设。集成电路标准厂房已封顶，纳微矽磊完成立项开工。小米移动互联网产业园（海淀）、小米互联网电子产业园（亦庄）、集成电路设计园、联想（北京）园区等项目按计划施工，为北京电子产业持续发展提供了新动能。

（市经济信息化委电子信息处）

【京东方大尺寸面板全球第 1】年内，据 IHS Markit 发布数据，京东方在 2017 年第 3 季度凭借 21.7% 的市场占有率，首次在完整季度成为大尺寸面板（9 英寸以上平板电脑、笔记本电脑、显示器、电视）市场占有率全球第 1 位。数据显示，第 3 季度大尺寸面板市占率排名前五的其他制造商分别为 LG Display、群创光电、友达光电及三星电子，其市场占有率分别为 19.3%、16.1%、15.8% 和 8.9%。年内，京东方在显示器（monitor）、笔记本电脑（notebook）、电视（TV）等大尺寸显示屏领域出货量稳步增长，福州 8.5 代线产能增加顺利，多条高世代线满产满销，产能释放强劲，规模化生产能力持续提升。在大尺寸显示领域，京东方布局超高清显示，推出多款可应用于家用、商用的 8K、10K 等大尺寸超高清显示产品，并联合产业链上下游，全面构建大尺寸超高清的产业生态。

（北京经济技术开发区新闻中心）

软件和信息服务业

【概况】2017 年，北京市引导骨干企业转型升级，神州数码、用友、东华、东方国信等传统软件企业转型初见成效；互联网企业加快布局人工智能、大数据等新兴领域。百度牵头筹建首个国家级人工智能工程实验室。360 公司获批建设 2 个国家级重点大数据工程实验室项目。北京市 35 家企业入选工信部“2017 中国软件业务收入前百强企业”，入选企业数量为历年最高。百度、京东等 32 家企业入选“2017 年中国互联网企业 100 强”，数量居全国首位。25 家企业入选人工智能创新公司 50 强，入选数量占据全国一半。滴滴出行、小米等 27 家企业入选 CBInsights 公布的 214 家“全球独角兽公司榜单”，入选数量全国第一。

（市经济信息化委软件服务处）

【软件产业暨两化融合工作体系工作会】1 月 24 日，市经济信息化委组织召开北京市软件产业暨两化融合工作体系 2017 年度工作会，贯彻落实市委市政府工作部署，落实以疏解非首都功能为重点的京津冀协同发展战略，以 8 大专项为核心，着力抓好云计算与大数据专项祥云 3.0 工程，推进京津冀大数据综合试验区建设，建好中国数坝，不断完善自主可控信息系统专项项目群，探索北斗产业新应用，筹建北京国际人工智能研究院，扎实筹备并办好 2017 年中国软件产业国际博览会，扎实抓好两化融合工作，推进制造业新业态新模式创新发展。市经济信息化委软件服务处、软件与信息服务业促进中心人员，软交所、软件协会、信息化协会、云计算产业联盟、两化融合联盟、电子商务联盟等单位负责人参加了会议。

（市经济信息化委软件服务处）

【软件名人论坛召开】6 月 28 日，第 21 届中国国际软件博览会的首场论坛——2017 中国·北京软件名人论坛成功举办。专家、学者、行业媒体以及软件企业代表等 500 余人共聚一堂，围绕软件产业未来发展，展开了热烈的探讨和交流。论坛分为主旨演讲、高峰对话、现场提问等环节，在全球范围内邀请政府领导、专家学者、行业领军人物根据年度热点话题发表主旨演讲和深度对话。工业和信息化部信息化和软件服务业司司长谢少锋发表了以《软件定义世界智能引领未来》为主题的演讲。市经济信息化委主任张伯旭出席并发表主旨演讲，首次提出“软件定义城市”（Software Define City）的概念。软件重新定义了城市的基本功能、服务模式和运行管理，未来城市建设投资更需要的是网络数据平台等新兴要素软投资。树立“软件定义”的城市发展理念，根本途径是实施“城市软件工程”，把软件作为未来城市发展的战略重点和战略资源，放在更加核心的地位上，统筹规划，系统建设。NCR 全球副总裁兼中国大区总裁宋家瑜、用友网络执行总裁陈强兵、金山软件首席执行官邹涛分别以《数字化转型引领产业创新》《企业服务，软件产业新机遇》《未来软件产业发展趋势》为题发表了精彩演讲。“名人面对面”高端对话环节，财讯传媒集团首席战略官段永朝、唱吧 CEO 陈华、地平线副总裁、联合创始人杨铭、ofo 联合创始人于信，网录科技联合创始人汪波等聚焦行业热点，结合典型案例，发言探讨未来科技对社会文化影响和主要挑战。

（市经济信息化委新闻宣传处）

【第21届中国国际软件博览会召开】6月29日，以“软件定义世界，智能引领未来”为主题的2017第21届中国国际软件博览会在北京展览馆举行。历经20年的中国国际软件博览会，已经成为“中国软件支撑中国制造、‘互联网+’等发展取得的标志性成果”集中展示的最高平台。2017第21届中国国际软件博览会，在形式、内容、参与度方面进行创新，将软件与交易结合，打造永不落幕的软博会。

（北京产权交易所）

【软博会交易服务平台】6月，北京产权交易所旗下北京软件和信息服务交易所为2017第21届中国国际软件博览会搭建的永不落幕的软博会交易服务平台是软博会交易展示的线上载体，整合了软交所平台的软件厂商、软博会参展厂商产品供应信息、渠道合作信息以及软博会相关动态信息等资源，同时融入软交所招标采购中心采集的专业数据和正版软件交易及软博会部分参展厂商6月交易数据。平台从6月7日上线，半个月累计发布信息超过300条，成交额18660.89万元。软博会交易服务平台开设了软件交易季、软件产业数据、北京中小企业、正版软件特卖会、招投标信息、参展企业等专题板块，实时发布参展厂商产品供应信息、参会观众的软件需求信息以及软博会现场的交易信息，为参展厂商及观众提供服务。

（北京产权交易所）

【软件业务收入前百家企业】9月7日，工业和信息化部公布2017年（第16届）中国软件业务收入前百家企业（简称软件百家企业）名单，北京市国网信通、航天信息等35家软件企业入选，入选企业数量为历年最高，居全国首位。国网信通、百度云、千方科技、普天信息、和利时、立思辰等6家企业新入围。上年度，北京35家企业实现软件业务收入1358.6亿元，占全市软件业务收入的21.2%；占全国软件百家企业收入的20.5%。入选企业持续推进供给侧结构性改革，加大研发力度，走全球化发展战略，业务涉及智慧城市、智能交通、智慧医疗、云计算、大数据、人工智能等多个领域。传统软件企业夯实核心业务，加快转型升级，用友网络收入增长68%，排名提升了15位；互联网企业发力人工智能、大数据等领域，京东尚科排名连续两年快速上升，排名提升了36位；新兴企业加速拓展，增长突出，新入围的百度云增长达到90%。2017年，北京市软件和信息服务业继续保持稳中有进的发展态势，产业结构不断优化，新动能逐步形成。第16届软件百家企业名单由工业和信息化部根据2016年全国软件和信息技术服务业年报数据最终核定，软件百家企业入围门槛为软件业务年收入14.5亿元，比上一届提高了1.2亿元，增长8.1%。

表2 入选2017年（第16届）中国软件业务收入前百家北京企业名单

全国排名	企业名称	软件业务收入（万元）
8	国网信息通信产业集团有限公司	1055490
10	航天信息股份有限公司	945764
15	北京中软国际信息技术有限公司	682949
16	北京京东尚科信息技术有限公司	676425
17	东华软件股份公司	671671
19	亚信科技（中国）有限公司	613089
20	软通动力信息技术（集团）有限公司	612716
22	同方股份有限公司	601402
23	北京小米移动软件有限公司	597858
25	文思海辉技术有限公司	562340
28	用友网络科技股份有限公司	498369

（续表）

全国排名	企业名称	软件业务收入（万元）
30	中国软件与技术服务股份有限公司	450188
31	北京全路通信信号研究设计院集团有限公司	449073
38	神州数码系统集成服务有限公司	400889
40	太极计算机股份有限公司	392637
41	中科软科技股份有限公司	368161
44	中国民航信息网络股份有限公司	356807
52	北京神州泰岳软件股份有限公司	303354
55	石化盈科信息技术有限责任公司	274093
56	百度云计算技术（北京）有限公司	270973
63	北京中油瑞飞信息技术有限责任公司	236050
66	高德信息技术有限公司	222116
69	北京千方科技股份有限公司	217299
75	北京华胜天成科技股份有限公司	203235
76	广联达科技股份有限公司	202913
79	博彦科技股份有限公司	193400
80	启明星辰信息技术集团股份有限公司	190514
83	北京华宇软件股份有限公司	182011
85	北京易华录信息技术股份有限公司	173896
86	普天信息技术研究院有限公司	173202
87	和利时科技集团有限公司	172239
91	北京立思辰科技股份有限公司	168973
94	北京宇信科技集团股份有限公司	162318
96	北京四维图新科技股份有限公司	158531
100	北京四方继保自动化股份有限公司	145159

（市经济信息化委软件服务处）

【两化融合行动计划宣传贯彻会】10月31日，为贯彻落实《北京市推进两化深度融合　推动制造业与互联网融合发展行动计划》的工作部署，持续推进北京市两化深度融合，推动制造业转型升级，加快构建“高精尖”产业体系，以两化融合管理体系贯标引领新旧动能转换，市经济信息化委组织召开了“两化融合行动计划宣传贯彻及管理体系贯标培训和成果交流会”。会上，市经济信息化委就《北京市推进两化深度融合　推动制造业与互联网融合发展行动计划》及“高精尖”产业项目申报流程进行了宣传贯彻解读；相关企业进行了大会发言。与会企业代表分别与咨询机构、评定机构和系统方案供给方进行座谈交流，并参观了贯标达标企业成果、服务机构能力介绍展板，为新公布的两化融合贯标试点单位及各区经信主管部门深入开展两化融合工作奠定了基础。市经济信息化委，工信部电子一所，北京两化融合服务联盟，各区经济信息化主管部门，贯标试点单位、服务机构、供给单位等代表200余人参加了会议。

（市经济信息化委软件服务处）

【4项世界互联网领先科技成果来自北京】12月3日，第4届世界互联网大会“世界互联网领先科技成果”在浙江省乌镇发布。经过来自全球互联网领域的40余位知名专家共同组成的“世界互联网领先科技成果委员会”层层遴选，共评审出18项代表性的领先科技成果，独立发布14项，其中百度、摩拜单车、滴滴、北斗导航等4项来自北京。DuerOS是百度推出的对话式人工智能系统，可以让用户以自然语言的交互方式和设备对话。该系统在深度学习、自然语言处理、多轮对话等技术方面领先全球，可以让设备听懂人的语音指令，实现影音娱乐、数据查询、生活服务、出行路况等10大类目100多项功能的操作。该系统已广泛应用于音响、冰箱、车载等与人们日常生活息息相关的场景及设备。摩拜单车率先打破固定地点取还车的模式，用户可借助智能手机和移动互联网，随时随地扫码解锁、关锁还车、在线支付，用户体验无缝流畅。该公司研发的物联网智能锁，

内置“北斗+GPS+格洛纳斯”多模卫星定位芯片和移动物联网芯片，在方便用户找车、用车、还车的同时，实现共享单车的智能化管理。基于大数据的新一代移动出行平台已为超过4.4亿用户提供全面的出行服务，该平台利用大数据智能处理与决策技术、强大的计算能力和通信设施，实时获取交通数据、路网特征、公众出行特征等交通信息，为公众出行、企业服务、政府管理和决策等提供高效率服务，促进了“开放、高效、可持续”的移动出行生态建设，产生了巨大的经济和社会效益。北斗导航是目前唯一可以进行短报文通信的导航系统，从诞生之初就开创性地把定位、导航、授时和位置报告短报文融为一体。与云计算、大数据等新兴技术的广泛融合，让“北斗+”在万物互联时代迸发无限可能。北斗导航已被广泛运用到交通运输、水文监控、气象预报、电力调度、应急搜救等多个领域。北斗导航应用覆盖世界50余个国家和地区，覆盖人口近30亿，已是“一带一路”走向国际的中国名片。

（市经济信息化委新闻宣传处）

【3家北京企业被评为两化融合贯标示范】年内，为深入贯彻《中国制造2025》《国务院关于深化制造业与互联网融合发展的指导意见》的战略部署，落实《信息化和工业化融合发展规划（2016—2020年）》工作要求，持续探索以标准引领两化深度融合的发展新模式，工业和信息化部组织开展了2017年两化融合管理体系贯标示范遴选推荐工作，聚焦产品全生命周期创新与服务，供应链管控与服务，现代化生产制造与运营管理，工业云、工业大数据、工业互联网等新模式新业态4个方向开展示范。经各组织单位推荐、专家组评审，工业和信息化部共评选出首批两化融合管理体系贯标示范企业50家。其中，首都航天机械公司重点打造并形成的“与产品设计有效协同的数字化工艺设计与生产管控能力”成为产品全生命周期创新与服务示范；北京汽车股份有限公司重点打造并形成的“面向精益生产的供应商协同管理能力”成为供应链管控与服务示范；北京和利时系统工程有限公司重点打造并形成的“基于数字化车间的PLC产品精益生产能力”成为现代化生产制造与运营管理示范。

（市经济信息化委软件服务处）

新技术应用

【概况】2017年，北京云计算产业稳健增长，实现营业收入约870.61亿元，比上年增长10.1%。从运营商到传统企业，从互联网到新兴企业，组成了各具特色的云计算产业生态链；云计算基础技术研发取得突破，云计算应用领域不断深入，政府、金融等行业已成为主要领域。大数据产业规模达到1311亿元，比上年增长33.1%；企业单位数量超过160家，形成一批拥有大数据自主核心技术产品的企业。工业和信息化部、国家机关事务管理局、国家能源局等3部门联合公告第一批49个国家绿色数据中心名单，北京世纪互联M6数据中心等6个数据中心榜上有名。全年新增完全开放数据361项，更新完全开放数据82项。完全开放了

42家单位提供的739项数据集，累计数据记录数170余万条。导航与位置服务产业实现收入228.87亿元，比上年增长15.9%。北京聚焦了全国一半以上从事北斗研发、生产和服务的重点单位，形成了相对完整的产业链。

（北京软件与信息服务业促进中心）

【协同推进北斗应用行动方案】1月6日，为推进北斗导航与位置服务在京津冀区域开展综合应用，市经济信息化委组织召开《京津冀协同推进北斗应用行动方案》（简称方案）研讨会，国家北斗办及相关专家参加了会议。会上，市经济信息化委软件服务处介绍了方案的背景及进展情况；中关村空间信息产业技术联盟汇报了方案的编制情况；北斗专家肯定了方案的编制意义，认为该方案思路清晰、目标明确、任务具体，其实施对于充分发挥三地各自优势，进一步统筹推进北斗在京津冀区域的规模化应用，促进京津冀一体化协同发展，推动产业转型升级都将发挥重大作用。其中，北斗专家指出，要围绕基础设施建设、北斗平台服务拓展、北斗专家智库筹建等方面，推进京津冀北斗应用一体化，借助信息化手段促进传统产业转型升级，努力将京津冀区域打造成为北斗产业的制高点，成为北斗产业规模化应用示范区。

（市经济信息化委软件服务处）

【第3届物联网感智创新大赛】1月18日，第3届物联网感智创新大赛（简称大赛）颁奖仪式在京落幕。大赛从2016年5月开始，历时8个月，报名团队2451组，征集作品1021项。大赛评委会专家经过初审、复审、终审答辩等多个阶段的评审，最终评选出40组优秀获奖作品。其中，金奖1名、银奖2名、铜奖3名、单项奖34名。获奖作品分布于智慧工业、智能交通、环境保护、公共安全、智能家居、医疗健康、食品追溯等众多与社会、民众生活息息相关的领域，每一项获奖作品均代表物联网创新设计研发或应用领域的领先水平。

（市经济信息化委智慧城市处）

【京东方物联网显示解决方案】4月5日，全球显示触控面板行业盛会——FINETECH JAPAN 2017（第27届FPD制造设备及技术国际展览会与专业研讨会）在日本东京有明国际展览中心开幕，京东方展示了透明冰箱、IoT窗户等物联网透明显示整体解决方案。京东方的智能冰箱搭载了物联网透明显示系统，用户可以在冰箱门上个性化定制天气、食谱等各类生活信息，可通过语音搜索商城产品，直接下单购物，还具有视频互联、健康管理等功能，通过BOE云存储器与移动终端共享。该物联网透明显示屏节能环保，其电力消耗仅为普通液晶显示屏的1/10。应用在智能冰箱上的物联网透明显示整体解决方案以京东方云服务为平台，综合了云计算、传感、人工智能和大数据等技术基础，拥有强大的软件系统及硬件设施。该物联网透明显示整体解决方案于2016年8月在日本申请专利，已应用在奢侈品牌店橱窗陈列、银座高档料理店、水族馆、金融行业、医疗场所等多元商用领域和家用服务领域。

（北京经济技术开发区新闻中心）

【京津冀三地联合促进北斗“行动”】4月6日，北京市经济和信息化委员会、天津市工业和信息化委员会、河北省工业和信息化厅联合发布了《京津冀协同推进北斗导航与位置服务产业发展行动方案（2017—2020年）》（简称方案），确定北斗产业成为京津冀协同发展战略实施的切入点和先行手段。会上，市经济信息化委主任张伯旭对方案进行了解读。他表示，推进京津冀北斗应用一体化发展，有利于发挥京、津、冀各自的优势，增强三地区域联动和协同创新发展，促进三地形成区域优势和产业竞争力；

通过推动北斗产业规模化发展，有利于带动三地相关产业转型升级和经济发展，扩大在全国的影响力，产生积极的示范带动作用。国家发展改革委、工信部、中国卫星导航系统管理办公室、天津市工信委和河北省工信厅等政府部门领导参加会议。在发布会上，北京北斗导航与位置服务产业公共平台与 ofo 小黄车签署了《北斗 ofo 小黄车战略合作协议》。ofo 小黄车将在京津冀地区配备由北斗导航特制研发的拥有全球卫星导航定位技术的北斗智能锁，进一步优化电子围栏定位技术，并基于海量出行大数据向政府提供共享单车停放区域规划方案和建议。战略合作协议的达成有助于政府解决共享单车乱停乱放的大城市病问题，实现城市精细化管理，也有助于政府、北斗导航共同打造京津冀一体化智慧城市，加速推动京津冀一体化协同发展。

（市经济信息化委新闻宣传处）

【京津冀大数据创新应用论坛】5 月 18 日，2017 京津冀大数据创新应用论坛在廊坊京津冀大数据应用感知体验中心举行，来自工业和信息化部、中央网信办、国家测绘局、京津冀三地工信部门的主管领导，以及国家信息化领域的行业专家学者和参与试验区重大工程建设的企业代表、行业组织等负责人出席论坛。市经济信息化委有关人员介绍了京津冀大数据综合试验区重大工程建设进展。京津冀大数据综合试验区自 2016 年 12 月 22 日启动建设以来，积极打造以北京为创新核心，天津为综合支撑，河北张家口、廊坊、承德、秦皇岛、石家庄为应用拓展的大数据产业一体化格局，切实提升大数据“强治理”“惠民生”“调结构”“促协同”的应用水平。京津冀大数据应用感知体验中心于 5 月 17 日正式投入使用，作为支撑京津冀大数据综合试验区重大活动及大数据创新应用展览展示、体验互动的重要载体。“中国数坝”张北云计算产业基地建设稳步推进，阿里北方数据中心已启动投入运营；阿里数据港张北数据中心、阿里张北云联数据中心项目 2 期、阿里庙滩数据中心项目、阿里小二台数据中心项目、阿里中都草原数据中心项目等已开工建设；长城网数据灾备中心暨运营型大数据中心、张北榕泰云计算数据中心等一批项目陆续开工；航信金云数据中心、张北新能源大数据产业园、张北数据中心产业基地等多个项目已完成签约。

（市经济信息化委新闻宣传处）

【北京首张窄带物联网正式商用】7 月 13 日，中国电信北京公司联合天翼物联产业联盟、华为，在京共同举办主题为“物联新时代　智慧新北京”的中国电信新一代物联网 NB-IoT（窄带物联网）正式商用发布会。发布会上，中国电信北京公司与北京市燃气集团、北京环卫集团、ofo 共享单车等公司签署了合作协议，共同打造北京物联网产业生态圈。北京电信推出的 8 款费用套餐非常具有吸引力，其中每个终端 1 年费用为 20 元，8 年期费用仅为 103 元，将大幅降低城市物联网建设运营成本，促进物联网应用与发展，对推进城市精细化管理具有重要意义。在发布会现场，中国电信北京公司全方位展示了物联网产业布局下的云、管、端综合能力，对 NB-IoT 的技术原理以及智慧城市重点应用的方案及优势做了介绍，并在网络环境下演示了应用效果，令与会者直观地领略到基于 NB-IoT 技术的各类行业应用的魅力。

（市经济信息化委新闻宣传处、环球科技综合报道）

【京东方打造物联网生态圈】11 月 14 日，物联网行业盛会——京东方全球创新伙伴大会·2017（BOE IPC·2017）举办，大会全面展示了京东方在物联网（IoT）领域的战略布局，探讨了物联网时代下，显示器件、智慧系统、健康服务及传感器市场机遇与挑战，并携手产业链合作伙伴共同打造物联网生态圈。京东方还与阿里巴巴、SAP就打造新零售生态战略合作签约。年内，京东方物联网战略布局提速，与英特尔共同发布智能交互购物站、携手华为布局“8K+5G”产业生态、联合中国移动带来全新的物联网端口解决方案、与北航打造“中国医工硅谷”、和阿里巴巴构建新零售生态等，京东方正加速成为一家为信息交互和人类健康提供智慧端口产品和专业服务的物联网公司。

（北京经济技术开发区新闻中心）

【“中国数坝”峰会召开】11月16日，第2届“中国数坝”暨中国互联网大会“支撑冬奥张家口赛区”峰会在张家口召开。峰会以推动京冀大数据产业协同快速发展，打造“中国数坝”、助力冬奥为主题，围绕京津冀大数据综试区的建设、大数据资源的汇聚与应用为核心，打造对接互联网、大数据资源的合作平台，与业界共同探讨和分享利用大数据推动京冀产业结构转型升级的模式与经验。峰会开幕式邀请了国内行业知名专家学者、70余家企业代表等300余人参加。

（市经济信息化委软件服务处）

【制订大数据工作方案和工作任务】11月17日，市政府召开专题会议。会上，市长陈吉宁提出，要将加强大数据系统建设作为2018年全市重点工作，切实抓紧抓实抓好。2018年至2020年为北京市大数据第1个3年行动计划期，其中2018年的主要目标是基本建成市级大数据平台及其配套运行管理体系、全市主要政务信息系统全面入云迁移和初步实现数据贯通。北京市将从构建集大数据汇聚、管理、应用和评估“四位一体”的“汇管用评”工作闭环机制出发，按照“边共享、边整合，边应用、边完善”的实施策略，推进包括工作体系构建、多源数据汇聚、大数据平台建设、创新数据应用、绩效评估评价等各项工作任务。

（市经济信息化委智慧城市处）

【北京市大数据工作推进小组成立】年内，北京市成立以市长陈吉宁任组长的北京市大数据工作推进小组（简称推进小组），统筹全市大数据工作，推进小组办公室设在市经济信息化委。推进小组设有专家咨询、系统总体、绩效评估、政策法规4个小组，协同推进北京大数据行动计划。聘请鄂维南、孟庆国、黄罡、何宝宏、车品觉、付长青等组成专家咨询组，为行动计划的实施提供总体战略咨询，把握方向，提出建议。通过竞争性磋商方式，确定腾讯云计算（北京）有限责任公司为系统总体组单位，作为整个大数据行动计划技术体系的总设计师和总工程师，发挥统筹规划、承上启下、保障落地的作用。

（市经济信息化委智慧城市处）

【完成北京市政务大数据平台门户建设】年内，北京市政务大数据平台门户以数据为核心，实现了查目录、找数据、办业务、接系统、去管理5大功能模块；完成汇聚融合功能建设，部署2个数据节点和7个管理节点，实现了数据交换、系统管理以及数据统一查询处理和展示功能。完成了大数据平台与国家电子政务外网数据共享交换平台的对接工作，成为首批接入国家电子政务外网数据共享交换平台的省（直辖市）级平台。继续完善并推广小客车模式，市级共享交换平台新增支撑积分落户信息共享，市人力社保局、市科委分别与市公安局、市水务局等部门开展比对数据交换，累计交换政务信息资源文件31个，交换量达739.38 MB。在政务信息资源共享交换体系基础上整合完善功能，并接入百度水污染、京东指数分析、华宇首都食品安全预警及企业纠纷剖析等社会大数据应用专题，初步实现汇聚主题数据的在线申请、审批、查询、接口对接、交换申请以及数据下载订阅等全流程服务。

（市经济信息化委智慧城市处）

【完成全市政务信息资源调查】年内，落实国家信息系统整合共享要求，完成《关于推进我市政务信息系统整合共享的实施方案》。根据全市政务信息系统梳理情况，各部门、各区共有4585个信息系统。其中，各部门共有2906个信息系统，各区共有1679个信息系统。按照国家《政务信息资源目录编制指南（试行）》的要求，向全市印发《关于开展信息资源目录编制工作的通知》，组织各部门开展信息资源目录编制和完善工作。根据全市政务数据资源梳理情况，各部门共有6189类政务数据，其中明确可共享数据3671类，约占59%。

（市经济信息化委智慧城市处）

【开展大数据试点应用】年内，北京市贯彻落实“边汇聚、边共享、边应用”的“多边”策略，积极推进相关大数据试点应用取得阶段成效。市发展改革委牵头的“疏解整治促提升”工作已汇聚16个部门27类十几万条台账数据，并全部完成“落点落图”；在城市规划建设管理领域，市规划国土委积极推进矢量电子地图、地址地名等数据向大数据管理平台的汇聚，市住建委“竣工验收备案事项全流程网上办理”等试点事项已基本完成。

（市经济信息化委智慧城市处）

【法人基础信息汇聚共享服务】年内，市法人库汇聚北京市中企业法人，民办非企业、事业法人，社团法人，基金会法人，政府机关的数据，通过在线查询、数据交换和接口调用等方式为全市53家委办局/区提供共享服务。继续开展法人基础信息共享服务，新增向市残联、市住建委、市人力社保局、市金融局、丰台区等提供法人数据服务，以接口调用形式支撑市环保局、市高法、市安监局等委办局开展业务，年度接口调用超34.5万次；支撑一证通项目，接口调用3522.8万余次。积极推进“法人一证通”服务体系建设，证书发放量达到120余万张，基本实现全市法人的全覆盖，对接全市36个政府部门的49个业务系统，在北京市“五证合一”工程推进中发挥了重要支撑作用，成为当前“一网通办”法人侧的重要基础设施。

（市经济信息化委智慧城市处）

【空间地理信息共享服务】自2001年起，北京连续组织实施各年度航空摄影工作，通过航空摄影成果的共享和应用，打破了电子政务信息孤岛和信息荒漠的障碍，产生了显著的社会经济效益。“北京市政务地理空间信息资源共享服务平台”基于政务外网，对航拍影像、政务电子地图、地址等地理空间信息进行统一管理，已支撑56个政务部门的146个业务系统的在线共享应用，日均访问量达到70万次。开展空间分析与可视化SAAS平台建设，面向委办局提供业务数据与空间信息融合、空间分析与专题可视化展示等“一站式”云服务，支撑了法人、信用、民政、残疾人、工业企业等应用。

（市经济信息化委智慧城市处）

【证照信息汇聚与共享服务系统建设】年内，市证照库汇聚了包括企业法人营业执照、施工企业资质证书等在内的11个部门的52类共200余万条法人证照数据，初步形成了电子证照和电子签章服务支撑体系。启动电子证照、电子签章服务支撑体系的建设工作，初步具备服务能力，可为各级政务服务系统提供电子证照的生成、验证，并提供电子签章支撑服务，实现证照信息入库关联、数据质量监控、证照目录注册管理、电子证照生成、自动签章、共享服务及自动巡检等功能，可向全市各委办局提供电子证照信息共享服务。通过接口方式为北京政务服务大厅审批系统、北京市公共信用信息统一管理服务平台提供证照信息查询服务，为住建委的建设工程竣工验收备案证书、建筑施工许可证、建设项目备案通知书、建设项目年度计划通知书、建设项目选址意见通知书、建设项目征地计划通知书提供电子签章服务。

（市经济信息化委智慧城市处）

【信用主题数据汇聚共享】年内，继续推进信用主题数据汇聚共享。个人信用数据已归集2亿条，涵盖1300万户籍人口、700万流动人口，归集单位覆盖公安、民政等30个部门108项数据。法人信用数据汇聚了200余万企业法人的信用信息、230万条双公示信息、200余万条统一社会信用代码信息、2万余家社团和事业单位的基本信息。市公共信用平台已为近30家委办局和社会公众提供个人信用信息在线查询服务。市公共信用平台通过线上查询方式为全市76个部门提供联合奖惩等信用信息的查询服务，并已与市民政局社团办、市行政审批大厅、市住建委等8家单位的业务系统进行了联合奖惩系统的嵌入式对接。继续推进反恐维稳主题数据汇聚共享，已汇聚196类1.8亿条反恐维稳主题数据，向市公安局反恐怖情报信息平台提供共享，为公安反恐、维稳、侦查、查控等业务应用提供支撑。

（市经济信息化委智慧城市处）

【探索社会数据统采共用机制】年内，市经济信息化委对全市各部门和各区开展了社会数据需求摸底调查，共有37个市级部门、6个区开展了161项社会数据应用；45个部门、8个区提出了237项社会数据需求。其中，共性需求比较集中的有：3大运营商的人群行为分析数据，百度、阿里巴巴等企业的地理信息，京东、美团等企业的物流和服务人员数据等。结合调查情况，市经济信息化委先后与30余家潜在数据源单位进行对接，并组织市发展改革委、市交通委、市统计局等部门与相关企业进行了需求对接。根据调研及对接情况，研究提出了年度社会数据采购方案，涉及3大电信运营商、百度、腾讯等多家单位的数十类数据。

（市经济信息化委智慧城市处）

【扩大数据开放】年内，为了营造有利于大众创业、万众创新的良好环境，北京市建设了“北京市政务数据资源网”，利用该平台，集中向社会开放政务信息资源。北京市作为国家公共信息资源开放的试点，配合编制并正式印发了北京市公共信息资源开放试点实施方案，进一步扩大数据开放的范围和数量。

（市经济信息化委智慧城市处）

【中国电信打造物联专网】年内，中国电信致力于推动蜂窝通信技术的发展和生态合作体系的打造，聚焦智慧城市、垂直行业、个人消费3大市场，围绕公共事业、智能交通、能源制造、智慧物流、安防监控、智慧医疗等领域深耕。依托集团强大的网络资源，中国电信北京公司自2017年起开始重耕800兆LTE网络，投入大量人力物力打造物联专网。重点在智能抄表、智能路灯、智能井盖、智慧停车、共享单车等领域成功开展多个NB-IoT应用的外场测试及试商用，推动万物互联的智慧城市建设与发展，在更广泛的民生领域创造“物联新时代　智慧新北京”新体验。

（市经济信息化委新闻宣传处、环球科技综合报道）

【BOE Electronic Shelf Labels 电子标签】年内，BOE Electronic Shelf Labels 电子标签是由京东方科技集团股份有限公司推出的零售物联网解决方案，它将纯颜色的单色显示、电子墨水、传感器、近场支付、模块化设计等软硬件技术相结合，形成交互界面，为零售物联网提供了全新的解决方案。电子价签可以显示黑白红三色促销信息，消费者通过手机NFC（近距离无线通信技术）或扫描二维码，就可以进入线上商城获得更多商品信息；货架管理系统会提示缺货或异常摆放现象，协助管理人员尽快解决异常问题。该产品大大降低了人工成本，也能帮助消费者尽快找到产品位置，惠及更多消费者。

（北京电控）

信息安全

本栏目主要记述信息安全管理规范、政务网络信息与安全监控预警、信息安全服务、网络与信息安全保障、信息安全技术与产品等方面情况。

概 述

2017 年，《北京市网络与信息安全事件应急预案》《北京市应急通信保障预案（专网）》启动修订，完成预案修订、风险评估及应急能力分析。《北京市电子政务信息安全产品目录(非涉密信息系统)》维护 12 次。

年内，市经济信息化委会同市委网信办、市密码管理局利用 5 个月时间，采取单位自查、技术检测和现场抽查等方式，联合开展了全市电子政务网络与信息系统安全检查。组织完成多次重大政治活动假日、敏感时期的应急通信和信息安全保障工作。

继续推进政务信息安全社会应急队伍建设。市经济信息化委组织举办“2017 年全市电子政务信息安全上岗培训暨网络安全工作部署会”，对网络安全服务保障工作进行动员部署，对开展年度信息安全自查和信息安全保障体系建设、等级保护、监测预警、应急容灾等内容进行集中培训，83 家单位约 200 人参加；同期组织全市 58 家企业 89 人，参加工信部“工业控制系统信息安全培训会”。自 2011 年开始，通过电子政务信息安全员持证上岗培训，全市已有 700 余人取得上岗证书，覆盖市级各政府部门和 16 个区的信息化主管部门。

2017 年，北京信息安全测评中心受国家互联网信息办公室委托，组织北京等 4 省市，“首都之窗”等 7 家政府门户、新闻网站，开展国家标准 GB/T 31506—2015《信息安全技术　政府门户网站系统安全技术指南》应用示范。截至 2017 年年底，北京信息安全测评中心向各委办局、区提供等保相关政策、技术咨询 700 余次。

（市经济信息化委）

信息安全管理规范

【组织应急演练】3 月，北京市通信保障和信息安全应急指挥部办公室组织政务网管中心和正通公司进行“土城网监机房交换机基站归属割接演练”，组织机动通信局无线电通信队在河北省易县进行“1703 应急通信保障演练”；5 月，组织“一带一路”高峰论坛通信保障联动响应机制演练；6 月，在河北省官厅水库大坝组织“2017 年防汛应急通信保障联合演练”，检验流程，完善预案，锻炼队伍，提高能力。

（市经济信息化委信息安全处）

【电子政务信息安全人员持证上岗培训】 4 月 20 日至 21 日，全市共 70 家单位约 160 名信息安全岗位人员参加信息安全持证上岗培训。国家信息技术安全研究中心、国家计算机网络应急技术处理协调中心、市保密局、市密码管理局、市信息安全测评中心和信息政务安全应急中心等单位的专家，就网络安全形势和态势、信息安全等级保护和分级保护全流程管理、电子政务中密码的使用、信息安全应急体系和应急容灾、政府门户网站和办公终端安全管理等信息安全理论知识，对参会人员进行培训并考试。

（市经济信息化委新闻宣传处）

【加强应急保障体系建设】年内，市经济信息化委继续推进政务信息安全社会应急队伍建设，在完成《政务信息安全社会应急队伍管理办法》初稿基础上，组织10家相关企业构建政务信息安全社会应急队伍，为指挥部信息安全应急工作开展提供技术支撑和队伍保障。

（市经济信息化委信息安全处）

政务网络信息与安全监控预警

【开展电子政务网络安全检查】4月，市经济信息化委会同市委网信办、市密码管理局，向全市印发《关于开展2017年北京市电子政务网络安全检查工作的通知》。5月至9月，采取单位自查、技术检测和现场抽查等方式，联合开展全市电子政务网络与信息系统安全检查。北京信息安全测评中心组织国家专控队伍对全市主要政务网站和系统开展远程安全性测试工作180余次，发现漏洞250余个，向问题责任单位发放整改通知80余份。检查期间全程跟踪各委办局整改情况并提供整改技术咨询服务，全市政务信息系统总体安全风险明显降低。

（市经济信息化委信息安全处）

【政务信息化设施安全隐患整治】11月中旬至12月中旬，根据市安委会《关于开展安全隐患大排查大清理大整治专项行动的通知》精神，北京市通信保障和信息安全应急指挥部办公室组织开展全市政务信息化设施安全隐患排查清理整治，重点排查全市共用的重要政务信息化基础设施，各单位自建、自管的机房等信息化设施的消防、安防工作，包括安全管理制度落实情况、火灾隐患情况、消防设施运行情况等。

（市经济信息化委信息安全处）

【工控系统信息安全监督管理】年内，根据工信部要求，市经济信息化委对北京市3个企业进行工控系统信息安全现场检查，配合市委网信办对10个单位进行关键信息基础设施安全检查，对全市接入互联网的水、电、气、热、轨道交通等城市运行关键基础设施控制系统IP开展在线安全监测。

（市经济信息化委信息安全处）

信息安全服务

【信息安全培训】 4 月，市经济信息化委组织 83 家单位约 200 人，在北京会议中心举办“2017 年全市电子政务信息安全上岗培训暨网络安全工作部署会”，对 2017 年网络安全服务保障工作进行动员部署，对开展年度信息安全自查和信息安全保障体系建设、等级保护、监测预警、应急容灾等内容进行集中培训；同期组织全市 58 家企业 89 人，参加工信部“工业控制系统信息安全培训会”。8 月，市经济信息化委与市委网信办在北京会议中心联合举办《中华人民共和国网络安全法》宣传贯彻培训会（北京信息安全测评中心承办），全市党政机关、各区信息化主管部门，共 200 余人参加。9 月，市经济信息化委与市委网信办联合举办北京市 2017 年工控系统信息安全培训，宣传贯彻《工业控制系统信息安全防护指南》《工业控制系统信息安全事件应急管理工作指南》等，各企业共 80 人参会。

（市经济信息化委信息安全处）

【开展测评服务和等保备案】 截至年底，北京信息安全测评中心历年向各委办局、区提供等保相关政策、技术咨询 700 余次。在市经济信息化委备案的北京市政务信息系统总数 479 个，其中二级系统 371 个、三级系统 108 个。

（市经济信息化委信息安全处）

网络与信息安全保障

【加强“勒索”病毒防范】 5 月，2017 年“一带一路”高峰论坛前，市经济信息化委组织北京信息安全测评中心等单位技术力量，及时应对处置“勒索”病毒，为高峰论坛做出重要贡献，保障工作得到“一带一路”国际合作高峰论坛网络安全保卫组（公安部第十一局）和市政府外事办公室的肯定。

（市经济信息化委信息安全处）

【中国网络安全产业高峰论坛】 12 月 12 日，由工业和信息化部、北京市政府共同指导，市经济和信息化委、市通信管理局主办的首届中国网络安全产业高峰论坛召开。本次论坛以“做强网络安全产业，服务网络强国建设”为主题，共同探讨中国网络安全产业高端化、自主化、体系化发展，并启动国家网络安全产业园区建设。工业和信息化部和北京市领导出席论坛并致辞；中央网信办、工业和信息化部相关司局、各省（市）工业和信息化主管部门、通信管理局的领导，北京市各相关部门、北京各区的相关负责人以及有关中央企业、行业专家学者、研究机构、企业和媒体代表等 600 余人参加。北京市高度重视并优先发展网络安全产业，将充分发挥资源优势，努力将国家网络安全产业园打造成国内领先、世界一流的网络安全高端、高新、高价值产业集聚发展地，成为推动北京市建设具有全球影响力的科技创新中心主引擎。出席论坛的领导共同点亮了国家网络安全产业园区建设启动球。中国科学院院士、中国工程院院士相关专家，有关研究机构和网络安全企业代表出席论坛并发表演讲，分析了国家网络安全产业面临的挑战和机遇，为推动产业做大做强建言献策。

（市经济信息化委）

【组织应急通信和信息安全保障】年内，市经济信息化委组织中共十九大、“一带一路”国际合作高峰论坛、“两会”、市第十二次党代会等重要会议，“3·29”中央领导植树、向人民英雄纪念碑敬献花篮仪式等重大活动及元旦、春节、“五一”、国庆等重大节假日、重要时期的应急通信和信息安全保障。市政务信息安全应急处置中心承担的“一带一路”国际合作高峰论坛信息安全保障受到市政府外办表扬。

（市经济信息化委信息安全处）

【开展信息安全策略研究】年内，市经济信息化委结合市党政机关搬迁北京城市副中心信息化工作推进情况，开展副中心智慧城市信息安全策略研究，提出副中心在应用云计算、大数据、物联网、移动互联网、工业控制系统等新技术方面信息安全方案。结合工信部部署的工控系统信息安全防护工作，开展北京市智能制造网络安全研究，提出了安全策略，形成了研究成果。配合城市副中心信息化建设工作，提出信息化项目建设中的信息安全要求，为建设副中心政务云中心和灾备云做技术准备，完成《北京市级政务灾备云建设方案》拟制。

（市经济信息化委信息安全处）

信息安全技术与产品

【国家网络安全产业园区签署协议】12月12日，在首届中国网络安全产业高峰论坛上，工信部与北京市正式签署部市合作协议，共同打造国家网络安全产业园区。双方将依托园区在网络安全产业集聚、核心技术、实验环境、产品应用、成果转化、保障能力、人才引进、国际交流合作、产业政策等九大领域开展合作。北京市一直高度重视网络安全产业的发展，形成了网络安全企业的6大聚集区，国内主要网络安全企业有半数注册在北京，其中6家收入规模超10亿元。建设国家网络安全产业园区的总体目标是，将北京市建成国内领先、世界一流的网络安全高端、高新、高价值产业集聚中心。初步设想“两步走”的分阶段目标：到2020年，依托产业园区拉动GDP增长超过3300亿元，北京市网络安全产业力争达千亿规模，打造不少于3家年收入超过100亿元的骨干企业。到2035年，依托产业园区建成全国网络安全产业“五个基地”：国家安全战略支撑基地、国际领先的网络安全研发基地、网络安全高端产业集聚示范基地、网络安全领军人才培育基地和网络安全产业制度创新基地。国家网络安全产业园区建设将重点推动网络安全产业集聚发展，推动网络安全核心技术突破，推进网络安全产品服务创新及应用，实施网络安全人才引进计划，推进网络安全国际交流合作，推动制定网络安全产业政策。工信部与北京市将共同推出 5 项重点保障措施，从组织领导、园区建设、财税金融、人才支撑、发展环境等方面为国家网络安全产业园区建设保驾护航。

（市经济信息化委）

【信息安全产业高端化自主化发展】 年内，北京信息安全产业实现营业收入 488.18 亿元，比上年增长 9.1%。北京在国家安全战略支撑、网络安全研发、网络安全集聚、网络安全领军人才培育和网络安全产业制度创新等方面进行产业布局。形成网络安全产业 6 大聚焦区：中关村软件园、丰台中国网安企业聚焦区、海淀玉泉慧谷科技园、海淀硅谷亮城、昌平未来科技城，以及望京 360 企业聚焦区。初步形成安全操作系统、网络安全、应用安全等自主可控技术体系，在安全芯片、可信计算、密码产品、安全操作系统、安全数据库等基础软硬件产品方面处于全国领先地位。

（北京软件与信息服务业促进中心）

【市电子政务信息安全产品目录维护】 年内，市经济信息化委维护《北京市电子政务信息安全产品目录（非涉密信息系统）》12 次。其中，《北京市电子政务信息安全产品国家认证目录（非涉密信息系统）》更新 78 款产品，《北京市电子政务信息安全产品推荐目录（非涉密信息系统）》更新 14 款产品。

（市经济信息化委信息安全处）

【《政府门户网站系统安全技术指南》应用示范】 年内，受国家互联网信息办公室委托，北京信息安全测评中心组织北京、黑龙江、陕西、湖北 4 个省市，“首都之窗”、黑龙江省教育厅、西部网、湖北省国税局、千龙网、平谷区政府、门头沟区政府 7 家政府门户、新闻网站，开展国家标准 GB/T 31506—2015《信息安全技术 政府门户网站系统安全技术指南》应用示范。该项工作是中央网信办、全国信安标委双向年度重点任务，是已发布国家标准在全国范围内试行推广的首次尝试，也是政府网站类标准的首次应用示范。

（市经济信息化委信息安全处）

政务信息化

本栏目主要记述信息资源开发利用、北京市部分委办局信息化建设方面情况。

概 述

2013年至2017年，北京市信息化实现了从“数字北京”向“智慧北京”的全面跃升，整体发展水平达到了国内领先、国际先进，公共服务能力显著提升。开通政务数据资源网，在全国率先开展政务数据开放，依托北京市政务数据资源网，打造公共数据统一开放平台。基于北京市政务信息资源共享交换平台，建设市级大数据管理平台，支撑“放管服”改革、城市副中心建设、“互联网+政务服务”等全市重点工作，开展证照信息梳理、电子证照库建设。以公务员门户为基础，整合邮箱、传真、即时通信等服务，推进协同办公平台建设及应用。探索推进物联网应用支撑平台、移动政务管理平台、政务云平台的建设应用，平稳开展各平台运维。

全市各委办局及下属机构，贯彻落实市政府有关电子政务政策文件精神，在政务办公系统、相关业务网上办理、综合信息系统、公共信息资源开放、网络信息安全、重大活动运维保障等方面取得进展，不断提高首都信息化管理水平。

（市经济信息化委）

信息资源开发利用

【概况】 2017年，北京市信息资源管理中心（简称市信息资源管理中心）紧密围绕中心工作，以“重大应用为导向，构建大数据中心，推动建立大数据时代的资源共享开放新格局”为主线，推进各项重点工作。编制完善共享管理办法，健全汇聚共享制度规范体系；以重大应用为导向，推进信用、反恐等主题数据汇聚；响应用户需求，继续做好基础数据汇聚共享工作；完成大数据平台基础功能建设，实现全流程管理；完善开放平台，加快推动公共数据集向社会开放；开展共性组件运维，支撑政务协同工作。

（市信息资源管理中心）

【全市域正射影像制作】 5月，市信息资源管理中心利用2016年北京市航空摄影资料，完成了全市域正射影像的制作，可向全市各级部门提供最新的影像资料服务。其成果包括北京市平原地区0.2分辨率的真彩色正射影像、全市域0.5分辨率的真彩色正射影像。此次航空摄影范围为全市域22000平方千米，其中北京市平原地区为1∶10000真彩色，山区为1∶30000真彩色。

（市信息资源管理中心）

【数据汇聚管理】 年内，市信息资源管理中心开展了政务大数据汇聚管理机制、政务大数据全流程管理、政务大数据分级分类体系、政务大数据目录管理规范、政务大数据标准体系框架 5 个方面的研究；结合“共享开放管理办法”的要求，制定全市和市经济信息化委的共享实施细则及中心内部数据管理暂行制度。

（市信息资源管理中心）

【基础数据汇聚共享】年内，市信息资源管理中心继续提供空间基础信息共享服务，支撑 56 个政务部门 133 个业务系统的在线共享应用，日均访问量达到 70 万次。开展法人、信用、民政（老龄人口、残疾人）、工业企业等与空间数据融合、专题分析工作。继续提供法人 / 证照基础信息共享服务。市法人库通过在线查询、数据交换和接口调用等方式为全市 51 家委办局 / 区提供共享服务。基于市法人库，完成市法人证照信息共享服务系统建设及升级工作，实现证照生成、电子签章等功能。完成包括企业法人营业执照、施工企业资质证书等在内 11 个部门的 42 类共 2783718 条法人证照数据的汇聚入库。

（市信息资源管理中心）

【推动公共数据集向社会开放】年内，市信息资源管理中心梳理形成 2017 年度数据开放建议清单，包括 46 家单位 860 项数据（其中建议新增 418 项，已开放需要更新 442 项）。持续推进数据开放增量提质，2017 年新增完全开放数据 361 项，更新完全开放数据 82 项。截至 11 月，共计完全开放 42 家单位提供的 739 项数据集，累计数据记录数 170 余万条。多种形式推动开放数据社会化应用，与“第 4 届中国研究生技术与创意设计大赛”合作，向参赛者定向开放了市环保局等 8 个政府部门提供的 41 类 500 余项数据集，累计数据记录数 7000 余万条，形成一批优秀创新应用案例。

（市信息资源管理中心）

【开展共性组件运维】年内，市信息资源管理中心按照市经济信息化委统一部署，完成政通平台由“首都之窗”平滑过渡至信息资源管理中心负责运维管理。组织完善政通平台技术架构，草拟《北京市政务人员内部工作协同平台管理办法》，开展政通平台试用，完善改进平台应用。开展公务员邮箱运维服务保障，与“首都之窗”完成公务员邮箱运维交接，组织修订公务员邮箱管理办法，做好公务员邮箱、短信、传真等共性组件运维服务保障。推进政务云应用运维服务保障，开展网络安全及基础运维，保障各政务应用安全稳定运行。

（市信息资源管理中心）

【信息资源目录编制】年内，市信息资源管理中心结合全市政务信息系统整合共享等工作，市经济信息化委初步梳理了政务信息系统及数据的基本情况，并建立了台账，形成 71 个部门的 6091 类信息资源基础台账，市、区两级共有 3171 个政务信息系统 6091 类政务数据。整理形成全市政务数据资源目录，提出了第一批（涉及 24 个部门的 851 类政务数据）、第二批数据汇聚清单，由各部门完善确认后，作为开展全市政务数据汇聚的依据。按照国家《政务信息资源目录编制指南（试行）》的要求，向全市印发《关于开展信息资源目录编制工作的通知》，组织各部门开展信息资源目录编制和完善工作。截至年底，完成 68 个政务部门 4689 条部门信息资源目录在国家政务信息资源目录管理系统填报工作，其中可共享目录 482 条、可开放目录 312 条。

（市信息资源管理中心）

【信息系统自查、清理和整合】年内，市信息资源管理中心为落实国家信息系统整合共享要求，《关于推进我市政务信息系统整合共享的实施方案》完成编写。全市 73 个政务部门、13 个区的 3515 个信息系统完成自查工作，并根据自查结果，梳理形成了全市 85 个部门的 6189 类数据资源目录。

（市信息资源管理中心）

【社会数据需求调查】年内，市经济信息化委对全市各部门和各区开展了社会数据需求摸底调查，共有37个市级部门、6个区开展了161项社会数据应用；45个部门、8个区提出了237项社会数据需求。其中共性需求比较集中的有3大运营商的人群行为分析数据，百度、阿里巴巴等企业的地理信息数据，京东、美团等企业的物流和服务人员数据等。基于调查情况，同时根据系统总体组的意见，提出年度社会数据采购方案，涉及3大电信运营商、百度、腾讯等多家单位的数10类数据。

（市信息资源管理中心）

【信用信息共享平台建设】年内，北京市按照“一网四库一平台”的总体框架，在北京市企业信用信息公示系统、个人信用信息系统、社团信用信息系统、事业单位信用信息系统的基础上，建设完成了全市统一的公共信用信息服务平台。平台归集了55个部门的企业信用信息、27个部门的个人信用信息、9900余家社团的信用信息、1.1万家事业单位的信用信息。平台已实现了政府部门间信用信息的共享应用，实现了与国家和天津市、河北省信用平台的对接，并向社会提供了个人信用信息的查询服务。还依托信用平台，完善了全市行政处罚和行政许可等信息“双公示”机制，全部完成了140余万家市场主体统一社会信用代码的转换工作。

（市经济信息化委社会信用处）

【中小企业公共服务平台】截至年底，全市已有市级中小企业公共服务平台63家，其中国家级示范平台15家。总服务面积31.8万平方米，专业服务人员5202人，年均服务中小企业3.7万家。平台服务类别涵盖管理咨询、商务服务、投融资服务、政策支持、人才培训等综合服务，以及生物医药、技术检测、电子信息、文化创意、文化传媒、知识产权、科技推广等专业服务。北京市中小企业公共服务平台网络历时3年的建设，基本建成全覆盖的“1+16+N”中小企业公共服务平台网络。依托平台网络汇集了全市33个委办局的服务资源，以16个区窗口平台、126家联网窗口、63家市级中小企业公共服务平台、辐射带动的2000家机构为服务触角，共同为全市中小企业服务。

（市经济信息化委中小企业处）

【企业跨区转移信息共享机制建立】年内，市经济信息化委根据有关方面数据，整理完成2014年以来北京工业、软件信息服务业企业疏解搬迁、转移投资津冀以及其他地区的项目数据库，并形成分析报告。编制完成京津冀产业协同发展政策选编和案例集锦。编制完成产业协同发展工作通讯录，改版推出市经济信息化委网站产业协同发展服务平台。依托北京国资公司以及工经联、医药、包装印刷、饲料工业等行业协会，初步建立支撑京津冀产业协同发展的市场服务机制。

（市经济信息化委结构调整处）

【信用联合奖惩机制建设】年内，按照国家发展改革委的要求，北京市开展关于对失信政府机构的专项治理工作，按时全部完成了57家治理任务，并启动了电子商务领域和涉金融领域失信企业的专项治理工作。北京市还依托市信用平台，建设了全市统一的信用联合奖惩信息管理系统，将公共信用信息嵌入北京市行政服务中心审批平台，实现了与各相关政府部门间信用联合奖惩的协同功能，取得了良好的社会效果。

（市经济信息化委社会信用处）

【信用服务的社会应用】年内，北京市面向社会开通了个人信用信息的免费查询服务。将企业信用信息纳入百度公司互联网外卖平台，依据信用状况清退不良企业；推进公共信用信息在部分商业银行和互联网金融服务平台的应用；将一批严重拖欠供暖费用的用户信息纳入市信用平台，扩大了征信覆盖范围；还面向社会遴选了19家服务机构，会同11家政府部门在重点领域开展了信用创新研究工作；指导开展了北京市企业诚信创建活动，评定出2058家诚信创建企业，提升了社会的感知度。

（市经济信息化委社会信用处）

北京市人大常委会

【概况】2017年，北京市人大常委会机关信息化建设工作以推进城市副中心新办公楼信息化系统建设为重点，从项目建设、运维保障、自身建设3个方面入手，稳步推进机关信息化建设各项工作，不断提高信息化服务工作水平。

（张星刚）

【完成市14届人大会议保障服务】1月14日至20日，市“两会”期间，北京市人大常委会办公厅（简称市人大办公厅）信息中心认真做好“代表议案建议网上提交、交办系统”、“会议文件资料系统”、数字证书的技术保障，以及代表专用计算机室和现场技术服务工作，确保了系统稳定运行和应用良好，网络安全畅通，有力保障了代表大会期间提出的千余件议案建议安全、高效、顺利地从网上提交和交办。市人大常委会互联网门户网站共发布市人代会专题信息2386条(其中文字信息1528条、图片554张、视频信息304条)，较2016年同期增长8%。

（张星刚）

【规范性文件备案审查系统】3月，按照全国人大《关于请加快开展备案审查信息平台建设工作的函》的要求，市人大办公厅信息中心与市人大常委会法制办备案审查处先后赴天津市、广东省、浙江省人大常委会考察学习先进经验，详细梳理备案审查业务的功能需求与工作流程，研究技术方案，编写完成平台的初步设计方案，并于12月完成了系统使用培训及上线运行。

（张星刚）

【市人大代表信息管理系统升级】7月至9月，市人大办公厅与人事室密切配合，开展市人大代表信息管理系统升级工作，采取规范项目管理、合理安排计划、强化信息共享等措施，组织开发单位按时完成升级工作，有效地保障了市人大代表换届工作正常进行。

（张星刚）

【互联网移动门户网站项目建设】12月，微信公众号“北京人大”正式上线运行，人大代表App集成了履职活动管理、议案建议管理、代表信息库等功能。为进一步落实全国人大工作要求，通过网络平台密切人人机关、人大代表、人民群众之间的联系，市人大办公厅和代表联络室共同组织开发了常委会移动互联网门户网站、微信公众号及代表App等手机端应用。

（张星刚）

【副中心新办公楼信息化系统建设】年内，市人大办公厅成立专门工作小组，负责城市副中心人大新办公楼信息化系统的需求调研、产品选型、方案设计等技术工作，以及与工程办信息化部、新办公楼各设计单位的沟通联系。以会议系统为重点，开展新办公楼信息化系统需求调研和方案编制工作。加强沟通，充分了解各方面工作动态，及时请示汇报。密切与工程办信息化部、设计单位联系，掌握最新的工作进展和具体要求，不断完善方案，并确保建设工作平稳有序开展。

（张星刚）

北京市人民检察院

【概况】北京市人民检察院（简称市检察院）下辖第一分院、第二分院、第三分院、第四分院（原北京铁路运输检察分院）和16个区、县检察院。主要任务是领导全市各级人民检察院，依照宪法和法律的规定，履行法律监督职能，保证国家法律的统一正确实施。年内，北京检查科技信息中心正式启动运行；启动全市科技强检系统集成图的绘制。

（张　昀）

【检察科技资源整合试点工作】12月7日，市检察院举行北京检察科技资源整合试点工作会。会前，北京检察科技信息中心点亮标牌，北京检察科技信息中心正式启动运行。检察长敬大力强调，北京检察科技信息中心建设要做好整合、转型、创新3篇大文章。要强化系统思维，加强资源整合、加强职能整合、促进系统集成；要强化业务导向，要加强职能转型、加强机制转型、加强模式转型；要强化首善标准，要坚持“首善”、促进“双融”、当好龙头，引领发展、边干边建，持续创业。会上，副检察长黄宝跃介绍了北京检察科技信息中心的相关情况。主任赵志刚对北京市检察机关开展检察科技资源整合试点工作给予充分肯定。

北京检察科技信息中心点亮标牌

（市检察院）

【绘制科技强检系统集成图】9月至12月，市检察院启动全市科技强检系统集成图的绘制，系统集成图包含保障措施、检务保障系统、科技支撑、队伍管理系统、司法办案系统、检察监督系统、综合业务系统7大类内容，涉及7级架构、223项子项，共455项末端节点。为深入贯彻落实科技强检思路，坚持以需求为导向，全面了解全市检察机关各业务条线在信息化应用、大数据分析等方面的需求，加强对科技强检工作的统一规划、统一部署，市人民检察院成立科技强检系统集成图专题调研工作小组，科学设计科技强检系统集成图。

（市检察院）

北京市政务服务管理办公室

【概况】北京市政务服务管理办公室（简称市政务办）成立两年多来，在市委市政府和办公厅党组正确领导下，统筹推动全市政务服务管理工作紧紧围绕“四个中心”(政治中心、文化中心、国际交往中心、科技创新中心）战略定位和“四个服务”（为中央党政军领导机关工作服务、为国家国际交往服务、为科技和教育发展服务、为改善人民群众生活服务）基本职责，贯彻落实国务院“放管服”改革和“互联网 + 政务服务”各项决策部署，坚持以人民为中心，以建体系、筑平台、强服务、促提升为主线，实现 4 级政务服务体系全覆盖，推动政务服务中心规范运行，建设和试运行公共资源交易综合分平台，网上政务服务能力显著提升，央地、军地和区域间合作不断深化。

（市政务办）

【政务服务综合地图】6 月 30 日，市政务办建设完成全市政务公开惠民便民之一的政务服务综合地图，覆盖市、区、乡镇（街道）、村（社区）共计 5583 个政务服务机构性质、办公地址、办公电话、办公时间等相关信息，社会反响良好。

（市政务办）

【统一用户和身份认证体系】7 月至 12 月，市政务服务办会同市经济信息化委推动统一用户和身份认证体系建设，实现了全市法人和自然人的分级身份认证、统一账户管理和试点应用的单点登录，为打破数据壁垒、信息孤岛，提升政务服务“一张网”的办事能力奠定了基础。

（市政务办）

【服务中心审批业务平台项目】10 月 17 日，北京市政务服务中心审批业务平台建设项目通过竣工验收。该平台依托全市既有的信息化基础设施和资源，以“北京市网上政务服务大厅、北京市统一行政审批管理平台、北京市政务服务数据资源库”“三个一”智慧平台为核心，整合部门业务办理系统，打破数据壁垒，实现数据互联互通和互认共享，有效提升了政务服务能力，截至 12 月 31 日，平台累计受理各类审批服务事项 195.3 万件，日均办结 3093 件，办结率达 85.6%，部分事项实现京津冀协同办理和“全球通办”。

（市政务办）

【北京市网上政务服务大厅】10 月，依托北京市政府门户网站“首都之窗”政务服务频道，按照统一入口、统一认证、统一申报、统一查询、统一互动的原则，建成了覆盖市、区、乡镇（街道）、村（社区）4 级政务服务体系的北京市网上政务服务大厅，开设个人服务、法人服务、部门服务、便民服务、利企服务和阳光政务 6 个板块，设立 103 个服务主题，集中发布办事

北京市网上政务服务大厅

指南23万余项，推进网上办事，实现全市网上政务服务资源的一站式汇聚。11月1日，市网上政务服务大厅完成升级改版，建成了覆盖4级政务服务体系的互联网政务服务平台，提升了网上办事服务能力，丰富了服务渠道。通过微信公众号、政务服务App等形式，全面公布政务服务事项，方便企业群众办事创业。截至12月31日，1645个事项可以网上预约，8813个事项可以网上申报。

（市政务办）

北京市发展和改革委员会

【概况】北京市经济信息中心是市发展改革委直属单位，成立于1990年，承担部分市经济信息系统建设，并负责市发展改革委系统信息化建设。1999年，建立市计划委员会门户网站；2004年，建立市发展改革委机关OA办公系统。

（市发展改革委）

【北京市公共资源交易平台建设】9月，按照国家及市政府有关要求，为进一步加强公共资源交易信息共享，规范过程监管，正式启动北京市公共资源交易平台项目建设。11月，项目通过初步验收。制订并发布北京市公共资源交易平台信息系统数据规范和技术规范，完成与8个领域市级系统和10个区级系统的数据对接，每日将数据上报至国家平台。系统初步实现了公共资源大数据分析，为实现全市统一的公共资源在线监管提供了信息化条件；并与海淀区公共资源交易中心信息系统对接，完成了区水利项目电子招投标的全流程试标工作，同时完成了运行维护系统、应用支撑平台的开发，信息资源规划和数据库建设以及相关标准规范的编制工作。全年，共获取和上报350万余条数据，在国家平台考核评比中名列前茅。

（市发展改革委）

【固定资产投资项目在线审批监管】9月，市经济信息中心受市政务服务办委托，开展“投资项目在线审批监管平台门户网站”建设工作，于12月25日上线运行。网站集成使用了市级“企业统一认证平台”，支持企业用户使用“法人一证通”登录系统，实现了企业异常名录查询、项目和事项办理结果信息公开、用户项目办理进度查询、中介服务事项查询等功能，同时可以支持市区经济信息化部门、经济技术开发区投资促进局通过互联网开展项目备案业务。

（市发展改革委）

【网络安全和信息化领导小组】11月10日，市发展改革委网络安全和信息化领导小组成立，在市经济信息中心长期建设运维市发展改革委信息化基础上，进一步提升信息化统筹管理能力。《市发展改革委网络安全和信息化领导小组工作规定》印发。

（市发展改革委）

【评标专家库管理系统建设】11月，北京市评标专家库管理系统正式开通运行。实现了专家在线管理、项目全流程管理和在线业务监控；同时利用第三方数字认证、安全审计等技术手段，强化了对敏感数据的防护，有效提高了系统的可靠性、安全性，为政府管理部门、评标专家、招标人、中介机构提供方便快捷、规范标准的服务。北京市评标专家库是在全国所有省市中，第一个实现全行业专家统一管理、使用的省级综合专家库。北京市评标专家库中具有参评资格的专家人数约为1.5万人，设有网络终端27个，覆盖全市主要行业主管部门和16个区，每日为120余个招标项目的评标工作提供500名参评专家。

（市发展改革委）

【固定资产投资项目信息管理】年内，北京市固定资产投资项目信息管理平台建设完成。实现了全市固定资产投资项目统一赋码管理，对市、区两级发展改革部门固定资产投资项目审批、核准、备案业务提供了支撑；并率先实现了与北京市投资项目在线审批监管平台“四统一”模式对接，支撑了向国家发展改革委报送项目等数据工作。

（市发展改革委）

北京市教育委员会

【概况】2017年，北京市教委以习近平新时代中国特色社会主义思想为指导，全面贯彻党的十九大精神，全面贯彻党的教育方针，落实立德树人根本任务，坚持信息技术与教育教学深度融合的核心理念，坚持以需求促发展，以应用为重点，推动信息技术与教育教学深度融合，实现优质资源的充分共享，促进教育方式的根本转变，把教育信息化作为加快实现教育现代化的重要手段，为提高教育质量、推进均衡发展供强有力的技术保障。

（姚景涛）

【教育信息化评选交流活动】1月，市教委编制《北京市第十八届中小学师生电脑作品评选活动指南》；3月中旬，收集师生电脑作品2636件，对作品进行分类整理，筹备评审会；4月初，组织完成师生电脑作品初评、总评工作。本次评选会组织专家评委共80余人进行评审，共评出作品1581件，并将评选出的优秀学生作品170余件上报至中央电教馆参加全国中小学生电脑作品制作活动，将优秀教师作品近百件上报至中央电教馆参加全国教育教学信息化大奖赛活动。

（刘雪娇）

【教育系统内信息化项目申报工作】年初，市教委所属预算单位近3年政府投资信息化项目建设情况评估工作完成。3月，配合组织召开教育信息化项目验收报备与运行申请业务培训会。组织完成2017年度市教委预算单位信息化项目申报工作，开展培训会、接待日常申报，完成材料初审、函件转发和项目状态统计等工作。全年共组织完成50余家市属单位上传信息化项目361个，转发市经济信息化委函复365份，207个项目通过评审。同时做好中心信息化项目申报的协调组织工作。配合市教委信息化处开展2018年度信息化项目申报工作。

（陈　昊）

【行业网络安全及法律培训】3月，市教委配合开展教育行业网络安全管理专项整治的检查工作，共排查80家单位，并对东城区教委、首都经济贸易大学等10家单位开展现场检查。配合市教委梳理国家关键信息基础设施，共上报16个关键基础设施，均按照等保三级系统的标准进行安全防护。6月，配合有关单位在北京建筑大学召开了2017年北京市教育行业《中华人民共和国网络安全法》培训会，260余位北京地区高校、各区教委、各直属单位、部分中小学信息安全分管领导及信息安全工作负责人参会。

（陈　昊）

【实施联盟校园创客空间培训工作】 3月，北京教育网络和信息中心组织并实施“联盟校园创客空间，开展创客教育培训”工作，开展创客教育培训和作品评选活动。创客教育培训活动共计2天，通过开展基于创客形式的培训，主要从动手实践类教育机器人创客教育课程入手，探讨创客教育课程中学习与思维发展的特征、教育教学活动的设计制作与教学应用等。来自各区的150位中小学老师接受培训。5月，开展创客作品评选活动，共收集学生创客作品93件。评审会组织专家评委共11人进行评审，共评出优秀作品66件。

（赵筱妹）

【机器人竞赛活动】 4月，市教委收集整理近千名机器人竞赛选手、指导教师报名信息，做赛前筹备工作；5月中旬，组织召开机器人裁判及领队工作会，明确分工职责；6月初，在北京市第三十五中学举办第18届机器人竞赛活动，共有294支代表队、近千名师生参加了机器人竞赛活动，有188支代表队获奖，并推荐19支优秀代表队到中央电教馆参加暑期全国夏令营活动。

（刘雪娇）

【全国基础教育信息化应用展】 5月5日至7日，第3届全国基础教育信息化应用展示交流活动在北京农展馆举办。北京展区以“深化改革、内涵发展、融合创新、支撑决策——信息化支撑下首都教育新时代”为主题，以展示展览、主题交流、互动体验、现场讲解等多种形式，重点通过北京市基础教育大数据平台、北京市义务教育入学服务平台、开放科学实践活动、北京市中学教师开放型在线辅导计划等，展示2015年青岛国际教育信息化大会以来北京市在推进基础教育信息化融合应用等方面的成功经验和优秀案例。

5月5日，第3届全国基础教育信息化应用展示交流活动在北京农展馆举办

（王兆歆）

【网络安全管理】 5月，全球爆发大规模“勒索”软件感染事件，信息中心配合市教委启动网络安全应急联系人机制，通过多种渠道传达“永恒之蓝‘勒索’病毒自查及修复工作”的通告，在北京教育信息网出口屏蔽了目的端口为TCP 445的所有流量。清理“僵尸”“双非”网站信息系统239个。落实“零报告”制度，共计接收70个单位报告千余条，及时向教育部、北京市应急指挥中心报告北京教育行业网络安全情况。全年，响应来自教育部、市公安局、市经济信息化委、市网信办等单位的教育行业安全事件通报400余条，督促相关单位及时处置。

（陈　昊）

【北京—澳门中学生科技交流活动】 7月17日至21日，第9届北京—澳门中学生科技合作与交流活动暨京澳科技夏令营在北京举办，在北京少年宫进行现场交流和比赛活动。由北京市教委、澳门教育暨青年局、澳门科学馆主办，北京学生活动管理中心、澳门电脑学会承办，北京教育网络和信息中心负责技术和专家团队支持的北京—澳门中学生互联网科技交流计划已连续举办9年。2017年活动主题为“互联网+教育融合发展”，自年初活动启动以来，两地以学校为单位结成联队，围绕主题开展近半年的线上交流和深入研讨，建设了4个专题网站，提交12份深度研究报告。

（覃祖军）

【中小学生电脑制作活动】7月下旬，信息中心组织北京市中小学生赴浙江嘉兴参加全国中小学生电脑制作活动夏令营，共有170名北京市学生参与评选活动，其中40余名学生入围活动决赛，最终，共有104名学生获得个人荣誉奖，19支队伍参加竞赛类项目均获奖。北京教育网络和信息中心获得中央电化教育馆颁发的优秀组织奖。

（刘雪娇）

【网络保障及应急预案】9月，根据市委网信办《关于开展党的十九大关键信息基础设施网络安全保障现场抽查工作的通知》要求，市教委配合网信办对北京教育考试院、北京工业大学等单位开展了现场抽查工作。在市教委办公室指导下，编写完成《北京市教育委员会网站信息安全专项应急预案》《北京市教育系统网络与信息安全总体应急预案（初稿）》《北京教育网络和信息中心网络与信息安全应急预案》，与北京市政务信息安全应急处置中心协同开展了网页篡改事件应急演练，提高了应急事件处理的能力，检验了与其他外协团队之间的协调联动机制。

（陈　昊）

【首届智慧学习工作委员会年会举办】11月27日至29日，中国教育技术协会智慧学习工作委员会在北京国家会议中心举办了首届年会，并附带举行了4项全国范围的活动：中小学智慧教育顶层设计培训活动、首届智慧学习机器人比赛活动、首届中小学诗词大会活动、首届深度融合课堂革命的公开展示课活动，其中来自各地的优秀老师代表分别在牛栏山一中（高中公开课18节）、东北师大附中朝阳学校（初中公开课12节）、望京实验学校（小学公开课20节）展示了信息技术与学科深度融合的共50节课程，覆盖了高三、初三和小学六年级毕业班所有学科。

（覃祖军）

【骨干光纤维护管理及信息安全运维】截至11月，信息中心完成北京教育系统的骨干光纤维护管理工作，共维护光缆长度561.424千米，维护接续盒504个，巡视光缆长度16440.447千米，巡视接续盒13189个，抢修及排除故障13次，布放光缆1.7千米，增加接续盒12个，熔接芯数430芯。共参加市市政市容管委及各区相关机构架空线入地相关会议15次，与各区相关机构建立良好沟通机制，未发生计划内光缆拆改造成的未通知性断缆事故。非计划性断缆故障全部及时修复。组织召开中心各合作厂商的网络安全部署会，信息中心领导做出重要部署，各厂商签署安全责任书。集中组织开展中心信息安全资产清查梳理。在中共十九大期间，进行网络和信息安全值守保障，确保重点时期网络安全零事故。进一步梳理bjedu.cn域名，经核实后共注销180个域名。实时监控78段、80段、82段流量，定期对中心机房信息系统开展漏洞扫描，全年共计发出检测报告50余份。

（陈　昊）

【虚拟现实实验教室建成】12 月底，北京教育网络和信息中心虚拟现实实验教室在地安门西大街 153 号建成，旨在利用虚拟现实技术（VR）融合并创造新的教育教学资源，实现教室、教师、校园、社会无界限，研究虚拟现实技术在教育和教学中应用的最佳方法，使虚拟现实技术能够在教育教学中得到推广，进一步发挥北京教育网络和信息中心在全市电化教学中的引领作用，以虚拟现实技术促进资源应用，提升教师教学水平和学生学习能力，进一步促进现代信息技术在北京市教育改革和发展中的应用，推进首都教育现代化建设。

（马　东）

【数据中心 IT 及基础设施维护管理】截至年底，信息中心共维护核心电信级大型路由设备 31 台，汇聚层网络设备 55 台，各类接入层网络设备 120 台，各类网络安全设备系统 49 台（套），网络上线运行的万兆、千兆等通信端口近千个。设备故障处理和设备维修共 29 次，备品备件更换 23 次。两地空调巡检累计 20 次，备品备件更换 55 次。完成昌平区、顺义区、东城区、丰台区、大兴区等汇聚节点的冗余建设工作，有效解决单点隐患，为市、区两级教育信息化应用的稳定性提供了有力保障。12 个信息系统部署至六里桥政务云，共使用虚拟机 44 台。

（陈　昊）

【完成对基础设施服务事项的梳理】截至年底，对基础设施服务进行梳理，提供 3 大类 26 项标准化服务，共受理来自各业务部门的变更申请单 170 余张，涉及网络及服务器调整上千次，域名调整 312 次，完成率为 100%。依照《数据中心 IT 服务协议》，为清华大学附属中学、教育科学研究院课程中心、软件外包服务公司、中央电化教育馆提供相关资源及服务器接入等基础设施服务。

（陈　昊）

【网络运维管理及安全保障】年内，由市教育网络和信息中心运行维护的教育信息网、互联网及科研网出口畅通稳定，网络设备未出现安全事故。网络出口割接 2 次、大型网络调整 3 次、网络机房及各区等小型网络调整 264 次。

（陈　昊）

【支持及协调各区网络运维】年内，信息中心协助各区对网络故障进行排查解决，及时通知用户处理基于教育网 IP 的各类攻击事件 1300 余条。协调各区信息中心，完成 2017 年高考远程电子巡查系统网络保障工作，监控考点 92 个，考场 1791 个；协助北京教育考试院顺利完成中考、会考、成考、自考、社考，以及司法及研究生招生等考试工作。市区技术协作交流小组开展两次学习交流活动，学习交流新技术应用，了解并解决各区在实际工作中遇到的技术问题，提高网络运维效率，推动技术共享。

（陈　昊）

【完成高校资产系统维护保障】年内，信息中心对市属 25 所高校相关硬件设备共计巡检 75 次；故障处理 14 次；产品调试服务 3 次；系统检测评估分析 1 次。进行接口维护，接收高校反馈数据推送问题 180 余个，解决率 100%，开展 4 次系统巡检，无遗留问题。对高校资产管理系统及中心多套业务系统（包括基础库、前置库、教师库、学前库、应用支撑库、中职库、义教库等）进行了日常巡检维护和优化处理，48 小时内问题解决率 100%，确保了各数据库运行的稳定性与安全性。

（陈　昊）

【机关电子政务系统支撑服务】年内，信息中心为市教委综合管理平台（OA）、档案管理系统、教育信息文件传输系统、视频会议系统、教委电子政务邮箱系统，提供系统监控维护、账号管理、技术支持等服务。综合管理平台实现各类公文流转1109次；制定《市教委档案系统运维工作规程》，服务水平明显提升，档案系统除收录1996年至2016年的81213条档案条目外，年内新增录入1044条，合计各类档案数据82257条。制定《市教委邮件系统运维工作规程》，配合办公室进行安全整治，清理账户99个，冻结僵尸账户68个。加强密码管理，扫描弱口令；升级安全证书、增加登录验证码、设立可疑邮件告警机制；中共十九大前夕，对系统深度巡检，确保安全；着力提升用户体验，将邮件附件扩容至50 MB，邮箱容量整体扩容至2 G。全年开通、锁定、注销账号64个。无线网络服务开展账号清理，加强访问控制。截至年底，共为519名用户提供无线服务，年内开通、注销用户近百个。协同移动公司对移动短信平台开展专项整治，进行安全加固，增加防护策略，全年有效发送信息32252条。电子政务系统全年未出现重大事故，对各种突发事件及时做出响应和处置，对市教委电子政务工作的顺利开展提供了重要的支持和保障。为市教委机关进行各类技术支持服务共575次。其中，办公桌面499次、电子政务系统42次、其他任务34次，受理率100%，一次解决率99%，遗留问题解决时间不超过4日。

（陈　昊）

【保障网络视频会议】年内，信息中心配合市教委办公室全力保障各类网络视频会议，共支持教育部、市政府、市教委、工委、应急等各类视频会议101次。利用网络直播技术，以市教委为主会场，支持保障了“北京市基础教育领导干部大会”“北京市中小学开学工作部署会”，实现了市级主会场连通16区分会场。

（陈　昊）

【电子政务信息安全检查】年内，市教委开展保密专项检查工作3次，历时3个月，累计检查计算机超过750台次，范围覆盖机关全部处室。正版化共计检查计算机268台，未出现任何重大问题。更新细化《机关正版化工作台账》；落实正版软件更新卸载机制；面向各处室人员签订《使用正版软件承诺书》；协助修订《市教委办公软件资产管理办法》；核查已有授权许可，做到“账实匹配”。10月下旬，经市版权局现场资料审查、设备抽查，整体情况良好，得到检查组好评。

（陈　昊）

【门户网站运维管理】年内，市教委继续推进网站群整合工作，先后完成北京语言文字工作网、首都高校科研网、北京职成教网、体育卫生与艺术教育处网站、教育督导室网站的整合工作，20个教委机关处室在用网站已全部纳入统一后台管理，实现了统筹集约与安全发展。此外，完成了综合服务中心、学校后勤事务中心、设备中心3家直属事业单位网站的整合工作。着力加强教委网站信息内容建设。截至11月，市教委门户网站编发各类信息共883条，向“首都之窗”报送信息100条。建成“网上夏令营”“中考”“高招专科”“高招本科”“成招”5个专栏，建成“学习宣传贯彻党的十九大精神”专题栏目。协助教委办公室按季度编写《市教委网站信息内容建设自查情况报告》，并开展整改。按照不低于国家三级标准，建成市教委无障碍门户网站。按年开展网站等级保护测评，每半年开展一次网站渗透性测试。

（陈　昊）

【信息安全工作部署】年内，信息中心配合市教委起草和印发《北京市教育委员会关于做好2017年全国“两会”期间北京教育系统网络安全保障工作的通知》《关于做好北京高考及招生录取期间网络安全保障工作的通知》；针对 Struts 2 新漏洞的《北京市教育委员会关于紧急开展网络安全漏洞排查工作的通知》和针对数字校园用户的《关于紧急开展网络安全漏洞排查工作的通知》；《2017 年北京市教育行业网络安全综合治理实施方案》；针对中共十九大保障的《北京市教育委员会关于做好近期网络安全工作的通知》《关于进一步做好网络安全工作的紧急通知》《北京市教育委员会关于组织参加 2017 年国家网络安全宣传周活动的函》。

（陈　昊）

【等级保护定级及网络安全培训】年内，市教委推进落实等级保护定级备案工作，共组织完成市属教育行业 138 个信息系统新定级或定级变更工作，其中三级 1 个、二级 107 个。截至 11 月，组织参加教育部、市委网信办举办的网络安全培训，共计 70 余人次。

（陈　昊）

【教师在线服务全市中小学教师】年内，2017 年度教师在线服务实现了对全市中小学教师的全覆盖。各区中小学教师可以根据需要申请教师在线账号，通过教师在线账号可以获得与教育教学相关的信息技术支持服务。全年，向全市中小学教师发放账号 3.4 万个，累计服务次数为 160382 次。用户问题首次解决率 99%，满意度 98%，在线服务平均时长约 25 分钟。

（季茂生）

北京市科学技术委员会

【概况】2017 年，北京市科学技术委员会（简称市科委）立足“建设全国科技创新中心”等中心工作，推进政务工作与信息化深度融合，大力贯彻统筹、集约的理念，以实施科技政务信息化专项为抓手，统筹市科委信息化需求，开展信息化建设、网络安全保障等相关工作，规范信息化建设和运维，推进信息系统整合与政务数据开放共享。

（康　沂）

【信息化规划与顶层设计】年内，市科委根据市经济信息化委关于信息化建设的统筹集约要求，深入理解北京市“十三五”信息化规划，综合分析委机关及直属单位的信息化需求，从业务需求角度出发，在充分利用现有信息化建设的基础上，优先考虑市级共性平台，制定了市科委 2018 年至 2020 年信息化规划与顶层设计，为信息化建设指明方向。

（康　沂）

【推进信息系统整合清理】年内，市科委按照市经济信息化委《关于推进我市政务信息系统整合共享的实施方案》要求，开展信息系统自查，并按照市里统一部署，稳步推进信息系统整合清理工作，从业务办理、系统功能、数据使用等多角度出发，立足统一管理，结合信息化规划及顶层设计，制订信息系统整合方案，明确了分阶段、分任务的整合框架及路线。

（康　沂）

【加大政务数据开放共享】年内，市科委按市经济信息化委相关要求，全面梳理市科委政务数据，结合反恐维稳、信用等主题目录，编制完成市科委政务信息资源目录，并按照资源目录逐步开展相关政务数据的开放共享工作。

（康　沂）

【科技计划项目管理信息系统】年内，市科委根据新修订的《北京市科技计划项目（课题）管理办法》《北京市科技计划项目（课题）经费管理办法》，对北京市科技计划项目管理信息系统（简称MIS系统）进行升级改造，确保科技计划项目管理工作的顺利进行。MIS系统是市科委为支撑北京市科技计划项目管理业务而建设的全过程管理业务系统，实现从科技计划项目编制、项目立项、预算管理、项目实施到验收结题的全流程管理，结合科技信用、科技专家、高校储备、成果追踪、内部审计、风险监察等相关信息系统，实现对科技计划项目的全流程、精细化管理。

（康　沂）

【创新创业人才积分落户管理】年内，市科委根据《北京市积分落户管理办法（试行）》，为配合北京市积分落户申报管理工作，针对积分落户指标体系统中的创新创业指标，新建了北京市科委创新创业人才积分落户管理信息系统，以完成创新创业指标的信息申报、信息审核、数据交换及比对等工作。该系统按照全市积分落户申报统一要求，服务于企业及个人申报创新创业指标，并与市积分落户总申报系统、市税务、市人社、市工商等相关系统对接，审核并交换、比对相关申报数据，涵盖了北京市积分落户的申报、核查、复查等环节，为北京市积分落户中创新创业指标提供了准确的数据支持。

（康　沂）

【首都科技大数据平台】首都科技大数据平台（简称大数据平台）是在市科委科技情报系统的基础上，以业务需求为导向，以“四梁八柱、一库一平台”为总体框架，以“开放、融合、标准、安全”为建设理念和约束保障搭建的基础技术平台，集聚融合委内外科技资源，建立科技大数据规范，构建科技资源目录，包括创新主体、创新资源、创新成果、创新环境4大类一级指标、24类二级指标、137项三级指标。年内，大数据平台已整合3600万余条科技数据，涵盖科技人才数据、科技项目数据、科技成果数据、创新主体（包括科研机构、企业、高校、重点实验室、研发中心等）数据、科技金融数据等，并建设科技资源地图、前沿技术跟踪预判、重点领域分析等8大专题应用服务，有效支撑了科技决策和科技管理，为市领导掌握首都科技创新资源分布现状、开展北京市科技创新资源统计分析、开展科技数据分析研究、开展科技相关业务领域分析等工作提供了坚实的数据基础。

（康　沂）

【首都科技条件平台升级改造】年内，为深入贯彻《国务院关于国家重大科研基础设施和大型科研仪器向社会开放的意见》《北京市政务办公厅关于加强首都科技条件平台建设　进一步促进重大科研基础设施和大型科研仪器向社会开放的实施意见》的要求，进一步强化科研基础设施和仪器向社会开放，不断提高科研设施与仪器利用效率，发挥科技资源服务创新创业作用，市科委建设了首都科技条件平台，融科研设施与仪器的配置、管理、服务、监督、评价等功能于一体，设置科技资源情况、开放制度、服务项目、使用情况等栏目，向社会公开科研设施与仪器的分布、利用和开放共享情况等信息，并对接国家相应网络管理平台。推动市属市管单位将符合条件的科研设施与仪器纳入首都科技条件平台信息系统统一对外开放共享。首都科技条件平台进行了全面升级改造后，在原有基地、领域中心、工作站三级管理体系基础上，将87家市属管理单位纳入首都科技条件平台信息系统，并对社会发布开放共享仪器信息。优化完善与国家网络管理平台和科技部资源调查平台的对接工作，有效促进了资源优势转化为服务优势。截至年底，共整合首都地区878个国家级、北京市市级重点实验室、工程中心，价值270余亿元、超过4万台（套）仪器设备向社会开放共享，聚集了13168位专家，产生了22127项知识产权和技术标准。上报国家平台的北京市市属管理单位50万元以上仪器设备2886台套，价值39亿元。年内，共有1.7万家企业享受到平台各类服务，合同实现额达34亿元。平台有力支撑了首都科技条件平台的绩效考评工作，助力北京地区仪器设备开放共享服务和科技创新工作。

（康　沂）

【市级科技项目统筹管理信息系统】年内，为落实《国务院印发关于深化中央财政科技计划（专项、基金等）管理改革方案的通知》《北京市进一步完善财政科研项目和经费管理的若干政策措施》等文件要求，推进全市科技项目管理改革，市科委会同市财政局等相关部门建设了市级科技项目统筹管理信息系统,对科技计划（专项、基金等）的需求征集、指南发布、项目申报、立项和预算安排、监督检查、结题验收等全过程进行信息化管理。该系统建立了统一的科技项目申报渠道及信息公开公示渠道，使社会公众和科研人员能够通过统一的渠道获取科技项目的相关信息并进行项目申报，方便社会公众和科研人员查询。同时，通过统一的项目管理业务支撑，为各级管理部门提供了对科技计划项目、课题（任务）全过程管理，实现了项目立项查重、限项检查及相关责任主体信用管理，实现了对相关责任主体的评估评价及监督管理，进一步促进了科技项目管理过程的公平公正。该系统自建设完成上线以来，实现了对包括市科委、市卫生计生委在内的7家市级科技项目管理部门近50个科技计划（专项、基金等）的全过程业务流程的信息化管理。

（康　沂）

【市科委网络安全】年内，市科委基于“安全检测、督促修复、复检确认”的闭环工作体系，严格执行安全管理制度，加强安全检测、安全预警、应急值守等工作的力度，定期开展等级保护测评、风险评估、渗透测试、应急演练等，有效保障了市科委信息系统的稳定安全运行，实现了重大活动期间的零事故运行，同时加强网络安全培训，提升网络安全意识，有力增强了市科委网络的安全保障。

（康　沂）

北京市经济和信息化委员会

【概况】2017年，北京市经济和信息化委员会信息中心紧紧围绕委机关处室核心业务，在经济运行监测、“高精尖”重点项目管理、基金与资金管理、领导移动办公等方面，以业务数据为核心，以辅助决策和提高效率为目标，通过业务梳理、流程再造、数据汇集、系统整合、系统改造等工作，建成经济运行监测（工业大数据）平台、“高精尖”项目库、基金与资金管理、公文、项目、督办等业务应用以及领导PAD版移动门户、移动公文App等应用。深化市经济信息化委机关核心业务信息化，提升应用支撑业务水平。

（市经济信息化委信息中心）

【“勒索”病毒应急处置】5月，全球爆发大规模“勒索”病毒感染事件，正值北京举办“一带一路”国际合作高峰论坛活动期间，市经济信息化委、市网信办、市公安局启动了应急处置程序。各部门反应迅速，大力协同，组织有力，措施有效，妥善处理了“勒索”病毒事态，圆满完成了重大保障任务。

（市经济信息化委信息中心）

【800兆无线政务网保障】5月，北京市800兆无线政务网圆满完成了“一带一路”国际合作高峰论坛通信保障任务，高峰论坛开幕式和雁栖湖会议期间，无线政务网启动B级通信保障，会议期间实施C级通信保障，其他时间实施D级通信保障。保障前制订通信保障方案，保障期间设立无线政务网联席指挥部，负责保障期间无线政务网通信保障工作的指挥调度、工作协调、重大事件决策等相关工作。6月，北京市800兆无线政务网圆满完成了北京市党代会通信保障任务，无线政务网全程启动D级通信保障，开闭幕会期间启动C级通信保障。8月，北京市800兆无线政务网圆满完成了“世界机器人大会”通信保障任务，无线政务网全程启动D级通信保障，确保网络运行万无一失。9月至10月，北京市800兆无线政务网圆满完成了中共十九大通信保障任务，无线政务网全程启动D级通信保障，会议期间启动C级通信保障，开闭幕会时段启动B级通信保障。保障前制订通信保障方案和调度网保障方案，保障期间设立无线政务网联席指挥部，负责保障期间无线政务网通信保障工作的指挥调度、工作协调、重大事件决策等相关工作。

（市政务网络管理中心）

【系统信息化建设逐步完善】年内，统筹推进全委系统信息化建设，按照市经济信息化委信息化系统统筹工作要求，梳理系统内信息化系统现状，研究改造方向，按时审核报送系统内需要升级改造的信息化项目。围绕市经济信息化委核心业务，提高信息化应用支撑能力。深化移动政务应用建设，辅助领导办公。提升网站内容策划和设计能力，支撑政务公开工作。完成门户改版工作，提高易用性和实用性。完成OA系统标准化试点工作，完成公文、项目、督办、档案4个机关办公系统的升级改造。

（市经济信息化委办公室）

【运营管理和技术保障】年内，市经济信息化委机关业务系统全面迁移政务云环境下，围绕保障业务系统安全稳定运行、提供桌面技术支持方面，不断夯实基础工作，完善运维流程与规范，强化运维团队管理。通过开展信息安全等级保护及检查，定期进行安全脆弱点与漏洞扫描、渗透测试、日志分析与审计、安全风险评估、安全整改与加固、应急预案演练等，保障市经济信息化委网站、办公门户等重要系统全年安全稳定运行。围绕支撑处室日常业务工作，保障机房环境、办公网络和安全设备等基础设施稳定运行，对系统上云后的机房设备进行了精简、调整和优化，更好地支撑软件开发测试和数据备份工作。健全运维监控体系，提高故障预警能力和响应速度，确保业务应用系统稳定运行、安全运行、高效运行，改善用户体验。

（市经济信息化委信息中心）

【全面开展政务信息系统整合】年内，根据国务院办公厅印发的《政务信息系统整合共享实施方案》，市经济信息化委印发了《关于推进我市政务信息系统整合共享的实施方案》，政务信息系统整合工作全面展开。初步完成互联网应用系统向市经济信息化委互联网网站整合、内部办公业务系统向办公门户整合，实现了以互联网网站统筹整合对外服务系统，以办公门户统筹整合内部业务系统的信息系统布局。

（市经济信息化委信息中心）

【政府网站建设规范】年内，根据国务院办公厅印发的《政府网站发展指引》、市政府办公厅印发的《关于贯彻落实〈政府网站发展指引〉的实施意见》等文件，政府网站建设规范工作全面展开。市经济信息化委梳理了域名、站点，按照全市统一规范，确定了市经济信息化委互联网网站域名：jxw.beijing.gov.cn，启动了网站整合与规范化工作。

（市经济信息化委信息中心）

【政府数据资源开放】年内，全面深化改革领导小组会议审议通过的《关于推进公共信息资源开放的若干意见》，公共信息资源开放进入试点阶段。为贯彻落实《关于推进我市政务信息系统整合共享的实施方案》中“推进政务信息资源汇聚共享与开放”等相关要求，市经济信息化委依托北京市政务信息资源共享交换平台，首次在“北京市政务数据资源网”发布13个市经济信息化委主题库，迈出了数据开放与共享交换的第一步。

（市经济信息化委信息中心）

【党政机关信息系统向政务云迁移】年内，为实现北京市党政机关电子政务集约化建设和管理，充分发挥北京市市级政务云的作用，为政务大数据应用奠定基础，除公安、安全等部门以及涉密和信息安全等级保护4级（含）以上信息系统外，按照“上云为常态、不上云为例外”要求，北京市各市级部门启动现有信息系统逐步迁移上云，停止服务器、存储等相关软硬件采购。

（市经济信息化委信息中心）

北京市民族事务委员会

【概况】北京市民族事务委员会（简称市民委），挂北京市宗教事务局（简称市宗教局）牌子，负责北京市民族事务和宗教事务，是市政府组成部门。内设办公室、政策法规处、民族一处、民族二处、宗教一处、宗教二处等14个处室。年内，市民委启动门户网站系统安全体系升级改造项目；代表北京市接受软件正规化工作现场检查。

（赵　嵩）

【门户网站系统安全体系升级】5月23日，市民委召开市民委门户网站系统安全体系升级改造项目启动会，改造项目由北京市安信天行股份有限公司承担。

（市民委）

【信息安全制度审定会】7月25日，信息安全管理制度内容审定会召开，会议研讨相关修改内容。

（市民委）

【软件正版化现场检查】9月6日，市民委代表北京市接受国家版权局办公厅（推进使用正版软件工作部际联席会议办公室）软件正版化工作现场检查。

（市民委）

【正版软件工作反馈会】9月15日，市民委办公室参加在市政府召开的推进使用正版软件工作部际联席会议督查北京反馈会，听取软件正版化工作核查结果。

（市民委）

北京市公安局

【概况】2017年，北京市公安局（简称市公安局）在市公安局党委的领导下，深入贯彻落实全国公安科技信息化工作会议精神，以公安部《公安发展“十三五”规划》《关于推进公安信息化发展若干问题的意见》为指导，立足首都“四个中心”城市战略定位和首都公安改革总体要求，坚持“四个第一”理念，以公安业务需求为核心，以各项重大安保任务建设应用为重点，深化警务改革创新理念，进一步深入发展政务公开，强化市公安局内及局外资源共享和综合应用的效能，大力提升警务科技信息化保障能力，为维护首都安全稳定，以及全市信息化建设和应用提供了有力的科技信息化支撑。

（连晓敏）

【消防移动作战指挥系统获奖】1月13日，由市消防局自主研发的消防移动作战指挥系统荣获全国公安机关改革创新大赛金奖。该系统集成119警情事件全系统同步共享、精确定位警情特种车专用导航、电子图文全息预案大数据支撑等10项重要作战指挥功能，有效解决灾害精确定位、限高限重条件下的路线规划导航、出动途中警情动态信息获取、3G单兵图像查看等一系列灭火救援作战指挥难题。

（张　勇）

【办案平台案件网上公开】2月20日，市公安局升级执法办案平台案件网上公开系统，形成了以“接报录入、立案公开、群众评议、规范执法”为核心的案件公开新机制，使案件进展同步公开更为全面，查询更为便捷。

（张　辉）

【法律文书网上公开】3月1日，市公安局推动非涉密的行政处罚决定及行政复议决定文书在互联网上公开，案件当事人和社会公众可通过市公安局官网主页查询公开文书。此举提升了执法活动的公信力和权威性。

（张　辉）

【图像信息系统建设联网应用工作推进会】4月1日，市公安局联合首都综治办，召开全市公共安全视频监控建设联网应用工作推进会，对24项重点工作进行了专项部署，推进全市公共安全视频监控布点建设、联网共享、智能应用和统筹管理等工作。

（林　彬）

【“平安北京”政务新媒体平台开通时间号】4月11日，市公安局“平安北京”政务新媒体平台时间号正式启用，“平安北京”入驻北京时间新闻客户端。这是“平安北京”政务新媒体平台建立以来开通的第14个新媒体子平台和入驻的第6个新闻客户端平台。截至12月31日，“平安北京”时间号共发布各类信息503件，阅读量达 189.66 万次。

（赵　旻）

【视频监控建设联网】 4 月至 6 月，通过借鉴外省市视频建设联网应用工作的思路和先进经验，市公安局与数家安防企业的专家进行了数十次交流研讨，编发《北京市公共安全视频监控建设联网总体技术规划》和《北京市公共安全视频图像信息应用系统建设指导意见》，进一步加强对全市公共安全视频监控建设联网应用工作的指导。

（林　彬）

【交警移动警务体系】 5 月，全市交警正式配发启用 6312 台新型移动警务终端。新型移动警务终端依托移动互联、人脸识别、NFC、物联网等新技术，整合车驾档信息、非现场违法、电子保单等 58 项关联数据，可实现违法处罚、“视频警务云”等 31 项特色功能。该终端使一线民警执法用时缩短 2/3，获取信息量增加 2.7 倍。

（夏志辉）

【规范科技信息化警企合作】 6 月 9 日，市公安局印发《北京市公安局科技信息化警企合作管理办法（试行）》，警企合作分为战略层级和项目层级，战略级合作是与企业、院所、高校等确定全面合作关系的意向，项目级合作是与企业、院所、高校等确定具体合作需求。

（姜思思）

【警务物联网应用技术学术交流会】 9 月 22 日，市公安局警务物联网应用技术公安部重点实验室组织召开了“第 1 届警务物联网应用技术学术交流会”，会议邀请清华大学公共安全研究院等单位 16 位专家分别从物联网感知、大数据、警务物联网应用技术 3 个板块做了专题讲座。与会人员围绕物联网感知、大数据和警务物联网应用技术最新研究进展，共同探讨热点技术，分享警务物联网的应用心得与经验。

（董爱群）

【治安移动警务平台】 10 月 5 日，市公安局“治安移动警务平台”一期建设完成并上线测试，实现了“互联网—移动专网—公安网”三网合一，对“低慢小”、自行车、寄递物流、刀具 4 个列管行业的企业信息、从业人员、从业车辆以及消费人员的信息进行采集，开通了移动终端检查、通知通告以及在线课堂等功能。

（刘振兵）

【派出所工作综合信息系统】 10 月 6 日，市公安局完成了派出所工作综合信息系统新旧系统切换并上线应用，保障了各户政大厅和户籍派出所窗口正常对社会群众提供服务，实现了户籍迁移信息网上自动监测，确保市公安局人口信息库与公安部同步实时更新。截至 12 月 31 日，新系统已经为 53.1 万名市民办理了户政业务。

（赵　迪）

【推出微信扫码缴费便民措施】 10 月 20 日，市公安局与中国工商银行、腾讯控股有限公司合作，率先在全市 79 个出入境业务受理大厅和窗口推出“微信扫码”交纳出入境证件费用便民措施，新华社、北京电视台等 20 余家主流媒体报道此事。截至年底，微信扫码支付已占全部缴费业务的 40% 以上。

微信扫码缴费便民措施

（高智奎）

【移动警务应用建设】 10 月，市公安局利用移动公安网基础平台，集移动计算技术、移动无线通信系统、数据库技术和嵌入式技术为一体，研发了“指信 App”测试平台，将现有指挥应用从公安信息网向移动警务专网延伸，实现了移动辅助指挥的信息流转、信息共享、领导决策等功能，随时随地辅助支撑一体化指挥和 110 接处警业务。“指信 App”获得 2017 年公安部基层技术革新奖二等奖。

（贾旭鹏　金京）

【交通管理视频警务云平台】10 月，依托云计算、大数据等先进技术，通过警企合作，整合市公安局交管局电视监控、综合监测系统等视频资源，搭建高度开放、集成共享的交通管理视频警务云平台。同时，与交警移动警务终端系统相结合，可将视频资源直接推送给路面交通民警，并将路面交警移动警务终端视频实时回传各级指挥中心，实现视频监控资源的移动端应用。

（苏　鑫）

【强化市公安局互联网网站信息公开】年内，市公安局互联网网站紧密围绕涉及民生重要事项和社会关切的问题，加强新闻信息发布，强化政策解读，及时引导舆论，共更新发布信息 1075 条。网站日均访问点击量达到 130 万余次，各在线办事服务系统日均办理量 1.7 万件。网站通过出入境管理办事大厅、律师会见网上预约、开锁业名录制查询等系统向群众提供在线办事查询服务。

（张　宾）

【推动部门间信息共享】年内，市公安局依托公安部“部门间信息共享服务平台一期”项目建设，打通与市政府各委办局之间的数据共享链路。市委组织部、市人大、市民政局、市司法局、市人力社保局、市住房城乡建设委、市交通委、市地税局、市国税局、市质监局、市卫生计生委、市安全局、市气象局、市公积金管理中心、市残联、市高法 16 家单位与市公安局开展数据共享，共获取 74 类信息 173 亿余条数据。同时，为市人力社保局、市交通委等部门提供人员信息审核、车辆信息核对等信息比对服务和信息统计服务，为全市政务工作的开展提供了数据支撑。

（赵　星）

【标准化建设推进】年内，市公安局不断推进全局标准化工作。组织完成 2017 年行业标准申报项目 6 项；北京市地方标准申报项目 1 项，立项 1 项；完成“小型消防站建设规范”等 4 项地方标准的终审，并正式发布。

（李晓波）

【推进高清视频专网建设】年内，按照全市“雪亮工程”建设目标和“四级防控”总体布局，开展市公安局视频专网的构建及高清图像联网共享平台建设，实现市公安局高清平台与全局二级视频平台及多个应用系统的对接，实现了全市 80% 公共安全视频监控资源的联网整合。

（张亚锋）

【深化手机 App 建设】年内，市公安局进一步深化“北京交警”手机 App 建设应用，创新推出“掌上 122”互联网接处警平台，并会同中车、联通公司试点推出 114 挪车服务，将业务咨询、挪车求助、违法举报等非紧急警情自动流转到互联网平台处理，分担了 14% 的 122 接处警总量，进一步方便了群众求助。

（谷　雨）

【阶段组合式交通宣传诱导】年内，市公安局结合重大安保“1+1”勤务模式，创新推出“阶段组合式交通宣传诱导”模式，将交通预测预报、宣传提示与实时诱导有机结合，借助北京交警官方网站、微博微信、手机 App，以及新闻媒体、导航软件、手机短信、室外屏等手段，按照“中期、短期、即时”3 种发布模式，多维度、多渠道不间断发布出行信息，为市民提供全方位交通信息服务。

（谷　雨）

【首都公安移动警务新手段】年内，按照公安部新一代移动警务技术体系规范，市公安局构建全国领先的4G移动警务平台。4月，正式启动新一代移动警务建设应用工作，各单位正式配备新型移动警务终端，投入警务实战。

（张亚锋）

北京市民政局

【概况】2017年是推进“十三五”建设的关键之年，也是北京市民政事业快速发展、民政信息化建设统筹推进的一年。全市民政系统全面学习贯彻中共十九大精神，牢记习近平总书记“北京民政要在全国干得最好”的指示，全面履行社会救助、社会福利、社会治理、优抚安置、社会事务等五大领域30余项职能。强力转作风、兜底线、惠民生，圆满完成重要民生实事6件、市政府工作报告重点工作15项、重点督查落实事项38项，服务保障了老年人、低保对象、残疾人、困境儿童、优抚人员等400余万个民政对象。年内，北京民政信息化工作紧密围绕民政核心业务发展需要，以勇于改革、深化统筹为目标，以“智慧民政”工程建设、大数据、“互联网+”和信息资源共享等工作为主要抓手，着力提升民政管理规范化与服务水平精细化，加速推进传统民政向现代民政转型。

（蔡晋昌）

【北京通—养老助残卡启用】从2018年1月1日起，由北京市民政局（简称市民政局）、市老龄工作委员会办公室联合监制，北京农商银行、北京市政交通一卡通有限公司负责制作的“北京通—养老助残卡”在全市正式启用。“北京通—养老助残卡”是集社会优待、政策性津贴发放、金融借记账户、市政交通一卡通等多功能于一体的IC卡，它替代了原来的老年优待卡，惠及北京市200余万名65岁以上的老年人。

（蔡晋昌）

【基于大数据的养老事业研发与应用】3月23日，市民政局会同市科委，利用大数据处理、计算机仿真、动态可视化等信息技术开展的北京市养老事业科学决策系统的研发与应用课题结题，进入成果转化阶段。该课题基于全市534万条老年人基础数据，200余万条民政相关业务数据，1784万条老年人行为数据，412家养老机构及1.4万余名机构养老人员的数据进行了分析，对全市养老服务需求、养老服务资源供给、养老服务质量等进行了监测、评估和预测。基于该课题成果，已完成对全市16个区的机构养老资源评估、对50万名老年人的养老需求预测、对40万次养老服务的质量监测，以及海淀区全部22个街道的养老服务商资源评估。

（蔡晋昌）

【大数据技术助力清明祭扫】4月，清明节期间，市民政局与腾讯位置服务合作，利用无线互联网技术和GIS地图服务，搭建了“平安清明”祭扫人流量大数据监控平台，通过描绘全市各

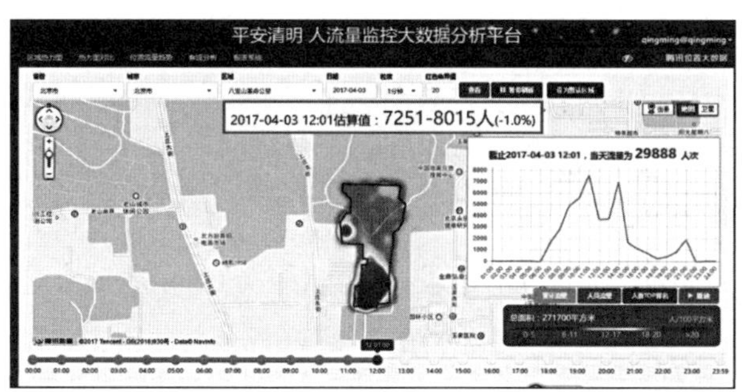

基于位置服务的“平安清明”祭扫人流量大数据监控平台

陵园的电子围栏，实现了清明期间祭扫人群密度分布情况和人流量变化的实时监控。这是大数据技术在北京市殡葬服务领域的首次应用，全市共有33家经营性公墓投入使用，为指导陵园内各个重点区域安保人员的分配提供了科学决策支持。

（蔡晋昌）

【城乡特困人员信息化管理】 5月10日，为进一步推进全市社会救助信息化建设，由市民政局主持开发的“北京市城乡特困人员救助供养管理系统”上线试运行。该系统采用三级审核审批模式，即街道（乡镇）社保所录入—街道（乡镇）民政科审核—区民政局社救科审批，涵盖城乡特困人员所有业务流程，具有业务办理、数据查询、标准设定、信息预警、待遇计算、资金管理和统计分析等功能，为城乡特困人员救助供养工作提供了信息化支撑。

（蔡晋昌）

【“北京通—民政一卡通”发卡】 7月18日，市民政局启动“北京通—民政一卡通”发卡及试运行。“北京通—民政一卡通”是面向各类民政对象发放，以民政资金发放监管和优待享受服务整合为核心，依托“北京通”平台，借助“互联网+”和大数据技术手段，集资金发放、社会优待、医疗报销、市政交通、金融借记等功能于一体的服务项目。通过统筹民政津贴、补贴、优待、救助、医疗等公共政策，横向连通财政经信、社保卫计、交通旅游、文物园林公园等多部门资源，纵向贯通市、区、街乡、社区村4级政务服务，实现资金发放高效率、全透明、可核查，提高优待服务的精准性、便捷性，让信息多跑路、群众少跑腿。“北京通—民政一卡通”首批发行对象约34万人，涵盖社救、优抚、见义勇为、军休、征地超转、地退等6大类民政对象，以区为单位分批逐步推进发卡，自7月20日起开始试运行，年底前全市完成现有民政对象的发卡任务，2018年1月1日起正式运行。房山区启动了全市首批“北京通—民政一卡通”的试点发放工作。

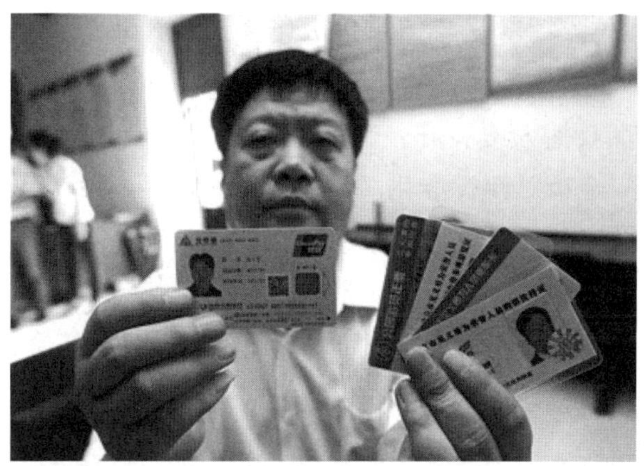

北京市见义勇为人员张士学领取北京通—民政一卡通

（蔡晋昌）

【信用联合奖惩嵌入式对接试点】 7月，在市经济信息化委的大力支持下，市民政局作为北京市试点单位，率先完成信用联合惩戒嵌入式对接工作。通过社会组织管理平台与市公共信用信息平台的技术对接工作，实现社会组织行政许可事项办理过程中对有关人员失信信息的实时查询，包括惩戒对象、备忘录名称、措施列表、详细信息、反馈信息等，为提升社会组织领域信用监管水平提供了科学、有效的支撑。

（蔡晋昌）

【民政标准化与信息化工作会议召开】 8月23日，北京市民政标准化与信息化工作会议在北京双拥大厦召开。会议总结了2015年至2017年全市民政标准化、信息化工作的主要做法和取得的成效，印发了《北京市民政局关于进一步加强“十三五”中期首都民政信息化工作的意见》，并对“十三五”时期北京市民政标准化、信息化工作的重点任务进行了部署。全市民政系统标准化、信息化工作人员共计300余人参加了会议。

北京市民政标准化与信息化工作会议召开

（蔡晋昌）

【发布全市养老设施便民服务地图】 9月1日，按照全市政务公开惠民便民地图工作总体部署，市民政局绘制了首张养老机构与养老驿站便民服务电子地图，并正式投入使用。公众可通过市民政局官网或“首都之窗”网站，快速定位全市500余家养老机构和300余家养老驿站，查阅相关信息，规划出行路线。养老设施便民服务地图作为全市便民地图服务的首批试点之一，上线后得到社会的广泛好评。

北京市政务公开惠民便民地图

（蔡晋昌）

【“智慧民政”工程规划启动】 9月底，“智慧民政”一期工程项目可研报告通过市信息化专家委员会的技术评审。按照《北京市“十三五”时期“智慧民政”信息化发展规划》的总体部署，市民政局于2017年上半年正式启动“智慧民政”一期工程项目规划建设工作。该项目充分依托北京市政务云、公共信用信息平台等基础设施，聚焦福利养老和社会组织核心业务领域，开发建设综合业务监管、信用信息归集、公共服务门户及数据资源中心等系统平台，实现民政服务的便捷化、精准化、智能化、均等化，提升监管能力和水平。

（蔡晋昌）

【民政对象二次报销平台上线】 11月10日，北京市民政对象二次报销平台正式上线。该平台定位于贯彻落实民政部《关于进一步完善医疗救助制度　全面开展重特大疾病医疗救助工作意见》等文件精神，通过与市人力社保局医疗保险数据对接，实现民政对象医疗二次报销自动核算与凭证验真功能。该平台的投入使用，大幅度缩短了民政对象报销时间，有效提高了基层民政工作人员审核单据、计算报销金额等工作效率。

（蔡晋昌）

北京市司法局

【概况】2017年,北京市司法局(简称市司法局)信息化建设工作紧紧围绕北京市司法行政中心工作,按照信息化顶层设计和信息化总体规划,团结协作、恪尽职守、开拓创新,充分发挥信息化管理及信息化服务保障的作用,圆满完成全年工作任务。

(吴金凤)

【重大活动信息技术保障和信息安全】5月,为应对“一带一路”国际合作高峰论坛期间全球爆发大规模网络“勒索”病毒事件,启动了信息系统应急预案,组织信息安全公司研判形势,采取断网、发布安全提升、逐台计算机封锁端口、逐台计算机安装补丁、升级杀毒程序等多项措施,全面防范病毒对市司法局计算机网络系统的攻击。10月,完成全市司法行政系统中共十九大安保信息技术保障和信息安全工作。司法行政系统视频会商18次、综治视频会商17次。完成监所监控视频对接,市局信息指挥中心和部指挥中心通过平台可以实时调取全市5000多路各监所监控视频画面,保障司法部对北京的视频巡查。

(吴金凤)

【信息化业务培训班举办】7月25日至26日,市司法局举办全系统信息化业务工作培训班。市司法局、市监狱局、市教育矫治局,市局机关各处室、直属单位、各区司法局、基层监狱和教育矫治所信息化工作人员80余人参加了会议。此次培训邀请了浙江警官职业学院孙培梁教授做“司法行政智能化建设探索”专题讲座,进一步开拓了信息化岗位工作人员的视野,丰富了物联网、大数据、“互联网+”等方面的知识,提高了信息化工作人员的业务水平。

(吴金凤)

【完成警衔管理系统项目建设】10月13日,市司法局组织召开警衔管理系统项目启动会。该项目已完成编制《北京市司法局警衔管理系统项目申报书》,并通过市经济信息化委和市财政局的评审。

(吴金凤)

【市局政务办公管理平台项目建设】10月27日,市司法局组织召开政务办公管理平台项目启动会,该项目将推动移动办公应用,提升办公自动化水平。年内,已完成项目立项、招标、合同签订和需求调研,正在进行软件设计开发。

(吴金凤)

【律师管理系统升级改造项目】12月12日,市司法局召开“北京市司法局律师管理系统升级改造项目”竣工验收会。该项目完善律师管理系统相关功能、优化性能、调整业务流程、增加律师监管等内容,建设律师事务所统一社会信用代码库,实现所有业务工作的全流程管理、所有审批事项的引导式服务、全部信息资源的全景式展示。

(吴金凤)

【设立信息化专项小组】年内,在网络安全和信息化领导小组下设立14个信息化专项小组,分别是顶层设计、监狱、教育矫治(戒毒)、公共法律服务网络平台、政务办公、法治宣传、律师、公证、司法鉴定、基层司法、社区矫正和安置帮教、法律援助、司法考试、队伍建设，各专项小组具体负责统筹本部门、本领域的信息化工作。全市司法行政系统形成了“一个领导小组（网络安全和信息化领导小组）决策、14 个专项小组（信息化工作专项小组）负责、一个职能部门（信息技术处）管理、各部门各区各司其职，全系统共同参与”的信息化工作格局。

（吴金凤）

【编制司法行政信息化规划】年内，按照司法部“一意见两规划十九个技术标准”，研究制订了《北京市司法局关于进一步加强司法行政信息化建设的实施方案》、《北京市司法行政信息化发展规划（2018—2020）》和《北京市司法行政信息化顶层设计方案（2018—2020）》3 个文件，分别从信息化建设长期目标、业务架构、技术架构、系统架构等方面进行了规划设计，明确了“十三五”期间全局信息化建设的 10 大重点平台，同时对信息系统建设开发、软件应用和数据共享等提出了具体的目标、标准，为司法行政信息化科学发展奠定了基础。

（吴金凤）

【公共法律服务网络平台建设】年内，编制完成《北京市公共法律服务网络平台建设方案》、《北京市公共法律服务网络平台建设项目建议书(代可行性研究报告)》和招标文件等。该项目已经通过了市经济信息化委的技术评审和市发展改革委的项目评审。

（吴金凤）

【完成视频会见系统建设任务】年内，市司法局在全市基层监所和司法所全面铺开视频会见系统建设工作，按照部、局要求圆满完成了 16 个区司法局共 302 家司法所、16 家阳光矫正中心、25 个基层监所全部联通的既定工作目标。开展监所视频会见视频帮教工作是贯彻落实中央、司法部工作要求的具体举措，也是北京市公共法律服务体系建设的“便民工程”。

（吴金凤）

【律师年度检查考核和执业证书更换】年内，市司法局完成了全市 2.7 万余名律师执业证书的制作换发工作，同时在律师执业证书上新增二维码，利用信息化手段，丰富律师执业证书展示内容，方便公众查询、核实。

（吴金凤）

北京市财政局

【概况】2017 年，北京市财政局（简称市财政局）信息化工作在局党组和局信息化工作领导小组领导下，稳步推进服务财政管理改革、实施政务信息资源整合共享、加强大数据创新应用、强化网络安全建设等重点工作，信息化支持业务管理、支撑科学决策的作用得到有效发挥，信息安全保障能力持续增强，信息化制度体系日趋健全完善，信息化队伍进一步充实加强。

（市财政局）

【保障财政改革顺利实施】年内，市财政局紧密跟进财政业务的发展变化，利用信息化手段为业务部门出谋划策、提供支撑，保障各项改革举措的实施落地。认真组织外网门户网站、预算管理、国库集中支付管理、工资统发管理和票据电子化管理等核心业务系统的升级改造工作，组织建设了新版地方政府性债务管理系统，落实政府信息公开、政务服务便利化、政府债务管理法治化等工作的新要求，服务经济分类科目、支付电子化、票据电子化、政府债务管理等改革工作，不断推动业务和技术的深度融合。

（市财政局）

【软硬件日常运维保障】年内，市财政局加强日常运维队伍建设，完善问题反馈机制、工作例会制度、项目负责制度以及激励和考核等工作机制，及时处置各类软硬件故障，确保局内各系统安全、稳定运行。

（市财政局）

【强化网络信息安全管理】年内，市财政局把提高网络信息安全保障水平作为工作的重中之重，进一步健全网络信息安全长效机制。认真做好《中华人民共和国网络安全法》宣传培训工作，提高全市财政工作人员的网络信息安全意识，推动形成共同关注网络安全、维护网络秩序的良好氛围；分析查找局内网络信息安全管理中存在的短板，利用信息化技术加强全局信息网络安全监控工作，实现全天候全方位感知和有效防护，筑牢网络安全防线；进一步加强灾备系统建设，开展灾备数据验证演练工作，深入检验灾备数据的可用性，确保财政重要信息系统数据安全；加强对各区财政局的网络信息安全检查，通过技术检查、现场访谈并对存在的问题进行通报等形式，促进各区财政局网络信息安全防护水平的全面提升。

（市财政局）

【推动政务信息资源整合共享】年内，努力践行中共十九大建设现代化经济体系和人民满意的服务型政府的要求，加快推动政务信息资源整合共享、打破信息“孤岛”，助力“放管服”改革向纵深推进，不断提高政务服务水平。配合电子政务基础设施统建共享工作，按照“上云为常态、不上云为例外”的要求，根据入云标准对局内信息系统进行全面梳理，努力创造条件推进局内政务办公系统有序迁入政务云平台；大力推进局里信息资源整合共享，结合机构和职能调整等因素，进一步关闭部分使用频率低、处于“僵尸”状态的信息系统；开展政务信息资源目录编制工作，深入梳理统计和分析局内政务信息资源情况，审慎编制政务信息资源目录。

（市财政局）

【开展信息化资源调查】年内，按照财政部统一部署，分别开展财政数据资源和信息化建设情况统计调查工作。调查范围涵盖市级和16个区以及燕山、经济技术开发区财政信息化部门，包括信息化人员基础信息、信息技术服务外包机构、财政业务专网建设、业务应用系统基础信息、应用支撑平台实施与应用、财政信息化建设资金支出、财政业务专网安全建设以及信息化设备资产8个主要方面。通过周密组织和系统梳理，全面了解掌握了全市财政系统信息化建设的总体情况，摸清了财政信息资源的家底，形成了高质量的统计资料，受到财政部表彰。同时，深入研究分析了当前信息化建设中存在的问题及产生的原因，提出了加强全市财政系统信息化建设的工作建议，为做好下一步工作打下了坚实基础。

（市财政局）

【加强信息化制度建设】年内，市财政局着力把握财政信息化工作面临的新形势、新任务、新要求，将完善制度建设、加强内控管理作为落实财政改革任务、全面从严治党、主动防范风险和化解矛盾的重要手段，坚定不移地持续推进。完善局内相关制度，在已有《北京市财政局信息化管理办法》及配套规程等制度的基础上，进一步研究制定了《北京市财政局信息化运维绩效考核管理办法》《北京市财政局信息化运维服务工作规程》《北京市财政局关于涉密计算机维修工作流程》《北京市财政局视频会议系统使用管理规定（试行）》《信息安全情况上报制度》等，基本实现局内信息化管理制度全覆盖，确保有章可循、有据可依。建全信息化机构内部制度，制定了《信息处（中心）内部控制管理规程》和《A、B 角岗位管理制度》等，完善了不相容岗位相互分离、相互制约和相互监督的机制，形成组与组之间、主管主任之间相互制衡的机制，为处室工作的有序开展提供了制度、机制保障，有效防范了廉政风险。

（市财政局）

北京市人力资源和社会保障局

【概况】 北京市人力资源市场信息系统于 2006 年启动建设，2007 年 4 月投入试运行，2008 年完成验收，是解决北京市民生问题的重要政务系统，是北京市人力资源和社会保障信息系统生产区三大系统之一，是北京市重要政务系统和重点监控的信息系统，安全等级保护列为三级，涵盖北京市人力资源和社会保障局（简称市人力社保局）12 个业务处室（单位）的主要业务，覆盖了市、区、街、居 4 级业务办理体系。2017 年，市人力社保局开展城乡居民基本医疗保险工作，制定了《北京市城乡居民基本医疗保险经办规程》，并稳步推进“五证合一”社保登记。

（市人力社保局）

【实现“五证合一”】 10 月 1 日，北京市人力资源市场信息系统实现“五证合一”。按照《北京市社会信用体系建设联席会议办公室关于印发法人和其他组织统一社会信用代码制度建设实施方案的通知》和北京市工商行政管理局等 7 部门联合印发的《关于全面贯彻落实“五证合一、一照一码”登记制度改革的通知》文件精神和工作要求，市人才服务中心与市人力社保局信息中心、社保中心共同研究，制定“五证合一”工作方案，完成了系统升级、用户测试及上线工作，按时完成“五证合一”工作。

（市人力社保局）

【开展城乡居民基本医疗保险】 12 月，根据市政府《关于印发〈北京市城乡居民基本医疗保险办法〉的通知》和市人力社保局《北京市城乡居民基本医疗保险办法实施细则》规定，市社保中心制定《北京市城乡居民基本医疗保险经办规程》，该规程自 2018 年 1 月 1 日起施行。为确保北京市城乡居民基本医疗保险制度的顺利实施，市社保中心于 9 月底之前完成对现有医疗保险信息系统的升级改造，补充完善城乡居民参保功能，确保社保经办机构按照制度规定开展城乡居民基本医疗保险业务工作。

（市人力社保局）

【“五证合一”社会保险登记】 年内，根据《工商总局等五部门关于贯彻落实〈国务院办公厅关于加快推进“五证合一”登记制度改革的通知〉的通知》《关于全面贯彻落实“五证合一、一照一码”登记制度改革的通知》，以及北京市社保中心印发的《关于做好“五证合一”社会保险登记工作的通知》，明确自2018年1月1日起，企业一律使用新营业执照和18位统一社会信用代码办理社会保险业务，代替原有的社会保险登记证和证号，全面贯彻“五证合一、一照一码”登记制度。为保证“五证合一”社会保险参保登记工作顺利开展，市社保中心于9月底之前完成对现有的社会保险信息系统的升级改造，改造完成后，参加社会保险的企业，其在社会保险信息系统中的社会保险登记号直接采用企业营业执照中的18位统一社会信用代码，确保了“五证合一”社会保险登记工作如期落实。

（市人力社保局）

【保障“互联网+就业创业”试点】年内，为响应《人力资源社会保障部关于印发“互联网+人社”2020行动计划的通知》文件精神和局党组会关于建设“互联网+人社”服务平台的工作要求，按照“以点带面、点面结合、分步实施”的原则，运用“互联网+大数据思维”，完成人力资源市场信息系统中各子系统内网程序升级以及互联网程序上线部署。实现家政服务企业名录、培训机构名录等信息发布；实现灵活就业补贴、自谋职业补贴、档案服务等业务在线预约；实现就业失业登记证、失业保险待遇、存档信息、职业技能鉴定证书等业务查询；实现技能提升补贴、百姓就业、失业保险金停发、鉴定中心移动应用、优秀创业项目定期汇报等业务的在线办理。

（市人力社保局）

北京市规划和国土资源管理委员会

【概况】2017年，北京市规划和国土资源管理委员会（简称市规划国土委）制订“五位一体”信息化建设顶层设计方案，拟定多规合一信息平台建设“三步走”策略，探索智慧城市下大数据在城市规划领域的应用、城市规划建设管理模式创新和关键技术的应用；初步建成北京城市副中心“三个一张图”数据库；制定政务网络平台、机关OA系统、机关业务审批平台“三个过渡方案”，实现机构合并后信息化工作平稳过渡；完成搬入城市副中心行政办公区信息系统搬迁准备工作，制定分局涉密审批网建设规划；持续开展规划审批案卷扫描及登图工作；完成规划管理电子案卷一体化管理系统建设；持续做好基础设施运维，规范细化网络安全运维，做好业务审批系统与行政办公系统维护。

（赵霆　潘建刚）

【副中心三维智慧规划信息平台】年内，市规划国土委初步建成北京城市副中心“三个一张图”数据库，即“现状一张图”“规划一张图”“审批管理一张图”，完成城市副中心三维立体地形图项目初建。根据规划设计不同阶段、城市管控不同尺度，分级建立宏观、中观、微观三级三维信息平台；开展“北京城市副中心三维智慧规划信息平台”建设，初步完成建设工作，实现城市副中心项目方案审查及三维数据成果回收。

（潘建刚）

【规划管理数据采集操作规程】年内，市规划国土委针对“一会三函”（市政府会议审议、前期工作函、设计方案审查意见、施工意见登记书）新增业务，以及“地名核准”纳入新增登图内容，补充新业务类型数据采集的内容、方式和要求，完善了2016年度制定的规划管理数据采集操作规程。

（李卫红）

【新批项目扫描、著录及入库操作规程】年内，市规划国土委进一步完善新批项目扫描数字化项目信息著录及入库操作规程，增加规划选址项目（XZ）、规划条件项目（TJ）、规划设计方案项目（FH）、“一会三函”项目（SG）等档案类别著录标准。完成全委新批项目扫描、信息著录及入库7683万张，涉及电子案件64.5万件。

（李卫红）

【历史建筑类“一书三证”登图】年内，市规划国土委完成2003年至2015年委发历史建筑类“一书三证”项目数据补录15536件，涉及图斑5.3万余个。通过数据补录，系统分析审批数据登图流程，深入剖析数据在机制层面和技术层面存在的问题及成因；详细研读审批数据原始档案，了解审批流程及重要节点文档信息，开展应用需求调研，对档案进行评价，提出登图工作中可增加字段，制定登图数据标准。

（李卫红）

【登图成果数据应用】年内，市规划国土委强化登图成果数据应用，汇总输出“全市一级开发待拆项目”登图数据约2000个项目；提取通州区全部在途审批项目登图数据117个图斑；开展“全市代征地底数摸清”工作，完成待征地落图上万余个图斑；为“租赁房项目选址”提供数据和辅助分析；为土地储备提供历史补登数据10余万个图斑；完成选址意见书中涉及场评项目的数据统计约90件；完成卫星查违数据与规管系统比对，涉及地块约640个。

（李卫红）

【信息网络系统技术支撑】年内，市规划国土委完成核心节点双路备份，数据异地容灾备份；建设集中式数据存储资源库；建设虚拟化桌面云，通过云桌面服务器直接访问应用系统服务器，用户本地不存储数据，数据可以集中冗余存储，加强数据保密安全和访问效率；优化国家级3个普查软硬件基础设施方案，完成相关配套设施建设。

（袁　峰）

【不动产登记网上预约系统】年内，北京市不动产登记网上预约系统在东城区、西城区、昌平区、大兴区、平谷区、顺义区、怀柔区、密云区、通州区、房山区、门头沟区、延庆区12个区和北京经济技术开发区上线运行。该系统具有实名预约、机构管理、弹性抗压等功能，面向个人用户（自行成交）和机构用户提供预约服务。该系统提供3类单件预约业务，包括新建房屋买卖（一手房）、存量房屋买卖（二手房）、抵押权首次登记；提供两类批量预约业务，包括新建房屋买卖（一手房）、抵押权首次登记。

（王晨　王鹏翔）

【智慧国土顶层设计获奖】年内，“北京智慧国土顶层设计与平台关键技术支撑体系构建”获2017年度国土资源科学技术奖二等奖。该系统充分利用云计算、大数据、物联网、移动互联等关键技术，在国内首次提出并建立基于宗地统一代码的“土地全生命周期”全息数据库；首次搭建北京市“国土资源云”基础支撑云平台；在全系统推广应用“互联网+”移动政务应用体系；打造全面感知的物联网监管体系。横向上实现了国土资源管理信息化；纵向上坚持市建区用、分层切块，提高了服务的拓展性和包容性。

（尹岷　李建林）

北京市环境保护局

【概况】2017年，北京市环境保护局（简称市环保局）信息化工作紧紧围绕环境保护中心工作，全面开展信息化统筹规划、信息化项目建设、信息安全建设、运维保障等多项工作，提高了信息化服务保障能力和水平。

（陈海宁　梁雪霞）

【统筹规划环境信息化建设】年内，市环保局组织召开局系统信息化工作会议，总结建设成果经验，部署任务要求。编制印发了《北京市“十三五”时期环境信息化建设规划》和《北京市环境保护局信息化建设项目全流程管理办法》，明确了“十三五”期间环境信息化建设目标任务，规范了局系统信息化建设要求。组织开展了生态环保大数据建设应用要求，基本形成了符合市环保局工作要求的生态环保大数据工程建设方案。邀请网络安全专家，为全局系统进行了宣传贯彻《中华人民共和国网络安全法》解读。完成了7个信息化系统建设项目申报书的编制、8个已建信息化需要建设项目验收报备和局系统12个拟建信息化需要建设项目的预审报审工作。组织开展了基于深度学习的环境影响评价大数据应用示范课题的申报、启动和研究工作，取得了阶段性成果。积极推进数据共享工作，完成了数据中心环境质量数据、污染源数据的梳理工作，保障了1400余万条数据交换共享。全面完成软件正版化工作，采购了72套正版服务器端操作系统软件并安装部署。

（陈海宁　陈华）

【开展业务信息化项目建设】年内，组织开展了“北京市环境保护局内外网门户升级改造”“行政处罚系统升级改造”“老旧机动车淘汰资金补贴管理系统建设”等15个信息化项目的建设工作，“环境影响评价管理系统”“辐射安全许可证管理系统（三期）”“京津冀及周边地区大气污染联防联控信息共享平台”等5个项目最终验收，有力地支撑了环保业务工作开展。

（蒋昕　蒲铮）

【指导区环保局信息化工作】年内，利用市环保局环境数据中心的建设成果，实现了与顺义区、通州区、海淀区和大兴区环保局业务信息化建设需求的相关数据共享。针对17个区（包括北京经济技术开发区）环保局（18个办公点）和5个直属单位，完成24条环境信息网链路运营商切换工作，进一步保障了环境信息网的联通性和稳定性。

（黄广平　李华）

【信息化基础设施运维】年内，开展网络、基础设施和信息安全等巡检44次，完成了全年全市环境信息网接入区环保局和直属各单位的现场巡检，巡检设备378台次；配合局保密办，检查局涉密计算机247台次，更新杀毒工具病毒库6次；为相关单位和应用系统部署实施了21次资源分配；组织视频会议系统联调和保障视频会议召开89次；为局机关和监察总队办公用计算机、笔记本电脑、打印机等710余台次进行了维修，更换零部件300余件，保障了业务工作的顺利开展。

（黄广平　李华）

【局政务网站运维】年内，网站发布信息1797条，网站编辑部采编信息213条，页面浏览量2242

万人次，同比增长36.5%，上报环境保护部网站信息417条，采用75条。加强了网站安全防护，积极组织并配合漏洞扫描、渗透性测试等安全检查工作，确保了局政府网站安全稳定运行。

（陈海宁　蒲铮）

【网络及信息安全运维】 年内，完成了环境信息网24条专线链路切割，紧急有效应对“勒索”病毒事态，对167台服务器、19台网络和安全设备、局机关243台终端采取了安全加固措施，确保全局网络和信息系统对计算机病毒的防护抵御。整改10个中高危脆弱点，完成环境信息网网络需求变更和问题处理68次；通过了市委网信办等部门联合组织的网络安全现场抽查，全面保障了“一带一路”国际合作高峰论坛和中共十九大等重大活动期间的网络和信息安全。

（黄广平　李华）

【完成环境信息网络巡检】 年内，组织完成对各区环保局环境信息网络、专用设备、用户管理、计算机安全、环保视频会议系统等相关情况的现场巡检工作，确保了全市环境信息网络及环保视频会议系统的安全运行。在上半年巡检工作中，增加了针对各区环保局及直属各单位的个人计算机终端“勒索”病毒防护情况的检查；为保障中共十九大期间网络联通安全，提前开展了下半年巡检工作，并要求各区环保局在中共十九大召开前完成整改措施的落实。及时排查区环保局网络故障，组织了15次故障处理及技术指导，有效保障了环保工作的顺利开展。

（黄广平　李华）

【信息化交流工作会议召开】 年内，市环保局召开信息化交流工作会议，组织各单位交流网络管理和信息化建设经验。围绕“网络安全”主题，从安全形势分析、安全事件剖析、网络攻击手段、安全防护措施、《中华人民共和国网络安全法》解读、应急预案编制、应急事件处置等方面，进行了网络安全有关工作的宣传教育，对中共十九大期间网络安全服务保障工作明确了具体要求，对各单位做好网络安全保障工作起到指导作用，进一步强化了“没有网络安全就没有国家安全”的意识。

（黄广平　李华）

北京市住房和城乡建设委员会

【概况】 北京市住房和城乡建设委员会（简称市住房城乡建设委）信息化工作由北京市住房和城乡建设信息中心承担，主要负责市住房城乡建设委电子政务的建设、集成、实施、信息安全和技术保障工作；住房城乡建设领域政务信息资源的采集、共享、保存和开发利用工作；推进住房城乡建设电子政务一体化建设的事务性工作。2017年，市住房城乡建设委推进“互联网＋政务服务”、大数据战略等举措，发挥信息化建设对住房城乡建设事业发展的积极作用。推进系统资源整合共享，完成建筑业及房屋板块系统的建设和升级工作，满足了工程建设和房屋管理业务管理需要，推动城市精细化管理和房地产市场供给侧结构性改革；完善数据中心建设，加大工程开竣工、企业资质等数据互联互通和信息共享，通过“数据多跑路”，实现“群众少跑路”，有效配合“放管服”为核心的行政体制改革；落实大数据战略，统筹规划政务资源与社会资源，与百度、京东、链家、我爱我家等企业合作，探索工程项目、房屋租赁、交易数据的共享开放，推进政府管理和社会治理模式创新；深化门户网站建设，利用“互联网+”和智能终端技术，开发移动办公门户、手机App等应用，发挥信息公开、在线办事和公众参与的重要窗口和主渠道作用；加强网络安全体系建设，利用物联网、云计算等技术，优化城市副中心行政办公区信息化搬迁方案，开展网络基础设施和系统迁移工作，为实现业务平稳过渡、服务正常运转奠定基础。

（市住房城乡建设委）

【升级改造工程建设管理业务系统】年内，按照“一平台、一标准、一张图”的建设目标，建设北京市建设工程档案资料数字化管理平台，为工程建设领域工程资料无纸化奠定了基础；按照“一企一标准、一岗一清单”的安全隐患排查管理要求，建立安全隐患排查平台，为监管部门提供有力抓手；建立工程建设标准管理信息系统，实现标准立项、预审、送审等全过程信息化管理；建设北京市既有公共建筑能耗综合运行管理平台，结合GIS地图服务，实现了能耗数据综合展示、能耗查询、能耗预警、能耗比对分析等应用，进一步提升了公建节能管理水平及服务效率。

（市住房城乡建设委）

【完善建筑市场信用体系建设】年内，升级建筑市场监管平台，准确及时地掌握全市建筑市场主体规模及资质情况，掌握全市建筑市场从业人员情况。结合《北京市建筑施工总承包企业市场行为信用评价管理办法（2017版）》和《北京市建筑施工总承包企业中注册建造师市场行为信用评价管理办法（2017版）》要求，对建筑市场监管平台评分标准进行调整，重建评价模型，通过对企业和人员数据的分析，实现企业和人员的等级信用评价，进一步实现市住房城乡建设委对建筑主体的智能化监管。截至12月底，门户网站主动公开业绩、获奖、违法违规等10类信息，实现对4041家总包企业、491家监理企业、80家质量检测机构，104172名建造师、12336名监理师的信用评价，进一步增加了建筑业市场管理的透明度。

（市住房城乡建设委）

【深化门户网站建设】年内，全面梳理门户网站互动类栏目，提供“便民热线”“答疑解惑”“网上投诉”“代表委员建议直通车”“走进直播间”“意见征集”“依申请公开”等互动服务，建立互动答复机制，明确栏目管理部门、回复时间、回复途径，提升政府公信力；探索建立“互联网+信访”工作机制，建立信访信息系统，统一市住房城乡建设委信访、投诉、咨询服务等功能，实现政府信访的申请和受理环节更加透明、高效、便民；建立热点专题栏目。建立共有产权住房专题，包括通知公告、政策法规、政策解读、常见问题、申购流程等内容，同时提供资格核验、申请编码、摇号结果多项查询和GIS地图服务；建立建筑节能专题，包括政策及解读、工作信息、媒体报道、宣传视频、常见问题、下载中心等内容，同时针对超低能耗、公建能耗限额、公建绿化改造3项业务提供项目申报流程、项目查询、项目展示等多项服务。

（市住房城乡建设委）

【深化网上办事大厅建设】年内，贯彻落实国务院《关于加快推进“互联网+政务服务”工作指导意见》要求，以“网上办事大厅”为抓手，推动政府职能转变和现代化管理体系建设，进一步优化服务流程、创新服务方式、推进数据共享。完善网站办事指南栏目服务事项175次，推进政务数据开放力度，提供工程、企业、人员、房屋、诚信类查询共94项，加强数据共享，实现办事指南、表格下载、在线申请、进度查询“一站式网上服务”。截至年底，网上办事大厅系统注册的用户数累计65万余个，其中企业用户数9万余个、个人用户55万余个，全年办件数达27.5万余件，同比增长25个百分点，得到企业和群众的普遍认可。

（市住房城乡建设委）

北京市城市管理委员会

【概况】北京市城市管理委员会（简称市城市管理委）成立于2016年7月22日，根据北京市委十一届十次全会相关部署，决定设立北京市城市管理委员会。为市政府组成部门，挂首都城市环境建设管理委员会办公室牌子。新成立的市城市管理委整合了市政市容委全部职责，市发展改革委相关的煤、电、油、气日常职责，还有园林绿化局、水务局的部分职责。2017年，市城市管理委以应用需求为主导，不断推进信息化建设，对28个业务应用系统开展绩效评价。同时，圆满完成“一带一路”国际合作高峰论坛和中共十九大期间网络安全保障任务。

（陈　晔）

【推进信息化项目建设】年内，北京市城市管理委员会以应用需求为主导，有序开展信息化基础设施建设，推进政务信息系统升级整合、入云迁移、数据资源整合和开放共享，发挥大数据在提升城市精细化管理、治理能力现代化等方面的重要支撑作用。完成了能源运行综合监测系统、二级高清视频联网共享平台、城市管理社会宣传教育信息系统、城市照明管理中心工控及核心系统信息安全等级保护建设4个项目的申报立项工作；加强对生活垃圾全程管理信息系统（一期）、首都环境建设综合检查和考核评价系统、基于二维码的城市道路公共服务设施信息管理系统等12个在建信息化项目建设全程监督管理，组织完成生活垃圾全程管理信息系统（一期）、首都环境建设综合检查和考核评价系统等10个项目验收并投入运行，完成基于二维码的城市道路公共服务设施信息管理系统和北京市石油天然气管道保护管理信息系统2个项目的初验；按照市经济信息化委信息化项目验收报备工作要求，组织完成“城市生命线实时监测物联网应用示范工程”“地下管线消隐工程年度计划管理系统”等6个项目验收备案工作。

（陈　晔）

【开展信息系统应用绩效评价】年内，首次对“城市运行监测平台”“网格化城市管理平台”等28个业务应用系统，从系统建设及运维保障情况、系统应用情况两个层面开展信息系统应用绩效评价，全面考核在用信息系统的应用绩效。通过绩效评价，各信息系统在业务工作中发挥了较好的支撑和服务作用。

（陈　晔）

【建立网络安全保障工作机制】年内，健全网络安全保障工作组织领导机构，整合机关各行业管理处室资源，明确职责分工，明确党委（党组）

领导是网络安全第一责任人，把行业主管领导和业务处室领导纳入网络安全相关责任人，增加了网络意识形态工作职责；举办“北京市城市管理领域网络安全”培训班，培训城市管理领域各级各类人员70余人，全面提高从业人员的综合素质；做好应急值守工作，加强对基础网络、门户网站和业务信息系统的安全管理和运行监测，有效应对互联网“勒索”病毒感染事件的爆发，共排查2.2万余台个人终端、700余台服务器，有力保障了城市运行业务系统和市政公用基础设施安全稳定运行，圆满完成“一带一路”国际合作高峰论坛和中共十九大期间网络安全保障任务。

（陈　晔）

【推进软件正版化工作达标】年内，修订了《软件正版化工作管理规定》和《软件资产管理办法》，推进国产软件使用和以软件正版化纳入绩效考核内容固化为制度；健全工作机制，明确工作职责，细化责任分工；实施精细化管理，做到账、册、人逐一对应；着力推进国产软件使用，加强统筹管理，推进事业单位软件正版化。截至年底，市城市管理委办公计算机软件全部实现正版化，国产率达到35%。

（陈　晔）

北京市交通委员会

【概况】北京市交通委员会（简称市交通委）是负责北京市城乡交通统筹发展、交通运输和交通基础设施综合管理的市政府组成部门。市交通委设13个内设机构和北京市交通委员会路政局、北京市交通委员会运输管理局。市交通委机关行政编制134名。2017年，市交通委与高德、百度等电子地图运营商沟通协调，面向货车驾驶员做好精准化服务。北京市成立北京交通行业大数据出行信息服务创新联盟，并与互联网企业高德公司签订“互联网+”一体化出行信息服务合作协议框架。具有自主知识产权的中国第一条轨道交通全自动运行系统的北京地铁燕房线正式投入载客运营。

（葛启彬）

【精准化信息服务】9月21日，为配合北京实施高排放货车通行新政策，市交通委与高德、百度等主要电子地图运营商沟通协调，面向货车驾驶员精准做好全国高速公路导航提示工作；通过货车司机常用信息交流论坛、手机App等，向货车驾驶员发布政策宣传、解读信息。

（李　倩）

【推进“互联网+”便捷交通】12月14日，印发了《关于贯彻〈推进“互联网+”便捷交通促进智能交通发展的实施方案〉的工作方案》（简称《工作方案》）。《工作方案》共包括11个重点项目，包括交通运输方式智慧化提升项目5项、交通大数据项目1项、城市交通管理与服务项目5项。

（李　倩）

【推进自动驾驶车辆道路测试】12月18日，发布了《北京市关于加快推进自动驾驶车辆道路测试有关工作的指导意见（试行）》和《北京市自动驾驶车辆道路测试管理实施细则（试行）》，明确北京市自动驾驶车辆道路测试的基本原则和工作流程。

（李　倩）

【大数据出行信息服务创新联盟】12 月 29 日，在市交通委的指导下，成立北京交通行业大数据出行信息服务创新联盟，签订《北京交通行业大数据出行信息服务创新联盟合作协议书》，第一批联盟成员单位包括首都公路发展集团有限公司、地铁运营有限公司、京港地铁有限公司、轨道交通运营管理有限公司、祥龙客运（集团）有限公司、交通信息中心和交通发展研究院，涵盖了高速公路、轨道交通、地面公交 3 大交通领域，以及交通科研部门和交通大数据技术支持部门。

（李　倩）

【联盟与高德公司签署合作协议】12 月 29 日，北京交通行业大数据出行信息服务创新联盟与互联网企业高德公司签署“互联网 +”一体化出行信息服务合作协议框架。合作双方利用各自在交通出行服务领域的核心优势，按照“共享资源、共建服务”的原则开展紧密合作，发挥各自优势，实现优势互补和资源共享。

（李　倩）

【提升交通运载工具智能化水平】12 月 30 日，具有完全自主知识产权的中国第一条轨道交通全自动运行系统的北京地铁燕房线正式投入载客运营。该工程被列为国家战略新兴产业示范工程，整体技术达到国际领先水平。北京地铁燕房线是北京的一条郊区地铁线路，连接房山良乡、燕山地区和房山城关。由北京轨道交通运营管理公司负责运营。燕房线是中国首条自主研发的全自动运行地铁线路，也是中国第二条采用无人驾驶的地铁（另一条为上海地铁 10 号线）。北京燕房线示范工程的实施，标志中国对全自动运行技术的完全掌握。

（李　倩）

北京市农村工作委员会

【概况】2017 年，北京市农村工作委员会（简称市农委）网站发布信息 4528 条，比上年上升 8.35%，按要求完成在线访谈和在线调查，完成 206 封网络信箱答复工作，达到政府网站普查要求；向中国农业信息网政务网站报送信息 4295 条，向“首都之窗”报送信息 784 条；对市网站进行了改版，确定网站内容框架和页面风格，实现相关功能和数据移植；组织召开信息员工作培训会，提升队伍业务水平。截至 12 月底，北京现代农业信息网发布信息 1042 条，页面总访问量 4042885 人次，日均访问量人 17888 人次，注册用户 2447 家。年内，北京移动农网继续以手机短信的形式，为基层提供农业生产、防灾预警、气象信息等服务，全年发送实用信息 3308.5 万条，比上年增长 16.2%，月均发布数量 275.7 万条。

（市农委）

【政府信息公开】截至 12 月底，市农委政府信息公开窗口接待来访、来电咨询 259 人次，比上年增长 31.5%；公开政策性文件 36 个；受理申请公开 79 件。

（市农委）

【完善应用系统】年内，市农委开展门户及办公OA系统升级改造工作，优化工作流程，支持移动办公，完善系统功能，增加公务员平时考核管理模块；继续开展农村土地确权颁证系统的建设和应用，在全国工作会议上进行汇报演示，制定全市数据汇交验收办法，培训、指导各区进行数据库建设和汇交；组织系统单位开展政务信息系统整合工作。

（市农委）

【加强日常运维】年内，市农委规范管理各项运维工作，明确巡检和应急处置流程；组织技术力量对市农委和市农研中心机关开展计算机终端安全检查，涉及软件正版化检查、电子文档涉密排查、终端安全、终端运行状态等4个方面，对查出的问题进行整改，并更新计算机台账；按照保密工作要求，调整完成两委机关局域网网络结构，全年提供终端运维服务千余次；完成11个互联网网站系统渗透测试，发现并整改安全漏洞155个；对25台服务器开展脆弱性扫描，发现脆弱风险点864个，并及时完成安全加固；完成12次安全巡检，为确保机房29台服务器、5台网络设备、12台安全设备安全运行，对空调、电源进行检查，确保设备正常运转。

（市农委）

【保密和信息安全自查】年内，市农委开展了互联网门户网站保密检查、电子政务网络安全检查、政务信息化设施安全隐患排查清理整治，中共十九大期间开展信息安全与通信保障领域风险评估与控制工作等多项专项自查整改工作，从制度制定落实、队伍人员设置、技术防范、管理措施等多方面进行自查，发现问题，进行整改，形成自查报告。

（市农委）

【完善机制建设】年内，市农委成立全市农业农村信息化领导小组，由市委农工委书记、市农委主任担任组长，进一步明确市农委系统各单位、郊区农委的工作职责；确定《2017年北京市农业农村信息化重点工作》，提出21项重点任务及责任部门，以市农委文件形式发布；组织召开北京市农业农村信息化工作会暨信息进村入户工程部署会，全面总结2016年度全市农业农村信息化发展情况，部署2017年度工作。

（市农委）

【新媒体建设】截至年底，“首都农经”和“北京智慧乡村”微博分别发布博文542条和409条，总阅读量分别为193万人次和93万人次，累计粉丝分别为3万余人次和2600余人次；“乡慧”微信公众号发布48期150篇文章，累计阅读量8.4万人次，分享数量3159人次，点赞数1157人次，对41个智慧乡村进行了宣传推广。

（市农委）

【农业大数据分析体系】年内，市城乡经济信息中心完成涉农信息资源平台一期项目建设。丰富平台数据来源，完成“221”信息平台、村庄规划系统、农村实用人才等14个应用系统，以及地理空间数据的接入和存储管理；修订完善资源目录，梳理数据分类，建立数据关联，形成110个数据目录类138万条数据；完善平台设计和功能开发，完成专题地图和基础地图服务功能的开发，搭建数据交换与处理基础平台。市城乡经济信息中心在房山区黄山店村京西幽岚山景区开展客流行为大数据加工与分析试点，方法指标进一步丰富成熟，创新引入网络关注度等第三方数据，探寻规律与效果，形成年度、黄栌花节、红叶节客流行为专题分析报告。

（市农委）

【农村观察员队伍建设】年内，市农委加强农村改革与发展观察员队伍建设，加强与各级村官办公室的沟通协调，较好地完成观察员交接工作；完成村庄基础信息及农户基本情况调查两项观察点基础信息采集工作，共汇集数据超过12万条，上报动态信息170篇，撰写调研心得体会18篇；参与调研课题7项，设计调查问卷10套，回收有效问卷5529份；围绕农业电商、村干部创业及“北京智慧乡村”建设等主题，组织培训和专题交流。

（市农委）

【完成多项课题及分析报告】 年内，市农委完成《京冀农业农村信息化协调发展研究》《“互联网+”对新型农业经营主体的带动作用》两项调研课题；完成《北京市农业农村信息化标准体系研究》《2016年农业农村信息化发展报告》《2016年度北京市农民收入分析》《2016年度北京市农产品市场行情分析》《2017年上半年北京市农产品市场行情分析》等分析报告；开展北京“移动农网”数据加工与分析，在房山区黄山店村京西幽岚山景区部署信息采集设备，开展客流行为大数据加工与分析，完成设备部署，形成年度与重点活动期间客流行为分析报告。

（市农委）

北京市水务局

【概况】 2017年是实施“十三五”规划的重要一年，北京市水务局（简称市水务局）深入学习贯彻中共十九大等一系列重要会议精神，紧紧围绕习近平总书记视察北京工作和关于保障水安全的重要讲话精神，按照水利部和北京市委、市政府对治水管水一系列重大决策部署，牢固树立新发展理念，服务于水务中心工作，利用信息化在“洁水、节水、保水、管水、兴水”等工作服务上持续发力，为保障首都水安全提供信息化保障与支撑。

（王　昊）

【水质监测项目入选水文大事】 1月19日，2016年度全国水文行业十大事件揭晓，北京市水文总站的“北京市水质监测信息共享平台”榜上有名。2016年，北京市水质监测信息共享平台正式启动运行，该平台汇集了全市范围内源水、供排水、水环境及南水北调中线工程的水质监测数据，在功能上实现了水务、环保、卫生、地勘、南水北调等北京市各水质监管部门水质数据的共享，确保全市水源切换后城市供水安全、有序、高效运行，为领导决策提供数据基础及技术支撑。

（刘婷婷）

【防汛信息化项目】 1月19日，市经济信息化委召开会议，对市防汛办信息化项目进行绩效考核，并对相关建设、管理、服务及应用情况进行评估。此次绩效考核工作将市防汛办《北京市防汛指挥中心会商调度系统及硬件设施改造项目》确定为试点信息化绩效考核项目。市防汛办就项目的统筹集约、共享开放、业务支撑、信息安全等方面做了详细的汇报。评估专家组就评估自查报告和项目建设情况与市防汛办进行了深入的沟通和交流，对项目建设成果和在防汛指挥调度中发挥的重要作用给予肯定。

（边丽华）

【汛前水情气象信息共享协调会】 4月6日，市防汛办、市气象局和水文总站就今年汛期汛情预警信息发布、全网视频会商及数据信息共享等气象信息服务进行了座谈，就2017年汛情会商预警信息及应急响应管理办法达成一致意见，确定了水文、气象降水量信息共享原则，确定防汛气象信息共享内容、形式和联系人员，以保证汛期气象雨情信息及时掌握；采取固定联系人定向沟通等有效方式，保证重要天气全网视频会商和预报信息沟通渠道畅通；确定2017年防汛短信接收人员名单，保证全市各级防汛工作人员及时掌握各类防汛信息。

（刘晨阳）

【水质自动监测站建设完成】 4月11日，市水务局组织完成国家重要饮用水水源地白河堡水库水质自动监测站建设任务。为满足对重要集中供水水源地的水质水量监测，实现供水人口20万以上的地表水饮用水源地水质在线监测全覆盖的目标，根据《国家水资源监控能力建设项目北京市技术方案（2016—2018年）》，市水文总站承担了白河堡水库水质自动监测站建设工作。监测站设在白河堡水库向延庆新建水厂取水口位置，主要监测项目包括常规五参数、氨氮、叶绿素及全光谱监测参数（COD、BOD、TOC、硝酸盐氮及BTX苯系物等）。数据接入国控北京平台，并实现向水利部报数。

（周东　王昊）

【凉水河汛前准备工作会】 4月18日，为了保障度汛安全，为凉水河安全防汛提供及时有效的技术支撑，凉水河管理处组织召开了信息化保障汛前准备工作会。会上，由运维单位汇报了综合检查情况以及信息化系统性能评估分析，针对发现的问题及安全隐患提出了整改措施和建议。

（王思远）

【新外网正式上线运行】 4月19日，依据国家及北京市政府网站建设要求，市水务局外网的改版工作完成并正式上线使用。新外网重点突出了“信息公开、办事服务、宣传窗口”3大功能，并对栏目及首页风格进行调整，突出了水元素，力求活泼、亲和，全面提升了公共服务能力与水平。网站首页排版简约、界面干净、条理清晰、内容易读。同时，能够实现网站所有内容的全文检索，覆盖率在98%以上，方便市民进行搜索。新外网从服务器系统软件、网站管理应用系统、安全制度管理体系3大方面进行了全面升级，有效减少了安全风险，增强了网站的适应性、扩展性。

（任　旭）

【建设标准通过专家评审】 7月12日，《北京市水利工程视频监控系统建设标准》（简称建设标准）通过市水务局组织的专家评审。参加会议专家主要来自公安部、市标准化研究院、水科院、设计院等。建设标准基于水利工程视频监控的现状，分别针对水利工程视频站点布设要求、技术要求及系统运行管理要求3方面进行了规定，可用于水利工程视频监控系统的设计、施工和运行维护的依据。专家组认为，建设标准整体框架合理、逻辑清晰、内容全面，具有较强的针对性和可操作性，能满足水利工程视频监控系统的建设

水利工程视频监控系统建设标准通过专家评审

要求。

（刘海林）

【推进网上审批协调会】8月4日，市水务局在市政务服务中心召开推进网上审批协调会，市政务服务办信息化处、市水务信息中心、首信公司、太极公司相关领导及技术人员参加了本次会议。市水务信息中心、首信公司等单位汇报了市水务局网上审批准备工作、系统数据对接联调情况。会议对网上预审材料真实性承诺问题、标准协议、征信系统、用户体验及下一步重点任务进行了研究，提出要认真做好法人一证通、电子证照库、信用信息平台与新目录系统所需材料的确认工作。

（章宏亮　马宁）

【配电室新型监控系统安装工作】8月6日，十三陵水库管理处经过近12个小时的紧张作业，于凌晨4时完成配电新型监控系统的设备安装。十三陵水库管理处作为市重点防汛单位，经与国网北京市电力公司多次协调，最终入选为昌平区首批供电设备监控系统建设20家试点单位之一。此系统投入使用后，将对该处配电设备的使用情况及运行操作提供全程监控，并将用电异常及设备故障等情况第一时间进行技术分析和处理，将大大提高市级、区级供电部门对十三陵水库管理处用电运行的保障能力。技术人员可以通过电脑和手机随时查询配电运行情况，初步实现对配电设备的智能化管理，为防汛用电工作提供强有力的保障。

（刘景凯）

【密云水库安防监控系统验收会】8月25日，密云水库管理处组织召开了2016年至2017年密云水库安防监控系统维护项目验收会。验收会上，对社会化服务单位的维护质量、响应时效等进行评价，项目验收小组对涉及项目的资料进行了现场审核，并且提出了细节要求。该处安防监控系统实现了对5个执法站、白河主坝水尺、武警中队和哨位等重点部位的安全监控，为该处的工程安全、防火安全、防汛安全等安全问题提供了有力的保障。

（张　泰）

北京市商务委员会

【概况】北京市商务委员会（简称市商务委）是负责北京市内外贸易和对外经济合作的市政府组成部门，加挂北京市人民政府口岸办公室（简称市政府口岸办）的牌子，主要职责有促进本市城乡市场发展等。年内，“北京市商务委广交会网上办公系统”建设完成并投入使用。市商务委绘制发布2017年全市蔬菜零售网点分布图，市民可通过高德地图查找便民网点信息。为全市外资企业建立“双积分”信用档案，信用优良企业可享受5个方面24项便利服务。完成了外商投资企业商务备案与工商登记“一口受理”及商务领域“多证合一”，降低了企业的办事成本。

（黄彬彬）

【广交会网上办公系统建设完成】年内，“北京市商务委广交会网上办公系统”建设完成并投入运行，平台以全市参展广交会企业为载体，通过市商务委建立两级管理体系，建设“市—

企业”两级网络平台，实现针对行业的市场运营及管理等全方位、立体化的多维信息数据动态监测与管理服务。该系统是供北京地区的企业申请广交会摊位的管理系统，提供网上申请与审核功能。其系统主要分外网系统、内网系统两大部分。外网系统主要提供广交会新企业的注册、用户企业基本信息的管理、在线申请、查看申请状态、查询摊位分配的相关结果等功能；内网系统主要提供广交会相关摊位申请的审核、修改相关不合理申请、打印广交会相关信息等。该系统实现了相关广交会摊位申请的网上办理，缩短了北京市参展广交会企业的业务申报流程，提高了政府办事效率。业务系统的建设过程促进相关部门建立反映北京市参展广交会企业发展情况的统计指标体系和报送制度，完善北京市广交会运行监测机制，可以全面、深入地反映首都参加广交会的情况，加大统筹，加强沟通，为形成一套完整的广交会监测和服务工作机制提供信息化支撑。

（黄杉彬）

【商务通统一公共信息服务平台】年内，市商务委以需求主导、应用先行为原则，积极探索和打造商务通统一公共信息服务平台，建设业务系统整合平台、数据融合平台、公共服务平台、辅助决策平台四大系统。以企业服务创新、便民服务便捷、政府决策智慧为立足点，提高政府与社会、公民的互动，对内提升政府服务，对外改善公共服务，达到建设服务型政府的目标。同时，利用大数据进行信息资源整合和数据分析处理，做到用数据说话，用数据决策，用数据管理，用数据创新，提升市商务委综合治理能力。

（黄杉彬）

【建设北京市便民地图】年内，为进一步提高便民惠民服务水平，市商务委绘制发布2017年全市蔬菜零售网点分布图、全市新建或规范提升便民商业网点分布图，图中包含食堂、老字号餐饮企业等9种业态4000余个便民网点，市民可通过高德地图查找便民网点信息。

（黄杉彬）

【推进“双积分”信用数据对接】年内，为优化开放型经济营商环境，强化市场监管和服务，市商务委依托“开放北京”公共信息平台，探索对企业实行“双积分”信用管理。通过与工商、经信、海关等部门对接，为全市外资企业建立“双积分”信用档案，对企业良好信用信息积正分，不良信用信息积负分，并依据积分情况将企业划分为信用优良、正常经营、异常经营、重点监管4个信用区间实施分类管理。双积分信用优良企业可根据《关于对双积分信用优良企业实施联合激励的若干措施》享受5个方面24项便利服务。

（黄杉彬）

【推进“一口受理”及“多证合一”】年内，完成外商投资企业商务备案与工商登记“一口受理”及商务领域“多证合一”按全国要求统一技术标准、数据标准工作。企业通过“e窗通”登记平台办理工商登记时，可一并填报外商投资企业备案、国际货运代理企业备案信息，一次性完成工商登记与商务备案，通过“数据多跑路”解决企业多头提交、多头办理的问题，降低企业办事成本。

（黄杉彬）

【重大活动保障值守】年内，在全国“两会”、中共十九大等重大活动期间，为贯彻落实市委网信办、市公安局相关保障要求，切实做好市商务委关键信息基础设施、重要信息系统、重点网站系统的安全保障工作，由安信天行组建了安全应急保障团队，按照“分级响应、全面保障”的服务原则，为市商务委提供7×24小时应急响应和安全应急保障技术支持服务，并制订了安全服务应急保障方案，安排专人远程值班，随时可通过电话、短信等方式向市商务委报告信息安全事件，提供专业支持和应急响应服务，最终出具信息系统特殊时期安全保障工作报告。在此值守工作期间，无一例侵入事件发生。

（黄杉彬）

【电子政务信息人员培训】 年内，为提高北京市电子政务网络安全防护水平，为北京市党政机关搬迁城市副中心做好网络安全准备，并做好在北京市举办的重大活动、重要会议期间的网络安全保障工作，市商务委组织相关人员参加北京电子政务信息安全持证上岗培训，培训主要介绍网络安全形势和态势、信息安全等级保护和分级保护全流程管理、电子政务中密码的使用、信息安全应急体系和应急容灾、政府门户网站和办公终端安全管理等。市商务委参加培训人员均通过“北京市电子政务信息安全人员持证上岗考试”。

（黄杉彬）

【安全运维】 年内，为确保市商务委信息系统安全、高效和可靠运行，市商务委信息中心采取各种安全措施，较好地控制了信息系统所面临的安全风险。相关运维工作内容包括驻场运维服务、应急响应服务、应急演练、节假日值守服务、台账管理服务、渗透测试及脆弱性检查服务、安全加固服务、安全合规性辅助服务、安全管理制度修订建议。

（黄杉彬）

北京市卫生和计划生育委员会

【概况】 2017 年，北京市卫生和计划生育委员会（简称市卫生计生委）进一步推进全民健康信息化工作，完成医改信息系统改造，保证医疗机构按要求完成系统切换；组织编制了《北京市“十三五”时期全民健康信息化发展规划》；推进各项信息系统建设和升级工作；完成了市卫生计生委信用信息管理平台试点应用建设、全员人口系统升级改造、医师系统电子化注册升级改造、慢病管理监测系统、食品安全标准管理系统、妇幼保健网络信息系统三期、决策支持平台等项目的终验；启动了医学教育管理系统、医政医管电子化注册系统、网上信访信息系统、健康北京 App 项目（一期）等建设工作；加强网络安全，贯彻《中华人民共和国网络安全法》精神，增强全员安全意识；加强网站建设，发挥网站的宣传和便民惠民功能。

（任向群）

【“十三五”时期全民健康信息化发展规划】 2 月，市卫生计生委信息中心编制完成《北京市“十三五”时期全民健康信息化发展规划》征求意见稿；3 月至 4 月，征求有关单位及委领导意见并进行修改完善；与市经济信息化委相关部门共同研讨规划内容，形成规划最终稿，由市卫生计生委和市经济信息化委于 9 月联合印发。该规划明确了北京市“十三五”时期全民健康信息化发展的指导思想、原则和目标、主要任务、保障措施，是“十三五”时期开展北京地区全民健康信息化工作的指导性文件。

（张世红）

【试运行北京市生育服务系统】2月，北京市生育服务系统通过了初步验收，随后，系统先后进行了试点区和全市范围的试运行。北京市生育服务系统是市卫生计生委首个按照市经济信息化委要求接入政务云的项目，并实现了双云部署（政务云、互联网云）。该系统主要功能包括两孩以内生育登记服务（网上及现场办理）、三孩及以上再生育确认、流动人口生育登记服务、移动生育服务系统、建设数据协同共享接口、云系统部署及功能开发。

（冯文洁）

【等级保护安全整改建设项目】3月，信息系统等级保护安全整改建设项目通过市经济信息化委评审。12月，项目进行了公开招投标。项目建设内容以采购重要关键性安全设备为主，采取租赁的形式，评估现有设备性能，能利旧的不考虑购新，达到最小化安全调整。

（朱　正）

【食品安全标准管理系统建设】3月，北京市食品安全标准管理系统项目通过初验，并开始试运行；5月，启动升级改造项目建设，完成项目申报资料编写，通过专家论证会；10月，召开专家论证会并通过项目终验，强化运维工作，保证现有系统运行稳定，及时依据用户需求对系统功能进行调整。

（顾晓晖）

【医药分开综合改革监测工作】3月，根据市委、市政府《医药分开综合改革工作安排》和《医药分开综合改革实施方案》文件要求，市卫生计生委信息中心承担医药分开综合改革监测工作。依托已有的北京市卫生计生综合统计信息平台，开发改革监测模块，制定标准接口和数据表样。部署协调、数据催报、数据采集分析、会审订正及撰写各类医改监测报告。经过前期医院调研和专家意见征询，确定通过《改革监测日／周报表》《改革监测月报表》《改革监测病种周报表》《改革监测药品周报表》收集数据。监测数据由各医疗机构的HIS系统导出并上传，统一收集、审核。平台也可根据数据产出使用需求设计开发各类统计指标产出表，定制产出报告的模板并导出报表。截至年底，共产出医改监测报告280余份，监测产出表600余张，相关图表近5000张，重点分析报告及数据差异分析报告20余份。

（郭默宁）

【医药分开综合改革信息化支撑工作】4月8日，医药分开改革启动，2605家参与医药分开改革、有信息系统改造任务的医疗机构按照要求完成系统改造、测试，并在统一时点完成系统切换。自2016年11月起，市卫生计生委信息中心负责组织、协调全市参与改革医疗机构的信息系统改造工作，主要内容为取消药品加成和挂号费、诊疗费，设立医事服务费；实施药品阳光采购，降低药品采购价格；规范基本医疗服务项目，实施有升有降的调整。在北京市行政区域内政府、事业单位及国有企业举办的公立医疗机构，解放军、武警部队在京医疗机构，政府购买服务的社会办医疗机构，城乡基本医疗保险定点的社会办医疗机构，共计3600余家医疗机构参与此次医药分开综合改革。信息中心起草了《北京地区医药分开综合改革信息系统改造工作实施方案》，明确了此项工作的目标内容、工作机制、任务分工、时间安排等；组织成立了技术小组，负责制定北京地区公立医院医药分开推广等3项改革信息系统改造指南并提供技术问题解答，成立了专家小组，负责提供与公立医院医药分开推广等3项改革相关信息技术、网络安全等方面的指导；信息中心组织制定了分别适用于公立医院和公立社区卫生服务中心（站）的信息系统改造指南，用于指导医疗机构开展相关信息系统的改造工作；组织对全市参与医药分开改革的医疗机构开展信息系统改造培训、测试、应急演练等工作。

（郑　攀）

【编制《血液管理信息基本数据集》】4 月，市卫生计生委信息中心组织北京市红十字血液中心、北京医院输血科、中国医学科学院输血研究所、唐山启奥科技股份有限公司共同编制《血液管理信息基本数据集》团体标准，针对标准架构、编制格式、具体指标等进行研讨论证。11 月形成征求意见稿，向北京地区三级医院、16 个区卫生计生委，以及湖南、上海、广东等 9 个省市相关单位广泛征求意见。12 月完成各单位意见的收集。《血液管理信息基本数据集》共分 4 部分，包括献血者档案信息，采血、生产业务过程信息，供血业务过程信息，业务管理信息。

（张世红）

【网上信访信息系统项目建设】4 月，网上信访信息系统项目通过市经济信息化委审核；5 月，通过财政审核，完成项目立项工作，与业务处室沟通，落实项目招标需求；11 月完成项目公开招投标工作，选定项目承建公司，签订合同；12 月，召开项目启动会，正式开展项目建设工作。

（顾晓晖）

【信用信息管理平台试点项目建设】6 月，市卫生计生委信息中心与国家卫生计生委卫生和计划生育监督中心签订了工作委托书，承担北京市卫生计生委信用信息管理平台试点应用项目建设工作。8 月，项目组召开项目启动会，下发省级信用信息管理平台试点任务要求。持续院内 6 类信用记录的上报工作，完善打击号贩子业务协同应用，打击非法医疗广告业务协同，建立涉医违法犯罪行为人的联合惩戒协同模式；与市教委建立对学校卫生安全的联合监管模式；与市经济信息化委建立持续数据共享模式，建立失信企业黑名单及联合惩戒机制。11 月，将北京肿瘤医院纳入项目试点，开展号贩子、伤医人员业务协同应用，以及基于第一、第二类消毒产品监管系统的建设工作，提供服务接口供医疗机构与采购部门进行调用与共享。截至年底，省级信用平台共采集数据 1679 条；初始化“个体工商户基本信息”“企业主要投资人信息”“行政处罚与行政许可”“失信企业黑名单”4 大类信息共计 3414360 条。

（陈　臣）

【加强信息安全宣传教育】6 月，市卫生计生委信息中心开展了《中华人民共和国网络安全法》专题培训，开展网络安全教育宣传，增强职工的信息安全意识。9 月，信息中心委托北京市卫生信息职工技术协会编写《中华人民共和国网络安全法》行业技术解读本。12 月 10 日，北京市卫生信息职工技术协会召开了《北京地区卫生计生行业〈中华人民共和国网络安全法〉技术解读》新书发布会。

（朱正　陈臣）

【互联互通标准化成熟度测评】6 月，市卫生计生委信息中心作为国家医疗健康信息互联互通标准化成熟度测评分级管理试点单位，与国家卫生计生委统计信息中心签订试点协议，组织北京地区互联互通标准化成熟度 4 级及以下的测评工作。市卫生计生委信息中心下发了《关于 2017 年北京市医疗健康信息互联互通标准化成熟度测评工作安排的通知》，并建立互联互通测评工作组织管理体系，推动测评工作的开展；组织召开全市医疗信息互联互通标准化成熟度测评培训会；先后两次组织专家对 8 家医院和 2 家区域内有意向参加 2017 年互联互通测评的单位开展了预评估和专题指导；组织对4家申报互联互通测评医院的信息平台进行实验室测试，4家医院均通过测试；先后2次组织专家对通过实验室测试的4家医院进行文档审核评审，最终3家医院通过了专家文审。

（杨小冉）

【卫生计生系统网站评议】 9月，市卫生计生委信息中心开展2017年度北京地区卫生计生系统网站考核评议。此次考核范围包括16家区卫生计生委、13家市卫生计生委直属单位、96家三级医疗机构，以及286家一、二级医疗机构，共计411家单位。区卫生计生委、市卫生计生委直属单位参评单位平均考评达到70分，发展水平相对较好；三级医疗机构参评单位平均考评得分60分，一、二级医疗机构平均考评得分35.99分。同时，各类网站整体发展水平仍具有较大的提升空间，需加大信息公开力度、完善在线服务功能、优化与公众的互动交流、健全保障措施，提高对全系统网站建设的认识。2017年度网站考评结果设优秀网站奖、信息公开奖、在线服务奖、互动交流奖4个奖项，共有18家单位获奖。

（白　玲）

【地理位置信息采集平台】 9月，为做好卫生地理信息系统建设，根据国家卫生计生委统计信息中心《关于报送医疗卫生机构地理位置信息的通知》要求，市卫生计生委信息中心开展各类医疗卫生机构的地理位置信息采集工作，依托北京市卫生计生综合统计信息平台，开发地理位置信息采集模块。通过测试后，各类医疗卫生机构通过平台上报地理位置信息。

（郭默宁）

【电子病历信息共享调阅】 11月，市卫生计生委信息中心组织召开了电子病例共享工作推进会，并发布《北京市卫生计生委关于加强北京地区30家试点医院电子病历共享调阅工作的通知》。市卫生计生委信息中心每月收集并审核30家医院电子病历数据，产出基础数据并交由专家完成分析报告，提供医院间沟通交流的机会，加强电子病历数据质量控制与应用。12月底，30家试点医院通过电子病历浏览器全部实现电子病历信息的共享调阅。

（郭默宁　冯文洁）

【住院医疗服务绩效评价平台升级】 11月，为对DRG（疾病诊断分类）付费背景下医院管理模式变革和信息化提供技术支撑，市卫生计生委信息中心对北京地区住院医疗服务绩效评价平台功能进行了新一轮的改版升级。信息中心申报的北京市首都医学发展科研基金课题——“临床专科住院医疗服务绩效评价的DRG信息化模型研究与应用”完成研究，并撰写结题报告。

（郭默宁）

【基本医疗与公共卫生服务管理信息系统】 11月，基本医疗与公共卫生服务管理信息系统项目通过市经济信息化委审核。此项目在已建成的北京市新社区卫生服务综合管理信息系统的基础上，整合国家和北京市卫生计生的有关要求以及基层医疗机构卫生业务发展的实际需求，经调研市卫生计生委有关处室意见，形成北京市基层医疗及公共卫生管理服务信息系统项目，编写了项目申报资料。

（顾晓晖）

【运维管理综合系统建设项目招标】 12月，市卫生计生委信息中心就运维管理综合系统建设项目进行了公开招投标。项目建设内容为部署一套符合ITIL理念的综合运维管理平台，实现运维资产管理、运维流程管理、统计展现、后台管理等运行维护的日常管理功能。

（朱　正）

【信息安全检查】 年内，市卫生计生委信息中心共接到国家卫生计生委、市卫生计生委、市经济信息化委及市公安局等各级单位信息安全检查通知5次，完成信息安全检查5次。检查中未发现重大问题。8月，中央网信办派遣抽查组开展关键信息基础设施网络安全保障工作检查；9月4日，抽查组对市卫生计生委信息中心开展为期2天的信息安全检查，涉及中共十九大期间保障情况、管理制度落实情况、网络安全、系统安全、应用系统安全等方面。信息中心配合中央网信办对妇幼保健系统进行了专项安全检查。

（朱正　陈臣）

【市卫生计生委网站建设】年内，市卫生计生委信息中心负责的官方网站总计发布各类信息17687条，其中市卫生计生委官网发布各类信息13332条、市医院管理局官网发布各类信息3861条、市卫生计生委信息中心官网发布各类信息494条。主要包括基层动态8196条、委内新闻411条、市卫生计生委发文272条、健康贴士204条、公告通知172条。市卫生计生委官网全年浏览量70148602次，市医院管理局官网全年浏览量12282383次，市中医局中医药信息网全年浏览量12458558次；市卫生计生委网站独立IP访问量共计2132394人次，市医院管理局网站独立IP访问量共计353065人次，市中医局中医药信息网站独立IP访问量共计294615人次。发挥卫生计生委官网宣传作用，网站新制作专题8个，包括医药分开综合改革有关政策、分级诊疗和基层医疗卫生服务、京津冀医疗卫生合作、“一带一路”国际合作高峰论坛、独生子女证及奖励扶助表格下载、2017年第4届北京市卫生计生系统优秀院报展评活动获奖情况、学习宣传贯彻中共十九大精神等。市卫生计生委网站功能由信息公开、在线服务、互动交流三大块服务组成，截至年底，有一级栏目7个、二级栏目40个、三级栏目68个，其中一级栏目包括新闻中心、政务公开、行政审批、便民服务、互动交流、卫生计生文化、个人健康中心。为了呼应新版市卫生计生委网站栏目内容和设计风格，英、日、法3个外文网站均进行重新规划设计，改版后切换上线。

（刘　辰）

【慢病管理监测系统建设】年内，市卫生计生委信息中心继续建设北京市慢性疾病管理监测系统，完善全市主要慢性病及其危险因素监测体系，开展慢性病及行为危险因素监测，增加心脑血管疾病数据的指标项目，更新心脑血管疾病和肿瘤数据，以及疾控中心的心脑血管和肿瘤疾病的死亡数据基础信息数据库，为科学决策提供支持依据。

（郭默宁）

【北京市医师电子化注册系统】年内，市卫生计生委在全市按照行政区域划分，分批开展医师电子化注册。实现医师在互联网上直接申请业务、查验注册和资格信息；医疗机构可进行业务确认和人员管理；卫生行政部门可对医师提交的业务申请进行审批；方便公众查询和社会监督，方便行政执法监督。截至年底，全市在册医师共计124822人，申请电子化注册用户108473人，占总注册人数的86.90%；其中已经激活107246人，占总注册人数的85.92%。医师或机构共提交申请55308人次，完成审批51600人次。

（韩　冬）

【信息化系统日常运维工作】年内，市卫生计生委信息中心运维项目共27个，其中非招标项目15个、招标项目12个。招标项目于4月底启动，5月底前完成招标。全年进行运维巡检3659次，发现并整改系统漏洞8000余个，全年108人/日的7×24小时安全运维值守，保障了市卫生计生委35套（292台套设备）信息系统正常平稳运行。市卫生计生委信息中心完成行政审批系统、保健信息系统、生育服务系统、全员人口个案信息管理系统、免疫系统、人力系统、血液系统、妇幼一期、市卫生计生委办公自动化、北京市食品安全标准管理系统等运维项目的合同签订与日常运维管理，以及全员人口信息系统数字证书运维等工作，保证了现有系统运行稳定，并及时依据市卫生计生委有关处室需求对系统功能进行调整。

（李磊　朱正）

北京市审计局

【概况】2017年，北京审计信息化工作在市委、市政府和审计署的领导下，以服务审计中心工作为重点，在巩固信息化建设成果的基础上，进一步提升审计能力和技术水平，主要围绕审计综合办公平台系统建设、审计信息网络安全、审计指挥平台建设、软件正版化、计算机案例评选等方面开展工作，支持和保障了全年审计任务的高效完成。

（市审计局）

【审计综合办公平台系统建设】10月23日，北京市审计局（简称市审计局）审计综合办公平台上线试运行。按照“方便易用”的技术原则，围绕“办公提醒、新闻信息、服务审计”3个主题共45个一级栏目，组织开展了审计综合办公平台的开发建设，明确了各栏目维护的责任分工，进一步丰富完善了各栏目的信息。

（市审计局）

【推进审计信息管理系统全面应用】年内，《关于进一步推进北京审计信息管理系统的使用意见》制定，明确了系统使用的范围、重点环节的时限要求、部门的相关职责及系统应用的管理要求，有效地推进了系统的全面使用。

（市审计局）

【保障审计网络信息安全】年内，市审计局采取3项措施保障网络与信息安全。严格执行制度。认真落实“谁主管谁负责，谁使用谁负责”的要求，在责任制、计算机及存储设备、网络等方面进行严格的监督检查。建立报告机制。制定工作预案，明确网络安全异常情况的内容、处置及报告程序，建立“早发现、早报告、早解决”防控机制。保证网络畅通。每日分3次对机房进行巡检，及时监控各类应用及网络设备、服务器、区VPN隧道的运行情况，认真排查故障隐患，确保OA系统及网络安全稳定运行。

（市审计局）

【共享审计业务电子数据硬件环境】年内，市审计局按照审计署统一要求，市审计局内安装部署了一套专用的审计数据分析网。机房内安装了电磁屏蔽柜，部署了服务器及存储设备，市局18层改造了1间数据分析室，配置了16台数据分析电脑。具备开展审计业务电子数据分析工作的硬件环境基础。

（市审计局）

【使用软件正版化工作检查】年内，市使用软件正版化工作检查组来市审计局检查指导使用软件正版化工作。工作组重点检查了全局使用正版软件工作的组织领导，相关设备采购、管理，以及部分处室公用计算机软件正版化的使用及管理情况。工作组认为，市审计局各级领导对此项工作高度重视，相关管理制度较完善并执行到位，符合要求。同时也充分肯定了委托专业机构实施使用正版软件监督检查的管理方式。

（市审计局）

【审计指挥平台建设】 年内，市审计局围绕审计指挥、调度以及审计成果综合展示等业务需求，建设市局审计指挥系统平台，初步实现审计信息的综合展示、审计机关与审计组实时会商等功能。

（市审计局）

【征集计算机审计案例】 年内，市审计局共征集计算机审计案例44篇，比2016年增长16%。其中，市审计局16个单位报送21篇，区审计局11个单位报送23篇。

（市审计局）

北京市人民政府外事办公室

【概况】 北京市人民政府外事办公室（简称市政府外办），加挂北京市人民政府港澳事务办公室（简称市政府港澳办）。年内，外办门户网站特色栏目“友好交往”，创新性地通过技术手段实现互联网北京55个友城信息的自动采集，获得各省市外办及委办局的高度好评。市政府外办信息中心圆满完成了“一带一路”国际合作高峰论坛注册服务保障工作。

（许逯苹）

【完成国内外政府外文网站调研】 年内，市外事办信息中心会同首都之窗运行管理中心，为北京市政府外文门户网站eBeijing升级改造做准备，聘请北京市高校专业调研团队，对国内外大城市政府外文网站国际化情况进行了调研，并撰写了《国外城市政府外文网站国际化能力分析报告》和《国内城市政府外文网站国际化能力分析报告》。

（市外事办）

【北京外事网站】 年内，北京外事网站作为市政府外办的对外宣传门户，进行了包括外事动态、友好交往、信息公开、政策解读等信息展示，并设有因公出国（境）业务、代填签证表业务、外国人签证延期居留登记业务、APEC商务旅行卡业务等业务系统接口，开设在线咨询、意见建议等政民互动栏目。网站特色栏目“友好交往”，创新性地通过技术手段实现互联网北京55个友城信息的自动采集，每年采集2000余条，受到各省市外办及委办局的高度好评。2017年“一带一路”国际合作高峰论坛期间，被公安部纳入重保系统，顺利通过了远程渗透测试，全年无安全事故发生。北京外事微信公众号内容均在北京外事网站发布。

（市外事办）

【政府信息公开】 年内，市外事办认真落实信息主动公开。认真做好首都之窗信息公开专栏的运行和维护，主动公开政府信息53条。认真做好网络在线咨询，全年共答复400余个群众关心的外事工作问题。加强政府信息依申请公开工作，全年收到并办结1件依申请公开信息的申请。继续做好微信公众号“北京外事”的建设工作，在16个区、市政府各主要委办局及部分重点市属高校系统内建立了北京市外事通信员制度。截至12月31日，“北京外事”微信公众号已有2558人关注，累计浏览量85032人125190次，文章转发6689次、收藏839次。

（市外事办）

【完成高峰论坛注册服务保障工作】年内，市外事办信息中心承担了“一带一路”国际合作高峰论坛注册服务保障工作。为151个国家和地区、83个国际组织的5676名参会代表（其中高峰论坛4091人、高级别会议1585人），97个国家的862家中外媒体机构的4488名媒体记者，3411名工作人员和2502名志愿者提供了网上注册服务；向36个代表团发放注册卡3794张（境内291张，境外3503张）。实现了“一带一路”国际合作高峰论坛注册工作“数据零差错、证件零失误、安全零事故、代表零投诉”的目标。

（市外事办）

北京市社会建设工作办公室

【获评中国智慧城市贡献单位】1月6日，中国科学技术法学会智慧城市工作委员会、中国智慧城市论坛专家委员会联合授予市委社会工委、市社会办“2016中国智慧城市贡献单位”，市社会办王丽竹被授予“2016中国智慧城市杰出贡献人士”荣誉称号。

（李慧燕）

【“网格化E通车”项目启动】1月19日，市社会办召开“网格化E通车”项目试运行启动暨使用培训会，启动试运行工作。在试运行期间，继续严把质量关，做好系统功能完善及日常运维保障工作。

（李慧燕）

【“北京社会建设手机报”项目启动】3月16日，为做好全年北京社会建设手机报、网络舆情监测服务工作，市委社会工委、市社会办就北京社会建设手机报、网络舆情监测服务项目面向社会公开招标，正式启动项目。

（李慧燕）

【北京社会建设网迁入政务云】3月17日，市委社会工委、市社会办启动“北京社会建设网迁入北京市市级政务云升级改造”项目，选择汇诚金桥为招标的代理公司；3月28日，项目招标文件上网公示；4月18日，与招标代理公司确认中标结果；4月25日，进一步向机关各处室征集社会建设网入云迁移升级改造项目需求；6月2日，按照招标结果与千龙网签订合同，随后组织召开了项目沟通会、项目启动筹备会和项目启动会；7月14日，与北京华通天畅工程监理咨询有限公司、千龙网签订项目委托监理合同。“北京社会建设网入云升级改造”项目开展。

（李慧燕）

【多媒体检索栏目上线试运行】4月，市社会办经过前期充分准备，在精心设计、反复调整的基础上，多媒体检索栏目上线，试运行期间运行情况良好，有效支撑了业务处室多媒体检索需要。后续将根据反馈情况，对批量上传、资料排序、资料删改等功能进行深入优化，进一步提升其易用性。

（李慧燕）

【“‘四网六库’年度”运维招标】 5月24日，市社会办启动“‘四网六库’年度”运维招标活动，完成市机关办公室招标项目的立项；6月2日，选择汇诚金桥为本次招标的代理公司；6月6日，项目招标文件上网公示。随后，按照招标结果与首信公司签订合同，“四网六库”年度运维工作开展。

（李慧燕）

【落实软件正版化检查工作】 5月25日，按2017年北京市软件正版化工作相关会议精神，落实“北京市国家机关软件正版化工作责任落实表”，启动2017年度市委社会工委、市社会办软件正版化检查工作。5月31日，向市使用正版软件工作联席会议办公室报送“北京市国家机关软件正版化工作责任落实表”。7月12日，参加全市2017年软件正版化工作动员部署会；8月，全面开展软件正版化自查工作，协调工程师对机关93台台式机、18台笔记本电脑、7台服务器进行软件正版化自查和软件调试，开展3次全面巡检工作。

（李慧燕）

【“北京社会服务之窗”运维招标】 6月8日，市社会办选择汇诚金桥为“北京社会服务之窗”运维招标的代理公司；6月9日，项目招标文件上网公示；7月3日，与招标代理公司确认中标结果。随后，按照招标结果与同方知网公司签订合同。“北京社会服务之窗”年度运维工作开展。

（李慧燕）

【接受软件正版化检查】 9月11日至15日，按照全市软件正版化工作的整体安排，国务院软件正版化检查组对市委社会工委、市社会办开展软件正版化现场检查。此次检查过程中，市社会办按照市版权局要求，完成了“软件使用情况明细表”、“软件使用情况汇总表”、《2017年软件正版化工作总结及整改情况报告》和《关于迎接全国软件正版化检查工作的通知》等材料编写报送工作，并整理汇总了2016年至2017年软件正版化工作记录文档、报送文件和制度文档，共计15个文件。完成内部正版软件授权整理工作，将2011年至2017年9月的所有正版软件授权统一管理。

（李慧燕）

【新版北京社会建设网上线】 10月26日，“北京社会建设网入云升级改造”项目承建方千龙网公司，初步完成北京社会建设网升级改造项目各项工作，已具备试运行条件。经三方同意，召开“北京市北京社会建设网改造”项目初验会，通过初验，并上线试运行。

（李慧燕）

【全市智慧社区建设】 11月21日，市社会办下发《关于报送2017年智慧社区建设工作总结材料的通知》，按照“各区认定、市里备案”的原则，启动年终总结工作。年内，全市共新建星级智慧社区326个、升星智慧社区624个，建设示范点智慧社区48个。全市已建成的星级智慧社区达到2547个，覆盖率达84%，全市共有96个街道实现智慧社区全覆盖。

（李慧燕）

【政府门户网站建设】 年初，北京社会建设网秉持“服务大局、服务机关、服务基层”的服务理念，启动社会建设网入云升级改造项目，对新版社会建设网进行页面开发，开发大数据模块，尝试通过对网站用户、网站内容等进行大数据分析，为网站建设、业务工作开展提供参考。12月底，新版网站正式投入运行，全年访问量达902万余人次，比上年提升2.7%，累计发布信息3684条，刊物72个，视频12个，开展在线调查3个，答复来信101封。

（李慧燕）

【政府信息公开】年内，市社会办主动公开政府信息5741条，制发规范性文件1件。主动公开财政预算决算、“三公经费”和行政经费信息数1条。在政府信息公开网站公开政府信息数569条；政府网站公开政府信息数3624条；政务微博公开政府信息数670条；今日头条公开政府信息数120条；北京社会建设手机早报公开政府信息数5741条。全年，办理政府信息公开申请件1件，按期答复。

（李慧燕）

【配备信息公开人员及培训保障】年内，市社会办开展政府信息公开工作和政务公开工作。配备工作人员1名，设立信息申请受理点1处，开辟公共查阅点1处。分别于5月5日、10月9日举办了政府信息和政务公开工作培训会，接受培训人员29人次。

（李慧燕）

北京市人民政府国有资产监督管理委员会

【概况】2017年，北京市人民政府国有资产监督管理委员会（简称市国资委）紧紧围绕统筹实施《北京市“十三五”信息化发展专项规划》，积极探索监管方式创新，扎实做好机关电子政务网络运维服务，不断加强对市属企业信息化发展的推动力度，顺利完成全年各项工作任务，基本形成了信息化驱动国资国企改革发展的新格局。市国资委信息化工作处负责拟订机关信息化建设的规划、计划和制度、规范，并组织实施，承担有关信息化系统的建设和管理工作，指导、推进所监管企业的信息化建设工作。

（李春伟）

【市属企业信息化水平测评】5月8日，市国资委召开2017年度市属国有企业信息化水平测评工作视频动员会，53家参评市属企业信息化工作的主管领导、信息化部门负责人及所属企业相关人员参会。经初评、复评，市属企业信息化水平明显提升，平均分数为71.31分，与2015年相比提升了24.4%。不及格的企业占比从67%减少到10%，全系统已没有E级企业。

（李春伟）

【网络安全座谈会召开】5月24日，为深入总结“一带一路”国际合作高峰论坛网络安全保卫工作的经验，共同研讨存在的共性问题和改进措施，督促市属企业进一步做好《中华人民共和国网络安全法》落实工作，市国资委与市公安局网络安全保卫总队联合召开网络安全工作座谈会。北控集团、首钢集团、排水集团、同仁堂集团等15家市属企业信息化工作的主管领导和信息化部门负责人参加会议。座谈会使有关单位进一步提高了网络安全防患意识，有力推动了网络安全问题整改工作，切实增强了做好中共十九大期间网络安全保卫工作的责任感、使命感。

（李春伟）

【市国资委系统云通信平台】10月17日，“市国资委系统云通信平台”（简称国资云通）上线试运行。国资云通主要服务于中共十九大期间，全系统设有信访维稳、安全生产、宣传舆情和网络安全等领域的三级信息报送体系，支撑实现信息沟通扁平化，缩短沟通流程，提高反应速度。区别于微信等公用即时通信平台，国资云通在信息传输、存储和运行维护上提升了安全防护能力，适应国资系统自身特点，突出了用户体验的便捷性。主要功能包括“一对一”即时通信、群组交流和任务督办等。用户包括市国资委、监管企业和双管企业的主要领导、分管领导及相关负责人共计近1200人。根据实际需求，国资云通还会增加应用范围和功能，更好地服务于国资监管各项工作。

（李春伟）

【投资管理信息系统上线】12月4日，投资管理信息系统正式上线，稳定运行。投资管理信息系统是《北京市国有企业投资监督管理办法》《北京市国有企业境外投资监督管理办法》施行的重要支撑和运用信息化手段加强国有企业投资监管的创新性探索。该系统在满足对企业投资行为监管的同时，以形成监管合力为目标，全面把握数据共享和监管协同需求，确保准确把握系统建设目标，全面统筹系统建设各项工作；加强架构设计，制定数据标准，满足出资人监管平台建设原则；严格项目管理，扎实推进程序开发等工作，确保进度、质量符合要求；做好上线运行工作，搭建运行环境、建立用户。

（李春伟）

【市属企业信息化工作会召开】12月，市国资委召开市属企业信息化工作会。各企业信息化工作主管领导和部门负责人120余人次参加了会议。市委网信办和市公安局网安总队相关领导从不同角度解读网络安全形势、政策和典型案例。北控大数据集团、首都信息、铜牛信息、电控益泰等4家市属信息服务业企业，分别介绍了有关智慧城市运行、企业创新发展和离退休人员社保服务等云平台建设情况，引导企业借力云服务，走集约、高效的信息化发展道路。

（李春伟）

【数据标准化工作】年内，市国资委坚持政策导向、问题导向、需求导向、目标导向相结合的原则，以国资监管业务全景图和数据视图为主线，打破各业务系统信息壁垒，统一制定元数据、数据共享、数据分类及编码等标准，将国资监管数据统一纳入数据库，共汇聚整合了14097项数据。以汇聚整合促资源共享，以专题研究促决策支持，建立了规划对标、财务分析、产权分析、土地分析等监测专题，共享4760项数据，强化了信息资源共享，为国资监管形成合力提供了数据支持。

（李春伟）

【国有企业信息披露制度】年内，市国资委适应“管资本”为主、完善国资监管新要求，积极探索创新市场化监管方式和手段。为进一步明确信息披露定位和规范市属企业信息披露行为，形成《市属企业信息披露管理暂行办法（初稿）》。通过制度研究，市属企业信息披露制度的定位更加清晰，在强化动态监管，促进监督协同，提升监督管理效率和增强市属企业依法依规经营意识等方面发挥更大的作用。

（李春伟）

【出资人监管信息化平台】年内，市国资委紧紧围绕国资国企改革“1+N”系列文件，深入调研各处室信息化需求，立足促进“事前规范、事中监控、事后问责”全过程协同监管，梳理完成全部监管业务流程图和114个国资监管事项，整合得出15个业务主题，初步形成出资人监管信息化平台建设方案。

（李春伟）

【国有资本预算资金支持信息化项目】年内，市国资委重点支持疏解整治促提升、加强集团管控、创新商业模式、推进转型发展，安排2600万元支持首都信息和铜牛信息两家国有控股的信息服务业企业搭建创新发展云平台，促进国资系统内资源的优化配置，快速提升市属企业信息化水平，引导市属企业从自建自运维转向购买服务。截至年底，云平台承载虚拟机超过千台。全年，共支持28个项目，资金总额达7000万元，带动企业投资约3.7亿元。

（李春伟）

北京市工商行政管理局

【概况】北京市工商行政管理局（简称市工商局），是负责本市市场监督管理工作的市政府直属机构，主要职能是：依法确认各类经营者的主体资格，监督管理或参与监督管理各类市场，依法规范市场交易行为，维护公平竞争，保护经营者和消费者合法权益，查处经济违法行为，取缔非法经营，保护正常的市场经济秩序。截至11月，市工商局推进“企业名称信息化改革”“全国一张网”“多证合一、一照一码”“简易注销”等工作，建成企业登记全程电子化平台。

（柳胜杰）

【推进“企业名称改革”信息化建设】10月30日，为全面推进“企业名称改革”信息化建设，市工商局按照总局下发的《企业名称管理改革建设技术方案》，对现有的企业名称库改进后，系统上线。截至12月底，名称查询量共计50659次，同期设立企业约3万户。系统的使用在一定程度上提高了登记效率，缓解了“起名难、效率低”等困扰企业便捷准入的突出问题。

（市工商局）

【推进信息化项目申报进程】年内，市工商局推进各项信息化项目建设，保证商事制度改革顺利进行。2017年度向市经济信息化委、市财政局申报的数据中心升级改造项目、北京工商网站升级改造项目、全程电子化系统升级改造项目、企业档案信息综合安全管理系统升级改造项目、公物仓系统升级改造项目均已完成采购工作，进入实施阶段；国家法人库地方配套工程项目已于12月26日通过了市经济信息化委专家评审会；全程电子化系统已上线运行并通过了项目验收。

（市工商局）

【数据中心系统升级改造】年内，市工商局完成北京市工商行政管理局数据中心系统升级改造项目、“北京工商”网站升级改造项目、北京市工商行政管理局登记全程电子化系统升级改造项目、工商企业档案信息综合安全管理系统升级改造项目、北京市工商局公物仓升级改造项目等重大信息化项目的招标工作；完成北京市工商行政管理局网站云监管服务，“北京工商”网站流量分析系统服务（2017—2018年度）（运维项目）的三方询价工作；完成信息化项目预决算及绩效全过程咨询服务项目的竞争性磋商；完成了档案系统升级改造项目、企业年报系统升级改造项目、OA办公系统升级改造项目、无障碍网站建设项目、“北京工商”网站流量数据分析系统服务（2016—2017年度）等项目的验收工作。

（市工商局）

【推进“全国一张网”工程建设】年内，按照《工商总局关于国家企业信用信息公示系统格式规范的通知》《关于更新国家企业信用信息公示系统格式规范的通知》的要求，北京市企业信用信息公示系统与国家企业信用信息公示系统进行联动。全面构建政府部门间企业信息开放共享机制，促进企业信息资源的互联互通互用，打破信息“孤岛”，推进实现部门间的联合惩戒和协同监管。截至年底，信用系统归集省级部门60个，归集的企业用户数近250万户，平均单户企业公示数据项超过120项。

（市工商局）

【推进“多证合一、一照一码”工作】年内，严格执行总局的技术标准，在2016年“五证合一、一照一码”的基础上，进一步优化审批流程、完善数据共享、扩大合办范围、畅通应用渠道。截至年底，全市参与整合的省级政府部门数11个，整合省级政府部门证照数15个，发放“一照一码”营业执照138.67万户，占存量企业总户数的89.44%。其中新设47.26万户，变更换发91.41万户。

（市工商局）

【企业登记全程电子化平台建成】年内，为深化商事制度改革，落实总局《关于推行企业登记全程电子化试点工作的指导意见》，市工商局依托企业信用网和网上登记服务系统，以企业需求为导向，建成全程电子化登记平台。自2016年11月1日起，全程电子化系统在海淀区正式开通运行，实现登记注册无纸化、申报审批智能化、营业执照电子化，真正做到“点点手指交材料、足不出户办执照”。北京市朝阳区、北京经济技术开发区等地区也逐步进行全程电子化试点工作。4月，外商投资企业设立登记全程电子化上线；5月，全市范围开通内资有限公司设立登记全程电子化；6月，内资有限公司部分变更登记业务全程电子化在海淀区上线试运行。截至12月底，已有1.11万户企业通过全程电子化系统申报，8480户企业获颁电子营业执照。

（市工商局）

【推进“简易注销”信息化建设】年内，为进一步深化商事制度改革，完善市场主体退出机制，根据《国务院关于促进市场公平竞争维护市场正常秩序的若干意见》、《国务院关于印发2016年推进简政放权放管结合优化服务改革工作要点的通知》和《工商总局关于全面推进企业简易注销登记改革的指导意见》，市工商局开展“简易注销”信息化建设。自3月1日起，在北京全面实行企业“简易注销”登记改革。截至12月底，“简易注销”公告数3535条，核准注销户数1309户，异议条数3120条。市工商局尝试通过进一步简化符合条件的企业的退出程序，实现市场主体全生命周期服务优化的再提升、再突破。

（市工商局）

【深化信息服务】年内，市工商局牢固树立“以人民为中心”的发展思想，“让数据多跑路，让群众少跑路”，充分运用北京市政务外网和大数据技术，深化信息服务，加强数据资源开放和共享。全年，通过接口向12个区分局共享数据超过2300万条，向20个内部业务系统共享数据1.69亿条。直接为36个委办局通过222个接口提供各类业务数据，全年新增接口54个，调整接口24个，共享数据量超过1.7亿条，较2016年增加5700万条，增幅超过50%。数据的共享连通市国税、市地税、市财政、市质量监督局、市人力社保局等多个部门，为有序地推进网上受理、办理、监管“一条龙”服务提供了保障。

（市工商局）

【开展市场分析研究】年内，根据习近平总书记两次亲临北京视察时发表的重要讲话，市工商局依托工商数据，借助大数据分析技术，撰写了《北京市市场主体发展分析报告》《北京市小微企业发展分析报告》《京沪市场主体发展比较分析》等报告，围绕北京市市场主体发展进行分析，以期全面、客观地展现北京市市场主体发展情况、产业结构变化及产业融合趋势，为政府部门进行首都经济顶层规划设计提供参考。为建设高水平城市副中心提供助力支撑，突出首都发展，牢牢把握“都”与“城”的关系，帮助城市副中心所在的通州分局强化数据分析决策支撑能力，市工商局为数据分析骨干人员进行培训；制作《通州区市场主体发展情况监测简报》，并提供数据支撑；结合通州区产业政策，撰写《北京城市副中心建设之通州产业发展分析》，为副中心招商引资进行决策辅助支撑。

（市工商局）

【推动京津冀协同发展】年内，执行《京津冀协同发展规划纲要》，坚持首都城市战略定位，坚定不移疏解非首都功能。市工商局紧紧抓住这个推动京津冀协同发展的“牛鼻子”，撰写了《北京市禁限产业疏解情况分析》，并报送市政府。在总局支持下，实现京津冀三地工商和市场监管数据在京落地，满足三地工商和市场监管部门之间数据共享互联的需求。初步建立工商京津冀一体化数据平台，签订《京津冀协同发展信息资源共享协议》。截至年底，共向天津、河北两地工商及市场监管部门共享处罚信息、行政许可信息等各类数据超过2400万条。完成《2016年京津冀三地企业投资分析》《京津冀三地企业投资分析季度报告》，并上报市政府。

（市工商局）

北京市质量技术监督局

【概况】2017年，北京市质量技术监督局（简称市质监局）紧密围绕重点工作，全面深入推进“互联网+质监”建设：推行网上审批，提升“双随机”执法的检查成功率和覆盖率，深入推进行政执法与12365信息系统应用，加快推进质监大数据平台、移动执法App、门户网站群、质量信用信息系统的建设等方面工作；同时，顺利完成“一带一路”国际合作高峰论坛、中共十九大期间信息安全保障工作。信息化对质量监督业务工作的支撑作用不断加强，应用效果不断提高。

（市质监局）

【行政执法与投诉举报系统建设】12月6日，北京市质量技术监督行政执法与投诉举报系统上线试运行，主要包括投诉举报和执法管理两大子系统，具备投诉处理、举报处置、咨询服务、打假指挥、信息收集、执法管理、风险分析、在线审核等功能；系统具备与有关单位的信息共享接口，实现业务数据的“一次填写，多方共享”。对各区质监局和燕山分局进行了新系统应用培训。

（市质监局）

【质监大数据平台】截至年底，质监大数据平台（一期）已完成产品质量监督、计量器具监管、特种设备监管三大业务领域，双随机执法、行政许可两大业务环节的基础类数据的整合及统计分析与展现。实现数据每日同步更新，保证数据实时性和有效性。大数据平台共整合各类数据 853 万条，其中计量检测数据 790 万条，许可业务数据 7000 条，特种设备业务数据 52 万条，双随机执法检查数据 1 万条，产品业务数据 9 万条。

（市质监局）

【网上政务信息化建设工作】年内，根据中央及市政府有关“互联网 + 政务服务”的文件要求，依据“应上尽上、全程在线”“让信息多跑路、让群众少跑腿”的原则，启动“北京质监网上政务服务平台”的建设工作，将实现咨询、申请、受理、审批、发证、反馈等全程网上办理，并推行电子证照。截至年底，上线推出重要工业产品许可证核发等 7 个公共服务事项的全程网上办理，提升了办事效率，得到社会公众的好评。

（市质监局）

【强化政府网站群建设】年内，按照国务院政府网站群建设指南的相关要求，初步完成了区局网站的升级改版，正在推进市局网站的升级改版，网站的功能定位将由宣传型向服务型转变，进一步精简结构，强化搜索，提高访问便捷性。实现网站群向市电子政务云平台的迁移，提升了网站的信息安全保障能力和运行效率。截至 11 月，市质监政府网站群有效点击量 3.19 亿次，较 2016 年上升 28.29%；市质监局政府网站内容访问量 394 万次，较 2016 年上升 36.45%。

（市质监局）

北京市安全生产监督管理局

【概况】北京市安全生产监督管理局（简称市安全监管局）是负责北京市安全生产综合监督管理的市政府直属机构。市安全监管局设 11 个内设机构，机关行政编制为 73 名。11 月，北京市机构改革中，不再保留北京市安全生产监督管理局。截至 11 月，市安全监管局专职安全员检查系统上线运行，市安全监管局信息中心取得了安全生产专职安全员检查系统的计算机软件著作权登记证书。国家安全监管总局原则上同意市安全监管局执法系统直报系统的数据对接。

（李　萌）

【项目验收】1 月 4 日，北京市安全生产监督管理局信息中心（简称信息中心）组织召开北京市安全生产监督管理局（简称市安全监管局）“2016 年度信息化基础设施运维服务项目”及“2016 年度物联数据接入线路租用项目”验收会。会议认为，两个项目满足了市安全监管局的信息化需求，完成了工作目标和合同要求，项目文档完整齐全，同意项目通过验收。

（欧阳燕南）

【台账管理】1 月 17 日，信息中心组织召开全市安全生产企业台账管理工作视频培训会，对 17 个区（包括北京经济技术开发区）局负责专职安全员管理、企业台账管理和信息化工作人员开展培训。信息中心还邀请东城、西城、朝阳、丰台、石景山、大兴、顺义7个区局相关负责同志到现场座谈，对企业台账管理、专职安全员移动执法以及系统对接等工作提出意见。

（梁伟光）

【专职安全员移动检查系统上线】1月，专职安全员检查系统上线运行。针对前期执法系统推广问题，信息中心会同执法总队深入研究专职安全员移动检查系统设计，高质高效完成软件开发和培训工作。新上线的专职安全员移动检查系统与原执法系统进行了拆分并独立运行，并与生产经营单位台账管理系统同步设计、同步运行，确保台账能够实现动态更新。通过手机等移动检查终端，检查文书电子送达企业负责人，专职安全员可以实现无纸化检查。为了规范检查工作，系统中还嵌入加油站类、网吧类、宾馆类和餐馆类4类检查标准。系统抽取并展示检查发现的挂账隐患，确保街乡属地能够对应开展闭环管理。

（陈银良）

【系统培训】1月，信息中心组织开发的“专职安全员移动检查系统”与“生产经营单位台账管理系统”上线运行，进一步提升全市安全生产检查工作信息化水平，不断规范安全生产专职安全员日常检查工作，实现生产经营单位台账的动态更新机制。为提升专职安全员通过系统开展工作效能，信息中心安排工作人员上门提供培训，现场“面对面”、“手把手”进行教学。

（陈银良）

【台账管理培训】3月28日，为全面推进专职安全员检查系统和新版企业台账管理系统应用，便于各区、各街乡镇的专职安全员掌握系统操作流程，信息中心通过视频会议的方式，组织召开全市专职安全员检查和企业台账系统培训会，区局和街乡镇在分会场参加培训。培训的主要内容包括专职安全员检查系统操作流程、企业台账信息项解读、企业台账增删改和审核流程以及用户权限管理系统介绍。各区局专职安全员、企业台账审核人员和区局信息化管理人员等400余人参加培训。

（郭　霞）

【技术保障】6月6日，信息中心联合市政务信息安全处置中心对全局应用系统服务器进行全面清查。此次共扫描全局28台服务器上的Web应用，发现其中16台服务器存在安全隐患。针对此次扫描结果，信息中心迅速组织技术力量暂停Web相关服务，防止垃圾数据进入，同时进行Web程序备份以防误删程序，按照病毒详情报告删除相关文件，重新启动服务。同时通知相关责任公司进行问题的排查，采取措施，杜绝安全隐患。修复后，专业安全厂商工程师对相关系统进行了全面复查，未发现服务器上的“木马”漏洞问题。

（周仁清）

【信息化工作会召开】6月15日，市安全监管局组织召开“2017年北京市安全生产信息化工作会议”。信息中心、执法总队分别通报了企业台账建设、安全员检查系统推广使用情况。信息中心对《北京市安全生产信息化总体建设方案》进行了解读，回顾总结了过去10年市、区两级信息化建设取得的成效，分析了当前信息化工作存在的四个方面问题，阐述了“五层四体系”的总体架构，提出了“一种架构、一套标准、一本台账、一个中心”的总体建设目标，明确到2020年信息化建设的“六个工程”。大兴区、顺义区、通州区分别结合各区特点，围绕企业台账管理、数据共享、专职安全员检查系统推广做了典型发言。

（陈　超）

【招标文件评审会召开】 9月28日，招标代理机构组织召开“北京市安全生产预防控制体系应用支撑平台项目招标文件评审会”。会上，信息中心介绍了市安全监管局安全生产预防控制体系应用支撑平台项目的实施背景和建设需求，并结合实施情况和需求对评审专家提出的质询与建议进行了解答。会议出具了专家评审意见：北京市安全生产预防控制体系应用支撑平台项目招标文件符合相关法律法规要求，无倾向性及歧视性条款，招标文件体现了项目特点，满足采购需要。

（陈　超）

【工作推进会召开】 10月17日，信息中心组织特种作业培训考核系统安全保密加固工作推进会，信息中心、安科院、系统开发和运维单位相关负责人参加会议。会上，技术保障部汇报了加强特种作业培训考核系统安全保密的工作方案，包括签订保密协议、增强技术防范等相关措施。与会人员就《北京市安全生产培训考核综合管理信息系统安全保密协议》（单位）、《安全保密责任书》（个人）两个协议的内容和要求进行了交流，讨论了技术防范手段的实施要求。通过加强数据库管控，做好运维记录，建立可追溯、可倒查制度；严控运维过程，加强堡垒机和数据库审计的访问应用；定期组织第三方安全机构采取对考核综合管理信息系统进行安全评估等措施，对系统进行安全加固。

（陈利明）

【信息中心获得软件著作权登记证书】 10月10日，继取得北京市安全生产条件普查和烟花爆竹监管物联网应用系统及流向监管两个系统的计算机软件著作权登记证书后，信息中心在信息化科技成果的提炼、申报和保护方面再次取得突破，又获得安全生产专职安全员检查系统的计算机软件著作权登记证书。

（陈骧君）

【项目开评标会召开】 10月25日，招标代理机构达华工程管理（集团）有限公司组织召开市安全监管局安全预防控制体系应用支撑平台项目开、评标会。评标专家按照评分细则对投标公司的商务、经济、人员、服务等方面进行了评估审核。最终，北京天之华软件系统技术有限责任公司成为该项目第一包预中标单位；北京安宏睿业科技有限公司成为该项目第二包预中标单位；北京时代凌宇科技股份有限公司成为该项目第三包预中标单位；北京国研信息工程监理咨询有限公司成为该项目第四包预中标单位。

（陈　超）

【台账建设】 截至2016年10月底，全市生产经营单位台账首轮核实工作基本完成。3月，全市生产经营单位台账建设工作全面启动。6000余名专职安全员和台账管理人员经过半年时间，累计核实各类单位37万余家，采集各类信息800余万条。11月1日至3日，信息中心连续召开3次专题会，与17个区（包括北京经济技术开发区）安全监管局台账管理部门开展全面交流。会上，信息中心通报了各区台账建设和核销情况，解读了台账ABC库和行业部门分类标准，重点强调了核销台账对业务工作的影响，部署了下一阶段核销自查、质量抽查等工作。

（董　山）

【总局调研执法直报系统】 11月28日，国家安全监管总局统计司来市安全监管局进行执法直报系统对接调研。会上，信息中心介绍了市安全监管局的执法系统建设背景、目标和主体架构，并结合执法系统测试版对功能设计、使用流程进行现场演示，参会人员结合一线执法工作实际和数据准确性的要求，对总局执法直报系统提出对接建议和接口需求。原则上同意市局执法系统与总局执法直报系统的数据对接，以减轻执法人员重复录入的工作压力。

（赵 琳）

【安全生产企业服务平台开通】 12月23日，北京市新版安全生产企业信息服务平台正式开通上线，面向全市生产经营单位提供网上政务服务。企业办理安全生产业务时，只需登录市安全监管局官网，点击“企业平台”即可进入新版企业安全生产信息服务平台。可办理行政许可、职业卫生标准化达标、危化品信息申报、安全评价、隐患排查，以及办理隐患排查岗位清单编制等多种业务。企业一次登录即可在网上办理所有安全生产业务，提升了办事效率。

（梁伟光）

【技术保障】 第四季度，国庆节、中秋节双节重逢，中共十九大通信保障进入预备期，安全生产压力相互交织，视频会议数量激增，信息中心组织与国家总局联调视频会议系统21次，与区安全监管局开展联调视频会议系统17次，与市应急办及市政府联调视频会议系统32次，技术支持区安全监管局调试本地音视频系统5次。各种设备稳定运行，未发生重大事故。保障会议共计108场次，时长327.5小时。其中局务会5次、专题会议66次，共计时长243.5小时；国家安全监管总局视频会议5次，国家安全监管总局带市、区两级视频会议2次，市、区两级视频会议4次，市应急办视频会议13次，市政府视频会议2次，局内视频会议11次，共计37场次，时长84小时。所有通信平稳、安全、高质量，保证了各级各类会议顺利组织实施。

（陈利明）

北京市食品药品监督管理局

【概况】 2017年，北京市食品药品监督管理局（简称市食药监局）坚持用信息化引领监管现代化，提高科技支撑监管、服务监管能力，在信息化建设、信息安全防护、应用服务效能等方面持续加力，在信息化管理方面精准发力，为全面提升首都食品药品监管水平做好智慧支撑和服务。

（市食药监局）

【阳光餐饮工程建设】 年内，市食药监局按照市委、市政府重点工作要求，结合“国家食品安全城市”创建规划，启动创建食品安全试点城市阳光餐饮社会共治监管平台项目，为公众提供信息服务，科学引导消费，强化餐饮行业诚信自律意识，提高食品安全质量和管理水平，强化社会共治。通过公示食品安全信息、展示后厨操作过程、公众参与评价等形式，实现食品安全信息阳光、过程阳光和评价阳光。主要功能：通过手机App和电子化设备设施，即“移动通信网络＋视频采集”设备，展示后厨加工操作情况；公众通过微信公众号对有关企业的食品安全情况进行评价，参与社会共治；通过多种媒介公示相关单位食品经营许可资质、餐饮服务量化分级管理信息和有关监管信息，满足公众知情权。

（市食药监局）

【建立质量大数据平台】 7月，为落实国家食品药品检测检验体系建设重点任务，市食药监局建立质量大数据平台——实验室管理和质量安全大数据分析平台。平台内容及作用：通过建立质量数据记录标准，统一北京市食品药品检验检测质量数据格式；通过汇集市食药监局所属各检验机构、社会承检机构、企业自检及全市323家街乡镇食品药品监管所检验检测和快检数据，形成质量大数据库；通过数据分析模型进行数据质量分析，为科学决策和风险预警等提供技术支持；实现“京津冀”食品药品监管机构、相关行政部门、行业企业等业界的质量数据共享。

（市食药监局）

【加强数据共享】年内，市食药监局加强与市级行政机关数据共享，向市政府法制办同步食品药品监督检查和执法案件数据共计22万条，向市政务服务中心传输行政审批数据1.8万余条，进一步服务市民网上办理业务。

（市食药监局）

北京市国有文化资产监督管理办公室

【概况】2017年，北京市国有文化资产监督管理办公室（简称文资办）充分利用“互联网+”，不断提高信息化运用管理水平，把国有文化资产监管、文化创意发展等与信息化技术有机融合，取得明显成效。

（市文资办）

【惠民文化消费电子券】3月30日，北京惠民文化消费电子券（简称文惠券）在北京图书大厦正式启动发放。作为2017年为民办实事项目，文惠券发放额度为5000万元。文惠券项目采用“互联网+”技术，以数字串码的形式，由消费者通过“北京文惠卡官方服务号”自主申领、使用，领用数据全程可查。共有350万人次参与申领，实际核销使用180余万人次。文惠券合作单位有349家，涉及门店417个。

（市文资办）

【完善信息系统功能】年内，市文资办完善国有文化资产监督管理信息系统功能，做好产权登记准备工作。市文资办在前期对两家试点单位进行产权登记系统运行测试的基础上，进一步优化信息系统工作流程，升级完善系统功能。组织相关工作人员及系统研发机构技术人员深入所监管文化企事业单位，开展产权登记系统实操培训，通过模拟系统数据填报的方式，全流程演示了系统登录、功能介绍、数据填报、日常维护等内容，进一步加深企业人员对产权登记系统填报工作的理解，熟练掌握系统操作方法，为全面启动产权登记工作打下基础，也为进一步加强国有文化资产监管、维护国有资产安全提供技术保障。

（市文资办）

北京市新闻出版广电局（北京市版权局）

【概况】年内，北京市新闻出版广电局（北京市版权局）以确保中共十九大召开期间网络安全为主线，认真落实全国新闻出版广电系统安全大检查和北京市电子政务网络安全检查等工作要求，组织开展局域网络安全工作部署会、专项检查、应急演练和安全培训等活动，提高全局网络安全意识，紧盯问题狠抓整改，切实提高技术防范能力和网络信息安全水平。加强信息化运维管理和信息化项目统筹，保障业务应用正常运行。加强调查研究及项目管理，确保新版政府网站顺利上线。在重点时间、重要事件期间加强应急值守，杜绝发生网络安全事件。

（张　洋）

【新版网站上线】9月22日，新版政府网站正式上线，运行状况良好。新版政府网站依托北京市政务云，强化了网络安全防护手段，通过委托专业机构对网站信息系统进行安全测评，满足国家关于信息系统安全等级保护的基本要求。新版政府网站整合了原市广电局、原市新闻出版局（市版权局）两个政府网站的功能和应用，实现了全局“一个信息公开渠道，一个便民服务窗口，一个公共互动平台”的政府网站新格局。网站的建设注重立足考核，突出业务特色。按照国务院《政府网站发展指引》《2017年市级行政机关政务公开专项考评细则（政务公开和网站内容建设部分）》等要求，全面提升网站发布信息、解读政策、回应关切、引导舆论的能力和水平。新版政府网站增设“品牌活动”“海外交流”“视频展播”“精品关注”“园区·基地”等特色栏目，加强“北京国际电影节”“北京阅读季”等大型活动的宣传力度，强化了视频新闻、公益广告等视频展播及宣传。

（张　洋）

【编制年度实施计划】年内，按照市经济信息化委《关于进一步加强政府投资信息化项目评审工作的通知》要求，市新闻出版广电局加强全局信息化项目的统筹力度，与局财务部门联合组织召开全局信息化项目工作部署会，先后组织两轮专家论证会对项目技术开展评审工作。围绕全局“一个规划、一个数据库、一张网、一张图”的信息化总体目标，编制上报全局年度信息化实施计划，积极与市经济信息化委等信息化管理部门保持沟通，持续推动项目评审工作有序开展。

（张　洋）

【确保重要活动局域网网络信息安全】年内，为确保中共十九大召开期间局域网网络信息安全，市新闻出版广电局组织召开全局网络信息安全部署会议，明确责任制度，强化技术防范，顺利完成中共十九大召开期间各项局域网网络信息安全保障工作任务。针对网页篡改、业务系统异常中断、网络异常中断等典型的网络安全事件，先后组织内部演练2次，组织相关业务处室和事业单位开展模拟实际环境应急演练9次，指导和参与相关单位应急演练3次。通过加强应急演练实操，检验全局网络安全的防范效果，及时总结新型网络攻击和系统漏洞的特点，通过修订完善应急预案，切实提高预案的客观性和操作性，巩固了技术人员的实操能力，建立了网络信息安全快速响应机制。完成总局和市经济信息化委等部门的网络安全专项检查2次。通过自查及委托专业机构进行专项检查，对网络信息安全制度落实情况、信息系统和关键设备运行情况进行重点检查，积极落实整改要求，全面完善网络安全防范措施。在中共十九大、“两会”、“一带一路”国际合作高峰论坛等重点安全保障时期，执行领导带班值守制度，局政府网站、数据机房等重要系统设施实行24小时应急值守，并及时向局自建信息系统的主责部门提出风险防控、网络安全值守报备和应急响应等具体要求，加强对技术外包服务机构的管理，全面保障局属信息系统安全运行，杜绝网络安全事件发生。

（张　洋）

【完成网站整合建设】年内，市新闻出版广电局新版政府网站建设工作是年度重点信息化工作。紧紧围绕首都北京功能定位，兼顾京津冀协同发展需求，突出新闻出版广电业务亮点，认真梳理网站，整合建设思路，先后2次邀请信息化专家进行座谈，组织局内业务处室召开7次网站建设专题座谈会，组织10余次项目小组工作会，认真研究全国广电系统和北京市各委办局政府网站的亮点，结合工作实际，挖掘局业务信息资源，推进项目进程。

（张　洋）

【加强信息系统运维管理】年内，市新闻出版广电局以做好计算机机房基础设施、局域网网络及综合业务服务平台等信息系统的运维巡检和安全整改加固工作为抓手，规范信息发布机制，不断完善平台功能。

（张　洋）

【电子政务统计】全年，市新闻出版广电局通过局综合平台共办理各类公文3513件（收文2373件，发文1055件，呈批件85件），局内新闻发布信息1530条，会议室预定次数1255次，网络传真386条，局短信通道发送信息41224条，财务支出申请271件，报销申请1606件。通过审批系统受理的广电业务事项为6408件，新闻出版（版权）业务事项共1142460件（包括图书、报刊、印刷发行等新闻出版类业务以及其他版权类业务），全年局网站（包括新闻出版政务信息、广播影视政务信息和新版政府网站）共计发布信息2467条。

（张　洋）

【完善信息化相关制度】年内，依照国家和北京市有关规定的要求，结合市新闻出版广电局信息化工作实际，经历了两次专家论证、一次现场评审和两轮意见征集，先后易稿20余次，起草完成《局域网网络信息安全管理办法》《局信息化项目管理办法》，最终通过局长办公会审议并在局内正式印发。10月，新版网站上线伊始，修订并印发《北京市新闻出版广电局政府网站管理办法》，通过进一步明确工作分工和职责，为网站信息发布审核、监督考核和安全应急等提供制度保障。

（张　洋）

北京市文物局

【概况】2017年，北京市文物局（简称市文物局）以信息中心为信息化发展的建设主体部门，以业务工作为核心，以基本建设为任务，顺利完成全年信息化建设工作。完成各项基础运维，官方网站群升级改造等工作，在确保全年信息安全无事故的基础上，根据业务工作需求，先后完成机房搬迁工作，升级改造综合办公平台系统，并协助局属博物馆完成网站上线或升级等工作。

（苏　红）

【北京白塔寺开通官方微信订阅号】 1月，白塔寺开通“北京白塔寺”官方微信订阅号。该订阅号作为宣传北京白塔寺以及元大都历史文化的窗口，其内容涵盖白塔寺展览介绍、宣教活动、媒体信息、文物赏析、通知公示等多个方面。

（康　蕾）

【门户网站群升级改版】 年内，市文物局门户网站群升级改版项目完成验收，部署在政务云试运行。网站改版后更换内容管理平台，实现文物局主站和7个直属博物馆子站平台的网站群集约化建设。同时，开发手机App、手机HTML5网站等应用功能，建立并完善信息搜索、无障碍浏览、繁体网站、英文网站、三维虚拟博物馆建设等功能，满足不同用户随时随地从政府网站获取信息的需求，打造符合公众需求的服务型政府网站，加强政府网站与社会公众之间的互动交流。

（苏　红）

【综合办公平台升级改造】 年内，市文物局完成综合办公平台升级改造系统测试，进入试运行阶段。该平台采用基于组件和面向服务的架构，全面支持WebService、XML、LDAP、Java等技术，提供开放的扩展应用接口，可根据业务需要灵活扩展，支持多种平台与运行环境。同时，引入先进的组件化思想，减少各模块间的关联性，剥离业务属性，抽取功能属性，将耦合度降为最低，形成可独立存在的组件。该平台支持线上审批功能，有助于减少公文流转时间，可显著提高行政办公效率。

（苏　红）

【北京艺术博物馆网上博物馆】 年内，北京艺术博物馆完成网上博物馆的建设。网站开设资讯、服务、藏品、展览、教育、活动、青少7个栏目，

网上博物馆开通

设计了中文版、英文版，并特意设计了青少版。探索利用互联网新技术进行文化艺术宣传，实现展览不落幕，藏品总出新。

（肖芮霞）

【进士题名碑三维数字化扫描】 年内，孔庙和国子监博物馆对孔庙院内120通进士题名碑进行三维数字化扫描采集，对石碑构建了三维数字化档案，开展三维重建和信息提取工作。

（王　前）

【北京古代建筑博物馆三维扫描】 年内，北京古代建筑博物馆完成“中国古代建筑展”部分展厅和展览的三维扫描工作。运用三维激光扫描技术开展太岁殿展厅和拜殿展厅的展览扫描工作，突出重点展品和展示效果。三维扫描的技术成果应用到博物馆展览虚拟漫游当中，增加了观众的参观方式，丰富了观众的参观体验。

（闫　涛）

北京市体育局

【概况】2017 年，在北京市体育局（简称市体育局）党组的正确领导和大力支持下，市体育局紧紧围绕市体育局中心工作，全力推进政府信息公开、网络及网站运维、信息采编及舆情管理等工作，圆满完成了上级领导部门交给的各项工作任务。市体育局网络状况良好；网站规范化建设有序推进，服务效率有所提高，网站系统全年运行平稳，检查、抽查合格率100%；发挥“两微一端”等新媒体优势，增强宣传实效性；重大会议活动及节假日期间加强值守，保障网络及信息安全。

（市体育局）

【网站改版工作】3 月，市体育局结合政务公开工作要求，精心组织设计栏目架构，开展网站改版工作。此次改版突出重点领域政务公开和政策解读，重新规划了首页、政府信息公开、政策法规、信息查询、专题专栏等频道，完善政策解读专栏，规范法规文件分类、归并，使网站结构更加清晰、合理，方便公众查询信息。

（市体育局）

【网络安全自查及迎检】4 月，根据市经济信息化委等单位要求，开展电子政务网络安全检查工作，针对信息安全制度落实、保密安全工作、安全等级保护及门户网站安全等方面，开展详细的自查和风险防范工作。6 月，完成自查及安全加固工作。根据北京市密码管理局等单位要求，市体育局不仅对现有系统应用密码情况进行自查，还加强了密码应用工作机制的自查。

（市体育局）

【网络保密安全检查】5 月，落实市国家保密局的通知要求，对局机关安全管理人员进行了网络保密安全管理培训，推进网络隐患排查工作。7 月 27 日，在市保密局对保密安全检查工作中，市体育局获得优秀评价。

（市体育局）

【网络系统日常监管和安全保护】9 月，开展模拟市体育局 OA 信息系统首页出现变更，疑似被非法篡改事件的应急演练工作。年内，专人对机房网络设备实施全天候监测和日志分析。通过运维监控平台对 25 台网络设备及 16 台安全设备内存、CPU、端口流量进行 7×24 小时实时监测。防火墙日志 7×24 小时实时记录攻击情况，每日拦截各类 IP 地址攻击 160~180 次。全年完成 3 次安全风险评估、7 次安全巡检工作，扫描发现并修复漏洞 1004 个，其中高风险漏洞 191 个，共形成 49 份相关安全通告文档，完善了网络系统的安全保护措施。

（市体育局）

【网站运维管理】9 月，市体育局完成网站系统平台升级，进一步提升了网站服务功能和安全保障能力。年内，开展网站应急演练 1 次、网站安全检查 3 次，实施安全风险加固 7 次，及时消除发现的隐患。全年系统运转正常，没有出现重大安全事故。局网站共发布信息 9246 条，有效总点击数 59539885 次，比上年增长 379%，有效总页面浏览量 16957754 次，比上年增长 352%。在全年开展的多次政府网站信息内容建设情况抽查工作中，北京市体育局网站、北京市社会体育管理中心网站均合格。

（市体育局）

【系统建设及推广应用工作】9月，市体育局利用专用检查工具，对局机关在编的97台办公电脑进行了正版操作系统、办公软件和杀毒软件的检查，与在编人员共签署75份承诺书；开展业务信息系统建设工作，建设绩效考核管理和人才信息管理两大系统模块；开展信息化项目全流程评审申报工作，互联网带宽扩容及信息化调研工作，政务信息系统整合共享等工作，网络系统运维外包服务项目建设和正版化软件管理工作。

（市体育局）

【确保重大活动会议期间信息安全】年内，根据工作需要制订工作方案并严格落实，进行24小时值班值守，确保“一带一路”国际合作高峰论坛、中共十九大、重大赛事活动和重要节假日期间的网络信息安全。对市体育局重要信息系统完成风险评估、漏洞扫描、主机配置核查、渗透测试等相关工作。同时制订了详细的专业人员值守计划，安排专业运维人员现场24小时值守。有效保障市应急视频会议系统和市电视电话会议系统的联调测试和会议召开的技术保障工作共计87次，其中对市视频会议进行技术保障28次、视频会议测试联调59次，春节、国庆节、“一带一路”国际创作高峰论坛和中共十九大期间保障市应急办视频会议系统全大24小时开机。

（市体育局）

【推进政务公开】年内，按照市体育局2017年政务公开工作要点及重点领域政务公开任务要求，推进政务公开，确保局网站公开信息内容全面、准确、翔实。建设了贯彻中共十九大精神、第13届全运会、第4届市民快乐冰雪季等专题，解读《北京市全民健身实施计划（2016—2020年）》《北京市全民健身条例》《北京市“十三五”时期体育发展规划》《北京市足球改革发展总体方案》等政策文件，公开北京市冰上项目训练基地建设、全民健身专项活动场地建设、高危险性体育项目经营单位等信息，做好2017年市体育局承办的重要赛事活动的信息公开。转发筹办北京2022年冬奥会工作动态，宣传报道冰雪赛事活动。局所属两个政府网站均设立国务院信息专栏，及时转载中国政府网等发布的最新政策信息。

（市体育局）

【网站信息内容质量】年内，市体育局持续做好网站监测工作，严格执行日常监管工作制度，以全国政府网站普查评分表和北京市政府网站信息内容建设相关考评细则为标准，设专人定期检查网站内容并做好网民留言办理工作，确保网站重点栏目信息每周更新。全年开展栏目更新情况检查12次、错断链检测33次、错别字专项检测10次，每季度对市体育局两个政府网站进行全面检查并督促整改，检查覆盖率100%，问题整改率100%。每季度统计汇总各部门信息采用情况，对信息报送质量差、报送不及时的单位进行提醒。

（市体育局）

【政府网站规范化建设】年内，按照《政府网站发展指引》要求，市体育局规范调整了网页设计和功能，页面展示效果更加利于公众浏览。对全局系统网站开展了“问题地图”清理检查、网站标识及备案信息加挂情况检查。局所属的2个政府网站全部添加了政府网站标识码和“我为政府找错”监督举报平台入口。

（市体育局）

【政务数据资源】年内，市体育局按照市经济信息化委的工作要求，开展体育政务信息资源数据的收集、整理和目录编制工作，形成北京市体育局政务信息目录。目录共包含健身气功活动站点、社区体育健身俱乐部、高危险性体育运动项目经营单位、体育彩票专卖店、青少年体育俱乐部、体育传统项目学校、体育场地管理人员、社会体育指导员、体育经纪人、游泳救生员等 11 项信息资源数据，其中 5 项数据通过市体育局网站向社会开放。

（市体育局）

【新媒体增强宣传实效】年内，市体育局推进“体育北京”微博、微信和今日头条号的统一运营工作，利用新媒体渠道，与政府网站同步开展重要政策文件、大型体育赛事及全民健身活动的解读宣传工作。微博每工作日更新信息不少于 6 篇，微信每周推送 1 次，今日头条号每周不少于 5 篇。及时发布北京市风险预警信息，联动发布市委、市政府指示精神和北京市最新政策消息，全年共采写编发文章 1212 篇，其中，微博发布 886 篇、微信发布 84 篇，今日头条号发布 242 篇。

（市体育局）

【互动交流和舆情回应】年内，市体育局网站设立咨询信箱、意见征集等栏目，同时利用微博、微信积极与网民开展互动。全年共收到公众咨询留言 138 条，转办信息公开申请 9 条，及时回复办理网站信息内容建设问题的网民留言 1 条。其中，咨询类 111 条，投诉举报 8 条，意见建议 9 条，其他留言 10 条。市体育局立足于解决问题，规范转办信件工作程序，公众咨询均按照时限进行了答复，回复率达 100%。针对网民提问较多的职业技能鉴定相关问题，在“体育北京”微信公众号设置了咨询关键词和常见问题专栏。热点舆情问题及时向相关部门和领导进行反映。编印《网络舆情》6 期、《网络信息参阅》44 期，共计 228 篇 22.4 万字。

（市体育局）

北京市统计局

【概况】2017 年，按照北京市、国家统计局有关工作部署，北京市统计局（简称市统计局）、国家统计局北京调查总队以实现“提高统计能力，提高统计数据质量，提高政府统计公信力”为目标，以信息技术应用和信息安全保障为重点，立足于首都统计业务自身特点的实际，拓展思路，优化资源配置，扎实推进统计业务信息化建设，实现了信息化对核心业务的支撑水平和对社会服务水平的全面提升。市统计局高度重视信息化建设及网络安全工作，坚持统筹规划、加强保障、严抓落实、促进提升，较好地完成了各项工作。

（市统计局）

【第三次全国农业普查数据处理】3 月，在第三次全国农业普查工作制度和采集中心程序基础上，北京增加指标和报表，自主研发了农业普查清查和普查数据采集系统，完成了涉农地区 400 多万户清查、农村地区 103 万户普查、1 万多家农业经营单位和 4000 多张街乡普查表的数据采集、审核、修改、汇总、评估和验收等工作；完成农业普查资料开发系统的功能开发，该项目通过初步验收，已经利用该系统定制北京农普资料使用的汇总表；农普地理信息系统完成普查区地图电子化，系统建设正在进行中。

（市统计局）

【人口动态监测平台建设】 6月，市统计局完成人口动态监测分析模型建设方案的设计。利用互联网、大数据、云计算等先进技术开展人口动态监测平台建设工作，实现利用将电子化行政记录和各类交易、交互、传感数据作为数据来源的工作目标，2017年开始使用北京电信通信指令数据和移动智能终端的记录数据验证测算结果。

（市统计局）

【人口抽样数据处理】 12月，市统计局完成北京年度人口抽样数据处理工作。北京年度人口抽样调查在国家人口变动调查制度规定的指标和范围都有增长，为此利用统计信息化三期工程已有成果搭建了人口抽样数据处理系统，定制开发了相关应用程序，完成50万人左右的数据采集（PDA采集）和处理工作。

（市统计局）

【经济普查试点】 12月，市统计局开始国家第四次经济普查（简称“四经普”）专项试点数据处理工作。北京市是“四经普”专项试点地区。制订了“四经普”专项试点数据处理方案；完成了专项试点清查系统搭建和PDA录入程序开发，并完成4个乡镇1867家单位数据采集工作；完成38905家单位网上填报企业组织结构调查以及1900多家单位网上填报企业资产负债表数据采集。

（市统计局）

【统计信息系统三期工程】 12月，北京统计信息系统三期工程开始试运行。运用互联网、大数据、云计算等先进信息技术开展三期工程建设，形成“一个中心、两个贯通、三个平台”的建设思路。“一个中心”，即北京统计系统大数据中心，包括统计系统内部数据和交换来的各种数据，已经完成联网直报、名录库、农村一套表、住户调查、六人普、三经普、三农普、宏观库等系统数据的整合。“两个贯通”包括统计数据生产业务流程的横向贯通，包括数据采集、数据评估、数据处理、数据分析、数据发布各业务环节，同时具备灵活定制业务流的能力，满足未来统计工作按行业采集、按专业管理的需要；四级统计机构的纵向业务流程贯通，满足上至北京市下至村居委会五级统计机构间数据报送、评估业务所涉及的业务需要。“三个平台”：法人调查对象以外的数据采集平台，实现统计数据采集工作全部网络化；数据处理平台，支撑各项统计数据处理业务的网络化工具化，大幅度缩短数据处理时间，提升统计工作效率；数据分析平台，支撑各种跨专业的综合数据分析，不断提升统计生产能力。通过三个平台建设真正实现统计生产的全流程网络化、电子化。

（市统计局）

北京市园林绿化局

【概况】 2017年，北京市园林绿化局（简称市园林绿化局）信息化建设紧紧围绕“园林绿化决策智慧化、监管精细化、服务惠民化”的总体建设目标，认真贯彻落实“互联网＋林业”行动计划，积极开展智慧园林的探索和实践，积极促进现代信息技术与园林绿化业务的深度融合，积极发挥网站、微信、App 客户端等新媒体信息服务惠民作用，加强基础设施建设，信息化保障水平和服务能力不断提升。

（赵丽君）

【研究首都智慧园林建设】 8 月 4 日，大数据服务首都生态建设专题研讨会在京召开。中国工程院院士沈国舫、李文华等林业和大数据两大领域专家为首都智慧园林建设建言献策，助力首都生态建设。

大数据服务首都生态建设专题研讨会会场

（赵丽君）

【主办智慧园林论坛】 9 月 9 日，由中国风景园林学会信息委员会、北京市园林绿化局、北京林业大学联合主办的“2017 北京智慧园林论坛”在北京林业大学召开。论坛以大数据、人工智能、物联网等新一代信息技术在园林绿化行业中的应用为主题，探析智慧园林的发展前景和前沿技术，推进首都智慧园林建设。

（赵丽君）

【持续推进园林绿化网上行政审批】 截至 11 月，市园林绿化局实现 26 项园林绿化行政审批事项网上全流程办理，有关人员可通过互联网提交办事申请。截至 11 月 17 日，通过互联网申报审批事项共 1040 件，其中树木移植审批 232 件、树木砍伐审批 776 件、临时占用绿地 22 件、改变绿地性质和用途 10 件。2017 年度共移植树木 3757 棵，砍伐树木 2265 棵；在北京市政务服务中心共享前置机中搭建审批证照数据库，回传并在园林绿化资源动态监管系统集中展示涉及固定资产投资审批事项数据 1212 条。

（赵丽君）

【副中心智慧园林建设】 年内，市园林绿化局正式启动北京城市副中心行政办公区智慧园林示范项目建设。项目覆盖行政办公区 6 平方公里范围，建设内容包括园林监测、园林管理和园林服务三大系统，并取得了《智慧园林建设指导意见》《智慧园林建设导则》《智能灌溉建设导则》等研究成果。

（赵丽君）

【园林绿化信息资源目录梳理】 年内，市园林绿化局对 14 大类 150 多层园林绿化资源数据进行了梳理；新增百万亩造林和留白增绿工程等 6 个图层 11 万条数据；将全市规模化观光果园、改造果园、新建高效密植、更新果园等 Excel 表数据进行空间化；建成市园林绿化局遥感产品即时服务系统，为局内业务部门提供覆盖全市域季度更新的最新卫星遥感数据、年度更新的全市全覆盖地表空间信息和 55 类地表专题要素空间信息。

（赵丽君）

【首都全民义务植树网建设】 年内，建成“互联网＋首都全民义务植树”网上平台，12 月上线运行。平台主要实现了义务植树政策、尽责形式的解读，植树日、植树节及义务植树活动推广与宣传，实体参与、网络参与义务植树的途径和方法等功能。平台的建成有效提升了全民义务植树活动管理服务的现代化水平，使首都全民义务植树尽责有了新渠道。

（赵丽君）

【局办政府网站建设】年内，市园林绿化局按照市政府办公厅要求，规范政务网站名称，将首都园林绿化政务网变更为北京市园林绿化局(首都绿化委员会办公室)。多渠道加大网站信息公开力度。全年政府信息公开数量1610条，其中市级政府信息公开系统中公开数据736条，行政许可结果公示866条,行政处罚结果公示8条。发挥政务网站窗口信息惠民作用，围绕疏解整治促提升、落实京津冀协同发展战略、加强生态资源保护管理和服务保障首都核心功能等首都园林绿化工作重点和公众关注热点新策划发布14个网站专题；更新发布“加快杨柳飞絮治理积极回应民生关切共创和谐宜居城市”“北京花讯”“京津冀生态建设协同发展”等18个专题。听民声、纳民意,围绕“绿色生活　美丽家园”“森林疗养与北京森林疗养基地建设”“保护城市野生动物　促进人与自然和谐相处”开展了3次在线访谈。

（赵丽君）

【大数据技术应用】年内，市园林绿化局首次应用大数据分析技术对香山公园和11个红叶观赏点进行分析，为民众提供赏叶攻略，为主动疏导公园景区客流和市园林绿化局政务决策提供有力的数据支撑。成果信息受到公众广泛关注和媒体的大量转发，研究成果也得到市领导肯定。

（赵丽君）

【推进资源动态监管系统应用】年内，市园林绿化局持续推进资源动态监管系统应用，不断提升园林绿化资源的动态监管和精细化管理水平。北京市园林绿化资源动态监管系统已录入城镇绿地台账37578条、林地资源台账101340条、古树名木台账26522条。

（赵丽君）

【建成绿化养护精细化管理平台】年内，市园林绿化局坚持融合创新，树立互联网思维，强化目标、效果导向，发挥管理主体、使用主体、技术主体作用，建成北京市园林绿化养护精细化管理平台并试点应用，推进城市绿地养护行为的可视化管理，探索信息化建设与园林绿化现代化管理新模式取得初步成效。

（赵丽君）

【开通“北京园林通”微信公众号】年内，市园林绿化局开发部署“北京园林通”智能聊天机器人系统，开通“北京园林通”智能问答微信公众号，应用人工智能技术，实现园林绿化业务数据智能查询检索，为各业务需求提供实时、便捷、准确的业务知识问答服务。

（赵丽君）

【升级改造网上办公系统】年内，市园林绿化局整合局内办公系统和公文传输系统，建成新版网上办公系统。实现局系统公文流转在线办理，同时提供对内部公文流转状态的跟踪、催办、查询、归档；推进移动办公，随时随地查收、批办公文事项，轻松处理常规办公模式下难以解决的紧急事务，提升办公效率和管理水平。

（赵丽君）

【“首都园林绿化”微信运维】年内，市园林绿化局利用“首都园林绿化”微信推送信息服务公众，宣传园林绿化，策划编发信息860余条。累计发布信息1928条，阅读量154万余人次。组织了2次线上活动。

（赵丽君）

北京市知识产权局

【概况】北京市知识产权局是负责北京市知识产权保护组织协调工作和专利工作的市政府直属机构，负责组织协调北京市保护知识产权工作，推动知识产权保护工作体系建设，贯彻落实国家关于专利工作方面的法律、法规、规章和政策，负责北京市专利信息公共服务体系的建设，促进北京市知识产权产业发展。年内，市知识产权局完成了北京市知识产权公共信息服务平台的验收工作，进一步加大了平台的推广应用，完成了新版政务网站的建设工作并上线运行。

（梁正央）

【知识产权公共服务平台验收】11 月 10 日，知识产权公共服务平台通过验收。本项目集成云计算和移动互联技术，建成功能完善、技术成熟的知识产权服务基础设施，建设内容满足初步设计的要求，实现了项目建设目标。服务平台上线运行以来，对全市企业、高校、科研院所、服务机构、政府部门提供了方便快捷的知识产权信息服务，有力支撑了科技创新中心建设，经济效益和社会效益日益凸显。

（市知识产权局）

【高标准筹建知识产权保护中心信息化项目】11 月 13 日，国家知识产权局正式印发《国家知识产权局关于同意建设中国（北京）知识产权保护中心的批复》，同意建设“中国（北京）知识产权保护中心”，面向新一代信息技术产业和高端装备制造产业开展知识产权快速协同保护工作，并要求加快保护中心筹建工作，加强基础条件建设，在 6 个月内确保人员、专项经费、办公场地、办公设备到位。12 月 20 日，完成保护中心信息化项目建设方案和市级部门信息系统项目申报书，上报市经济信息化委进行前置审查。

（市知识产权局）

【大数据论坛应用研讨会】12 月 1 日，北京市知识产权局（简称市知识产权局）举办“数字经济　创新发展——知识产权大数据应用研讨会”。来自政府部门、高校、研究机构、行业协会、企业、知识产权服务机构、金融机构以及新闻媒体代表等 120 余人参加，就数字经济时代知识产权与大数据融合应用进行了研讨。

（市知识产权局）

【规范数据采集加工流程】年内，市知识产权局为规范专利基础数据采集加工工作，编制《专利基础数据采集加工操作手册》，有数据采集加工工作流程、操作规范、执行脚本等内容；建立专利基础数据采集加工安全工作机制，定期对数据进行备份，做好备份工作记录。全年共采集知识产权综合数据信息 3200 余条，集成电路布图设计数据 5408 条。

（市知识产权局）

【政务网站改造工作】年内，市知识产权局政务网站全面改版。新版网站梳理了全局的 21 个办事服务事项，分为专利事务、项目申报、维权援助等 7 大类，设置统一的办事服务入口，细化规范办事指南和要求，提升了办事效率和服务水平；增加了无障碍浏览和移动版，优化了网站搜索功能，提升了用户体验满意度；新增政策解读栏目，发布《加快知识产权首善之区建设实施意见》《北京市发明专利奖励办法》等47项政策文件解读；以数字化、图表图解等读者喜闻乐见的形式宣传知识产权政策，增强政策的传播力、影响力；搭建互动交流平台，实现在线咨询、征集调查、举报投诉等功能，为听取民意、了解民愿、汇聚民智、回应民声提供平台支撑。全年，网站共发布各类信息828条，全年总访问量584251人次。全年，在市政府信息公开专栏中公开发布信息42条，向“首都之窗”政策解读专栏报送信息2条。

（市知识产权局）

【推动服务效应辐射津冀】年内，市知识产权局与天津、河北知识产权局沟通交流，促进三地知识产权信息资源共享、互通。结合三地的资源和实际情况，三地共同开展了卓有成效的合作。在京津冀三地知识产权局联合举办的2017“京津冀走出去”企业知识产权保护与运用研讨会暨第3届京津冀知识产权高层论坛上，积极推广北京市知识产权公共信息服务平台，作为协办单位参与河北省知识产权保护与发展协会举办的“如何利用知识产权制度助推企业发展研讨会”。在依托三地高峰论坛，推动信息平台建设成果辐射津冀的基础上，主动服务对接津冀创新主体，直接发展津冀企业用户，助力产业知识产权创新发展。全年，为天津市企业注册信息平台用户账号49个，为河北省企业注册信息平台用户账号73个，扩大了信息平台在京津冀地区的应用。

（市知识产权局）

【制作“北知社区”App】年内，市知识产权局融合北京市知识产权公共信息服务平台的资源和功能，制作完成面向社会公众的普及版手机App应用——“北知社区”，包括扫码查专利、办事导引、行业资讯、活动报名、IP同行论坛、有奖答题等栏目。该App简化操作程序，贴合公众需求，是一款适宜大众普及使用的知识产权应用工具。

（市知识产权局）

北京市民防局

【概况】2017年，北京市民防局（简称市民防局）深入贯彻落实中共十九大和“第七次全国人民防空会议”精神，立足首都城市战略定位，主动融入京津冀协同发展，有效履行“战时防空、平时服务、应急支援”使命任务，大力加强民防通信与信息化建设，为构建和提升基于信息系统的人民防空体系防护能力提供支撑和保障。深入推进京津冀通信协同训练常态化，建立长效机制，深入拓展巩固北京市民防指挥通信跨区支援通信演练成果。按照《京津冀人防无线通信协同训练实施方案》，每月组织开展京津冀三地人防无线通信协同训练，三地人防通信协同保障能力逐年提升。

（市民防局）

【全市民防指挥通信车驻训】5月，市民防局为全面提高指挥通信车操作人员的业务素质和执行应急任务通信保障能力，组织全市民防指挥通信车驻训。80余人参训，采取理论授课、故障分析与排除、单装操作和实兵综合演练的方式进行，锻炼了队伍，检验了全市指挥通信车设备的性能和完好率。

（市民防局）

【民防指挥通信跨区支援通信演练】 6月14日至21日，市民防局按照《京津冀人防协同发展的意见》和《京津冀人防通信协同发展和跨区支援备忘》的约定，灵活运用前3年跨区支援通信演练和京津冀无线通信协同训练积累的经验，市民防局组织开展了第四次跨区支援通信演练。由市民防局、各区民防局103余人组成的跨区支援通信演练分队赴天津静海，河北衡水、邢台等地域进行了演练，行程910余公里。北京市、天津市、河北省三地人防部门区域协同，组织严密、配合默契，各通信要素开通迅速、联络准确，达到“练组织协同、强过硬作风、提保障能力”的目标，检验和验证了近年来京津冀人防无线通信协同训练的效果，演练取得圆满成功。

跨区支援通信演练

（市民防局）

【组建信息防护专业队】 6月，市民防局组建信息防护专业队。信息防护专业队由北京市政务信息安全应急处置中心、北京信息安全测评中心由60人组成，按照职能分工组建3支中队。主要为人民防空网络与信息系统的信息安全应急处置、信息安全防护体系建设提供有力技术支撑保障。

（市民防局）

【指挥信息平台建设】 年内，市民防局注重加强市、区、街道（乡镇）三级指挥平台和通信信息装备设施配套建设，指导各区民防局开展指挥所信息系统建设，开展顺义区、丰台区区级人防指挥所建设，全市新建街道（乡镇）指挥所20个。

（市民防局）

【通信系统建设】 年内，市民防局继续开展第三代短波电台建设和短波网管系统建设工作。在完成此项目二期建设任务的基础上，开展17套短波多信道接收机，17套短波业务终端，18套多网融合系统建设，提升了应急情况下的通信保障能力。

（市民防局）

【“雪亮工程”建设】 年内，市民防局组织北京市民防系统大力开展“雪亮工程”相关工作。成立北京民防公共安全视频监控工作领导小组，下发《北京市民防局关于加快做好公共安全视频监控建设联网应用工作的通知》《进一步加强公共安全视频监控系统建设运维保障工作的通知》，明确民防系统公共安全视频监控覆盖重点及2017年建设任务、职责分工。完成北京市民防图像信息管理平台建设项目申报并通过评审。

（市民防局）

【人防卫星通信高清视频编解码算法】 年内，市民防局联合合作单位针对人防战时应战、平时应急通信业务发展需求，对卫星通信中传输高清视频的基本原理和影响因素、影响视频质量的关键性技术指标进行分析，开展人防卫星通信高清视频编解码算法研究。基于目前人防所用的卫星通信体制，提出适用于人防灵活的高清视频组网模式和管理控制方法，所给出的具体解决方案成功通过验收，解决了人防卫星高清视频传输存在的难题，提高了卫星视频传输质量，节约了成本，优化了资源利用。

（市民防局）

【京津冀人防无线通信协同训练】年内，市民防局按照北京市民防局、天津市人防办、河北省人防办联合印发的《京津冀人防无线通信协同训练实施方案》，建立无线通信协同训练长效机制，定期组织开展京津冀三地人防无线通信协同训练。组织各区民防局、市防空防灾信息中心、市人防通信站参加京津冀无线通信协同训练10次，完成年度协同训练任务。

（市民防局）

【重大活动期间机动应急通信保障任务】年内，在中共十九大、全国“两会”和北京“两会”等重大活动期间，市民防指挥通信车完成了机动应急通信保障任务。为做好中共十九大安全保障工作，做好地铁“人物同检”工作，保障全市指挥调度，按照全市统一部署，全市民防系统17辆指挥通信车分赴16个重点地铁站周边开展值勤保障工作，建立音视频联络，实时上传信息，为市领导决策指挥提供有力支撑。共出动车151台次，出动保障人员530余人次。

（市民防局）

北京市人民政府侨务办公室

【概况】北京市信访办公室（简称市信访办）是市政府直属机构，设有15个内设机构。市信访办负责处理市内外群众、境外人士、法人及其他组织通过信访渠道提出涉及本市的信访诉求，办理群众给市委、市政府及领导同志的来信来电、网上信访，接待来访以及其他相关事项。市信访办开发建设了北京市网上信访受理平台，开通微信公众号和手机客户端，并为群众提供市信访办和16区信访办的虚拟网上信访受理大厅，方便群众投诉和评价。

（于文浩）

【“智慧侨务”信息化改造项目】11月10日，“智慧侨务”信息化升级改造项目通过专家验收，并报经济信息化委结项备案。实现了对外服务精准化、领导决策科学化、业务管理精细化、信息资源统筹化、保障能力可持续化。

（市侨办）

【官方网站优化改版】年内，市侨办按照市政府办公厅政府网站信息内容建设考评要求，结合《北京市2017年度市级行政机关绩效管理考评细则》，认真梳理网站存在的问题，对照《政府网站发展指引》要求，重点开展网站规范化改版。进一步完善网站运维机制，明确网站栏目运行维护责任和信息更新工作要求，规范地图使用和链接审核，每月完成网站链接巡检，每季度完成漏洞扫描，全面保障网站规范运行。

（市侨办）

【多维度打造数据库平台】年内，市侨办加强信息资源库建设，提升信息资源共享利用效率。数据库平台不断优化，建立更加丰富、统一的侨务资源数据库，全面收集、展示华侨华人、华人社团、华文媒体、华文学校、涉侨活动和各国侨情信息，并进行详细分析总结。建设数据库系统，转变以往人工采集信息的方式，采用人工与自动采集相结合的模式来完成信息收集工作。整合外部资源，对信息进行适度关联和数据挖掘，全视角展现服务对象关系视图，进行多维度数据分析，并通过多种方式呈现分析结果，服务侨务工作需求。

（市侨办）

【加强网络安全】年内，市侨办进一步加强网络安全防护工作，多措并举，及时发现并处理网络攻击行为。全年收到有效安全漏洞通报 3 次，整改漏洞 4 个。在 5 月“勒索”病毒在全球大规模爆发期间，第一时间发出预警信息，提出紧急响应方案，提供高效服务和专业技术支持。在全国“两会”、“一带一路”峰会、国庆节、中共十九大等重大活动期间，与运维单位签订安全责任书，全天 24 小时监测网络运行动态，严格执行网络安全“零报告”制度，确保网络安全零事故。

（市侨办）

北京市人民政府信访办公室

【概况】北京市人民政府信访办公室（简称市信访办）是市委、市政府负责北京市信访工作的市政府直属机构，设有 11 个内设机构。市信访办负责处理群众及组织通过信访渠道给市委、市政府及领导人的来信来电、接待来访以及其他相关事项。年内，市信访办开发建设了北京市网上信访受理平台，开通微信公众号和手机客户端，并为群众提供市信访办和 16 个区信访办的虚拟网上信访受理大厅，方便群众投诉和评价。

（市信访办）

【网上信访“互联网 +”工作模式】年内，市信访办推进信访工作制度改革，发挥网上信访“工作主渠道”和“改革排头兵”作用，全面推进阳光信访、责任信访、法治信访建设，根据 2016 年国家信访局重点工作要点中“积极推进‘互联网 + 信访’，全面实行网上信访工作模式，进一步完善各级网上信访受理平台全面打造网上信访主渠道，实现‘网上信访’和‘市长信箱’的分别设置和分离引导”，实现网上信访投诉请求源头分流，依法疏导剥离非信访事项，实现初次和重复信访请求的分类引导。市信访办开发建设了北京市网上信访受理平台，整合资源，推动各区信访部门开展网上投诉受理工作，扩大网上信访的吸附力和影响力，将网上信访打造成群众信访的主渠道。开通微信公众号和手机应用客户端，达到了方便群众投诉和评价。

（市信访办）

【拓宽网上信访受理渠道】年内，“1+16”网上信访渠道为群众提供市信访办和 16 个区信访办的虚拟网上信访受理大厅。群众可通过门户网站直接提交网上投诉至市信访办或对应区信访办。扩大了网上信访范围，达到了方便群众信访的目的。

（市信访办）

【分别设置“网上信访”和领导信箱】年内，开通“1+16”网上信访渠道后（原有“市长信箱”仍然保留），“网上信访”、领导信箱分别设置，分类引导。实现“1+16”网上信访件的接收、受理、办理、反馈全流程网上办理，厘清信访与其他“法定途径”之间的网上受理范围。对群众网上反映的问题，通过相关法律法规规定的“法定途径”进行合理分流、依法处理，强化依法信访，保障合理合法诉求依照法律规定和程序得到合理合法解决。

（市信访办）

【开通网上信访手机客户端】年内，市信访办建设开通网上信访手机 WAP 模式（网站手机版）；网上信访手机 App（iOS 版本、安卓版本）按信访人使用、工作人员使用和领导使用 3 类用户开发相应功能。信访人通过手机 App 可进行投诉提交、投诉查询、投诉进度查看、答复查看、投诉评价、宣传文件查看等；信访工作人员可通过手机 App 查看个人待办工作提醒、查看公告、查看专题讨论、查看交流等；领导可通过手机 App 查看信访工作热点、当日网上信访情况、日周月年的信访数据统计等。达到方便信访人信访、提醒工作人员及时办理、便于领导了解网上信访情况、提升了全市网上信访工作的水平。

（市信访办）

【开通微信公众号】年内，市信访办开通“北京信访”微信公众号，按订阅号备案申报，开通发布和推送功能。加强网上信访工作宣传引导力度，打造网上信访的“北京品牌”。

（市信访办）

北京市农业局

【概况】2017 年，北京市农业局（简称市农业局）紧密围绕首都农业结构调整的核心任务开展工作，积极开拓“互联网 + 农业”新局面。

（金　娟）

【农业部领导视察信息工作进展】1 月 19 日，农业部领导到延庆区南窑村益农信息站，视察北京信息进村入户工程的工作进展。有关人员介绍了益农信息站建设情况，落地服务三农所发挥的作用，北京农村信息进村入户工程进展及益农信息社的“四项服务”职能与“九个一”的落实情况。农业部领导高度赞扬了益农信息站在服务三农中发挥的作用，肯定了农业信息化建设所取得的成绩。

（金　娟）

【全国农民手机应用技能培训周】3 月 20 日至 26 日，农业部联合北京市政府在京举办全国农民手机应用技能培训活动周。在启动活动中还举办了手机应用服务大集，“网络有奖答题”“我为家乡代言”“手机应用达人接力”等展览展示和培训体验。培训周期间，各地围绕活动主题，采取线上线下相结合、部省联动、政府“搭台”企业“唱戏”的方式，组织通信运营、电子商务、手机制造、金融服务、农业产业化、互联网和

全国农民手机应用技能培训活动周启动仪式举行

IT 企业以及有关培训机构在全国范围内全面展开专场活动。

（金　娟）

【农产品市场监测预警】 4 月 26 日，农业部信息中心在江苏无锡组织召开全国农产品监测预警培训班，市农业局信息中心作为全国典型，介绍了北京市在农产品市场监测预警工作中的经验。

（金　娟）

【多家益农信息社入围百佳案例】 11 月 10 日，全国信息进村入户工程交流会在江苏苏州举办。延庆区小丰营村北菜园益农信息社、昌平区八家村益农信息社、延庆区沈家营镇临河村益农信息社、顺义区北务村益农信息社被评为“信息进村入户工程益农信息社百佳案例”。

（金　娟）

【大棚温度控制方法及装置获发明专利】 年内，北京市设施农业物联网工程应用中的名称为“一种工厂育秧大棚温度控制方法及装置”获得发明专利。该方法和装置可以针对秧苗的种类和生长时期，确定最合适的棚温范围，通过实时采集大棚内外温度信息，经过对数据的处理和分析，控制大棚通风口的开启程度，实现对棚内温度的精确智能控制。

（金　娟）

【获得科技进步奖三等奖】 年内，北京农业生态环境质量评价系统成果获得 2017 年北京市科技进步奖三等奖。该成果自开发应用以来，以其系统智能型数据处理和定量评价水平，获得业界和评审专家的高度好评。

（金　娟）

【软件正版化工作名列前茅】 年内，市农业局圆满完成 2017 年局机关软件正版化工作。根据市政府办公厅印发的《关于 2017 年市区级机关软件正版化工作考核情况的通报》，市农业局综合评分为 106 分，在参评的 63 家市级政府机关中排名第 2。

（金　娟）

【完成政府网站普查】 年内，市农业局完成 2017 年全局政府网站普查工作，并印发《政府网站管理汇编》。

（金　娟）

【环北京蔬菜产销信息监测工作】 年内，市农业局信息中心联合河北省农业厅市场信息处、河北农业信息中心，组织河北省环北京 24 个蔬菜主产县相关人员在北京召开了京冀蔬菜产销信息培训会，正式启动环北京蔬菜产销信息监测工作。

（金　娟）

【生猪全产业链数据监测试点验收】 年内，市农业局承担的农业部“以消费需求为导向的生猪全产业链数据监测试点”项目完成 1 期验收，该项目整合了北京市农业系统生猪养殖、屠宰、批发零售等环节数据，搭建了北京市生猪大数据平台。

（金　娟）

北京市气象局

【概况】 北京市气象局（简称市气象局）在上级气象主管机构和市政府的领导下，根据授权承担北京市行政区域内气象工作的政府行政管理职能，依法履行气象主管机构的各项职责。年内，市气象局实施气象现代化建设指标体系和评估办法，计算全市气象现代化指标综合得分。市气象局智能网格气象预报业务调整升级业务产品种类增加至20种，时间分辨率提高并实现了集约统一。

（田东晓）

【气象现代化建设指标体系和评估办法】1月，市政府同意印发《北京市加快推进气象现代化建设指标体系和评估办法（2016—2020年）》。根据该办法，每年1月份，各区政府负责对上一年度气象现代化工作进行自评，计算本区气象现代化指标综合得分，并于每年1月底前报市气象局汇总。市气象局负责审核区级气象现代化指标综合得分，并委托第三方进行有关调查数据的收集，负责计算全市气象现代化指标综合得分；于每年3月底前形成指标评估报告，上报中国气象局、市政府。该办法明确了市、区两级气象现代化指标体系。该办法还确定了评价对象、评价程序、评估结果运用等评估方法以及评估计分方法。

（叶芳璐）

【与中国天气网对接北京站建设工作】3月17日，公共气象服务中心中国天气网与市气象局对接中国天气网北京站建设和运维工作。气象服务中心反映了北京站建设、运维、推广中遇到的困难、北京站与主站存在的同城问题等情况，介绍了专家解读天气、专家直播等方面取得的积极成效。介绍了主站和北京站的建设运维合作情况，以及主站对各省分站的考核思路。

（冯子晏）

【石景山区网格化管理平台气象模块】3月，石景山区城市监督指挥中心召开网格化平台环保、气象建设项目专家验收会。由区政府出资建设的气象模块自2016年6月加入石景山区网格化管理平台并开通试运行，2016年年末进行了初验。验收会上，石景山区气象局（简称石景山局）汇报了平台试运行以来的使用情况，介绍了平台建设情况并进行现场功能演示。最终气象模块通过专家终验。通过此平台，石景山局可直接向平台内400名网格监督员以及区属各部门管理人员发布预报、预警信息，扩大预警覆盖面，并进行气象灾情的收集和施放系留气球的网格员协助监管工作。

（石景山局）

【与内蒙古自治区气象局深化合作】4月10日，内蒙古自治区气象局（简称内蒙古局）一行6人到中国气象局北京城市气象研究所（简称北京城市所）研讨深化短临数值预报模式合作，这是大北方区域数值模式协同创新联盟建设的重要工作内容。内蒙古自治区地域广、地形多样、天气形势复杂多变，特别是近年来室外大型活动增加，对气象服务保障提出了更高要求，迫切需要更加精准的格点化定量降水预报。北京城市所在短临数值预报模式研发方面优势明显，移植到内蒙古局的RMAPS-ST系统本地化应用效果显著。双方继续在短临数值预报、科研人才培养等方面加强合作，提升内蒙古自治区重点区域的短临预报水平。

（市气象局）

【“气象北京”获排行榜第4名】4月，中国气象局气象宣传与科普中心发布了第一季度新媒体政务影响力分析报告，“气象北京”获该季度气象系统双微排行榜第4名。第一季度“气象北京”微博阅读量达210万人次，微信阅读量达7万人次。“气象北京”微博、微信保证每天在线为公众答疑不少于3条，第一季度微博总计答疑312条，微信总计回复286条。

（叶芳璐）

【密云区气象宣传】8 月 7 日，密云区气象局（简称密云局）、区宣传部联合组织召开《气象预报发布与传播管理办法》宣传贯彻暨专题座谈会，进一步规范全区气象信息发布与传播行为。密云局将根据需要与相关单位进一步沟通，从技术层面做好对接，以保证气象信息发布渠道畅通，传播内容准确及时。

（张广杰）

【市气象局智能网格气象预报业务】11 月，市气象局智能网格气象预报业务调整升级。在新版智能化无缝隙格点分析预报系统 iGrAPS2.0 系统中，智能网格气象预报业务产品种类增加至 20 种，时间分辨率提高，并实现了集约统一。11 月 13 日上午 11 时起，iGrAPS2.0 系统正式上线。该系统的智能网格气象预报产品在原有的“天气现象、降水量、气温、风向、风速、相对湿度、能见度”7 种预报产品基础上，增加了“降水相态、最高气温、最低气温、最大相对湿度、最小相对湿度、云量、雾、霾、沙尘、短时强降水、冰雹、雷暴、雷暴大风”13 种气象要素。该系统的数据已由市气象局信息中心统一分发至气象服务中心，直接应用于“气象北京”微博、微信等气象服务中。

（冯子晏）

【“钉钉”智慧信息员平台】“钉钉”智慧信息员平台是 2016 年由中国气象局减灾司组织开发，由公共气象服务中心承建，基于“钉钉”技术面向全国气象信息员发布预警和上报灾情的统一平台，该平台与国家突发事件预警信息发布系统对接，除各地气象灾害预警外，还可以接收各级政府部门发布的各类预警信息。年内，海淀区气象局充分利用这一平台，在飑线过境前分别发布雷电、大风、冰雹黄色预警，并及时发布重要天气提醒 1 份、天气情况 5 期。按照灾害影响时间、区域和级别，针对该区域开展递进式预报、渐进式预警和跟进式服务，起到了“消息树”和“发令枪”的作用。

（市气象局）

北京市粮食局

【概况】北京市粮食局（简称市粮食局）是负责北京市粮食流通工作的市政府部门管理机构。主要职责为：贯彻落实国家关于粮食流通和储备粮管理等方面的法律、法规、规章和政策，起草本市相关地方性法规草案、政府规章草案；制定粮食流通、粮食库存监督检查制度并组织实施；负责对粮食收购、储存环节的粮食质量安全和原粮卫生进行监督管理。受北京市发展和改革委员会委托，研究拟订本市粮食调控、总量平衡以及粮食流通中长期规划并组织实施。研究提出本市现代粮食流通产业发展的建议，拟订粮食流通体制改革方案并组织实施；推动国有粮食企业改革。承担本市粮食市场的监测预警和应急责任，负责粮食流通调控的具体工作；提出储备量的动用计划并组织实施；研究提出粮食收购政策，指导协调政策性粮食购销和粮食产销合作。负责本市粮食流通的行业管理，制定行业发展规划、政策，拟订粮食质量地方标准；提出粮食收购市场准入标准并组织实施；指导粮食流通的科技进步、技术改造和新技术推广；监督执行粮食储存、运输的技术规范；开展粮食流通的对外合作与交流；承担粮食流通的行业统计工作。负责本市储备粮的日常管理工作，汇通有关部门研究提出储备粮的规模、总体布局和收购、销售、进出口总量计划，制定储备粮轮换计划并监督实施；负责监督检查储备粮的数量、质量和储存安全，制定储备粮管理的技术规范并监督执行；参与粮食风险基金中用于支持粮食储备、稳定粮食市场等相关自己的使用与管理；负责储备粮费用使用情况的监督和检查；指导储备粮承储企业的仓储业务。会同有关部门制定本市粮食市场体系建设与发展规划并组织实施；编制粮食流通、仓储、加工设施建设规划，协调粮食流通设施建设的有关事项。指导本市粮食行业安全生产工作，对粮食行业的安全工作承担日常管理责任。承担市政府及北京市商务委员会交办的其他事项。

年内，北京市粮食局推进北京市粮食行业信息化的发展，助推做好稳运行、保安全、强产业等重点工作。编制申报材料，组织评审会，完成粮库智能化升级改造项目申报工作。

（胡月婷）

【推进粮食行业信息化】2017年，北京市粮食局在“粮安工程”和“智慧北京”的大背景下，按照《国家粮食局关于印发〈大力推进粮食行业信息化发展的指导意见〉的通知》要求，认真落实市委、市政府的工作部署，积极推进北京市粮食行业信息化的发展，助推做好稳运行、保安全、强产业等重点工作，利用市、区两级储备粮油的吞吐轮换机制和北京市粮食购销竞价交易平台调节市场供求和价格；发布粮食供求和价格信息，稳定市场预期；加强应急保障机制建设，合理分布714个应急供应网点；开展全市范围内的粮食和食用油库存检查工作，实现了“守底线，保安全，惠民生、促发展”的工作目标。

（胡月婷）

【努力争取粮库智能升级改造项目】年内，市粮食局积极协调国家粮食局、市财政局、京粮集团，起草《关于申请2017年“粮安工程”粮库智能化升级改造专项资金的请示》，编制项目申报材料，参加项目评审会，完成项目申报工作；成立领导小组，开展专项调研，协调研究制订项目建设方案，及时下拨中央补助资金2517万元。

（胡月婷）

北京市档案局

【概况】2017年是实施“十三五”规划承上启下的一年，也是北京数字档案局（馆）（电子文件中心）建设的关键之年，本年度北京市档案局完成了“北京数字档案馆”建设项目的试运行和竣工验收，以此为抓手推动档案信息化建设。

（袁焕磊）

【北京数字档案馆建设】1月16日，北京市档案局（馆）（简称市档案局）召集门头沟区、延庆区、石景山区3家区档案馆和市工商局、京粮集团、市一中院3家市属单位共6家试点单位，召开北京数字档案馆（电子文件中心）试运行协调会，进行工作部署和培训，试点工作正式启动。6月14日，市档案局召开北京数字档案馆（电子文件中心）全面试运行协调会，对试运行工作进行部署并启动全面试运行。11月10日，市档案局组织召开北京数字档案馆（电子文件中心）建设项目竣工验收会。与会专家认为，该项目完成了市发展改革委初设批复的建设任务，主要包括：建设档案数字资源数据库，开发电子文件中心、档案接收、档案征集、档案综合管理、档案利用等应用系统，搭建网络基础环境，配套完成机房等工程建设，达到预期目标。该项目采用区域性顶层设计，涵盖市、区两级档案馆和档案室，数字档案馆与数字档案室无缝衔接，具有高度集约化特点，实现全市档案数字资源共享利用，设计开发电子档案身份证技术保障电子档案凭证价值，具有创新性。专家组一致同意北京数字档案馆（电子文件中心）建设项目通过竣工验收。

（袁焕磊）

【系统等保定级工作完成】 4月7日，北京数字档案馆（电子文件中心）信息系统安全等级保护定级专家评审会召开，专家组评审通过确定北京数字档案馆（电子文件中心）政务外网信息系统安全保护等级为第三级，北京数字档案馆（电子文件中心）专网信息系统安全保护等级为第三级。

（袁焕磊）

【为冬奥组委开通查档绿色通道】 7月，市档案局在市委机要局的大力协助下，开通了电子政务内网终端，为冬奥组委提供查档绿色通道服务。全年为冬奥组委提供2008年北京奥运会关于外事、交通、安保、媒体、能源、场馆等各类筹备文件700余卷（1万余页）。

（袁焕磊）

【接收首批档案异地备份数据】 8月9日，市档案馆接收陕西省档案馆首批档案异地备份数据，共计12 TB，并妥善进行保管。

（袁焕磊）

【档案数据安全迁移完成】 10月底，市档案局完成北京数字档案馆（电子文件中心）档案数据的安全迁移，包括纸质档案数字副本17个档案门类582个全宗183万卷7338万页；照片档案数字副本4个全宗133万卷47万张；机读目录数据库1476万条；管理信息数据库306万条。长期保存库容量82T，利用库容量为28T。市档案馆依托数字档案馆系统，成功接待外部利用者2342人次；调用数字资源23375卷，调用实体档案2679卷。北京数字档案馆系统导入门头沟区、延庆区、石景山区3家区档案馆部分民生类婚姻档案、中华人民共和国成立后文书档案等档案目录41万条、档案数字副本92万页，约0.9T。

（袁焕磊）

【信息化机构调整】 10月，市档案局对负责信息化工作的内设机构进行了调整，将原信息化处和网络管理处重组，成立信息技术处和数字资源管理处。信息技术处主要负责全市档案信息化工作的监督指导，档案信息化规划、标准和规范性文件的调研起草，以及市档案局档案信息化运维等工作；数字资源管理处主要负责统筹规划全市档案数字资源的建设、整合与共享利用，指导全市国家综合档案馆开展档案数字资源容灾、市档案局档案数字资源建设、备份维护及安全保管等工作。

（袁焕磊）

北京市地质矿产勘查开发局

【概况】北京市地质矿产勘查开发局是负责管理北京市地质勘查工作的市政府直属事业单位，面对首都未来发展形势的新需求，开展了一系列首都经济发展中重大地质问题战略研究；完成了大量的资源环境调查评价工作，取得一批支撑首都经济社会建设的地质成果和基础地质数据；确立以城市地质工作为核心，以确保城市地质安全为目标，全面支撑首都经济发展的战略方针。

（李 佳）

【北京城市副中心三维地质模型】年内，北京市地质矿产勘查开发局完成北京城市副中心三维地质模型展示系统。该系统采用成熟的信息化技术自主研发，攻克了一系列流程复杂的架构设计，采用 C/S 的架构模式，以 ArcScene 为基础，实现了“城市副中心三维模型”和“副中心核心区工程层模型”的集成。系统主要模块分为 3 大类，包括综合概述类、地质资源承载能力类和地质环境承载能力类。综合概述类主要是对三维地质模型进行总体概述和剖面演示；地质资源承载能力类集成了浅层地温能、地下水动态、地热资源、地下空间资源模型等成果；地质环境承载能力类集成了土壤地质环境、地下水环境、地面沉降、地裂缝和砂土液化等成果，可以实现成果图件的三维展示和属性查询。

（李 佳）

经济信息化

本栏目主要记述北京市部分企业信息化建设情况。

概 述

2017 年，市经济信息化委以推进产业两化深度融合为目标，以两化融合管理体系贯标为牵引和主要抓手，通过搭平台、推试点、建生态，进一步夯实两化融合发展的基础，全力推进两化深度融合工作。北京市行业两化融合发展水平得分 54.3，全国排名第 5；两化融合区域发展水平得分 96.76，全国排名第 4。建立了两化融合服务支撑体系、协同推进机制和工业电子商务创新发展机制；全国首个两化融合体验实验室落户北京，连续 5 年开展两化融合调查评估以及贯标培训工作；共有国家级贯标试点企业 126 家，市级贯标试点企业 143 家，通过贯标评审获得证书的企业 49 家；建成首个两化深度融合管理体系平台试点，形成一批示范企业和示范应用，共有国家级互联网与工业融合创新试点 27 个，服务型制造示范企业 4 个，制造业“双创”平台试点示范项目 14 个，两化融合管理体系贯标示范企业 3 家，智能制造试点示范项目 3 个。“互联网 +”协同制造创新服务云平台，为市 209 家中小企业免费提供为期一年的软件包服务，企业信息化成本降低 70% 以上。

2017 年，向工信部推荐服务型制造示范企业 18 家、制造业与互联网融合发展试点示范企业 23 家；向工信部推荐两化融合管理体系贯标示范企业遴选单位 8 家、产业互联网集成服务解决方案 19 家、中德智能制造合作试点示范企业 4 家；遴选推荐 40 多家企业申报 2017 年度国家级两化贯标试点企业；推进 2017 年北京市企业信息化及电子商务发展状况调查工作；多次组织开展贯标评定工作会和培训会。

（市经济信息化委软件服务处）

北京工美集团有限责任公司

【概况】2017 年是实施“十三五”规划重要的一年，北京工美集团有限责任公司（简称北京工美集团）积极推进体制机制改革，调整产业发展思路，优化产业发展模式和管控模式，整合与优化产业资源和产业结构，采用并购、控股等手段，加大力度整合产业链。在信息化方面顺应移动互联和大数据时代的发展需要，制订集团信息系统升级改造规划，建立集团大数据系统，对集团各种经营管理活动进行大数据管理，全面提升集团经营管理水平和应对市场变化的能力，集团的信息化水平不断提升。

（冯 瑜）

【“工美黄金”入驻中银 e 商平台】7 月，北京工美集团“工美黄金”产品正式在中银 e 商贵金属频道上线，是“工美黄金”产品首次正式在此类平台进行“一站式”服务销售。

（冯　瑜）

【手工花丝“春碗”同款手游亮相】 9月11日，第十二届北京国际文化产业博览会（简称文博会）开幕，由北京工美集团创作生产的BTV手工花丝“春碗”亮相文博会，同时，同款手游正式对外发布。“春碗”同款手游为“春碗”产品添加了互联网翅膀，让人在欢娱中体验花丝镶嵌的制作工艺，在游戏中认知被列为世界非物质文化遗产的花丝镶嵌文化。这款游戏让传统手工艺“燕京八绝”之一的花丝镶嵌制作“触网”，通过“互联网＋游戏”方式，搭建全新的工艺美术互联网体验互动平台，更好地寓教于乐。

（冯　瑜）

【网上工艺美术博物馆】 11月，北京工美艺城网开通网上博物馆频道，对北京工艺美术博物馆藏品进行全面介绍。北京工美集团把博物馆典藏作品搬到互联网上，在为广大工艺美术爱好者带来视觉盛宴的同时，也深入传播了中华传统文化。

（冯　瑜）

北京电子控股有限责任公司

【概况】 北京电子控股有限责任公司（简称北京电控）是北京市国资委授权的以电子信息产业为主业的国有特大型高科技产业集团。旗下拥有22家二级企事业单位（包括京东方、北方华创、电子城3家上市公司），在职员工8万余人。2017年，北京电控营业收入突破1000亿元，实现利润突破100亿元。年内，北方华创科技集团股份有限公司通过集成电路装备90/55/40/28纳米工艺验证，实现产业化；与美国Akrion SystemsLLC签署并购协议。北京燕东微电子有限责任公司投资建设8英寸集成电路生产线项目，获评“中国半导体功率器件十强企业”称号。电子城·国际创新中心（厦门）项目正式启动。

（黄永波）

【认购Cnoga公司新发行股份】 3月5日，京东方科技集团股份有限公司发布公告，拟以4.276美元/股出资5000万美元认购Cnoga公司新发行股份，取得其约23.81%的股权。Cnoga公司总部位于以色列，专注研发技术领先的创新型无创医疗设备。

（黄永波）

【5英寸显示产品】 3月10日，京东方科技集团股份有限公司研制出5英寸主动式电致量子点发光显示产品（AMQLED），这是京东方主持承担的科技部国家重点研发计划“量子点发光显示关键材料与器件研究”项目的成果。

（黄永波）

【获评中国半导体功率器件十强】 3月23日，北京燕东微电子有限责任公司在2017中国半导体市场年会暨中国集成电路产业创新大会上，凭借在半导体器件及集成电路方面的出色表现，获得“中国半导体功率器件十强企业”称号。

（黄永波）

【与北京城建集团签订协议】 4月13日，北京电子控股有限责任公司（简称北京电控）与北京城建集团签订《战略合作协议》，双方将在“智慧城市”建设、智能楼宇等诸多领域开展合作。

（黄永波）

【获科学技术奖】4月26日，北京市科学技术奖励大会暨2017年全国科技创新中心建设工作会议举行，北京电控所属北方华创科技集团股份有限公司的“22纳米集成电路核心工艺技术及应用”项目获得一等奖，“12英寸28纳米金属硬掩膜物理气相沉积设备研发及产业化”项目获得三等奖。

（黄永波）

【京东方与北航签署合作协议】5月12日，京东方科技集团股份有限公司与北京航空航天大学签署战略合作协议，在“高精尖”人才培养、技术研究、产业创新三方面开展全方位战略合作，打造具有全球影响力的医教研产、产城融合的国际医工创新硅谷。

（黄永波）

【集成电路设备产业化】5月23日，在02重大专项成果发布会上，北方华创科技集团股份有限公司作为重点承担单位，通过近9年的科技攻关，完成了刻蚀机、磁控溅射、氧化炉、低压化学气相沉积、清洗机、原子层沉积等集成电路设备90/55/40/28纳米工艺验证，实现产业化。

（黄永波）

【北方华创与美国一公司签署协议】8月7日，北方华创科技集团股份有限公司与美国Akrion SystemsLLC签署并购协议。通过此次收购，北方华创将形成涵盖应用于集成电路、先进封装、功率器件、微机电系统和半导体照明等半导体领域的8~12英寸批式和单片清洗机产品线。

（黄永波）

【入选国家级科技企业孵化器名单】12月8日，国家科学技术部火炬高新技术产业开发中心发布《科技部火炬中心关于2017年度拟确定为国家级科技企业孵化器名单的公示》，北京北广电子集团有限责任公司所属北电科林电子有限公司入选2017年度国家级科技企业孵化器名单。

（黄永波）

【海西战略布局重点发展项目】12月29日，电子城·国际创新中心（厦门）项目正式启动，这是北京电子城投资开发集团有限公司海西战略布局的首个重点发展项目，将重点推动移动互联网、移动通信、大数据、云计算、人工智能、工业设计、文化创意、时尚创意等高新产业聚集。

（黄永波）

东软集团（北京）有限公司

【概况】2017年，东软集团（北京）有限公司（简称东软北京公司）及时升级并推出UniEAP Platform和SaCa ACAP双平台，分别支撑企业两种管理模式的实践。东软早在10多年前就开始了人工智能相关的实践与探索，并在很多行业进行了成功应用。东软还注重对文本知识发现、视觉对象识别、人工操作行为模式识别和机器数据的结构化分析等技术进行研发，形成辅助驾驶、驾驶行为分析、医学影像数据识别、智能诊断、智能交通等众多行业解决方案。

2017年，东软北京公司响应集团5.0版本战略规划，以产品为导向，创新为思路，签订各类大中小型项目226项，完成并成功验收123项，持续服务项目103项。

（张杰妮）

【无线通信系统测试组件及工具研发课题】 1月4日，受工信部电信研究院的邀请，东软北京公司携手电信科学技术研究院、清华大学，形成“产学研用”的合作模式，共同承担了北京市科委“V2X无线通信系统测试组件及工具研发”课题。此课题是针对智能网联驾驶通信需求，完成端到端互联互通V2X无线系统架构研究，完成LET–V直通传输设备研发。设计满足兼容性需求的应用层和网络层协议、制定标准和开发设备，构建第三方可信、开放的测试验试验证平台（东软课题任务）和外场环境，并完成技术验证。V2X课题成功中标北京市科技重大专项，对于东软北京公司具有标杆性的意义，也为公司其他产品在北京市的科技研发奠定了基础。

（张杰妮）

【“好司机养成记”项目正式启动】 3月22日，由北京交通广播主办、东软集团协办的“好司机养成记”大型公益项目正式启动。“好司机养成记”公益项目利用手机App，对司机的驾驶行为进行实时记录，将信息与系统平台的数据加以分析和比对，识别司机的各类驾驶行为特征，结合交通违法情况，最终以“驾商”（DQ）的数值呈现。东软集团为该项目提供强有力的数字化平台产品和服务。东软集团在行车数据与驾驶行为分析领域积极探索，将移动互联网、云计算、大数据、物联网等技术与汽车、交通、行为心理等领域知识深度融合，成功研发驾驶行为数据分析平台Sensteer，通过数据捕获、行为认知发现并管理驾驶风险，改进驾驶行为。此次与北京交通广播联合推出的“好司机养成记”App正是基于Sensteer平台而打造。

“好司机养成记”签署合作协议

（张杰妮）

【为中国移动信安系统保驾护航】 10月，中共十九大在北京召开期间，信息安全管理与运行中心（信安中心）作为中国移动网络信息安全的牵头责任部门，带领中国移动集团各相关单位，为中共十九大营造良好的网络环境。作为信安中心的主要供应厂商，东软集团承担骚扰电话治理、垃圾短信治理、集中策略运营等多个重大项目保障工作。东软集团制定了全方位的保障措施，包括系统的应急备案、重大事件应急演练、快速响应方案、7×24小时值守保障，协助信安中心做好中共十九大的保障工作，为中共十九大的胜利召开保驾护航。

（张杰妮）

【在线审批监管平台项目】 年内，东软集团在湖北、陕西、青海等7个省市中标“省级投资项目在线审批监管平台”建设项目。投资项目在线审批监管平台作为国家级重点项目，是电子政务领域第一个跨部委业务协同办理的信息化平台。实施统一窗口、网上国务院各部门并联和地方部门纵向贯通等措施，方便了企业投资项目申报，提高了审批、监管和服务效率。

（张杰妮）

【信用数据分析、信息交换及系统集成项目】年内，东软集团主导并参与信用数据分析、信息交换及系统集成项目。此项目通过与全国信用信息共享平台的对接，实现与纵向发展改革系统各单位、横向部委和相关单位的信用信息、数据交换共享，全面打通纵向和横向、领域内和跨领域的信用信息交换通道；深化联合奖惩、行政许可和行政处罚等示范应用，推进信用相关业务的协同办理；强化信用信息的加工利用、深度分析和可视化展示，提升对发展改革相关业务的决策分析和支撑能力。全国信用信息共享平台主要实现了 3 大功能：信用信息的归集、共享和交换功能；信用档案的查询；守信联合激励和失信联合惩戒信息支撑系统。

（张杰妮）

【献力社交电视互动云平台】年内，东软集团凭借在媒体云平台大数据应用开发的交付能力，协同客户完成社交电视互动云平台项目。央视社交电视平台业务主要应用于春晚、中国谜语大会、世界杯、奥运会等大型活动及赛事中与全球观众互动，是典型的互联网高并发、高访问型业务场景，需要能够快速部署、灵活发布的基础架构支撑。东软新媒体发布云平台（N−NEED）集多渠道、多形态内容采编与分析、新媒体媒资管理、内容多终端发布与运营、互动应用群与客户智能服务于一体，具有完整的多媒体流程化应用管理与远端服务形态，为央视提供全媒体内容汇聚管理与内容资源挖掘应用等业务的全方位综合应用解决方案。

（张杰妮）

国研科技集团有限公司

【概况】国研科技集团有限公司（简称国研科技）是国务院发展研究中心控股企业。自 1998 年创立以来，致力于现代信息服务业，积极参与政府和企业信息化建设，下设多家子公司。其中，北京国研网信息股份有限公司（简称国研网）长期致力于现代信息服务业发展，积极参与政府、高校、金融机构、重点行业的信息化建设，全力打造以宏观大数据产品、宏观经济业务软件、课题研究和咨询服务为核心的服务，2017 年获“中国最具影响力软件和信息服务企业”殊荣，并连续 12 年通过国家级高新技术企业评定，是中国著名的专业性经济信息服务平台；北京国研网络数据科技有限公司（简称国研网络数据公司）为专业公共服务类信息基础架构解决方案提供商，是国内优秀的 IDC/ISP 运营商，是国内较早拥有 IDC 运营商资质和全网 ISP 运营商资质的公司，2017 年获得“信息安全管理体系认证证书”“信息安全服务资质认证证书”“高新技术企业证书”等 8 个与业务相关的资质；北京国研信息工程监理咨询有限公司（简称国研监理咨询公司）是专业从事信息系统工程咨询、监理服务的高新技术企业，提供专业的信息化咨询监理服务，是国内较早从事 IT 领域咨询监理业务的专业机构，2017 年荣获“全国电子信息行业优秀企业”和“北京市诚信创业企业”称号，为北京市信息化建设起到了保驾护航的作用；北京国研数通软件技术有限公司（简称国研软件公司）多年来一直致力于网格化城市管理、社会治理与智慧城市建设，助力全国多地政府部门打造智慧城市、宜居城市，2017 年获得“国研综合执法管理系统”“国研城市综合指挥调度系统”“国研指挥城市应用支撑平台”等多个软件著作权证书。

（冯文彬）

【陆地观测卫星地面系统数据处理系统】2 月，国研监理咨询公司中标国家民用空间基础设施“十二五”陆地观测卫星地面系统数据处理系统项目。国家民用空间基础设施“十二五”陆地观测卫星建设在国家规划及重大战略中发挥着不可替代的作用，对国家现代化建设具有重大战略意义。自项目启动以来，国研监理咨询公司严格按照卫星总体计划要求，对项目开展全过程监理工作。对设备到货、安装部署进行了旁站检查，保证所到设备数量、质量符合合同要求；组织监理例会，沟通协调项目中存在的问题，推进项目的实施进展；根据各卫星载荷系统的要求，对载荷系统的需求确认、设计开发、集成测试、在轨测试、用户培训等方面，进行了严格的监督控制管理，为完成 5 颗卫星的地面系统数据处理系统建设任务提供了有力保障。

（邵作华）

【国家现代测绘基准体系建设】5 月 12 日，国家测绘地理信息局国家重大基础设施项目“国家现代测绘基准体系基础设施建设一期工程”竣工验收。在项目建设过程中，国研监理咨询公司作为监理方，主要通过 GNSS 连续运行基准站建设施工质量、建设工程材料、设备安装质量、高程属性测定质量等方面检查和测绘基准数据系统的设备到货、软件开发、集成测试等方面检查，充分发挥监督、审查、控制、协调和建议等方面的作用，确保项目实现质量、进度等方面的控制目标，发现并预警问题，推动问题的解决。国研监理咨询公司根据本项目的特点，按照监理规范的要求，对监理实施工作进行细化并予以执行。

（王晓峰）

【生物识别签证一期项目初验】7 月，国研监理咨询公司监理的外交部领事司生物识别签证项目完成各子系统的建设任务，通过初步验收，为保障国家安全、维护中外人员的有序交往提供了强有力的技术支持。该项目是经国务院批准，有效提高签证防伪能力，准确鉴别外国人身份，提升签证把关效率，加强外国人入出境及在华管理的重要信息化项目。年内，国研监理咨询公司继续对项目进行过程监理，对设备到货、安装部署进行了旁站，保证所到设备数量、质量符合合同要求；组织监理例会、沟通协调项目中存在的问题，推进项目的实施进展；在需求调研、需求确认、系统设计开发、系统测试、系统上线推广、使用培训等方面，进行了严格的监督控制管理。

（邵作华）

【“门城通”上线运营】9 月 20 日，门头沟区便民 App“门城通”正式上线运营。国研监理咨询公司对该项目建设的质量、进度进行了严格的管理和控制，有效地保障了“门城通”App 的上线运营。“门城通”App 向市民提供移动政务服务大厅、政府门户、智慧社区、智慧教育、智慧医疗、智慧旅游、便民服务等多领域的政务服务、公共服务及社会服务；同时向政府工作人员提供移动办公等服务，大大提升了政府职能部门的办事效率与质量。

（齐立纲）

【信息化支撑服务】年内，国研网推出新的特色数据库——“中国智能制造战略支撑平台”，全年各类数据库新增文献信息 36 万多篇，统计数据 8000 多万条。截至年底，国研网已建成文献数据库 45 个、统计数据库 59 个、特色数据库

10 个，各类数据库已积累文献信息 390 多万篇、统计数据 15 亿条以上。基于上述数据库，国研网为北京地区包括市政府研究室、市财政局、市金融工作局、市文化局、北京市科学技术情报研究所、北京市经济信息中心、北京市委党校、北京市社会科学院、北京市经济与社会发展研究所在内的 128 家机构用户提供了信息化支撑服务。国研网继续广泛与各类智库、研究机构合作，以“专业性、权威性、前瞻性、指导性和包容性”为原则，全力打造以宏观大数据产品、宏观经济业务软件、课题研究和咨询服务为核心的服务，为中国特色新型智库建设提供全方位信息技术支撑，为中国各级政府部门、研究机构和企业提供决策参考。

（张静燕）

【媒体融合“数据 + 服务”平台】年内，国研网络数据公司为中国教育报刊社进行资源转型融合。通过建设媒体融合“数据 + 服务”基础平台，打造一个以海量教育大数据内容为根本、以先进大数据云计算技术为支撑的新媒体融合“母平台”。项目的建设使中国教育报刊社进一步提升和完善了教育行业领域的服务能力。

（钱　竞）

【维护网格化社会服务管理平台】年内，国研网络数据公司保障通州区城乡全覆盖网格化社会服务管理平台的平稳运行，实现了通州区全区“一张网”、发现处理“两条线”、三级管理、四级网络体系的正常运行。通过对区级、街镇级、社区村级三级系统平台的维护，实现了社会服务管理工作全社会参与、全方位城乡覆盖、全天候运行、全区域平安的目标。

（钱　竞）

【维护北京市互联网舆情监管系统】年内，国研网络数据公司保障北京市互联网信息办公室舆情系统的正常运行，对市网信办的舆情分析、互联网内容管理、舆论引导、应急指挥等工作提供了有力支撑。

（钱　竞）

【重点用能单位在线监测试点】年内，国研监理咨询公司对“重点用能单位在线监测试点项目”总体设计、系统集成、系统开发和上线应用进行了全过程监理，在系统设计、设备到货与集成、软件开发与部署、档案管理、资金管理等方面严格把控，保障项目顺利通过国家发展改革委竣工验收。重点用能单位在线监测试点项目是国家节能减排“十二五”规划的重要组成部分，将北京市、河南省、陕西省作为试点地区，首先在电力、钢铁、石油石化行业试行能耗在线监测。国家节能中心为试点项目建设单位，负责试点工作的具体组织实施，包括标准规范制定，数据平台、网络建设，国家能耗在线监测系统管理维护等。

（齐立纲）

【“智慧仲裁”综合业务管理平台】年内，国研监理咨询公司负责北京仲裁委员会“智慧仲裁”项目监理服务，项目包括综合服务管理平台建设、仲裁业务管理平台提升以及应用支撑云平台建设 3 部分内容。建成后的应用支撑云平台将是一个真正意义上的自服务平台，能够实现资源虚拟化、运维自动化，降低业务应用的开发和日常维护的成本。通过托管应用系统，减少在信息化建设中不必要的硬件和软件采购，进而提高北京仲裁委员会的信息化管理水平。国研监理咨询公司通过建立项目管理制度、定期召开项目例会、协同各方确认实施方案、组织各方进行到货验收等工作，有效地促进了项目的顺利实施，为项目质量提供了良好的保证。

（张守峰）

【集成电路设计园智慧园区设计】年内，国研监理咨询公司通过深入调研分析，完成了中关村集成电路设计园智慧园区顶层设计规划。为将中关村集成电路设计园全面打造成“智慧、绿色、现代”的世界一流园区，必须全面提升园区管理、服务和引导能力，提升园区企业研发设计、经营管理效率，提升园区运行智能化和智慧化程度、员工生活便利水平以及内外资源整合优势。通过网络及基础设施建设，利用园区公共数据库与公共信息平台，智慧配置园区公共资源，提升智慧应用和管理水平；引入智慧化手段，着力改善园区宜居环境；为集成电路企业提供全方位产业服务，助力产业发展，以期实现将先进信息技术与园区经营管理有效融合；以全面的基础设施和资源管理平台为基础，通过资源的集中和整合，提供服务于集成电路设计企业、政府的各类智慧化应用，从而实现园区生态圈的良性互动和管理决策、运营管理、公共服务等科学可持续发展的总体建设目标。

（康晓梅）

【抗战馆项目信息化规划】年内，国研监理咨询公司紧密围绕中国人民抗日战争纪念馆（简称抗战馆）发展要求，以信息技术快速发展为契机、以文物保护与抗战宣传等业务为抓手，开展抗战馆项目信息化顶层设计规划。在充分保障网络、设备设施及各业务系统安全、稳定、高效运行的同时，创新管理方法，加速业务与信息化技术的融合，实现抗战馆各项业务的全面信息化覆盖和闭环管理，以及系统的互联互通和数据融合共享，最终达到业务系统充分整合、信息资源高度统一、基础设施安全可靠的目标，以全面提升抗战馆管理、运行及对外服务能力。

（康晓梅）

【网格化社会服务管理平台】年内，国研软件公司根据北京市各级政府部门在社会服务管理方面的实际需求，开发完成一套智慧化社会服务管理平台。该平台在继续沿用网格化管理思路落实各层级和各组织责任，实现事件发现、报送、处置、督察、考核、评价等基于事件处理的闭环功能的基础上，结合多年来国研软件公司数字化城市管理平台建设与应用的实践经历，把过去“数字城市”建设中基于“物”（主要指城市中的部件）的事件管理，运用到地方政府社会服务管理中的诸多资源（人、地、事、物、组织）整合基础上的，基于“人”的诉求和“物”事件管理中来，促进平台应用不断升级，服务社会治理作用更加突出。

（李春玲）

【中标“雪亮工程”】年内，国研软件公司成功中标通州区“雪亮工程”项目、东城区“雪亮工程”项目、海淀区综合治理项目等，为首都多个地区的社会治安综合治理工作提供了有力的保障。国研软件公司深入研究社会治安综合治理业务，从综合治理信息化建设体制、机制、制度创新和提高综合治理信息化建设的科学化、法治化水平入手，整合各类综合治理数据资源，建立与综合治理业务相关的人、地、事、物、组织等基层综合治理数据库，实现各类综合治理信息数据的整合共享，为基层综合治理的日常办公、信息管理、流程跟踪以及分析研判提供全面的信息化支撑。

（李春玲）

【智库研究与指标发布平台应运而生】年内，国研软件公司响应“加强中国特色新型智库建设，建立健全决策咨询制度”的要求，面向政策研究部门和宏观经济社会管理部门，研究开发了“经济社会政策研究信息化支撑平台”。该平台的统计指标发布系统已经应用于国务院发展研究中心的“一流智库”研究和市发展改革委的“北京市经济社会管理信息系统”等多个重大项目，以及湖北省发展改革委的“宏观经济大数据平台”。该平台收集整理国内外经济社会管理与研究机构的指标体系数据，结合专家研究报告，融合结构化和非结构化数据的管理，加入宏观经济社会研究模型，分析宏观经济社会形势，进行预算预警分析，并以可视化的方式进行展现和发布。

（陈　倩）

北京华博创科科技股份有限公司

【概况】北京华博创科科技股份有限公司（简称华博创科）成立于2003年，为新三板挂牌企业（股票代码872138），公司注册于中关村软件园东城园，主营业务为政务信息化、校园信息化、企业信息化、地理信息技术、大数据等，是一家集行业解决方案设计、自主软件产品研发、大型行业应用软件开发、系统集成与服务和技术支持的综合型高科技企业。公司致力于信息化领域技术的研究与开发，秉承“用户至上”的经营理念，随着企业规模的扩大和技术实力的增强，不断创新科技，深化应用理念，助力政府机关、大型企事业单位、科研院校和社会组织不断提高管理与服务水平。

（陈羽茜）

【获得杰出贡献奖】1月7日，华博创科在中国“双城双创”发展年会暨新型智慧城市高峰论坛上获得“2016年度智慧城市建设杰出贡献奖”。这是中国科技产业促进会新型智慧城市研究院、北京校企合作促进会对华博创科在科技领域的突出成绩给予的肯定。“双城双创”战略合作主题是，通过建立政府与政府之间战略合作关系，形成以智慧城市、创新创业、“特色小镇”为工作主线，打造资源共享、优势互补的协同发展平台，实现城市之间科技成果互孵互育、产业结构互补调整、产业链上下关联。

（陈羽茜）

【获得“智慧城市大数据优秀平台奖”】7月，华博创科受邀参加由新华网主办的2017中国创业创新博览会，获得“智慧城市大数据优秀平台奖”。

（陈羽茜）

【华博创科房山爱心基地授牌】12月，中国信息协会为华博创科“科技教育精准扶贫示范基地”授牌。揭牌仪式在华博创科房山爱心基地举行。中国信息协会，北京信息化协会、河北省信息协会、天津市计算机信息系统集成行业协会领导以及会员单位、媒体工作者出席。“爱心扶智”项目是华博创科于2014年起创办的公益扶贫培训项目，利用公司专业技术人才与软件技能培训条件，将初中毕业的困境青少年从大山深处和贫困农村接到城市，对其进行为期5年的免费计算机技能培训，待其毕业后为其提供就业岗位。

“科技教育精准扶贫示范基地”揭牌仪式举行

（陈羽茜）

【入选百家上榜单位】年内，华博创科经组织推荐，以及专家初评、市相关单位审核等环节，入选“2017年度北京市非公有制企业履行社会责任综合评价百家上榜单位”（第6名）。北京市非公有制企业履行社会责任评价活动是由市委社会工作委员会主导开展的综合评价活动，旨在鼓励和引导北京市各行业非公有制企业积极履行社会责任，在关注经济效益的基础上注重社会效益，积极投身北京经济社会发展建设。

（陈羽茜）

北京市地铁运营有限公司

【概况】2017年，北京市地铁运营有限公司以公司“十三五”发展规划及信息化规划为引领，继续大力推进信息化建设。紧紧围绕公司“十三五”战略方向，以“构建综合管理信息平台，保障企业内部体制机制和管理创新”为总目标，以“战略贡献度”为核心指标，衡量、评估每一项信息化投入和信息化工作的必要性、可行性、有用性。加快全量数据仓库建设，推进企业门户、知识管理系统、统一移动平台等系统的建设，为管理者决策提供有力支撑，为广大员工提高工作效率提供保证。

（地铁信息中心）

【车辆信息化管理系统】3月，北京市地铁运营有限公司运营二分公司下发《信息化管理系统运行维护管理办法》。6月，车辆信息化管理系统微信推送功能开始试用，覆盖范围包括生产调度室、各车辆段主任、主管副主任、信息化负责人、主控、调控、技术组、检修调度，接收人383人次。9月，与地铁公司全量数据仓库对接。年内，借助信息化手段，以提高轨道交通运营车辆检修质量为核心，以全面提升检修标准化作业水平为目标，在较短时间内完成“信息化检车”软件平台的搭建，使车辆检修工作更加规范化、智能化、精细化，提升员工工作准确率，减少员工重复性劳动，提高检修工作效率。由“信息化检车”功能为起点，从客运服务、乘务管理、车辆维修3大主营业务为基础逐步推进。

（地铁运营二分公司）

【组织开展“4·29”首都网络安全日宣传活动】4月，北京市地铁运营有限公司组织落实“4·29”首都网络宣传日相关宣传活动。4月22日至29日，在公司所辖15条地铁线路的车站内和列车上的各类显示屏幕播放标语口号、照片等宣传内容。组织员工参观市公安局和市网信办共同组织的2017年“4·29”首都网络安全日北京国际互联网科技博览会。

（地铁信息中心）

【做好“一带一路”国际合作高峰论坛网络安保工作】5月，北京市地铁运营有限公司组织开展网络与信息系统自查评估、实时监测、配合检查、安全整改、制订预案、开展演练、值班值守。组织全员签订“一带一路”信息安全承诺书。落实“零汇报”制度。配合“一带一路”安保组对1号线、7号线和8号线信号系统和PIS系统开展的两轮现场技术检查，并组织落实安全整改。参与市公安局举办的“护网2017”网络攻防演习活动。落实信息安全

7×24 小时值守制度，并接待市“一带一路”安保组的现场值守。

（地铁信息中心）

【网络安全与信息化工作领导小组成立】 8 月 18 日，北京市地铁运营有限公司运营技术咨询股份有限公司成立了网络安全与信息化工作领导小组，由总经理担任组长，副总经理担任副组长，各部室负责人为组员。其职责是软件正版化工作的协调领导机构，负责统一领导、全面管理公司信息化工作。网络安全与信息化工作领导小组办公室设在公司综合办公室。

（张睿楠）

【中共十九大期间网络安全保障】 10 月，北京地铁公司制订中共十九大期间公司网络安全保障方案。组织全员签订中共十九大期间信息安全承诺书、LED 屏等电子屏网络与信息安全承诺书、全员签订信息安全承诺书。落实“零汇报”制度。组织配合市公安局对工控系统进行的两轮技术检查，并组织落实对 5 号线各生产系统的信息安全整改工作。组织配合市网信办完成对 1 号线、8 号线、15 号线的 PIS 系统、BAS 系统和 AFC 系统的现场检查，并组织落实整改。落实中共十九大信息安全 7×24 小时值守制度，并接待市公交总队、西直门派出所和技术支撑单位的现场值守。组织完成对电子屏情况的采集工作。

（地铁信息中心）

【信息化水平复评提升至 C 级】 年内，北京市地铁运营有限公司编制完成 2016 年度信息化水平测评自评报告。经市国资委复评，地铁公司 2016 年度信息化复评最终得分为 64.65 分，定级为 C 级水平，比 2015 年度 41 分提高了 23.65 分，从 D 级水平提升至 C 级水平。

（地铁信息中心）

【综合管理信息平台建设】 年内，北京市地铁运营有限公司综合管理信息平台初具规模，全量数据仓库共完成人力资源系统、客运营销系统、MLC 系统、总调系统、车检系统、桥隧涵系统、EAM 系统共 7 类业务系统的数据对接和抽取。从客流量、设备、人员等多维度进行数据集成，为公司决策提供跨业务数据整合。结合 GIS 地图，将全量数据仓库中的客流、设备、人力资源数据的统一集成展示，并进行多渠道推送、多终端显示，形成管理者桌面，为全业务数据联动、分析决策奠定了基础。

（地铁信息中心）

【云平台实现持续稳定服务】 年内，北京市地铁运营有限公司完成基于云平台的测试和选型工作，实现云平台的硬件安装及软件部署，共开通虚拟主机 14 个，平台可用率 100%，为档案系统、人力资源系统、企业门户和统一移动平台等系统提供了稳定的硬件运行环境。

（地铁信息中心）

【统一移动平台持续推广】 年内，北京市地铁运营有限公司统一移动平台已在公司总部及各二级单位正式上线运行。平台与 OA 系统、人力资源系统及全量数据仓库进行集成，实现党建应用、移动审批、运营日报、会议室查看、订餐服务、员工自助、领导驾驶舱等功能。公司总部使用用户共 256 人次，二级单位使用用户共 13536 人次，日最高访问量 3386 人次，实现了内外网的互联互通，全员进行扁平化互动，实现了公司移动办公“互联网 +”。

（地铁信息中心）

【企业门户网站上线试运行】 年内，北京市地铁运营有限公司企业门户网站上线试运行。已完成系统数据初始化，共集成运营展示报表 4 大类 20 余张，完成了 4 个业务系统的统计登录对接，导入通讯录 34000 余人。系统逐步与各业务系统进行统一认证，并陆续接入各业务系统数据进行展示。企业门户通过统一账号管理和统一登录，初步实现对信息系统的集中管控，形成各类业务报表的集中展示分析，辅助各层级领导进行决策。

（地铁信息中心）

【知识管理系统上线试运行】年内，知识管理系统上线试运行。已完成系统数据初始化，系统中已导入4大类206个细类共605篇知识文档。后续将逐步导入各专业知识文档，不断丰富知识库的维度与数量。通过知识管理系统，梳理公司现有的规章制度、技术标准、工作流程、各类技术方案等文档，对各类知识文档进行集中管理，提高知识的利用率，有效防止知识文档的流失。

（地铁信息中心）

【OA系统电子流程上线运行】年内，北京市地铁运营有限公司完成了《法定代表人授权委托书审批流程（机关部室）》《二级单位请示/报告批办流程（呈报）》等30个OA电子流程的制作和应用推广工作。

（地铁信息中心）

【制定信息安全规划】年内，北京市地铁运营有限公司完成了《信息安全发展规划（初稿）》。该规划以公司“十三五”信息化发展规划为指引，通过调研公司基础网络与管理信息系统安全现状，分析总结公司信息安全特点，结合信息安全发展趋势及内外部环境，从信息安全技术体系、管理系统、安全标准等方面全方位保障公司基础网络与信息系统稳定运行。

（地铁信息中心）

【开展软件正版化工作】年内，北京市地铁运营有限公司在软件正版化工作中荣获2016年度市国资委优秀组织奖，机电分公司、通信信号分公司荣获先进单位称号，事业总部程美华、线路分公司时光明荣获先进个人称号。地铁公司作为软件正版化工作两家示范单位之一，为市国有企业做汇报演讲，分享经验与措施。

（地铁信息中心）

【完成亦庄线Wi-Fi测试工作】年内，北京市地铁运营有限公司完成Wi-Fi在亦庄线全线实地动态跑车测试，审核第三方测试机构泰尔实验室出具的《北京地铁亦庄线地铁移动互联网系统对地铁CBTC、PIS系统干扰测试检验报告》，并根据此次任务的时间节点，编制完成《关于移动互联网在地铁公司亦庄线实地测试的工作报告》，平稳有序地完成了此次亦庄线Wi-Fi测试工作。

（地铁信息中心）

【提高检修质量】年内，北京市地铁运营有限公司运营二分公司借助信息化管理模式，完成日检、周检和月修任务，由检修调控以一对一的方式从电脑终端发布，员工利用手持机按走行路径扫描电子标签，完成车辆各个部件的检修工作，现场录入检修车辆技术数据，及时发现、报告故障情况，第一时间了解、判断车辆状态。

（地铁运营二分公司）

【改变传统作业模式】年内，北京市地铁运营有限公司运营二分公司实现乘务员在车辆运行中遇车辆故障，可在轮乘站、运转室进行电子化报修，报修内容通过网络实时上传，使相关人员及时了解车辆故障情况，借助数据库计算分析能力，将车辆故障填报、故障统计分析等过程合二为一，建立形成车辆大数据库的管理模式。

（地铁运营二分公司）

【推进站车一体化】年内，北京市地铁运营有限公司运营二分公司将信息化技术应用于运营生产管理的各个方面，利用信息化手段，对车站巡检与报修、教育考试系统、志愿者管理等进行管理，推进站车一体化进程。同时开展远程教育培训，打破时间和空间的局限性，员工可充分共享教学资源，不断提高业务素质。

（地铁运营二分公司）

【软件正版化工作推进方案】年内，北京市地铁运营有限公司运营技术咨询股份有限公司印发《咨询公司2017年软件正版化工作推进方案》，方案将正版化相关工作进行了明确的划分，要求各负责人要按照方案要求，积极协调组织，加强监督和宣传培训，确保各项工作落实到位，推动公司软件正版化工作再上新的台阶。

（地铁咨询公司）

国网北京市电力公司

【概况】国网北京市电力公司（简称国网北京电力）是国家电网公司的子公司，负责北京地区1.64万平方公里范围内的电网规划建设、运行管理、电力销售和供电服务工作。下辖二级单位29个，包括供电公司16个、业务支撑和实施机构10个、其他单位3个。2017年，深化运监大数据平台建设，开展7大类主题监测工作，监测内容覆盖11个主营业务部门，基本实现对公司业务监测的全覆盖；推进30套信息系统查询权限和21套系统数据库读取权限开通工作；应用“大数据”分析技术，完成售电量、物资采购价格、电网运营成效及充换电设施4项大数据专题分析；设计“数据宝宝”卡通形象，设立“数据宝宝讲数据”系列微讲堂，邀请国内知名企业分享数据管理及应用经验。

（吴国健）

【智能化管理】年内，国网北京电力换装智能表23.23万只，采集覆盖率达到99.6%。进一步优化采集系统网络，全年更换1.66万台非互通集中器及采集模块，分装1.2万台集中器，实现采集网络全网互通，采集成功率由年初99.1%提升至99.5%，购电费平均下发时间由7.3分钟降至5.8分钟。电科院计量中心新址投运，建成“六线两库”智能仓储及自动化流水线，形成覆盖计量资产全寿命周期的管理体系。推广“互联网+”线上办电业务，实现业务扩展线上报装率达到96.06%。全年累计签订内、外部“契约”服务书554项，容量378.48万千伏安。加快推进“三供一业”分离移交，实现308个小区23.36万户供电接收协议签订率和方案制订率均达到100%。

（吴国健）

【课题与专利】年内，国网北京电力牵头“863”课题“主动配电网关键技术研究及示范”通过国家科技部验收。“电能替代综合技术联合实验室”获批国网公司联合实验室称号；公司状态检测实验室获批国网公司技术标准验证实验室；获省部级及以上科技成果奖励28项，其中中国专利优秀奖1项，中国电源学会科学技术特等奖1项，中国电力科学技术奖3项，中国电力创新奖2项，中国机械工业科学技术三等奖1项，省级人民政府科技奖励12项，国网公司科技奖励8项。围绕“煤改电”电动汽车、分布式电源等开展专利布局，全年共申请专利326项，公司累计拥有授权专利2199项。

（吴国健）

【网络安全】年内，国网北京电力成立网络安全与信息化工作领导小组，组织各部门、各单位签订网络安全责任书和网络安全承诺书。组织评审信息系统安全防护方案24项，完成63套管理信息系统、26套电力监控系统等级保护测评和备案工作。邀请国家权威机构，对信息系统和电力监控系统开展渗透测试和木马检测。在国网公司率先成立网络安全分析室，建立信息专业“1+29”预案体系，编制专项预案30个，编制现场处置预案60个。完成市公安局组织的“护网2017”之中共十九大期间网络攻防演习，成功拦截外部攻击267次，抵御演习攻击90次。在“一带一路”国际合作高峰论坛和中共十九大保障期间，成功阻断“勒索”病毒传播。开展全国“两会”、“一带一路”国际合作高峰论坛、中共十九大、集体企业、研发安全、营业厅摄像头、自建系统等14项信息安全专项督查，全年开展现场检查200余次，发现隐患3289个，隐患整改完成率100%。

（吴国健）

【信息化项目】年内，国网北京电力完成电网信息化项目133个，建成涵盖公司安全生产、经营管理、营销服务、企业文化、审计监察等多个领域的移动应用，通过“一个终端、一张SIM卡、一套通道、一个商店、一笔预算”强化移动应用标准化建设管理，推进国网3家移动应用商店实用化，实现了移动应用的统一管理。企业领导决策支持移动应用顺利上线，“互联网+”与公司经营管理深度融合。完成83个功能模块、1792个功能点的设计开发，实现对电网负荷、故障、投诉工单、经营绩效等指标数据在线监测。

（吴国健）

【网管系统等级保护测评】年内，国网北京电力完成13套通信设备网管系统等级保护测评工作，完成通信系统电气火灾综合治理工作。完成线路走廊存在隐患的14条通信光缆专项整改，部署光缆反外力视频监控系统，光缆缺陷比上年下降34.2%。开展42个通信系统运行方式深度分析，完成1297条继电保护、1518条调度数据网等6大类重点业务通道风险分析和完善提升工作。健全公司通信系统“1+13”预案体系，修订公司通信系统突发事件应急预案，完善光传输设备、会议电视系统等现场处置预案13个，按照“一站一案”“一线一案”编制中共十九大期间保障重点站线现场处置预案189个。

（吴国健）

【通信专项保障】年内，国网北京电力制订通信专项保障方案，开展隐患排查治理及应急预案演练，开展重要通信系统专项检查及运行方式分析。综合运用4G单兵、800兆集群等信息通信技术实现现场保障人员与指挥中心的音视频双向互动，创新应用量子通信技术传输配电自动化数据，安全加密能力达到国内最高级别。

（吴国健）

【电力App】年内，国网北京电力推出“微支付”购电新方式，推广支付宝、微信、电e宝等线上服务渠道。截至年底，“掌上电力”App居民版注册客户达195.7万户，企业版客户注册率达到100%，“电力微信”公众号关注客户147.83万户；居民线上缴费率达到71.26%，较年初提高8.46个百分点。完善末端融合App功能，抢修电子接单率达到97.2%。

（吴国健）

【科技保电】年内，国网北京电力创新研发运检智能管控平台、政治供电监测、气象灾害精准预报预警等8个先进信息系统，运用移动应用等先进手段，实时掌握客户、气象等关键信息，精准部署人员、车辆等重要资源，实现智能化指挥、智能化管控、智能化保障。针对会场、驻地等重要客户，专门配备大容量飞轮储能和 UPS 电源车、110 千伏车载移动式变电站、10 千伏移动箱变车等先进装备，运用“固态切换开关 + 不间断电源”等先进技术，为客户“零闪动”提供了保障。

（吴国健）

北京有生博大软件股份有限公司

【概况】 2017 年，北京有生博大软件股份有限公司（简称有生博大）获得两个著作权证书并完成股改，在 11 月连续中标，成功通过 CMMI3 国际认证。公司参与制定多项国家标准并推动“互联网 + 政务云服务”模式标准化发展。有生博大基于 Y9 构建的多个项目签约在建。

（有生博大）

【获得两个著作权证书】 4 月，北京有生博大软件股份有限公司获得“电子政务业务通道管理软件 V1.0”“面向人的大数据治理和利用系统软件 V1.0”著作权证书。

（有生博大）

【海淀项目同月连续中标】 11 月，有生博大成功中标“2017 年海淀区政务办公系统”“2018 年度海淀区政务办公系统运维”“商务数据归集和应用系统”3 个项目，项目额累计近 500 万，为公司在海淀区业务的发展蓝图再添新彩。

（有生博大）

【成功通过 CMMI3 国际认证】 12 月 8 日，有生博大深圳分公司 CMMI 国际认证评估现场，阿根廷评估师 Marcelo Amadio 与 ATM 小组对北京有生博大软件股份有限公司的项目经理、设计组、测试组、CM 组、培训组进行了全面的访谈了解，对有生公司 CMMI3 相关文档进行了严格的审核和评估。认证确定了北京有生博大软件股份有限公司已达到 CMMI 三级标准，成功通过 CMMI 三级评估，特颁发 CMMI3 资质证书。

（有生博大）

【参与制定多项国家标准】 12 月，有生博大参与制定的《信息技术 SOA 支撑功能单元互操作 第 1 部分：总体框架》（标准号：GB/T

有生博大获颁 CMMI3 资质证书

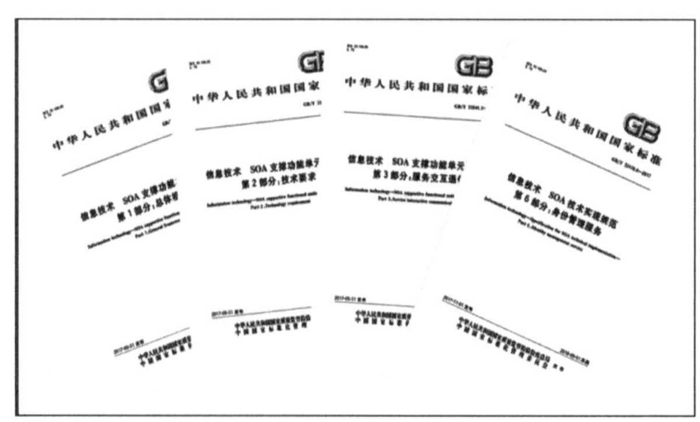

有生博大参与制定多项国家标准

33846.1—2017)、《信息技术 SOA 支撑功能单元互操作 第2部分：技术要求》(标准号：GB/T 33846.2—2017)、《信息技术 SOA 支撑功能单元互操作 第3部分：服务交互通信》(标准号：GB/T 33846.3—2017)、《信息技术 SOA 技术实现规范 第6部分：身份管理服务》(标准号：GB/T 32419.6—2017)、《信息技术 Web 服务互操作基本轮廓》(标准号：GB/T 35103—2017)正式发布，这些标准将推动“互联网+政务云服务”模式标准化的发展。

(有生博大)

【基于 Y9 构建的多个项目签约在建】12月，有生博大开发的基于 Y9 构建的“罗湖区电子政务一级平台”“罗湖区综合执法平台”项目成功验收，“地质灾害防治工程行业管理系统”“河南黄河河务局电子政务系统升级项目”已签约在建。

(有生博大)

北京京城机电控股有限责任公司

【概况】2017年，北京京城机电控股有限责任公司（简称京城机电）推动产业转型升级，构建“高精尖”产业结构。谋划发展战略先导产业，重点选取机器人集成应用、外骨骼机器人、军工机器人等领域，开展机器人行业合作。京城机电所属企业北京亦创科技文化有限公司借助举办世界机器人大会契机，完善园区建设，构建产业创新孵化平台，吸引35家国内领先机器人企业入驻园区，入驻率90%。公司所属企业北京京城长野工程机械有限公司调研多家特种机器人和工业机器人企业，筛选出智能靶标机器人、管道维护机器人等项目推动合作。2017年，京城机电按照《国务院关于深化制造业与互联网融合发展的指导意见》《北京市“十三五”时期信息化发展规划》《北京市国资委“十三五”信息化发展专项规划》等一系列文件精神，加强网络安全信息化建设，积极推进主要业务信息化深度融合，以信息化为支撑，推动公司产业调整升级，提升管理水平。

(昂登华)

【加强信息系统建设】5月，为更好地推动“提质增效”，努力提升运营质量，京城机电推出“阳光采购”项目。项目以京城机电供应链管理服务平台为基础进行设计开发，公司根据管理需求内容督促京城工业物流公司开展了平台优化与完善工作，经过测试应用，正式开展推广应用，要求所属企业在平台进行统一线上采购交易，通过严格执行招标采购、管理改进等方法实现降低成本费用，截至年底，完成6家企业在平台上线交易运行。加强了集团管控信息系统建设，强化了重点领域管控及信息化应用水平。

(昂登华)

【两化融合试点企业】8月，京城机电下属北京巴威公司经过调研、策划、编制、试行、评审等阶段工作通过了国家级两化融合管理体系贯标试点企业评审。北京巴威公司被国家工信部遴选为2016年度600家国家级两化融合管理体系贯标试点企业之一，打造了基于数据管理平台的电站锅炉产品设计研发能力的两化融合管理体系贯标试点。

（昂登华）

【信息化领导小组】 12 月，京城机电为贯彻落实中央及北京市关于网络安全和信息化工作方面的文件精神，推进公司网络安全和信息化建设工作，全面提升公司网络安全和信息化工作整体管理水平，加强公司网络安全和信息化建设工作的协调和指导，成立了网络安全和信息化领导小组及工作小组，明确了网络安全和信息化领导小组及工作小组相关成员及具体职责。

（昂登华）

【智能制造项目】 年内，京城机电下属北京华德液压公司研发“工程机械高端液压元件智能制造及系统集成产业化项目”是经公司批准的智能制造项目，项目主要内容包含关键新产品集成与研发工作、机加工自动化生产线建设，生产管理、三维设计等软件与平台建设部分。项目已完成智能制造项目机加工自动化生产线建设并投入使用，完成关键新产品的研发工作，三维设计等软件与平台建设工作已完成 ERP 升级换版上线运行，正在开展 MES、PLM 平台的搭建工作。

（昂登华）

【信息化测评】 年内，根据国资委相关文件，京城机电在集团内部全面开展了信息化水平测评工作，根据测评结果，编制年度信息化水平提升重点任务，落实信息工作内容，公司信息化水平测评得分进一步提高。

（昂登华）

【信息安全管理】 年内，强化网络信息安全管理，实现信息安全无重大事件。根据国家等级保护工作相关要求，京城机电开展信息系统等级保护备案和自查工作，落实网络及信息安全方面的各项规定，公司网络采取了身份认证、VPN、VLAN、IPS、网络行为管理等技术措施，防范网络及信息安全事件的发生，并规定“涉密信息不上网”。京城机电重视国家和北京市重大活动期间的网络安全保障工作，在“两会”期间和中共十九大会议期间，组织企业开展网络安全情况“零报告”制度，采取“即时拔线”“一键关机”等应急措施，保证重大活动期间公司网络安全。

（昂登华）

北京中科院软件中心有限公司

【概况】 2017 年，北京中科院软件中心有限公司（简称软件中心）围绕“聚焦行业、创新驱动、扎实推进、稳步增长”的总体工作思路和年初制定的各项指标，团结协作、开拓进取，不断聚焦行业领域，持续推动业务融合与创新，营业收入增长较快，总体经营业绩保持增长态势。在战略规划的指引下，软件中心组织多次战略研讨，就重点业务、管理模式、技术积累和团队建设等方面进行客观分析，寻求业务的创新发展和市场突破。全面巩固现有的市场、客户、技术和人力资源，积极进行市场调研，跟踪主要客户的发展规划，在相关行业内进行深度开发；通过拓展新市场、组织创新、联合协作等方式积极开展工作，提升在市场、人才、技术、文化方面的建设能力。软件中心拥有国家高新技术企业资质、ISO质量管理体系和信息安全管理体系认证、“双软”企业认证，计算机信息系统集成资质；已登记216项软件著作权、20项注册商标，拥有2项授权发明专利。

（许 晶）

【中标农业物联网技术应用综合服务平台项目】 3月7日，软件中心中标中国农科院农业物联网技术应用综合服务平台建设项目。该项目通过利用先进的物联网技术手段，在根系动态环境监测、大田农业生产、极值农业生产环境感以及农业信息感知等领域进行管理，实现对农业资源、动物生长等实时监测，获取动植物情况及生态环境的实时信息，具有异常农产品交易指标预警等功能，从而达到合理使用农业资源，降低成本，改善环境，提高农产品产量和质量等目的。

（许 晶）

【中科三方为“两会”保驾护航】 3月15日，“两会”在京闭幕。中科三方网络技术有限公司（简称中科三方）作为基础网络安全技术支撑单位，通过了公安部和工信部的渗透测试，并在“两会”期间成立“两会”专项服务组，成功保障了大会进行。中科三方非常注重网络安全，尤其在域名和解析领域，公司已经形成了一套应对突发事件的系统解决方案，确保短时间内各项业务恢复正常。

（许 晶）

【智慧城市产业联盟成立】 7月6日，中国科学院智慧城市产业联盟启动大会暨第一届中科院智慧城市论坛在京举行。北京中科院软件中心有限公司成为首批智慧城市产业联盟理事成员单位。经过30年的行业沉淀，软件中心在智慧政务、生物医疗、轨道交通、现代农业等多领域的信息化建设方面都有深厚的积累。

（许 晶）

【软件中心与大气物理所再携手】 9月22日，软件中心与中国科学院大气物理研究所正式签订了“中国科学院大气物理研究所种植业、畜牧业温室气体排放监测数据平台”项目建设合同，该项目是继“通碳氮气体排放及相关过程观测数据共享平台”后两家单位的再次合作。项目完成后将实现对种植业、畜牧业相关温室气体排放指标（如稻田甲烷、农田氧化氩氮、农田土壤碳）的收集、确认、指标计算以及计算结果的图形化展示等功能。

（许 晶）

【国家863计划智慧城市(二期)项目】 9月24日，国家863计划信息技术领域智慧城市（二期）重大项目在北京航空航天大学召开结题验收会。此次项目验收会由国家科技部高新司主办。项目首席专家、北京航空航天大学吕卫锋教授代表项目组向到场的专家汇报了整个项目的进展，并向各位专家展示了项目成果，专家们对项目成果表示认可，最终项目全票通过验收。

（许 晶）

【老年人健康服务支撑平台】 9月30日，软件中心自主研发的“老年人健康服务支撑平台”软件，获得由市科委、市发展改革委、市经济信息化委、市住房城乡建设委、市质监局、中关村科技园区管理委员会联合颁发的“北京市新技术新产品（服务）证书”。“老年人健康服务支撑平台”充分利用医院的医疗资源，建立医院和社区、家庭之间的服务通道，实现医院和社区、家庭之间的无缝对接，提供预防、治疗、康复等全方位健康服务。系统设计主要包括养老信息服务子系统、健康管理子系统、养老服务决策分析子系统、老人信息服务数据库4个部分，形成对老人及家人、健康养护机构、养老服务机构、社区等用户之间的信息共享。

（许　晶）

【与国科恒泰深度合作】 10月12日，软件中心与国科恒泰（北京）医疗科技股份有限公司签订“手术跟台系统二期”项目合同。手术跟台系统建立在主刀医生、手术室护士长、代理商销售员、国科短期寄售库房以及跟刀员管理的综合体系之上，确保每一个环节可明确，可追溯，可掌控。客户可以通过PC端管理后台，用户通过手机端下单，使医疗物流过程的专业化、透明化管理变为可能，为手术的成功确定了物流服务基础。

（许　晶）

【签署曹妃甸港电采平台项目】 10月24日，软件中心与曹妃甸港集团股份有限公司签订了“曹妃甸港电采平台项目”技术开发合同。合同的签订，标志着软件中心继与唐山港集团合作后，在大交通行业信息化业务板块中的航运港口领域又拓展了新的客户。曹妃甸港电采平台建成后，曹妃甸港集团股份有限公司可以实现从采购需求申请到采购方案的审批、采购订单建立的全流程信息化管理，有效降低采购成本，提高采购工作效率，规范采购业务流程，为企业提供优质的物资服务。

（许　晶）

【签约河北云护项目】 11月10日，软件中心与河北云护健康管理有限公司正式签订“云护健康管理开发”项目合同。软件中心将为河北云护健康管理有限公司研发一系列可穿戴式健康设备以及相应的软件平台，为用户提供个人健康管理、医疗服务、紧急救助等健康产品和服务。项目完成后用户可以实时了解自己的基本健康状况，并通过云平台查看自己或家人的健康数据统计，实现老年人居家养老的健康监测；服务中心可以通过此平台为需要救助的人员提供医疗等救助服务，实现社区养老和救助。

（许　晶）

【中海油LNG装置操作运行智能优化项目】 12月28日，软件中心成功中标中国海洋石油总公司“LNG装置操作运行智能优化项目”。该系统基于已有的数据采集平台，在对生产数据进行进一步扩展应用和深化研究的同时，对采集数据进行集中存储。智能优化指导系统实现了采集数据的实时展示和统计分析，生产数据通过Hysys模拟优化系统，实现对控制参数的模拟优化。基于以上功能，平台实现了生产信息监控、生产情况分析、动态生产模拟优化等业务功能。

（许　晶）

【出入境检验检疫局“电子政务服务平台项目”】 12月28日，软件中心成功中标北京出入境检验检疫局“电子政务服务平台项目”。该项目是北京出入境检验检疫局为进一步服务北京进出口企业、提升检验检疫对外服务形象而建设的综合型业务平台。该平台能够使企业全程做到足不出户、轻点鼠标，在网上完成所要办理和查询的检验检疫业务，实现全流程、全业务、全辖区的统一平台化企业检验检疫办事模式。

（许　晶）

【国境口岸卫生监督管理项目】 12月29日，软件中心成功中标首都机场出入境检验检疫局“国境口岸卫生监督管理系统”。该系统是为提高国境口岸卫生监督工作效率而研发的信息化系统，系统做到了将现有的prosas系统、eciq系统、CIQ−2000系统有机整合，实现了卫生许可管理、现场监督管理、病媒生物管理的电子化、信息导入自动化、多系统一体化的目标，同时也实现了自动预警、风险管理、快速联动、精准布控、信息畅通的功能，确保口岸卫生监督工作的准确、科学、高效、可追溯，保障口岸食品安全和卫生安全。

（许　晶）

【参与“雪亮工程”】年内，软件中心响应“深化平安建设，完善立体化社会治安防控体系”精神，积极参与北京市各区的“雪亮工程”，贯彻落实习近平总书记关于建设立体化、信息化社会治安防控体系重要指示精神。软件中心参与的通州区“雪亮工程”项目总站及各个分站数据中心正在建设中，建成后将实现全区公共安全视频监控联网，保证治安防控“全覆盖、无死角”；东城区“雪亮工程”已完成数据中心服务器和网络设备的供货，预计年底完成全部设备安装调试，保证安防大数据平台平稳运行。

（许　晶）

【“互联网＋政务管理”业务】年内，软件中心完成了科技部火炬中心科技业务综合管理服务平台、科技型中小企业评价系统、创新基金数据整合项目等系统的建设。经过一年的发展，软件中心与安徽省科技厅、广东省科技厅、上海市科委、河北省科技厅、河南省科技厅等10多个地方科技部门形成合作关系，获得多个项目机会。

（许　晶）

【专业平台解决方案】年内，软件中心同杭州数梦工场科技有限公司携手，依托“互联网＋”、云平台以及大数据平台，为风电行业不断提供专业平台解决方案，帮助投资者更好地进行风能投资，促进风能发电产业的发展。

（许　晶）

【社会服务业务】年内，软件中心积极参与智慧城市、绿色城市和相关行业的信息化建设，在大交通板块，完成北京地铁（4号线、14号线、16号线和大兴线）、青岛地铁和石家庄地铁等多个信息化项目的实施和运维，在轨道交通方面的行业经验和技术能力不断积累。软件中心承担研发和运维的北京公共自行车系统全年为4000万人次的使用提供了服务，提升了公司处理大数据量及高访问量的技术处理能力；研发了基于共享单车停放管理的公共电子围栏，在北京20多个热点地区进行试点，为绿色北京的建设贡献出力量。由软件中心承建的北京天文馆新媒体展览辅助信息系统项目通过终验。系统上线后，北京天文馆增加了更加生动活泼的、虚实结合的参展体验模式，提高了该馆的科技普及能力。在医疗健康业务方面，继续以软硬件一体化研发为主线。公司在硬件方面自主研发了穿戴式心电监测仪，对原有物联网智慧养老系统进行了优化和升级。软件方面自主研发了面向居家养老的健康数据分析管理平台、移动端应用、微信平台等，形成了集物联网养老关爱系统、互联网健康管理系统、数据分析于一体的综合解决方案，并在吉林长春、河北石家庄、辽宁鞍山等地区形成了落地合作项目。“城市轨道交通OA系统”和“老年人健康服务支撑平台”获得北京市新技术新产品（服务）证书。

（许　晶）

【技术创新平台建设】年内，软件中心持续加大平台建设，进一步发挥技术创新在企业发展中的重要作用。知识管理工作得到有效推进，实现公司项目资源的共享和复用。成立ISO质量管理长期工作组，借助ISO体系使公司在项目、工作流程等管理过程中更加规范化；通过项目成果和经验积累，不断凝练解决方案，为业务发展提供技术支持；不断加大研发力度，积极探索行业相关技术，不断完善现有的开发框架，在项目中对新技术和新开发工具进行了探索和应用。子公司北京凯思昊鹏软件工程技术有限公司作为第一完成单位参与编制的国家标准《嵌入式软件质量度量》（GB/T30961−2014）成功入选“2016中关村十大创新标准”。子公司北京中科三方网络技术有限公司强化技术和运维安全水平，成重保单位技术支撑单位，圆满完成了“两会”、“一带一路”国际合作高峰论坛、“金砖五国”厦门会晤和第十三届天津全运会的保障值守任务。

（许　晶）

北京北咨信息工程咨询有限公司

【概况】 2017 年，北京北咨信息工程咨询有限公司（简称北咨信息）在电子政务等信息化咨询领域的多个重点项目成效显著，荣获多项省部级相关行业荣誉；同时通过多项管理体系再认证或监督审核，持续为各行业客户提供优质服务。

（沈学雷）

【荣获北京信息化协会优秀会员奖】 4 月，北咨信息在北京信息化协会第五届理事会 2017 年会员代表大会上，荣获 2016 年度优秀会员单位奖。是北咨信息自 2011 年以来第 6 次获此荣誉。

（沈学雷）

【多个重点项目成绩显著】 6 月，北咨信息推荐参评的 2 个项目“北京公交图像信息系统建设咨询”和“北京西站地区信息化监控系统项目建议书（代可行性研究报告）”，分别荣获 2016 年度北京市优秀工程咨询成果一等奖和三等奖。

（沈学雷）

【通过多项管理体系再认证】 9 月，北咨信息通过信息安全管理体系（ISO 27001）再认证换证审核，取得了新的 3 年有效期的认证证书。11 月，北咨信息通过质量（ISO 9001）、环境（ISO 14001）、职业健康安全（GB/T 28001）管理体系认证年度监督审核。

（沈学雷）

【获得工信部应用示范单位】 11 月，北京软件造价评估技术创新联盟暨中国计算机用户协会软件造价分会在北京举办 2017（第二届）中国软件估算大会。会上，北咨信息被授予“工业和信息化部行业标准《软件研发成本度量规范》2017 年度应用示范单位”奖。北咨信息共有 33 名人员通过了软件工程造价认证培训及考试，取得“软件工程造价师”证书，其中 1 人获颁“2016 年度优秀软件工程造价师”荣誉证书。2014 年至 2017 年，北咨信息主要为市委组织部、市国税局、市安监局、朝阳区教育委员会等单位提供了软件研发成本度量服务，度量项目超过 100 个。

（沈学雷）

【获得“全国电子信息行业优秀企业”称号】 11 月，中国电子企业协会在湖北宜昌召开以“智能时代 · 新融合与新支撑”为主题的第七届中国电子高峰论坛暨 2017 全国电子信息行业优秀企业表彰大会。会上，北咨信息荣获 2017 年“全国电子信息行业优秀企业”称号。

（沈学雷）

【获颁“用户满意奖”荣誉证书】 12 月，中国计算机用户协会网络应用分会在雄安新区召开以“网络新技术”为主题的第 21 届网络新技术与应用年会。会上，北咨信息获颁 2017 年度“用户满意奖”荣誉证书，是北咨信息自 2010 年以来第 6 次获此殊荣。

（沈学雷）

北京歌华有线电视网络股份有限公司

【概况】 截至2017年年底，北京歌华有线电视网络股份有限公司（简称歌华有线）拥有有线电视注册用户586万户（其中高清交互数字电视用户506万户），家庭宽带用户56.9万户。公司坚持“做优做强做大高清交互数字电视新媒体”的核心战略，加快新媒体产业布局，全力打造集政府信息平台、行业应用平台、文化共享平台、便民服务平台、用户娱乐平台于一体的高清交互数字电视新媒体。积极与全国七大互联网电视牌照方合作，为用户提供优质互联网视频服务。加大健康、教育、文化类新应用的开发、引进力度，引进4K等优质内容，提升高清交互平台内容品质。

歌华有线建成了互联网、数据传送、数据中心（IDC）等服务平台，具备为政府、企事业单位等各类用户提供三网融合解决方案，智慧城市建设方案，以及数据、视频和新技术综合信息服务的能力，已成为首都信息化建设和智慧城市建设的重要支撑平台。歌华有线提供的智慧服务，已经涵盖市、区、街道、社区、家庭等多个层次，覆盖教育、政务、医疗、环保、交通等多个领域，已成为首都信息化建设和智慧城市建设的重要支撑平台。歌华有线全面实施深化“一网两平台”战略规划，全力做优做强做大高清交互数字电视新媒体，积极拓展三网融合业务，加快推进公司“由传统媒介向新型媒体、由单一有线电视传输商向全业务综合服务提供商”的战略转型，已打造成为首都公共文化服务和信息化建设的重要支撑平台。

（歌华有线）

【智慧社区建设新突破】 1月，“密云便民服务频道”正式上线，对接整合了14个委办局为民服务个性化需求，累计点击量超过4000万次。截至年底，“歌华生活圈”智慧社区数字化服务已落地9个项目。

（歌华有线）

【丰富高清交互数字电视内容】 年内，北京高清交互数字电视内容平台新增中央电视台财经频道等10套高清频道入网播出。共传输187套数字电视节目（含标清数字电视频道140套、高清数字电视频道47套）；回看频道共计121套频道（含高清频道38套），将热门回看节目通过电视剧、综艺专区进行归集。在线视频点播类节目数量突破13万小时，其中高清节目超过7万小时。歌华导视频道平均每日首播节目6小时，累计制作14档栏目，共计超过1500小时节目内容。

（歌华有线）

【打造精品教育、健康、文化服务】 年内，北京高清交互数字电视内容平台完成6000余节微课程上线工作，推出北京医改、基层诊疗等39个宣传专题；文化专区完成“电视图书馆”2.0改版上线，在线图书超过100万册；歌华游戏累计在线运营240款，总注册用户数超过350万人次；歌华导视频道“增强电视”功能上线，实现导视频道与电视院线的内容联动；广场舞项目上线，首次将电视端和手机端相结合。

（歌华有线）

【积极开展政务民生服务】 年内，歌华有线全频道应急播出滚动字幕进入常态化运行，全网发布“空气重污染预警”等提示信息2400余次。推进“美丽东城”“湖光山色门头沟”项目升级改版和“美丽智慧乡村信息服务平台”建设。

（歌华有线）

【电视院线业务较快增长】截至年底，电视院线业务已在全国28家省级有线网络公司37个前端落地，覆盖3390万高清交互用户。

（歌华有线）

【互联网电视牌照平台对接项目】年内，歌华有线完成与百视通、未来电视（CNTV）、华数、南方传媒、芒果TV 5家互联网电视播控方的对接，开展了试运营工作。

（歌华有线）

【加快手机电视新媒体布局】年内，歌华有线已与近20家影视传媒机构签订了版权内容合作协议，进一步丰富了节目内容。同时，完成了中国联通NET手机电视、沃视频、流量包、联通自有业务的接入工作，扩大手机电视业务覆盖范围。

（歌华有线）

【无线北京项目取得进展】年内，歌华有线完成全市990个公共场所共计8848个无线接入点的开通调测及验收工作。北京市第十二次党代会期间，歌华有线为代表驻地提供“–MyBeijing–”无线网络服务。

（歌华有线）

【电子渠道建设情况】年内，歌华有线为用户提供电子缴费渠道共计30个，已实现电视端、PC端、移动端全覆盖，银行缴费终端清缴欠费及充值功能上线，“微信—生活”缴费平台正式上线；升级淘宝店为天猫旗舰店。用户全年电子渠道办理业务105万次。

（歌华有线）

首都信息发展股份有限公司

【概述】年内，首信云平台在市政府、市经济信息化委领导下，立足北京市政务云发展实际，认真贯彻执行政务云相关管理规定，积极做好各委办局信息化系统的云服务工作，加快升级改造云基础设施建设步伐，确保政务云安全、稳定、可靠运行。同时积极参与国家相关机构组织开展的云安全、云运维测评，促进了各项工作正常开展和任务的完成。

（费明洁）

【应急保障工作】3月10日至5月15日，首都信息发展股份有限公司（简称首都信息）共计投入3个项目团队60余名工程师进行现场或远程保障，其中5月12日针对“永恒之蓝”病毒，首信云平台启动应急保障工作，积极采取应急处置措施，加强网络平台安全防护，圆满完成“一带一路”国际合作高峰论坛活动期间保障工作。

（费明洁）

【服务能力三级评估】7月7日，首信云分别顺利通过工信部组织的公有云、私有云两项服务能力三级评估。

（费明洁）

【技术保障任务】10月18日至25日，中共十九大期间，首信云平台圆满完成最高法、市高法、“首都之窗”、市工商局、市民政局等多项重大基础设施和信息系统的技术保障任务，获得客户高度肯定。

（费明洁）

【信息化系统搬迁指南】 年内，首都信息牵头编制《北京城市副中心信息化系统搬迁指南》，用于指导北京城市副中心信息化系统迁移工作。

（费明洁）

北京浩瀚深度信息技术股份有限公司

【概况】 北京浩瀚深度信息技术股份有限公司（简称浩瀚深度）致力于提供高性能、高精度、高可靠性的整体解决方案，实现互联网的可视、可管、可控、可追溯、可预测。2017 年，公司产品广泛部署运营商的各级网络，覆盖中国互联网带宽超过 200Tbps。浩瀚深度在海量数据获取、高速数据处理和深度信息挖掘领域有深厚的技术积累和专业的服务能力。

（浩瀚深度）

【浩瀚深度亮相 2017 世界移动通信大会】 2 月 27 日至 3 月 2 日，浩瀚深度亮相 2017 世界移动通信大会，作为国内 DPI 领域的领导者，展示了高性能硬件 DPI 设备，正式推出基于 Intel DPDK 技术的支持 NFV 架构的 DPI 解决方案。

（张斯瑶）

【入选 2016 年中关村创新领军人才】 3 月，经专家评审，浩瀚深度 CTO 陈陆颖获 2016 年中关村高端领军人才——创新领军人才。11 月，陈陆颖又入选“2017 年海英人才——创新领军人才”。

（韩　莹）

【获“互联网 +”应用优秀成果奖金奖】 4 月 13 日，经行业专家评审，浩瀚深度的“家庭宽带用户性能全景化分析系统”项目获 2017 年中国信息通信与“互联网 +”应用优秀成果奖金奖。该项目通过采集的全量互联网数据，以及专业的互联网大数据分析团队提供了一套整体方案，帮助运营商实现在宽带互联网下的数据运营，提供了较高的用户业务体验，解决了运营商家庭宽带业务快速增长遇到的主要问题和矛盾。

（张斯瑶）

【通过 ISO 27001 信息安全管理体系认证】 5 月，浩瀚深度通过了 ISO 27001 信息安全管理体系认证。

（潘俏屹）

【获 2016 年度“中国好技术”奖】 6 月，经专家组评审，浩瀚深度的“高性能互联网 DPI 系统及大数据的应用”获 2016 年度“中国好技术”三等奖。

（韩　莹）

【亮相 2017 世界移动通信大会上海站】 6 月，

浩瀚深度亮相世界移动通信大会上海站

浩瀚深度首次亮相2017世界移动通信大会上海站，公司从网络智能管理和优化、内容运营和资源优化、互联网增值和流量运营、互联网安全管控、大数据应用等多个方面，展示了公司产品与解决方案为客户带来的最大化的网络价值。

（张斯瑶）

【获大数据年度优秀行业应用奖】 9月，浩瀚深度的“DPI大数据合成与共享平台”获大数据年度优秀行业应用奖，此平台可帮助电信运营商解决互联网的DPI数据挖掘和共享难题。

（张斯瑶）

【亮相2017中国电信上海公司科技节】 11月，浩瀚深度亮相2017中国电信上海公司科技节，公司代表发表了“互联网新时代的业务感知”的主题演讲。浩瀚深度提出基于在边缘网关、骨干网、云资源池上的泛DPI能力，构建第3代业务感知网络。在万物互联时代，新的业务需求，网络架构从被动变革到主动求变，互联网进入了全新的时代。

（张斯瑶）

【获评用户满意企业】 12月，在由中国通信企业协会通信网络运营专业委员会组织召开的“2017年中国通信网络运维服务服务年会”上，浩瀚深度获“2016—2017年度通信网络运营维护服务用户满意企业”荣誉称号。浩瀚深度以客户满意度为核心，为客户提供专业的服务，贴近客户实际需要，定制客户满意的服务，不断提升公司自身综合服务能力。

（秦　涛）

【获评百家最具影响力信用企业】 12月，中关村企业信用促进会发布“2017中关村信用双百企业”获奖名单，浩瀚深度获“2016—2017年度中关村信用培育双百工程——百家最具影响力信用企业”荣誉称号。

（范迪佳）

【获评北京市诚信系统集成企业】 12月，经专家评审，浩瀚深度获评2017年北京市诚信系统集成企业，彰显了浩瀚深度在信息系统集成及软件和解决方案领域的综合实力，提升了公司信用形象，树立了行业名誉。

（范迪佳）

【获评科技创新型企业】 12月，经专家评审，浩瀚深度获评2017年度科技创新型企业。公司时刻关注行业动态，注重科技创新和成果转化，科技实力和创新水平不断突破和提升。

（韩　莹）

【获评北京市诚信创建企业】 12月，经专家评审，浩瀚深度获评“2017年北京市诚信创建企业”，获得荣誉称号的企业信用信息将纳入北京市企业信用信息系统和北京市公共信用信息服务系统，该系统为客户了解企业信用信息提供了良好的开放平台，同时为日后的发展提供强有力的信用支撑。

（范迪佳）

北京华生恒业科技有限公司

【概况】 北京华生恒业科技有限公司（简称华生恒业）成立于2000年，致力于用移动互联网、云计算、大数据技术服务于精准医疗。2017年，公司实现移动医疗互联网服务的转型。控股中美合资公司北京卫吉尔生物科技有限公司注册成功，并发布中华人群基因突变数据库CNGMD，上线运行获得好评。

（华生恒业）

【卫吉尔生物成立】2月，北京卫吉尔生物科技有限公司（简称卫吉尔生物）正式成立，取得营业执照。公司致力于基因测序分析软件研发等业务。

（华生恒业）

【遗传疾病基因信息系统上线】3月，华生恒业遗传疾病基因信息系统DiseaseDX上线。该系统综合了Genetics Home Reference、GeneReview、OMIM、MedGen、Clinvar、HPO等专业数据库的内容，并内置了卫吉尔生物创建的中华人群基因突变数据库（CNGMD）。与CNGMD同步发布了V1.0、V2.0及V3.0 3个版本，提供了5994种遗传疾病、4835种已知基因的相关信息，以及样本量为6088的中国人外显子组数据，涵盖了基因检测、症状分析、诊断、治疗和专业建议等信息服务，旨在方便快速地查询疾病和基因信息，利于临床解读方面，为国人提供更多方便。该系统可在线智能分析遗传病相关基因变异，也可为用户提供数据整合和管理，同时支持分析中国人群的基因变异在疾病中的分布情况。

（华生恒业）

【中华人群基因突变数据库发布】4月，中华人群基因突变数据库V1.0发布。该数据库由卫吉尔生物创建，基于公司自立的中国特有万人基因组项目，收集公开发表来源于中国、新加坡、韩国等国家，中国香港、中国台湾等地区及美洲的华人基因组数据。数据主要是肿瘤病人的外显子、全基因组、RNA-Sequence的数据，其中汉族人占多数。中华人群基因突变数据库（CNGMD）包括中国人群的基因频率、各疾病组人群的基因频率、变异位点的等位基因数等信息。继发布V1.0版本之后，持续不断扩充数据库的样本量和数据量，相继发布了V2.0及V3.0版本，样本数量达到6088人次，包含3600万个变异位点，访问量突破4万人次。成果有助于更广泛地分析与疾病有关的基因变异，推进中华人群精准医学研究与应用。突变信息由遗传病基因信息系统DiseaseDX进行检索。

中华人群基因组数据发布

（华生恒业）

【获新软件著作权】4月，华生恒业3项新软件获得软件著作权，包括（卫吉尔生物）DNA片段分析软件系统（GeneMarker）V2.7、（卫吉尔生物）基因变异分析软件（Mutation Surveyor）V5.0、（卫吉尔生物）大规模DNA测序平台软件系统（NextGNEe）V2.4。

（华生恒业）

【GeneMarker定制开发】4月，华生恒业为贵州申科生物科技有限公司在GeneMarker软件基础上定制开发10色带显示项目。主要实现支持客户产出的数据格式、10色带算法修正、10色带显示修正及其他兼容问题。

（华生恒业）

【NextGENe新版本发布】6月，NextGENe发布V2.4.2.1版本，9月，发布V2.4.2.2版本。增加功能：CNV Tool支持多样本对照，支持批量样本处理；完善Mutation Report，支持排序，支持 forensic mutation call 标准格式输出，支持各种变异格式输出到 VCF；Variant Comparison 支持 Show all transcripts 及 copy sequence；修复了部分软件漏洞。

（华生恒业）

【重点专项启动】 6 月，华生恒业参与的科技部项目——国家重点研发计划“七大农作物育种”重点专项 2017 年度项目“主要农作物种子分子指纹检测技术研究与应用”启动。

（华生恒业）

【参加智慧医疗博览会】 11 月，第三届亚太精准医疗产业高峰论坛暨智慧医疗博览会在上海举办。此次会议以“精准链接　智享医疗”为主题，卫吉尔生物作为赞助商参会。SoftGenetics 公司创始人兼 CEO 刘长胜博士，作为资深遗传学专家，受邀进行了题为“用中国人群万人基因组数据和 NextGENe 软件分析家系连锁致病基因位点”的演讲，介绍了卫吉尔生物的中华基因库（CNGMD）的建立和应用，以及中华万人基因组项目的成果，例如华人肝癌易感的基因突变。

（华生恒业）

【Mutation Surveyor 新版本】 12 月，华生恒业发布 Mutation Surveyor V5.1.0 版本，新增加功能：支持自动查询 DiseaseDX，获得变异的中华基因组突变库 CNGMD 的人群频率等信息；根据定制的模板文件，自动生成病历报告。

（华生恒业）

【Mutation Surveyor 定制开发】 12 月，华生恒业根据 Promega 公司的要求，定制开发了 Basecaller 演示版本软件，主要功能：读入 raw 数据；数据处理，包括不同颜色的峰图之间位置修正、基线修正以及切除无信号的区域等；CallBase，并标记低质量的区域；显示峰图，包括同时显示原始峰图和处理后的峰图，任意缩放等；保存 abi 文件等。

（华生恒业）

【Variant Sifter 发布】 12 月，卫吉尔生物开发的软件 Variant Sifter 发布，用于对 VCF 文件中的 Variants 添加 ClinVar、dbSNP、dbNSFP 等 Tracks 中的 Significance、Functional Prediction、Population frequencies 等注释信息，使用者据此可以筛选 Variants。同时支持中华人群基因突变数据库（CNGMD）的检索查询，是 CNGMD 进行本地化的配套支持软件。

（华生恒业）

北京农商银行

【概况】 年内，北京农商银行（简称农商行）坚持以“深化改革、创新发展”为经营主题，加快推进信息化建设。在保证信息系统安全稳定运行的基础上，建成“两地三中心”IT 运维架构，稳步推进金融科技创新，努力寻求人工智能、大数据、云计算、区块链等技术与银行业务发展之间的融合，不断丰富业务系统功能。

（吕　旺）

【启动新一代核心银行系统工程】 年内，农商行启动了新一代核心银行系统工程建设，目标是构建客户信息统一、渠道业务整合、数据标准化、业务流程灵活的核心系统。截至年底，已完成核心系统及其应用体系架构规划，确定新核心建设高阶需求及整体实施路线。陆续启动实施工作，优先进行非核心功能剥离，启动总账系统、ECIF系统、产品管理系统等外围基础平台的建设。

（吕　旺）

【在光纤环网应用量子加密技术】年内，农商行在光纤环网应用量子加密技术，实现不同办公地点、不同网络之间的数据安全传输，为银行业未来量子加密大规模应用提供了有益参考。

（吕　旺）

【打造智能网点】年内，农商行在网点进行智能化改造，柜面实现前后台分离作业，自助实现服务范围与机具种类的双重拓展，提高网点服务能力，减少客户在网点的业务办理时间。

北京农商银行智能网点

（吕　旺）

【大数据技术应用成果】年内，农商行应用大数据技术，以数据创造价值。搭建大数据平台，优先迁移了历史数据查询系统，实现了查询效率的大幅提升。该项目入选首届农村中小金融机构科技创新优秀案例评选“十大网络人气优秀案例”“十大应用创新案例”。农商行研发了ATM配钞优化模型、信用卡申请客户评分卡、客服中心外呼业务等模型，在降低运营成本、提高精准营销能力方面产生了价值。

（吕　旺）

【云计算技术应用】年内，农商行在云计算技术应用方面，重点聚焦于基础设施云（IaaS）建设及微服务技术应用，发挥云计算资源复用、弹性扩展的优势，在开发测试环境、同城数据中心构建IT基础设施私有云平台，将基于微服务的应用服务网关全面应用至中台服务体系架构，实现对中台服务的灵活组合。

（吕　旺）

【柜面业务流程再造】年内，农商行继续实施柜面业务流程再造，完成柜面对公业务流程前后台分离，实现柜面交易的印章电子化。根据中国人民银行261号文件要求，实现柜面、自助渠道、电子渠道等次日到账、转账撤销等功能，提高账户操作安全性。

（吕　旺）

【完善特色养老金融业务】年内，农商行进一步完善北京市养老助残卡系统功能，实现养老助残卡申请、领卡、延期、激活、补换卡等“一站式”服务，并新增内置公交一卡通功能，提升了养老助残卡整体功能体验。

（吕　旺）

中国铁路北京局集团有限公司

【概况】2017年，中国铁路北京局集团有限公司（简称集团公司）信息化工作，按照强基达标、提质增效、努力建设“首善之局”的总体要求，进一步强化网络安全管理，认真落实重点工程介入管理，深化信息系统应用实施，积极推进大数据管理应用，规范信息系统运行维护，夯实信息技术和管理基础，各项工作取得了新成绩。

（綦新亮）

【重要时段网络安全保障】 年内，集团公司落实公安部及中国铁路总公司部署，组织落实全国“两会”、“一带一路”峰会和中共十九大期间网络安全保障工作。各单位开展客票、旅服、列调等重要信息系统及其承载网络、信息基础设施安全防护自查，及时处置问题18项；北京站等10个重点安保单位，制定应急处置措施、组织应急演练19次，7×24小时应急值班保障；集团公司组织对重点单位抽查、暗访35次，圆满完成了重要时段网络安全保障任务。

（綦新亮）

【全面启动网络安全等级保护工作】 年内，集团公司为落实《中华人民共和国网络安全法》及集团公司《网络安全等级保护管理办法》要求，实施客票发售与预定系统（TRS）、列车调度指挥系统（TDCS/CTC）、货票信息管理系统、货运电子商务系统以及铁路办公等5个系统等级保护专业测评，从网络安全、安全管理制度、系统运维管理等10个层面进行技术检测、风险分析和问题整改，强化信息系统运行和业务应用安全。

（綦新亮）

【积极应对网络威胁】 年内，多次爆发网络病毒和软件系统漏洞威胁，集团公司组织完成集团公司范围内系统升级6次，应急处置网站高危漏洞5项。针对5月13日影响严重的“勒索”病毒攻击，启动紧急机制，实施7×24小时连续监控，实时掌握国家预警动态，统一组织应对；各单位、部门连续72小时排查Windows系统计算机24986台，修复有漏洞的设备23085台，使病毒威胁得到有效防范。

（綦新亮）

【互联网网站专项整治】 年内，集团公司规范互联网网站及应用管理，推进和强化互联网管控，网络安全管理意识不断增强，30个互联网网站（应用）通过安全测评及备案审核合规运行。配合公司制改革需要，实施互联网域名保护工作，规范集团公司ICP为统一的“京ICP备17055653号”。

（綦新亮）

【信息工程建设管理】 年内，集团公司组织审查工程设计方案83项。对京雄高铁、廊涿固保城际、京滨城际等方案设计阶段的信息工程，组织专家和现场专业技术人员，就各工程网络接入、机房环境设置、应用接口功能、信息系统施工安全以及设备冗余功能测试等方面提出意见、建议50余项，9项安全隐患消除在方案设计阶段。制订信息工程介入管理实施方案，加强京沈高铁、智慧京张等重点项目超前介入管理。各单位、各部门加强对在建工程的督导，确保石济客运专线、市郊铁路副中心线及怀柔—密云线（黄土店至怀柔北段）、天津枢纽西南环线扩能改造、德州站改等重点工程开通。

（綦新亮）

【推进高铁、普速标准示范线建设】 年内，集团公司组织推进京沪高铁标准示范线建设，推进信息系统冗余能力、沿线生产终端运行环境、信息集成共享平台数据达标。推进京哈标准示范线建设，制订推进方案，明确标准，促进信息基础设备设施和网络安全保障能力达标补强。组织对38个中间站123台套网络设备达标整治。落实“技防”标准，集团公司335个信息点逐步纳入全天候综合自动监控，实现了2000余个作业终端纳入网络安全管控。

（綦新亮）

【推进大数据管理及应用工作】年内，制订下发集团公司大数据管理及应用实施方案，明确大数据工作总体目标，部署2017年至2020年大数据应用基础建设和重点领域大数据应用建设任务。集团公司组织21个业务部门完成结构化数据整体情况梳理工作，掌握全局性应用系统所包含的数据资源、运行网络、系统存储位置、数据量等情况，为开展数据汇聚和开发利用奠定基础。

（綦新亮）

【深化数据资源开放共享】年内，集团公司组织研究建立铁路运输信息集成平台数据共享流程，发布数据服务目录规范。组织研发涵盖列车运行、电子确报、货票等23项运输信息集成平台数据接口，实现了数据资源规范共享的“零的突破”。规范集团公司用户注册和申请审批流程，积极推进铁路主数据在集团公司各业务领域信息系统的运用。

（綦新亮）

【与市交通委信息交换】年内，集团公司组织落实与市交通委客运信息数据交换。组织制订设备配置方案、网络专线接入方案及安全防护方案，确定数据交换内容及技术实现方案，完成数据接口研发工作，实现了北京地区列车开行计划动态调整、列车运行时刻、旅客发送量等信息的数据交换，为与市交通委建立路地协同联动保障机制奠定基础。

（綦新亮）

【落实重要信息系统建设】年内，集团公司实施互联网网站群平台基础建设。促进中小型网站集中部署、统一防控，保障“互联网+”应用安全；深化运输调度管理系统（TDMS 5.0）建设。累计投入技术力量3600余人天，发布软件版本70余次，完成环境搭建、数据核对、功能确认、联调联试及使用培训等基础性工作，有序组织了计划、客调、动调、货调等10多个子系统的切换施工。实现了计划协同编制、计划自动调整等系统功能，进一步提高了运输指挥效率。

（綦新亮）

【完善信息化管理制度】年内，集团公司制定印发5项信息化专业管理制度：《北京铁路局网络安全等级保护管理办法（暂行）》《北京铁路局FTP系统使用管理细则》《北京铁路局信息系统故障调查处理管理办法》《中国铁路北京局集团有限公司大数据管理及应用实施方案》《中国铁路北京局集团有限公司互联网网站群平台管理办法（试行）》，信息化制度体系进一步完善。

（綦新亮）

【加强信息技术业务培训】年内，集团公司组织面向信息化的管理、创新和技术应用培训11次，全面提升专业管理和技术人员素质。聘请北京交通大学、国家电网、腾讯公司、360公司等单位的行业专家，有针对性地讲授网络安全、互联网应用、大数据管理及应用、铁路旅客服务系统、信息系统运维管理等专业技术知识。培训覆盖集团公司110个单位，近1000人次参加培训。

（綦新亮）

达内时代科技集团有限公司

【概况】达内时代科技集团有限公司也称达内教育集团（简称达内集团），2016年培训量11万人次。达内集团凭借雄厚的技术研发实力、过硬的教学质量、成熟的就业服务体系，经营模式连续3年复合增长率超过50%。达内开设Java、Java大数据、UID、UED、Python、PHP、软件测试、嵌入式、C++、产品经理、Linux云计算、Web前端、VR、网络营销、高级电商、主办会计等21个成人类的课程体系，为中国企业提供全面的IT互联网人才服务，并为全行业提供高级应用型人才。达内集团确定了“一站式职业人才培训提供商、一站式人才输送提供商、一站式软件开发提供商”的三大定位。

（韩　冰）

【“编程数学”上线】8月31日，IT职业教育公司达内时代科技集团有限公司（简称达内科技）编程数学新闻发布会在北京集团总部举行。达内科技童程童美继少儿编程、智能机器人编程课程之后，历时一年研发，又推出了国内首创的将数学教育和编程教育完美结合的新型学科——编程数学。该方法将编程的技巧和方法有机地融入数学知识的讲解中，使得枯燥而抽象的数学原理、公式和知识变得可实验、可观感和可理解。编程与数学的结合，使得中小学生数学学习更有趣、更简单、更高效。该课程受到中小学生、家长及社会各界的广泛好评，一举中标北京市《2017—2018学年初中开放性科学实践活动项目》。

编程数学上线新闻发布会

（韩　冰）

【培养高级网络营销人才】12月6日，达内集团携手阿里橙功商学院在阿里中心召开新闻发布会，正式对外宣布合作签约，将在学习培训、认证考核以及人才推荐等领域开展深入的合作。双方对移动互联网营销人才的培养理念完全契合，达内集团有着专业的职业教育经验和庞大的职业培训网络，橙功商学院有着移动互联网营销最前沿的技术和最新的商业案例，双方先后在“培训认证”、“人才推荐”以及“实战项目合作”、校企合作推广等方面展开深入、全面的合作。

阿里与达内集团合作签约仪式举行

（韩　冰）

北京公交集团公司

【概况】2017年，为确保北京公交集团公司（简称公交集团公司）“十三五”规划和改革创新、提质增效等各项目标实现，公交集团公司信息中心围绕智能运营调度、企业管理信息化、安全防范管理、信息基础平台、乘客信息服务等方面开展信息化建设。同时，推进信息化改革，做好信息系统运维及信息安全管理等各项保障工作。

（孙国萍）

【完善基础云平台建设】年内，公交集团公司完善基础云平台建设，开展虚拟化基础平台和异地容灾系统建设。虚拟化基础平台按照应用系统建设需求完成扩容，为各类信息系统应用提供基础支撑；在人力资源系统、OA自动化办公系统的应用级异地容灾系统建设基础上，完成财务系统和统一门户平台的异地部署，提升公交集团公司核心系统的稳定性和可持续性。

（孙国萍）

【车辆、场站视频监控】年内，公交集团公司完成7959辆公交车、380余处公交场站的图像监控设备安装，扩大了视频监控的范围。截至年底，基本实现各客运分公司在册车辆、场站视频监控设备全覆盖。

（孙国萍）

【完善乘客信息服务系统】年内，公交集团公司继续完善公交e路通App预测算法、步行导航功能以及换乘服务优化，为广大乘客提供优质服务；拓展定制公交电子商务平台功能，实现社区巴士、高铁快巴动态线路等功能，进一步丰富平台服务品种；对公交集团公司热线软硬件系统进行升级，提升系统服务内容和稳定性。

（孙国萍）

【业务信息化管理】年内，公交集团公司升级完善公交线网、抢修调度、OA办公、法人治理、档案管理、综合稽查、市民意见、组织部、人力资源等业务管理系统，完成资产管理、统一物资采购、统一门户、物业客户服务质量管理、车辆技术及保修管理、宣传业务管理、应急管理、安全隐患排查治理、车辆应急报警处置等业务系统建设及上线应用，基本实现信息化支撑全业务全覆盖。在系统建设过程中，依据集团信息化架构管控要求，规范数据指标体系，通过数据共享平台推进系统之间的数据共享和综合应用，进一步提升公交集团公司信息化整体管理水平。

（孙国萍）

【推进公交大数据平台建设】年内，公交集团公司完成公交集团公司大数据分析平台一期工程建设，主要包括数据治理规范编制及数据质量管理，客流出行特征、客流OD以及线网路况分析。提高集团数据资产管控能力，为线网线路优化调整、调度指挥、讲评考核等集团公司日常管理工作提供数据支撑。

（孙国萍）

【建立健全集团数据治理制度体系】年内，公交集团公司形成基于ISO 38500、DAMA、DGI等方法论体系的公交数据资产管控体系和数据架构体系，建立数据资源全景视图，制定和发布《北京公交集团数据资源管理办法》和《北京公交集团数据质量管理办法》，形成数据资产元数据管理标准和规范化的数据资源主题目录。通过数据资源管理体系建设，为公交集团公司各类信息系统建设提供了标准和依据，加强公交集团公司数据资源管控力度和数据质量管理能力，为数据资源的系统间共享和数据价值的深度挖掘奠定基础。

（孙国萍）

【制定并实施集团公司信息安全体系制度】 年内，公交集团公司针对国家、公安机关对信息安全工作的要求，编制了21个信息安全管理体系系列制度，并进行了制度文件的宣传贯彻，为公交集团公司信息安全工作的开展提供依据和指导。依据制度文件内容，从安全支撑能力、安全检测能力、安全防护能力、应急响应能力、灾难恢复能力5个方面进行了信息安全审计工作，并督促整改。举办了“贯彻《中华人民共和国网络安全法》，强化信息安全意识培训班”、信息安全技术攻防培训、信息安全管理体系内审员培训等，强化信息安全意识，提高了相关人员的信息安全技能。

（孙国萍）

燕山石化

【概况】 燕山石化是中国石化集团公司旗下特大型石油化工联合企业。前身为1970年成立的北京石油化工总厂，曾更名为北京燕山石油化学总公司、中国石油化工总公司北京燕山石油化工公司、北京燕山石油化工集团有限公司。2017年，燕山石化包括中国石油化工股份公司北京燕山分公司（简称燕山分公司）和中国石化集团北京燕山石油化工有限公司（简称燕化有限公司）。

（燕山石化）

【自主研发火灾智能识别系统】 6月10日，火灾智能识别系统由中燕信息技术有限公司研发成功。该系统是基于工业视频网络，利用计算机视觉，实时采集视频摄像数据，利用大数据算法等信息化手段对视频进行分析，同时与应急指挥联动，提升险情发现的及时性和应急处理的及时性。第一时间自动识别出火情，定位火灾点并报警，为火灾救援赢得宝贵时间，最大限度降低企业损失，为企业提供安全科技防火墙。

火灾智能识别系统介绍

（李　冰）

【智能化应急指挥系统投入使用】 11月8日，智能化应急指挥系统建成并投入使用，系统将“119”火警台、安保和生产总调度室生产过程监控3类信息显示平台联网，用大屏幕显示来自各方的信息，实现合署办公。系统集成3000余路视频监控点，14万个数据监控点，可在第

智能化应急指挥系统

一时间感知公司范围的所有情况，全面知晓、掌握燕山石化公司的安全、生产、设备、环保、质量等方面信息；该系统在应急状态下，可构建业务全范围数据分析模型，依据应急场景自动远程响应预案，自动协调数据语音与视频，使决策及时、准确、高效、到位，减少了各部门处理、协调事故的配合时间，使事故在最短的时间内处理完毕，最大限度地减少损失。

（李　冰）

【通过两化融合贯标】12 月 30 日，燕山石化获得由中国信息通信研究院颁发的两化融合管理体系评定证书。打造数字燕山，建设智能工厂，两化融合成为企业提质增效升级的新引擎。实现装置生产全过程的在线自动控制、自动分析、自动调优，对异常事故自动报警、自动处置，使装置生产尽最大可能处于平稳运行和优化运行状态，装置平稳率显著提升，产品结构得以优化。实现设备从采购入厂到现场运行，再到到期报废的全生命周期管理，设备运行故障率下降；阳光采购，智能和优化库存，减少了资金占用。实现几乎所有管理业务线上运行，包括财务、审计、投资、办公等，阳光透明，实时监控，管理进一步规范高效，提升了依法治

两化融合贯标会现场

企水平。降低了财务费用，在提升工作效率的同时，用工总量降低。

（李　冰）

中车北京二七机车有限公司

【概况】中车北京二七机车有限公司（简称中车公司）隶属于中国中车股份有限公司，公司经营范围包括制造、加工铁路及城市轨道交通运输设备、电子设备等。年内，中车公司开展信息标准化工程实施工作，根据中车公司制定的主数据标准，规范清理公司物料、供应商等基础数据，统一部署使用金山 WPS Office，实现办公软件正版化。为保护中车公司无形资产，完成了“中车 1897”等 6 个域名的注册。

（胡跃平）

【中共十九大网络安全检查】10 月，中车公司下发《关于在党的十九大召开期间公司开展网络安全大检查的通知》和《关于在党的十九大召开期间公司开展信息安全应急预案工作的通

知》。结合各部门自查与工艺中心巡查、抽查等手段开展中共十九大期间网络及信息安全大检查活动。

（胡跃平）

【信息标准化工程】年内，中车公司围绕“一个中车、一套标准、一套数据”的目的开展信息标准化工程实施工作。根据中车公司制定的主数据标准，规范清理公司物料、供应商等基础数据。统一部署使用正版金山 WPS Office 办公软件，实现中车公司整体的办公软件正版化。针对“勒索”病毒大规模爆发，加强公司计算机网络病毒防护，已采取措施隔离病毒 1 例。发布针对不同版本操作系统的安全补丁，并给总经办、党委等重要部门安装补丁，保障正常办公。对公司 OA 系统进行整体修改，涉及公司名称变更、组织机构调整、人员群组、发文流程的变更等。完成 30 个群组的建立、41 个部门的迁移，共计进行 1000 多人次的变动。协助人力资源部搭建公司领导干部竞聘系统，完成公司领导干部竞聘工作。

（胡跃平）

【域名注册】年内，为保护中车公司无形资产，完成“中车 1897”“中车 1897（北京二七机车）”“中车二七 1897”“二七机车 1897”“CRRC1897”“CRRC189727rail” 6 个域名的注册。

（胡跃平）

【网络布局调试】年内，完成运营发展部、资产管理部、总师办、工会、人力资源部、安全监察部、物流中心、科研管理中心、营销中心、技改办、团委、宣传部、财务部、综合管理部 14 个部门和达诺巴特公司、重机公司两个子公司的网络布局设计、网络铺设和配置调试工作。

（胡跃平）

首钢集团有限公司

【概况】首钢集团有限公司（简称首钢）总部位于首都北京，是以钢铁业为主，兼营矿产资源业、环境产业、静态交通产业、装备制造业、建筑及房地产业、生产性服务业、海外产业等跨行业、跨地区、跨所有制、跨国经营的大型企业集团。首钢贯彻奥运国家战略和钢铁业结构优化升级要求，率先实施并完成了史无前例的搬迁调整，首钢京唐公司、迁钢公司、首秦公司、冷轧公司等新钢厂全面建成，技术装备达到国际一流水平，特别是京唐钢铁厂是中国新一代可循环钢铁制造流程的率先示范，被誉为中国从钢铁大国走向钢铁强国的“梦工厂”；跨地区联合重组水钢公司、贵钢公司、长钢公司、通钢公司、伊钢公司，产业布局拓展到沿海和资源富集地区；钢铁业形成 3000 万吨以上生产能力，产品结构实现向高端板材为主转变。非钢产业通过改革创新，综合实力和盈利能力明显增强。2017 年，首钢集团有限公司（简称首钢集团）围绕“十三五”发展规划战略定位，推进信息化与工业化深度融合，提升信息化应用能力，支撑集团发展战略实施。推动集团管控信息化项目建设，优化推广协同工作平台，搭建主数据管理平台，投资管理系统和部分财务共享业务上线，预算管理系统初步实现全集团全级次合并报表单位线上编制，进一步健全管控体系，提升管理效率；推进钢铁产销一体化、智能制造等项目建设，促进钢铁转型升级；实施北京园区规划建设管理平台项目建设，为打造城市综合服务商提供有力支撑。

（哈铁柱）

【集团预算管理系统实现年度预算线上编报】 5月，首钢集团预算管理应用项目完成立项，6月正式启动实施。项目完成预算编制、分析蓝图设计和系统上线，并开展了预算编制功能优化和预算分析方案设计。11月，系统初步实现全集团全级次合并报表单位线上编报2018年度预算，建立集团全面预算管理模型，规范预算管理流程，为强化集团全面预算管理提供了有效支撑，促进了预算管理效率的提升。

（哈铁柱）

【“钢铁产销一体化”项目启动实施】 7月，首钢“钢铁产销一体化”项目正式启动，项目根据首钢集团发展战略，促进首钢集团钢铁管理变革。截至2017年年底，完成业务现状梳理、管理导入培训、对标差异分析、概要设计与评审4个阶段工作。业务现状分析阶段梳理完成流程1847个、代码446个、制度947个、表单2340个、绩效指标988个。对标差异分析阶段，遵循“内外兼顾”原则，共识别组织机构、关键业务流程差异点194个。结合环境与发展因素，形成并通过适配首钢建设模式的优化建议358项，并形成概要设计需求分析规格书38份。同时明确集团财务共享、核算系统、主数据系统及PES系统的目标、计划以及与产销系统功能分摊，确保外围系统对产销一体化系统顺利上线的有效支撑。

首钢集团钢铁产销一体化经营管理系统项目合同签约仪式举行

（哈铁柱）

【集团财务共享项目总部范围全业务上线】 12月，首钢集团财务共享项目在集团公司总部范围实现全业务上线。财务共享项目以“提高效率、控制风险、提升服务”为建设宗旨，以“集团整体设计、分步部署实施”为建设方案，完成费用报销、应收、应付、资产、总账五大模块、52条流程设计和系统实施，并在集团公司范围全业务上线试运行，实现了与SAP、商旅、主数据、协同办公、影像扫描、电子档案等多个系统对接。项目在端到端业务流程设计的基础上，对财务人员现有岗位、职责内容进行梳理，按照业内财务共享中心组织架构通用模式，结合首钢集团实际，提出“一个轴中心、七个辅中心”的运营模式，为下一步全面推广奠定基础。

（哈铁柱）

【智能仓储系统】 12月，硅钢事业部酸轧轧后库智能仓储系统正式投入生产使用，系统由首钢集团自主研发，是国内首套自主研发的智能仓储示范库，通过对库区天车无人化和仓储智能化方面的设计和改造，实现自动向天车分配任务和下发运行指令、规划天车运行路径，并实时跟踪处理钢卷信息。

（哈铁柱）

【集团管控信息化项目建设】 年内，首钢集团组织制定下发2017年首钢集团流程信息化重点项目工作计划和项目管理规范，建立项目组织体系和工作机制。组织完成全面预算管理、核算管理、投资管理、资产管理、核心人力资源管理、主数据管理及钢铁产销一体化经营管理平台项目可研报告、立项和招标等前期筹备工作。坚持领导负责、业务驱动和流程优化，组织集团管控项目优化业务流程，提升业务价值。统筹组织集团协同工作平台、财务共享、全面预算管理、投资管理、核算管理、资产管理、核心人力资源管理、主数据管理、钢铁产销一体化经营管理平台 9 个重点流程信息化项目推进，集团协同工作平台、全面预算管理、投资管理系统和部分财务共享业务上线，预算和投资计划初步实现线上编制。

（哈铁柱）

【智能工厂项目顺利推进】 年内，首钢集团联合北京科技大学、机械工业仪器仪表综合技术经济研究所、冶金自动化研究设计院、北京首钢自动化信息技术有限公司等单位，按照“先进、自主、可控、实用、实效”的原则，对顶层设计进行优化，形成项目任务 32 项，其中咨询设计类 3 项、基础平台类 3 项、软件系统类 12 项、智能装备类 12 项、节能改造类 2 项。

（哈铁柱）

【“首钢园区规划建设管理平台”项目】 年内，“首钢园区规划建设管理平台”项目正式启动。项目根据业务需求调研结果进行了 GIS 规划、BIM 模型管理、施工计划进度、施工安全管理等 19 个一级模块的研发，并分期分步进行试运行。截至年底，项目工程汇报、进出场管理、资金计划模块已上线，后续进行平台的整体上线。

（哈铁柱）

【集团信息化水平达到 B 级】 年内，市国资委组织对 52 家市属国有企业开展信息化水平测评，在保证测评过程客观、测评结果准确的前提下，依据企业填报的数据，经过初评、复评，首钢集团 2017 年度企业信息化水平的最终得分为 83.80 分，较 2015 年提升 11.13 分，在 52 家参评企业中排第 8 位，行业排名为第 2 名，评定级别为 B 级。

（哈铁柱）

北京化学工业集团有限责任公司

【概况】 2017 年，北京化学工业集团有限责任公司（简称化工集团）按照市国资委《关于加强市属国有企业信息化工作的指导意见》《北京市国资委“十三五”信息化发展专项规划》等相关工作要求，依据集团信息化“十三五”发展规划“统一规划、统一管理、统一建设”的整体思路和工作部署，着眼于提升信息化在化工集团发展中引领作用的长远考虑，改进集团各部门、各企业间不能有效实现业务协同和数据共享，系统数据呈孤岛化、碎片化的信息化现状，提升信息化对集团整体业务运行体系的支撑作用。年内，启动建设了一体化集成管控平台一期、生产经营信息管理平台二期、安全综合管理信息平台二期和人力资源管理信息平台等项目的建设工作。

（曹中强）

【"一体化集成管控平台"项目一期】年内，化工集团启动"一体化集成管控平台"项目一期的建设工作，该平台建设以"应用服务化、数据集中化、基础标准化、架构扩展化"为建设原则，以实现业务集成、应用集成、数据集成、管理集成、安全集成为总体建设目标。从功能上划分为基础设施监管平台、技术支撑开发平台、业务应用服务平台、决策分析统计平台和应用集成展示平台。项目一期主要建设内容包括数据中心和数据展示门户、ESB服务总线、数据管理标准规范、传输协议标准规范、服务管理标准规范、服务方法和参数标准规范等。经过6个月的方案研讨、设计开发、系统测试和上线试运行，完成一体化集成管控平台一期的验收工作，初步实现与集团现有各业务系统的数据集成和互通共享。

（曹中强）

【"安全综合管理信息平台"项目二期】年内，化工集团启动"安全综合管理信息平台"项目二期的建设工作，该项目在2016年项目一期完成隐患排查管理等6个模块的开发建设，并通过了市国资委、市安全监管局试点单位的现场验收。二期项目是在一期信息系统基础上延续开发，建设内容包括危化品管理、应急管理、安全设施、事故管理、危险作业、交通安全、安全培训、职业健康、风险预警、考核评价等11个模块。功能设计符合《国务院安委会办公室关于建立安全生产隐患排查治理体系的通知》等法规、标准、文件精神及集团安全生产工作实际，能够基本覆盖集团公司安全综合管理各方面工作。项目建成后能够全面实现与北京市安全信息系统的数据对接。该项目完成了系统的测试、试运行、验收和操作培训等工作。

（曹中强）

【"生产经营信息管理平台"项目二期】年内，化工集团启动"生产经营信息管理平台"二期的建设工作，该项目是在一期实现对集团所属企业经营数据的采集、汇总、台账、分析等功能的基础上的拓展开发，升级完善系统一期部分模块功能，同时与集团财务系统的数据相结合进行全面数据分析。项目二期新开发功能模块包括主要经济指标分析、企业状况分析、对标分析及指标预警功能、运行分析模板化以及实现数据分析的图表化、可视化等功能。经过5个月的设计开发，该项目已进入测试运行阶段。

（曹中强）

【人力资源管理信息系统项目】年内，化工集团启动在一体化集成管控平台下建设人力资源信息系统的项目立项工作，该项目是集团一体化集成管控平台的重要组成部分。经过前期几个月的需求调研和方案研讨，完成了项目立项的相关工作。该项目主要包含基础数据、统计报表、人员信息、薪酬管理、绩效考核、培训开发、通知公告、政策法规、统计分析等功能模块，平台建成后，可以对集团人力资源信息进行更加科学有效的管理，并与已经上线运行的财务NC系统、生产经营信息管理平台、安全综合管理平台进行数据对接、互通共享，实现集团信息资源的统一管理、业务协同和有效整合。

（曹中强）

北京天诚同创电气有限公司

【概况】 北京天诚同创电气有限公司成立于2008年，是新疆金风科技股份有限公司全资子公司，新疆金风科技是中国成立最早、自主研发能力最强的风电设备研发及制造企业之一，多次承担国家科技部科技计划和国家科技攻关项目，金风科技的风机产品市场占有率经连续7年全国排名第一。金风光伏科技作为金风科技天诚同创光伏业务创新试点单位，得到金风集团和天诚同创公司领导的高度重视和全力支持。成立以来联合多家国内知名光伏运维合作伙伴，打造光伏运维生态圈，致力成为国内一流的具有创新精神的光伏智能运维解决方案提供商。

（陆晓爽）

【光伏清洁机器人问世】 3月，北京天诚同创在多年研发经验积累基础上，成功开发出太新一代太阳能电池板清洁机器人，可全自动检测、清洁电池板，保持其良好发电状态。金风科技厂房顶部的光伏太阳能电池板，正是使用此款机器人实现智能清扫，天城同创太阳能光伏智能运维机器人可自动监测、自动启动，并沿电池板两端的轨道滚动将电池板灰尘扫净。天诚同创电池板机器人推出定制化服务，根据客户太阳能电池板安装方式的不同，工程人员前期到项目现场采集数据，“量体裁衣”，为客户不同的光伏项目搭建个性化的清洁系统。

太阳能电池板清洁机器人

（陆晓爽）

【国际太阳能光伏展览会】 5月，天诚同创受邀参加“国际太阳能产业及光伏工程展览会”，公司运用3D技术展示包括定制化的太阳能光伏智能运维机器人及运维解决方案、储能技术及整体解决方案、云能源平台产品。同时举办光伏论坛，天诚同创参加了“全球光伏领袖对话”“全球光伏市场展望与发展策略论坛”等活动，“互联网＋智慧能源与光伏电站智能运维技术研讨会”活动受到业内广泛关注。

（陆晓爽）

【与中电联签署战略合作协议】 9月，天诚同创与中国电力企业联合会在京签署战略合作协议。双方达成共识，通过建立全面战略合作关系，突出优势互补，发挥各自资源优势，探索新型合作模式。天诚同创与中电联发展研究院开展密切合作，结合中电联在行业研究、工程管理、标准制定、能源大数据方面的强大资源，并依托金风科技在投融资、项目建设、运行维护方面的核心优势，探索全新的具备商业价值的能源生产、消费新技术和新模式，努力建立一种全新的“产业龙头 + 行业平台”合作模式。

（陆晓爽）

【清洁机器人延庆试点项目签约】 10月，天诚同创成功签约延庆区华润高科分布式光伏智能机器人试点项目。天诚同创光伏电站智能运维机器人，可灵活配置热斑探测模块、裂纹鸟粪监测模块、驱鸟和喷淋模块，自动化运维设备便于快捷拆除或固定，可实现智能清扫，并为不同客户提供定制化服务，客户反馈良好。

（陆晓爽）

北京北控伟仕软件工程技术有限公司

【概况】 北京北控伟仕软件工程技术有限公司（简称北控伟仕）是市政府在中国香港特区设立的唯一窗口性上市企业——北京控股集团有限公司旗下的全资子公司，是北控智慧城市科技发展有限公司旗舰企业、中关村科技园区高新技术企业。北控伟仕主要从事政府电子政务应用软件开发、移动应用App开发、大型综合数据库应用，以及网络信息技术、电子商务技术、系统集成、网络工程、IT综合运维服务等方面的系统建设和相关服务。北控伟仕专注政府行业信息化基础建设，具有超大型政务系统建设和运维经验；以行业核心业务系统开发为基础，提供顶层规划、IT运维、系统集成等相关服务；多领域纵深发展，深入社保、国土、税务、公共管理、教育、智慧社区等多个领域；拥有超过20年劳动和社会保障行业经验。

（李雪飞）

【社会保障业务技能大赛】 11月19日，由北京劳动保障职业学院与北京北控伟仕软件工程技术有限公司联合主办的第一届社会保障业务技能大赛在京举办。此次大赛采用团队赛的竞赛模式、以小组为单位综合答题，比赛内容涉及企业、个人信息登记、变更、缴费；工伤、医疗、失业、生育、养老等各大社会保险相关模块。重点考查了学生对社会保障管理业务的操作与应用、专业知识要点及技能的熟练掌握。

（李雪飞）

【VST劳动与社会保障实训平台系统】 年内，北控伟仕开发了VST劳动与社会保障实训平台系统，该系统实现了信息化管理教学体系，为满足高校培养应用型人才、体现理论与实践相结合的教学理念提供了支持。通过该平台可真实模拟社会保障业务办理环境，使学生亲身操作现行社会保障业务系统，加强对社会保障政策的理解，体验真实业务的办理，引导学生从社保机构管理、社会参与和人力资源管理等角度综合运用所学知识，熟练掌握专业实操技能，提升了学生社会保障实务工作能力和职业基本技能。

（李雪飞）

【VST社会保障业务演练电子沙盘系统】 年内，北控伟仕开发了VST社会保障业务演练电子沙盘系统，该系统是一款重点突出社保业务流程教学的软件产品，可以让学生通过沙盘真实模拟社保业务办理流程，从宏观上了解和掌握社会保险管理制度及相关法规政策。该系统依据社会保险相关业务办理场景和真实业务流程，遵循社会保险政策法规，将社保各主要业务流程以电子沙盘的形式进行展示，使教师和学生在沙盘教学中完成实战角色模拟，全面学习社保核心业务办理中所涉及的岗位职责与工作内容。该系统有效结合课堂教学与工作实践，是教师开展实验教学、学生完成社会保险业务学习以及工作岗位实战的教学实训工具。

（李雪飞）

【劳动人事争议调解仲裁办案管理信息系统】 年内，北控伟仕开发了北京市劳动人事争议调解仲裁办案管理信息系统，该系统用户覆盖全市18个劳动人事争议仲裁院，约600名工作人员。主要功能包括案件受理、案件调解、立案排庭、案件审理、案件文书、管辖异议、报表管理、查询管理、资源管理、法律法规、系统管理共11个一级功能模块。实现了案件从受理、调解、开庭、结案等流程的信息化办公，同时提供统计分析、查询监测、法律法规库、机构信息管理、人员信息管理、重点企业及调解组织信息管理等功能。

（李雪飞）

【期刊发行管理信息系统】 年内，北控伟仕为中国外文局开发了期刊发行管理信息系统。该系统是以中国外文局业务需求为核心定制开发的一款通用型期刊管理办公系统，主要针对期刊发行全程进行科学管理，实现期刊订单、印数、标签的自动生成，实现无纸化管理，提高服务水平、管理水平、工作效率。

（李雪飞）

社会信息化

本栏目主要记述市民服务一卡通，公共卫生、教育、应急管理、城市管理、房产及公积金管理、社会保障、环境保护、社会信用、农业农村等领域信息化建设情况。

概 述

2017 年，市政府印发《关于建立完善信用联合奖惩制度加快推进诚信建设的实施意见》，明确了当前和今后一个时期北京市信用联合奖惩、政务诚信和个人诚信体系建设的指导思想、建设目标和工作任务。建设完成全市统一的公共信用信息服务平台，面向社会开通个人信用信息的免费查询服务。全市开展关于对失信政府机构的专项治理工作，按时全部完成了 57 家治理任务，并启动电子商务领域和涉及金融领域失信企业的专项治理工作。

“北京通”卡包括居民健康卡、居住证、民政一卡通、残疾人证。推出了新型“北京通”刷卡机，整合各类单一功能市民卡证，将社区、医疗、健康、教育、交通、金融、养老助残、旅游等多种政府公共服务纳入统一平台。

年内，国家卫生计生委委托市卫生计生委信息中心根据《居民健康卡应用目录》，重点开展京津冀医疗卫生一卡通及虚拟化应用试点。市卫生计生委信息中心启动了市级统筹的卫生计生便民服务平台——健康北京 App 的建设工作。

年内，升级购房资格审核系统，增加个人商办购房资格审核、复核功能，升级完善房屋交易系统、存量房交易平台，重点增加反洗钱信息录入功能；完善房地产发布平台功能，增加新建商品房统筹调度子系统，实现签约计划在线申报与统筹调度工作。建立北京市住房租赁监管平台，推动租赁合同备案，将租赁备案与公共服务相关联，多家交易服务平台接入监管平台。

（市经济信息化委）

市民服务一卡通

【政务云“2+1”规划】 2 月，市经济信息化委开展了市级政务云“2+1”规划，规划建设通州副中心、六里桥 2 个生产节点和密云灾备节点。

（郑燕飞）

【论证政务云关键技术】 3 月至 5 月，市经济信息化委就小型机及 Oracle RAC 入政务云的技术思路召开专家论证会，专家论证认为技术方案基本可行。并就政务云服务目录召开用户代表座谈会，听取政务云用户的意见和建议。2 次会议均召集有意向参与市级政务云投标的相关公司旁听，以了解相关企业的参与态度。

（郑燕飞）

【网络安全国家标准优秀应用案例获奖】 6 月，“北京市市级政务云信息安全标准应用实践”案例参加网络安全国家标准优秀应用案例评选，获得“2016 年网络安全国家标准优秀应用案例奖”二等奖。

（郑燕飞）

【“北京通”App 正式上线】4月7日，经过3个月的试运行与版本迭代，“北京通”App 正式上线。这标志着北京市优化政务服务、打造信息惠民战略取得重大突破，“北京通”基础能力建设基本完成。此版本实现并优化了实名认证、卡证管理、公共通讯录、消息推送等能力，为“北京通”后续建设工作奠定了基础。

（郑燕飞）

【统一身份认证平台建设】6月，“北京通”上线了 V1.6.0 版本。“北京通”统一身份认证平台建设工作取得重大进展，实名认证能力显著提升。实现了与公安部人口库系统对接，提升了实名认证的数据准确性，将实名认证时间从原本的1~3个工作日缩短至1分钟。

（郑燕飞）

【“北京通”参加科博会】6月，第二十届中国北京国际科技产业博览会开幕，“北京通”在“智慧北京与信息技术创新应用成果展区”进行功能展示。

（郑燕飞）

【“北京通”虚拟卡应用能力】9月，正式上线“北京通”V1.8.0 版本，“北京通”虚拟卡实现了二维码技术接入，为“北京通”虚拟卡应用提供了技术支撑。“北京通”虚拟卡从展示功能逐步过渡到支持提供线上虚拟卡应用服务，初步建成“北京通”虚拟卡服务能力。

（郑燕飞）

【“北京通”卡发卡工作】年内，“北京通”卡配合各发卡单位，发卡总数量1935.2万张，新增发放“北京通”卡717.3万张，提前完成2017年为民办实事任务新增多功能卡片500万张以上的目标。其中，居民健康卡发卡12.6万张、京医通临时卡发卡1044.1万张、居住证发卡572.1万张、民政一卡通发卡253.2万张、残疾人证发卡约53.2万张。

（郑燕飞）

【入云用户数和系统数增长】年内，北京政务云平台用户包括56家委办局，入云系统276个。入云系统数比2016年增长了72%。北京政务云支撑了市级业务系统的安全稳定运行，也为市政府搬迁通州区城市副中心提供信息化基础设施保障。

（郑燕飞）

【政务云集约化效果初显】截至年底，政务云运行两周年，云机房 PUE 值达到1.23，实现了绿色节能、技术先进的要求；节省能耗费用1494万元，节省机房面积886平方米。对比相同配置云主机采购价格，政务云价格约是公有云价格的47%，约是购买硬件服务器价格的46%。初步实现了资源集中、节约能耗、节约成本的集约化效果。

（郑燕飞）

【多种形式的宣传和信息发布】年内，北京政务云开展了多种形式的宣传和信息发布，包括网站及微信公众号共发布信息60多条，接待参观调研30多次，与委办局对接121次，开展用户回访和满意度调查144人次，在核心期刊发表文章3篇，扩大了北京政务云的知名度和品牌影响力。

（郑燕飞）

【首都综合信息服务平台】年内，首都综合信息服务平台（“北京网”与“北京服务您”）作为全市政务服务的重要渠道，汇聚了交通违章缴费、高考成绩查询、保障性住房申请、出入境预约办理、预警信息推动、水电燃气生活缴费、公积金查询、图书查询等70余项便民服务，覆盖了20余家与百姓生活密切相关的政府部门和公共事业单位，为市民提供了方便、快捷的办事服务查询。截至年底，“北京网”注册用户55万，“北京服务您”累计下载132万次，最高月活跃用户数为42191个。

（郑燕飞）

【数字证书服务体系建设】年内，市经济信息化委智慧城市处启动“法人一证通”证书服务项目为125万法人用户签发数字证书，其中25万为新增法人。截至年底，将近140万法人享受首张免费的数字证书服务。年内，法人使用一证通证书进行登录认证约5782万次，电子签名约1.4亿次，加解密约1.4万次。超过76%的法人使用一张一证通证书办理两个以上的政务服务事项，并有21%的法人办理5个以上政务事项。政府部门中，税务、人力社保、公积金、工商、民政、政府采购中心等部门的证书用户量较大，身份认证、电子签名等证书业务量占全市一证通证书业务量超过95%。“法人一证通”证书服务依托北京市法人网上统一认证平台开展服务，对接33个政府部门47个业务系统，涉及政务服务事项1200余项。

（郑燕飞）

【北京市统一身份认证平台】年内，统一身份认证平台建设工作加速推进与优化，依托北京市法人统一身份认证平台（“法人一证通”管理平台）与北京市自然人统一身份认证平台（“北京通”实名认证系统功能）两个系统，分别为法人与自然人用户提供互联网统一身份认证服务。平台通过调用国家政务信息资源（公安部人口库、工商总局企业库）、银联认证服务、人脸识别服务，对接北京市各级政务服务业务系统，为政务服务申办人提供统一认证服务。平台全面支撑了北京市网上办事大厅的建设工作，包括网上办事大厅用户体系的支持以及网办大厅对市级各委办局业务系统单点登录的实现。平台已面向37个委办局的121个业务系统提供统一认证支撑服务，其中36个系统已完成对接并实现单点登录。

（郑燕飞）

【法人网上统一认证平台功能】年内，“一证通”平台完成与市网上政务服务大厅对接改造工作，实现市网厅法人用户的统一认证和单点登录；推进各部门应用系统接入和改造工作，以云认证服务模式完成了市国税局纳税人网、市高级人民法院审判信息网、市民政局社会组织公共服务平台、市规划国土委不动产登记预约、市工商局年报等多个业务系统改造对接，节约了本地信息化建设成本。截至12月底，33个部门47个业务系统实现对接并提供服务；完成“一证通”平台功能优化，升级应用数据采集和统计功能，可通过“一证通”证书客户端采集应用数据，并在平台展现应用数据情况，便于对“一证通”证书应用情况进行监控，为后续分析决策提供支撑；完成证书发放系统国密算法升级工作，可签发RSA和SM2双算法的“一证通”证书；实现一证通移动版证书发放，响应“两微一端”移动应用要求，落实国办要求支撑“互联网＋政务服务”移动化需要。

（郑燕飞）

公共卫生信息化

【概况】年内，市卫生计生委信息中心建立了京津冀医疗卫生一卡通及虚拟化应用试点，在部分区实现居民健康卡的发放和应用。北京市卫生计生综合信息管理决策支持平台用户覆盖市卫生计生委所有业务处室；开展了北京市“新型农村合作医疗基本数据集”和“卫生计生信息化项目管理关键点评价指标”的研究工作；启动了市级统筹的卫生计生便民服务平台——健康北京App的建设工作。

（任向群）

【北京地区居民健康卡应用】6月，市卫生计生委信息中心与国家卫生计生委统计信息中心签署了《居民健康卡试点工作委托协议书》。国家卫生计生委委托市卫生计生委信息中心根据《居民健康卡应用目录》，重点开展京津冀医疗卫生一卡通及虚拟化应用试点。截至年底，通州、怀柔、平谷、大兴4个区实现了居民健康卡的发放和应用，累计发放居民健康卡779510张、SAM卡（识别健康卡）4072张，接入医疗机构71家，其中包括三级4家、二级11家、社区56家。

（冯文洁）

【卫生综合信息管理决策支持平台】6月，市卫生计生委信息中心完成决策支持平台2016年度数据的加载工作。11月，对决策支持平台进行数据更新维护。12月，北京市卫生计生综合信息管理决策支持平台用户覆盖市卫生计生委所有业务处室300余位工作人员。通过该平台，用户可以查阅卫生资源情况（包括医疗机构、人力、床位、设备、资产等）、医疗服务情况（含工作量、工作效率、服务费用、运营情况等）、公共卫生情况，以及主题分析（包括出院病人病案首页分析、门诊就诊信息分析、门诊大病信息分析）等。全年，平台访问共计476人次，访问卫生资源548次，医疗服务300次，公共卫生371次，疾病统计270次，访问市属医院、数据导航、资料汇编等其他栏目1000余次。

（郭默宁　韩冬）

【新型农村合作医疗基本数据集研究】7月，市卫生计生委信息中心按照首都医学发展科研基金课题“对北京市新型农村合作医疗基本数据集的研究”项目计划开展相关研究工作，形成了数据集框架；8月至11月，经过进一步论证、修改和完善，形成数据集初稿。

（史　森）

【卫生计生信息化项目管理关键点评价指标研究】7月，市卫生计生委信息中心启动“北京市卫生计生信息化项目管理关键点评价指标”的研究工作，针对该指标多次组织专家进行论证；11月，形成征求意见稿，并征求部分单位（市中医局、市医管局、市卫生计生委信息统计处和财务处等）的意见，根据意见对评价指标进行修改完善。关键点评价包括立项管理、采购管理、合同管理、变更管理、验收管理等卫生计生信息化项目管理关键点的评价指标。指标的制订为下一步开展卫生计生信息化项目绩效评估打下基础。

（史　森）

【健康北京App项目建设】8月，市卫生计生委信息中心启动了市级统筹的卫生计生便民服务平台——健康北京 App 的建设工作。健康北京 App 以共用北京市基础设施，采用集约化建设的思路，将用户注册系统接入市经济信息化委打造的基础平台“北京通”，用户注册实现实名认证，确保登录安全，实现“一次认证、多点互联”（用户一次登录，便可实现各类便民服务的访问）。健康北京 App 一期项目完成了“北京通”实名认证、预约挂号、生育服务证登记办理、行政审批等 5 个重点服务的对接；完成了找医院、两癌筛查、免费孕检、生殖服务、药具站、常规免疫、狂犬疫苗、生殖辅助机构的地图导航等 8 个地图服务建设；实现了医疗机构执业登记信息查询、执业医师查询、护士信息查询、卫生状况查询、游泳场馆查询、医疗卫生状况查询、公共场所登记查询、新生儿疾病筛查结果查询、新生儿耳聋基因筛查结果查询等 9 个查询服务的接入。截至年底，健康北京 App 已通过软件测试和安全测试，初步具备上线发布使用的条件。

（刘　辰）

教育信息化

【概况】年内，北京教育网络和信息中心举办了中国教育发展基金会—戴尔“互联创未来”项目交流会，在作品评比中北京项目校获奖。启动了北京市“十三五”教育技术应用研究 2017 年度课题申报工作，并确定立项课题 122 个。

（刘乃清）

【戴尔“互联创未来”项目】1 月，北京教育网络和信息中心负责落实中央电教馆关于中国教育发展基金会—戴尔“互联创未来”项目在北京举办交流会。此项目在密云区和门头沟区各遴选了 5 所小学作为项目校。4 月，针对北京的项目校召开项目推进会；5 月，对 2015 年的项目校北京小学进行了实地调研活动；6 月，项目组专家对实验校进行实地指导并参加了项目作品评选活动；7 月，对项目校进行了笔记本教学设备配备；10 月，进行了全国的项目校教师培训；11 月，参加在甘肃召开的项目县级教育信息化发展水平监测工作启动会；12 月，参加项目县级教育信息化发展水平监测工作的网络调查，并陪同专家对北京的项目区进行项目县级教育信息化发展水平监测实地调研工作。在 2017 年的作品评比中，北京项目校获得 11 个二等奖，7 个三等奖。

（赵筱妹）

【“十三五”教育技术应用课题研究】1 月，北京教育网络和信息中心启动了北京市“十三五”教育技术应用研究 2017 年度课题申报工作。来自全市各区的中小学校、幼儿园和教育机构进行了课题申报。经评审，最终确定立项课题 122 个。9 月底，在各区信息中心的协助下，全部课题单位完成了开题工作。通过教育技术应用课题研究工作，促进了学校信息化工作的开展，推动了信息技术在教育教学工作中的深度应用，进一步推动信息技术与教学深度融合。

（李　波）

【“互联网助推课程与教学变革研究”课题】5 月，“互联网助推课程与教学变革研究”课题启动会于北京教育学校丰台分院召开，正式确立了64所学校、6个区信息中心、2家企业成为子课题研究单位，共立项72个子课题，确立市、区、校三级协同研究机制。

（顾忆岚　宋洁）

【教育教学信息化大奖赛】9月上旬，收集整理教师作品100余件，上报参加全国第二十一届教育教学信息化大奖赛，参赛教师获得了较好成绩，一等奖教师参加了现场交流展示活动。11月中旬，组织召开第十八届电脑作品活动总结表彰暨新指南培训会，中央电化教育馆领导、市教委基教二处领导、中心领导、各个区有关负责人、获奖教师代表近百人参加了会议。

（刘雪娇）

应急管理信息化

【“基于大数据的示范”课题立项】3月29日，市应急办为进一步落实《北京市“十三五”时期应急体系发展规划》有关要求，加快副中心综合应急指挥中心建设，强化新技术应用，提升科技支撑能力，推荐清华大学等单位申报的市科委绿通课题“基于大数据的超大城市综合运行和应急管理领域信息化关键技术研究及应用示范”通过专家立项论证评审。4月28日，项目通过三轮专家技术评审和论证，被批准正式立项，支持经费390万元。

（市应急办）

【应急演练】3月，北京市通信保障和信息安全应急指挥部办公室组织北京市政务网络管理中心和正通公司开展“土城网监机房交换机基站归属割接演练”、组织机动通信局无线电通信队在河北易县开展“1703应急通信保障演练”。5月，北京市通信保障和信息安全应急指挥部办公室组织开展“一带一路”高峰论坛通信保障联动响应机制演练。6月，北京市通信保障和信息安全应急指挥部办公室在河北官厅水库大坝组织“2017年防汛应急通信保障联合演练”。

（市经济信息化委信息安全处）

【做好中共十九大技术保障工作】10月25日，市应急办根据全市中共十九大服务保障工作统一部署，坚持统筹调度、协同配合、精准发力、保障到位，连续10天累计统筹调派全市300余台次应急指挥车，分赴18个重点地铁站布控，实时监测人流情况，开展人物同检现场保障工作。保障期间，为市领导指挥调度提供图像信息17次，通过本次保障工作，形成了“全市一盘棋”统一调度应急资源的工作机制，锻炼了应急移动通信保障队伍，检验了日常培训和演练实际效果。

（市应急办）

【政务信息化设施安全隐患排查清理整治】11月中旬至12月中旬，为贯彻落实市安委会第五次全会要求，吸取大兴区“11·18”火灾事故教训，根据市安委会《关于开展安全隐患大排查大清理大整治专项行动的通知》精神，北京市通信保障和信息安全应急指挥部办公室组织开展全市政务信息化设施安全隐患排查清理整治，重点排查全市共用的重要政务信息化基础设施，各单位自建、自管的机房等信息化设施，机房等信息化设施的消防、安防工作，包括安全管理制度落实情况、火灾隐患情况、消防设施运行情况等，达到了排查隐患、消除问题、整改提高的预期目的。

（市经济信息化委信息安全处）

【副中心信息安全规划】年内，北京市政务信息安全应急处置中心参与城市副中心网络及信息安全规划，提出园区安全目标、网络拓扑结构、安全防护措施等方面优化方案，将全数据采集、威胁情报收集、政务信息资产管理以及大数据平台建设纳入副中心网络安全监测预警系统。

（市政务信息安全应急处置中心）

城市管理信息化

【概况】2017 年，北京市为贯彻落实习近平总书记关于“推动实施国家大数据战略”的指示，启动实施大数据行动计划，按照“汇管用评”主线，在工作组织体系构建、数据汇聚共享、平台建设、试点应用等方面加快推进。北京市信息化实现了从“数字北京”向“智慧北京”的全面跃升，整体发展水平达到了国内领先、国际先进，公共服务能力显著提升。

（市经济信息化委智慧城市处）

【信息化专家咨询委员会高峰论坛】11 月 27 日，北京市信息化专家咨询委员会 2017 年高峰论坛在北京召开。此次论坛由北京市信息化专家咨询委员会和市经济信息化委联合主办；北京市信息化专家咨询委员会秘书处与北京市信息资源管理中心联合承办。北京市各委办局、各区以及研究机构和企业等 300 多人参加会议。论坛以“贯彻党的十九大精神，引领新时代智慧发展”为主题，围绕中共十九大提出的信息化建设新战略、新要求，共同探讨新时代如何利用互联网、大数据、人工智能等新一代信息技术，加快发展新型智慧城市。会上，北京市信息化专家咨询委员会主任、工业和信息化部原副部长杨学山以“围绕三加三目标，谱写信息化新篇”进行了阐述。北京市信息化专家咨询委员会专委会主任、中国工程院院士邬贺铨做了题为《大数据看北京，新时代新使命》的演讲。北京市信息化专家咨询委员会委员、国家行政学院教授汪玉凯做了主题为《智慧社会与智慧政府》的演讲。中国人民银行数字货币研究所副所长狄刚做了主题为《区块链技术的应用与发展》的演讲。北京市信息化专家咨询委员会委员，阿里巴巴集团技术副总裁、首席安全专家杜跃进，以“大数据时代的数据安全：风险与机遇”，解释了“大数据安全”的概念，从技术、制度介绍了数据安全与产业发展、隐私保护等问题相平衡的新思路。百度云首席数据科学家沈志勇以《数据智能——从互联网到传统行业》为主题，介绍了大数据与人工智能技术在互联网公司及金融、零售、医疗等传统行业的应用案例。北京摩拜科技有限公司副总裁崔书锋以《共享出行大数据在城市治理中的应用与探索》为题，以摩拜单车为例，就骑行大数据在城市治理中的应用，以及在缓解交通拥堵、助力城市交通管理等方面的探索，与大家进行了经验交流。

（市经济信息化委新闻宣传处）

【推进信息化项目建设】 年内，市城市管理委以应用需求为主导，有序开展信息化基础设施建设，推进政务信息系统升级整合、入云迁移，数据资源整合和开放共享，发挥大数据在提升城市精细化管理、治理能力现代化等方面的重要支撑作用。完成了能源运行综合监测系统、二级高清视频联网共享平台、城市管理社会宣传教育信息系统、城市照明管理中心工控及核心系统信息安全等级保护建设等4个项目的申报立项工作；加强对生活垃圾全程管理信息系统（一期）、首都环境建设综合检查和考核评价系统、基于二维码的城市道路公共服务设施信息管理系统等12个在建信息化项目建设全程监督管理，组织完成了生活垃圾全程管理信息系统（一期）、首都环境建设综合检查和考核评价系统等10个项目的验收并投入运行，完成了基于二维码的城市道路公共服务设施信息管理系统和北京市石油天然气管道保护管理信息系统2个项目的初验；按照市经济信息化委信息化项目验收报备工作要求，组织完成“城市生命线实时监测物联网应用示范工程”“地下管线消隐工程年度计划管理系统”等6个项目验收备案工作。

（市城市管理委）

房产及公积金管理信息化

房产管理信息化

【完善房屋交易相关系统】 年内，市住房城乡建设委升级购房资格审核系统，增加个人商办购房资格审核、复核功能，升级完善房屋交易系统、存量房交易平台，重点增加反洗钱信息录入功能，为强化差别化信贷政策、完善住宅限购政策、抑制学区房炒作、规范商业办公项目开发销售、遏制违规违法资金进入房地产市场提供了技术支撑；完善房地产发布平台功能，增加新建商品房统筹调度子系统，实现签约计划在线申报与统筹调度工作；建设商品住房签约统筹系统，实现计划申报、通知签约、跟踪监测等相关功能，有效落实了房地产精准调控政策。

（市住房城乡建设委）

【搭建北京市房屋租赁监管平台】 年内，市住房城乡建设委按照“1+N”的平台建设思路，遵循“四个统一、六项基本功能”的原则，建立了北京市房屋租赁监管平台，推动租赁合同备案，将租赁备案与公共服务相关联，实现链家、我爱我家、中介行业协会、建设银行、自如等多家交易服务平台接入监管平台。同时，推进市人力社保局、市住房公积金管理中心租赁备案数据共享，有效落实《关于加快发展和规范管理本市住房租赁市场的通知》中稳定租赁关系、规范租赁市场、鼓励租赁的发展要求。

（市住房城乡建设委）

公积金管理信息化

【完成综合信息管理系统主体软件开发工作】 年

内，北京住房公积金管理中心完成了综合信息管理系统主体软件开发工作，开展了联调测试、用户测试，并通过了第三方软件测评单位和安全测评单位对系统功能、效率和安全的测试工作，基本具备了新旧系统并行的条件。

（郭　芳）

【完成综合信息管理系统上线方案的编制工作】年内，北京住房公积金管理中心完成了数据清理方案、数据迁移方案、并行方案、对账方案、上线方案、应急保障方案、银行上线工作方案，以及基础环境资源规划等系列上线配套方案的准备，为综合信息管理系统上线工作提供了依据。

（郭　芳）

【完成新媒体渠道查询服务的开发测试工作】年内，北京住房公积金管理中心完成新版政务网站、微信公众号和移动客户端的咨询和服务模块的开发测试工作，着力推进“互联网＋公积金”服务，实现“信息多走路、百姓少跑腿”。

（郭　芳）

社会保障信息化

【新版“北京通”App】6月，在北京国际科技产业博览会上，以新版上线的“北京通”App为基础，比现行公交刷卡机略大的“北京通”刷卡机亮相。它整合各类单一功能市民卡证，将社区、医疗、健康、教育、交通、金融、养老助残、旅游等多种政府公共服务纳入统一平台，市民有望只需刷手机，就能逛公园、坐公交地铁、过门禁，还可在“北京通”App找到多数委办局的公共服务。“北京通”基于身份证号码建立了全市统一的实名认证用户体系，关联了“北京通”号码和手机号，通过公安、运营商、银行等多渠道鉴证身份，引入人脸识别等新技术，使“北京通”App成了一张能随手机携带的电子虚拟卡。新版上线的“北京通”App只需要用户注册登录一次，来自各委办局的70多项公共服务就都可以直接办理。“北京通”App不光能实现各类政务服务信息跨部门互认共享，还将逐步整合各类单一功能的市民卡证，实现实体卡与虚拟卡的一对一绑定，将社区、医疗、健康、教育、交通、金融、养老助残、旅游等多种政府公共服务纳入统一平台。“北京通”App将成为市民的服务管家，随时推送相关的各类信息，比如告知本月的医保资金和住房公积金已到账等。

（《北京日报》）

【“北京通”卡聚合多项公共服务】截至7月25日，全市“北京通”卡发卡总数量1847.5万张。其中，居民健康卡发卡1141万张（基本卡12.6万张、京医通临时卡1128.4万张）、居住证发卡427.8万张（居住证210.9万张、登记卡216.9万张）、民政一卡通245万张（65~79岁老年人发卡181.3万张、80岁以上老年人发卡63.7万张）、残疾人证发卡约54.6万张。“北京通”卡技术标准规范了卡片种类、号码规范、卡片样式、应用构成、密钥管理、数据规则和安全机制，将信用管理、政府公共服务、社会公用事业服务等20多种服务集合在一张卡上。

（市经济信息化委新闻宣传处）

【“北京通”首个区域版落地门头沟】10月，市经济信息化委和门头沟区政府联手推出“门城通”App。作为北京通的第一个区域版App,“门城通”各项服务全面细分至基层单位，一个手机App即可满足市民衣食住行多种需求，看病缴费、物业及水电煤气等缴费都能用手机完成。门头沟区100余家社区、物业公司进驻了“门城通”，实现了“门城通”对门头沟区社区的全覆盖。同时，“门城通”服务是面向全部北京市民提供的，除了一些社区服务和物业缴费等门头沟区特定服务外，包括医疗、旅游、民政等大量政府和企业服务，全北京市民都可通过“门城通”享受到。“门城通”还可为企业提供工作微信、企业注册、公司管理、创业应用发布等服务，打造“大众创业、万众创新”的一站式创业服务开放平台。

（《北京日报》）

环境保护信息化

【统筹规划环境信息化建设】年内，市环保局组织召开局系统信息化工作会议，总结建设成果经验，部署任务要求。编制印发了《北京市“十三五”时期环境信息化建设规划》和《北京市环境保护局信息化建设项目全流程管理办法》，明确了“十三五”期间环境信息化建设目标任务，规范了局系统信息化建设要求。组织开展了生态环保大数据建设应用要求，基本形成了符合市环保局工作要求的生态环保大数据工程建设方案。邀请网络安全专家，为全局系统进行了《中华人民共和国网络安全法》宣传贯彻解读。完成了7个信息化系统建设项目申报书的编制、8个已建信息化需要建设项目验收报备和局系统12个拟建信息化需要建设项目的预审报审工作。组织开展了基于深度学习的环境影响评价大数据应用示范课题的申报、启动和研究工作，取得了阶段性成果。积极推进数据共享工作，完成了数据中心环境质量数据、污染源数据的梳理工作，保障了1400多万条数据交换共享。全面完成软件正版化工作，采购了72套正版服务器端操作系统软件并安装部署。

（陈海宁　陈华）

【环保信息连通共享】年内，市环保局利用环境数据中心的建设成果，实现了与顺义区、通州区、海淀区和大兴区环保局根据业务信息化建设需求的相关数据共享。针对17个区（包括北京经济技术开发区）环保局（18个办公点）和5个直属单位，完成24条环境信息网链路运营商切换工作，保障了环境信息网的连通性和稳定性。

（黄广平　李华）

【业务信息化项目建设】年内，市环保局组织开展了“北京市环境保护局内外网门户升级改造”“行政处罚系统升级改造”“老旧机动车淘汰资金补贴管理系统建设”等15个信息化项目的建设工作，“环境影响评价管理系统”“辐射安全许可证管理系统（三期)”“京津冀及周边地区大气污染联防联控信息共享平台”等5个项目最终验收，支撑了环保业务工作开展。

（蒋昕　蒲铮）

社会信用体系

【信用政策法规制度建设】 4月，为贯彻落实《国务院关于建立完善守信联合激励和失信联合惩戒制度加快推进社会诚信建设的指导意见》和《关于加强政务诚信建设的指导意见》等文件精神，市政府印发了《关于建立完善信用联合奖惩制度加快推进诚信建设的实施意见》，明确了北京市信用联合奖惩、政务诚信和个人诚信体系建设的指导思想、建设目标和工作任务。按照国家相关部门联合备忘录的精神，市信用联席会议办公室先后印发16个信用联合奖惩备忘录，加大了对严重失信主体的联合奖惩力度。还研究制定了《北京市公共信用信息管理办法（草案）》。

（市经济信息化委社会信用处）

【社会信用体系建设联席会议】 8月4日，为贯彻《国务院社会信用体系建设规划纲要（2014—2020年）》和市政府《关于建立完善信用联合奖惩制度加快推进诚信建设的实施意见》（简称《实施意见》），落实2017年全国信用工作会议精神，北京市召开了2017年社会信用体系建设联席会议，市信用联席会议各成员单位和各区政府的主管领导参加了会议。会上，市经济信息化委领导总结了2016年北京市社会信用体系建设工作进展情况，解读了《实施意见》主要内容，部署重点工作任务。市国税局、市住房城乡建设委和海淀区、怀柔区分别汇报了税收领域、住房建筑领域及区域信用亮点工作。

（市经济信息化委新闻宣传处）

【信用北京高峰论坛】 12月6日，以“构建新时代的信用新模式”为主题的“2017信用北京暨（第三届）信用中关村高峰论坛”（简称论坛）在丰台科技园华夏幸福创新中心举行。国家发展改革委，北京、天津、深圳等地相关单位，以及信用领域、金融服务机构、企业和媒体等近千名代表出席了本届论坛。论坛上，“北京市公共信用信息服务平台”启动，北京市信用联合奖惩备忘录也在此届论坛上正式发布。中关村信用智库举行了成立仪式，该智库将探索信用建设对优化北京宜居环境，持续完善中关村创新创业环境所发挥的重要作用，强化信用体系对建设国家科技金融创新中心所起到的支撑作用。《中关村企业信用发展报告2017》在本届论坛上正式发布。作为中关村信用体系建设的名片之一，“2017信用双百企业”名单公布。新当选企业在论坛现场与数家银行等金融服务机构签署了授信协议。在两场圆桌对话环节中，与会政府部门代表、专家、企业界和金融界代表分别围绕“新时代中关村信用模式的构建”“信用新模式下区域合作的开展”等话题展开了讨论。

（市经济信息化委新闻宣传处）

【企业诚信创建活动总结大会】 12月22日，市经济信息化委组织召开了2017年北京市企业诚信创建活动总结大会。各创建协会商会负责人、创建企业代表和信用服务机构代表400余人参加了会议。市经济信息化委、首都精神文明办、市工商局、市地税局、市旅游委等部门业务处负责人参加了会议。会议总结了2017年北京市企业诚信创建活动工作情况，部署了明年工作任务，发布了《北京市诚信企业创建活动管理办法》，并向506家“2017年北京市诚信创建企业”颁发了奖牌证书。北京同仁堂、首汽汽修、东华软件和北京汽修行业协会分别介绍了诚信创建工作经验。2013年以来，通过企业自愿申报、第三方征信、诚信评价、协会商会审核、专家组综合评审、社会公示等程序，已累计评定出2050家“北京市诚信创建企业”。开展诚信创建活动，提高了企业的诚信意识，营造了守法经营和诚实守信的社会氛围。

（市经济信息化委新闻宣传处）

【信用信息共享平台建设】年内，按照“一网四库一平台”的总体框架，在全市企业信用信息公示系统、个人信用信息系统、社团信用信息系统、事业单位信用信息系统的基础上，建设完成了全市统一的公共信用信息服务平台。平台归集了55个部门的企业信用信息、27个部门的个人信用信息、9900余家社团的信用信息、1.1万家事业单位的信用信息。平台实现了政府部门间信用信息的共享应用，实现了与国家和天津市、河北信用平台的对接，并向社会提供了个人信用信息的查询服务。依托信用平台，完善了全市行政处罚和行政许可等信息“双公示”机制，全部完成了140余万家市场主体统一社会信用代码的转换工作。

（市经济信息化委社会信用处）

【信用联合奖惩机制建设】年内，按照国家发展改革委的要求，全市开展关于对失信政府机构的专项治理工作，按时全部完成了57家治理任务，启动了电子商务领域和涉及金融领域失信企业的专项治理工作。依托市信用平台，建设了全市统一的信用联合奖惩信息管理系统，将公共信用信息嵌入北京市行政服务中心审批平台，实现了与各相关政府部门间信用联合奖惩的协同功能，取得了良好的社会效果。据统计，累计将18万家次企业列入异常经营名录，限制任职资格1653人次；累计将65家次企业列为重大税收违法案件当事人，将140余名法定代表人列为限制出境对象；累计将10万余人次列入失信被执行人“黑名单”，并阻止购买高等级车票2万余人次；冻结违法建设当事人房产4436处。在全市联合惩戒机制的威慑下，17%的“老赖”自动履行义务，近50%的重大税收违法当事人补交了税款。

（市经济信息化委社会信用处）

【信用服务的社会应用】年内，市经济信息化委面向社会开通了个人信用信息的免费查询服务。将企业信用信息纳入了百度公司互联网外卖平台，依据信用状况清退不良企业。推进了公共信用信息在部分商业银行和互联网金融服务平台的应用。将一批严重拖欠供暖费用的用户信息纳入了市信用平台，扩大了征信覆盖范围。还面向社会遴选了19家服务机构，会同11家政府部门在重点领域开展了信用创新研究工作。指导开展了北京市企业诚信创建活动，评定出了2058家诚信创建企业，提升了社会信用的感知度。

（市经济信息化委社会信用处）

【信用绩效考核工作】年内，市经济信息化委参照国家发展改革委的考核模式，委托第三方机构对16个区和12个重点领域开展区域信用环境状况监测工作，每月出具1份月报，每季度出具1份季报，对各单位的信用指数进行排名。每年都按照年度重点任务分工，对联席会议各成员单位进行考核评估，并进行讲评。按照市委深化改革办的要求，开展了信用专项督察工作，对各单位就落实市政府《三年重点工作任务》完成情况开展督察工作，促进了工作落实。

（市经济信息化委社会信用处）

农业农村信息化

【智慧乡村建设】 年内，市农委、市城乡经济信息中心在13个郊区135个村持续推进智慧乡村建设。截至年底，全市已建设完成111个智慧乡村、187个标准型益农信息社、598家专业型益农信息社，重点围绕村庄产业、乡村治理、村庄公共服务、村民信息化能力培养、便捷化网络服务等，提升村庄的发展水平，提高服务的全面性和便捷性，探索长效机制建设。

（市农委）

【智慧乡村项目】 年内，房山区黄山店村智慧乡村项目发展快速，村民微信上线3个月，发布党务、村务、财务公开信息22条，阅读量626人次，村书记先后收到5封来自村民的来信，村民通过平台申请服务信息51条。全年，黄山店村经济总收入较上年增长61.96%，其中餐饮收入增长20%，住宿收入增长337.5%，门票收入增长48.89%，农产品收入增长25%。昌平区崔村镇八家村"美丽八家村"电视云平台6月23日正式上线运行，设置了"美丽八家村""智慧党务""三务公开""便民服务""村民课堂"等板块，涵盖村委会的政务服务和辖区村民的生活服务等丰富内容，受到了村委会和村民的喜爱。

（市农委）

【农村公共信息服务】 年内，市城乡经济信息中心与北京歌华有线电视网络股份有限公司合作，依托有线电视网络，建设北京"美丽智慧乡村"信息服务平台。延庆区张山营镇依托北京歌华有线电视网络股份有限公司有线电视网络，开展农村"三务公开"信息入户点播试点工作，全镇32个村、8000余户村民均能够在家中通过机顶盒看到村情村务、政策宣传、办事指南等内容。顺义区大孙各庄镇39个村"三务公开"信息入户网络改造竣工，机顶盒发放完成30个村覆盖5286户村民，所有数据填报完成。截至年底，北京"美丽智慧乡村"信息服务平台发布信息1970条，累计访问量45.9万次。

（市农委）

【农业物联网应用】 年内，完善了"北京现代农业物联网应用服务平台"（原北京221物联网应用服务平台），扩大用户规模，延伸服务。市城乡经济信息中心以平台为依托，选择45家重点农业园区针对不同经营主体深化服务，提升园区管理能力、宣传展示能力。平台接入农场633个，涉及农业设施数量19398个，种植面积30.9万亩，农作物品种336个，安装物联网传感器1463个，摄像头831个。

（市农委）

【拓展物联网应用设施】 年内，市城乡经济信息中心与北京农业信息技术研究中心、市气象局气候中心合作，以昌平苹果和平谷大桃为研究对象，开展了物联网技术在京郊果品生产园区示范应用实证研究工作，将农业物联网从设施农业向大田果园延伸，从环境监测向植物本体监测延伸，通过实证研究与示范应用相结合，初步建立了果品品质全生命周期多要素的指标体系，探索大田物联网集成示范应用模式路径。

（市农委）

【农产品生产园区安全生产】年内，为确保特色优质农产品生产，实施北京市特色农产品生产园区安全生产建设项目，市农委在全市9个区10个种植园区重点区域安装视频监控设备，在12个园区进行农产品质量追溯二维码建设，开发特色农产品数据库软件系统。

（市农委）

【典型培养】年内，北京市农科院信息所等6家单位被认定为全国农业农村信息化示范基地，5家单位案例入选农业部农村大数据案例；26家企业通过2017年北京市农业信息化龙头企业认定专家评审，40家企业通过2015年度北京市农业信息化龙头企业运行监测专家评审，22家单位通过2013年度北京市农业农村信息化示范基地评估。

（市农委）

2018 北京软件和信息服务业发展报告

说　明

➢本报告数据主要来源于国民经济行业分类（GB/T 4754-2011）为“信息传输、软件和信息技术服务业”的北京地区规模以上企业统计数据，部分数据来源于国家企业信用信息公示系统、国家知识产权局的公示数据及第三方数据资料。

➢2017年北京软件和信息服务业迈入“软件定义”新时代，产业持续聚焦提质增效，高质量发展取得新成效。主要呈现以下特点：

1. 产业处于全国领先地位，产业结构不断优化，发展质量与效益实现“双提升”；产业创新活力不断释放，对外开放度持续增强；
2. 产业对构建高精尖经济结构的支撑作用进一步显现，助力文化创意产业、高技术产业和现代服务业发展；
3. 产业综合实力不断攀升，龙头企业快速发展，骨干企业优势凸显，高成长企业发展步入快车道；
4. 产业国际合作持续深化，企业响应“一带一路”倡议，积极布局海外市场，加大前沿技术储备；
5. 产业新动能增势蓄力，云计算、大数据、人工智能、导航与位置服务、信息安全和工业互联网等高端领域驱动产业升级；
6. 社会资本投入趋于理性，新一代互联网应用、人工智能、共享经济等领域备受资本市场青睐，行业对外股权投资持续活跃；
7. 产业成为全国科技创新中心建设的高地，多类创新成果同步全球科技前沿，初创企业向“高能级”发展；
8. 北京引领京津冀软件和信息服务业快速发展，三地在产业协同、资本协同、技术协同、政府协同等多方面向纵深推进。

注：本报告中涉及金额的数据指标，如未明确作币种标示，其币种均为人民币；
　　本报告中部分数据合计数或相对数由于计量单位取舍不同而产生的计算误差，均未作机械调整。

北京迈入“软件定义”新时代

- 软件和信息服务业在基础设施、智能制造、智慧城市、现代服务业、信息安全的作用进一步凸显，呈现出“数据先行、平台支撑、服务增值、智能主导”的融合发展新特征；“软件定义”日趋深化，持续引领产业变革，已成为数字经济的核心引擎。

产业持续聚焦提质增效，高质量发展取得新成效

- 产业结构不断优化，发展质量与效益实现“双提升”；产业创新活力不断释放，对外开放度持续增强。

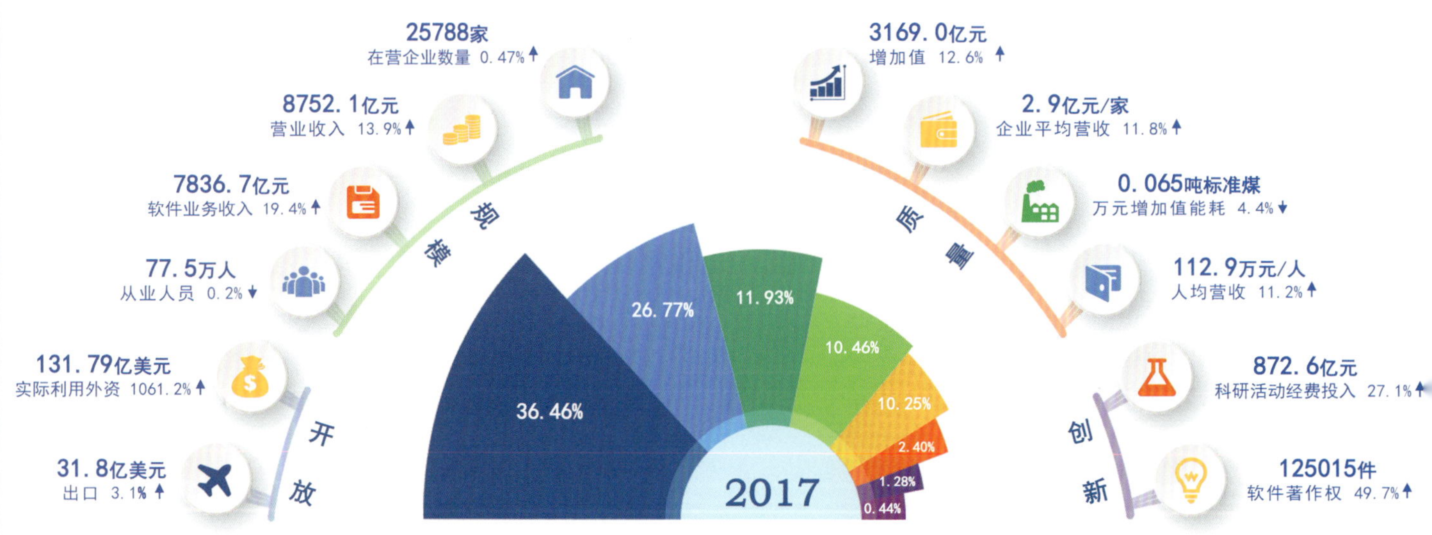

产业处于全国领先地位，在全市经济的支柱地位进一步巩固

- 2017年，全行业实现营业收入8752.1亿元，同比增长13.9%，增速为近五年最高值；
- 全行业实现增加值3169亿元，同比增长12.6%；占全市GDP比重为11.3%，占第三产业GDP比重为14.0%，创历史新高；
- 根据可比数据，2016年北京全行业增加值占全国产业增加值的比重达12.8%，高于上海、深圳等城市。

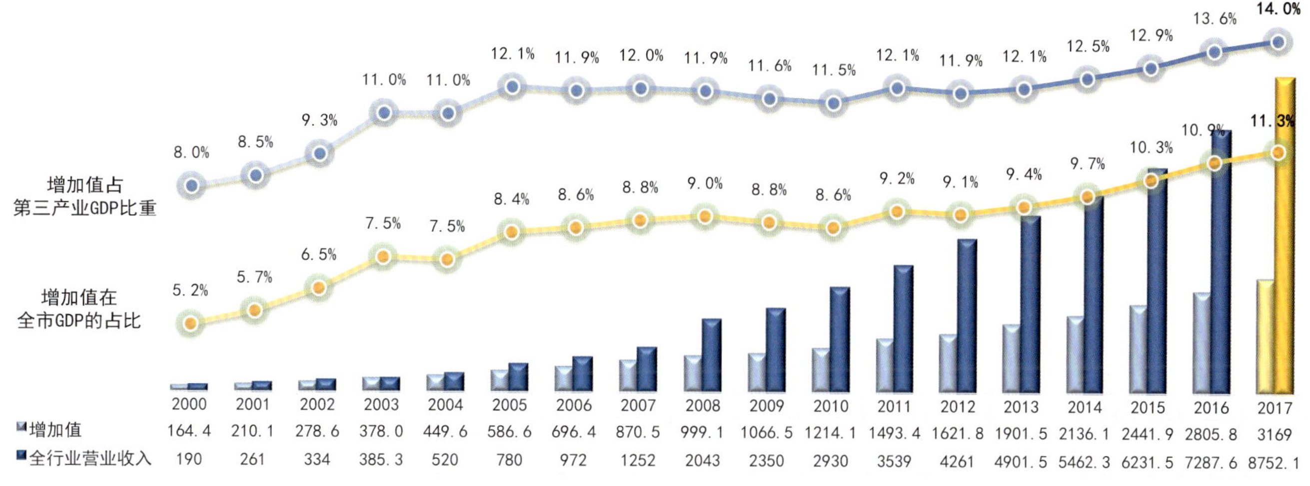

	2000	2001	2002	2003	2004	2005	2006	2007	2008	2009	2010	2011	2012	2013	2014	2015	2016	2017
增加值	164.4	210.1	278.6	378.0	449.6	586.6	696.4	870.5	999.1	1066.5	1214.1	1493.4	1621.8	1901.5	2136.1	2441.9	2805.8	3169
全行业营业收入	190	261	334	385.3	520	780	972	1252	2043	2350	2930	3539	4261	4901.5	5462.3	6231.5	7287.6	8752.1

2000-2017年全行业增加值及营业收入变化（单位：亿元）

产业对构建高精尖经济结构的支撑作用进一步强化

- 软件和信息服务业助力文化创意产业、高技术产业和现代服务业发展，共同打造高精尖经济结构；
- 产业在文化创意产业、高技术产业、现代服务业增加值占比均较上年进一步提升，在文化创意产业占比接近6成。

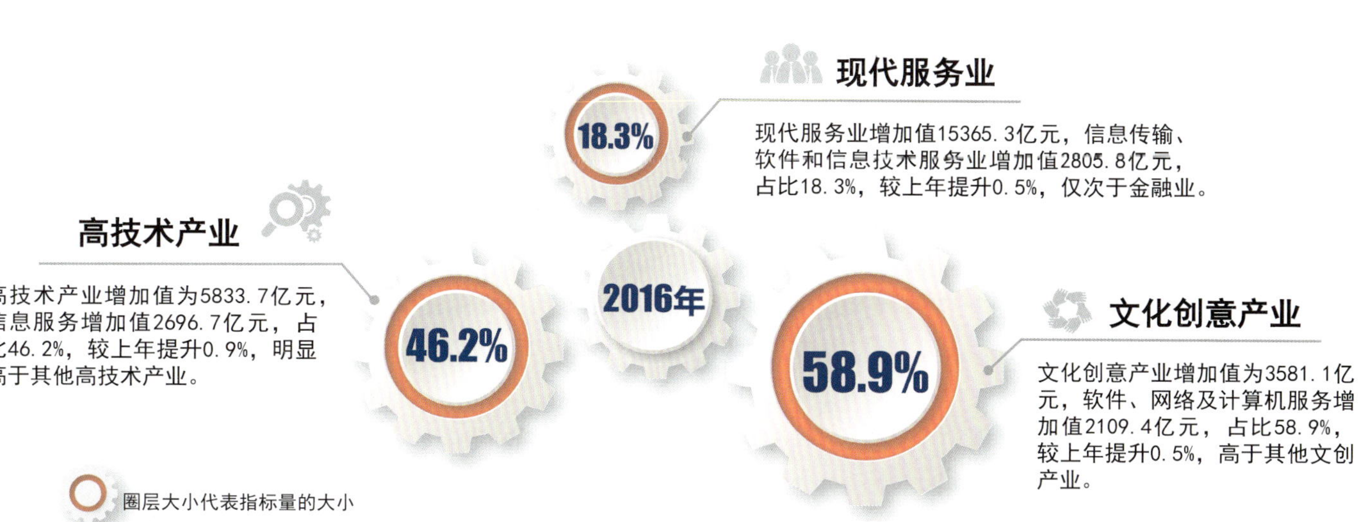

骨干企业优势凸显，产业综合实力不断攀升

- 在中国互联网企业百强、中国软件业务收入前百家、中国软件和信息技术服务综合竞争力百强、信息系统集成及服务大型一级企业等各类榜单中，北京企业均处于全国领先地位。

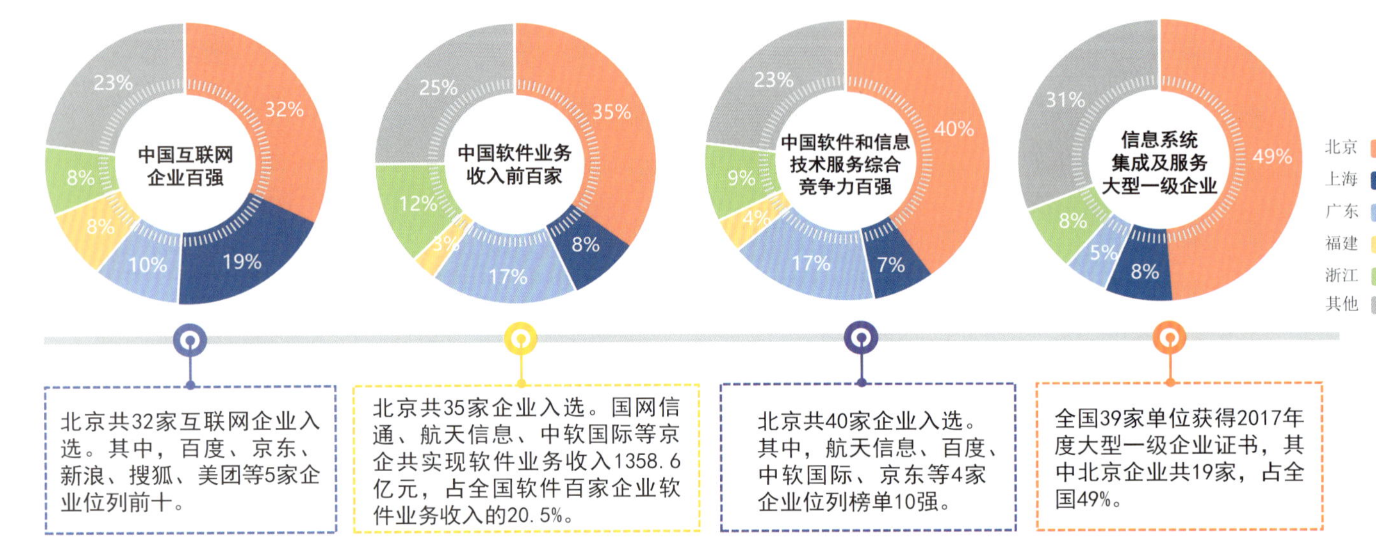

高成长企业发展步入快车道，发展活力强劲释放

- 在2017年国内外各类高科技、高成长企业榜单中，北京企业表现亮眼，产业影响力不断扩大。

"全球独角兽公司"榜单

北京共有27家入选CB Insights"全球独角兽公司"榜单

中国最佳创新公司50强

北京20家企业上榜，其中16家为软件和信息服务业企业。

德勤中国高科技高成长50强

北京共9家企业入选，其中7家为软件和信息服务业企业。

全球最强AI创业公司榜单

北京有5家企业入选全球"AI 100"榜单。

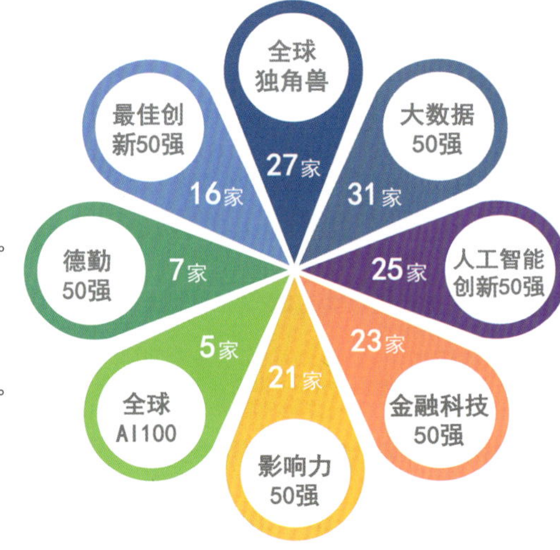

中国大数据企业50强

北京有31家大数据企业入选，占全国62%。

中国人工智能创新公司50强

北京有25家企业入选，占全国半数。

中国金融科技公司50强

北京上榜企业数量居首位，达23家，占全国46%。

2017中国最具影响力软件和信息服务企业

北京共有21家企业入选，居首位，占比达42%。

企业市场竞争力强，热点领域优势突出

- 2017年近90%北京政府投资热点技术项目由北京企业承建，交易额达11.95亿元，占政府投入金额的94.5%；
- 全国涉及软件和信息技术服务相关项目中，北京中标企业共3193家，占全国比重为11.47%，同比增长20.3%；
- 北京涉及软件和信息技术服务政府投入相关项目中，北京中标企业共1218家，同比增长34.0%。

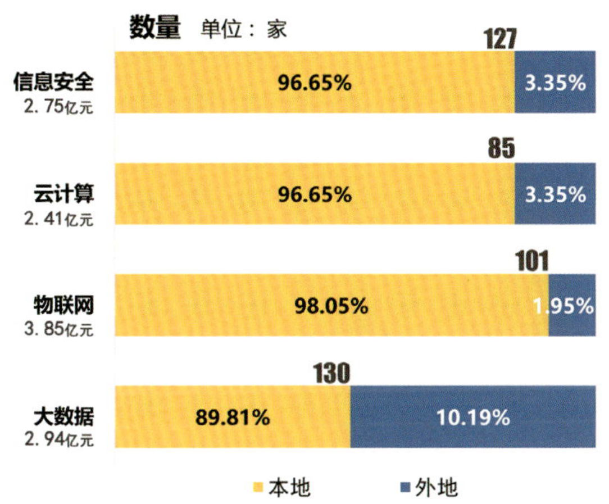

2017年北京政府投资热点技术类项目承建单位来源情况

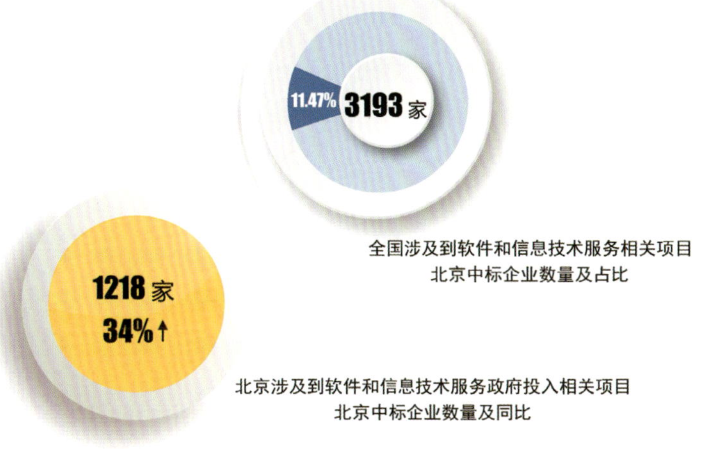

全国涉及到软件和信息技术服务相关项目北京中标企业数量及占比

北京涉及到软件和信息技术服务政府投入相关项目北京中标企业数量及同比

注：根据政府招投标项目数据进行整理

产业布局不断优化，海淀、朝阳仍是全市行业发展核心区

- 海淀区持续成为全市软件创新创业孵化最为活跃的地区，2017年贡献全市软件和信息服务业收入的61.81%；
- 在营业收入前100家企业中，有62家企业位于海淀区，其收入在前100家企业总收入中的占比高达63.22%。

	2010年	2011年	2012年	2013年	2014年	2015年	2016年	2017年
海淀区	73.59%	75.08%	64.23%	63.37%	62.30%	62.28%	64.04%	61.81%
朝阳区	12.08%	10.47%	10.66%	10.54%	11.10%	11.91%	12.65%	15.36%
西城区	2.05%	2.32%	8.11%	8.85%	9.06%	8.29%	7.42%	6.75%
东城区	2.15%	1.51%	7.98%	8.55%	7.60%	6.96%	6.65%	5.40%
石景山区	2.72%	3.21%	2.74%	2.97%	3.94%	3.69%	3.29%	3.81%
丰台区	4.10%	3.89%	3.15%	2.96%	2.96%	2.92%	2.54%	2.76%
大兴区	1.91%	2.06%	1.84%	1.56%	1.53%	2.04%	1.85%	2.39%
昌平区	1.23%	1.23%	1.03%	0.97%	1.17%	1.25%	1.00%	0.89%
顺义区	0.10%	0.04%	0.03%	0.04%	0.05%	0.19%	0.17%	0.19%
怀柔区	–	0.02%	0.02%	0.03%	0.04%	0.13%	0.17%	0.26%
通州区	0.01%	0.04%	0.06%	0.06%	0.09%	0.17%	0.09%	0.10%
门头沟区	–	–	0.004%	0.01%	0.04%	0.05%	0.046%	0.05%
密云区	0.01%	–	0.002%	0.002%	0.03%	0.04%	0.03%	0.09%
房山区	0.03%	0.11%	0.10%	0.08%	0.06%	0.04%	0.03%	0.11%
平谷区	0.02%	0.005%	0.04%	0.02%	0.04%	0.07%	0.029%	0.03%
延庆区	–	–	0.01%	–	–	–	–	–

注：按企业所在地计算

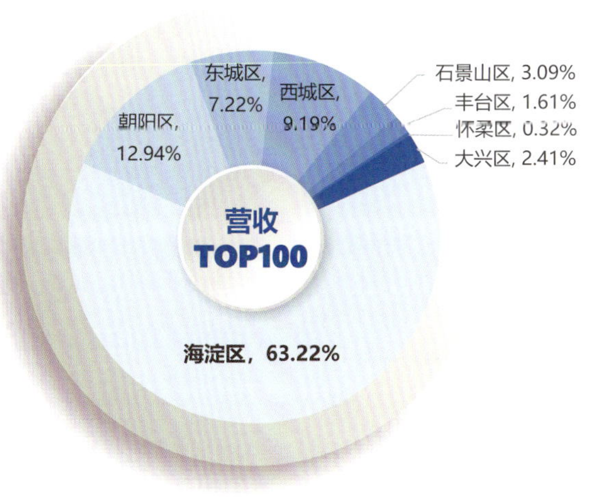

“10+3”政策体系更加精准，产业发展路径明晰

- 《中共北京市委 北京市人民政府关于印发加快科技创新构建高精尖经济结构系列文件的通知》正式印发，软件和信息服务业、新一代信息技术产业、人工智能产业等10个高精尖产业成为北京市未来发展的重点产业，构建高精尖经济结构步入“快车道”。

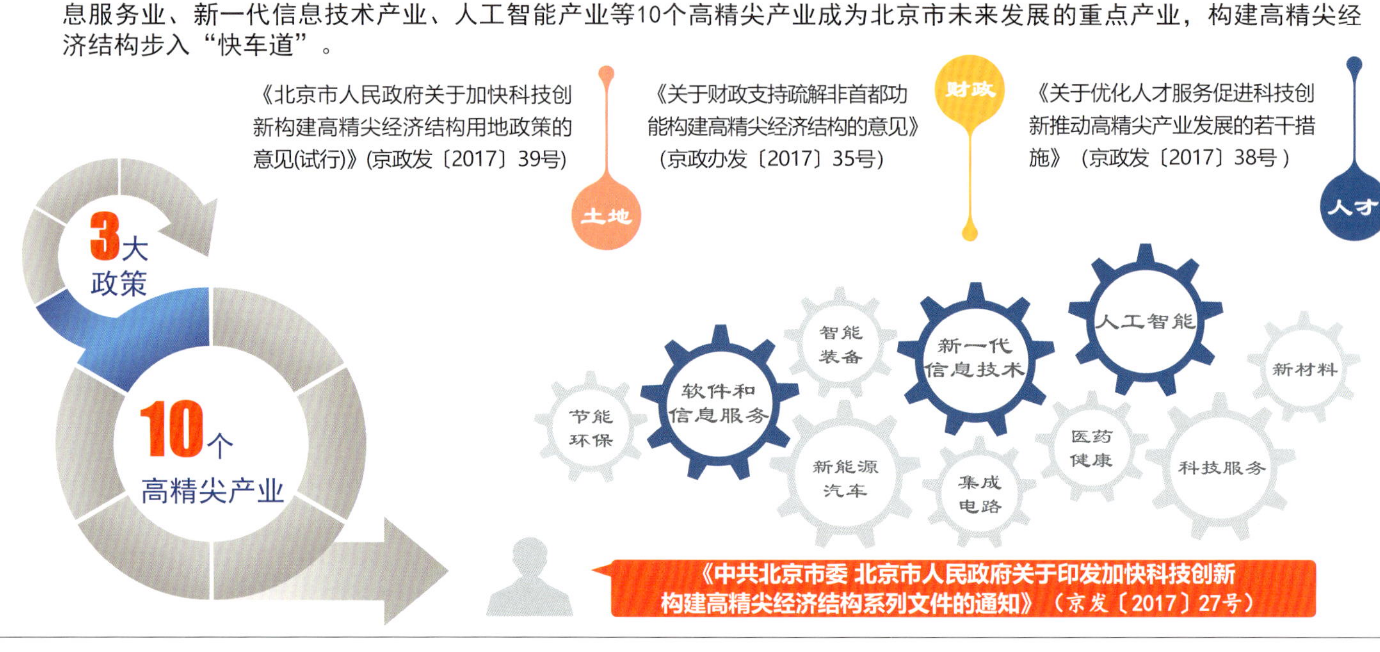

服务落地加速，多措并举优化产业发展环境

- 推进产业基金、两化融合、税收优惠等政策有效落地，搭建国际化交流平台，开展精准服务，优化产业发展环境。

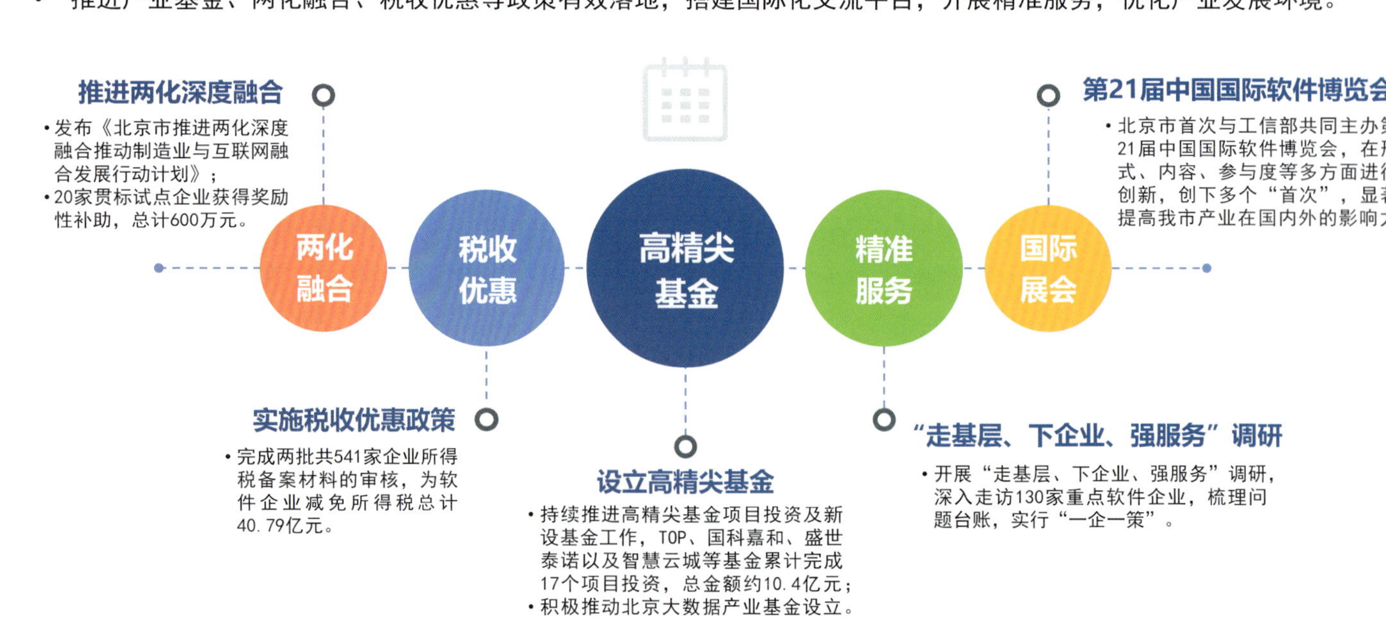

产业链布局加速内生外延，高端领域引领行业变革

- 北京软件产业已形成较为完整生态系统，产业链布局加速内生外延，不断孵化和衍生新兴业态，云计算、大数据、人工智能等高端领域引领行业变革。

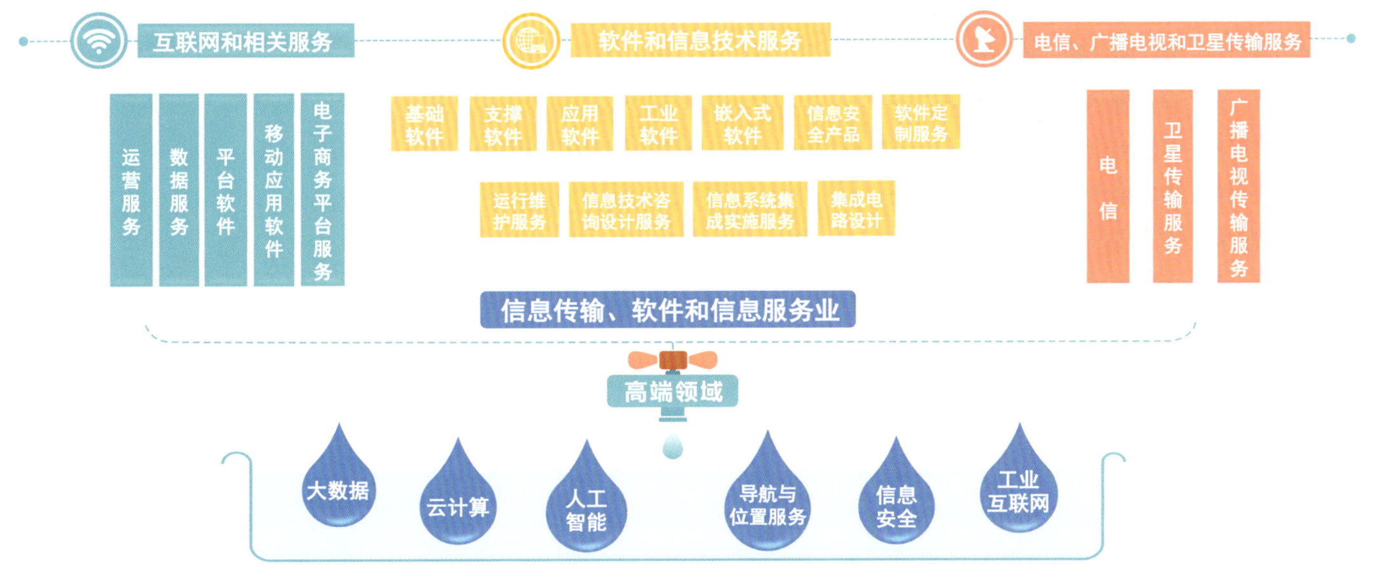

云计算产业生态系统逐步成熟

- 2017年北京云计算产业稳健增长，实现营业收入约870.61亿元，同比增长10.1%；
- 从运营商到传统企业、从互联网到新兴企业，组成了各具特色的云计算产业生态链；云计算基础技术研发取得突破；云计算应用领域不断深入，政府、金融等行业已成为主要领域。

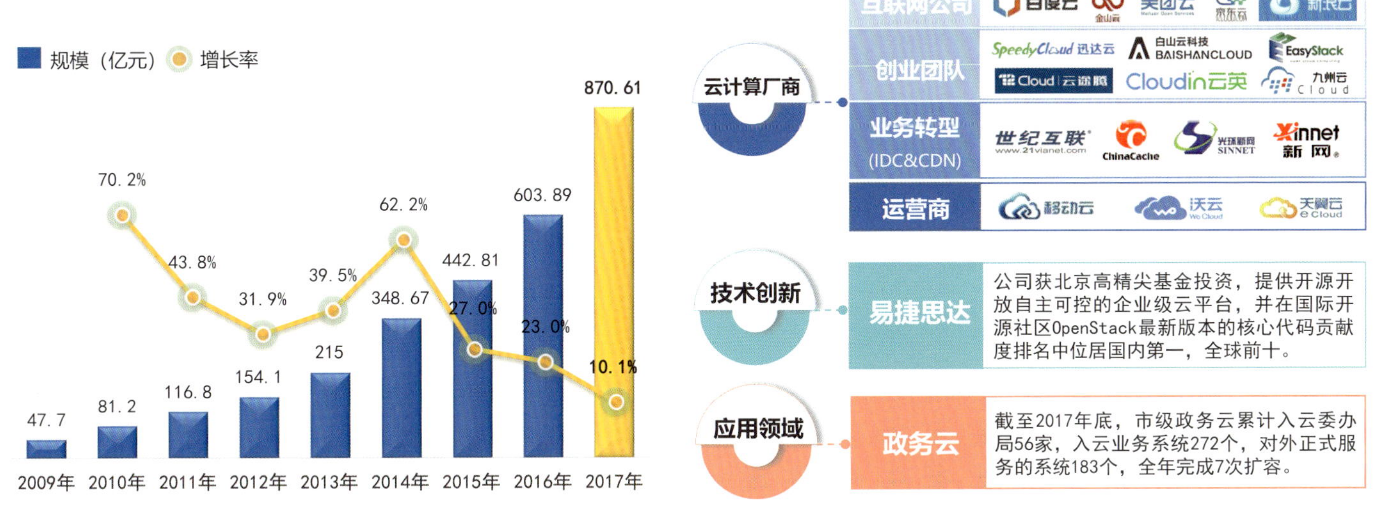

大数据产业应用领域加速拓展

大数据产业生态发展的体制机制创新

以PPP模式支持北京大数据研究院建设，积极推动设立北京国际大数据交易所，形成了以中关村数海大数据交易平台为代表的联盟性质交易平台，以数据堂、九次方等公司为代表的互联网综合数据交易服务平台。

大数据产业加速向传统产业渗透

形成一批大数据与实体经济深度融合应用范例，如拓尔思的TRS政务公共服务平台、久其软件的“久其大数据处理与分析平台”、东华的“基于互联网及物联网技术的现代化智能煎药中心解决方案”等。

大数据在“互联网+”中广泛应用

大数据在“互联网+”等新兴行业中得到广泛应用，催生了O2O、共享经济等数据驱动的新兴业态，如美团、滴滴、摩拜、ofo等。

2017年北京大数据产业规模达1311亿元，同比增长33.1%。企业单位数量超过160家，形成一批拥有大数据自主核心技术产品的企业。

工业和信息化部、国家机关事务管理局、国家能源局等三部门联合公告第一批49个国家绿色数据中心名单，北京世纪互联M6数据中心等6个数据中心榜上有名。

2017年北京全年新增完全开放数据361项，更新完全开放数据82项。完全开放了42家单位提供的739项数据集，累计数据记录数170多万条。

人工智能产业集群效应明显

探索新兴产业培育模式，成立北京前沿国际人工智能研究院

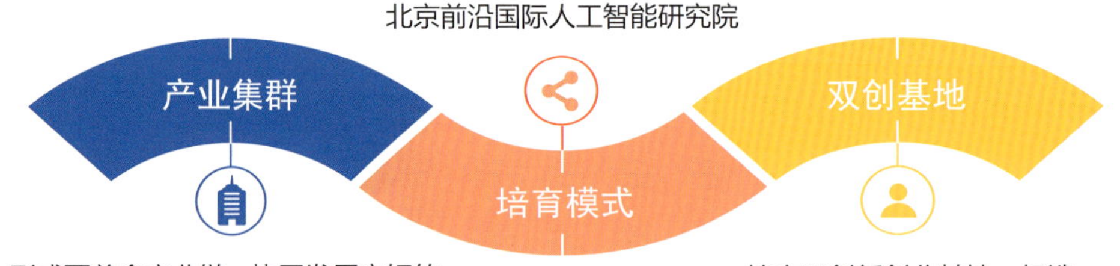

形成覆盖全产业链、协同发展良好的人工智能产业集群

培育AI创新创业基地，打造北京人工智能产业园

形成人工智能产业集群

中关村集聚了300多家以人工智能技术为核心的企业；500余家拓展研究、创新应用人工智能技术的相关外围企业；百余家人工智能相关科研院所。

成立多家专业创新中心

创新工场牵头成立北京人工智能基础研究创新中心；商汤科技牵头成立北京智慧社会创新中心；臻迪科技牵头成立北京人工智能专利创新中心。

培育人工智能创新创业基地

中关村人工智能创新创业基地投入运行，首创AI矩阵服务，微软小冰互动体验中心、Intel机器人生态互动体验中心等创新资源平台合作入驻；京东首家无人超市入驻，携手打造新零售模式。

涌现一批先发优势企业

以百度、小米、京东、寒武纪等为代表的企业在无人驾驶、智能家居、新零售、计算芯片等领域呈现相对明显的比较优势。

北京成为国内导航与位置服务产业的集聚区和创新应用示范区

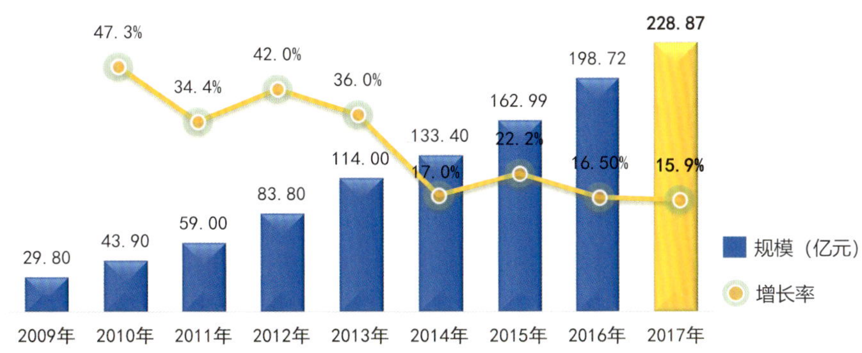

- 2017年北京导航与位置服务产业实现收入为228.87亿元，同比增长15.9%；
- 北京聚集了全国一半以上从事北斗研发、生产和服务的重点单位，形成了相对完整的产业链。

应用推广

33500辆出租车、21000辆公交车实现北斗定位全覆盖；1500辆物流货车及20000名配送员，使用北斗终端和手环接入物流云平台，实现实时调度。

技术成果

和芯星通公司发布了国内首款28nmGNSS最小芯片—UFirebird火鸟；四维图新、高德软件等占国内前装车载导航地图市场的90%以上。

平台服务

北斗公共平台在线用户数量已达到27.7万；在中小微企业创新创业服务方面，已服务企业数量达到237家。

创新试点

率先利用北斗导航技术实现共享单车精细化管理，"共享自行车电子围栏通州试点"成功，已施划744个电子围栏。

海外拓展

正加速推进"一带一路"空间信息走廊建设与应用工程。合众思壮已建成以中国、美国、欧洲及中东地区和亚太地区在内的全球产品研发、生产与营销架构。

信息安全产业高端化自主化发展

- 2017年北京信息安全产业实现营业收入488.18亿元，同比增长9.1%；
- 北京在国家安全战略支撑、网络安全研发、网络安全集聚、网络安全领军人才培育和网络安全产业制度创新等方面积极进行产业布局。

建设国家网络安全产业园区

国家网络安全产业园区正式启动建设，北京市将建设国内领先、世界一流的网络安全高端、高新、高价值产业集聚中心。

形成网络安全产业六大聚集区

中关村软件园、丰台中国网安企业聚集区、海淀玉泉慧谷科技园、海淀硅谷亮城、昌平未来科技城，及望京360企业聚集区。

自主可控技术体系加速形成

初步形成安全操作系统、网络安全、应用安全等自主可控技术体系，在安全芯片、可信计算、密码产品、安全操作系统、安全数据库等基础软硬件产品方面处于全国领先地位。

行业领军企业领跑全国

绿盟科技、网神、启明星辰获得首批国家信息安全服务最高资质，成为承担国家级信息安全服务的领头羊。

工业互联网步入规模化扩张关键期

- 2017年北京两化融合发展水平指数为96.76，全国排名第四；数字化研发设计工具普及率达70.6%；经营管理类软件ERP的普及率为60.5%，数字化生产设备联网率为36.0%；
- 成立工业大数据创新中心；组建工业技术软件化（北京）创新中心。

从业人员规模继续扩大，增速逐渐放缓

- 2017年，行业从业人员数量达77.5万人，同比下降0.2%，占第三产业从业人员比重为13.3%；
- 规上企业的从业人员规模主要集中在50人以下，占比达38.8%，较上年提高4.4个百分点；
- 百度、文思海辉、58同城和美团等6家企业从业人员数量超过万人。

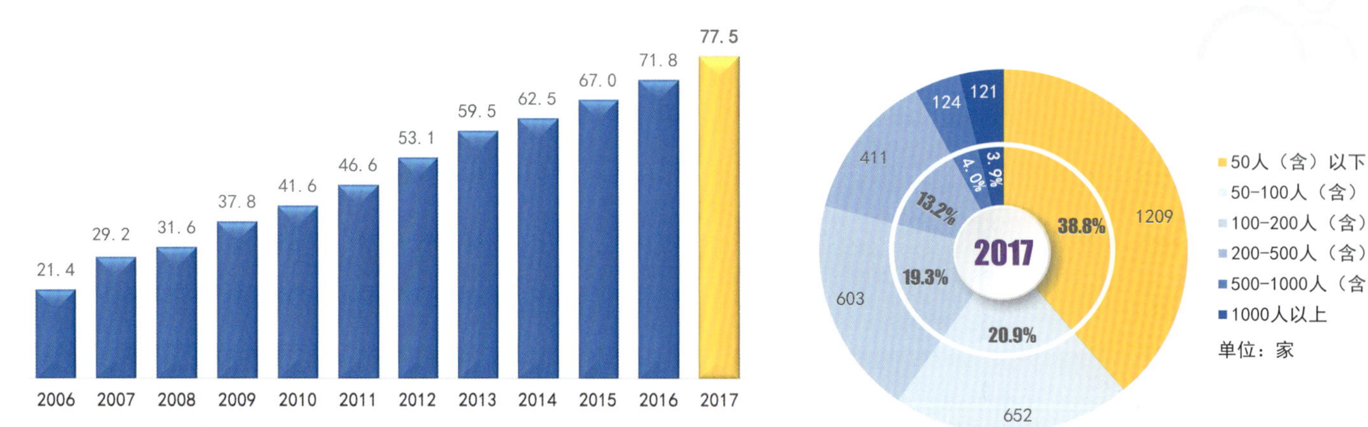

2006-2017年信息传输、软件和信息技术服务业行业从业人员数量（单位：万人）

软件企业在资本市场保持活跃

- 北京软件上市企业数量163家，上市地点集中在深圳（占比42.9%）和美国（27%）、香港（16.6%）、上海（12.3%）；
- 2017年新上市企业10家，其中趣店、搜狗、简普科技、和信贷、寺库5家在美国上市。

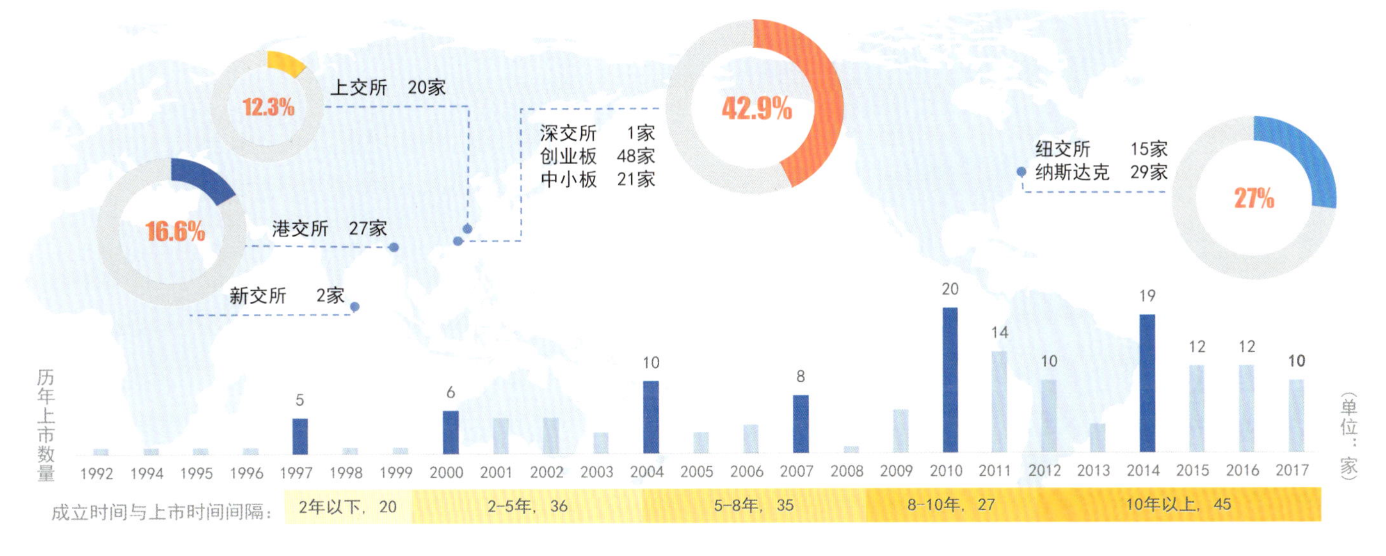

并购热点集中在新一代互联网应用等领域

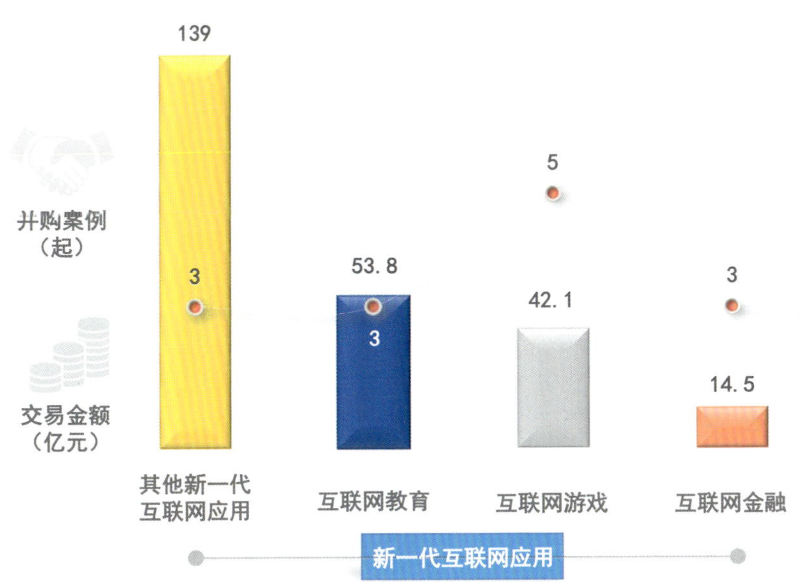

- 2017年累计发生企业并购案例21起，并购融资金额为251亿元，主要集中在互联网教育、互联网游戏、其他新一代互联网应用等领域；
- 从单起平均融资规模看，互联网教育、互联网游戏、其他新一代互联网应用呈现较高水平；
- 百度、今日头条布局人工智能、短视频等领域，分别收购xPerception、北美短视频Musical.ly，成为新亮点。

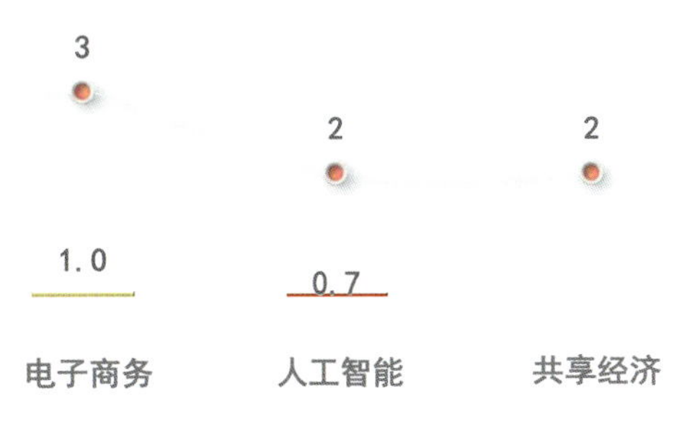

人工智能、共享经济等领域成为战略投资热点

- 2017年共享经济、电子商务、人工智能、物联网等领域成为战略投资热点领域；
- 滴滴出行、商汤科技、摩拜单车、云知声等7家企业成为战略投资焦点，涉及总金额达275. 1亿元，占比超九成。

领域	融资案例（起）	融资金额（亿元）
共享经济	2	266. 5
电子商务	2	13. 3
人工智能	6	8. 7
物联网	1	4. 6
智能健康	2	1. 5
其他新一代互联网应用	5	1. 1
信息安全	1	0. 8
互联网金融	3	0. 8
行业信息化	3	0. 6
大数据	3	0. 01

北京对中部地区的资本辐射力度加大

- 2017年，行业对全国股权投资总额为550. 8亿元，三成流入行业自身，其中对京外投资341. 98亿元，占比为62. 1%；
- 近80%行业投资流入东部地区，中部地区吸纳投资金额增长迅猛，同比增长达159. 4%。

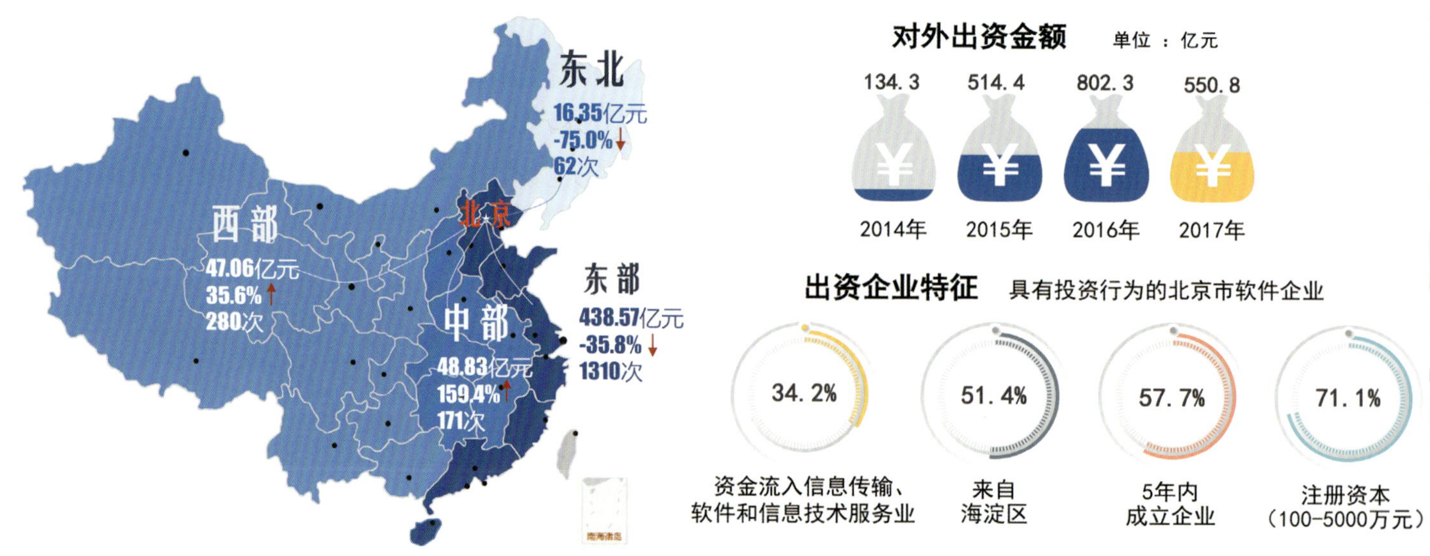

欧美市场为服务外包的主要发包方，产业链持续向高端延伸

- 2017年北京服务外包收入45.66亿美元，同比下降6.9%，欧美市场占市场总额达77.2%；其中信息技术外包实现收入31.8亿美元，同比增长3.1%，在服务外包占比较上年提升6.7个百分点；
- 博彦科技、软通动力等企业通过海外并购、合作等方式抢占供应链地位，布局云计算、大数据、智慧城市等新兴业务；
- 中软国际、瞬联科技、文思海辉、互联企信等企业入选2017年全球IT外包百强企业榜单。

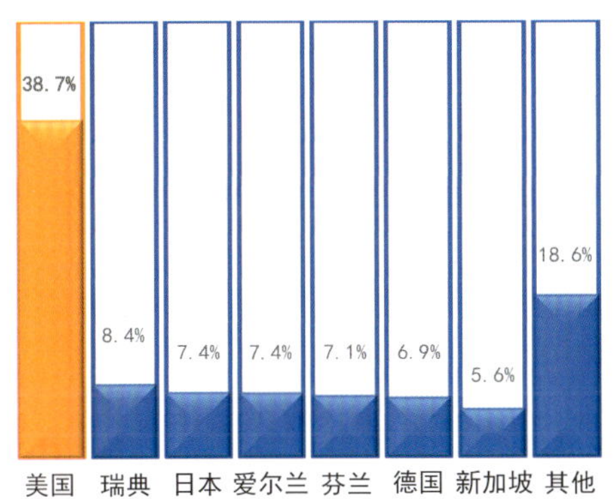

北京地区服务外包国别构成占比情况

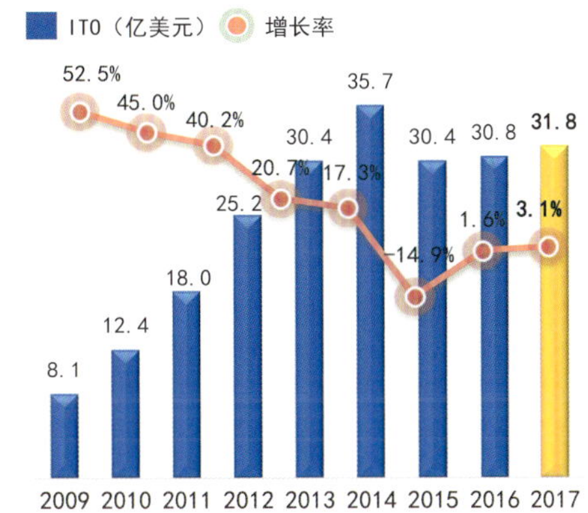

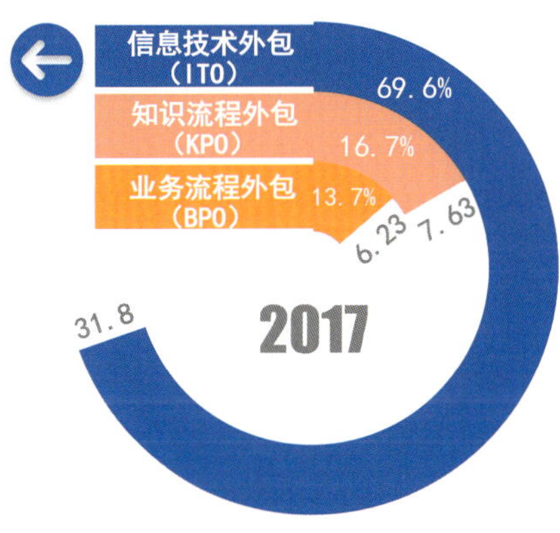

北京地区服务外包类别构成情况（亿美元）

响应“一带一路”倡议，深化产业国际合作

- 我市企业与“一带一路”沿线国家加大合作力度，在北斗导航、基础软件、网络游戏、社交软件、共享经济、跨境电商等多个领域实现突破性进展；
- 小米、百度、360等企业通过证券投资等方式进入“一带一路”沿线国家，获取相关技术和资本收益。

北斗导航： 稳步推进北斗系统“走出去”，促进北斗卫星导航系统服务全球。该系统逐步走进阿拉伯国家联盟、泰国、马来西亚、印度尼西亚、巴基斯坦等。

应用软件： 亚信等电信服务商抢占印度、欧洲市场，用友、金山等服务东南亚、南亚等周边市场，打响国家自主品牌。

网络游戏： 东南亚成为中国网游的输出重地。金山、搜狐畅游、昆仑万维、智明星通等公司布局东南亚游戏市场。

社交软件： 网络社交平台加速国际化布局。其中，百度向越南推出“百度贴吧”；茄子快传在印度用户超2.5亿，并稳居印度尼西亚工具榜第一。

共享经济： 新兴企业纷纷走出国门，滴滴通过投资加快全球化布局，共享单车企业拓展海外业务，正成为海内外沟通的桥梁。

跨境电商： 京东等电商企业积极探索适合中俄跨境电商发展的新业务模式，布局远东地区跨境电商业务。

北京成为全国软件技术创新主阵地

- 2017年北京软件著作权登记量为125015件，同比增长49.7%，占全国16.8%，位居前三甲（广东、北京、上海）；
- 2017年行业专利申请量为14546件，其中发明专利12232件；行业专利授权量为6558件，其中发明专利4244件；
- 截至2017年，行业有效发明专利数34326件，每家企业拥有的有效发明专利数10.1件，万人有效专利数451.3件；
- 天融信、数字认证等8家北京软件领域企业参与项目获国家科学技术奖。

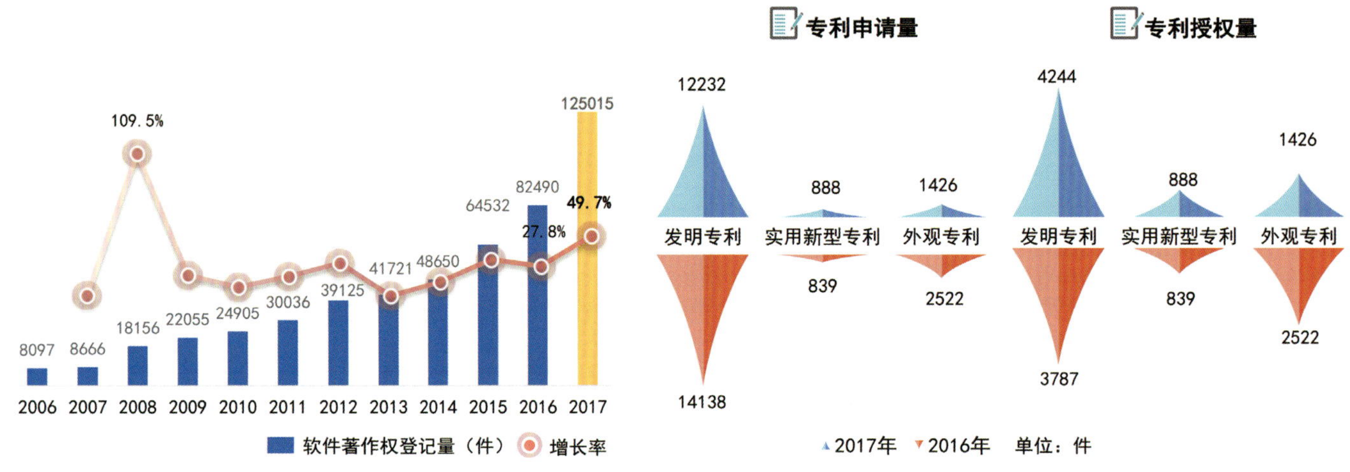

专利创新热点同步全球科技前沿

- 数据传输、直播、语音识别、无人机与图像处理等领域成为专利创新的年度热点；
- 机器人、人工智能、网络安全、虚拟现实、量子、光伏、区块链、VR、芯片等领域与全球科技发展趋势同步。

技术创新载体和科研活动经费成为产业创新“双保障”

- 北京软件企业共有国家级企业技术中心8家，市级企业技术中心179家，主要分布在海淀区；
- 创新中心建设取得突破，已设立4个创新中心；新增823家企业获得国家高新技术企业认定；
- 2017年北京软件企业内部科研活动经费投入为872.6亿元，同比增长27.1%；研发投入强度为10.8%；
- 2017年行业高新技术产品销售收入为748.5亿元，同比增长10.2%。

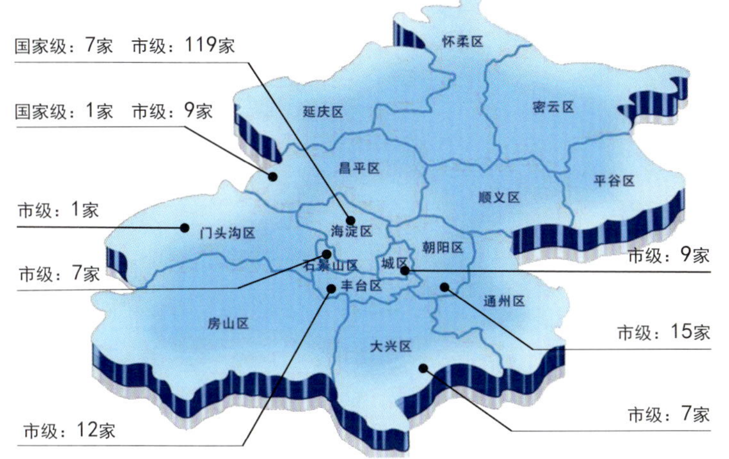

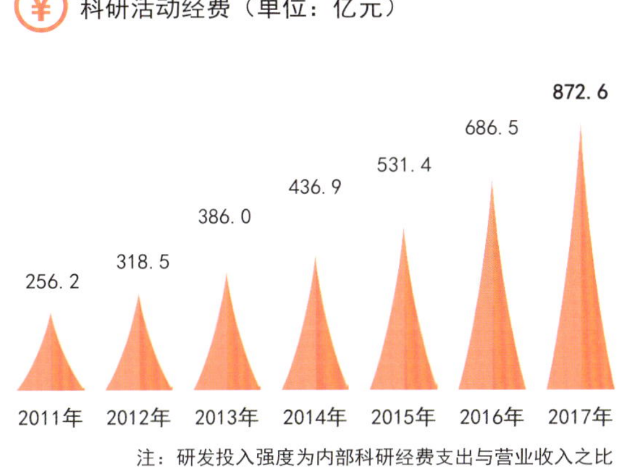

注：研发投入强度为内部科研经费支出与营业收入之比

改革开放40年来企业入市速度明显加快

- 自改革开放以来，北京软件和信息服务业掀起了数轮创业潮，尤其商事制度改革后行业创业热情持续高涨；
- 2017年北京软件和信息服务业新增企业数量达3155家，日均新增企业8.6家。

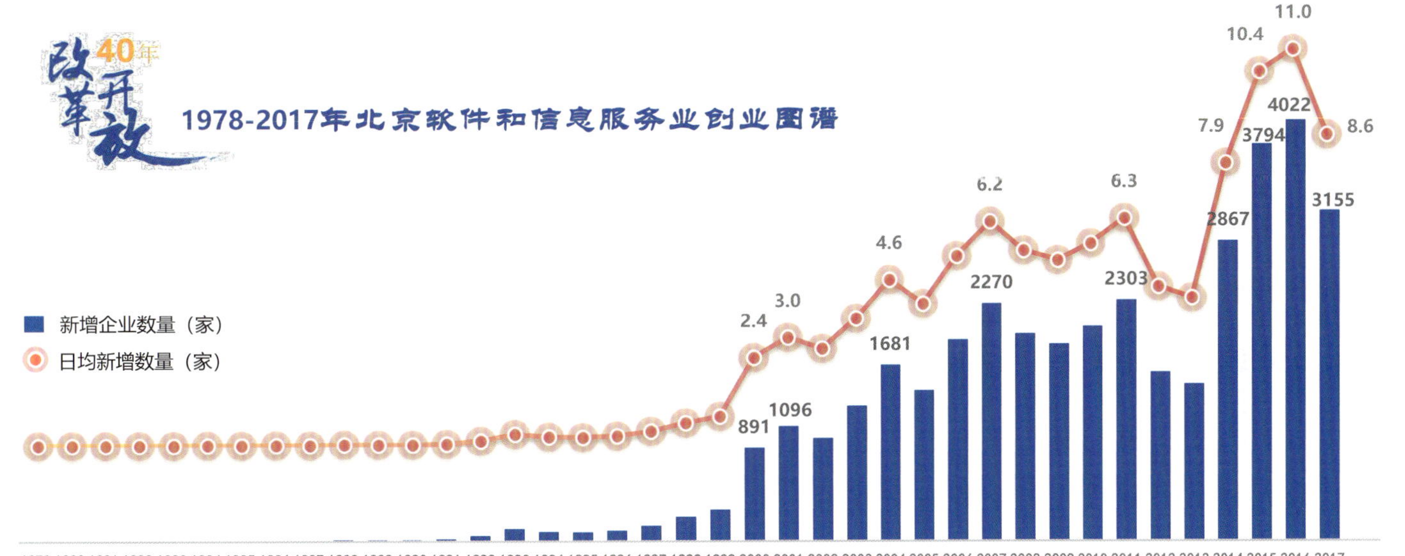

北京引领京津冀软件和信息服务业快速发展

- 2014-2017年北京软件和信息服务业493家企业在津冀两地设立分支机构1496家，其中2017年376家；
- 2017年天津武清区、静海区和滨海新区，河北石家庄、秦皇岛、唐山等地成为北京设立分支机构集中地；
- 2017年信息传输、软件和信息技术服务业及科学研究和技术服务业成为分支机构的首选行业。

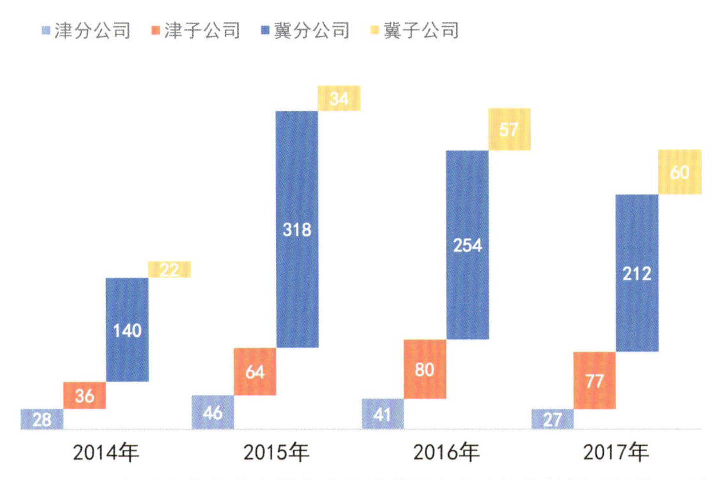

2014-2017年北京软件信息服务业在津冀设立分支机构情况（单位：家）

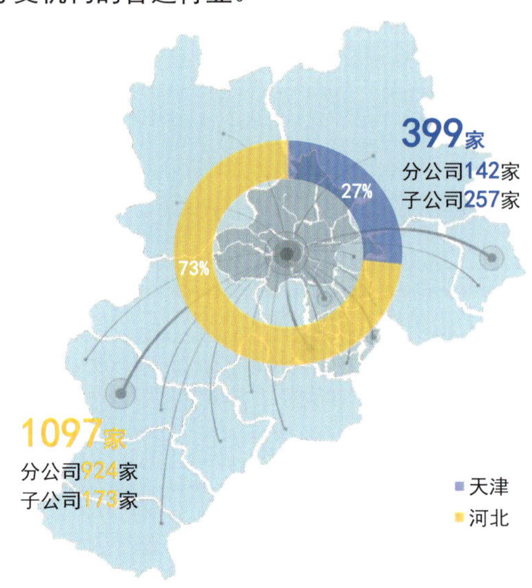

京津冀三地技术协同创新持续走向深化

- 在联合创新主体上，2011-2017年北京软件企业参与三地联合创新的企业主体数量达1619家；
- 在联合专利创新成果上，2011-2017年北京软件企业三地联合专利创新总量为1002件，其中申请量为522件，授权量为480件
- 在联合软著创新成果上， 2011-2017年京津冀三地联合软件著作权登记量为285件，其中2017年为81件，同比增长37.3%。

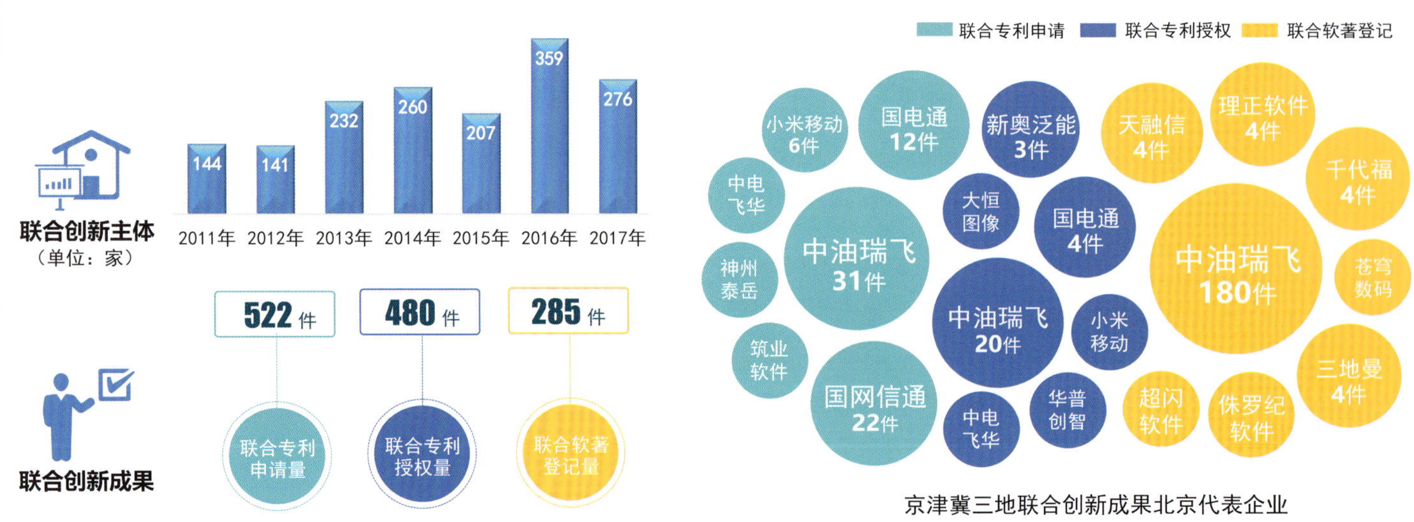

京津冀三地联合创新成果北京代表企业

（北京软件与信息服务业促进中心

区信息化

本栏目主要记述东城区、西城区、朝阳区、海淀区、丰台区等16个区信息化建设情况。

概 述

2017 年，全市各区信息化工作紧紧围绕重点工作，扎实推进智慧区建设；深化业务应用，提升精细化管理水平；提升基础设施建设，打造网络安全和公共服务发展体系。东城区当选“2016—2017 年度中国最佳管理实践智慧城市”，在全国直辖市所属区县排名第二。西城区率先在全市建成“智慧城市”基本框架，宽带网络光纤全覆盖。朝阳区获得“2017 年中国新型智慧城市创新 50 强——创新服务奖”。海淀区大数据分析与应用技术国家工程实验室揭牌，2017 年度智慧海淀建设项目启动。丰台区启动空巢独居老年人养老服务“连心通”惠民工程，以信息化技术和线上线下服务为支撑，免费为全区 1.7 万空巢独居老年人提供服务。石景山区完成了“城管拆违和执法辅助系统”验收，完成市政管理基础数据中卫星影像图的更新，以及阜石路以北 1 : 2000 测绘图项目的验收。门头沟区“门城通”上线。房山区“北京市网络借贷监管系统”正式上线，在产业园内得到实践和应用。通州区建设无线 Wi-Fi 覆盖工程，陆续在地税、工商、规划、交通等 11 个办事服务大厅，493 个公共自行车存取点场所开通“–MyBeijing–”无线上网服务。顺义区首家新型智慧菜市场裕龙菜市场开业，实现传统菜市场向“互联网 + 菜市场”的转型。大兴区“农村有线广播电视光纤化改造提升工程”全面完成，共铺设有线电视光缆 3216.084 公里。昌平区首个智慧小区示范项目顶秀青溪家园小区揭牌。平谷区“北京通”居民健康卡发放工作稳步进行，惠及全区行政村共 20 余万的新农合参保人员，实现一卡在手、全区通行、畅捷服务。怀柔区全市首家区级社会信用信息服务平台启动，实现全区各种类型法人信用数据库首次汇聚和社会共享。密云区完成政务云平台建设招投标工作，完成硬件购置及软件集成调试。延庆区基础设施建设稳步推进，新建 4G 基站正在选址 8 个，正在建设 12 个，完成建设 61 个；在 2G、3G 基站上整合共享完成 48 个。

（市经济信息化委）

东城区

【概况】东城区信息化工作办公室（简称区信息办）是东城区信息化工作领导小组的办事机构，负责区信息化工作的政府工作部门。内设综合管理科、应用推广科、电子政务科，下设信息中心和信息资源管理服务中心两个科级事业单位。主要职责是统筹规划、综合协调、监督管理全区的信息化工作，全面推进电子政务、电子商务、智慧社区的建设和信息资源的开发利用，开展有关信息化工作的行业管理、宣传、培训、技术服务和国内外交流合作等工作。

2017 年，东城区信息化工作紧紧围绕全区重点工作，发挥统筹作用，扎实推进“智慧东城”建设；深化业务应用，着力提升精细化管理水平；提升基础设施建设，全力打造网络安全和公共服务发展体系。

（东城区信息办）

【中国最佳管理实践智慧城市】1 月，东城区当选“2016—2017 年度中国最佳管理实践智慧城市”，在全国直辖市所属区县排名第 2。排名来自国衡智慧城市科技研究院评估组发布的《2016—2017 年中国新型智慧城市建设与发展综合影响力评估》。东城区紧密结合自身区域特点，依据城市建设和智慧经济发展规律，走出了一条具有中国特色的新型智慧城市发展道路。

（东城区信息办）

【通过软件正版化检查】2 月 17 日，北京市使用正版软件工作联席会议检查组对东城区 2016 年软件正版化工作进行检查。区信息办汇报了东城区软件正版化工作，并提交了相关材料。检查组对东花市街道、崇文门外街道、区卫生计生委、区社会办、区公安分局、区政府研究室等单位进行了现场检查。检查组肯定东城区正版化工作，软件正版化检查顺利通过。

（东城区信息办）

【“互联网 +”老字号信息化发展之路】2 月 23 日，由东城区信息化协会、东城区老字号协会联合举办的“中国移动互联网 + 老字号信息化发展之路”座谈研讨会在中国移动集团北京有限公司召开。区信息化协会 30 家会员企业代表参加会议，区商务委、区信息办和区产促局应邀出席。会议探讨了老字号信息化技术应用，参观了中国移动信息化技术及产品，以老字号企业与信息化企业的经验分享为线索，探讨了老字号信息化发展之路、信息化产业发展之路。

（东城区信息办）

【政务外网设备更新改造】截至 2 月底，区信息办分 2 次为 78 家委办局、167 家社区居委会、80 家卫生站更换路由器，以提升网络接入稳定性。同时对区政务外网网络资产进行清查，更新设备台账，定期对设备进行数据备份，保证政务外网的平稳运行。东城区政务外网设备更新改造工作于 2015 年 10 月启动。

（东城区信息办）

【应对网站高危漏洞整改】3 月 7 日，针对会导致网站被黑客入侵的 Apache Struts 2 高危漏洞，区信息办启动应急预案。对数字东城网站群排查整改的同时将预警信息发送至 26 家有自建网站的单位，要求各单位进行排查整改，共有 5 家单位网站存在此漏洞，其中 4 家网站及时修复漏洞，1 家网站疑似出现问题。区信息办关停有问题的网站，并联系相关单位进行处置。区信息办与各单位建立了信息安全分享机制，提升了处置突发信息安全事件的处理能力。

（东城区信息办）

【启动“雪亮工程”建设】3 月 15 日，区委常委会第 8 次会议明确了雪亮工程“党政领导、综治牵头、公安负责、部门配合、社会参与”的工作思路。按照会议精神，东城区成立由区综治办、区信息办、区公安分局等 7 家单位构成的设计专班，同时成立专家组，开展项目设计工作，确定了到 2020 年年底前实现“全域覆盖、全网共享、全时可用、全程可控”的工作目标。

（东城区信息办）

【网格化移动视频会议系统培训】3 月 31 日，区信息办联合区综治办开展网格化移动视频会议系统培训，采用功能讲解与实际操作相结合的方式。全区 17 个街道为民服务分中心和部分社区网格员共计 40 余人参加。

（东城区信息办）

【医疗卫生领域信息化发展研究】3 月至 7 月，东城区通过对 23 家单位调研，对医院基本情况、信息化基础设施基本情况、应用系统基本情况、医院管理与业务问题等进行摸底，形成《东城区医疗卫生信息化发展研究报告》和《东城区医疗卫生信息化发展研究调研问卷整理及分析》调研报告。为推动东城区医疗卫生信息化工作更为科学、有序、规范地发展，东城区依据国家卫生计生委统计信息中心提出的“十三五”医疗信息化建设性方案，参考北京市《“十三五”时期卫生计生事业发展规划》，开展医疗卫生领域信息化发展研究。

（东城区信息办）

【信息化助力望坛棚改】4 月 10 日，区信息办为保障望坛棚户区改造住户意向签约工作规范有序开展，确保签约排号工作能够公平、公正、公开进行，建设望坛棚户区改造信息系统，通过建立有线、无线多运营商、多套网络保障，依托统一数据中心，运用稳定、高效的计算机算法，在 18 个工作窗口实现了统一、同时、分散的放号和排号，历时 14 小时，经过 286 轮，完成 4555 户居民集中取号。同时，各个窗口的排号情况能够面向居民实时滚动公示，实现了对签约排号工作的社会监督，保证了签约排号工作的高效、精准和严密。

（东城区信息办）

【“勒索”病毒应急处置】5 月 13 日 20 时，区信息办接市通信保障和信息安全应急指挥部办公室关于“勒索”病毒的预警通知，按区领导的要求，第一时间接警，迅速排查并处置。向全区下发《关于处置“勒索”病毒事件的紧急通知》《关于“勒索”蠕虫病毒紧急处理的通知》《关于“勒索”病毒紧急处理的操作手册》《关于“勒索”蠕虫病毒出现变种及处置工作的紧急通知》，并提供处置方法和工具，要求托管在电子政务数据中心的业务系统负责人对相关服务器加固整改。截至 5 月 15 日凌晨 2 时，共完成 49 个系统服务器的加固工作；对数字东城网站群中使用 Windows 服务器的应用及数据库进行安全加固，并完成异机和异地备份；关停 18 家存在安全隐患的网站。

（东城区信息办）

【政企协同信息化建设交流会】5 月 26 日，由北京联通公司和东城区信息化协会联合举办的“互联网 + 大数据时代”——政企协同信息化建设交流会在中国联通北京分公司召开。区内相关单位和协会会员单位代表 60 余人参加了会议。会议围绕大数据、物联网、云计算等相关业务进行沟通和交流，北京联通公司表示要加强与东城区内各单位和企业的协同合作，提升全区基础设施建设，助力政府信息化建设，共同打造智慧东城。

（东城区信息办）

【网络安全保障服务】5 月，区信息办对数字东城网站群进行全面检测，发现并修复高风险问题 45 个，中风险问题 76 个，低风险问题 112 个，涉及 35 家单位网站；通过开展升级网站安全应用设备、梳理并细化安全策略等工作，通过了市经济信息化委、市网安总队、市应急处置中心检测。制定《信息安全保障工作方案》，规范系统安全应急与快速响应工作机制，完善各系统应急预案，配备现场操作手册和突发事件排查流程图，加大巡检力度，每隔 2 小时对机房、网络、系统等进行巡检，累计巡检 560 余次，实行双人双岗、领导带班制度，全天候 7×24 小时现场应急响应，确保各应用系统、网站和网络运行状态良好。

（东城区信息办）

【社会信用体系建设】7月至8月，区信息办为落实市经济信息化委《关于开展社会信用体系建设3年重点工作任务绩效评估的通知》，对信用工作任务要求进行了梳理，组织召开东城区社会信用体系重点领域三年重点任务座谈会，汇总整理了33个区级部门和12个街道办事处的45篇自评报告，于8月底撰写完成《东城区社会信用体系建设自评报告》，完成市级的评估工作。

（东城区信息办）

【开展全区软件正版化工作实地检查】从9月18日起，按照《北京市2017年软件正版化工作推进方案》的相关要求，区信息办对全区100余家单位开展软件正版化工作实地检查，共抽查1767台计算机，其中，1567台计算机合格，合格率达89%，100%合格的单位为57家；并要求检查不合格的单位限期整改。

（东城区信息办）

【无线电管理宣传咨询日】11月7日，区信息办组织北京联通、北京移动、北京珐琅厂、北京稻香村公司、北京大道信通等30余家企业开展新《中华人民共和国无线电管理条例》宣传工作。15日，联合景山街道办事处在黄城根遗址公园举办无线电管理宣传咨询日活动，通过背板、展板、发放宣传手册、宣传品、有奖知识问答等形式，宣传并解答群众关于无线电台站设置、使用、管理等问题。活动中，向市民发放无线电宣传材料200余份，接待咨询者100余人次，群众现场填写无线电知识问卷50余份。

（东城区信息办）

【软件正版化工作培训】11月17日，举办东城区国家机关软件正版化工作培训会，邀请北京市使用正版软件工作联席会议办公室、北京市版权产业联盟、东城区财政局的专家授课，解读软件正版化的政策文件和计算机软硬件采购规范，并对111家单位的信息化工作骨干120余人进行了软件正版化相关知识及检查考核相关工作的培训。部署2017年软件正版化检查准备工作，要求各单位按照《东城区2017年软件正版化工作推进方案》的要求，做好自查整改工作。

（东城区信息办）

【开展“智慧东城”项目建设】年内，开展2018年“智慧东城”项目申报及评审工作，共征集项目30个，最终通过评审项目24个。分为3类工程，分别是：大数据建设实施工程、政务服务提升工程、物联网+城市精细化管理工程。

（东城区信息办）

【数字东城网站群】年内，数字东城网站群体系涵盖92家区属单位133个分站，全年更新信息13109条，英文网站更新信息247条，发布东城视频93个；在创新宣传方面，利用图片、文字、视频、微博、微信等多种模式进行政策宣传解读；全年推出专题网站16个，凸显地方区域特色，提升社会影响力；开展在线网络直播2次，激发公众参与度；公开68家单位共8067条重点领域信息，实现了部门预算5个“首次”公开。网站安全保护等级提升至三级，有效提升安全技术防范能力；规范网站安全与快速响应工作机制，实行7×24小时现场应急响应；完善《数字东城网站快速恢复应急预案》，针对模拟场景实地操作演练；全年网站应急值守8次，累计时长达1524小时，处理各类高中低危漏洞2681个。

（东城区信息办）

【重要信息系统应急演练】年内，区信息办对数字东城网站、协同办公系统、实名认证系统、存储备份和互联网应用等5个重要信息系统分别制定演练方案，明确应急演练的处置流程和各单项预案的关键信息点，共组织开展2次应急演练工作，按照“预防为主，积极处置”的原则，通过模拟突发事故，各部门反应快速、报告及时、协作配合，圆满完成演练工作。检验了网络与信息安全综合应急预案和业务系统专项应急预案的有效性，提高了各部门协同配合和应急处置能力，总结演练过程中发现的问题并及时更新预案，确保预案有效性，达到预期效果。

（东城区信息办）

【协同办公平台应用】年内，全区各单位间共计收发文53159件，通知公告流转576481件，督查督办件办理1148件，信息报送16855件，刊物发布253件；全区各单位内部公文流转175801件，内部信息共享18088件；通过内部邮箱收发邮件共计124513件。

（东城区信息办）

【-MyBeijing-无线网络建设】年内，按照市经济信息化委的统一部署，鼓励运营商在辖区部署-MyBeijing-无线网络接入点。全年新增点位513个，-MyBeijing-无线互联网接入点累计数量达到4271个，覆盖东城区全域面积达到95%。每个点位提供百兆物理链路接入，接入带宽为每个2兆，为公众用户提供7×24小时的免费无线互联网接入服务。

（东城区信息办）

东城区信息化工作主管领导

副区长：刘俊彩

信息化工作办公室主任：饶景东

西城区

【概况】2017年，西城区按照“智慧北京”重点工作任务的总体部署，紧紧围绕全区中心工作，加强信息化统筹规划、统筹服务和应用创新，运用大数据、云计算、互联网等新技术，推动信息化在城市功能完善、公众服务普及、政府高效运行、经济发展品质提升等方面发挥了巨大作用，打造了一批具有西城特色的信息化亮点和精品工程，整体水平继续保持全市领先地位。

（陈秋怡）

【夯实网站运营管理工作】年内，西城区科技和信息化委员会（简称区科信委）修订了《北京西城政务网站管理办法》，明确各相关单位在“北京西城”主网站相关栏目的建设和内容管理职责，建立长效的运行管理机制。完成区政府网站升级改造，开展常态化网站内容检查，进行网站每日监测，全年共检查113次，督促整改1796次，有效促进了西城区网站内容建设的水平。西城区政府48家网站接受国务院、市政府监测考核，100%合格，远高于全国政府网站总体合格率和北京市政府网站总体合格率。

（区科信委）

【改造提升网站平台】完成区政务门户网站改版工作，充分体现“西城·家”的文化特色，突出政府网站的政务公开特点，已经征求意见，准备上线。完成网站管理平台后台改造，实现网站内容更新监测，各单位网站完成迁移到新版网站管理平台。

（区科信委）

【推进大数据工作】年内，西城区进一步梳理大数据工作机制，以区委、区政府名义正式印发《西城区关于推进大数据建设的实施意见（草案）》。在广泛调研的基础上，编制形成了《西城区大数据中心技术框架》。编制发布了《西城区街道大数据分中心平台建设要求》；制定了“数据交换与整合规范”“接口与服务规范”“目录服务及管理规范”三个技术规范；开展了政务数据开放及技术支撑方案研究，编制了区政务数据开放管理办法（征求意见稿），研究设计了区政务数据开放平台技术支撑方案和技术规范。基本形成了三个基础平台、四个基础库、三大数据应用中心及多个区街数据应用平台的大数据体系。为西城区各单位交换数据共计4767.7万条，有效支撑各部门应用，部分应用在全国或北京市成为典型案例。智慧西城总体建设水平持续提升。

（区科信委）

【修订信息化项目管理办法】年内，修订《北京市西城区信息化项目管理办法》，并配套起草了北京市西城区信息化项目验收实施细则、西城区信息化项目建设管理前置评审细则表。调整区信息化领导小组成员，梳理近两年信息化项目实施情况。

（区科信委）

【推动智慧城市建设】年内，西城区率先在全市建成“智慧城市”基本框架，宽带网络光纤全覆盖。西城区科信委配合西城区发展改革委开展实有人口的专项行动，推进实有人口数据落地到区人口基础库；建设人口大数据移动监测平台，建立以手机信号为数据来源和分析对象的人口动态监测体系，探索人口大数据在西城区人口调控、区域治理、街道工作中的服务模式，并将其纳入到整个西城区大数据建设应用体系中。启动了大数据应用展示运行监测平台建设。利用城指中心大屏幕作为展示前端，对接西城区应用效果比较突出的10余个业务系统数据，进行统一展现，最终逐步形成西城区大数据的统一展现窗口。规划开展历史文保区试点应用，推动西长安街红墙数据共享，协助工商局企业监管平台升级，扩展企业数据信息，辅助发展改革委推动西城区公共资源交易平台建设等。

（区科信委）

【加强信息化项目全流程管理】年内，西城区每季度收集重点项目的进展情况，跟踪重点项目的实施效果，提炼典型案例和重点应用，为各委办局提供技术咨询和支持规范全流程管理，提升了项目管理水平。

（区科信委）

【展示科技成果亮点】6月，西城区科信委完成了第二十届科博会设计参展工作。围绕第二十届“科博会”的主题“科技引领　融合创新”，重点展示西城区科技创新成果、智慧城市产业两部分内容。征集了中关村西城园的13家企业参展。其中科技创新成果主要征集了华新意创工业设计、北京正安维视科技股份有限公司等7家企业的高新技术成果，展示了高空民用无人航拍飞机、全时空立体可视化视频监控平台、3D打印机、三维扫描仪等产品；智慧城市产业部分主要由华远集团、中国航天科工集团、医联网（北京）科技股份有限公司等6家企业组成，展示了互联网＋智慧商业、智慧环保、智慧社区、智慧生活等内容。西城区科信委被评选为第二十届（2017年）中国北京国际科技产业博览会优秀组织奖和最佳展示奖。

（区科信委）

【加强信用体系建设研究】年内，组建了西城区社会信用体系建设联席会议。通过了北京市信用体系建设三年重点任务绩效督查。统筹推进西城区社会信用体系建设工作，编制发布了《关于推进西城区诚信建设制度化的工作方案》，明确了西城区信用体系建设各项工作牵头单位、工作内容和措施方式。西城区加强信用体系建设研究工作，开展了“西城区诚信体系建设行动纲要”编制工作，提出了西城区诚信建设工作重点建议与实施安排设想。

（区科信委）

【完善信用信息整合共享平台】年内，西城区增加中小企业征信信息归集方式，扩大企业信用信息涵盖范围，完善企业主体信用数据库。提供企业征信、信用评级、企业信用管理、信用融资、信用指数发布、信用信息公示等服务。

（区科信委）

【信息化执法检查】年内，区科信委信息化管理科依据《北京市信息化促进条例》，对区委办局、区公安分局近年项目进行信息化执法检查，检查内容包括信息系统的招标文件、建设合同，以及项目承建方的资质证明材料。完成行政执法检查量 28 件。经检查，承建单位资质均符合项目类别要求，并且资质均在有效期内。

（区科信委）

【公务员工资管理审核系统】11 月，机关公务员工资管理审核系统通过验收。此平台实现了全区 91 家机关、参公单位和规范单位的在职人员工资、离退休人员离退休费管理的日常业务和审核业务。达到了与国家、北京市机关公务员工资政策调整实时联动，提高工资智能化计算水平，提高区机关工资管理水平，实现机关工资管理的规范化和数据集约使用的目的。

（区科信委）

【教育信息技术中心网站群】8 月 20 日，区教委“现代教育信息技术中心西城区教育系统门户网站群建设”项目验收。此项目通过系统有效整合教育信息资源，实现了统一规范管理教委网站群。开发了动态栏目管理、门户 Portal 管理、子网站群管理、动态模板管理、信息推送管理、网站内容管理、统计分析管理、系统管理、支持分布式部署九大功能。项目的完成，打破了教委和下属院校对信息资源的封闭，网站内容由主站和子站共建共享，使教育信息资源充分服务于社会，对促进教育信息公开、改进管理模式、提升宣传效能等具有重要意义。

（区科信委）

【区域人口健康信息化顶层设计】年内，西城区卫生计生委积极组织开展西城区人口健康信息化顶层设计研究，对区属医疗卫生机构信息化建设情况进行调查摸底，初步编制完成《西城区人口健康信息化顶层设计研究报告（2017—2025 年）》和《西城区人口健康信息化建设三年行动计划（2018—2020 年）》等文件，明确了区域人口健康信息化的总体框架和具体任务。西城区卫生计生委积极协调区政府办、区公安分局、承建企业以及辖区各医疗卫生机构，加快推进卫生计生专网建设，拟接入政务专网的医疗卫生机构共 122 家，完成 117 家医疗卫生单位的专网光缆接入，其中 87 家医疗机构实现调试联通。完成了第二条卫生计生专网的勘测工作，将根据业务工作需要，建设备用网络链路，保证卫生计生专网的安全性和稳定性。在西城区公共卫生大厦建设了面向卫生计生委基础业务支撑和卫生综合管理的区域卫生数据中心，该中心已完成等保三级备案并投入使用。

（区科信委）

【打造“互联网＋就业服务”模式】年内，西城区人力社保局申报“西城区就业服务网络平台”和“北京市西城区就业创业服务网升级改造项目”。为民生大计提供技术支持，解决西城就业问题。此项目以贯彻国家和北京市大数据发展要求为契机，建立一个完善的城乡劳动力总量数据库，以及登记失业人员信息库，汇聚整合人口、就业、公益性救助信息等数据资源，实现全区所有的街道、社区数据融合，为统计全区的就业率以及相关部门的数据共享提供基础数据的支撑，给领导决策、预警预判、综合分析提供支持，实现劳动力人员人人参与、人人享有、人人获益、人人便利的“互联网＋就业服务”发展格局。西城区行政服务体系架构由“区、街、居”三级，“1+9+15”个服务大厅及261个社区服务站构成。行政服务领域信息化没有形成全区一盘棋、各专业服务大厅和街道公共服务大厅以及网上大厅，分别由各自所属部门建设的状况得到改善。

（区科信委）

【综合行政服务中心】年内，西城区综合行政服务中心围绕实体大厅、网上大厅、电话热线、24小时自助服务4个方面，先后建成了中心门户网站、业务办理子系统、辅助管理子系统、一号通热线系统、数据资源管理系统、绩效考核评价系统、图像视频监控系统、全程信息咨询与服务预约系统、现场导引服务系统等，提升了综合行政服务大厅的信息化服务水平及管理信息化水平，实现了综合行政服务大厅咨询、预约、办事引导、业务办理、满意度评价闭环业务流程；网上虚拟服务大厅提供办事指南查询、咨询、预约等网上服务，方便公众办事；通过“一号通‘12341’政府热线”平台，为公众提供全年无休的热线服务；通过对窗口服务质量实行绩效管理信息化，促进了行政服务效能提升。

（区科信委）

西城区信息化工作主管领导

副区长：司马红

科技和信息化委员会主任：杨　秋

朝阳区

【概况】朝阳区信息化工作办公室（简称区信息办）是全区信息化主管部门，负责指导、组织和实施辖区内信息化建设。下设综合管理科、电子政务与社会信息化科、软件与信息服务业科和信息网络中心。编制29人。2017年，在区委、区政府的领导下，区信息办突出党建引领作用，明确工作目标，狠抓重点难点，注重绩效实效，深入学习贯彻中共十九大精神的统一思想、整顿作风，圆满完成了全年各项任务。全年主要完成以下6个方面的工作：坚持党建引领、警钟长鸣，干部思想作风持续向好；坚持政策引导，扩大开放，“高精尖”产业发展生态转型优化；坚持技术支撑、共融共享，智慧朝阳体系建设逐步完善；坚持责任担当、服务保障，安全维稳工作扎实到位；坚持关口前移、总体布局，网络信息安全底线牢靠；坚持制度约束、创新模式，信息化项目管理规范有序。区信息办获得“2017年度朝阳区社会管理综合治理优秀单位”称号，及“2017年中国新型智慧城市创新50强——创新服务奖”。

（吕　洲）

【信息产业增速显著】全年，朝阳区信息传输、软件和信息服务业实现收入624.3亿元，比上年增长20.2%，超额完成行业GDP增速15%

的指标任务。

（吕　洲）

【高新技术产业资金】 6 月，朝阳区完善《朝阳区高新技术产业发展引导资金管理办法》，全年利用 2000 万元产业资金扶持 31 家高新技术企业，区内 5 家企业获得北京市两化融合贯标评定证书。

（吕　洲）

【编制公共安全规划及规范】 11 月，制定完成《北京市朝阳区公共安全视频监控建设联网应用总体规划（2017—2020）》《北京市朝阳区公共安全视频监控联网应用系统建设技术规范》《北京市朝阳区公共安全视频监控联网应用系统联网技术规范》《北京市朝阳区公共安全视频监控联网应用系统传输网络技术规范》《北京市朝阳区公共安全视频监控联网应用系统安全技术规范》《北京市朝阳区公共安全视频监控联网应用系统运行维护管理规范》。

（吕　洲）

【智慧物业运行管理体系建设】 年底，朝阳区整理 6 大类、40 小类、225 项智慧物业标准，破解了异地纳税、金融打非、群租房等多个社会治理难题。在试点基础上向全区 43 个街乡、176 个重点商务楼宇推广使用，形成了智慧物业运行管理体系，实现智慧物业信息化体系和实体运行体系的有效衔接。

（吕　洲）

【CBD 信用信息平台】 年内，朝阳区收集 CBD 区域内 16 万家企业的近 2000 万条信用信息，对风险等级较高企业的信用信息进行重点监测，有效提高政府对市场主体的监管能力。

（吕　洲）

【GIS 平台】 年内，朝阳区对接相关委办局 30 余个业务系统，交换 GIS（地理信息系统）数据 1672 万余条，地图数据被调用 1500 余万次，有效破解信息数据重复采集、重复建设难题，形成朝阳区地理信息数据“一张图”，解决“信息孤岛”问题。

（吕　洲）

【网络安全制度体系建设】 年内，朝阳区编制完成《朝阳区网络与信息安全顶层设计》《朝阳区网络与信息安全管理办法》《重点活动、重要会议期间网络与信息安全管理办法》等制度文件，进一步完善网络安全制度体系建设。

（吕　洲）

【网络信息维护及安保】 年内，朝阳区对全区政府网站群实施 24 小时动态监测，累计扫描 600 余次，发现错误链接 23000 余处，错别字 1000 余处，无更新栏目 6000 余处，建立整改反馈机制，跟踪核查，确保网站整改到位。区政府网站在北京市普查中未发现不合格网站，成绩位列全市前茅。新建图像点位近 700 个，全力修复图像点位 610 余个，梳理点位 2000 余个，全面提升朝阳区重点区域的图像覆盖率和质量；开展全区网站及对外服务系统风险分析，累计发现存在中、高危风险的系统 68 个，关闭网站 10 余家；累计处置中、高危漏洞 100 余个。“勒索”病毒大规模爆发期间，采用多途径、多手段防止病毒感染，阻断疑似攻击行为 106.6 万次，无一例计算机终端感染，各单位终端、网络安全稳定运行。

（吕　洲）

【信息网络安全行政执法检查】 年内，朝阳区网络信息检查 170 次，对 4 家单位进行警告处罚，实现了区级信息系统安全行政处罚为零，全市各区行政执法检查量、处罚量均排名第一。

（吕　洲）

【编制完成智慧朝阳相关文件】 年内，朝阳区编制完成《智慧朝阳建设行动计划》《朝阳区信息化管理制度体系研究》《智慧朝阳重点领域建设模式创新实施方案研究》等文件；对54个优秀项目进行分类，树立标杆、着力推广，为统筹推动新型智慧朝阳建设巩固基础；陆续拍摄了“厉害了我的智慧朝阳”视频、“智慧物业系统介绍”等宣传片，推广成效显著。

（吕　洲）

朝阳区信息化工作主管领导

副区长：李俊杰

信息化工作办公室主任：王　臻

海淀区

【概况】2017年，依据区委、区政府会议通过的《2017年度智慧海淀项目建设库》，重点开展了城市治理、公共安全、民生服务、政务服务和信息基础设施等领域的项目建设工作。全年，智慧海淀专项124个，其中年初通过区政府批准的项目83个，后续经区政府批准追加项目41个。截至年底，67个项目完成验收工作，54个项目正在建设中，3个项目未实施。智慧教育38个项目、智慧卫生7个项目、街镇体制11个项目完成采购工作。

（杨晓艳）

【智慧海淀展举办】2月14日至20日，由中关村科技园区海淀园管理委员会、海淀区经济和信息化办公室（简称区经信办）、海淀区政府机关事务管理处联合主办，中关村国家自主创新示范区展示交易中心和中关村会展与服务产业联盟共同承办的海淀创新产品系列展之“智慧海淀展”在区政府第一办公区阳光厅展出。此次“智慧海淀展”主要展出了2011年以来智慧海淀建设的突出成果，涉及信息基础设施、城市管理、智慧交通、智慧卫生、智慧教育、智慧旅游、智慧社区、智慧政务、人力社保、智慧民生、信息安全和大数据等领域，参与的区委办局近20家，参展企业70余家。展览展出了“智慧海淀”项目的建设内容和成果，展示了“智慧海淀”以社会公共服务为特点、以信息技术为支撑、以网络化为依托、以职能部门和街镇便民服务事项整合下沉的特色，揭示了在促进海淀区经济社会新时期的跨越发展的重要意义，为“十三五”时期“智慧海淀”项目进一步发展奠定了基础。

（卢　诚）

【大数据国家工程实验室揭牌】3月21日，大数据分析与应用技术国家工程实验室揭牌仪式暨大数据分析与应用技术创新论坛在北京大学举行。大数据分析与应用技术国家工程实验室

大数据国家工程实验室揭牌

由北京大学牵头，中国科学院数学与系统科学研究院、北京奇虎科技有限公司、北京嘀嘀无限科技发展有限公司、中山大学、中国信息安

全研究院等单位共同参与，论坛旨在建设大数据分析技术研发与应用试验平台，培养和汇聚大数据分析技术研发与应用高端人才，为推动中国大数据分析与应用的技术进步和产业发展提供技术支撑。

（潘丽丽）

【参加软博会新闻发布会】 3月21日，由工业和信息化部、市政府共同举办的2017年第21届中国国际软件博览会新闻发布会举行。海淀区副区长李长萍出席了新闻发布会，并在大会

第二十一届中国国际软件博览会新闻发布会

上介绍了“海淀软件嘉年华”活动的相关筹备情况。软件和信息服务业在海淀区产业发展中占据着重要位置，海淀区集中了北京市绝大部分软件和信息服务企业。此次软件嘉年华聚焦于全球软件和信息服务业发展的创新成果，定位于引导大众体验、大众消费的特色，突出“科技”“创新”“趣味”等特点，发挥海淀软件产业聚焦的优势条件，为大众呈现一场以展演、体验、竞赛等多种大众参与方式的科技体验狂欢节。海淀区以此次活动为契机，积极搭建近距离体验前沿科技的交流互动平台，让新的需求催生新的供给，让新的供给创造新的需求，在相互促进中实现产业发展。

（潘丽丽）

【智慧海淀建设项目管理办法】 3月28日，第12次区政府常务会议召开。会议研究并原则同意区经信办提出的2017年智慧海淀建设项目资金方案；原则同意《海淀区智慧海淀建设项目管理办法》（修订版），以区政府名义发布实施。会议要求，区经信办要建立好项目储备库制度，对智慧海淀项目进行动态管理，加快项目实施进度，完善项目后期评价机制。各项目牵头部门、各街镇统筹建设好项目、使用好资金，围绕民生打造亮点，增强群众感知度。

（杨晓艳）

【智慧海淀建设项目启动】 3月30日，2017年度智慧海淀建设项目启动会议召开。会议宣布，《2017年度智慧海淀项目建设库（草案）》已经通过区委、区政府会议审议的决定。会议通知2017年智慧海淀各建设单位正式启动项目初步设计方案的编制工作，并规定各单位于5月30日前，将电子版通过智慧海淀项目管理系统报送智慧海淀办公室进行技术评审，待评审通过后将设计方案纸质材料加盖设计单位和本单位公章后，报送智慧海淀办公室。

（杨晓艳）

【政务云平台信息系统等级保护】 4月21日，区经信办召开政务云平台信息系统等级保护工作会议，云平台负责人、运维公司及涉及部分重要信息系统的相关单位参加。会上，区经信办信息安全工作负责人对海淀区政务云平台信息系统等工作的背景、目的意义以及重要性进行说明，政务云平台负责人针对政务云平台上信息系统安全防护以及等级保护工作做了介绍。海淀园管委会相关处室、区发展改革委、区卫生计生委、区人力社保局、区民政局、区综合行政服务中心、区新闻中心、区信息中心等单位的相关负责人梳理了海淀政务云平台上各应用系统，确定信息系统是否开展过定级备案以及等保测评工作，明确等级保护系统范围及级别，了解信息系统现有安全防护手段，如

防病毒、网页防篡改、数据库加密等措施，为海淀区政务云平台信息等级保护工作提供参考依据。市经济信息化委、北京市密码管理局对海淀区电子政务网络与信息系统安全检查中存在的问题提出整改意见，区经信办高度重视，安排专人完成了信息安全整改方案，并开展针对海淀区政务云平台信息系统等级保护等相关工作。

（杨晓艳）

【现场网络信息安全检查】 4月至5月，区经信办根据《北京市经济和信息化委员会、中共北京市委网络安全和信息化领导小组办公室、北京市密码管理局关于开展2017年北京市电子政务网络安全检查工作的通知》的要求，对海淀区财政局、统计局、发展改革委、民政局、环保局、卫计委6家委办局的安全管理制度、等级保护、信息技术服务外包管理、应急管理工作、教育培训等开展信息安全检查工作。通过信息安全检查工作发现：大部分委办局在安全管理制度、信息技术服务外包管理等方面做得较好，在等级保护、安全培训、应急演练、日志分析等方面存在不足之处。

（杨晓艳）

【应对“勒索”病毒应急处置工作】 5月13日中午12时，区经信办在接到市通信保障和信息安全应急指挥办公室“关于处置‘勒索’病毒事件的紧急通知”后，通知全区各单位立刻排查办公电脑、关闭互联网端口等应急处置工作，安排部署相关负责人加强对海淀区政务云平台、电子政务信息系统、机房网站等监测工作。区经信办通过全区OA、800兆、微信等途径，要求各单位按照通知要求，立刻排查办公电脑、服务器、相关网站和重要的业务系统，同时向经信办反馈结果，落实应急处置工作。截至5月15日18时，共完成4个集中办公区55个单位，3450余台电脑、19台服务器、200余台虚拟机的病毒查杀、安装补丁等工作，各街镇、企事业、独立单位，共完成5000余台办公电脑的病毒查杀、远程指导等相关工作。

（杨晓艳）

【智慧园区应用服务升级整合项目】 5月26日，经信办联合海淀园办公室组织召开了智慧园区应用服务升级整合项目初步验收会。会上，有关专家听取了建设单位介绍项目建设背景及概况、承建单位项目建设情况，观看了系统演示以及监理单位意见，审阅了项目相关验收文档。经过质询和讨论，专家组一致同意项目通过初步验收。海淀园办公室、工委、产规处、对外合作处、投促处、企发处等业务部门的相关负责人参会。智慧园区应用服务升级整合项目建设主要内容为园区移动端应用和对企业应用服务整合。园区移动端应用主要功能包括产业政策、专项工作、企业信用、企业全景信息、企业GIS定位、收入分类、上市企业、重点企业统计分析以及对外投资情况等查询功能；园区企业调研的录入及统计分析功能；园区微信公众号的开发建设和服务管理。企业应用服务整合主要建设内容包括区投资促进局综合业务管理系统、海淀园工委党建管理系统、海淀区制造业准入审核系统。

（杨晓艳）

【信息化系统运维预算培训会】 6月30日，区经信办召开了2018年信息化系统运维预算培训会。会上，区信息中心领导结合信息化项目运维预算的特点，对全区涉及2018年信息化系统运维的单位进行了详细指导，以确保各预算单位准确掌握信息化项目运维预算编制要求，提高预算编制效率。项目管理系统技术人员对与会单位进行了系统填报培训。在讨论交流阶段，与会人员对系统的功能、操作等提问，技术人员进行了解答。

（胡朔楠）

【光纤到户网络改造工作】 年内，海淀区主管领导及区经信办领导根据2015年6月《关于做好本市铜缆网络光纤化改造工作的通知》精神，按时、保质、保量、高标准完成全区光纤到户网络改造工作。海淀区光纤改造总数为1214300户。光纤改造（简称光改）涉及老旧小区众多，且多为部队或中央大单位家属区，部分老旧小区，光改需要进行楼宇穿孔等改造工程，入户协调难度较大。区经信办组织人员详细制定实施方案，将改造任务下沉到街镇。按照街镇所属区域，划片包干，实行属地责任制。区经信办多次协调区房管局及双拥办，召开协调会，解决入户难等问题。各街镇也积极主动配合电信营运商的工作，及时反馈存在的问题。至2016年12月初，光纤到户网络改造工作，累计完成1245500户。

（傅嘉辉）

【掌上核心区App】 年内，为提高园区内部办公效率，将移动办公应用服务资源和移动应用用户机制进行整合，经信办负责开发的园区统一移动办公“掌上核心区”App应用（只支持安卓操作系统）正式上线运行。“掌上核心区”App应用主要功能包括文件知识库、园区调研、即时通讯、信用查询、企业动态、移动OA等。“掌上核心区”App应用中的园区调研模块，能够实时记录调研企业情况，也能够快速、清晰地掌握企业信息和调研工作情况。通过对接园区统一企业信息资源库，帮助企业沉淀数据，为决策发展提供数据支持。“掌上核心区”App规范统一登录验证机制，实现一次登录，可对多个移动应用进行操作使用，实现与PC端一体化智能管理平台的同步对接。通过统一的用户身份、应用标准和消息渠道，逐步完成园区各类管理应用的整合优化，最终形成智能高效的园区管理信息化建设新模式，助力智慧园区建设。

（杨晓艳）

【人口大数据动态监测App】 年内，海淀区实时公众信息统计分析及决策服务平台（简称平台）由PC端正式迈入手机移动端。区经信办经过近1个月时间筹备，海淀区实时公众信息统计分析及决策服务平台App上线。平台App的上线方便了海淀区各委办局和29个街道随时随地查阅相应拆迁区域的人口疏解数据，为人口工作的科学决策提供了更加方便和有效的支持。作为人口统计手段的有效补充，借助手机大数据的分析，结合统计学原理，平台App实现全区及下辖29个街镇的居住人口分析、重点项目拆迁疏解人口变化及流向监测等功能。提升了区域人口管理及动态监测工作的效率，缩短了人口调控决策的时间周期。平台全面接入了北京市3家电信运营商的移动网络数据。海淀区人口大数据动态监测主要通过手机用户群体时空信息，以时间和空间两个维度进行拆迁区域疏解人口数量及流向的量化分析。时间维度可分为年、半年、季、月、周甚至实时，空间维度可细化至拆迁腾退区域，可以做到拆迁区域减少人口流向清晰，新增人口来源明确，形成完善的人口动态监测体系，构建大数据人口长效监测机制，为海淀区人口调控工作决策提供数据支持。针对动态监测区域人口变化趋势，为海淀区的人口工作提供“大数据+”式决策依据。

（崔　巍）

海淀区信息化工作主管领导

副区长：李长萍

经济和信息化办公室主任：何建吾

丰台区

【概况】2017年，丰台区信息化建设继续以“智慧丰台”顶层设计发展目标为引领，按照丰台区信息化“十三五”规划要求，围绕全区重点工作，以政务数据资源全面整合为抓手，坚持“稳基础、重整合、定标准”的总体工作思路，全面落实丰台区信息化建设目标，在多个领域取得重点突破，圆满完成各项任务，信息化建设稳步发展，为“推进政府管理创新，优化政府职能，打造高效便捷的政务服务环境”提供强有力支撑。

（金　鑫）

【启动社会信用体系建设】3月，丰台区政府正式印发了《丰台区社会信用体系建设实施方案》。该方案的出台，弥补了丰台区在信用体系建设中指导意见的空白，为丰台区下一步信用体系建设指明了方向，提出了具体可实施的方案，明确了责任分工。下半年，根据《北京市人民政府关于建立完善信用联合奖惩制度加快推进诚信建设的实施意见》及区主要领导和主管领导批示，展开对全区各职能部门、属地政府的信用方面调研，推进全区信用体系的建立。

（金　鑫）

【北宫公园信息化基础设施建设】4月，北宫国家森林公园园内无线网络覆盖项目完工。为保障北宫国家森林公园“国家中医药发展综合改革试验区”创建工作顺利进行，并提高试验区的服务效能，丰台区开展了北宫公园信息化基础设施建设。通过11个月的设计、建设，实现公园内主要景点无线网络全覆盖，为试验区在中医药健康服务业数字化、协同化、公益化、国际化建设提供保障。

（金　鑫）

【信息安全大检查】6月，区经济信息化委联合区委宣传部、区公安分局、区委办公室、区密码管理局共同印发《2017年丰台区电子政务网络安全检查工作方案》，对全区80家单位从安全管理制度落实、等级保护开展情况、涉密分级保护测评、网络终端安全防护、门户网站安全防护、密码技术产品使用、信息技术服务外包、应急管理工作情况和系统安全漏洞整改情况等9个方面开展检查。

（金　鑫）

【开展行政执法】8月，丰台区组织开展“丰台区电子政务网络与信息系统现场安全检查”，共赴33家单位针对网络与信息安全工作领导机制、制度编制、技防物防等多个方面开展现场行政执法检查。

（金　鑫）

【搭建大数据汇聚平台】9月，丰台区正式启动大数据汇聚中心（一期）项目建设，经过反复论证，最终形成丰台区政务大数据汇聚平台顶层设计，确定了“1+6+N”的模式，同时协调安监、食药、综治、养老、住建、政务服务等相关业务系统与平台对接，已将丰台区法人基础信息库的26万条数据以及北京市政务地理空间信息落入平台。截至年底，完成平台建设，该平台上接北京市大数据平台，下连丰台区各委办局业务系统，可实现丰台区电子政务业务在全区范围内的共享、交换、分析及业务协同。

（金　鑫）

【搭建统一数据采集工具】 9月，丰台区为解决数据来源问题、统筹数据采集工作，建设了街乡镇统筹采集系统。该系统为统一的基层数据采集工具，不同单位在采集数据过程中通过使用该系统，形成数据格式统一且可兼容，最终数据可汇聚到丰台区大数据汇聚平台，有利于避免各个单位在分别采集数据过程造成的工作量大、利用率低等问题，为大数据分析工作提供基础。

（金　鑫）

【丰台区电子政务外网提升工程】 年内，丰台区的电子政务网络建设，以"统筹共建，内外网同缆同路由、同缆不同芯"为原则，统筹推进丰台区政务外网和政务内网建设。完成一期工程验收，实现一个核心环、一个接入环、一条接入链的网络连接；二期工程顺利收尾，实现政府院外64家委办局光纤接入，完成太平桥街道、右安门街道、马家堡街道、丰台街道、宛平地区及长辛店镇6个街道（乡镇）辖区内社区村、队站所的光纤接入；三期工程顺利启动，完成西罗园街道、和义街道、东铁营街道辖区内的社区村、队站所光纤接入工作。截至年底，基本完成全部工程施工，建成全区"电子政务一张网"，全程共计845公里，为丰台区电子政务三级网络提供了安全可靠的基础保障。

（金　鑫）

【保障政务云数据中心安全集约服务】 年内，丰台区继续完善全区统一政务云数据中心服务工作，推进各委办局业务应用系统入云。实现32家委办局申请，共部署170台虚拟机（另有8台用于平台测试），为41个业务系统提供安全云服务。云平台总体资源充足，机房机柜增至36个，互联网出口带宽资源占用比为48%，政务外网带宽资源占用比为90%，CPU核数占用比为102.7%，内存占用比为90.91%，存储占用比为42.76%，总体服务质量安全可控。

（金　鑫）

【提升公共移动通信基础设施建设水平】 年内，区经济信息化委与中国铁塔北京市分公司达成全面战略合作意向，全年全区部署投入使用移动通信基站100余座。

（金　鑫）

【推动信息化项目评审】 年内，丰台区经济信息化委按照《丰台区信息化项目管理办法》要求，统筹推进全区信息化建设评审工作。在日常评审方面，共评审追加信息化项目101个，涉及资金3.2618亿元。在集中评审方面，全年共评审项目350个，涉及资金1.857亿元。还针对卫生系统，开设专场评审，共评审卫生领域新建、升级改造及运维类项目204个，涉及资金7293万元。专家技术评审保障了丰台区信息化项目各环节的科学化、规范化、程序化和制度化，提高了信息化项目建设的质量和效益。

（金　鑫）

【网络与信息安全保障工作】 年内，丰台区开展重点时节安保工作，建立应急工作机制，成立临时指挥部办公室，启动全区重要网站7×24小时应急值守工作，确保发生安全事件时第一时间处置，部署信息安全隐患排查工作，针对问题督促整改；开展日常安全监测工作，对全区政务网站进行梳理，汇总81家政务网站清单，并针对网站和系统开展日常安全监测工作；开展应急事件处置工作，在全球"勒索"病毒爆发期间，对全区开展防范病毒处置，实现了区政府机关"勒索"病毒零感染；开展安全课题研究，对丰台区信息安全整体情况进行调研，形成《丰台区电子政务网络安全报告》，针对丰台区统一政务云数据中心开展信息安全标准规范研究，编制形成《丰台区入云信息系统安全管理规范》，规范系统迁移、部署工作。

（金　鑫）

【开展全区软件正版化工作】 年内，丰台区通过创新工作机制、加大集中采购力度、开展常态化检查等方式深入推进软件正版化工作。开展了全区正版软件统一购置及部署工作，通过公开招标方式，一次性为全区659余家单位解决了正版办公软件缺口，并实现微软在亚太地区首次场地授权，为降低政府软件正版化工作经费投入开了先河。编制印发《丰台区2017年软件正版化工作方案》，将软件正版化覆盖范围由原有党政机关99家，扩充至109家，并向卫生计生系统及国资系统延伸，囊括26家卫生医疗机构及11家国有企业。在常态化、制度化、规范化的基础上，首次提出信息化要求，实现新的四化原则，面向全区制作并下发了正版化检查工具U盘，开发建设了检查系统。

（金　鑫）

【软件正版化现场检查工作】 全年，丰台区共赴109家单位开展现场检查，并创新开展标识工作，印制了3万多枚检查合格（绿色）、不合格（红色）标签及区级统采办公软件标签，对不合格计算机进行公示。

（金　鑫）

【推进空巢老人“连心通”项目】 年内，由区民政局、区经济信息化委牵头，区委组织部、区委宣传部、区卫计委、区财政局、区社工委、区农委、区城指中心等相关单位配合，通过购买服务的方式，启动空巢独居老年人养老服务

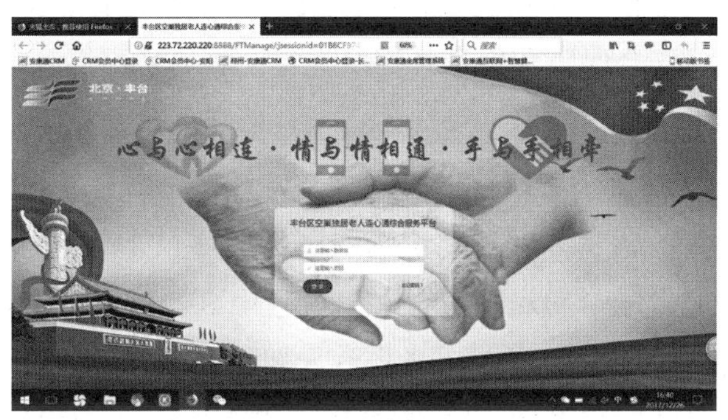

空巢老人“连心通”项目界面

“连心通”惠民工程，以信息化技术和线上线下服务为支撑，免费为全区1.7万空巢独居老年人提供服务，开展党员、养老、医疗、生活服务。形成“1个平台+1个腕表+1款App”的智慧养老新模式，该系统满足实现120一键呼救、实时定位等重要功能，进一步提升居家老年人的生活质量。

（金　鑫）

丰台区信息化工作主管领导

副区长：周新春

经济和信息化委员会主任：吴神赋

石景山区

【概况】 石景山区经济和信息化委员会（简称区经济信息化委）是石景山区负责指导工业、软件和信息服务业发展，统筹协调信息化工作，促进中小企业发展的政府工作部门。同时，履行区信息化工作领导小组办公室、通信保障和信息安全应急指挥部办公室的职能。年内，区经济信息化委按照“稳增长调结构增效益”的工作要求，加强经济运行监测和跟踪分析，进

一步优化产业结构和空间布局；协调推进信息化与全区各领域的深度融合，加快推动政务数据资源汇聚共享协同应用；持续整合优势资源。在智慧建设方面，建立“区级大数据管理服务平台”，建设“三网融合”的网格化城市服务管理平台，党政机关协同办公系统上线运行，网络安全保障和信息基础设施建设水平稳步提升。

（区经济信息化委）

【电子政务内网建设】3 月，区经济信息化委完成区属全部处以上单位内网机房建设工作，并配合保密局定期进行安全督导检查。10 月，依托电子政务内网网络平台，建设完成加密电视电话会议系统，保障涉密会议线上召开，同时与北京市电子政务内网加密电视电话会议系统互联互通。

（王燕春）

【提升信息网络安全保障能力】3 月，区经济信息化委完成《石景山区网络与信息安全应事件应急预案》及《石景山区应急通信保障预案（专网）》的修订，并组织 2 次应急演练。6 月，牵头组织召开全区信息安全保密培训大会，对全区网管员和保密员进行了安全保密培训。做好日常监督、检查、预判、预警工作，督促全区各部门建立信息安全防护应急预案。在“两会”和“一带一路”高峰论坛期间全面启动应急保障机制，强化一线值守力量，采取 7×24 小时双人值班、领导在岗在位带班、应急响应小组成员待命的应急值守机制，切实保障了重大活动期间全区电子政务网络与信息系统的安全平稳运行。

（张　兰）

【完成城管信息系统验收】5 月，区经济信息化委完成了“城管拆违和执法辅助系统”验收工作。该系统利用 2002 年至 2016 年共 16 张高分辨率遥感卫星地图，对行政区划内历史时间地面建筑变化情况进行分析研判，具有地面建筑空间变化查询、违建视图叠加查看、违建信息统计分析、建筑空间测量、区域图斑提取和标注、移动端数据通信等 6 大功能，该系统的投入应用，为石景山区巩固落实治乱疏解工作成果、实现高端绿色发展目标提供了信息化技术支持。年内，完成了市政管理基础数据中卫星影像图的更新，以及阜石路以北 1∶2000 测绘图项目的验收工作，优化更新了基础数据中的大比例尺基础空间数据，为市容治理整顿及网格化管理提供了完善的数据支撑。

（由　凡）

【创新电信基础设施建设模式】7 月 24 日，区政府与北京铁塔公司签订战略合作协议，双方建立全面深入的政企战略合作关系。区政府将大力支持铁塔公司发展，提供政策支持、行业指导，推动铁塔资源服务城市发展，服务百姓民生；

石景山区与铁塔公司签订协议

铁塔公司将在政府主导下，发挥公司在区域整体规划、基站共建共享、绿色智能信息化建设、现网设施多样化经营等方面的技术优势，为建设“高端绿色的智慧石景山”做贡献。此次战略合作协议的签署，将进一步创新通信保障政企合作模式，助力石景山区打造“一轴、两带、三园、多支点”结构的国家级绿色转型发展示范区。

（由　凡）

【大力推进“互联网+”政务办公】9月，区经济信息化委为适应移动办公需求，升级建设了集协同办公、在线办公、移动办公为一体的智能化“互联网+”政务办公平台。通过各种移动终端，实现随时随地信息查询与报送、邮件收发、督查督办、在线公文审批以及应急指挥等功能，进一步提高行政效能和公共服务水平。

（张　媛）

【构建大数据汇聚应用体系】10月，按照集约化建设、科学化运维的思路，进一步完善基础数据、政府数据、主题应用数据等各类信息资源的存储交换。截至年底，汇聚人口数据60万余条，空间图层568个，法人证照数据5万余条，以及55家政府部门的300余条政务信息资源，为政府、企业、公众提供直接服务。其中，在城市管理领域重点汇聚公安、城管、环保等部门数据，形成城市综合管理模型，逐步实现城市管理方式的精细化和智慧化。在经济运行领域重点汇聚统计、税务、科技等经济数据，从石景山区楼宇经济和5大支柱产业2个角度利用大数据技术，构建区域经济运行图谱，清晰直观地监测经济元素的发展规律和变化特征。

（邱　君）

【推进政务信息资源共享】11月，区经济信息化委编制《石景山区政务信息资源共享开放管理办法》，“以共享为原则，不共享为例外”大力推动政府各部门政务信息资源融合汇聚。建立数据共享的4个机制：数据资源共享协商机制、采集协同机制、应用保密机制、绩效跟踪机制。建立政务信息资源目录，在现有的人口、法人、地理空间、视频图像等基础数据库基础上，继续加强企业信用、城市管理、经济运行等专项数据库建设，加强互联网情报采集利用，尝试政府向社会购买信息服务，支撑预测预警和科学决策。

（邱　君）

【视频共享服务平台建设】11月，区经济信息化委依据《北京市公共安全视频监控建设联网应用工作实施方案（2016—2020年）》，按照“图像汇聚、双向联网、有序共享”的管理要求，整合各级政府部门和社会单位的图像信息系统，接入区公安分局图像视频数据2000余路，建设全区公共安全图像信息资源共享应用体系，实现图像信息资源的全面联网、汇聚共享、高效联动。在严格依法、严格审批、安全可控的前提下，逐步开展图像信息资源向民生服务、决策支持、社会管理、生态保护等领域的共享应用。

（许致远）

【拓展公众参政渠道】12月，新版“政民互动”系统上线运行，市民通过该系统的“我要写信”功能，可直接以网络注册、写信的方式，实现对政府工作的咨询和投诉，信件提交后将转由相关负责部门进行回复和解答；通过“意见征集”功能，针对在网站开展的各种意见征集主题，发表意见，建言献策；通过“在线访谈”功能，参与区政府部门在网站开展的各类主题访谈活动，进行互动交流。此举更好地疏通了政府与市民间的沟通渠道，充分发挥公众在需求调查、建言献策、社会监督等方面的作用，提高了政府行政管理水平。

（邱　君）

【创新项目管理】12月，区经济信息化委印发《石景山区信息化工程建设管理办法》，前移统筹指导关口，强化信息工程项目申报、评审、建设、验收、运行的全流程管理。引入专家评审、工程监理、项目测评等第三方机制，发挥其在规划研究、评估分析、决策建议等方面的作用，为信息化工作把脉献策、保驾护航。同时，积极对接协调区政协专委会对信息化项目开展专项督查，强化项目的事前、事中、事后全程监管，充分发挥政协参政议政和民主监督作用。

（由 凡）

【信息化基础设施建设】全年，石景山区信息化基础设施建设计划共安排19项内容，总投资2370万元，主要围绕四大领域展开：城市综合管理（6项，592.6万元）、电子政务（4项，292.4万元）、民生家园（5项，355万元）和信息化基础设施建设（4项，1130万元）。年内，所有建设项目均按计划启动实施。

（由 凡）

【经济运行情况】全年，石景山区工业和软件信息服务业生产经营总产值540.7亿元，实现增加值176.8亿元，占全区GDP的比重为33.1%。其中工业总产值完成221.6亿元，比上年增长4.3%；软件信息服务业营业收入完成319.1亿元，比上年增长21.3%。全区工业和软件信息服务业总体格局稳中向好，经济基础更加稳固。

（代 蓉）

【信息安全行政执法成效显著】年内，石景山区落实主体责任，扎实开展网络与信息安全行政执法检查，细化梳理出预案设置、情况报送、组织领导、制度规范、建设投入、教育培训、灾备管理7个方面检查内容。采取单位自查和督导检查相结合的方式，完成对24个单位的执法检查，现场下达执法检查单，帮助受检单位及时发现问题隐患，并限期整改解决，对发现问题严重且整改不力的，依法进行处罚。年度检查量和处罚率2项指标在全市本系统中心城区中均排名靠前。通过执法检查，进一步提升了相关单位网络和信息系统安全管理水平，大大降低了网络和信息系统安全事故发生率。同时，坚持“谁执法谁普法”，结合执法实践中的新情况新问题，对委内所属人员开展普法宣传教育讲座，普及信息安全知识，不断提升执法人员的法律法规素养，为更好地开展行政执法工作打好基础。

（王宇寰）

石景山区信息化工作主管领导

副区长：周西松

经济和信息化委员会主任：王晓华

门头沟区

【概况】2017年，门头沟区围绕信息化重点任务和智慧城市试点建设，进一步夯实信息化建设。推进“互联网+政务服务”，在移动互联网领域开展“门城通”建设，搭建移动端的政务服务和便民服务入口，使全区百姓和企业通过一个手机App畅享智慧城市服务。围绕智慧城市建设，推动信息化在各领域的应用，开展了政务云、大数据综合管理系统等重点项目建设。

（刘 力）

【“门城通”上线启动部署会】6月8日，门头沟区召开了“门城通”上线启动工作部署会，区委办、区政府办、区社会办、区为民服务中心等共18个单位参加会议。项目承建单位思源公司汇报了“门城通”建设情况，介绍了“门城通”App的安装方法和主要功能。区经济信息

“门城通”上线新闻发布会

化委宣读了“门城通”平台运行机制及各单位职责分工，要求各单位做好各项服务内容的运行维护。

（刘　力）

【市经济信息化委调研“门城通”建设】8月22日，市经济信息化委智慧城市处来到区经济信息化委调研“门城通”相关工作,详细了解“门城通”的进展情况，对“门城通”建设提出了建议。区经济信息化委汇报了“门城通”在政府部门的安装推广情况，详细介绍了移动政务服务大厅、便民服务、智慧社区、智慧医疗等各项应用服务的主要功能点和存在问题。承建单位思源公司汇报了“门城通”各项应用服务建设进展情况和下一步工作计划，进一步完善系统功能，加大推广力度。

（刘　力）

【“门城通”上线新闻发布会】9月20日，“门城通”上线新闻发布会在北京龙泉宾馆召开。市经济信息化委及门头沟区委、区政府领导出席了发布会。区经济信息化委介绍了“门城通”的建设情况和主要功能，思源理想控股集团介绍了“门城通”的服务保障工作。发布会现场举行了“门城通、通未来”启动仪式。

（刘　力）

【召开网络安全部署培训会】9月22日，区经济信息化委与区公安分局联合组织召开了门头沟区中共十九大网络安全部署会暨“一法一决定”宣传贯彻培训会，区政府办、区发展改革委等94家单位的主管领导和具体负责人参加了会议。网络安全部署会旨在进一步增强各委办局、运营商、关键信息基础设施的运营者等相关单位网络安全法治意识。

（刘　力）

【开展网络信息安全应急演练】9月30日，区经济信息化委在中心机房开展了网络信息安全应急演练，以做好服务保障中共十九大网络安全工作，提升网络与信息安全应急处置能力，预防和减少网络与信息安全事件造成的危害和损失。演练采取现场实践和情景模拟的形式，充分考虑各种可能发生的故障，预先设定了网络设施故障应急处理的方式方法。相关技术人员进一步熟悉了系统崩溃和网络故障的应急处置流程和方法，为提升网络和信息系统安全管理水平打下了基础。

（刘　力）

【开展门头沟公共服务平台项目建设】11月24日，门头沟公共服务平台建设项目进行了系统现场演示和专家评审等工作，完成项目验收。该项目是门头沟区重点工程，项目建设数据资源中心、城市服务系统、位置服务系统等，进一步推进门头沟区智慧城市建设。

（刘　力）

【完成门头沟区政务云项目建设】11月27日，门头沟政务云一期项目搭建政务云的基础支撑环境和管理平台完成项目验收工作。政务云一期项目开发建设云管理平台、计算资源管理系统、虚拟主机系统、云存储系统、自动化运维管理系统等，初步构建了区级电子政务云支撑和运行平台，以提升各级政府部门信息资源共享能力，实现数据的集中处理、存储、管理和使用。

（刘　力）

【大数据综合管理系统验收】 11月30日，大数据综合管理与融合分析系统召开专家验收评审会，完成项目验收工作。该系统是年度重点信息化项目，通过运用大数据等技术，推动解决人口监测、企业信用、产业发展等领域相关热点问题。项目建设内容包括大数据应用支撑平台、区共享交换平台升级、大数据创新应用示范平台等。现场演示了人口监测、产业分析等主要功能。

（刘　力）

门头沟区信息化工作主管领导

副区长：张兴胜

经济和信息化委员会主任：李国庆

房山区

【概况】 2017年，房山区围绕信息化工作重点任务，不断加强信息基础设施建设，强化区政府门户网站管理，显著提高信息公开、网上办事、便民服务能力，进一步推进两化融合和社会信用体系建设工作，大力提升社会信息化应用城市管理能力，全区信息化水平得到显著提高。

（刘秀平）

【数字化服务平台建设工作会】 1月17日，区文化活动中心召开了“2017年数字化服务平台建设工作会”。会议根据数字化服务平台的实际需求，对各乡镇（街道）需提供的资料做出具体安排，同时，针对各乡镇（街道）电子阅览室建设情况，签订《房山区文化活动中心乡镇街道电子阅览室建设协议书》或《房山区文化活动中心乡镇街道电子阅览室设备保管协议书》，并参观了中心的数字化平台工作室。

（付　立）

【特殊时期信息网络通信保障】 1月至2月，房山区信息中心完成了春节期间全区烟花爆竹安全燃放应急管理通信保障任务，在除夕、正月初五、正月十五20：00至0：00进行应急值守，协调联通房山分公司、歌华有线房山分公司开展网络技术保障工作，确保市—区—乡镇/街道应急指挥体系互联互通。2月至6月，完成了全国“两会”、市党代会期间网络信息安全保障工作，认真落实市区工作要求，对全区范围进行了工作部署，协调电信网络运营单位，对所辖业务领域进行加固、巡检、排查。安全保障期间，全区网络、网站（群）未出现网络信息安全事件。为“一带一路”高峰论坛战时应急保障期间开展工作打好基础。6月至9月，做好全区防汛信息化保障工作，实现移动网络区域短信息覆盖功能，为公众提供汛期气象、避险、应急、预警等信息，确保全区防汛工作有效开展。

（张　瑜）

【“互联网＋政务服务”座谈会】 2月15日，区企业发展服务中心召开了“互联网＋政务服务”座谈会，邀请了市政务服务办、区信息中心以及入驻大厅窗口单位的首席代表参加会议。会上，市政务服务办公室介绍了“互联网＋政务服务”的简化办事程序、展示了政务服务的优化升级，并详细讲解，同时为入驻窗口单位进行了答疑解惑。

（区投资促进局）

【检查验收软件正版化工作】 2月16日，市新闻出版广电局版权管理处到房山区检查验收2016年度软件正版化工作。验收组重点查验了软件正版化工作责任落实表、软件资产管理制度、软件安装管理台账及软件资产清查汇总表等相关文件，并对区发展改革委、区卫生计生委、区公安分局、西潞街道、长阳镇5家单位进行实地查验工作。

（付　立）

【“北京市网络借贷监管系统”上线】 2月18日，北京互联网金融安全示范产业园入驻企业北京阿尔山金融科技有限公司自主研发的、基于区块链和大数据技术的网贷行业非现场监管系统——“北京市网络借贷监管系统”正式上线，在产业园内得到了实践和应用。该监管平台搭建于区块链BaaS服务上，由市金融局、存管银行、网贷机构多方提供支持，着力解决互联网金融安全问题，先后取得了10余项国家版权局颁发的计算机软件著作权证书，被市政府列为“北京市服务业扩大开放综合试点示范项目”。

（北京互联网金融安全示范产业园）

【信息化建设工作研讨会召开】 2月21日，区安全监管局体系办与信息化建设单位北京安宏睿业科技有限公司就2017年度安全生产信息化建设工作进行了研讨。对九大系统、25个模块功能逐一进行研讨，共梳理出22项功能优化建设任务，并将梳理出的建设任务发到相关行业科室征集建设需求意见。同时，加快对GIS与网格化系统、安全员管理系统的研发工作。

（区安监局）

【“互联网+”服务体验推广】 3月17日、23日，房山区联通携手医疗、金融及创新企业客户，连续举办2场“互联网+”服务体验推广活动，区内共有66家医疗、金融、创投企业人员参与活动。

（中国联通公司房山区分公司）

【综合行政服务中心大厅实现无声办公】 4月3日，区综合行政服务中心大厅升级为“无声厅”，百姓在取号机取号后，采用观看电视屏幕和LED大屏幕或查看手机微信等方式，即可了解所取的业务号码和办理窗口，系统会在5人等待办理时开始推送提示消息，也可以向取号机旁边的工作人员询问，或者拨打咨询电话了解。

（区投资促进局）

【5家企业获批】 5月，按照市经济信息化委要求，下发了关于申报2017年度两化融合管理体系贯标试点企业的通知，共收到6家企业的申报材料，其中有5家企业被批准为市级贯标试点企业。截至年底，全区有重庆长安汽车股份有限公司北京长安汽车公司、北京恒通创新赛木科技股份有限公司、北京航天奥祥通风科技股份有限公司3家企业通过国家两化融合管理体系评定，并获得市经济信息化委的奖励。

（刘秀平）

【组织人事数据一体化管理平台建设】 10月，区委组织部完成“房山区组织人事数据统一化管理平台”建设。平台部署了主数据中心、信息统一录入系统、数据共享与交换平台、组织人事标准体系、离退干部信息管理系统和编制实名制管理系统，将区委组织部干部信息管理系统、区编办编制信息管理系统、区老干部局离退人员管理系统、区人力社保局公务员信息管理系统和事业人员信息管理系统进行了有机整合。实现了公务员和事业人员从进入干部队伍，到职务职级晋升，再到离退的全流程化管理，解决各部门业务衔接不紧密的问题；实现了各业务系统数据资源的互联共享，解决基层管理员重复录入的问题；实现了全区干部人事信息的标准化管理，解决不同业务系统录入人员信息不一致的问题。

（向高操　李子君）

【大数据模拟研究】10 月，房山区规划分局与北京城市象限有限公司合作，开展了大数据模拟房山区人口、通勤与城市政策研究，旨在使用大数据对房山区的人口、职住、出行开展分析，借助模型测算房山区未来职住通勤联系、交通拥堵状况、通勤出行的交通方式等内容，测算房山区未来城市建设用地增长量、位置和各类型的比例，为房山区的产业、交通、土地等政策制定提供参考依据。

（区规划分局）

【网上信访受理平台开通】11 月 1 日，房山信息网开通网上信访受理平台，24 小时接受群众信访诉求，此举打破时间、空间、人数的限制，实现信访事项的“可查询、可跟踪、可督办、可评价”。信访群众只需登录房山信息网，在首页政民互动中找到“网上信访”链接，点击进入，按照引导完成注册或者登录，就能进行信访事宜。

（赵文琪）

【隐患排查治理信息化平台一期项目】11 月 3 日，区安全监管局邀请国家安全监管总局四司、中国安科院、北京市安全监管局信息中心、区财政局、区经济信息化委相关领导与信息化专家组成验收组，对隐患排查治理信息化平台一期项目进行了验收。项目组围绕信息化工作的背景、设计思路、系统功能及应用情况，向验收组进行了汇报。验收组认为：房山区安全生产领域的信息化工作效果显著，业务流程及功能合理完善，一体化融合政府与企业是创新、是亮点，符合“互联网 +”的理念，为智慧房山在顶层设计上提供了参考。验收组一致同意验收通过。

（区安监局）

【残联与达闼科技合作导盲机器人项目】11 月 9 日，区残联与达闼科技（北京）有限公司关于导盲机器人项目合作签订了备忘录。达闼科技将利用大数据、云端智能和人工智能技术，深挖内部资源优势，紧贴市场和社会需求，多研发产品，服务广大残疾人朋友。房山区残联将通过 3 个对接支持导盲机器人项目的落地：组织对接，房山区残联将与达闼科技联合成立项目组，并落实具体工作的对接人；人员对接，房山区残联将选取最为优秀的盲人朋友来协助产品的测试与体验；政策对接，按照政策要求对满足条件的技术或产品给予资助和支持。

（张静　侯德全）

【政府门户网站（群）管理】年内，“房山信息网”主站包含走进房山、政务信息、便民服务、公众参与及网上办事 5 个二级栏目，下设 402 个子栏目。共发布政府文件、任前公示、政策解读、领导动态等各类政务信息 8000 余条，其中通知公告 150 条、为“首都之窗”区级热点栏目报送信息 1107 条。政务服务平台上事项的申办总数为 20129 件，办结总数为 20061 件。围绕该区业务工作重点和公众关注的热点问题，积极开展在线访谈活动，全年共转载相关政务访谈 6 个。政风行风热线平台实现了区领导、区相关部门与公众的在线互动，实现了公众咨询、求助、建议、批评、投诉网上统一受理、分办和反馈，并对反馈结果进行及时发布。平台共收到来信 100745 件，回复 98241 件。

（张　瑜）

【新媒体平台运转良好】年内，区信息中心利用“今日房山”政务微信平台宣传房山区的重点工作、发展成就，展示群众关切的热点问题，回应民声民情，正面宣传，弘扬社会主义核心价值观，力争使之成为团结群众、凝聚传播正能量的重要网络平台。“今日房山”政务微信每周五发布，每次发布信息为6条，已经发布了区内重大活动、旅游出行、通知公告、招聘信息、印象房山、良乡影讯、停电通知等各类信息共计43期258条。其中，“窦店镇窦店村喜收丰收麦”“蒲洼乡梯田杏花香”“霞云岭乡春雪银装美如梦境”等信息内容被网民大量转发。

（张　瑜）

【无线Wi-Fi建设】年内，房山区完成了2017年度无线覆盖单位的Wi-Fi建设现场勘测、建设方案编制、施工进场、安装调试等工作，项目采购方式已经通过专家论证、评审、公示。结合覆盖区域所涉及的产业发展、技术应用等领域，进行了互联网需求梳理，为下一步拓展无线互联网应用打好基础。

（张　瑜）

【社会信用体系建设】年内，房山区社会信用体系建设联席会议办公室按照市区相关文件要求，认真督促区内各行政许可和行政处罚相关单位将本部门产生的信息及时在本单位门户网站上进行公示，同时报送区经济信息化委，及时公示在“房山信息网”的“房山区社会信用体系建设”专栏中，并按照主题类别分别纳入全市相关公共信用信息数据库。已有40家单位按照要求搭建了“社会信用体系建设”专栏。

（蔡亚男）

【区国税局推进稽查信息现代化】年内，房山区国税局广泛应用电子查账软件，对税收检查，强化软件的分析功能，提升查账能力。充分利用现有的征管数据平台、纳税人涉税电子数据和第三方信息平台，形成在信息采集规范基础上的指标分析系统，实现计算机选案的准确性，提高稽查打击的精确度。以“金三”上线为契机，提高稽查人员对征管系统的熟练操作能力和对大数据的分析应用能力，有效分析繁衍信息，全面提高稽查信息化水平。

（郦文婷）

【城管执法监察局指挥中心升级改造】年内，为打造“数字城管”基础平台，使信息化成为推进城管执法工作的重要手段，房山区城管执法监察局顺利完成指挥中心升级改造建设。高清显示平台的建设，不仅支持当前及未来高清资源的显示，同时配置多路输入资源，能

房山区城管执法监察局指挥中心

够高效整合公安及其他社会面的视频监控资源，为区城管执法监察局响应群众举报、咨询，调度、协调区域城市管理相关资源提供了硬件支撑。

（区城管局）

【加强通信基础设施建设】年内，房山联通投资立项3226.58万元，新开通4G宏站51个，直放站190个，室分49个，微分布13个；3G宏站56个，室分49个。实施光纤补点建设，投资269万元，覆盖用户8900户。

（中国联通公司房山区分公司）

【有线电视网络光纤入户改造】年内，歌华有线房山分公司开展农村地区有线电视网络光纤入户改造，首批规划3个乡镇，37个行政村，共

计 1.7 万户。

（李国童）

【加强路网设施建设】年内，房山公路分局更新高清视频监控设备 3 套，新建高清视频监控设备 6 套，新建可变情报板设备 13 套。截至年底，房山公路分局共有路网设施 319 套，包括视频监控设备 92 套、可变情报板设备 72 套、交通量调查设备 125 套、气象监测设备 5 套、水位监测设备 12 套、会车提示设备 4 套、车牌抓拍设备 4 套、车载视频设备 4 套、单兵移动视频设备 1 套。交通量调查设备已达到全路网覆盖，视频监控设备和可变情报板设备已达到重点路线、重要节点覆盖。

（王晓飞）

房山区信息化工作主管领导

副区长：刘　兵

经济和信息化委员会主任：高武军

通州区

【概况】2017 年，通州区信息化工作取得了较大进展，信息化基础设施水平全面提升，电子政务应用日益深化，政务专网、政府网站、政府办公系统等重要政务系统安全稳定运行，网络安全和应急保障能力不断提高，智慧城市建设稳步推进。积极推动企业信息化应用程度的提高，促进两化融合发展。

（区信息中心）

【网络信息安全和应急】5 月和 9 月，区政府先后 2 次组织召开全区范围内的网络安全保障工作会，下发《通州区关于开展 2017 年电子政务网络与信息系统安全检查工作的通知》。通过了北京市对通州区电子政务网络安全的技术检测和实地检查，完成了自建信息系统的网络安全自查工作；聘请第三方网络安全服务公司对机房服务器、网络设备、运行在区政务专网的信息系统和网站共进行 3 次全面的技术检测。按照区应急委的工作要求和区通信保障和信息安全应急指挥部的工作职责，完成应急演练、应急视频会议的保障，应急管理工作绩效考核、风险管理报告等工作。完成全国“两会”、“一带一路”峰会和中共十九大等重要活动期间的网络安全保障工作。

（刘　佳）

【启动区政府网站集约化平台建设】11 月，通州区根据《国务院办公厅关于印发政府网站发展指引的通知》和《北京市人民政府办公厅关于贯彻落实〈政府网站发展指引〉的实施意见》等文件精神，为进一步推进通州区政务网站集约化建设，优化网站结构布局，规范政务网站管理，提升运行维护及信息安全保障水平，启动了区政府网站集约化平台建设工作。

（刘　佳）

【启动区政务外网提升项目建设】11 月，通州区启动了区政务外网提升项目建设工作。下发《关于加强区级政务外网建设和管理的通知》，对各区级政务外网的建设、管理和服务提出了明确任务和要求。通过本次政务外网提升工作，实现区政务外网网络资源的整合增强、优化升级和精细化管理，在网络技术体制、网络架构和技术路线上与国家电子政务外网和北京市级政务外网实现一致；在功能上满足区级政务外网承载业务系统的发展需求；在网络安全上达到信息系统等级保护三级的评测要求，符合国家相关指导要求。

（刘　佳）

【推动企业对“工业云”运用】年内，通过集中讲解、分类指导、示范带动、促进加盟等形式推动“工业云”运用；通过政策引导，着力打造企业向“互联网+”的应用势态，使“互联网+”得到广泛深入的推广和应用；借助北京市工业云产业联盟成立的契机，利用走访调研的机会继续加强推进“工业云”在通州区生产制造业的广泛认知与运用，通过推进工业云平台的运营，力求通过平台为中小企业信息化提供咨询服务、共性技术、支撑保障、技术交流和高效服务，帮助中小企业解决研发创新以及产品生产中遇到的信息化成本高、研发效率低下、产品设计周期较长等多方面问题，缩小中小企业信息化的“数字鸿沟”，加速中小企业转型升级，推进“北京制造”到“北京创造”的转变。截至年底，已有8家规模企业加入工业云应用行列，基本步入“互联网+制造设计”的轨道。

（朱宝刚）

【两化融合贯标及评估系统应用】年内，通州区借助市经济信息化委搭建的两化融合对标和评估平台，在全区规模企业内开展两化融合及对标评估工作，企业结合自身信息化建设程度，客观地评估和了解自身信息化建设水平。全年共有200余家企业开始接受和运用网上平台的对标与评估，比上年增加10%；有20家申请贯标试点企业，8家企业被北京市评为两化融合试点企业，其中光机电产业园区北京首量科技股份有限公司通过了贯标三方认定，通过贯标审核。

（朱宝刚）

【企业智能制造发展】年内，通州区企业智能制造出现苗头，北京五木服装有限责任公司已经准备引进服装个性设计生产线。

（朱宝刚）

【区政府网站运维管理工作】年内，区政府门户网站总体运行良好，全年浏览量为2812061人次，信息更新12464条（首页信息更新8096条），并大量转载《通州时讯》、通州电视台等区内官方媒体信息。政府网站群内各分站运行良好，各政府网站信息更新总量为68616条，发挥了政府网站宣传、服务、互动等作用。

（刘　佳）

【区政务外网运维管理工作】年内，区政务外网和政务数据中心机房运行稳定，未发生重大网络与信息安全事件。政务外网完成新接入单位14家，迁移10家；800兆无线政务网新申请入网电台555部。全年共解决网络故障962次，数据中心机房用电、空调、消防日常巡检365次，排除隐患15次。保障了区政府网站、区协同办公系统、区应急指挥系统、区网格化管理平台，以及民政、卫生、组工、文化等多部门的政务服务系统正常运行，为全区政务信息化应用提供了重要的网络支撑。

（刘　佳）

【区政务协同办公系统运维管理】年内，区政务协同办公系统运行良好，即时高效满足了各单位网上文件下发、公文流转、信息报送、资料传输等办公需要。在保障系统整体稳定运行的同时，针对区政府办、区经济信息化委及相关单位内部OA系统提出的各项新需求认真分析，紧抓落实，不断优化完善系统功能。年内，新开发区人大机关、区信访办、园区管委会等单位内部 OA 系统，并逐步上线试运行。

（刘　佳）

【“–MyBeijing–” 无线 Wi-Fi 覆盖】年内，配合市经济信息化委建设了通州区无线 Wi-Fi 覆盖工程。全区陆续在地税、工商、规划、交通等 11 个办事服务大厅，共计 493 个公共自行车存取点，开通了“–MyBeijing–”无线上网服务，共建 3285 个 AP 点，每日累计用户 4000 余个。

（刘　佳）

通州区信息化工作主管领导

副区长：洪家志

经济和信息化委员会主任：杜　伟

顺义区

【概况】2017 年，顺义区信息化促进中心为顺义区经济和信息化委员会所属事业单位，承担信息化主要工作，职责包括：统筹协调本区信息资源开发利用、社会信息化和信息化公共服务、经济领域信息化推进和智能卡推广应用工作。推动跨部门、跨行业、跨领域的互联互通和共享、城乡一体化中的信息化建设等。主要开展推进信息化基础设施建设，加快智慧顺义无线网络全覆盖项目、地理信息平台等重点项目进展和积极推进诚信体系建设工作。

（顺义区）

【部署新型智慧城市建设】5 月 2 日，顺义区召开“智慧顺义”建设工作部署会，全区新型智慧城市建设工作全面启动。顺义区新型智慧城市建设将依托“智慧顺义”建设，围绕惠及民生、科学管理、产业升级、创新运营 4 个核心目标，以化解首都大城市病为切入点，着力解决交通拥堵、环境污染、社会治安及相隔疏远等社会高度关注、群众极大关切的难点焦点问题，以创新商业模式、管理模式、技术架构、专职监管和政策保障为发力点，着力推进新一代信息技术与城市现代化深度融合，迭代演进，提升城市规划、建设、管理和服务的智慧化水平，实现城市治理模式由单向管理向更加注重社会协同治理转变。年内，全区在完成优化顶层设计、制定“智慧顺义”总体规划的同时，重点实施绘制“一张图”、建设“一张网”、打造“一片云”、建设两个保障体系和推进 8 个方面工作的“11128 工程”。

（区委、区政府研究室）

【建成全区首家智能服务养老助残服务驿站】6 月 6 日，全区首家智能服务养老助残服务驿站在胜利街道建成投用。服务驿站建筑面积 510 平方米，总投资 148 万元，提供辅助用具租赁、助浴、日间照料、助餐、心理咨询、文化活动等基础服务，还通过特色智慧大厅实现对辖区 186 位高龄独居老年人及 255 位重度伤残人员的家庭安全及人身安全的实时监控。驿站拥有一支 7 人组应急救援队伍，配备专用车辆，可 24 小时提供应急救援服务。

（胜利街道）

【旅游服务监管及安全应急指挥平台】8 月 31 日，顺义区旅游发展委组织施工方和监理方，对“智慧旅游”一期项目——顺义区旅游服务监管及安全应急指挥平台（软件部分）进行验收。施工方对应急管理系统、综合管理系统和地理信息系统中的12个软件进行了现场演示。旅游委和监理方对平台软件的投标内容一一进行核对、检查，项目正常完工，通过验收。

（区旅游委）

【评标专家库网络终端整合管理】9月18日，区政务服务办牵头对顺义区专家库网络抽取终端进行有效整合。将原有的分别位于区发展改革委、区建设工程招标办、区财政局的3处专家库网络抽取终端统一设置在区公共资源交易分平台过渡办公场所，并指定专人负责全区政府采购、建设工程项目等领域专家抽取工作，为下一步全区公共资源交易平台建设奠定基础。此举可加快推进公共资源交易信息系统建设，打造公开、透明、统一、规范的公共资源交易平台，确保公共资源交易领域招投标的公开、公平、公正，为顺义区公共资源交易提供规范统一的评标（评审）专家抽取服务。

（区财政局）

【石园街道智慧网格操作平台】9月27日，顺义区石园街道办事处研发智慧网格操作平台App，完善环境保护监管机制。通过App，网格员实时上传发现的问题，实行“发现问题—整改—复查—再巡查”闭环式监管，实现网格巡查员、网格监管员、网格监督员各司其职，无缝衔接，合力攻坚的大监管、大整改的精细化监管局面。

（石园街道）

【首家新型智慧菜市场开业】9月28日，位于顺义区裕龙花园六区西侧的裕龙菜市场从原有的传统菜市场升级改造、重装开业，成为顺义区第一家新型智慧菜市场。该菜市场在原有“五统一”基础上，通过市场软硬件的升级改造，实现更加多元、便利的销售方式，打造集智能支付、线上配送、食品安全检测、原产地溯源等功能于一身的新型智慧菜市场，实现了传统菜市场向“互联网+菜市场”的转型，为附近居民提供了更加舒适的采购环境和安全食品。

（区商务委）

【政府采购领域数据填报系统】9月28日，为使公共资源交易更加公开、透明、统一、规范，确保公共资源交易领域招投标公开、公平、公正，由区政务服务管理办公室、区财政局共同开发建设的顺义区政府采购领域数据填报系统正式上线运行。该系统将实现对政府采购领域公共资源交易预算信息、采购项目信息、采购标包信息、采购公告内容、采购结果信息、采购合同信息及交易过程中各环节的电子化全过程监管。区政务服务办、区财政局将不定期联合开展有关情况的抽查核实，确保政府采购领域公共资源交易的透明运行。

（区财政局）

【信息化基础设施建设】截至年底，顺义区新建基站150个，累计建设基站1148个；新增有线电视用户6500户，累计25.75万户；新发放高清电视机顶盒13125个，累计发放高清机顶盒19.9万个；光纤覆盖住户已达48.7万户，光纤覆盖比例达到100%。50兆~100兆带宽用户占比62%。

（区经济信息化委）

【第18届全国中小学电脑制作活动】10月，区教委组织顺义区师生参加第18届全国中小学电脑制作活动。全区共征集作品543件。初评后，

顺义区师生参加第十八届全国中小学电脑制作活动

择优上报市活动组委会 157 件。经过评选，获市一等奖作品 17 件，二等奖作品 42 件，三等奖作品 43 件。获奖总数居全市前列。顺义区荣获“优秀组织奖”。同时，有 17 件学生作品被推荐参加全国第 18 届中小学生电脑作品制作活动。经过评审和决赛面试，获全国一等奖 2 件，获二等奖 2 件，获三等奖 9 件。有 17 件教师作品被推荐参加第十五届“全国中小学信息技术创新与实践活动”。经过现场说课决赛，获全国一等奖 3 件，获二等奖 9 件。

（区教委）

顺义区信息化工作主管领导

副区长：支现伟

经济和信息化委员会主任：胡小兵

大兴区

【概况】2017 年，大兴区信息化工作以新区“十三五”信息化发展规划为统领，重点推进了新型智慧城市研究、信息基础设施建设、两化融合、网络安全四方面工作，着力加强规范信息化项目审查和信息化绩效考评工作，积极开展社会信用体系建设，努力推动软件和信息服务业发展，健全规范了信息化行政执法工作，圆满完成了应急保障、无线电宣传等工作。

（任娟娟）

【信息基础设施建设】年内，大兴区为运营商协调相关委办局、属地解决基站选址、管道建设等问题，推进 4G 网络覆盖、宽带建设。区内电信运营商对信息基础设施的统计数据显示，全区通讯基站共 2861 个，其中 4G 基站 2462 个；信息管道 1574 沟千米，4G 用户数 145.7 万户；高清交互机顶盒用户 28.6 万户。

（王　东）

【农村有线广播电视光纤化改造提升】年内，“农村有线广播电视光纤化改造提升工程”被列为区政府“实事工程”，项目由区经济信息化委牵头，北京歌华大兴分公司负责具体实施。年底，工程按时全部完成，共铺设有线电视光缆 3216.084 千米，新建改造有线电视机房 57 个，实现了农村地区有线电视网络光纤全覆盖，惠及 358 个行政村 8 万余户农民。

（王　东）

【新机场信息基础设施建设】年内，大兴区全力配合新机场开展信息基础设施拆改移工作，研究制定了工作方案，建立了月度督查机制，督促拆移任务，协助机场办、属地解决拆迁过程中的问题；配合新航城开发公司，推动机场保障线永兴河北路运营商信息基础设施移改工作。

（王　东）

【开展新型智慧城市研究】年内，大兴区组织开展了大兴区新型智慧城市研究工作，委托中电科新型智慧研究院有限公司开展课题研究。面向全区 67 个委办局、22 个属地开展了问卷调查，对卫生计生委、市政市容委、应急办等 10 个重点部门进行现场访谈，向全区 121 家单位征求了意见，收集意见 59 条，并逐条进行了研究和修改完善。12 月，课题组编制形成了《大兴区新型智慧城市总体规划（审议稿）》《大兴区推进新型智慧城市建设行动计划（2018—2020）（审议稿)》，组织完成了课题验收。

（任娟娟）

【信息化项目审查】年内，大兴区进一步加强信息化项目技术审查规范性和标准化，梳理编制了项目方案模板，联合项目审查人员梳理项目技术审查要点和规范，要求申报单位严格按照大兴区信息化项目管理办法规范项目申报、建设、管理、验收工作。

（王　颖）

【政务信息系统整合共享】年内，大兴区向全区123家单位印发了《关于推进大兴区政务信息系统整合共享工作的通知》，收取并汇总信息系统整合情况，编制了大兴区政务信息系统自查报告和政务信息系统清理整合方案，并督促相关部门开展政务信息系统清理整合工作。

（王　颖）

【信息化绩效考核】年内，大兴区对镇街的区政府绩效考核、区委科学发展观考核中的信息化部分进行统筹安排，将4项任务列为信息化工作重点工作任务，完成了全区89家单位的大兴区社会治安综合治理（平安建设）工作考评中的关键信息基础设施安全考评打分。

（任娟娟）

【政务信息资源共享交换平台应用】年内，大兴区进一步推广政务信息资源共享交换平台应用，完成了区内“散乱污”数据、青云店地理信息数据、园林绿化局综合信息管理平台数据、交通局内部业务数据、招商局业务数据从政务网到互联网的数据交换，还完成了从市卫生计生委大兴区人口数据到大兴区数据中心的数据交换、清洗及整理入库工作，推动了大兴区政务数据的交换共享和归集。

（甘立涛）

【地理信息公共服务平台应用】年内，空间地理信息公共服务平台为区内信息化应用系统提供地图服务，完成了区经济信息化委“大兴区视频资源普查系统”、“大兴区‘散乱污’企业监管系统”和区产业促进局“大兴区产业招商空间管理系统”的数据采集和数据统计分析及落图功能，进一步实现空间地理信息业务图层的共享，降低地理信息应用的建设费用，缩短开发周期，推动大兴区信息化统筹节约发展。

（雷青山）

【推广一体化政务数据采集平台应用】年内，大兴区完成视频监控信息的采集工作，根据采集工作中出现的问题进行系统的调整、更新，进一步提高数据采集能力，做到一次采集、永久落地，避免相同数据的重复填报。

（甘立涛）

【推广移动政务服务管理平台应用】年内，移动政务管理平台系统完善更新，初步推广应用，对观音寺街道、区金融办、区科委、高米店的移动应用系统用户进行了迁移，完成了联通、电信线路的割接工作，提升了全区移动政务服务管理能力。

（甘立涛）

【推进两化融合贯标试点工作】年内，大兴区共组织推荐两化融合贯标试点企业19家，完成了北京市下达的推荐15家企业的任务。经过专家评审，大兴区18家企业被列为北京市两化融合贯标试点企业。德中飞美家具（北京）有限公司完成并通过了两化融合体系贯标评定工作，成为北京市第一家通过两化融合贯标评定的家具企业，代表了北京市家具行业的两化融合水平，获得了市经济信息化委的资金支持。

（高　凯）

【推进“双公示”工作】年内，大兴区重点开展了“双公示”信息归集工作，印发了《关于开展大兴区行政许可和行政处罚等信用信息公示工作的通知》和《关于做好大兴区行政许可和行政处罚等信用信息归集报送的通知》，在大兴区政府网站“双公示”专栏中公示行政许可事项195项，行政处罚权力5147项，共归集行政许可结果信息9104项，行政处罚结果信息13378项。

（高　凯）

【推进社会信用体系建设】年内，大兴区开展社会信用体系建设督查工作，印发了《关于开展社会信用体系建设专项督查工作的通知》，根据各单位反馈信息形成了大兴区社会信用体系3年重点工作绩效评估自查报告，完成了市经济信息化委部署的相关工作。

（高　凯）

【健全完善信息化行政执法】年内，大兴区对信息化行政执法工作进行了全面梳理，梳理规范了信息化行政执法权力运行清单和责任清单并在区经济信息化委网站公示。根据北京市行政执法文件和区内相关委办局行政执法程序，制定了大兴区信息化行政执法文书，开展了大兴区电子政务外网安全行政执法检查，共检查单位5家。

（高　凯）

【开展信息化培训】年内，大兴区组织58家委办局、镇、街共计150余人参加新一代信息技术专题培训会，普及信息技术知识，提升创新能力。9月，面向全区各单位信息化主管领导和科室负责人组织大兴区信息化专题培训会，介绍新一代信息技术的发展和应用，普及提高网络安全意识，解读大兴区信息化发展情况，各单位对信息化工作了解。

（任娟娟）

【无线电管理宣传】年内，大兴区按照市无线电管理局工作要求，开展了无线电管理宣传月活动。活动共发放宣传手册和各类宣传品600余份，提升公众对无线电管理认知度，普及了无线电管理法律法规。

（王　东）

【强化电子政务网络安全】年内，大兴区结合《中华人民共和国网络安全法》发布实施和中共十九大等重大会议活动，重点强化全区电子政务网络安全工作的责任落实和行政检查工作，做好通信保障和应急处置工作，开展各类应急演练42次，处理各类应急事件5起，建立应急突发事件处理台账，应急处置能力得到提升。

（王　东）

【完成通信保障工作】年内，大兴区通信保障和信息安全应急指挥部成功处置“勒索”病毒事件，大兴区无一例病毒感染事件发生，完成中共十九大、“两会”“樱花之约”等重大会议和活动期间的通信与信息安全应急保障工作。

（王　东）

大兴区信息化工作主管领导

副区长：贺　锐

经信和信息化委员会主任：胡宝琛

昌平区

【概况】2017年，昌平区信息化紧紧围绕建设国际一流科教新区的目标，从城市发展、民生服务需求出发，以新技术和新模式为引领，加强信息化统筹管理，提升网络基础设施能级，以信息资源整合、共享为核心，全面深化智慧应用，加强网络安全保障，加快新一代信息技术产业发展，推动信息化与城市发展全面深入融合，智慧昌平建设取得明显进展。

（宋佰謖）

【旅游大数据中心建设】5月8日，区旅游委召开“昌平旅游大数据中心项目建设专题研讨会”，推动昌平旅游大数据中心项目建设。会议听取了项目设计公司关于建设旅游大数据中心的调研报告，与会人员广泛发表建议和意见，确保该项目建设实用有效。

（魏　梓）

【信息进村入户精准扶贫】5月11日，昌平区农委组织召开信息进村入户精准扶贫培训部署会。昌平区4个山区镇25个低收入村的第一书记、村党支部书记（主任）等接受培训。全年将新建至少20个标准型（简易型）益农信息社，使全区益农信息社达到30个以上，实现低收入村在农业信息化方面的精准帮扶。

（魏　梓）

【教育系统网络安全会议召开】5月，昌平区教育系统网络安全会议召开，发布并解读了《北京市昌平区教育委员会关于昌平区教育系统网络应用安全管理规定》及相关工作意见。邀请市公安局文化保卫总队领导结合《中华人民共和国网络安全法》，介绍了网络安全案例。

（魏　梓）

【百度创新中心签约】6月29日，以“软件定义世界，智能引领未来”为主题的第21届中国国际软件博览会成果发布会在京举办，北京昌平科技园发展有限公司出席中国国际软件博览会成果发布会，并在大会期间与北京百度网讯科技、北京软交所合作签约，选址昌平回＋双创社区的旗舰项目龙域中心，共建百度昌平创新中心。百度创新中心（北京昌平）将依托百度的“天工、天像、天算、天智”4大专业级智能平台，帮助创业团队、中小企业、传统企业完成“信息平台”“数据平台”“金融平台”“生态平台”的建设和打造，形成产业创新平台、科技创新平台、孵化服务平台、投资融资平台四位一体的全新价值高地，使各类、各阶段企业都能更加充分地实现自身价值，共享发展成果。

（魏　梓）

【信息化建设项目申报】7月，区信息化工作领导小组办发布信息化建设项目申报通知，8月1日至9月15日期间，各单位通过线上和线下方式进行申报，经形式审查后共征集项目150个，合计申请费用9.8亿元。经可行性评审及专家评审后，最终经区信息化工作领导小组批准，纳入2018年度区信息化建设的项目共计89个。

（宋佰謖）

【“物联工场”启动仪式】8月26日，由中国电子信息产业发展研究院、工业和信息化部软件与集成电路促进中心、中关村科技园区昌平园管理委员会联合主办的“物联网产业百人会”成立大会暨北京“物联工场”启动仪式在昌平区召开。中国工程院院士倪光南，工业和信息化部科技司巡视员卢希，昌平区委副书记、区长张燕友，中国电子信息产业发展研究院院长卢山等领导出席会议。卢希介绍了中国物联网产业的发展现状，以及政府从顶层设计、产业生态建设等方面努力实现中国物联网产业活跃向上、健康有序发展。倡导“物联网产业百人会”今后以解决问题为导向，为推动物联网产业及应用的发展提供有效建议，对物联网产业百人会今后在产业中的促进作用寄予殷切厚望。大会进行了“物联网产业百人会”成立仪式和北京“物联工场”启动仪式。“物联网产业百人会”是一个非官方、非营利、公益性产业研究和交流平台，致力于深度解析中国物联网产业面临的机遇和挑战，从多角度、多领域探讨促进产业发展的政策和措施，为有效推进物联网产业发展贡献智慧支持。同时，为了配合做好《国务院关于推进物联网有序健康发展的指导意见》《中国制造 2025》，强化产业生态布局，完善物联网产业公共服务体系，工业和信息化部软件与集成电路促进中心启动“国家软件与集成电路公共服务平台——物联网产业公共服务平台（物联工场）”项目。工业和信息化部科技司高技术处调研员李伟、华为公司 IoT 解决方案总裁蒋旺成、英特尔物联网事业部 CTO 张宇、树根互联高级副总裁黄路川、摩拜单车联合创始人夏一平围绕物联网领域发展分别在会上发表了主题演讲。出席本次会议的还有来自物联网领域的知名专家、优质重点企业、行业投资机构及产业基金等代表约 150 人。

（魏　梓）

【昌平区云计算服务中心】9 月 19 日，《昌平区云计算服务中心业务上云工作方案》原则通过区政府专题会，其中政务服务云由区综合行政服务中心牵头实施，视频会议云由区政府办及区经济信息化委牵头联合实施，平安昌平云由区政法委、区综治办及区公安分局牵头实施，旅游云由区旅游委及区十三陵特区牵头联合实施。会议明确了区财政局重点保障追加经费，以确保系统集成商顺利搭建平台即服务层。以区信息化工作领导小组为主体，稳步推进全区信息化业务上云工作，解决迁移过程中出现的难题，同时调整了昌平区信息化领导小组成员，确保工作有效落实；出台了《昌平区政府投资信息化项目使用云计算服务管理办法（试行）》，推动全区信息化建设向云服务模式转变。区直属委办局、下属企事业单位的信息化工作要求统一通过云服务的方式来建设，涉及云服务业务承载范围内的部分，均由昌平区云计算中心进行承接。

（宋佰譞）

【无线电宣传】9 月中旬，在昌平乐多港开展无线电宣传工作。借助科普宣传日，发放宣传品 1500 余份。

（宋佰譞）

【通信保障和网络安全应急演练】10 月 13 日，在马池口镇昌流路南侧举行 2017 年昌平区通讯保障和网络安全应急演练。演练背景为，昌平区连日降雨，降雨量超过历史最高纪录，信号塔地基由于雨水冲刷，塔体发生倾斜，引起线缆断裂，引发火灾，导致机房内电源、交换及光缆设备大部分烧毁，基站断站；同时，昌平区政府网站受到攻击，有不法分子趁机在昌平区政府网站上，大肆渲染此次洪涝灾害，引发网友热议。事故发生后，故障单位立即启动《中国铁塔有限公司北京市昌平区分公司通信保障应急预案》，先期进行应急处置。同时上报昌平区安全生产事故应急指挥部、昌平区通信保障和信息安全应急指挥部、区经济信息化委等部门。演练共涉及突发事件应急信息收集报送、组建通信保障现场指挥部和应急通信车、基站环境处置和配套抢修演练、铁塔抢修演练、互联网演练 5 个环节，参演车辆 12 辆，参演人员 32 人。通过演练检验信息中心和应急通信保障人员处理网络信息安全突发事件的能力，确保在最短时间内处理网络问题、恢复通信。同时检验事故发生后，网络通信企业与区安全生产事故应急指挥部、区通信保障和信息安全应急指挥部、区经济信息化委等部门的应急汇报的及时性、政府与企业间指挥调度、应急处置效率。

（宋佰譞）

【首个智慧小区示范项目亮相】10月26日，北京首个智慧小区示范项目——昌平区顶秀青溪家园小区揭牌仪式举行，顶秀青溪家园的智慧小区一期建设任务完成。作为北京首个智慧小区示范项目，业主使用手机应用程序，可足不出户实现物业费、固话等一站式缴费，及时查看小区物业发布的政府、街道、物业公示公告，随时发布家政保洁、设施报修、申请投诉等信息，向周围邻居发布求助信息、爱心捐助、资源共享等。

首个智慧小区示范项目揭牌

（魏　梓）

【档案信息化取得阶段性进展】截至12月，区档案馆建有173个全宗的电子文书档案数据库。完成馆藏档案40余万卷（件）逾千万页的纸质档案数字化工作，馆藏文书档案数字化率达100%。制作了土地、婚姻、独生子女、知青招工等若干民生档案专题数据库，为来馆人员提供查档服务。数据库现有数据约265万条，节点清晰，路径明确，查找方便，电子文书档案年均利用量突破万人。

（魏　梓）

【开展现代果品电子营销培训】12月，区园林绿化局联合北京市林业工作总站举办现代果品栽培技术及电子营销培训，来自昌平、怀柔、密云、延庆、门头沟5区的百余位果农代表参加培训。在为期3天的培训中，市、区园林局果树专家为学员指导栽培技术和营销方法。

（魏　梓）

【网络基础设施建设】年内，昌平区共建设4G基站3506个，4G网络有效区域覆盖率达95%。无线宽带接入点累计达到2.7万以上，基本达到全区覆盖无线网络。共铺设信息管道162沟千米，政企宽带接入能力达到500兆，家庭宽带接入能力达到110兆，超额完成计划目标。发放高清交互数字机顶盒38.95万个，其中城区38.61万个，山区3400个，双网改光缆长度（皮长）7465千米。

（宋佰諜）

【解决山区镇接入歌华有线高清信号难问题】年内，昌平区为解决山区镇接入歌华有线高清信号难问题，区政府与歌华有线昌平分公司按1∶1出资的方式，重点对流村镇（28个行政村）、延寿镇（17个行政村）开展歌华有线电视网络改造工程，纳入昌平区为民办实事事项。该项工程由区经济信息化委牵头，歌华有线昌平分公司负责实施。工程完成，覆盖11180户，高清机顶盒发放45个村，完成了6100余户高清机顶盒数推工作，提升了山区居民收视体验感。

（宋佰諜）

【城市精细化管理】年内，建设完成昌平网格化社会服务管理平台并上线运行。推进“雪亮工程”实施，推进全区公共安全视频监控全覆盖，构建形成了视频图像资源多级共享体系。稳步推进未来科技城综合应用示范工程，提升了区域精细化管理水平。实现了市区两级国土资源管理视频监控系统对接，提升了视频资源及数据资源共享水平；完成了环境综合监管信息化平台建设，形成了综合化智慧环保体系；完成了水资源质量监督管理系统建设，实现了水利工程监督全流程信息支撑。

（宋佰譞）

【便捷化政务服务体系建设】年内，昌平区优化完善了区政府网站群，提升了网站群集约化建设、统一运维水平。搭建了区旅游大数据中心体系，提升了区内数字旅游服务能力。完成了人口健康信息平台一期建设，推广居民健康云应用，深化电子健康档案和电子病历建设，增强了区域居民健康管理水平。搭建了区人力资源和社会保障局动态监测与服务平台，结合线上线下多种渠道，动态提供就业服务信息；推进区图书馆、区博物馆数字化建设，搭建了群众体育健身信息服务平台，为区内带来了丰富的文体信息服务。开展了智慧社区示范工程，将便捷化服务体系纳入“96156 平台”，全面推行“参与型”社区民主协商模式，全面提升了社区管理服务能力。

（宋佰譞）

【城乡一体化信息建设】年内，昌平区开展信息进村入户试点建设，在行政村建设标准益农信息社，提升农村信息服务水平。开展了智慧村庄示范工程，基本实现了农村社区服务站全覆盖，政务服务能力向基层全面延伸。依托市级 221 信息平台，持续更新本区数据信息。积极开展农业电子商务示范工程，天安农业实现了全产业链信息化管理，搭建了全程质量追溯体系，成为北京市首个实现全程信息化管理的蔬菜企业。开展休闲观光农业示范工程，搭建了村 MALL 生态旅游圈微信平台，打造了区民俗旅游品牌。开展了农业物联网示范工程，支持区内种植基地和苹果主题公园的物联网建设，利用信息技术提升了农业生产管理水平。

（宋佰譞）

【深化“两化融合”】年内，昌平区推进福田康明斯、北京复盛机械、乐普医疗等 22 家企业成为市级两化融合试点企业，提升了企业的智慧化发展水平。完善了昌平区中小企业公共服务平台（昌平中小企业网）及中小企业公共服务平台微信端。截至年底，平台共有注册关注企业数810家，发布政策动态、会议通知等1570条，通过网站与微信端解决的信件 35 条，通过 QQ 群解决的企业咨询约 5000 件，通过热线电话解决的问题约 200 件，服务能力大幅度提升。

（宋佰譞）

【新一代信息技术产业发展】年内，昌平区新一代信息技术产业发展形成规模，发展态势良好；集聚了一批大型领军企业，带动产业链上下游共同发展，已成为了昌平新一代信息技术产业发展的重要推动力量。围绕工业大数据发展主题，举办交流活动，营造工业大数据产业发展氛围，增强了企业对工业大数据的应用意识；依托宏福科技园，打造大数据成果转化基地、人才实训基地，激发了产业发展动力。

（宋佰譞）

【网格化工作培训】年内，昌平区为加强网格员队伍规范化管理，集中开展了网格化工作第一期培训班，邀请有关专家和专业技术人员对网格员进行培训。城北街道、霍营街道和沙河镇等多个镇街也分别加强了对辖区网格员工作职责和平台操作技巧等方面的培训，规范提升网格员队伍工作水平。针对新聘用的网格化工作监督员，及时开展岗前业务培训，确保每一名监督员在区级、镇街网格化工作中充分发挥职责效能。

（魏　梓）

昌平区信息化工作主管领导

副区长：周金星

经济和信息化委员会主任：王志刚

平谷区

【概况】2017年，平谷区信息化工作以科学发展观为指导，适应信息化要求，顺应信息化趋势，把信息社会建设作为平谷区城市化和农业现代化发展的战略任务，全面推进经济和社会的信息化发展，不断深化信息技术在各领域的应用，促进平谷区经济和社会的全面和谐发展。

（区经济信息化委）

【政务系统通过“安全等级保护”检查】3月，为保障“两会”期间政务信息系统安全稳定运行，区公安分局对区政府门户网站、区电子政务办公平台、区政务外网进行检查。检查内容包括信息系统安全管理制度、信息系统安全保障措施、信息系统资产等3个大项，468个小项，经过严格检查，全部符合标准。通过检查，增强了信息化发展中心工作人员的安全意识、责任意识，提高了信息系统抗御风险的能力，为保障“两会”顺利召开奠定了基础。

（区信息化发展中心）

【信息化支撑桃花音乐节】5月，平谷区举办北京国际流行音乐季，提前半个月部署活动保障方案。其间，网络保障共架设应急车通信车3辆，成功完成2G、3G组网，有效应用FDD和搭建TDD的D、F、E频段的4G多模式多频段组网，确保了现场用户无线上网和通话需求。在大风、降雨等恶劣天气下确保网络正常运转，为活动现场指挥部提供应急通信保障。还向现场媒体提供了200兆带宽的有线互联网通信服务，全方位地保障了音乐季活动现场全部用户的通信需求。

（区经济信息化委）

【推进社会信用体系建设】6月，平谷区社会信用体系联席会议召开。宣布了《平谷区社会信用体系建设联席会议办公室领导机构及工作方案》，介绍了平谷区社会信用体系建设情况及2016年5月至2017年5月平谷区信用环境状况，并针对信用建设薄弱领域做了下一时期的工作部署。

（区经济信息化委）

【电子政务网络与信息系统安全检查】7月至10月，平谷区组织开展电子政务网络与信息系统安全检查工作。为强化电子政务信息安全保障，提高电子政务网络与信息系统安全防护水平，依据相关文件要求，认真组织实施检查工作。通过检查进一步增强全区党政机关信息安全意识、落实信息安全制度和技术防范措施，切实提高安全防护水平，确保全区电子政务网络与信息系统的安全稳定运行。

（区经济信息化委）

【信息化执法工作有序进行】9月，区经济信息化委联合区信息化发展中心开展了信息化执法工作，主要针对平谷区涉及公共服务系统的业务单位进行实地执法检查。检查内容包括相关应急预案、管理制度、人员配置等。在中共十九大召开前夕，作为信息化主管部门，区经济信息化委在检查的同时反复强调了应急值守和安全上网注意事项。

（区经济信息化委）

【推进软件正版化工作】年内，平谷区高度重视软件正版化工作，平谷区使用正版软件工作联系会议办公室组成检查组，对全区100家机关单位（含政府机关、政府机关以外的其他国家机关、直属事业单位、人民团体和免予登记的社会团体）的软件正版化工作进行了检查。检查采取听取汇报、查阅文件、核对采购合同及软件授权许可协议等资料、现场随机抽查计算机软件安装情况等方式。检查情况结果，各机关单位软件正版化工作取得良好成效。

（区经济信息化委）

【智慧乡村建设】年内，为提高服务水平，便利群众办事创业，区经济信息化委同区信息化发展中心从镇罗营镇3072户中挑选典型代表508户进行需求调研，编制完成《“凤英工程 · 智慧镇罗营”总体规划方案》，为智慧镇罗营工程建设打下坚实基础。“凤英工程 · 智慧镇罗营”是智慧平谷建设的试点工程，是利用互联网信息技术实现互联网 + 政务 + 民生，实现更便捷的为老百姓服务，打通服务群众“前一公里”和“最后一公里”，切实解决人民群众看病难、养老难、出行难、增收难、就业难、创业难等问题。

（区经济信息化委）

【完成政府网站群集约化平台建设】年内，平谷区为进一步加强管理，落实市政府办公厅关于网站建设工作目标，按照网站群建设模式，对政府部门网站开展了集约化平台建设工作。共完成区政府网站群26家建设工作。

（区信息化发展中心）

【建立新社区系统】年内，平谷区为了更好地利用区域卫生信息系统，整合卫生信息与纵向业务数据资源，增加信息接入与共享点，加强数据质量控制。区卫生计生委完成社区卫生服务中心新社区系统的上线，并对新社区系统在各社区卫生服务中心进行推广。区域卫生信息系统是包括电子政务、医保互通、社区服务、居民健康档案、远程医疗、网络健康教育与咨询，实现预防保健、医疗服务和卫生管理一体化的信息化应用系统。

（区卫生计生委）

【“北京通”居民健康卡发放】10月，区卫生计生委已完成11万“新农合”人群“北京通”——居民健康卡的发放。该项目在平谷区委、区政府的全力推动下，由农行北京分行作为首发的唯一承办单位，经区卫生计生委、区经济信息化委大力支持，得到了全区所有医疗单位包括4家中心医院、18家社区卫生服务中心和135个卫生服务站的共同参与。项目惠及全区所有行政村共20余万的新农合参保人员。成为平谷区居民真正意义上的“一卡通”，实现一卡在手、全区通行、畅捷服务，是北京市“智慧医疗”建设里程中又一突破。

（区卫生计生委）

【完善医学影音互通系统】年内，区卫生计生委为了更好地利用医学影音互通系统，在2017年对此系统进行完善使其更好地完成各级医疗机构之间资源共享，实现市级优质医疗资源向郊区转移。医学影音互通系统已在北京天坛医院、北京医院、北京朝阳医院、北京友谊医院等市级三甲医院；区内区医院、中医院及18家区一级医疗服务中心等地完成安装对接。

（区卫生计生委）

【视频会议系统和监控中心多媒体系统建设】年内，由稽查大队牵头，委托北京汇诚金桥国际招标有限公司采购视频会议系统和监控中心新址的多媒体设备。监控中心的多媒体设备已安装调试完毕投入使用，视频会议系统设备已经到位。

（区食药监局）

【教育信息化基础网络环境建设】年内，区教委为完善网络信息安全保障机制，保证教育系统网络信息安全，统一为学校购买并安装下一代防火墙安全产品，在城域网的互联网出口部署网络安全设备，并通过配置策略进行统一的网络安全管理，提高城域网抗攻击能力。同时，为学校终端电脑采购并安装网络版防病毒软件，提高终端电脑抵御各种病毒侵害能力。

（区教育信息中心）

【完善教育资源公共服务应用体系建设】年内，平谷区为实现学科教师网络学习空间人人通，正式开通平谷教育资源网，形成区级采购和学科教师优质资源上传并存的资源开发和应用模式。平谷教育资源平台为全区6000余名教师创建用户，并为教师开通网络空间（每学期20G）。

（区教育信息中心）

【幼儿园网络视频监控系统建设】年内，区教工委完成全区42所公立幼儿园（包括小幼一体化学校的幼儿园部分）全域全覆盖的网络视频监控建设任务，共安装各类型高清数字摄像机3873台，完成联网联调工作，随时可以向区级“雪亮工程”平台推送相关数据。同时，协助民办幼儿园进行网络视频监控建设，不断推进中小学网络视频监控系统建设进程。

（区教育信息中心）

平谷区信息化工作主管领导

副区长：杨东起

经济和信息化委员会主任：胡东升

怀柔区

【概况】2017年，怀柔区按照“怀柔区‘十三五’信息化发展规划”要求，大力推进区域信息化建设，不断提升基础设施能级，拓展基础资源共享应用，突出抓好重点应用体系建设和智慧产业集群发展；强化体制机制建设，成立了智慧怀柔工作领导小组，构建自上而下的组织推进和运营体系；编制完成《智慧怀柔建设顶层设计规划方案》；重点推进怀柔区地理空间信息系统建设项目；雪亮工程项目；怀柔通及便民服务应用项目；全市首个区级社会信用信息服务平台在怀柔区正式启用；智能交通项目开启建设模式，各领域信息化建设大力推进，“智慧怀柔”建设迈出新步伐。

（郑立勇）

【残疾人管理系统】1月，怀柔区残疾人管理系统正式上线运行。该系统是全市首创的残疾人综合信息管理系统，涵盖残疾人基本信息、家庭情况、康复愿望、教育就业信息等内容，区残联每季度还将根据入户走访情况，对各项信息进行全面更新。

（郑立勇）

【市首家区级社会信用信息服务平台启动】3月1日，怀柔区召开2017年怀柔区社会信用信息服务平台启动暨操作使用培训会，全区70家相

首家区级社会信用信息服务平台启动

关部门工作人员参加培训。怀柔区社会信用体系平台一期工程完成，是北京市首家区级数据库，服务平台启用，实现全区各种类型法人信用数据库首次汇聚和社会共享。社会信用信息服务平台通过“信用怀柔网”和“社会信用信息共享服务平台”两大板块，对信用信息进行公示、查询和宣传，推进信用体系建设提供基础数据和信息支撑。

（郑立勇）

【数据中心获奖】 3月3日，在北京国家会议中心召开的“2016年度第八届中国数据中心行业表彰大会”上，同方泰德国际科技（北京）有限公司获两项行业大奖，获得“全国数据中心机房工程企业前三十强”荣誉称号，其服务的“中国石油兰州大厦数据中心工程”获得“2016年度中国数据中心优秀项目实施奖”。

（郑立勇）

【通信基础设施协议】 7月21日，怀柔区政府与中国铁塔股份有限公司北京分公司正式签署《怀柔区通信基础设施建设战略合作协议》。双方将全面展开战略合作，加快“智慧怀柔”建设，提升区域信息化发展环境。

（郑立勇）

【工信部核定2家两化融合企业】 8月22日，怀柔区北京福田戴姆勒汽车有限公司、奥瑞金包装股份有限公司，被工业和信息化部核定为2017年两化融合管理体系贯标试点企业。

（郑立勇）

【搭建养老服务信息综合平台】 10月27日，怀柔区养老服务信息综合平台启动。怀柔区民政局通过公开招标，确定北京爱侬养老服务股份有限公司建设运营怀柔区养老服务信息综合平台。怀柔区养老服务信息综合平台包括养老服务呼叫热线“69681234”及呼叫中心、怀柔养老服务网和怀柔养老服务商城、怀柔养老服务微信公众号、怀柔科技养老服务管理后台。养老服务信息综合平台具有老年人健康管理、老年人评估管理，老年人智能设备管理、需求及智能分析、智能健康数据管理功能。

（郑立勇）

【智慧怀柔建设】 年内，怀柔区根据顶层设计规划，全力推进“智慧怀柔”地理空间信息系统、怀柔通、智慧交通和雪亮工程4个子项目建设进程。重点加强山区隧道及农村地区的信号全覆盖，持续提升怀柔地区4G移动网络和宽带网络服务能力。完成平原镇乡15个行政村的4G通信信号深度覆盖，全区284个行政村，实现了4G网络覆盖率平原达98%，山区行政村达95%，主要自然村达92%。

（王　伟）

【信息化基础设施建设】 截至年底，怀柔区互联网出口总带宽154G，累计建设各类信息管道780沟千米，新建各类信息管道74千米；全区光纤总里长24299皮长千米；全区累计实际光纤接入家庭住户总数159136户，其中2017年新增宽带接入家庭住户14436户。全区光纤接入网覆盖家庭住户数覆盖率达到100%，光纤入户率98%。无线通信网络已覆盖地区面积为2100平方千米，无线通信网络覆盖率为100%。全区固定电话累计106328部。2G基站数量累计1310个，2016年完成102个；3G基站数量累计1464个，2017年完成272个；4G基站数量累计1751个，2017年完成420个；WLAN累计建设AP 3543个；2017年完成建设331个。

（郑立勇）

【有线电视与高清数字电视建设】 截至年底，怀柔区累计有线电视注册用户11.1484万户，其中高清数字电视用户为84734户，高清电视业务比率达到76%。年内新增有线电视注册用户

4821户，高清数字电视用户2861万户。

（郑立勇）

【医疗卫生信息化建设】 年内，怀柔区深化医改和健康惠民措施落地，推进信息协同应用。实现检验结果、影像数据共享。可共享查阅居民区内公立医疗机构所做影像检查及化验检验结果。支撑中西医并重，将中医体质辨识软件嵌入社区卫生服务信息管理系统，解决基层中医人员不足、辨识难问题。实现一卡通标准应用，发放北京通健康卡12万余张，持卡居民可在区内享受跨机构"一卡通"式诊疗与服务。

（于东悦）

【打造医技会诊中心】 年内，怀柔区依托二级医院建立4个临床检验中心。指导全区16家社区卫生服务机构开展基本检验项目和检验室室内质控，统一规范全区医疗机构检验服务质量。在2家二级医院建立远程医学影像诊断中心，与8家社区卫生服务中心影像系统对接，同时开展医学影像质控管理及教学指导。建立远程心电会诊中心。

（于东悦）

【慢病信息管理系统及转诊系统】 年内，怀柔区建设覆盖二级医院和社区卫生服务中心的慢病信息管理系统。建立两类转诊系统。医联体内搭建远程双向转诊系统；通过北京市妇幼医联体建设，怀柔医院与中日友好医院，建立跨医联体远程专科临床及转诊系统。开展危重孕产妇及危重新生儿救治和转诊；开展远程教学查房、技能培训和对口支援等工作。

（于东悦）

【电子政务网络建设】 年内，区政务互联网出口达2.16G；区政务宽带网络平台在网单位数总共475个(行政事业单位155个,行政村284个，社区居委会36个)，低成本无线接入互联网行政村37个，农村"数字家园"40个；政务网络机房设备185台，网格化机房设备60台；完成各单位电话技术支持和现场故障排除3300余次。

（刘　伟）

【电子政务重要信息系统等保工作】 年内，怀柔区完成电子政务重要信息系统等级保护工作，按照市统一要求进行定级，并根据差距分析报告存在问题进行整改，进一步完善管理制度，加固信息系统，优化网络结构。

（刘　伟）

【市区两级政务网络建设】 年内，怀柔区根据北京通信保障和信息安全应急指挥部办公室下发的《关于处置'勒索'病毒事件的紧急通知》，及时对区内各单位进行通知，对发现问题进行妥善处理。协助区社工委完成网格化E通车项目试运行工作，完成北京市红十字会应急综合应用系统开通工作，协助区经管站完成经管系统网上访问三资监管平台工作，完成国家信访局视频会议系统北京市一期配套工作，完成市疾控中心卡介苗接种系统连通工作，配合区经济信息化委完成"怀柔区2017年电子政务网络与信息安全自查"，协助区委组织部做好党支部规范化建设全程纪实系统工作，协助区民防局做好北京市民防业务信息系统部署，完成中共十九大期间网络安全保障。

（刘　伟）

【区内各单位政务网建设】 年内，怀柔区完成怀柔科学城管理委员会筹备办公室政务网接入；怀柔区监察委员会、怀柔区城市管理综合行政执法监察局、北京怀胜城市建设开发有限公司的政务网迁移。完成杨宋镇郭庄村和安乐庄村，九渡河镇黄坎村、东宫村、庙上村；庙城镇高两河村，琉璃庙镇安洲坝村、西湾子村，汤河口镇二号沟门村、庄户沟门村、大榆树村、西帽湾村、河东村，宝山镇郑栅子村、温栅子村、三块石村，长哨营乡北干沟村、四道河村、西沟村、老沟门村、三道窝铺村，喇叭沟门乡中榆树店村、苗营村、官帽山村村村通网络迁移。

（刘　伟）

【视频会议建设和应用】年内，怀柔区网络视频会议系统覆盖全区各部、委办局、镇乡、街道、行政村、社区、重点企业等单位，区政法委、区司法局、区卫计委、区园林绿化局、区应急办、区安监局、区社会办、区水务局在区网络视频会议系统平台上建立本单位的视频会议系统。建设市委、市政府高清视频会议系统会议室 3 个，市应急高清加密视频会议系统会议室 2 个，市应急标清视频会议系统会议室 2 个。各个视频会议系统互联互通，组会灵活，可在任何地点召开各种视频会议。全年，区委、区政府组织参加全国和北京市电视电话会议 138 次，召开区网络视频会议 68 次，应急会议调度 19 次。

（刘　伟）

【网站群建设】年内，怀柔区不断优化站群管理软件和安全监测软件，推进网站集约化工作。区发展改革委顺利迁入怀柔区站群平台，参加国办政府网站普查 26 家网站，有 11 家网站使用区政府网站集约化平台，实现全区网站集中集约管理，节约各单位网站建设和维护成本。

（刘　伟）

【提高在线办事服务水平】年内，怀柔区对照 27 家区属单位权力清单，按照行政许可、行政处罚、行政强制、行政征收、行政给付、行政检查、行政确认、行政奖励、行政裁决和其他类别予以分类，进行梳理公示。对已纳入行政服务大厅的事项及办事流程进行梳理，实现网上公开事项 150 余项，包括名称、类型、法律依据、受理条件、所需材料、办理程序等 12 个内容，实现网上办事系统在线申报与预受理、服务事项审批状态查询、应用系统资源整合等功能。对怀柔区行政许可结果和行政处罚结果进行公示，公示 1060 余条。

（刘　伟）

【网格化多网融合建设】年内，怀柔区先后印发《怀柔区关于推进网格化社会服务管理体系建设工作的方案》《怀柔区关于加快推进“三网”融合、完善网格化运行体系建设的实施意见》《怀柔区网格化镇乡街道分指挥中心标准化建设实施意见》《怀柔区关于深化基础网格功能建设的实施意见》，持续推进怀柔区网格化多网融合建设工作。怀柔区网格化服务管理系统自 2012 年建设至今，已相继融合社会服务管理网、城市管理网、社会治安网、“12345”市非紧急救助热线等多方面工作。

（刘　伟）

【社会信用体系建设工作创新示范】年内，怀柔区社会信用体系建设工作顺利通过市社会信用体系建设办《关于加快社会信用体系建设的实施意见》专项督察任务，获北京市社会信用体系建设工作创新示范典型。怀柔区全面落实社会信用体系建设工作。建立怀柔区社会信用体系建设联席会议制度，出台《社会信用体系建设三年重点工作任务》《行政许可和行政处罚“双公示”落实方案》。注重夯实基础，打造社会信用信息服务平台，注重以用促建，构建守信激励和失信惩戒的社会环境。截至年底，怀柔社会信用信息服务平台共汇集数据 75188 条，其中企业法人数据 63379 条，信用动态 89 条，典型案例 19 条，政策法规 68 条，信用公示信息 11617 条，红名单 14 条，黑名单 2 条。平台在食品药品安全领域、整治散乱污企业、拆墙打洞等方面，通过建立企业信用档案，归集企业信用信息，提高信用平台在社会治理方面使用效率和应用范围。

（郑立勇）

【区图像信息系统建设管理领导小组】年内，按全市统一要求，怀柔区成立由区公安分局局长任组长、36个委办局和各街道镇乡主管领导为成员的怀柔区图像信息系统建设管理领导小组，领导小组办公室（简称图像办）设在公安分局，负责对全区视频建设工作统一标准、规划、审核，并指导、协调推进全区图像信息系统建设应用。公安分局作为图像信息系统建设应用的主要实施单位，成立由主要领导直接负责、主管局领导具体负责专班。图像办牵头制定《怀柔区视频建设应用联网规范》《怀柔区公共安全视频监控建设联网应用实施方案》等文件。立足怀柔区现状和实际需求，加强顶层设计，对拟建设科技创安项目确保“性价比”最优，对已建成项目确保使用效能最大化。

（郑立勇）

【“雪亮工程”顺利推进】年内，怀柔区被中央综治办确定为“雪亮工程”建设重点支持区。该工程主要包括8个建设部分：社会治安监控系统、机动车卡口系统、人脸识别系统、专项管控系统、联网应用平台、综治联网平台、网络与安全工程、数据机房与运维工程。在该工程建设中，公安分局依托已有设备和平台，加强集中统一、联网联控和修废利旧，避免浪费。“雪亮工程”已完成施工及监理招标工作，正在组织相关单位进行深化设计及现场踏勘工作。

（郑立勇）

【政务服务体系建设】年内，区政务服务办根据市政务办《贯彻落实〈北京市人民政府关于加强政务服务体系建设的意见〉工作方案》总体要求，完成政务服务体系建设项目，统一行政审批平台建设，完成市级统一行政审批平台本地化部署，实现与市级审批平台、区政府网站、区级部门业务系统等系统业务协同，实现向街道（乡镇）、社区（行政村）覆盖及政务服务体系延伸；部署自助服务终端，在区政务服务大厅内部署24小时公共服务自助终端机，实现查询及打印办事指南、查询事项办理进度、投诉、评价等功能；在服务办二层窗口安装LED跳屏排队叫号终端系统，实现统一叫号、取号功能，同时窗口配有服务综合评价系统和窗口服务电子监察系统。

（崔　峥）

【公共资源交易平台建设方案】年内，区政务服务办制定怀柔区公共资源交易平台建设方案，用以实现公共资源交易项目的全流程、全类型电子化交易覆盖。建立公共资源交易数据填报系统，用于公共资源交易平台建立前的数据报送。设置1个网络终端，专家抽取系统于8月15日正式在区政务服务办上线使用，工作人员严格按照《北京市评标专家库网络终端管理办法》和《北京市评标专家库网络终端抽取评标专家工作规则》执行专家抽取任务，并对所有文件资料进行编号及存档。

（崔　峥）

【交通信息化建设】年内，区交通局通过运营车辆GPS监管平台反映相关数据，更好地掌握相关车辆违法违规情况，对易发生违法违规现象的地点和车辆加大执法力度。为区内运营的公交车、旅游车、出租车、危险品运输车等车辆加装卫星定位装置，共计4955辆。

（郑立勇）

【旅游信息化建设】年内，利用怀柔旅游信息网及时准确上传各类旅游动态、重要节庆活动等宣传信息；截至年底，网站共发布旅游信息340条，旅游活动63条。实现全区1304户星级民俗户网上营销展示宣传。官方微博定期更新推送信息780条，官方微信发布196条信息。完成青龙峡景区、响水湖景区、“渤海镇全域旅游”、水长城景区四期专题访谈节目。与中国移动怀柔分公司合作，对进入怀柔33个区域（16个3A级以上景区和17个五星、四星村）的游客数据进行处理和分析，全年完成数据分析报告5份。与同程旅游签订目的地营销合作协议，实现旅游资源高效配置和市场深度融合。

（郑立勇）

【怀柔智慧景区建设】年内，怀柔区以水长城智慧景区建设为例，游客通过水长城微网站可随时查看景区游客流量、车位和景区客流分布情况。在入园闸机处凭手机里的购票电子二维码一键验票入园。结合定位功能，景区为游客提供车位引导，扫码付停车费功能。游客在景区游玩时打开电子导游可轻松实现智能化语音讲解。景区还提供园区购物消费在线下单、电子付款等便捷快速服务。

（郑立勇）

【教育信息化建设】年内，区教委完成所属各单位信息系统安全等保定级工作。确定等保二级系统3个，等保一级系统44个。逐步完善网络安全和数据安全建设，部署网站Web应用防护系统、网站安全监测系统、防火墙集控管理平台、数据库异地灾备系统，提高网络安全防护能力。区教育系统各单位基本建成PAD教室、录播教室、校园电视台，部分学校微课制作、移动录播、音乐美术书法数字教室、3D打印等。部分学校完成远程教育建设和应用，怀柔三小、北房小学分别对接北京实验二小；一中对接新东方；在区域内，实现长哨营小学和怀柔区实验小学对接；在教育资源远程输出上，怀柔区第六小学和内蒙古自治区四子王旗对接；怀柔区职业学校和河南省卢氏县、内蒙古自治区四子王旗对接。通过远程课堂互动、远程教研，实现互通有无、智慧共享。建成三级教育资源建设和应用体系，对于“上层”资源，推进对国家教育资源平台、北京市教育资源平台应用；对于“本级”资源，完成怀柔区教育资源平台一期建设；对于学校资源，鼓励各单位建设自己资源库，鼓励各学区建立学区资源库，推行与区教育资源平台的对接。

（郑立勇）

【森林防火智能化监控】自2013年至今，怀柔区森林防火智能化监控项目共计投资2558万元。其中，一期投资472万元建成的森林防火指挥中心平台系统已正式投入使用；二期投资2086万元建设的109个森林防火智能化前端监控系统，4个分控中心，9月通过初步验收，进入设备试运行阶段。该监控系统对区级森林防火监控指挥中心进行升级改造，监测范围达900平方千米，在杏树台梁头、黄坎歪山、牛角鞭、鱼水洞骆驼山、菜树店平安梁头、道德坑村西山建设6处差转基站机房，初步形成集森林火情监测、地理信息系统分析、远程指挥调度于一体的综合森林火灾处置系统，覆盖桥梓、九渡河、渤海、雁栖、怀北五镇90%林区面积。

（郑立勇）

【智慧乡村建设】年内，怀柔区投入资金115.6万元，委托北京守朴科技有限公司、北京派得伟业科技发展有限公司，完成宝山镇下坊村、琉璃庙镇双文铺村和青石岭村3个智慧乡村建设。建立游客公众微信号，提供在线订购、会员管理、资讯动态等功能。通过关注公众微信号方式免费提供无线Wi-Fi服务，通过美丽秀、360°全景虚拟游吸引游客；开展电商服务，建立在线预定系统，提供在线订房、订餐，付款等功能。建立村务管理微信平台，提供人口、住宅、土地资源等数据管理服务，及时发布通知等动态信息，实行党务、村务和财务三公开；为村民提供通知通告、气象、政策导读等服务。

（郑立勇）

【营造科技创新环境】年内，怀柔首都科技条件平台工作站通过引导平台内科技资源与区内科技需求对接，共吸纳成员单位15家，梳理科技人才20人，征集科技需求30项，发放科技创新券42万元；支持8家企业开展专家咨询、检测等研发活动8项；组织企业与实验室对接7次，其中一对一对接4次，大型专场对接3次。怀柔区专利网络服务平台共发展成员369余人，其中专利服务机构6家，企业可在平台内及时了解政策信息、学习专利知识，在专利申请、专利分析、专利维权等方面进行咨询。

（郭群英）

【文化领域信息化建设】年内，区文化委完成22台云屏数字借阅机采购、安装和调试工作，为16个镇乡（街道）和6个区直部门各配备一台。数字借阅机内置3000册正版图书、500集听书，联网后可阅读正版图书50000册、听书30000集，还支持机构风采展示功能，可展示图片、文字等信息。依托怀柔区图书馆，完成对全区14个镇乡、2个街道，284个行政村、33个社区基层图书室、数字文化社区和共享工程基层服务点设备巡检和年底检查考核工作。在馆内原有数字资源基础上，对云图有声数字图书馆、法源法律搜索、雅昌艺术图书等数字资源进行补充更新；新购置网上报告厅、"'一带一路'话古今"、"党的十九大精神学习"等专题数据库；少儿阅览室内新添置3D互动立体书、VR体验设备等；新增数字资源12.7TB，丰富读者阅读资源。对在馆30万册馆藏图书粘贴RFID智能芯片，上线图书自助借还和自助办证设备，建设24小时自助图书馆。

（郑立勇）

【镇乡街网格化分中心标准化】年内，怀柔区组建"一心三定"网格化服务管理一体化运行指挥体系。完善"十有九化"建设标准，推进8项"网格化+"行动，针对村庄和社区网格内存在人数多、种类多、职责不清晰、管理及考核不统一等问题，采取网格技术，优化整合下沉村庄和社区各类专业力量、协管力量、志愿力量，并实名制配置到每一个网格，构建起共建共治共享社会治理平台。全区共配置网格力量32853名，其中专业力量1899人，专职网格力量21人，协管力量10222人，兼职力量13417名，志愿力量7294人。区中心继续强化疑难案件协调解决和案件回访，全方位保障区综合便民服务平台的案件办结率、解决率、反馈率以及群众满意率。年内，区网格化信息系统共接到各类诉求125713件，解决124514件，办结率99.04%，电话反馈率88.64%，群众满意率45.19%。

（赵　阳）

怀柔区信息化工作主管领导

副区长：李志遂

经济和信息化委员会主任：周怀明

密云区

【概况】年内，密云区坚持以科学发展为主题、以加快转变经济发展方式为主线，统筹规划、重点突出，以信息化带动工业化，以工业化促进信息化，稳步推进信息化建设。

（周　梅）

【完成政务云平台建设】年内，密云区严格按照政府采购流程完成政务云平台建设招投标工作，完成硬件购置及软件集成调试。建设基础数据库1套，共8大主题库，入库数据400万条。部分业务系统及30家网站迁移至云平台，运行基本稳定。

（周　梅）

【网络安全与通信保障工作】年内，密云区重点检查在用电子政务网络和重要电子政务信息系统的安全管理制度落实、信息安全等级保护开展等工作情况。落实各项保障措施和应急预案，确保了全国“两会”、“一带一路”高峰论坛、市十二次党代会，特别是中共十九大期间的通信和网络信息安全。做好“勒索”病毒的应急处置工作，保障了政务专网用户未遭受严重影响。

（周　梅）

【加强信息化管理】年内，密云区按照信息化管理行政处罚职权，对全区各单位进行信息化管理行政检查。各单位领导重视信息系统安全工作，明确了主管领导、分管领导和具体管理人员，未发现违反《北京市信息化促进条例》《北京市公共服务网络与信息系统安全管理规定》的行为。全区64家单位检查结果录入“北京市行政执法信息服务平台”，人均检查量为16次，检查量在全市经济信息化系统排名第三。《“智慧密云”行动计划（2014—2018年）》在全市区政府行政决策典型案例评审中获得高分。

（周　梅）

【推进社会信用体系建设】年内，密云区加强组织领导，成立北京市密云区社会信用体系建设联席会议，制发《北京市密云区社会信用体系建设工作意见》。在“北京·密云”门户网站开设“密云区人民政府行政许可和行政处罚双公示信息栏”，集中公示2016年以来所做出的行政许可和行政处罚信息。共公示行政许可事项9677项，行政处罚事项4436项。

（周　梅）

【推进软件正版化】年内，北京市使用正版软件工作联席会议办公室对密云区软件正版化工作完成情况进行了年度考核验收。检查了124家单位的软件安装管理台账等文件资料，并对果园街道办事处、区经济信息化委、区国资委、区卫生计生委、卫生监督所、中心血站等6家单位60台计算机中软件安装情况进行现场抽查。全区软件正版化工作完全符合标准和要求，检查结果良好，124家单位的操作系统、办公软件及杀毒软件全部实现正版化。

（周　梅）

【提升移动通信基础设施】年内，密云区筹备区政府与中国铁塔股份有限公司北京分公司战略合作框架协议签约仪式。双方将共同推动密云移动通信基础设施建设，提升无线网络覆盖水平，支撑城市运行和经济发展。推进重点公共场所免费无线宽带上网服务，确定奥林匹克公园等10处公共场所为“–MyBeijing–”免费无线上网公共场所。积极协调中国移动密云分公司加快无线局域网建设和改造进度，尽快接入市级无线上网管理平台，更好更快地为公众提供免费无线上网环境。

（周　梅）

【做好两化融合管理体系贯标试点】年内，对全区规模以上工业企业开展两化融合自评估、自诊断、自对标；对基本符合条件的重点企业加强宣传、密切跟踪、积极引导、强化服务。培育两化融合管理体系贯标试点企业，其中北京宝沃汽车有限公司入选2017年市级两化融合管理体系贯标试点企业。

（周　梅）

密云区信息化工作主管领导

副区长：范永红

经济和信息化委员会主任：王建国

延庆区

【概况】延庆区经济和信息化委员会（简称区经济信息化委）是负责该区工业经济和信息化产业管理工作的政府工作部门。设办公室、经济运行监测科、产业发展规划科、中小企业科、信息化科、政工科（监察科）、综合科、创新能力建设科组成 8 个科室。

2017 年，“智慧延庆”建设推进，基础设施建设稳步推进。延庆铁塔计划新建 100 个基站，已完成涉及的全部 14 个乡镇的对接工作，新建 4G 基站正在选址 8 个，正在建设 12 个，完成建设 61 个；在 2G、3G 基站上整合共享完成 48 个。完成延庆区科学技术馆、延庆区延庆博物馆、延庆园服务中心 3 个公共场所免费 Wi-Fi 建设。统筹推进校园内部及周边、乡镇政府所在地重点区域、城区高点监控系统。学校内部监控系统建设已完成 74 所，完成区委政府大院监控系统、教委指挥中心建设；完成乡镇重点区域监控系统 127 处，完成城区高点监控 4 处 12 个点位，完成软件系统开发工作。认真落实北京延庆门户网站群建设和管理工作。完成主站以及各子站共 58 个站点的系统搭建，经过 1 个月试运行于 7 月正式上线。落实政府网站内容建设细则要求，配合区政府办每月开展 2 次区内站群内容检测，并由区政府办下发各单位进行整改，确保顺利通过全国政府建设达标要求。推进信用体系建设工作，制发《延庆区加强区域信用环境建设整改工作方案》，并于 6 月 1 日上线运行“信用延庆”信息公示平台，平台共归集信用信息 8801 条。持续开展政务网终端安全漏洞扫描，按月发布政务网安全漏洞扫描报告共 11 期，各单位完成漏洞整改的电脑 2137 台。全年针对区政府网站共检测网络攻击 135631 余次，未发生信息安全事件。

（高建敏）

【调研信用体系建设】4 月 26 日，由区经济信息化委主任徐自成带队到市经济信息化委，与市经济信息化委社会信用体系建设处和信用体系监测第三方公司对接，针对延庆区在北京市区域信用环境状况监测中评分较低的情况进行了咨询。并到房山区先后考察参观了北京互联网金融安全示范产业园、长安汽车、驭势科技。参观结束后，与房山区经济信息化委相关领导就疏解整治、信用体系建设工作展开座谈交流，加深了对信用体系建设、疏解整治相关工作的认知和了解，为后续相关工作开展奠定了基础。

（高建敏）

【“智慧延庆”顶层规划设计项目启动】5 月 15 日，区经济信息化委主任召开了“智慧延庆”顶层规划设计项目启动会，区政府办、区委宣传部、区发展改革委等单位主管领导参加了会议。会上说明智慧延庆建设工作的重要性，提出具体工作要求。项目执行单位负责人对项目规划思路进行了介绍。延庆区新型智慧城市规划设计项目正式启动。

（高建敏）

【开展节前通信保障工作检查】9 月 30 日，区经济信息化委到移动延庆分公司、联通延庆分公司、电信延庆分公司、延庆歌华、铁塔延庆分公司进行现场检查。主要检查各单位通信保障预案制定、设施巡查计划、巡查抢修队伍建设、应急值守等工作情况。区经济信息化委向各单位传达了市、区两级工作要求，强调各单位要全面启动应急机制，在国庆、中秋、中共十九大期间安排好带班领导、值班人员、应急队伍，做好例行巡检工作，处理好突发事件，保障全区通信安全。

（高建敏）

【检查网络与信息安全工作】10 月 11 日，区组织人员检查网络与信息安全工作。到延庆电信分公司、移动分公司、区信息中心开展网络与信息安全检查，现场听取了网络安全工作汇报，实地查看人防、技防措施，并进行现场指导。要求各单位把网络安全工作放在突出位置，进一步加强组织领导，落实一把手带班的 7 × 24 小时值班制度，人员、设施、物资必须全部准备到位。要认真进行网络风险评估，建立响应机制，按照预案进行演练。全方位落实好信息安全工作，把信息安全工作抓实、抓细、抓到位，包括人员、物理基础设施、重要系统、消防等，并不断提升服务质量。

（高建敏）

【中共十九大期间通信安全保障】年内，健全工作机制，通过制定《党的十九大期间通信保障工作方案》《党的十九大期间通信保障应急预案》，对可能发生的通信问题及早谋划，保障中共十九大期间应急通信指挥调度工作能够迅速、高效、有序地进行，满足突发情况下通信保障工作的需要，确保通信的安全畅通。通过到移动、联通、电信、歌华、铁塔公司进行现场检查，了解各单位通信保障工作情况，包括应急预案及工作方案的制定、通信设施巡查、抢修队伍建设等。向相关单位传达了市、区两级工作要求，强化信息报送，要求各通信运营商及铁塔公司每日报告当日通信保障工作情况，并对突发事件随时报告，做到及时全面了解全区通信保障情况。

（高建敏）

延庆区信息化工作主管领导

副区长：罗　瀛

经济和信息化委员会主任：徐自成

信息化软环境

本栏目主要收录北京市有关信息化规范性文件和第17届北京市工业和信息化职业技能竞赛获奖名单，记述信息化标准制定与人才培养、协会与联盟、园区信息化建设等方面情况。

概 述

2017 年，围绕政府信息公开、加强政府网站规范管理、推进两化融合等重点工作，市政府和市经济信息化委等部门出台了一系列相关文件，旨在贯彻落实党中央、国务院有关文件精神，推动信息化工作，完成做好相关工作。企业参与信息化相关标准制定，对促进信息化发展起到积极作用。人员及人才培训，为信息化应用提供了保障。信息化相关协会及联盟积极为会员服务，很好地起到了桥梁与纽带作用。中关村国家自主创新示范园区以智慧中国村为指导，全面推进信息化建设；北京经济技术开发区以智慧城市建设为抓手，推进“互联网 + 政府治理”。

（市经济信息化委）

规范性文件发布

【政府网站考评工作方案】3 月 21 日，为深入贯彻落实党中央、国务院关于推进政务公开工作的部门和市委、市政府要求，切实做好政府网站信息内容建设专项考评工作，进一步提升科学性和规范性，市政府办公厅印发《2017 年北京市政府网站信息内容建设专项考评工作方案》。内容包括：考评指标、考评范围、总体要求、工作安排、工作要求 5 个部分。市政府网站信息内容建设专项考评指标分为日常监管指标和年终考评指标。政府网站信息内容建设专项考评工作采取“日常监管与年终考评相结合、自查自纠与普查复核相结合、自动监测与人工检测相结合”的方式。

（市经济信息化委）

【市政府信息公开工作方案】3 月 27 日，为贯彻落实《北京市人民政府关于印发 2017 年市政府工作报告重点工作分工方案的通知》精神，做好 2017 年市政府重点任务信息公开工作，市政府办公厅印发《2017 年市政府重点任务信息公开工作方案》。内容包括：指导思想、公开重点、工作安排、工作要求四部分。方案要求：突出公开重点，细化工作方案；主动发布权威信息，回应社会关切；加大政策解读力度，强化正面声音；善于运用新媒体，加强政民互动；服务媒体报道，主动提供线索；打造统一平台，实施工作考核。

（市经济信息化委）

【推进北斗导航与位置服务】3 月 31 日，为深入贯彻落实《京津冀协同发展规划纲要》等文件精神，全面提升京津冀地区北斗导航与位置服务产业的整体水平，使京津冀地区成为国内最具影响力的北斗导航与位置服务产业聚集区和科技创新制高点，市经济信息化委、天津市工业和信息化委、河北省工业和信息化厅联合编制了《京津冀协同推进北斗导航与位置服务产业发展行动方案（2017—2020年）》。总体目标是：在京津冀三地充分利用现有北斗导航与位置服务产业基础设施和成果，围绕公共安全应急保障、交通与物流、养老等领域开展规模化应用，通过促进共用共建共享协调发展，推动北斗基础设施一体化、应用示范一体化和运营服务一体化，通过组织管理、资金投入和政策标准等方面的可持续保障，不断挖掘新的应用需求，推动京津冀北斗规模化应用和产业协同发展，显著提升产业创新力和竞争力。

（市经济信息化委）

【建立完善信用联合奖惩制度】4月1日，为深入贯彻落实《国务院关于建立完善守信联合激励和失信联合惩戒制度加快推进社会诚信建设的指导意见》《国务院关于加强政务诚信建设的指导意见》和《国务院办公厅关于加强个人诚信体系建设的指导意见》等文件精神，加快推进诚信建设，市政府发布《关于建立完善信用联合奖惩制度加快推进诚信建设的实施意见》。内容包括：总体要求、重点任务及保障措施。重点任务包括夯实诚信建设基础、强化诚信行为激励、加大失信行为惩戒力度、建立信用联合奖惩制度、开展诚信建设创新示范及积极推进诚信文化建设六项。

（市经济信息化委）

【政务公开工作要点】4月16日，按照中共中央办公厅国务院办公厅《关于全面推进政务公开工作的意见》及其实施细则、国务院办公厅《2017年政务公开工作要点》和中共北京市委办公厅北京市人民政府办公厅《关于全面推进政务公开工作的实施意见》要求，全面推进决策、执行、管理、服务、结果公开（以下统称“五公开”）加强政策解读，回应社会关切，扩大公众参与，充分发挥公开促落实、促规范、促服务的作用，进一步提升政府的执行力和公信力，市政府发布《北京市2017年政务公开工作要点》。内容包括：以政务公开助力稳增长、防风险；以政务公开助力促改革、强管理；以政务公开助力调结构、转方式；以政务公开助力惠民生、促服务；以政务公开助力疏功能、促协同；以政务公开助力治环境、促提升；以政务公开助力连民心、促公信；深化“五公开”，完善机制建设；加强解读回应，优化平台建设；夯实工作基础，加强队伍建设。同时对各项工作的负责部门做了具体规定。

（市经济信息化委）

【推进跨境电子商务发展】5月8日，为深入贯彻落实《国务院关于大力发展电子商务 加快培育经济新动力的意见》和《国务院办公厅关于促进跨境电子商务健康快速发展的指导意见》，进一步推进北京市跨境电子商务发展，培育经济发展新动力，市政府发布《北京市进一步推进跨境电子商务发展的实施意见》。内容包括：指导思想和工作目标、完善服务体系、促进规范发展、推动创新发展。同时对各项工作的负责部门做了具体规定。

（市经济信息化委）

【全面加强电子商务领域诚信建设】6月20日，为建立健全北京市电子商务领域诚信体系，褒扬诚信，惩戒失信，营造良好的市场信用环境，促进电子商务健康快速发展，市经济信息化委、人民银行营业管理部等十部门联合转发国家发展改革委等部门《关于全面加强电子商务领域诚信建设的指导意见》，并补充了几点意见：完善信用信息共享应用机制、健全政府部门协同监管联动机制、强化电子商务平台主体责任、支持第三方机构创新服务应用、创新信用公示手段。

（市经济信息化委）

【电子政务网络升级改造方案】7月7日，为贯彻落实京津冀一体化国家战略和《国务院办公厅关于印发政务信息系统整合共享实施方案的通知》有关要求，满足北京城市副中心信息化需求，支撑云计算和大数据应用开展，促进资源复用和信息共享，加快推进部门业务专网整合，结合北京市实际，市经济信息化委组织制定了《北京市电子政务网络升级改造实施方案》。内容包括：整体要求、重点任务和进度计划。重点任务包括：调整政务网络机房布局、调整及增补政务光缆资源、调整及升级扩容政务传输网、调整及升级改造政务外网 IP 网。电子政务网络升级改造工程建设为期一年半（2017 年 7 月—2018 年 12 月），分为两个阶段，并继续沿用 BOT（建设—运营—转移）模式，由首都信息发展股份有限公司负责投资建设和运维。

（市经济信息化委）

【加强政府网站规范管理】 8 月 18 日，为贯彻落实《国务院办公厅关于印发政府网站发展指引的通知》和《国务院办公厅秘书局关于 2017 年第二季度全国政府网站抽查情况的通报》精神，进一步加强北京市政府网站规范管理，市政府办公厅下发《关于进一步加强全市政府网站规范管理的通知》。内容包括：加快做好政府网站查遗补漏工作，抓紧完成“我为政府网站找错”监督举报平台入口添加工作，加快完成政府网站名称规范工作，严格规范外部链接管理工作，加强变更信息备案工作，加强政府网站平台功能建设。

（市经济信息化委）

【推进两化深度融合发展行动计划】 8 月 28 日，为贯彻落实《国务院关于深化制造业与互联网融合发展的指导意见》《信息化和工业化融合发展规划（2016—2020 年）》《软件和信息技术服务业发展规划（2016—2020 年）》《〈中国制造 2025〉北京行动纲要》，持续推动北京市两化深度融合，促进制造业转型升级，加快构建“高精尖”产业体系，深化全国科技创新中心建设，北京制造业创新发展领导小组发布《北京市推进两化深度融合　推动制造业与互联网融合发展行动计划》。行动主要包括：生产模式转型行动、服务模式创新行动、基础能力提升行动。重点工程是贯标 100 工程、智造 100 工程、“双创”100 工程、协同 100 工程、新供给 100 工程。

（市经济信息化委）

【贯彻落实《政府网站发展指引》】 12 月 7 日，为深入贯彻落实《国务院办公厅关于印发政府网站发展指引的通知》精神，进一步加强北京市政府网站建设管理，引领政府网站创新发展，提升政府网上履职能力和服务水平，市政府办公厅下发《关于贯彻落实〈政府网站发展指引〉的实施意见》。内容包括：总体要求、明确职责分工、规范政府网站的开设与整合、加强政府网站功能建设、推进政府网站集约化建设、做好政府网站安全防护和创新发展、组织保障。并附《政府网站建设管理重点任务分工方案》。

（市经济信息化委）

【推进“互联网＋流通”行动】 12 月 12 日，为贯彻落实《国务院办公厅关于深入实施“互联网＋流通”行动计划的意见》，进一步推进流通创新发展，推动实体商业转型升级，拓展消费新领域，增强经济发展新动能，市政府发布《北京市深入推进“互联网＋流通”行动实施方案》。内容包括：指导思想、主要目标、推动流通转型升级、推进流通创新发展、提升智慧流通发展水平、发展智能绿色消费、推进电子商务进社区进农村、加强组织保障。同时对各项工作的负责部门做了具体规定。

（市经济信息化委）

【政务信息资源管理办法】 12 月 27 日，为规范政务信息资源管理，促进政务信息资源优化配置和政务部门间业务协同，提高行政效率，提升服务水平，增强政府公信力，依据相关法律法规和《国务院关于印发政务信息资源共享管理暂行办法的通知》《国务院办公厅关于印发政务信息系统整合共享实施方案的通知》等文件精神，市政府发布《北京市政务信息资源管理办法（试行）》。主要内容包括：政务信息资源目录、政务信息资源采集、政务信息资源汇聚、政务信息资源共享、政务信息资源开放、政务信息系统整合、政务信息资源安全、保障与监督机制。

（市经济信息化委）

标准制定与人才培训

【闪联国家标准体系又添新成员】8 月 11 日，国家质检总局、国家标准委正式发布 2017 年新的一批国家标准，其中包含了闪联国主导制定的信息设备资源共享协同服务（闪联）系列 6 项国家标准，为家庭和办公环境下的家用电器、计算机和通信设备的智能组网、资源共享和协同服务提供了完整的技术解决方案。所通过的国家标准如下：《信息技术　信息设备资源共享协同服务　第 201 部分：基础协议》（GB/T 29265.201—2017）；《信息技术　信息设备资源共享协同服务　第 301 部分：设备类型》（GB/T 29265.301—2017）；《信息技术　信息设备资源共享协同服务　第 302 部分：服务类型》（GB/T 29265.302—2017）；《信息技术　信息设备资源共享协同服务　第 401 部分：基础应用》（GB/T 29265.401—2017）；《信息技术　信息设备资源共享协同服务　第 402 部分：应用框架》（GB/T 29265.402—2017）；《信息技术　信息设备资源共享协同服务　第 501 部分：测试》（GB/T 29265.501—2017）。

（闪　联）

【神州控股参编国家标准】10 月 14 日，在主题为“标准让城市更智慧”的世界标准日当天，国家标准委集中发布了一批重要的国家标准，其中由国家智慧城市标准化总体组规划推动的 4 项智慧城市国家标准获批发布。神州控股旗下智慧神州作为核心参编单位，参与了其中 3 项标准的制定，分别为：GB/T 34678—2017《智慧城市技术参考模型》；GB/T 34680.1—2017《智慧城市评价模型及基础评价指标体系第 1 部分：总体框架及分项评价指标制定的要求》和 GB/T 34680.3—2017《智慧城市评价模型及基础评价指标体系第 3 部分：信息资源》。其中，GB/T 34678—2017《智慧城市技术参考模型》，智慧神州在署名中排名第二。智慧城市标准作为规范性的文件，对于技术、产品的规范，以及建设成果的科学论证和应用实践起到非常重要的作用，是引领城市智慧化建设与发展的重要抓手。智慧城市国家标准是开展智慧城市建设工作的主要依据，是引导中国智慧城市健康发展的重要手段，将为中国新型城镇化建设提供保障和指导。

（北京信息化协会）

【电子政务信息安全人员培训】4 月 19 日，为深入贯彻中共十八届六中全会精神，贯彻落实习近平总书记系列重要讲话精神以及网络空间治

北京市电子政务信息安全持证上岗培训

理新理念、新思想、新战略，全面落实《中华人民共和国网络安全法》，并在重大活动和重要会议期间做好电子政务网络安全保障工作，市经济信息化委组织召开了2017年度电子政务信息安全人员持证上岗培训暨信息安全保障工作部署会。全市共83家单位约200名信息安全主管部门负责人和信息安全岗位持证人员参会。中国信息安全测评中心、北京信息安全测评中心和市电子政务信息安全应急处置中心的专家就《中华人民共和国网络安全法》及国家网络空间安全战略、政务云安全政策标准与实践、市政务云入云安全建议、政务信息安全大数据分析和信息系统应用安全检测平台使用等内容进行深入讲解。20日至21日，全市共70家单位约160名信息安全岗位人员参加信息安全持证人员持证上岗培训。国家信息技术安全研究中心、国家计算机网络应急技术处理协调中心、市保密局、市密码管理局、测评中心和应急中心等单位的专家，就网络安全形势和态势、信息安全等级保护和分级保护全流程管理、电子政务中密码的使用、信息安全应急体系和应急容灾、政府门户网站和办公终端安全管理等信息安全理论知识，对参会人员进行培训并考试。北京市的电子政务信息安全员持证上岗培训自2011年开始，已有700余人取得了上岗证书，全面覆盖了市级各政府部门和16个区的信息化主管部门。

（市经济信息化委）

【职业技能竞赛】6月13日，北京市第四届职业技能大赛暨第十七届北京市工业和信息化职业技能竞赛总结大会在北京举行。市国资委党委、市经济信息化委领导出席并讲话。大会对在竞赛中做出突出贡献的单位和个人给予表扬，并为获奖选手、优秀组织单位和先进工作者颁发荣誉证书。部分获奖代表交流了经验和体会。参赛单位代表及获奖选手代表共400余人参加大会。

此届赛事规模大、规格高，组织管理规范，全市广大企业职工踊跃参与，取得了非常好的效果。职业技能竞赛由市委组织部、市人力社保局、市经济信息化委、市教委、市总工会、共青团市委、北京工业经济联合会等单位共同主办。2016年3月至11月在京启动。竞赛共设立51个工种，吸引2万余人参赛，选拔出300名“北京市工业和信息化高级技术能手”、60名“北京市工业和信息化行业技术能手”、33名“北京市工业和信息化最佳操作能手”。

第十七届北京市工业和信息化职业技能竞赛总结大会召开

（市经济信息化委）

【京津冀软件人才培养平台成立】11月8日，在北京软件和信息服务业协会第九届会员代表大会上，京津冀软件人才培养平台宣布成立，为2家院校代表（南开大学、北京交通大学）和46家企业共建单位授牌。京津冀软件人才培养平台由北京软协牵头成立，联合京津冀三地政府、高校、科研院所共同打造，旨在顺应京津冀一体化发展的国家战略，帮助企业搭建跨区域生态系统，加强京津冀三地的人才交流，切实做好企业人才需求工作。平台成立得到了业界广泛响应，有 10 余家高校和 100 余家企业入驻，南开大学和北京交通大学作为院校代表参与现场活动，46 家企业作为企业代表接受授牌。

（北京软协）

第 17 届北京市工业和信息化职业技能竞赛获奖名单

为贯彻落实《首都中长期人才发展规划纲要（2010—2020 年）》和《北京市人民政府关于进一步加强职业培训工作的意见》（京政发〔2011〕33 号），大力弘扬工匠精神，发挥职业技能竞赛在高技能人才培养、选拔和激励等方面的作用，2016 年由北京市经济和信息化委员会、北京工业经济联合会共同举办的第十七届北京市工业和信息化职业技能竞赛历时一年结束。

根据京经信委发〔2016〕18 号文件精神，决定授予薛涛等 300 人“北京市工业和信息化高级技术能手”称号；授予张鹏等 60 人“北京市工业和信息化行业技术能手”称号；授予史立民等 33 人“北京市工业和信息化最佳操作能手”称号；授予孙奇等 50 人“优秀教练员”称号；授予高健等 50 人“优秀工作人员”称号；授予北京汽车集团有限公司等 24 个单位“优秀组织单位”称号。

北京市工业和信息化高级技术能手

电子设备装接工

薛　涛　北京航天光华电子技术有限公司
贺佳伟　航天长征火箭技术有限公司
史立民　北京航天光华电子技术有限公司
廖　伦　中国航天科技集团公司第一研究院第十八研究所
梁海凤　北京自动化控制设备研究所
信力华　北京航天光华电子技术有限公司
赵亚娜　北京华航无线电测量研究所
侯　爽　北京信息职业技术学院
高　君　北京航天万源科技有限公司
赵　岩　北京新立机械有限责任公司

计算机网络管理员

马时伟　北京首钢自动化信息技术有限公司
宁博文　北京北辰信通网络技术服务有限公司
马龙军　北京首钢自动化信息技术有限公司
李澍禹　北京首钢自动化信息技术有限公司
彭　利　北京市电子工业干部学校
高英俊　北京首钢自动化信息技术有限公司
刘　充　北京北辰信通网络技术服务有限公司
张　浩　北京正东电子动力集团有限公司
徐　培　北京市电子工业干部学校
陈胜利　北京北辰实业集团有限责任公司
元辰鑫　物业管理分公司

无线电调试工

杨建福　中国航天科工飞航技术研究院
李瑞庆　北京大华无线电仪器厂
郑华金　中国航天科工飞航技术研究院
赵光雷　同方威视技术股份有限公司
贾利坤　中国航天科工飞航技术研究院
梁　义　北京电子信息技师学院
张　霞　北京电子信息技师学院
杨俊生　中国航天科工飞航技术研究院
范之光　北京航天光华电子技术有限公司
陈士钢　中国航天科工飞航技术研究院

半导体分立器件、集成电路装调工

吴宝华　北京飞宇微电子有限责任公司
赵新平　北京飞宇微电子有限责任公司
鲍学影　北京宇翔电子有限公司
董秀红　北京飞宇微电子有限责任公司
李　娜　北京瑞普北光电子有限公司
刘　微　北京飞宇微电子有限责任公司
袁　明　北京飞宇微电子有限责任公司
赵彩霞　北京瑞普北光电子有限公司

米亚南　北京飞宇微电子有限责任公司
李　可　北京燕东半导体科技有限公司

涂装工

牛四功　北汽福田汽车有限公司
王海明　北汽福田汽车有限公司
崔宏亮　北京奔驰汽车有限公司
刘玉亮　北汽福田汽车有限公司
张树明　北汽福田汽车有限公司
龙　超　北汽福田汽车有限公司
刘志勇　江西昌河汽车有限责任公司
钟　霖　江西昌河汽车有限责任公司
高　阳　北京现代汽车有限公司
徐洪亮　北汽福田汽车有限公司

汽车装调工

孟德宝　北京奔驰汽车有限公司
郭宗宪　重庆长安汽车股份有限公司北京长安汽车公司
邢　超　北京汽车技师学院
许金龙　北京现代汽车有限公司
孔祥雷　北京奔驰汽车有限公司
毕　楠　北京奔驰汽车有限公司
李　建　北京现代汽车有限公司
刘彭亚　北京汽车股份有限公司北京分公司
葛　翘　北京汽车技师学院
冯彦杰　北京鹏龙行汽车贸易有限公司

叉车司机

吕志静　北京奔驰汽车有限公司
刘天宇　北京奔驰汽车有限公司
宋建雄　北京奔驰汽车有限公司
刘　贺　北京奔驰汽车有限公司
王　帅　北京奔驰汽车有限公司
王孝东　北汽福田汽车有限公司
郑新彪　北京奔驰汽车有限公司
赵研君　北京奔驰汽车有限公司
韦　超　北京现代汽车有限公司
李　平　北京奔驰汽车有限公司

化学检验工

刘　娜　北京市理化分析测试中心
包　楠　北京市工业技师学院
骆无瑕　北京市工业技师学院
张丽苹　国药集团工业有限公司
温　静　北京市理化分析测试中心
张　珊　北京市工业技师学院
张丹妮　北京市工业技师学院
黄　伟　北京市劳动保护科学研究所
张　妍　北京排水监测总站有限公司
刘　博　北京市工业技师学院

中药炮制与配制工

吕建媛　北京同仁堂股份有限公司
刘　颖　北京市双桥燕京中药饮片厂
王　伟　北京同仁堂药材参茸投资集团有限公司
李春艳　北京杏林药业有限责任公司
陈明明　北京杏林药业有限责任公司
陈振会　北京同仁堂股份有限公司
张广富　北京盛世龙药业有限公司
张小杰　北京杏林药业有限责任公司
王　帅　北京同仁堂科技发展股份有限公司制药厂
李云飞　北京同仁堂股份有限公司

防水工

姜　辉　北京市地铁建筑安装工程公司
赵忠文　北京市地铁建筑安装工程公司
武晨旭　北京市地铁建筑安装工程公司
周　峰　北京市地铁建筑安装工程公司
赵　田　北京市地铁建筑安装工程公司
尹　璐　北京市地铁建筑安装工程公司
张　睿　北京市地铁建筑安装工程公司
赵宝云　北京市地铁建筑安装工程公司
许永峰　北京市地铁建筑安装工程公司
刘　帅　北京市地铁建筑安装工程公司

电动列车电气钳工

姜博文　北京市地铁运营有限公司运营三分公司
柳劲松　北京市地铁运营有限公司运营三分公司
杨思远　北京市地铁运营有限公司运营一分公司
张春阳　北京市地铁运营有限公司运营一分公司
宋艳红　北京市地铁运营有限公司运营二分公司
张　晨　北京市地铁运营有限公司运营三分公司
任　意　北京市地铁运营有限公司运营二分公司
鹿　浩　北京市地铁运营有限公司运营二分公司
徐忠原　北京市地铁运营有限公司运营三分公司

焦凤军　北京市地铁运营有限公司运营二分公司

汽车焊装工

朱　楠　北京现代汽车有限公司
吴岩松　北京现代汽车有限公司
张晨辉　北京现代汽车有限公司
赵鹏飞　北京现代汽车有限公司
曹鸿亮　北京现代汽车有限公司
杨士岭　北京现代汽车有限公司
孙贵成　北京现代汽车有限公司
李超科　北京现代汽车有限公司
张　柱　北京现代汽车有限公司
孙国强　北京现代汽车有限公司

天车工

李　纲　首钢股份公司
赵建宣　首钢股份公司
张　浩　首钢股份公司
刘　进　首钢股份公司
廖金成　首钢股份公司

电力调度员

孙鹤林　国网北京市电力公司电力调度控制中心
苏国杰　国网北京市电力公司电力调度控制中心
付　磊　国网北京市电力公司电力调度控制中心
白晓昆　国网北京市电力公司电力调度控制中心
纪　欣　国网北京市电力公司电力调度控制中心
魏华跃　国网北京市电力公司电力调度控制中心
谢　超　国网北京市电力公司电力调度控制中心
林　栋　国网北京市电力公司怀柔供电公司
赵天亮　国网北京市电力公司电力调度控制中心
杨乾丽　北京京港地铁有限公司

信息安全员

吴蔚然　北京信息职业技术学院
马龙军　北京首钢自动化信息技术有限公司
侯立志　北京首钢自动化信息技术有限公司
卞思晨　北京信息职业技术学院
高英俊　北京首钢自动化信息技术有限公司
张二峰　首钢京唐公司
李　承　北京信息职业技术学院
张　皓　北京信息职业技术学院
马时伟　北京首钢自动化信息技术有限公司
刘致盛　北京首钢自动化信息技术有限公司

表面安装技术操作员

信力华　北京航天光华电子技术有限公司
陈丹姝　北京航天光华电子技术有限公司
廖　伦　中国航天科技集团公司第一研究院第十八研究所
李文杰　中国航天科技集团公司第一研究院第十八研究所
贺佳伟　航天长征火箭技术有限公司
赵瑞珍　北京航天光华电子技术有限公司
周　琴　北京华航无线电测量研究所
薛　涛　北京航天光华电子技术有限公司
胡万军　北京华航无线电测量研究所
寇成达　航天长征火箭技术有限公司

薄膜晶体管阵列制造工

杜　斐　京东方科技集团股份有限公司
张　磊　京东方科技集团股份有限公司
宋一帆　京东方科技集团股份有限公司
魏晓宇　京东方科技集团股份有限公司
白云飞　京东方科技集团股份有限公司
隗　强　京东方科技集团股份有限公司
李晓英　京东方科技集团股份有限公司
王德永　京东方科技集团股份有限公司
闻庆亮　京东方科技集团股份有限公司
王成胜　京东方科技集团股份有限公司

液晶显示器件彩膜制造工

张洪涛　京东方科技集团股份有限公司
王　晴　京东方科技集团股份有限公司
陆凯悦　京东方科技集团股份有限公司
薛　振　京东方科技集团股份有限公司
马　旭　京东方科技集团股份有限公司
程祥倩　京东方科技集团股份有限公司
孙　贺　京东方科技集团股份有限公司
吴旺娣　京东方科技集团股份有限公司
李　刚　京东方科技集团股份有限公司
任立志　京东方科技集团股份有限公司

液晶显示器件成盒制造工

卫晶晶　京东方科技集团股份有限公司
李浩源　京东方科技集团股份有限公司
李思豪　京东方科技集团股份有限公司
李　伟　京东方科技集团股份有限公司

王益平　京东方科技集团股份有限公司
邓金荣　京东方科技集团股份有限公司
阚　静　京东方科技集团股份有限公司
朱新生　京东方科技集团股份有限公司
蒋建新　京东方科技集团股份有限公司
孙晶晶　京东方科技集团股份有限公司

液晶显示器件模组制造工

杨海燕　京东方科技集团股份有限公司
刘海彬　京东方科技集团股份有限公司
刘玉浩　京东方科技集团股份有限公司
田建月　京东方科技集团股份有限公司
卢小亮　京东方科技集团股份有限公司
刘丽静　京东方科技集团股份有限公司
苗　伟　京东方科技集团股份有限公司
孙　慧　京东方科技集团股份有限公司
赵　龙　京东方科技集团股份有限公司
郭卫奇　京东方科技集团股份有限公司

中央空调系统操作员

李　磊　北京电子信息技师学院
崔凯华　北京电子信息技师学院
陈　杰　北京首都机场动力能源有限公司
田明宇　北京电子信息技师学院
周　敏　北京电子信息技师学院
韩　屹　北京首都机场动力能源有限公司
高　峰　北京首都机场动力能源有限公司
王晓东　北京首都机场动力能源有限公司
马占民　北京首都机场动力能源有限公司
焦　宇　北京首都机场动力能源有限公司

平版制版工

朱有根　北京奇良海德印刷股份有限公司
秦　宇　北京人教聚珍图文技术有限公司
贾新苗　北京印刷学院
王子烨　北京人教聚珍图文技术有限公司
刘晓艳　北京盛通印刷股份有限公司
王菊红　北京华联印刷有限公司
张　辉　中国人民解放军第一二〇六工厂
许　诚　北京印刷学院
杨英淑　中国人民解放军第一二〇六工厂
侯祎琦　北京人教聚珍图文技术有限公司

平版印刷工

任东明　北京奇良海德印刷股份有限公司
肖相远　北京新华印刷有限公司
卢天英　北京强华印刷厂
赵宏强　北京印刷集团有限责任公司印刷二厂
翟孟利　北京地大彩印有限公司
陈大鹏　北京盛通印刷股份有限公司
李亚军　北京盛通印刷股份有限公司
张同正　北京华联印刷有限公司
刘永刚　北京尚唐印刷包装有限公司
果瑞峰　北京金辰西维科安全印务有限公司

轧钢工（热轧）

李春元　首钢股份公司
焦彦龙　首钢股份公司
张柏元　首钢股份公司
杜　涛　首钢股份公司
张志凯　首钢股份公司

转炉炼钢工

张俊飞　首钢首秦公司
郭佳宁　首钢京唐公司
张海华　首钢首秦公司
杨龙飞　首钢水钢公司
杨　欢　首钢股份公司

机修钳工

屈二龙　首钢股份公司
程利凯　首钢股份公司
孙　杨　首钢首秦公司
高树繁　首钢矿业公司
李海宾　首钢首秦公司

高炉炼铁工

李宏伟　首钢京唐公司
王喜元　首钢京唐公司
纪鹏飞　首钢首秦公司
郑玉平　首钢京唐公司
彭登学　首钢水钢公司

矿车司机

胡敬兵　首钢矿业公司
陈小松　首钢矿业公司
金宝顺　首钢矿业公司
高卫星　首钢矿业公司

何海蛟　首钢矿业公司

电力机车司机

郭大帅　北京市地铁运营有限公司运营一分公司
霍　克　北京市地铁运营有限公司运营一分公司
李国峰　北京市地铁运营有限公司运营二分公司
王　爵　北京市地铁运营有限公司运营二分公司
陈国军　北京市地铁运营有限公司运营四分公司
丁长杰　北京市地铁运营有限公司运营四分公司
朱　博　北京市地铁运营有限公司运营四分公司
夏凤奎　北京市地铁运营有限公司运营三分公司
彭　超　北京市地铁运营有限公司运营三分公司
张　伟　北京市地铁运营有限公司运营二分公司

电力机车钳工（机械）

王　宇　北京市地铁运营有限公司运营三分公司
黄　蕾　北京市地铁运营有限公司运营二分公司
王少博　北京市地铁运营有限公司运营四分公司
张　伟　北京市地铁运营有限公司运营二分公司
赵　腾　北京市地铁运营有限公司运营二分公司
赵思远　北京市地铁运营有限公司运营一分公司
杨　宁　北京市地铁运营有限公司运营一分公司
门金鑫　北京市地铁运营有限公司运营二分公司
鲍盛荣　北京市地铁运营有限公司运营二分公司
朱庆涛　北京市地铁运营有限公司运营二分公司

车站值班员

李　毅　北京市地铁运营有限公司运营二分公司
张天泽　北京市地铁运营有限公司运营一分公司
刘　争　北京市地铁运营有限公司运营二分公司
郭麟轩　北京市地铁运营有限公司运营一分公司
冯雨申　北京市地铁运营有限公司运营一分公司
张　旭　北京市地铁运营有限公司运营二分公司
孙　琪　北京市地铁运营有限公司运营三分公司
杨　铮　北京市地铁运营有限公司运营一分公司
马　新　北京市地铁运营有限公司运营二分公司
牛子辰　北京市地铁运营有限公司运营四分公司

机电一体化

殷成浩　北京市工业技师学院
马向东　北京市工业技师学院
谢　虎　北京市工业技师学院
铁　鑫　北京市工业技师学院
李　志　北京市工业技师学院
冯志新　北京创思工贸有限公司
罗寅光　北京市工业技师学院
张天寓　北京市工业技师学院
卯增光　北京市工业技师学院
丁　晨　北京市工业技师学院

工具钳工

严　粟　北京航天新风机械设备有限责任公司
宁祥彬　北京航天新风机械设备有限责任公司
李志宏　北京航天新风机械设备有限责任公司
姜岳飞　北京航天新风机械设备有限责任公司
李道胜　北京航天新风机械设备有限责任公司
崔云同　北京航天新风机械设备有限责任公司
赵建文　北京航天新风机械设备有限责任公司
耿江超　首都航天机械公司
冯恩航　首都航天机械公司
姜丛帅　北京航天新风机械设备有限责任公司

北京市工业和信息化行业技术能手

高低压电器装配工

张　鹏　北京合锐赛尔电力科技有限公司
孙怡丹　北京合锐赛尔电力科技有限公司
王文仙　北京合锐赛尔电力科技有限公司
曹院生　北京合锐赛尔电力科技有限公司
高小超　北京合锐赛尔电力科技有限公司

半导体芯片制造工

翟　强　北京宇翔电子有限公司
王素霞　北京燕东微电子有限公司
李铁铮　北京宇翔电子有限公司
彭晓辉　北京燕东微电子有限公司
胡丽娅　北京燕东微电子有限公司

电梯安装维修工

姜　山　北京地铁机电分公司
刘满银　北京地铁机电分公司
汪轶群　北京地铁机电分公司
王明辉　北京地铁机电分公司
隗合远　北京地铁机电分公司

印品整饰工

范飞军　鸿博昊天科技有限公司

卢彦明　北京尚唐印刷包装有限公司

装订工

罗鸿广　北京华联印刷有限公司

关　锋　北京新华印刷有限公司

王　玫　北京印刷学院

行车调度

刘　洋　北京市地铁运营有限公司调度指挥中心

陈太庆　北京市地铁运营有限公司调度指挥中心

李晓峰　北京市地铁运营有限公司调度指挥中心

苏玉明　北京市地铁运营有限公司调度指挥中心

李　岩　北京市地铁运营有限公司调度指挥中心

电力及防灾环控调度专业

刘　斌　北京市地铁运营有限公司调度指挥中心

付　跃　北京市地铁运营有限公司调度指挥中心

武　涛　北京市地铁运营有限公司调度指挥中心

裴　琳　北京市地铁运营有限公司调度指挥中心

张文琦　北京市地铁运营有限公司调度指挥中心

铁路线路工

刘　岩　北京市地铁运营有限公司线路分公司

郭　鹍　北京市地铁运营有限公司线路分公司

赵晓彬　北京市地铁运营有限公司线路分公司

曹大林　北京市地铁运营有限公司线路分公司

顾　松　北京市地铁运营有限公司线路分公司

无损检测员

马博轩　北京市地铁运营有限公司线路分公司

鲁俊合　北京市地铁运营有限公司线路分公司

王一明　北京市地铁运营有限公司线路分公司

杜　江　北京市地铁运营有限公司线路分公司

赵　伟　北京市地铁运营有限公司线路分公司

铁路信号工

高锺平　北京地铁通信信号分公司

刘　伟　北京地铁通信信号分公司

于　晶　北京地铁通信信号分公司

郭剑波　北京地铁通信信号分公司

李　京　北京地铁通信信号分公司

铁路通信工

王　辉　北京地铁通信信号分公司

朱松洁　北京地铁通信信号分公司

铁路通信工（AFC）

邢　进　北京地铁科技发展有限公司

房　亮　北京地铁科技发展有限公司

许佳希　北京地铁科技发展有限公司

变电设备检修工

杨艺森　北京市地铁运营有限公司供电分公司

周春雷　北京市地铁运营有限公司供电分公司

范　宾　北京市地铁运营有限公司供电分公司

马　杰　北京市地铁运营有限公司供电分公司

段朝辉　北京市地铁运营有限公司供电分公司

桥梁工

王雪雷　北京市地铁建筑安装工程公司

胡敬辉　北京市地铁建筑安装工程公司

胡扬扬　北京市地铁建筑安装工程公司

张文杰　北京市地铁建筑安装工程公司

高　强　北京市地铁建筑安装工程公司

北京市工业和信息化最佳操作能手

电子设备装接工

史立民　北京航天光华电子技术有限公司

计算机网络管理员

马时伟　北京首钢自动化信息技术有限公司

无线电调试工

杨建福　中国航天科工飞航技术研究院

半导体分立器件、集成电路装调工

赵新平　北京飞宇微电子有限责任公司

涂装工

崔宏亮　北京奔驰汽车有限公司

汽车装调工

郭宗宪　重庆长安汽车股份有限公司北京长安汽车公司

叉车司机

吕志静　北京奔驰汽车有限公司

化学检验工

刘　娜　北京市理化分析测试中心

中药炮制与配制工
李云飞　北京同仁堂股份有限公司
防水工
赵忠文　北京市地铁建筑安装工程公司
电动列车电气钳工
杨思远　北京市地铁运营有限公司运营一分公司
汽车焊装工
张晨辉　北京现代汽车有限公司
天车工
李　纲　首钢股份公司
电力调度员
孙鹤林　北京电力调度控制中心
信息安全员
吴蔚然　北京信息职业技术学院
表面安装技术操作员
信力华　北京航天光华电子技术有限公司
薄膜晶体管阵列制造工
杜　斐　京东方科技集团股份有限公司
液晶显示器件彩膜制造工
张洪涛　京东方科技集团股份有限公司
液晶显示器件成盒制造工
卫晶晶　京东方科技集团股份有限公司
液晶显示器件模组制造工
杨海燕　京东方科技集团股份有限公司
中央空调系统操作员
李　磊　北京电子信息技师学院
平版制版工
朱有根　北京奇良海德印刷股份有限公司
平版印刷工
翟孟利　北京地大彩印有限公司
轧钢工（热轧）
李春元　首钢股份公司
转炉炼钢工
张俊飞　首钢首秦公司
机修钳工
屈二龙　首钢股份公司
高炉炼铁工
李宏伟　首钢京唐公司
矿车司机
胡敬兵　首钢矿业公司
电力机车司机
郭大帅　北京市地铁运营有限公司运营一分公司
电力机车钳工（机械）
王　宇　北京市地铁运营有限公司运营三分公司
车站值班员
李　毅　北京市地铁运营有限公司运营二分公司
机电一体化
殷成浩　北京市工业技师学院
工具钳工
严　粟　北京航天新风机械设备有限责任公司

优秀组织单位（排名不分先后）

北京汽车集团有限公司
北京奔驰汽车有限公司
北京汽车技师学院
北京现代汽车有限公司
北京市地铁运营有限公司
北京市地铁建筑安装公司
北京市地铁运营有限公司运营四分公司
北京电子控股有限责任公司
京东方科技集团股份有限公司
北京燕东微电子有限公司
北京电子信息技师学院
国网北京市电力公司
北京市工贸技师学院
北京市工业技师学院
北京信息职业技术学院
北京新立机械有限责任公司
北京航天新风机械设备有限责任公司
北京印刷协会
北京医药协会
北京杏林药业有限责任公司
北京市延庆区经济和信息化委员会
首钢总公司
首钢股份公司
北京首钢自动化信息技术有限公司

优秀工作人员（排名不分先后）

高　健　刘　頔　杨志博　何　磊　杨　阳　张玉霞　陆　地　刘　兴　蒋开武　李　瑞
沈　超　张志锋　刘海龙　杜克文　李　平　孙文成　许芙蓉　崔建凯　陈　捷　汤　毅
齐少伟　杨素梅　刘　明　张霁棕　段德新　王　晨　卞丽亚　李　炳　方　颖　邓迎章
刘惠玲　张　静　石凤英　赵连雨　唐军平　朱晓轩　方　凝　支　玮　邹　艳　张秀芳
李　烨　王轶民　王　萍　李久强　贾　欣　刘玉温　冯庆龙　库安娜　吴明伟　王　琎

优秀教练员（排名不分先后）

孙　奇　张俊兰　郑卫国　徐　军　柏志勇　杨朝辉　赵子雄　宗　帅　李德青　陈　猛
曹　慧　贾　翠　张建师　王有良　张月林　齐建军　刘泗磊　宋　雯　张经义　吕晓辉
刘海民　张印宝　周运斌　张廷海　赵志杰　铁　雄　田　杰　回春玲　吴学斌　吕　可
于葆墀　桑　伟　唐利军　王金刚　马成龙　齐凤海　陈　强　韩方旭　邵　强　宛建平
张　丰　范景华　史宝会　韩　燕　蔺　强　张　捷　李　平　蔡小丽　张　浩　侯利明

协会与联盟

北京市科学技术协会

【概况】2017年，在北京市科学技术协会党组的领导下，北京市科学技术协会（简称市科协）紧紧围绕服务市科协中心工作大局和2017年重点任务，按照“信息化建设服务业务工作，信息化手段创新科普形式，信息化应用推动成效”的工作思路，实施信息化平台升级改造，全力做好“蝌蚪五线谱”网站建设运营工作，切实加强门户网站内容建设，努力组织好信息化科普活动，完善网上服务平台建设，不断提升网上服务水平，为“提高科普传播水平，加快推进科普信息化”提供技术服务，为科协事业发展提供信息化保障。主要特色工作有：2017年“蝌蚪五线谱”网站建设、2017年信息内容及信息质量提升建设、2017年度信息化平台建设。

（市科协）

【“蝌蚪五线谱”网站建设】年内，北京市科学技术协会主办，北京市科协信息中心承办的“蝌蚪五线谱”网站在内容方面，科技热闻频道全年共发文3278篇，独家策划子栏目轻科普与专家访谈等原创文章，共发布专题56期，制作了400期的翻译类科普文。故事频道共发布文章800篇，图片3000余张，制作音频40个，引用视频总长度500余分钟。故事频道新创栏目“自然堂”，百科探索频道策划制作52期专题，共计260篇文章，更新相关百科视频总时长超过100分钟，科普场馆栏目发布文章36篇，“电影＋游戏”栏目发布30篇，科学达人成长攻略栏目发布32篇，人文地理栏目发布75篇，博物栏目发布文章96篇，妙想科学栏目发布48篇；

本周图书热推栏目发布 48 篇，精彩书评栏目发布 36 篇，策划制作科普电子期刊 12 期。策划制作电子书 2 册，其中科幻类作品集 1 册，妙想科学类 1 册。剪辑制作微视频 10 期。故事频道推出“科学家故居”专栏，通过探访北京的科学家故居，讲述故居背后的故事，突出厚重的历史感和人文关怀。科幻世界栏目发布《未来之罪》等科幻小说 80 部、科幻资讯 81 篇、科幻画 114 组、科幻名家 31 篇，与科幻产业相关的介绍和分析 360 余篇。总篇目达 666 篇。第四届蝌蚪科幻光年奖获奖短篇集《不存在的星球》于 10 月出版面世。

（市科协）

【媒体合作】年内，“蝌蚪五线谱”网站继续加强和各大媒体平台的合作沟通，巩固“蝌蚪五线谱”的媒体矩阵，积极对外宣传推介“蝌蚪五线谱”品牌，注册了百家号、Wi-Fi 万能钥匙、新浪看点、趣头条等新平台账号，还与今日头条、腾讯企鹅号、网易等平台进行了深度的合作。其中企鹅号和网易号除了在内容方面的合作之外，还在 2017 年科普创客大赛中进行了战略合作。自媒体平台注册开通的账号累计阅读量已超过 22990 万以上。“蝌蚪五线谱”微信公众号（kedo2011），总用户数为 118885。总计推送文章共 404 篇，图文阅读次数 2340316 次，转发收藏次数 38939 次。“蝌蚪五线谱”网站目前微博粉丝 193128 人，2017 年共发博 1450 条，阅读总数 18892108，转发总数 2767，评论总数 1457，点赞总数 3182。除了与百度、腾讯、网易等网络媒体平台合作，网站也在拓展与出版社、科普基地、科普场馆等的合作探索。年内，“蝌蚪找真相”栏目除了保持微信公众号和网站的更新之外，还在今日头条、腾讯、网易、搜狐、Wi-Fi 万能钥匙等自媒体平台开设了专门的账号，以扩大辟谣内容的传播范围，达到科普的效果。年内，还进行了流言榜检索后台的搭建工作，2014 年至 2017 年所有发布的流言榜的内容已经基本填充完毕。

（市科协）

【微店建设】2016 年年底“蝌蚪五线谱”专门开设了蝌蚪微店。2017 年，为了方便微信粉丝，打造科普阅读的线下服务链闭环，与出版社合作推荐科普书籍。读者通过“荐书”栏目可以直接购买相应的正版科普书籍，由出版社统一发货。为了激励蝌蚪粉丝读书热情，每周定期举办线上赠书活动。全年在售书籍近百本，销售图书超过 70 本，总浏览量近万人。开设精彩书评和图书热推栏目，与多家出版社 / 机构建立了长期合作关系，共同为读者推荐优质科普图书，并在合适的时机给忠实读者赠送图书，以增加粉丝黏性以及互动。

（市科协）

【科普活动】年内，在对外经贸大学举办主题为“科学，离我们很近”的科普读书会，邀请了著名作家、《科技日报》主任编辑、中国科普作家协会常务副秘书长尹传红做了题为《科学阅读的人生启迪》的主旨演讲，现场近 200 人参加，通过腾讯、网易直播观看人数约 6000 余人。通州区芙蓉小学举办主题为“芙蓉园里溢书香——科普乐读会”，科幻作家超侠以及来自中国科学技术出版社的资深编辑王卫英老师做了本次读书会的主旨讲座，著名科幻作家杨鹏通过视频分享了读书和创作体验，该校组织高小年级 300 多名小学生、120 多位家长参加。在北京五路居第一中学小学高部举办“书香校园　科普读书会”，邀请了中国科学技术馆原馆长王渝生、中国科学院院士张景中的助手黄子睿做科普读书报告，张景中院士还通过网络视频与大家交流，到场小学生与教师 200 余人。策划开展了第五届“和院士一起做科普”十佳新锐科普创客大赛，活动内容主要包括作品征集、科普创客集训、科研基地考察实习等。此次活动与腾讯、网易、我爱竞赛网结成战略合作关系，通过腾讯、网易加大网络传播力度，提高线上覆盖率，通过我爱竞赛网组建校园志愿者团队，促进活动在全国高校的传播推广。策划开展了第六届“科幻小说大赛”原创征文活动，邀请科幻界名家及科幻出版界人士为专业评委。新增科幻长篇重要奖项，为科幻出版、影视创作做好基础铺垫。

（市科协）

【科普征文活动】年内，“光年奖”原创科幻小说大赛共收到长篇29篇；短篇139篇；微小说151篇；剧本24篇。共343篇673万字，远超之前任何一次“光年奖”征文比赛，也远超其他的科幻征文大赛。策划开展“Kedo蝌幻龙门擂台赛”原创征文活动。关键词写作，“编辑+签约作者”的评审模式，接受大众评分，旨在发掘、培养科幻新人，保持蝌蚪社区用户活跃性。年内，收稿36篇、52万字，成为具有一定认知度的原创征文活动。

（市科协）

【系列沙龙活动】年内，开展“走进博物馆”系列蝌蚪沙龙活动，走入中国科技馆、北京自然博物馆、首都博物馆、中国古代建筑博物馆4家各具特色的博物馆。该系列蝌蚪沙龙以实地游学与网络直播的方式开展，将直播内容剪辑成视频，通过媒体平台传播，帮助更多人了解如何充分利用博物馆资源，在博物馆有效地参观学习。同时，也进一步扩大蝌蚪沙龙的品牌影响力。

（市科协）

【信息内容及信息质量提升建设】年内，市科协信息中心加强互联网公开信息保护工作，组织人员对下属互联网门户网站、微信公众号、政务微博、App、互联网办公系统、互联网政务邮箱等，开展了保密自查工作，未涉及涉密信息。加强内容发布系统监管，加强市科协网站群信息发布和内容更新的日常监测，对检查中发现的问题及时督促整改。策划、设计并制作“第37届北京青少年科技创新大赛”“2017年茅以升青年科技奖”等专题栏目。新开设“科技人物”栏目，介绍科技人物百人次。与北京科普发展中心合作，多渠道采集视频信息，打造“科技视频”栏目。加强门户网站协同联动和信息共享工作，及时转载市委、市政府和中国科协重要政策信息。加强新闻策划，采写重要信息，向“首都之窗”报送稿件百余篇，超过半数被采用，提升了科协工作的传播效果。加强“北京科协”App内容监管，及时向科技工作者推送信息。严格发布流程，做好政务信息的审核和发布工作，进一步提升了科协重点工作信息的上网响应速度，提高了动态信息的质量和水平。

（市科协）

【信息化平台建设】年内，市科协信息中心按照《市科协信息化项目管理办法》，完成北京科学中心办公信息化统一管理平台建设项目、北京市科协绩效考核评价系统建设项目的立项申报工作。北京市科协绩效考核评价系统建设项目实现对公务员及事业单位绩效考核评价信息化，具体实现包含工作计划制订、绩效打分、汇总反馈、数据维护、公务员考评、干部考评、事业机关考评、系统管理功能以及其他辅助功能。

（市科协）

北京信息化协会

【概况】2017年，北京信息化协会以“转变服务意识，开拓服务产品；抓住发展机遇，寻求合作共赢；建立学习组织，提升团队素质；创建良好环境，身心健康工作”为目标，积极开展服务，加强会员沟通，完善协会制度，实现协会良性发展，顺利完成了2017年工作任务。北京信息化协会作为ITSS分会的副会长单位和北京地区的评估机构，牢记应肩负的使命和责任，认真履行ITSS分会章程，严格执行ITSS分会规定，积极参与ITSS分会工作，配合分会开展各项工作，在ITSS分会的领导下，在协会秘书处全体人员的努力下，完成了评估工作，并且通过沙龙活动、培训班、企业调研走访等方式积极进行ITSS标准的宣传和推广，与业内同行机构、行业专家沟通合作，发挥协会组织和北京地区评估机构的桥梁和纽带作用，为推进ITSS标准在北京市的应用发挥了积极作用，也得到了领导和企业的认可和肯定，成为具有一定行业凝聚力的评估机构。协会具有ITSS运维评估师资质的6人，具有ITSS咨询设计评估师资质的3人。年内，新增会员84家，累计会员总数1047家。协会理事长1名，副理事长16名，理事32名，监事长1名，监事2名。

（信息化协会）

【行业协会脱钩工作】3月14日，信息化协会参加市经济信息化委召开的第二批行业协会脱钩会议。4月26日，信息化协会参加第二批脱钩行业协会资产清单培训会议，会议要求第二批29家行业协会，于6月30日前完成现场审计工作，7月30日前完成审计报告和年审报告。按照脱钩要求，信息化协会配合会计师事务所完成审计相关工作。

（信息化协会）

【信息技术服务分会成立】4月21日，北京信息化协会联合北京电视台成立ITSS信息技术分会。北京电视台是第一家通过ITSS的甲方，为后续依托甲方推广ITSS的实施起到了示范表率作用，为信息技术标准的推广应用和政策的贯彻落地提供了保障。

（信息化协会）

【为会员企业服务】4月25日，举办ITSS培训。为帮助会员企业更好地理解标准、应用标准，协会做了大量调研工作，给企业发送调查问卷，了解企业需求，征求企业意见，最终根据企业的反馈和现阶段的需求确认培训的主题，解读ITSS成熟度与ISO 20000、CMMI的区别。针对ITSS能力成熟度申请过程的企业遇到的问题，协会邀请资深的业内专家为企业答疑解惑。共18家企业参加培训。

（信息化协会）

【人工智能专业委员会成立】6月7日，北京信息化协会人工智能专业委员会（简称专委会）成立。来自工业和信息化部、北京信息化协会、专委会理事会、专委会发起单位，以及人工智能企业的领导出席了成立大会。专委会由北京小米移动软件有限公司、北京猎豹移动科技有限公司、北京旷视科技有限公司、北京并行科技有限公司、北京云知声科技有限公司、北京猎户星空科技有限公司、北京数美时代科技有限公司、北京爱接力科技发展有限公司、北京金山云网络技术有限公司、北京首钢自动化信息技术有限公司、四川新网银行股份有限公司、北京邮电大学、北京理工大学等企业与高校共同发起成立。作为首个聚合人工智能行业各方优势资源、由协会发起领导的专业组织，专委会将搭建人工智能全产业链上企业间交流合作的重要平台，并起到上传下达的重要作用，协助政府相关产业政策落地，推动人工智能产业标准的制定，力争在人工智能重塑全球化格局的过程中，为世界贡献中国智慧。

（信息化协会）

【信息服务业新业态创新企业30新遴选】6月

29日，第21届中国国际软件博览会召开，“2017信息服务业新业态创新企业30新遴选”作为软博会重要活动之一，举行榜单发布活动。此届遴选以“协同 融合 共享 创新”为主题，由市经济信息化委、中关村科技园区管委会作为指导单位，北京信息化协会、北京软件和信息服务业协会、北京通信信息协会及北京软件和信息服务交易所联合主办，天津市计算机信息系统集成行业协会和河北省信息协会协办，以协会牵头、专家主导、政府支持、企业参与的模式，通过专家角度发掘具有成长性、创新性的企业。此届遴选共102家企业参评，通过前期初评，共有62家企业进入终评，主要集中在大数据及云计算、新一代互联网应用、共享经济、导航与位置服务以及行业应用等领域，最终遴选出30新入榜名单。

（信息化协会）

【京台科技创新与智慧城市论坛】 9月9日，第20届京台科技创新与智慧城市论坛在北京国际饭店召开，论坛的主题：协同科技创新，助力智慧城市。市经济信息化委作为科技创新与智慧城市论坛的会议指导单位。论坛由北京通信信息协会、中关村天合科技成果转化促进中心、北京信息化协会、台湾区电机电子工业同业公会、新北市智慧城市产业联盟联合主办，中关村云计算产业联盟和北京京台科技创新合作促进会共同协办，邀请台湾新北市政府领导、台湾电电公会和新北市智慧城市产业联盟的负责人及企业参加，市台办、市经济信息化委、市科委的领导和企业家们共计130余人出席会议。

（信息化协会）

【企业诚信创建活动政策宣传贯彻会】 9月28日，北京信息化协会本着为会员企业服务、宣传和倡导诚信理念、创建和谐健康发展环境的原则，在中关村知识产权大厦会议室举办诚信创建活动政策宣传贯彻会，北京北咨信息工程咨询有限公司等30家企业参会，北京市诚信企业创建活动秘书处领导参会并发表讲话。北京市企业诚信创建活动是在市经济信息化委、首都精神文明办、市工商局等部门的指导下，由北京企业评价协会联合30余家商协会组织开展的一项诚信建设品牌活动，旨在加快推进北京市社会信用体系建设。

（信息化协会）

【第20届京台论坛回访】 11月20日至26日，信息化协会组织23家企事业单位32人赴台湾地区回访，参观了当地知名的科技、金融企业及研究机构、科技园区、社团团体，包括研华科技、金融企业中训国际、“中华民国全国中小企业总会”、台湾区电机电子工业同业公会、台北内湖科技园区发展协会、新北市智慧城市联盟、新竹科技园区，并参加了由新北市智慧城市联盟组织的《京台智慧城市交流会》，与会的大陆及台湾企业进行了深入的交流。

（信息化协会）

【京津冀信息产业协同发展座谈会】 12月12日，北京信息化协会组织召开京津冀信息产业协同发展座谈会。与会者就新形势下的京津冀信息产业协同发展等问题深入交流。会议还探讨了在中国信息协会的支持与帮助下，三地如何共同搭建多元化、多层次、多服务的协同合作平台的议题。

（信息化协会）

【“互联网＋政务服务”专家研讨会举办】 12月15日，由北京信息化协会、北京大数据研究院和中国通信工业协会物联网分会共同举办的北京“互联网＋政务服务”专家研讨会举办。来自国家部委的有关专家和北京市10余家委办局的相关领导参会。

（信息化协会）

【信息沟通】截至 12 月 29 日，信息化协会官网共发布 163 条；微信公众号信息发布、每周信息发布、紧急重要事件发布，共发布 193 条。每周通讯每周信息发布、重要活动或合作出专刊，共发布 50 期。媒体报道 5 次，其中网媒 3 次、平媒 2 次。

（信息化协会）

【完成 ITSS 评估工作】年内，北京信息化协会为北京地区唯一一家地方评估机构，业务水平显著提升，ITSS 评估数量稳步增长，评估数量占比为 21%。共评估企业 42 家，比上年增加 18 家，其中运行维护新申请 20 家；监督评估 20 家，比上年增加 9 家；咨询设计 2 家。

（信息化协会）

【参与 ITSS 标准研制】年内，北京信息化协会作为北京市的 ITSS 评估机构，面向北京市的企业提供运行维护服务能力成熟度符合性评估工作，努力进行信息技术标准的推广应用和政策的贯彻落地，积极参加 ITSS 标准研制和推广应用工作，全年参加封闭会 3 次，专家评审会 7 次，评估机构工作会 2 次，宣传贯彻会 1 次。

（信息化协会）

【开展 ITSS 人才培养】年内，通过举办 IT 服务经理和 IT 服务工程师，为企业培养优秀的 ITSS 人才，增强实力，为后续标准的持续推广与应用打下基础。全年共举办 4 期培训班，共培训 64 人次。

（信息化协会）

【提升评估水平】年内，协会举办 ITSS 标准内部培训 10 余次，针对 ITSS 运行维护标准的每个章节，邀请不同的业内专家进行讲授。通过培训，协会的评估师对 ITSS 运行维护标准知识了解得更加深入，提升了评估师的业务能力。

（信息化协会）

【京津冀信息化协同发展】年内，信息化协会执行京津冀协同发展战略，与天津市计算机信息系统集成行业协会和河北省信息协会协同，带动了京津冀三地协会组织的互动发展。北京信息化协会、天津市计算机信息系统集成行业协会、河北省信息协会签署《京津冀信息化协同发展合作协议》。

（信息化协会）

【诚信企业创建活动】年内，为深入贯彻《国务院关于印发社会信用体系建设规划纲要（2014—2020 年）的通知》精神，认真落实《北京市人民政府关于加快社会信用体系建设的实施意见》和《北京市人民政府关于建立完善信用联合奖惩制度加快推进诚信建设的实施意见》精神，加快推进全市企业信用体系建设，提高企业诚信意识，规范市场秩序，市经济信息化委等部门决定继续组织开展 2017 年北京市企业诚信创建活动。信息化协会组织了相关的培训，为企业介绍诚信创建活动的优势，给企业带来的具体益处，鼓励企业积极申报。通过宣传动员、会员企业自愿申报、会员企业信用信息采集、协会联合第三方机构征信、协会初审、专家组综合评审、协会把通过终审企业名单以协会网站及微信公众号的方式向社会公示等系列创建程序，最终有 33 家企业获评 2017 年信息化领域“北京市诚信创建企业”。

（信息化协会）

【北京市信用 A 级企业评价】年内，为加快推进北京市社会信用体系建设，增强企业诚信意识，根据《北京市人民政府关于加快社会信用体系建设的实施意见》和《北京市人民政府办公厅关于印发北京市社会信用体系建设三年重点工作任务（2015—2017 年）的通知》精神，北京信息化协会、北京企业评价协会在全市信息化领域开展企业信用评价工作。协会组织了相关的培训，为企业介绍信用评级的优势、给企业带来的具体益处，鼓励企业积极申报。通过宣传动员、会员企业自愿申报、会员企业信用信息采集、协会联合第三方机构征信、协会初审、秘书处评审、协会网站及微信公众号向社会公示等系列遴选程序，最终有19家企业获评2017年信息化领域“信用AAA级企业”。

北京电子商会

【概况】2017年，受市经济信息化委委托，北京电子商会行业发展部负责北京电子信息制造业经济运行数据的统计、汇总、监测及分析工作，为政府决策提供参考意见。北京电子商会建立了行业统计网络，对电子信息制造业规模以上企业进行经济运行监控，每月向市经济信息化委汇报在统企业的主要经济指标数据。参加工信部组织的年报会审，汇总全系统全年的经济运行数据，向市经济信息化委提供本年度经济运行报告。组织北京地区每年一次的中国电子信息百强申报工作，参加工信部组织的百强发布会。另外，充分发挥电子信息制造业统计平台作用，协助市经济信息化委电子处完成多项工作，对北京市电子信息制造业企业进行调查，摸清企业的具体场所、占地面积、周边环境、主要产品、财务数据等基本情况，为疏解整治提供基础信息。

（北京电子商会）

【供应商大会】7月，由北京电子商会、易电联（北京）电子商务有限公司联合主办的“2017供应商大会暨北京电子商会会员企业授牌仪式”举行。同月，北京电子商会、易电联携手宅急送共建智能云仓战略发布会在京举行。发布会以“‘易’齐汇聚，共商未来”为主题，华为、联想、海尔、格力等百余家品牌商齐聚一堂，宣传“共享共建，协同发展”核心理念。人民日报、搜狐网等数十家媒体进行现场报道。

（北京电子商会）

【电子信息行业研讨会举行】9月22日，由北京电子商会主办，新华三集团承办的题为“创新IT，持续领航——走入新华三集团，分享IT创新方案”新华三北京电子信息行业研讨会在京举行。超过40家北京电子商会成员单位代表参观访问新华三集团，体验云网融合大背景下新华三充满创新色彩的新IT产品和解决方案，共同体验技术变革为各行各业所带来的全新动能。

（北京电子商会）

【智能智造供需对接会】9月，北京电子商会与中发智造联合举办了智能智造供需对接会——安防专场。展出最新安防产品，并特邀多家国内安防企业一起分享智慧安防发展趋势和最新产品。此次会议旨在加强安防企业与市场的交流与合作，为供需双方的沟通搭建有效的桥梁。

（北京电子商会）

【“高精尖”产业合作发展论坛】11月28日，“第21届北京香港经济合作研讨洽谈会”在香港会展中心召开，由市经济信息化委主办、北京电子商会承办的“京港高精尖产业合作发展论坛”作为重要的专题活动之一亮相。会上既推介北京市的产业平台，也介绍北京的“高精尖”产品。分论坛有9位嘉宾用PPT形式进行了主题演讲，包括“高精尖”发展基金、香港电子资讯产业发展、北京VR与AR技术发展、香港金融服务业情况、云端发展趋势对两地企业发展机遇等话题。参加分论坛有30~40家企业、70~80人，包括两地政府部门、商协会、投资机构、知名企业的人员。

（北京电子商会）

【电子信息制造业年报统计工作】 12 月 26 日，市经济信息化委电子处、运行处，以及北京电子商会在北京牡丹电子集团公司云视频中心联合召开“2017 年北京电子信息制造业年报统计工作会议”，电子信息制造业 120 多名统计工作者参加。北京电子商会依据统计人员报送数据的时间及准确率评选出 16 名优秀的统计工作者。北京电子商会利用统计系统平台，通过各企业统计人员为政府相关部门转发文件，充分发挥了统计平台的作用。

（北京电子商会）

【《信息科技与文化》改版完成】 年内，北京电子商会主办的双月刊《信息科技与文化》改版完成。版面增大，页数增加，全刊铜版彩页，印刷质量提高，发行量扩大。供稿及编辑人员不断总结经验，会刊内容更加丰富、信息更有时效性。商会活动、会员单位的新产品、企业重大活动等信息量增加。

（北京电子商会）

【区域合作】 年内，北京电子商会参加了中关村社会组织联合会京津冀及区域合作专委会。该专委会重点是做好京津冀“4+N”方面的工作。电子商会向会员及相关单位发送关于组织北京市诚信创建企业复审的通知，通过动员、网上填报、征信、公示等程序，共组织北京电子信息制造业 61 家企业参与此项活动。

（北京电子商会）

北京软件和信息服务业协会

【概况】 北京软件和信息服务业协会（原北京软件行业协会，简称北京软协），成立于 1986 年 10 月 21 日。30 多年来，协会秉承促进北京软件和信息服务业健康快速发展的理念，努力为政府、企业和社会提供有价值的专业服务，在北京软件产业中发挥沟通政府与企业、国内与国外两个桥梁作用。协会努力与社会各界建立良性合作模式，探索开创可持续发展的良性运作机制，力争成为一流的国际化产业协会。2017 年，协会拥有 7 家分支机构：过程改进分会、益智与娱乐软件分会、医药软件分会、中关村软件园分会、人才服务与培训分会、测试工作委员会、投融资委员会。

（北京软件和信息服务业协会官网）

【软件产品和企业评估培训会举办】 2 月 22 日，北京软协在柏彦大厦举办了软件企业、软件产品评估（简称双软评估）及软件企业税收优惠政策解读培训活动，有 100 家企业的 140 人参加培训。双软评估工作作为软件行业的一项团体标准，自试行以来得到企业的大力支持，为企业在资质和投标等环节中提供了帮助。本次培训是为了让更多的企业了解评估和评估的意义，对企业在评估方面及企业税收优惠上的疑问进行了解答，参会企业收益颇丰。

（常　欢）

【第一期高新认定培训】 3 月 10 日，2017 年北京软件和信息服务业协会第一期高新认定培训举办，100 多家会员企业总共 170 人报名参加。协会资深高新申报专家张锋整合了高新申报的全流程、全角度的知识模块，结合 2016 年新发布的《高新技术企业认定管理办法》和《高新技术企业认定管理工作指引》两个政策文件，对企业申报规划、实务操作、资格维护、研发体系搭建等几方面进行细致讲解。高新资格认定工作是北京软协会员服务的一项重要内容，通过专题培训为会员企业提供最新申报政策的解读，帮助企业建立一套完整的认定及维护体系。同时，协会为企业提供申报代理业务，帮助企业高效率地申请高新企业资格。

（常　欢）

【理事技术开放日举办】3月16日，北京软协第一期以“云通讯和移动信息化浪潮的融合与创新”为主题的理事技术开放日沙龙活动走进融云（北京云中融信网络科技有限公司旗下品牌），50多家企业的82位会员企业高管和研发部门负责人参与了沙龙活动，共同探讨云通信与政企移动信息化的现状与未来趋势。随着云计算、移动互联网的快速推进，企业信息化建设呈现出移动化、社交化的特征。作为中国富媒体云通讯领导厂商，融云顺应技术潮流，携十余年即时通信核心技术积淀，向企业信息化应用和服务厂商提供先进、稳定、可靠的云通讯服务，获得了金山WPS、泛微、炎黄盈动等知名厂商的战略合作，向政企客户提供完全互联网体验的移动信息化产品和服务。

（常　欢）

【企业信用评价】3月26日，为加快推进全市社会信用体系建设，增强企业诚信意识，根据《北京市人民政府关于加快社会信用体系建设的实施意见》和《北京市人民政府办公厅关于印发北京市社会信用体系建设三年重点工作任务（2015—2017年）的通知》精神，北京软件和信息服务业协会联合北京企业评价协会开始在全市软件与信息服务领域开展企业信用评价工作。评价内容主要包括企业综合素质、企业管理水平、企业财务实力、企业诚信表现和企业社会责任等。评价目的是通过信用评价进一步提高企业信用管理水平，加强企业信用风险防范能力，树立企业诚信标杆，促进企业可持续发展。

（常　欢）

【第3期名人大讲堂举办】4月11日，北京软协名人大讲堂第3期之软件行业总裁绩效看板管理研讨会举办，吸引了30多家会员企业领导报名参加。北京软协名人大讲堂旨在搭建1个会员企业家交流沟通、学习并共同提高的平台。北京软协特聘讲师介绍了如何通过年度计划、目标和绩效，监控3层面的价值落地，以及如何通过薪酬、人才招聘与培养，实现价值的分配与激励，为企业系统地理顺从经营到部门、从部门到岗位的价值坐标。

（常　欢）

【金融科技生态合作】4月15日，北京软协2017年度第一次常务理事会暨CEO互访活动在联动优势科技有限公司召开。会上，市经济信息化委软件处领导就“政府在软件方面的相关政策”进行解读，并介绍了将于6月29日召开的2017软博会，系统阐释了新时期打造新型软博会平台的战略构想及计划。有关人员介绍了联动优势旗下的联信通产品、金融信息服务解决方案、联动支付、跨境业务、大数据及消费金融业务等内容，以及基于物流行业、移动运营商、互联网金融、软件行业的行业解决方案。

（常　欢）

【“双创”知识产权企业服务周拉开帷幕】4月26日，在迎来第17个世界知识产权日的时刻，北京软协“创新和创业知识产权企业服务周”正式拉开了帷幕。服务周活动以“创新创造改变生活，知识产权竞争未来”为主题，通过协会常年开设的会员服务窗口，面向会员企业展开“双创”企业知识产权宣传和服务咨询活动，使协会会员服务窗口成为知识产权宣传和服务的新媒介和新阵地，使协会的窗口服务水平得到不断提升，并不断丰富和深化了协会的服务内容。

（常　欢）

【中小企业转型突破研讨会举行】4月26日，北京软件名人大讲堂之中小企业转型突破与上市融资实务研讨会在中关村知识产权大厦A座举行，金信网银等20余家企业参加，共同探讨了中小企业在转型发展中的主要问题，包括转型期的现代企业成长问题诊断与发展模式反思，跨越式发展企业的资本管理模式，企业的资本价值分析与公司运营金融化实操，资本管理六种隐形模型，转型升级背景下的中小企业的中长期融资平台的设计等。

（常　欢）

【“共享单车停车管理”咨询沙龙会】8 月 30 日，由北京市科学技术协会主办，北京市科技咨询中心和北京软件和信息服务业协会承办的“共享单车停车管理”决策咨询沙龙在北京软协举办。世界资源研究所、北斗导航位置服务（北京）有限公司、交通运输部科学研究院城市交通研究中心、国家发展改革委综合运输研究所、中国政法大学知识产权研究中心的专家，及摩拜单车、ofo 共享单车、便利蜂、高德软件等企业的 20 余位代表共聚一堂，围绕共享单车停放问题展开研讨和交流，并就相关问题提出了建设性的意见和建议。

（常　欢）

【软件和信息服务业综合实力百强发布】11 月 8 日，北京软协第九届会员代表大会暨 2017 年会在北京新世纪日航饭店举行。会上，发布了 2017 北京软件和信息服务业综合实力百强企业榜单，百度、航天信息、腾讯位列前三。此次活动聚焦北京市软件和信息服务业内业务规模大、效益好、自主创新能力强的优秀企业，旨在通过此次活动培育北京软件信息服务业的优秀品牌，并借助实力百强企业的行业示范效应，引导企业不断规范、优化发展模式，推动北京市软件和信息服务产业做大做强。榜单依据企业实力指数，主要考虑软件收入（权重 40%）、利润总额（权重 30%）、研发投入（权重 30%）3 个指标进行加权计算，确定实力百强企业名单，数据来源于企业提交的参报数据和公开材料。

2017 北京软件和信息服务业综合实力百强企业发布

（常　欢）

【2018 软博会筹备研讨会召开】11 月 1 日，2018 软博会筹备组于国家工业信息安全发展研究中心（简称国家工信安全中心）召开了 2018 第二十二届中国国际软件博览会（简称 2018 软博会）启动暨总体方案研讨会。会议听取了国家工信安全中心关于 2018 软博会总体实施方案（草案）的汇报，与会人员就 2018 整体方案进行了深入探讨，肯定了方案内容翔实、有创新和亮点，并就领导指示、展会主题、举办时间、地点、展馆设置、活动内容等实施细节提出了意见、建议和下一步工作思路。

（常　欢）

【中关村政策解读会】11 月 28 日，知诚会、北京软协等单位共同承办的中关村科技金融和人才发展扶持政策和中共十九大财税改革趋势解读会在中关村举行。此次解读会由中关村社会组织联合会主办，由知诚会、北京软协等 6 家社会组织联合承办，近 200 家企业代表参加。此次解读会的目的是进一步宣讲中关村政策，让更多企业受益。会上还对中关村国家自主创新示范区促进人才发展支持资金管理和中关村海外人才创业园建设、高端人才创业基地建设、雏鹰人才企业支持对象等做出解读。

（常　欢）

【行业自律信用评估宣贯会召开】11月30日，北京软件和信息服务业行业自律信用评估宣传贯彻会在柏彦大厦召开。宣传贯彻会由中关村社会组织联合会和北京软协联合主办，150多家会员企业代表出席会议。此次诚信创建活动旨在加快推进北京市软件行业企业信用体系建设，提高企业诚信意识，加强行业自律，规范市场秩序。

（常 欢）

【软件企业评估培训举办】11月30日，北京软协举办“软件企业评估和产品评估申报及软件企业税收优惠政策解读”培训，参加培训120多人。协会软件评估工作是协会基于《软件企业评估规范》和《软件产品评估规范》两项团体标准开展的，主要为企业在资质和投标等环节中提供证明。

（常 欢）

北京市闪联信息产业协会

【概况】闪联产业联盟（闪联标准工作组/闪联信息产业协会，简称闪联）是孵化于中关村、立足于中关村，辐射全国乃至全球的标准组织和产业联盟，致力于IGRS标准的制定，推广和产业化。闪联成立于2003年7月，是在科技部、原信息产业部、市科委等政府部门支持下，由联想、海信、TCL、康佳、创维、长城、长虹、中和威8家大企业共同发起的标准组织和产业技术组织。闪联从市场需求出发，制定3C融合领域国际标准，成功推动了闪联标准的国际化和产业化进程。2009年，“闪联产业技术创新战略协会”被科技部纳入首批“国家产业技术创新战略协会试点工程”，并在2013年获评A级产业技术创新战略协会。2011年，闪联信息产业协会被北京市社会组织评估委员会评为最高级别的5A级社会组织。2013年，闪联被中关村管委会评为2013年度中关村产业技术协会A级协会。2015年，闪联获颁“中国王力杯好质量奖”；2016年，闪联入选中关村首批标准示范单位；2017年，闪联入选中关村首批试点单位。闪联协会联合会员单位实施3大发展规划，即标准化、产业化、国际化，全面推进闪联协会和北京市科技企业的发展，持续打造协会的核心竞争力。会员发展到240家，其中来自海外的会员为51家，包括三星、松下、LG等。闪联会员厂商占据国内电视机市场84.3%、白色家电市场50%、计算机市场43%和手机市场41%的份额。

（闪 联）

【联想发布行业智慧解决方案】3月24日，闪联以“洞悉趋势　践证变革”为主题的联想数据中心及行业智慧解决方案发布会在深圳召开。会上，联想发布了智能制造、基础教育、智慧城市、政务云四大行业解决方案，包括《联想数据中心解决方案》《联想智慧城市解决方案》《联想智能制造解决方案》《联想政务云解决方案》《联想基础教育解决方案》《联想IT咨询服务》在内的数据中心及行业智慧解决方案。

（闪 联）

【联想助力深圳智能互联发展】4月25日，联想集团创新科技大会系列峰会深圳站召开。联想创新科技大会系列峰会以“联接·想象”为主题，传递联想对产业的深刻洞见，展现联想在智能互联方面的战略定位与面向未来的投资和创新。在此次深圳峰会上，联想展示了智慧家庭场景的新品、Moto手机系列全新模块、针对企业级用户的“双态IT”理念，以及联想面向智能互联网时代的研发与投资布局。

（闪 联）

【闪联荣膺试点单位】4月28日，中关村知识产权巡讲季（第 5 季）启动会召开，会上公布了首批中关村商标品牌建设调研联系点和 2016 年中关村商标示范试点单位名单。来自商标品牌建设调研联系点和示范试点单位的 200 余名代表参加了会议。示范试点单位覆盖了示范区内的高新技术企业，还包括了闪联产业联盟、TD 产业联盟、中关村半导体照明工程研发及产业联盟、中关村软件园、北京昌科科技孵化器有限公司（回 + 双创社区），致力于推动产业联盟、专业园区和优秀孵化器的商标品牌工作。

（闪　联）

【泰禾集团与航天信息合作】 5 月 2 日，泰禾集团与航天信息股份有限公司北京航天金卡分公司签署战略合作协议，达成战略合作。双方将发挥各自优势，本着“诚实守信、优势互补、资源共享、合作共赢”的原则开展全方位、宽领域、多层次的合作。根据协议，泰禾集团与航天信息公司共同将“互联网 +”新业务、新业态作为合作基础，在智慧城市与智慧产业基地等方面，有效聚集和优化配置各类要素资源，促进一批技术含量高、市场需求大、产品附加值高的技术成果得到转化。航天信息公司将依托航天系统的联盟平台，发挥科技专业优势，为泰禾集团提供特色小镇、智慧城市规划、运营以及数据平台支撑服务。泰禾集团将在特色小镇、文体城、产业新城及其他开发项目中，在基于“互联网 +”的新业务、新业态领域内，优先将航天信息公司作为合作伙伴。

（闪　联）

【联想创新科技大会】 5 月 17 日，闪联以“创新智造、领航未来”为主题的第十六届中国苏州电子信息博览会开幕，全球知名 IT 企业共襄盛会，各种创新潮科技悉数亮相。联想创新科技大会苏州峰会也在当天上午在金鸡湖国际会议中心启幕，系列峰会以“联接 · 想象”为主题，传递联想对产业的深刻洞见，展现联想在智能互联方面的战略定位与面向未来的投资和创新。

（闪　联）

【航天信息亮相 2017 软博会】 6 月 29 日，由工业和信息化部、北京市政府共同主办的“第二十一届中国国际软件博览会”在北京展览馆开幕。作为中国信息技术产业领军企业，航天信息股份有限公司应邀参展，全面展示了在大数据应用、互联网金融、企业信息化等领域的创新成果。在同期举办的软件竞争力百强发布会上，中国电子信息行业联合会、中国软件行业协会发布了“2017 中国软件和信息技术服务综合竞争力百强企业”名单，航天信息荣登榜单第五名，相较去年排名上升 2 位。

（闪　联）

【联想集团与泛华集团携手】 7 月 6 日，联想集团与泛华集团在泛华总部签署《战略合作协议》。联想与泛华两大集团将在 3 个层面展开合作：共同探讨智慧城市发展、建设和运营的顶层设计；共同挖掘地方的要素禀赋，让特色产业和信息化高度融合，找到地方产业升级的增长点；发挥联想大数据中心实力，帮助城市更好地进行智能管理。此外，双方还就具体合作模式和合作内容进行了交流。

（闪　联）

【东华软件人工智能战略】 9 月 12 日，东华软件股份公司在北京召开了以“AI+ 行业深度结合”为核心的产品发布会。公司基于对行业客户的深度了解，将 AI（人工智能）与金融、医疗等行业有机融合，打造适合各个行业的“AI+ 产品”，并正式发布了“精准医疗”“AI+ 公安大数据”“乐享智投”3 个行业的解决方案及产品。

（闪　联）

【标准化服务业发展推进会举行】9月19日，由国家标准化管理委员会、中关村科技园区管理委员会主办，中关村标准化协会协办的“标准化服务业发展推进会”在北京举行。在推进会的沙龙环节，参会嘉宾围绕“标准服务双创”这一主题，针对标准化服务业发展相关需求、借鉴相关企业的先进实践经验、标准化服务业的主要功能和定位、标准化服务业所发挥的作用以及推进标准化服务业发展所需要的国家政策支持等相关问题进行了研讨。

（闪　联）

【航天信息“博士匣”产品发布】9月26日，“云聚生态，税惠民生”——2017航天信息云税大会在京召开，这是航天信息股份有限公司主办的第二届云税大会。航天信息依托云计算、移动互联网、信息安全、大数据和人工智能等相关技术，聚焦税务机关、纳税人需求，围绕涉税业务领域，有效整合各环节资源，实现税务共治，为用户提供最佳体验。大会上，航天信息就智慧税务、发票多场景开票和非税票据3方面进行了最新产品发布与展示，并发布新一代移动企业家平台“博士匣”。“博士匣”是航天信息爱信诺征信公司依托优势资源和卓越客户服务能力，将税务大数据、移动互联网技术应用到企业管理领域，推出的新一代移动企业家平台，服务于企业法人、经营管理人员、财务人员，支持企业内部管理、外部合作、资源对接三大方面诉求。“博士匣”手机App，集经营分析、信用管理、商务协同、金融服务、实名认证、企业社交六大功能为一体，“网络身份证”“随身会计师”“首席风控官”“大额信用卡”等多种角色兼具一身。用户还可以通过企业名称查看该企业的工商、历史沿革、经营、风险等基础信息。

（闪　联）

【联想云亮相云栖大会】10月11日，联想云栖大会召开，联想云携联想企业网盘、联想超融合及联想大数据亮相，以“云计算+大数据”的组合模式，推动智能时代的数字化转型变革与产业升级。云栖大会是全球最具影响力的科技峰会，联想云特别设立专场论坛，以“云中融合·数见未来”为主题，探讨IT行业如何面向数字化未来，为中国经济的深层次转型升级提供动力与支撑。联想云的目标是成为智能化时代的云产业的引领者，联想云将继续发挥整合优势，融合IT基础设施、服务与数据，为企业提供从IaaS到SaaS全方位云服务体验，并以“云+数据”的全面优势，为处于数字化转型中的中国企业提供变革引擎。

（闪　联）

【智能云锁标准与解决方案研讨会】10月13日，“智能云锁标准与解决方案研讨会”在深圳举办，工业和信息化部、深圳市经济贸易和信息化委员会、深圳市市场监督管理局的领导，以及中关村标准化协会和闪联产业联盟的相关人员出席会议。世平集团、德州仪器和信驰达等企业高层人员出席会议并发布演讲，并发布闪联国家工程实验室模组应用服务平台。闪联联合会员厂商积极制定智能云锁的相关标准，并结合市场需求提供相关智能安全的解决方案。通过此次制定智能云锁标准，规范并构建专业化智能锁应用的云服务平台，提供智能云锁平台全方位和多功能的软硬件综合服务。通过客户定制个性化芯片模组云端方案的解决方式，满足各个企业的不同需求，提供业内与相关企业专业人员的技术交流服务，提供定制化合作的商业服务策略，如标准化、芯片模组、相关产品方案测试服务和不同层级的云服务商业模式。

（闪　联）

【航天信息与大理签订协议】10月18日，航天信息股份有限公司与云南省大理白族自治州签订战略合作框架协议。在框架协议下，航天信息股份有限公司与大理深化合作，努力实现互利共赢，共同推进大理经济社会的发展。

（闪　联）

【闪联发布新的国际标准】 10 月，闪联 2 项标准由 ISO/IEC 正式发布："ISO/IEC 14543−5~8：2017《信息技术 家用电子系统（HES）架构－第 5~8 部分：信息设备资源共享协同服务－远程访问基础协议》""ISO/IEC 14543−5~9：2017《信息技术 家用电子系统（HES）架构－第 5~9 部分：信息设备资源共享协同服务－远程访问服务平台》"。至此，闪联国际标准家族的成员已达 10 个。

（闪　联）

【中国电信与飞利浦联合】 11 月 1 日，中国电信北京公司与飞利浦公司宣布，双方达成战略合作。根据协议，中国电信北京公司将利用窄带物联网（NB−IoT）、天翼云技术等，与飞利浦照明智能互联照明领域的产品结合，推进智慧城市的建设发展。此次合作，飞利浦公司首次将 CityTouch flex 系统在北京多个街区进行落地试点，分别在清华大学及多地街区共部署了 100 多套接入中国电信 NB−IoT 商用网络的飞利浦 LED 智能路灯。

（孙志勇）

【助力企业实现智慧化转型】 11 月 17 日，"让计算更智慧——联想发布会"在西安召开。大会上，联想数据中心集团发布了全新的数据中心基础设施和解决方案产品组合，以及软件定义的解决方案，双品牌合力覆盖传统企业及超大规模数据中心类客户，为企业的智慧化转型提供强有力的基础支持。

（闪　联）

【西藏自治区政府与联想签约】 11 月 24 日，联想集团在拉萨举办创新科技大会拉萨峰会。在峰会活动现场，西藏自治区政府与联想集团签署战略合作协议，共同推动西藏自治区信息化建设。此次合作依托联想在品牌影响、技术、人才、资金、平台、管理、产业生态圈资源等方面的优势，立足西藏自治区资源优势、文化特点、产业特色和政策优惠，在智慧城市、政府治理现代化、传统产业转型升级、智慧教育、智慧医疗、智慧环保、智慧文化与人才培养等多个领域展开全面合作。

11 月 24 日，西藏自治区政府与联想公司签约

（闪　联）

【东华软件三亚市大数据中心启用】 11 月 29 日，东华软件股份公司投资建设运营的三亚市大数据中心举行启用仪式。东华软件投资建设运营的三亚市大数据中心位于该市云港园区，总投资 5 亿元，由华为提供相关产品和服务，联合三亚信投公司共同运营，主要助力三亚和琼南的政务，同时为当地 IT 企业提供云租赁服务。该中心还将承担东华教育云平台业务，为全国中小学提供 SaaS 云托管服务，并逐步辐射到东华软件在东南亚及周边国家投资的相关业务。市政府门户网站群、党建红云、精准扶贫、旅游统计等约 20 套业务系统已迁入三亚市大数据中心。

（孙志勇）

【东华软件与腾讯合作】12月6日，东华软件股份公司与腾讯公司签署了《战略合作协议》，双方将在医疗、金融、智慧城市、公安、水利、气象、广电、电力等领域的多个层面展开深入合作，合作期限为3年。

（孙志勇）

【长虹净水荣获2017布莱恩奖】12月6日，由中国电子信息行业联合会和奥维云网（AVC）联合主办的中国净水行业发展高峰论坛暨首届“布莱恩奖”颁奖典礼在北京开幕。在本次颁奖典礼上，长虹净水夺得“布莱恩2017消费者喜爱产品奖”大奖，得到行业专家的一致好评。

（孙志勇）

【京东与海信冰箱携手】12月7日，“‘京信互联　智见鲜机’2017京东与海信智能战略合作启动仪式暨京信智能冰箱新品发布会”在青岛举行。京东家电、京东智能、海信冰箱联合发布最新款定制冰箱——海信智能大屏冰箱550L。此次战略合作，在京东Alpha智能服务平台的助力下，作为京东智能冰箱联盟成员之一的海信冰箱，正式进入智慧交互5.0时代。

（孙志勇）

【长虹—国网智慧能源管理系统】12月8日，由长虹公司联合国家电网公司在中国科技城绵阳发布“长虹—国网”智慧能源管理系统，为用户提供云、管、端整套智慧能源管理系统服务，便于用户及时掌握水电气的使用情况，同时也有利于用户能源节约习惯的养成。长虹充分应用物联网技术并整合数据运营能力，完成从终端设备、能源数据采集到云端平台管控等的系统布局。长虹国际城小区已经完成千余只水表的改造，通过摄像直读、协议转换以及物联网传输、图像云端识别，完成水表数据的远程集采、分析、管理。

（孙志勇）

【海信智能商用与哈工大联手】12月8日，海信智能商用—哈工大“企业与服务智能计算联合实验室”在哈尔滨工业大学威海校区揭牌。海信智能商用公司与哈工大有长期的合作基础，哈工大雄厚的科研实力和高水平人才队伍为公司发展提供了强大的技术支持。双方在大数据、信息安全、人工智能等领域开展更多合作，以联合实验室的建立为契机，进一步扩大合作范围。海信智能商用—哈工大“企业与服务智能计算联合实验室”，将首先在商业SaaS服务平台等项目上展开深度合作研究，未来将在大数据、信息安全、人工智能等诸多领域中共同进行研究探索。

（孙志勇）

【工业大数据产业应用联盟成立】12月11日，工业大数据产业应用联盟成立。联盟由联想集团和中国电子技术标准化研究院携手众多企业共同发起。工业互联网的本质是要实现行业智能，行业智能的基础和动力是大数据应用。联盟拥有成员企业80余家，涵盖人工智能、大数据、物联网、云计算、AR/VR、机器人等诸多领域。联盟理事长单位为联想集团，秘书处设在中国电子技术标准化研究院。

（孙志勇）

【2017“中国好电视”出炉】12月19日，在中国电子视像行业协会举办的2017“中国好电视”颁奖大会上，海信88英寸4K激光电视、8800、7700系列ULED电视及880、750系列线上热销产品，分别摘得年度高端旗舰电视、年度高性价比电视、年度热门畅销电视、年度网络人气电视和年度优秀人工智能电视5项大奖。海信电视以其领先的技术优势和突出的市场表现成为获奖最多的品牌。

（孙志勇）

【闪联新一批国家标准正式发布】12月20日，

国家质检总局、国家标准委正式发布2017年新的一批国家标准，其中包含了闪联主导制定的信息设备资源共享协同服务闪联系列10项国家标准。至此，纳入“国家标准制修订计划”的26项闪联标准，已有25项正式发布。闪联系列10项国家标准的发布，为家庭和办公环境下的家用电器、计算机和通信设备的智能组网、资源共享和协同服务提供了完整的技术解决方案。

（孙志勇）

【“联想懂的通信”获奖】12月20日，由中央网信办、工信部、中国科学院、中国工程院等单位共同指导，中国通信工业协会、中国通信工业协会物联网应用分会主办的第八届中国物联网产业与智慧城市发展年会在北京召开。中国通信工业协会颁发了物联网与智慧城市示范项目、创新解决方案、领军企业等奖项。其中，“联想懂的通信”凭借过去一年里在物联网领域的突出贡献和领先优势，荣获“2017中国物联网领军企业奖”。

（孙志勇）

【联想“千校计划”启动】12月20日，由共青团中央网络影视中心指导，未来网、联想图像和一米智联协办的“千校计划”3D创客实验室捐赠仪式在北京联想北研园楼大厦正式启动。为了落实中共十九大精神及习近平总书记治国理政教育先行的有关论述，共青团中央网络影视中心、团中央未来网融合百家优质企业资源通过未来网“B2S”模式，在全国优选千所学校重点扶植，借此搭建一个面向未来的全国优质教育生态系统工程。此次3D创客实验室捐赠仪式是一个打造千所学校的3D创客计划的公益项目，旨在通过捐赠1000所3D实验室，培养出100万名3D小创客。

（孙志勇）

【长虹CHiQ电视步入AI 3.0时代】12月20日，“长虹Q5K人工智能电视品鉴会”在京举行。作为AI 3.0的代表产品，长虹CHiQ人工智能电视Q5K涵盖语音识别、语义理解、模糊搜片、智能推荐等功能。该产品内置整机麦克风阵列，是长虹首款支持远场语音的人工智能电视，可实现远场开关机、远场语音识别、语音操控。同时也是一款国内为数不多的、支持声纹识别的人工智能电视。

（孙志勇）

【海信4K激光电视体验店落成】12月25日，海信全国首家4K激光电视旗舰体验店在青岛落成。该体验店集中展示了海信最新研发的激光电视全产品阵容，激光电视在客厅、家庭影院、办公会议等多种场景的应用得到全面展示，为用户选购和使用激光电视提供范本。海信推出的激光电视产品线已经覆盖80英寸、88英寸、100英寸、120英寸、150英寸等多个规格段。

（孙志勇）

【闪联联盟活跃度名列前茅】年内，中国产业技术创新战略联盟协同发展网开展2016年度联盟活跃度评价工作。在此次参与评价的全国100余家试点联盟中，闪联名列前茅，被评为“活跃度高”的联盟单位。

（闪　联）

【航天信息公司签约江门新会粮库】年内，航天信息公司签约广东省江门市新会区粮食局储备管理公司“粮安工程”粮库智能化升级改造项目。该项目是广东省粮食信息化行业的首个示范项目。航天信息公司将充分发挥其技术、人才、资源、服务优势，对粮食收购、储藏、流通等过程进行智能监控，对粮库业务流程智能化、仓储作业自动化、仓储管理信息化等功能进行升级改造，有效规范政策性粮食收购业务流程，防范收购环节风险，提高收储效率。

（孙志勇）

中关村云计算产业联盟

【概况】2010 年 7 月 9 日，中关村云计算产业联盟在京发起成立。2012 年年底，联盟正式开始转制工作，并向北京市民政局社团办申请成为独立法人社团组织。2013 年 3 月 29 日，联盟正式获得北京市民政局社团办批准成立并颁发社会团体独立法人证书。联盟成立目的是通过联盟整体化的发展思路，积极协助企业申报和建设国家云计算工程研究中心，搭建云计算研发合作平台，推动云计算应用业务发展，全面提升北京云计算技术水平和产业竞争力。2017 年，联盟协助市经济信息化委、市科委、中关村管委会、海淀区政府等委办局的产业主管部门，继续在云计算应用实践的基础上加速服务创新和技术创新，通过开展行业活动、组织重大联合攻关、建设创新驿站等一系列工作，全面优化和提升北京云计算产业发展。

（朱赛男）

【京台前沿科技创新中心揭牌】9 月，在中关村举行了京台前沿科技创新中心的揭牌仪式。为进一步推动京台两地在前沿技术领域创新合作交流，帮助台湾地区优秀创业团队在大陆寻求落地发展机会，在中关村云计算产业联盟与台湾云端物联网产业协会长期友好合作基础上，泰智会产业加速器、中关村云计算产业联盟、台湾 STARFAB 加速器三方以泰智会、STAFAB 在两岸的创新载体为依托，就推进两岸前沿技术交流和创新创业发展方面展开深度合作。为充分发挥云计算产业联盟在两岸合作中资源枢纽作用，以泰智会、STARFAB 在两岸的创新载体为主要依托，三方共同搭建起“京台前沿科技创新中心”，为两岸科技创新和万众创业搭建一个新的平台。主要包含以下内容：建立两岸高科技产业常态化交流机制；为台湾地区创业团队在大陆发展提供全面服务；探索在京建立实体公司，将两岸合作业务落到实处。

（朱赛男）

【云联盟搭建培训服务平台】10 月 16 日，由中关村云计算产业联盟联合成员单位华夏思培、盛乐圆点共同搭建的培训服务平台正式上线。该平台主要聚焦于为企业提供专业的人才培训及技术培训服务，通过开展企业培训、企业内训、专业技术培训、年会策划、拓展培训等培训项目，采取线上线下相结合的模式，服务于成员单位及众多企业。该培训服务平台主要依托中关村云计算产业联盟的产业资源与服务能力，以及华夏思培与盛乐圆点的专业培训服务体系，为企业提供培训服务。根据企业的实际情况、人员素质和企业目标，以企业需求为导向，为企业量身打造的培训形式。培训计划的制订、培训课程的设置、培训教师的安排、培训方式的选择等，均以企业的需求为出发点。平台立足于服务成员企业，同时结合市场需求开拓地方业务，已经陆续与多个省市签订战略协议，达成合作意向。

（朱赛男）

【开展产学研创新合作】年内，为了贯彻《大数据发展行动纲要》的精神，大力培育数据服务的新业态，提升大数据资源的采集获取和分析利用能力，充分发掘数据资源支撑创新的潜力，带动技术研发体系创新、管理方式变革，推动跨领域、跨行业的数据融合和协同创新，联盟与会员企业合作，促进校企间的产业对接，成立互联网用户洞察协同创新实验室。合作共建方包括北京联合大学及多家会员企业，各方共同出资共建。实验室作为联盟下设服务平台，由联盟秘书处负责运行管理。

（朱赛男）

【行业标准制定与研究推广】年内，云计算联盟标准工作取得重大突破，《数据中心节能设计规范》标准正式发布，标准编号：DB11/T 1282—2016。北京市网络资源得天独厚，同时，IDC 数量庞大，全年能耗非常高，机房运营费用支出大。在全社会倡导节能减排和企业需要控制成本的背景下，制定北京市数据中心节能设计规范，引导数据中心朝绿色、节能、环保的方向发展具有重要意义。在市经济信息化委支持下，联盟联合会员企业，开展了《数据中心节能设计规范》标准的制定工作。该标准对于新建、扩建云计算数据中心以及现有数据中心的节能改造和运营工作都将起到很好的指导和引导作用。

（朱赛男）

园区建设

中关村国家自主创新示范区

【概况】2017 年，中关村科技园区管理委员会（简称中关村管委会）按照国家、北京市有关文件精神，以智慧中关村顶层设计为指导，全面推进信息化建设各项工作，积极探索政务信息资源开发利用、政务门户网站、政府信息公开及智慧中关村建设工作中的各项新方式、新举措，组织开展了一系列创造性工作，充分发挥了信息化在服务示范区各类创新创业主体的引领作用，有力支撑和保障了示范区的发展建设。年内，中关村管委会通过多渠道信息采集，深入挖掘、利用信息，不断共享汇聚数据资源，进一步加强了中关村管委会数据统筹管理，提高了数据共享的效率和效能。

（于喜鹏）

【建立数据共享机制，提高数据使用率】年内，中关村管委会与市地方税务局签订了《信息共享合作协议》，建立了数据共享机制，并将中关村入驻企业名单及新创办企业名单共享给市地税局；同时，从市地税局获得入驻企业税款入库信息和新创办企业税款入库统计信息，收集企业税款信息 24350 条，包含纳税人状态、纳税人姓名、主管税务机关名称、税款入库金额等 14 个字段维度，进一步丰富了中关村管委会数据资源的类型，并为精准分析企业发展情况提供了数据支撑。

（于喜鹏）

【政务门户网站】年内，中关村管委会坚持以用户需求为导向，以功能性和服务性为原则，严格遵守国家和市政府的相关规定，政务门户网站在信息公开、在线服务、政民互动等方面开展重点工作。

（于喜鹏）

【完善办事指南】年内，中关村管委会根据办事指南要素类别的规定，对事项名称、设定依据、申请条件、办理材料、办理地点、办理时间、联系电话、办理流程等类别进行了完善，做到类别齐全，服务事项更加便捷明了。

（于喜鹏）

【完善政民互动】年内，中关村管委会完善政民互动渠道，广泛听取公众意见建议，做到了件件有落实、有回复，构建和谐的政民关系；就重大决策、政策公布、问卷调查、参会人员等内容进行了公开征集，并适时在网上公示意见征集结果。

（于喜鹏）

【信息管理】年内，中关村管委会在确保信息安全的前提下，严格遵守管理办法和编辑部工作守则，围绕管委会及相关单位的原创稿件、中央及北京市主要媒体报道等内外信息源开展工作。全年，示范区网站更新信息1800余条，新建或改建专题、专栏10个以上，网站访问量629万次。在国家高新区网站联盟等组织的高新区门户网站影响力评选活动中，获得了中国政务网站领先奖，有效提升了信息质量，增强了网站的舆论影响力。

（于喜鹏）

【政务公众平台服务】年内，中关村管委会通过新浪、腾讯、人民网的微博平台合计发布微博1773条，总阅读量1600余万次，总粉丝数936万人，与2016年年底相比增加18万人。其中，新浪新闻发言人微博共发布微博213条；政务微信累计推送最新资讯1778条，回复网友咨询500多人次，订阅用户突破4.1万人，比年初增加17%；创新创业中关村头条号累计推送最新资讯1280条，订阅用户达6600人，累计阅读量达179万次。

（于喜鹏）

【政府信息公开】年内，中关村管委会深入贯彻市委第十二次党代会精神，落实京津冀协同发展国家战略和市委、市政府重要决策部署，认真贯彻落实《中华人民共和国政府信息公开条例》、《北京市政府信息公开规定》和《北京市2017年政务公开工作要点》的各项要求，围绕中关村示范区建设和全国科技创新中心建设，不断完善信息公开制度，不断提高对示范区各类创新创业主体服务水平，保障社会公众对示范区发展建设的知情权、参与权与监督权。

（于喜鹏）

【制定政务公开清单】年内，中关村管委会举办了“用政务公开的理念和方法　提升政府治理能力和水平”专题培训，中关村管委会全体干部、职工及挂职借调人员300余人次参加培训。制定了中关村管委会政务公开清单，于中关村管委会官网“政府信息公开”栏目中公开，进一步提高了中关村管委会政务公开工作人员业务水平，增强了政务公开意识。

（于喜鹏）

【主动公开情况】年内，中关村管委会主动公开政府信息1812条（不同渠道和方式公开相同信息1条），主动公开规范性文件12件，主动公开重点领域政府信息323条。

（于喜鹏）

【依申请公开情况】年内，中关村管委会收到信息公开申请9件，其中信函形式申请2件，网络申请7件，均已按相关规定在答复期内对申请人公开，主动向申请人说明法律依据及救济渠道，未收取信息公开检索、复制、邮寄等费用。

（于喜鹏）

【智慧中关村建设】年内，中关村管委会按照北京市“统筹、集约、共享”的建设原则，统筹推进智慧中关村项目建设，确保各项工作稳中有进、进中提质，为服务示范区发展、领导决策及各类创新创业主体需求提供有力保障。同时，以顶层设计为指导，根据智慧中关村项目实施方案，严格项目管理，狠抓任务落实，确保各项工作顺利开展。

（于喜鹏）

【智慧中关村示范试点建设】年内，中关村管委会重点面向企业信用服务、智能制造、互联网金融方向，支持了3家企业开展示范试点项目建设工作，持续推进了智慧中关村示范试点建设，营造了示范区创新创业良好生态环境。

（于喜鹏）

【**智慧中关村项目建设**】年内，中关村管委会按照项目管理办法，抓好4个在建项目管理，确保了项目实施效果质量。同时面向全委全面征集2018年信息化项目建设需求，统筹规划信息化项目建设，并向市经济信息化委申请中关村管委会企业申报服务平台项目立项。

（于喜鹏）

【**融合共享和试点应用**】年内，中关村管委会为进一步融合汇聚数据资源，通过统筹一区多园数据成果，对接已有平台资源，进一步提升管委会数据统筹管理水平。同时持续推动双创线上服务，有机整合平台间数据互通，充分利用信息资源。

（于喜鹏）

北京经济技术开发区

【**概况**】年内，北京经济技术开发区管委会以“智慧城市”建设为抓手，推进开发区信息基础设施建设完善升级，坚持信息化与提升政府自身能力、推动产业发展经济建设、实现社会管理服务创新、完善城市精细管理、加快生态文明建设相结合，推进“互联网＋政府治理”，提高信息化服务保障能力。推动互联网协同制造创新中心建设。开展应急防汛物联监测系统建设，在凉水河、新凤河和重要积水部位安装水位探测器等物联网传输设备。开展第八批500路新建公共监控点位建设；完成234路视频监控系统高清信号改造和5路高点监控建设。开展信息化基础设施物联感知与智能管理系统建设，利用RFID、北斗技术，对开发区信息化固定资产进行标签式管理。

（经济技术开发区）

【**公共Wi-Fi设施建设**】4月，北京经济技术开发区启动针对公共Wi-Fi（基于IEEE标准的无线局域网）检验检测工作。在政府服务场所、文教医疗与体育场馆、城市景观道路、市政公园绿地、地铁站点周边、社区服务站等6类区域建成公共Wi-Fi热点3322处，辐射城市热点场所100余处。面向开发区范围内所有公共Wi-Fi，对已建成的公共Wi-Fi点位进行第一轮检验检测，完成第三方专业检测智能手机App应用程序开发和宽带无线城市综合管理平台建设。

（高　卿）

【**应急防汛物联监测系统**】6月，北京经济技术开发区启动防汛排水物联监测与分析决策系统建设。在凉水河、新凤河和开发区内重要积水部位，安装水位探测器等物联网传输设备，完成10处试点监控点位安装，依托无线网络将前端采集信息数据统一回传至后台管理系统，实现对前端重点防汛点位实时监控、应急处置等功能。

（张澎涛）

【**“互联网＋政府治理”试点**】8月，北京经济技术开发区“互联网＋政府治理”试点工作启动。协调开展基于移动通信的开发区大数据分析决策示范项目，以中国移动、中国电信、中国联通3家电信运营商用户数据信息为基础，实时获取展现辖区内人群流动情况、人员特性和交通状况等数据，开展智慧交通、指挥停车场、移动大数据等项目试点，为开发区管委会在人口、产业、交通等方面决策和管理提供大数据支撑服务。

（张澎涛）

【**物联感知与智能管理系统**】9月，北京经济技术开发区信息化基础设施物联感知与智能管理系统建成。利用RFID（无线视频识别）、中国北斗卫星导航系统等技术，对开发区内信息化固定资产进行标签式管理，实现资产全面可视和信息实时更新，并可实时监控资产使用和流动情况、对设备所在位置查询、设备移动跟踪记录报警，确保开发区关键信息基础设施安全稳定运行。

（张澎涛）

【智能违停抓拍系统建设】11月，智能违停抓拍系统（一期）建设完成。该项目包括在京东商城和永康公寓两处重点违章停车区域安装32个智能监控摄像头，与开发区公共视频监控平台对接，对违章停车行为进行自动检测、拍照、取证，为交通执法处罚提供依据，保障城市运行管理稳定。

（周　超）

【市、区两网宽带无线服务用户衔接】12月，北京经济技术开发区实现市、区两网宽带无线服务对用户无缝衔接。与市经济信息化委、海淀区信息办共同推进，完成“–MyBeijing–”、“My–Haidian”与“E–Town”互认证，实现市、区两网宽带无线网络用户无缝对接，对用户开放数据实时共享等服务。

（高　卿）

【视频监控系统和高点监控】年内，区内234路视频监控系统高清信号改造和5路高点监控建设完成。该改造建设工作完成后，实现对开发区视频监控图像高清化捕捉，实时全面掌握开发区整体城市运行情况，为城市管理和应急指挥提供支撑保障。

（王飞程）

【日常政务网络系统隐患排查】年内，北京经济技术开发区强化日常政务网络系统隐患排查和安全控制工作，根据检查、测试结果对服务器和应用系统进行相应安全加固，处理高风险漏洞29处、中风险漏洞48处、低风险漏洞251处，提高系统抗攻击的能力，并向13个相关部门下发通知，要求进行整改，确保开发区政务网络系统安全运行。

（杨　超）

【开展“三网融合”试点】年内，北京华开有线电视网有限公司在开发区有线电视网络覆盖区域内，与北京博大网信科技发展有限公司、北京博大网通科技发展有限公司等单位开展“电视信号经IP转换平台转码，依托ISP专网传输承载电视信号直播到户”的商用化播出试验，实现覆盖5000用户。该试验项目获市经济信息化委资助，是在全市广播电视领域内具有一定开拓性质的试验项目。

（席晟轩　王超）

【发放高清交互机顶盒】年内，北京华开有线电视网有限公司按照全国广播电视行业一般性标准，通过网络改造，在开发区东晶国际、境界家园两个小区发放基于安卓系统的DVB+OTT高清交互机顶盒约1000台，通过中国中信集团有限公司引入中国国际广播电台的影视点播内容到OTT平台上，为小区居民免费提供1万余小时的影视点播资源。

（席晟轩　王超）

【大数据应用】年内，开发区开展基于移动通信的开发区大数据分析决策示范项目，推进数据创新驱动，探索和尝试大数据分析在产业发展、城市管理、社会治理等方面的创新应用。以3大电信运营商的用户数据信息为基础，实时获取展现辖区内人群流动情况、人员特性和交通状况等数据，对开发区人口现状、职住情况、出行方式和交通流量等信息进行挖掘、分析，为政府在人口、产业、交通等方面的决策和管理提供大数据支撑服务。

（经济技术开发区）

【网络安全】年内，保障中共十九大期间政务信息网络安全稳定运行。强化日常政务网络系统隐患排查和安全控制，对开发区政务网络系统的 150 台服务器、13 台安全设备进行安全风险检查，对 28 个应用系统进行全面常规渗透测试，其中 6 个应用系统为新上线系统。

（经济技术开发区）

【有线电视网】年内，北京华开有线电视网有限公司负责开发区有线电视运营。建设 HFC 光纤铜轴混合网络有线电视传输网络覆盖开发区超过 40 个居民小区、20 余个工业园区，全网线缆铺设总里程 900 千米、接收端口总数量超过 12 万个；为各类电视用户 3 万余户（其中路东区 5000 余户、核心区有 1.5 万余户、河西区近 9000 户）和 100 余家开发区企业提供有线电视节目信号，网络覆盖开发区全范围。

（高卿　席晟轩）

规范性文件

本栏目主要收录北京市政府、市政府办公厅、市经济信息化委有关法规以及部分相关性文件。

北京市人民政府关于建立完善信用联合奖惩制度加快推进诚信建设的实施意见

京政发〔2017〕15 号

各区人民政府，市政府各委、办、局，各市属机构：

为深入贯彻落实《国务院关于建立完善守信联合激励和失信联合惩戒制度加快推进社会诚信建设的指导意见》（国发〔2016〕33 号）、《国务院关于加强政务诚信建设的指导意见》（国发〔2016〕76 号）和《国务院办公厅关于加强个人诚信体系建设的指导意见》（国办发〔2016〕98 号）等文件精神，加快推进诚信建设，结合本市实际，现提出如下实施意见。

一、总体要求

（一）指导思想

以习近平总书记视察北京重要讲话精神为根本遵循，牢固树立和贯彻落实新发展理念，加强和创新社会治理，按照褒扬诚信、惩戒失信，部门联动、社会协同，依法依规、保护权益，突出重点、统筹推进的原则，夯实诚信建设基础，强化诚信行为激励，加大失信行为惩戒力度，建立信用联合奖惩制度，开展诚信建设创新示范，积极推进诚信文化建设，加快构建诚信体系，切实维护市场秩序，努力营造诚信环境，为建设国际一流的和谐宜居之都提供有力支撑。

（二）建设目标

到 2020 年，所有公共信用信息依目录归集至市公共信用信息服务平台，依法可公开的归集信息全部向社会公开，重点行业领域监管平台与市公共信用信息服务平台实现互联互通，信用联合奖惩机制全面覆盖重点行业领域，守信联合激励和失信联合惩戒制度基本健全，实现信用信息跨地区、跨部门、跨领域归集、共享、公开和应用，形成政府部门协同联动、行业组织自律管理、信用服务机构积极参与、社会舆论广泛监督的共同治理格局。

二、重点任务

（一）夯实诚信建设基础

1. 完善信用信息归集机制。加强信用信息系统建设，全面落实统一社会信用代码制度，完善重点领域个人实名登记，依法依规、及时准确、完整规范地记录和保存信用主体的信用信息。将各级人民政府和公务员在履职过程中，因违法违规、失信违约被司法判决、行政处罚、纪律处分、问责处理等信息纳入政务失信记录。依据《北京市公共信用信息目录》，将各行业领域的公共信用信息归集至市公共信用信息服务平台。

2. 完善信用信息共享应用机制。完善市公共信用信息服务平台功能，实现与全国信用信息共享平台互联互通。促进公共信用信息和社会信用信息互动融合，探索建立个人公共信用信息与金融信用信息基础数据库的共享关系。将市公共信用信息服务平台信用信息查询使用嵌入行政审批和日常监管流程，做到应查、能查、必查。依据市场主体的信用信息和信用状况，探索构建分类管理和诚信积分管理机制，健全行业领域信用评价和分类监管制度。

3. 完善信用信息公开机制。全面落实行政许可和行政处罚等信息7个工作日内通过政府网站公开制度。建立健全公共信用信息查询应用机制，完善“信用北京”网站服务功能，向社会提供“一站式”查询服务，为信用服务机构、金融机构、行业协会商会等查询和使用公共信用信息提供便利。鼓励社会机构开展大数据舆情监测，发布各行业领域信用分析报告及诚信评价结果。

4. 完善跟踪问效责任机制。依托市公共信用信息服务平台，建立健全信用信息应用跟踪、监测、统计、评估机制，并建立相应的督查、考核、问责制度。对信用信息归集、共享、公开和信用联合奖惩措施落实不力的部门和单位进行通报，并督促整改到位。

（二）强化诚信行为激励

1. 行政性激励。对诚信典型和连续三年无不良信用记录的行政相对人，可根据实际情况实施“绿色通道”和“容缺受理”等便利服务措施。对符合条件的行政相对人，除法律法规要求提供的材料外，部分申报材料不齐备的，如其书面承诺在规定期限内提供，应先行受理。在实施财政性资金项目安排、招商引资配套优惠政策等各类政府优惠政策中，优先考虑诚信市场主体，加大扶持力度。在教育、就业、创业、社会保障等领域，对诚信个人给予重点支持和优先便利。对符合一定条件的诚信企业，在日常检查、专项检查中，优化检查方式或减少检查频次。

2. 市场性激励。引导征信机构加强对市场主体正面信息的采集，并纳入信用记录和信用报告。在诚信问题反映较为集中的行业领域，对守信者加大激励性评分比重。引导金融、商业销售等市场服务机构参考使用市场主体的信用信息、信用积分和信用评价结果。在有关公共资源交易活动中，提倡依法依约对诚信市场主体进行信用加分，并给予其优惠和便利。支持有关部门和单位开发“税易贷”“信易贷”“信易债”等守信激励产品，使守信者获得更多机会和实惠。

3. 社会性激励。鼓励行业协会商会等社会组织加大对纳入诚信典型“红名单”的企业和从业人员的扶持力度，为其市场宣传、业务拓展、职业发展等提供支持；引导企业主动发布综合信用承诺或产品服务质量等专项承诺，开展产品服务标准等自我声明公开，接受社会监督，形成企业争做诚信模范的良好氛围。充分发挥舆论宣传引导作用，大力发掘诚信人物、诚信企业、诚信群体，宣传推广各类诚信典型，褒扬诚信行为。

（三）加大失信行为惩戒力度

1. 行政性惩戒。将严重失信主体列为重点监管对象，依法依规采取行政性约束和惩戒措施，并在日常监管中提高随机抽查比例和频次，从严审核行政许可审批项目，从严控制生产许可证发放。对严重失信主体，依法依规限制享受财政资金补助等政策扶持和申请财政性资金项目，限制参加政府采购活动，限制参与政府投资项目招标以及土地出（转）让和流转等公共资源交易活动，限制新增项目审批核准，限制发起设立或参股金融机构以及小额贷款公司、融资担保公司、创业投资公司、互联网金融机构等，限制从事互联网信息服务，限制参与基础设施和公用事业特许经营。对严重失信企业及其法定代表人、主要负责人和对失信行为负有直接责任的注册执业人员等实施市场和行业禁入措施，及时撤销严重失信企业及其法定代表人、负责人、高级管理人员和对失信行为负有直接责任的董事、股东等人员的荣誉称号，取消参加评先评优资格。

2. 市场性惩戒。督促有关企业和个人履行法定义务，对有履行能力但拒不履行的严重失信主体，实施限制出境、购买不动产、乘坐飞机、乘坐高等级列车和席次、旅游度假、入住星级以上宾馆及其他高消费行为等措施。支持征信机构采集严重失信行为信息，纳入信用记录和信用报告。鼓励市场主体对严重失信个人采取差别化服务，引导商业银行、证券期货经营机构、保险公司等金融机构对严重失信主体提高贷款利率和财产保险费率，或限制向其提供贷款、保荐、承销、保险等服务。

3. 社会性惩戒。引导行业协会商会完善行业内部信用信息采集和共享机制，将严重失信行为记入会员企业信用档案。支持行业协会商会按照行业标准、行规、行约等，视情节轻重对失信会员实行警告、行业内通报批评、公开谴责、不予接纳、劝退等惩戒措施。充分发挥新闻媒体等社会舆论作用，加大对社会影响恶劣、情节严重失信行为的曝光力度。建立健全失信行为举报制度，鼓励公众举报严重失信行为，并对举报人信息严格保密。

（四）建立信用联合奖惩制度

1. 建立奖惩措施清单制度。将信用联合奖惩措施分为强制性措施和推荐性措施。强制性措施是依法必须联合执行的激励和惩戒措施；推荐性措施是由参与各方推荐，符合褒扬诚信、惩戒失信政策导向，可根据实际情况实施的措施。市社会信用体系建设联席会议要及时梳理法律法规和政策明确规定的联合激励和惩戒事项，动态更新《北京市信用联合奖惩措施清单》，并会同重点行业管理部门和社会机构认真总结实践经验，不断完善信用联合奖惩措施清单，推动相关法规制度建设。

2. 规范信用红黑名单制度。健全诚信典型“红名单”和严重失信主体“黑名单”制度，明确认定标准，动态维护红黑名单信息，并依法依规规范信用红黑名单发布行为。将信用状况良好的公务员、行政相对人、诚信道德模范、优秀青年志愿者、行业协会商会及其推荐的诚信会员企业、新闻媒体挖掘的诚信主体等树立为诚信典型；将严重危害人民群众身体健康和生命安全、严重破坏市场公平竞争秩序和社会正常秩序、严重影响司法机关和行政机关公信力、危害国防利益和拒不履行国防义务等行为列为严重失信行为，纳入《北京市诚信典型和严重失信主体行为清单》。鼓励有关群众团体、金融机构、征信机构、评级机构、行业协会商会等将产生的信用红黑名单信息提供给政府部门参考使用。

3. 构建联合奖惩协同机制。在市社会信用体系建设联席会议统筹协调下，建立信用联合奖惩发起和响应机制，依托市公共信用信息服务平台，建立全市统一的信用联合奖惩信息管理系统，实现发起响应、信息推送、执行反馈、信用修复、异议处理等动态协同功能。发起部门根据相关法律法规和政策规定，依据本行业和本领域的信用红黑名单确定信用联合奖惩对象。实施部门负责对有关信用主体采取相应的信用联合奖惩措施。在对严重失信企事业单位进行联合惩戒的同时，应依据相关法律法规和政策规定对相关责任人一并采取联合惩戒措施，确保联合惩戒措施落实到人。

4. 健全权益保护和信用修复机制。联合惩戒的发起部门和实施部门应依据相关法律法规和政策规定，明确各类失信行为的联合惩戒期限。有关部门和单位在执行失信联合惩戒措施时主动发现，或经信用主体异议申请、投诉发现信息不实的，应及时告知信息提供单位核实，经核实有误的信息应及时更正或撤销。加大对泄露、篡改、损毁、出售或非法向他人提供个人信息等行为的查处力度，严格保护个人信息安全。畅通信用修复渠道，丰富信用修复方式，探索通过事后主动履约等方式减少失信损失，支持失信主体通过按时履约、志愿服务、慈善捐助等方式修复信用。对在规定期限内纠正失信行为、消除不良影响的失信主体，发起部门应将其信用修复信息报送至市公共信用信息服务平台，并将其移出联合惩戒“黑名单”，不再作为联合惩戒对象。

（五）开展诚信建设创新示范

1. 政务诚信建设创新示范。坚持依法行政和阳光行政，建立健全守信践诺机制，探索构建以专项督导、横向监督、社会监督为主要内容的政务诚信监督体系，对政务诚信实施考核评价。加大街道（乡镇）政务、财务公开力度，将守信践诺情况纳入对街道（乡镇）的绩效考核体系。加强政府采购、政府与社会资本合作、招标投标、招商引资等领域的政务诚信建设。加大对各级政府和公务员失信行为的惩处和曝光力度，不断提升诚信履职意识和诚信行政水平，以政务诚信引领社会诚信。

2. 重点行业领域诚信建设创新示范。以食品药品、安全生产、消防安全、交通安全、环境保护、生物安全、产品质量、税收缴纳、医疗卫生、劳动保障、工程建设、金融服务、知识产权、司法诉讼、电子商务、互联网、创新创业、旅游文化、志愿服务等领域及职业人群为重点，建立健全信用联合奖惩制度，形成长效机制。支持各区和产业园区结合本区域公共服务、社会治理、产业结构调整等实际需要，开展区域性信用联合奖惩制度建设，鼓励信用产品创新应用，不断优化区域信用环境，积极争创全国社会信用体系建设示范城区。

3. 京津冀诚信建设区域合作创新示范。充分发挥京津冀社会信用体系合作共建机制作用，建立统一的信用制度标准和技术规范，大力推进京津冀公共信用信息共享应用，建立信用协同监管和服务机制，率先在食品药品、环境保护、质量管理、旅游文化等领域建立信用联合奖惩机制，逐步形成覆盖各行业领域的信用奖惩联动机制。共同推广信用服务机构的信用产品和服务，实现信用产品互认共用，加强信用专业人才培养和诚信宣传教育，为京津冀经济社会一体化发展创造良好的诚信环境。

（六）积极推进诚信文化建设

1. 大力弘扬诚信文化。以培育和践行社会主义核心价值观为根本，将诚信文化建设贯穿精神文明建设全过程。推动创作中华传统诚信文化与时代价值观相融合的文艺作品、公益广告，丰富宣传载体，增加宣传频次，提升宣传水平。组织各类网站开设网络诚信专题，推出一批高质量的网络诚信主题文化作品，开展网络失信案例警示教育。

2. 全面开展诚信教育。深入开展公务员诚信、守法和道德教育，将诚信建设纳入公务员培训和领导干部进修课程。全面深化校园诚信教育，将诚信教育作为中小学和高校学生思想品德教育的重要内容，鼓励高校开设信用领域相关课程或专业，建立健全成年学生诚信档案，引导广大学生加强道德修养。建立完善企业法定代表人及相关负责人、律师、教师、医师、执业药师、评估师、税务师、注册消防工程师、会计审计人员、房地产中介从业人员、认证人员、金融从业人员、导游等职业人群个人信用记录，加强信用管理与职业道德教育。鼓励各类社会组织和企业建立信用管理制度，组织签署入职信用承诺书，开展信用知识培训。

3. 深入开展诚信主题活动。在各行业领域组织开展特色诚信主题教育实践活动。持续开展质量月、安全生产月、诚信兴商宣传月、征信知识宣传周、“3·15”国际消费者权益日等主题活动，以及信用北京行、诚实做人守信做事、企业和社团组织诚信创建、诚信文化进家庭等活动。

三、保障措施

（一）加强组织领导。充分发挥市社会信用体系建设联席会议统筹协调作用，切实加强对诚信建设工作的组织领导，明确责任分工，制定年度计划，协调解决重大问题。各区政府、各部门按照职责分工，将相关任务纳入本单位年度工作计划，制定具体实施方案，扎实推进落实。

（二）健全标准规范。市社会信用体系建设联席会议办公室会同有关部门和行业组织，加快完善公共信用信息管理、促进征信行业发展、信用评价评分、信用分类监管、信用联合奖惩等相关政策措施，编制公共信用信息归集、共享、公开和应用等环节的标准规范。

（三）加强资金保障。各区政府、各部门根据诚信建设实际需要，将相关工作经费纳入年度财政预算，重点加大信用联合奖惩、信用产品应用、公共信用信息社会化应用、诚信建设创新示范、诚信宣传教育与信用人才培养等方面的资金支持力度。

（四）强化督导考核。市社会信用体系建设联席会议办公室要加强对诚信建设工作落实情况的督促检查、跟踪监测和统计分析，完善工作督导、考核评估制度，对工作落实不力的部门和单位，定期进行通报批评并督促整改，确保各项任务落实到位。

北京市人民政府办公厅

2017 年 4 月 1 日

北京市人民政府关于印发《北京市政务信息资源管理办法（试行）》的通知

京政发〔2017〕37 号

各区人民政府，市政府各委、办、局，各市属机构：

现将《北京市政务信息资源管理办法（试行）》印发给你们，请认真贯彻执行。

北京市人民政府

2017 年 12 月 27 日

北京市政务信息资源管理办法（试行）

第一章　总则

第一条　为规范政务信息资源管理，促进政务信息资源优化配置和政务部门间业务协同，提高行政效率，提升服务水平，增强政府公信力，依据相关法律法规和《国务院关于印发政务信息资源共享管理暂行办法的通知》(国发〔2016〕51号)、《国务院办公厅关于印发政务信息系统整合共享实施方案的通知》(国办发〔2017〕39号)等文件精神，结合本市实际，制定本办法。

第二条 本办法所称政务信息资源，是指本市政务部门在履行职责过程中制作或获取的，以一定形式记录、保存的文件、资料、图表和数据等各类信息资源，包括政务部门直接或通过第三方依法采集的、依法授权管理的和因履行职责需要依托政务信息系统形成的信息资源等。

本办法所称政务部门，是指政府部门及法律法规授权具有行政职能的事业单位和社会组织。

本办法将信息共享单位划分为提供部门和使用部门。

第三条 本市政务信息资源管理工作适用本办法。涉及国家秘密的政务信息资源管理，按照国家和本市有关规定执行。

第四条 市信息化工作领导小组（简称领导小组）是本市政务信息资源管理工作的领导机构，对政务信息资源管理工作的重大问题进行决策。领导小组办公室负责统筹协调全市政务信息资源管理工作，建立健全政务信息资源管理相关机制，推动各项任务落实。

市经济信息化委具体负责本市政务信息资源管理工作，会同有关部门制定政务信息资源管理总体规划、实施方案和标准规范，统筹推进本市大数据管理平台等技术支撑体系的建设、运行、管理和维护工作，依据授权提供政务信息资源共享和开放服务。

政务部门负责组织开展本部门政务信息资源目录编制、采集、共享和开放等工作，开展基于信息共享的业务流程再造和优化，指导所属企事业单位开展政务信息资源管理工作。

第五条 政务信息资源遵循统筹管理、按需共享、鼓励开放、充分利用、安全可控的原则。

第二章 政务信息资源目录

第六条 政务信息资源实行目录管理。市经济信息化委负责制定本市政务信息资源目录编制指南和管理办法，组织市级政务部门、各区开展目录编制与管理工作。

市级政务信息资源目录分为基础信息资源目录、主题信息资源目录和部门信息资源目录。

第七条 市经济信息化委会同人口、法人、自然资源和地理空间、宏观经济、电子证照等基础信息资源库市级牵头部门，共同编制、发布和维护基础信息资源目录。

第八条 围绕经济社会发展的同一主题，如政务服务、社会保障、医疗健康、食品药品安全、生态环保、城市管理、社区治理、信用体系、公共安全、价格监管、安全生产等，由相关市级部门共建形成主题信息资源目录，并由该主题业务牵头部门负责编制和维护。

第九条 政务部门负责编制、维护和管理本部门信息资源目录，明确目录中信息资源的采集途径、更新时限、数据格式以及共享开放属性等；在有关法律法规做出修订或行政管理职能发生变化之日起15个工作日内更新本部门政务信息资源目录。

第十条 市经济信息化委汇总基础信息资源目录、主题信息资源目录和部门信息资源目录，形成市级政务信息资源目录；根据信息资源的共享开放属性，明确共享信息资源和开放信息资源，作为开展政务信息资源共享开放工作的依据。

第三章 政务信息资源采集

第十一条 政务部门应依法采集其履行职责相关的政务信息资源，做到“应采必采”。能够通过共享获取的信息资源，不得重复采集；

能够从市场获取的信息资源，应通过政府购买服务方式获取。统计信息资源采集应按照相关统计法律法规执行。

第十二条 政务信息资源应尽可能采用数字化方式采集、存储和管理，对未采用数字化方式采集的信息资源，要做好数字化处理。政务部门须确保采集信息资源的完整性、准确性、时效性和可用性。

第十三条 政务部门应按照有关规定和标准，对所采集的信息资源进行统一编码。自然人和法人信息分别以公民身份证号码和统一社会信用代码为唯一编码，持有其他有效证件的自然人和法人按照有关规定执行。

第四章 政务信息资源汇聚

第十四条 市级大数据管理平台由市经济信息化委统一建设、管理和维护，是管理政务信息资源目录、汇聚政务信息资源、支撑政务信息资源共享开放的关键信息基础设施。

市级政务部门不得新建跨部门、跨层级和跨领域的共享开放系统，原有系统应逐步并入市级大数据管理平台。

第十五条 基础信息资源目录、主题信息资源目录、部门信息资源目录中的信息资源应在市级大数据管理平台汇聚，确有特殊原因不能汇聚的，须经领导小组办公室同意。

第五章 政务信息资源共享

第十六条 政务信息资源共享应遵循“共享为常态，不共享为例外”的原则。政务信息资源按共享类型分为无条件共享、有条件共享和不予共享三种。

可提供给所有政务部门共享使用的政务信息资源属于无条件共享类。

可提供给相关政务部门共享使用或仅能够部分提供给所有政务部门共享使用的政务信息资源属于有条件共享类。

不宜提供给其他政务部门共享使用的政务信息资源属于不予共享类。凡列入不予共享类的政务信息资源，必须有法律法规或政策依据。

第十七条 市经济信息化委根据市级政务信息资源共享目录，依托市级大数据管理平台，提供政务信息资源共享服务，实现“一次汇聚，多次共享”。

使用部门有共享权限的，可通过市级大数据管理平台直接获取共享信息资源。

使用部门没有共享权限的，可与提供部门协商，提供部门应在10个工作日内予以答复；协商未果的，由领导小组办公室协调，经协调仍未达成一致的，报领导小组审议。

第十八条 按照“谁提供、谁维护，谁使用、谁负责”的原则，明确政务信息资源共享各方责任。

提供部门应及时维护和更新信息资源，保障信息资源的质量和时效，确保所提供信息资源与部门信息资源一致；使用部门共享获取的信息资源只能用于履行职责需要，不得以任何方式提供给第三方，也不得用于或变相用于其他目的。

第十九条 使用部门对共享获取的信息资源有疑义或发现错误的，应及时反馈提供部门予以校核，并抄送市经济信息化委；使用部门在做出重大决策或制发文件过程中引用共享获取的政务信息资源时，应获得提供部门同意，并注明信息来源和提供单位。

第六章 政务信息资源开放

第二十条 政务部门应明确专人负责，依据职能梳理本部门产生和管理的信息资源，编制并定期更新开放目录，制定年度政务信息资源开放计划，明确可开放信息资源的内容、时间、范围、形式和更新周期等。市经济信息化委汇总各区和市级政务部门信息资源开放计划并向社会公布。

市经济信息化委负责收集整理社会公众对政务信息资源开放的需求并告知相关政务部门，相关政务部门应在15个工作日内对开放需求进行响应，并将结果反馈至市经济信息化委。

第二十一条 市经济信息化委负责制定政务信息资源开放规范；政务部门要按照规范对开放的信息资源进行加工处理，制作使用说明，保证信息资源的准确性、原始性、一致性、连续性和可机读性。

市经济信息化委统一向社会公布各区、市级政务部门开放的信息资源使用说明，明确信息资源提供方免责条款和使用方责任。

第二十二条 行政审批、信用、交通、医疗、卫生、地理、文化、养老、教育、环保、旅游、农业、统计、气象等公共服务领域的政务信息资源应优先开放。

第二十三条 各区、市级政务部门须依托全市政务信息资源统一开放平台，集中向社会开放政务信息资源，通过原有渠道开放的政务信息资源须同步汇聚至开放平台。

第七章 政务信息系统整合

第二十四条 市审计部门会同市经济信息化委组织开展政务信息系统整合共享专项督查和信息系统审计，全面摸清市级政务部门政务信息系统情况，推动整合共享。

市级政务部门根据信息化建设实际情况，加强本部门顶层设计，推动部门内部信息系统整合共享。

第二十五条 市级政务部门原则上不再新建部门机房和购买服务器、存储器等硬件设备，除公安、安全等部门以及涉密和信息安全等级保护四级（含）以上的信息系统外，已建成的政务信息系统应逐步迁移至市级政务云。

第八章 政务信息资源安全

第二十六条 市经济信息化委会同市网络信息安全监管部门建立政务信息资源安全管理制度，组织开展风险评估和安全审查。

市经济信息化委要建立市级大数据管理平台统一身份认证、权限管理、数据加密等技术防护体系，增强其风险防范能力。

政务部门要建立健全信息安全制度，对政务信息资源实施分级分类管理，确保政务信息资源采集、共享和使用安全。

第二十七条 政务部门应建立应急响应和灾难恢复机制，制定工作预案，根据政务信息资源重要程度，采取相应策略。

第二十八条 政务部门要加强对公民个人信息的保护，处理好公民个人信息保护与共享开放的关系，防止个人信息被非法获取或泄露。

第九章 保障与监督机制

第二十九条 领导小组办公室负责对各区、市级政务部门政务信息资源管理工作情况进行考核评估，考核评估结果作为市政府绩效考评依据。

各区、市级政务部门应对本地区、本部门共享开放情况进行总结，每年11月底前报领导小组办公室；领导小组办公室负责编制本市政务信息资源共享开放工作年度报告，报领导小组。

第三十条 市经济信息化委会同市标准化工作主管部门负责完善政务信息资源采集、共享、开放、安全等方面的标准规范。

第三十一条 市发展改革委、市经济信息

化委、市财政局、市网信办等部门要完善本市政务信息化项目建设投资和运维经费保障机制，将市级政务部门政务信息资源管理评估结果作为政府信息化投资项目评审的重要依据。

市级政务部门在申报涉及政务信息资源的新建或升级改造项目时，应编制政务信息资源共享开放目录；项目投入使用后，应将相应政务信息资源汇聚至市级大数据管理平台，并及时更新目录。

第三十二条 政务部门应不断完善本部门、所属企事业单位及行业领域的政务信息资源管理制度，明确目标、责任和实施机构。政务部门主要负责人是本部门政务信息资源管理工作的第一责任人。

第三十三条 各区、市级政务部门有下列行为之一的，由领导小组办公室通知整改，未在规定时限内完成整改的，领导小组办公室要及时将有关情况报领导小组。

（一）未按规定编制或更新政务信息资源目录；

（二）不提供或拖延提供共享开放信息资源；

（三）所提供信息资源质量不符合有关规定要求，无法使用；

（四）违规使用、泄露共享信息或擅自扩大使用范围；

（五）其他违反本办法规定的行为。

第十章 附则

第三十四条 各区政府可结合实际，参照本办法，制定本区政务信息资源管理办法。

第三十五条 承担公共服务职能，与人民群众利益密切相关的学校、医院、供水、供电、供气、供热和交通等公共企事业单位的政务信息资源管理工作，由其行业主管部门负责指导，参照本办法执行。

第三十六条 本办法由市经济信息化委负责解释。

第三十七条 本办法自印发之日起施行。此前本市有关规定与本办法不一致的，以本办法为准。

北京市人民政府办公厅关于印发《2017年北京市政府网站信息内容建设专项考评工作方案》的通知

京政办发〔2017〕9号

各区人民政府，市政府各委、办、局，各市属机构：

《2017年北京市政府网站信息内容建设专项考评工作方案》已经市政府同意，现印发给你们，请认真组织落实。

北京市人民政府办公厅

2017年3月21日

2017年北京市政府网站信息内容建设专项考评工作方案

为深入贯彻落实党中央、国务院关于推进政务公开工作的部门和市委、市政府要求，切实做好政府网站信息内容建设专项考评工作，进一步提升科学性和规范性，特制定本方案。

一、总体要求

以促进政府依法全面履职、不断提升服务管理水平为目标，认真履行建好管好政府网站的重要职责，全面提升政府网站发布信息、解读政策、回应关切、引导舆论的能力和水平，努力将政府网站打造成及时、准确、有效的政府信息发布、互动交流和公共服务平台，为转变政府职能、提高管理和服务效能发挥积极作用，为建设国际一流的和谐宜居之都营造良好的舆论氛围。

二、考评范围

按照《国务院办公厅关于开展第一次全国政府网站普查的通知》（国办发〔2015〕15号，简称《通知》）要求，结合市政府绩效管理相关规定，纳入2017年全市政府网站信息内容建设专项考评范围的网站包括市政府各部门及所属参照公务员法管理的事业单位网站、各区政府网站、区政府各部门及所属参照公务员法管理的事业单位网站、各乡镇政府（街道办事处）网站（共计1061个，统计数据截至2017年3月1日）。

三、考评指标

2017年本市政府网站信息内容建设专项考评指标分为日常监管指标和年终考评指标。

（一）日常监管指标。参照《通知》中的全国政府网站普查评分表，日常监管指标包括单项否决、网站可用性、信息更新情况、互动回应情况、服务使用情况等5个一级指标和15个二级指标，主要考评政府网站在可用性、及时性、准确性和实用性等方面的情况。

（二）年终考评指标。按照市政府绩效办关于“政府网站内容建设考评细则”确定的检查标准，对纳入考评范围的政府网站信息内容建设情况开展综合考评。

四、工作安排

2017年政府网站信息内容建设专项考评工作采取“日常监管与年终考评相结合、自查自纠与普查复核相结合、自动监测与人工检测相结合”的方式。具体安排如下：

（一）通过日常监管与年终考评相结合的方式，引导各区政府、市政府各部门和各单位坚持问题导向，加强政府网站常态化监管，持续提升政府网站信息内容建设和服务水平。

1. 日常监管。2017年3月至9月，市政府信息和政务公开办公室委托组织第三方评估机构，依据日常监管指标要求，按季度对纳入考评范围的政府网站信息内容建设情况进行监测检查。日常监管成绩占政府网站信息内容建设专项考评的50%。

2. 年终考评。2017年10月至12月，市政府信息和政务公开办公室委托组织第三方评估机构，依据年终考评指标要求，对纳入考评范围的政府网站信息内容建设情况进行监测检查。年终考评成绩占政府网站信息内容建设专项考评的50%。

（二）通过自查自纠与普查复核相结合的

方式，督促各区政府、市政府各部门和各单位，加强对所属政府网站信息内容建设主责处室的监管力度，推进政府网站持续健康发展。

1. 自查自纠。各区政府、市政府各部门和各单位每季度采取随机抽查方式（抽查网站数量不低于所属政府网站总数的 30%），对政府网站信息内容建设情况进行自查，于每季度第二个月中旬前，将自查结果（包括自查总体情况、主要问题、整改情况和经验做法等内容）报送市政府信息和政务公开办公室，并主动向社会公开，自觉接受社会监督。

2. 普查复核。市政府信息和政务公开办公室对全市政府网站信息内容建设情况进行普查，并对各区政府、市政府各部门和各单位自查结果进行复核，复核结果纳入政府网站信息内容建设专项考评成绩。

（三）通过技术平台扫描与人工检测复核相结合的方式，对政府网站信息内容建设情况开展监测检查，提升考评工作的全面性、准确性。

1. 自动监测。市政府信息和政务公开办公室委托组织第三方评估机构，针对网站首页可用性、链接可用性、附件下载和在线系统等指标，对纳入考评范围的政府网站开展实时扫描监测。

2. 人工检测。市政府信息和政务公开办公室委托组织第三方评估机构，对自动监测结果进行人工复核，并对信息更新情况、互动回应情况等指标进行人工检测。

五、工作要求

（一）加强组织领导。各区政府、市政府各部门和各单位要高度重视，将政府网站信息内容建设作为服务人民群众、提高社会治理能力、提升政府公信力的重要手段，加强组织领导，加大日常指导和监管力度，提升所属政府网站信息内容建设规范化水平。

（二）制定工作方案。各区政府、市政府各部门和各单位要结合实际，研究制定本地区、本部门、本单位政府网站信息内容建设工作方案，明确目标任务、实施计划和保障措施，抓紧落实到位，确保取得实效。

（三）强化督查问责。各区政府、市政府各部门和各单位要将政府网站信息内容建设纳入本地区、本部门、本单位年度绩效管理考核内容，对不合格政府网站的责任单位和责任人要依规依纪严肃问责。

北京市人民政府办公厅关于印发《2017 年市政府重点任务信息公开工作方案》的通知

京政办发〔2017〕14 号

各有关单位：

《2017 年市政府重点任务信息公开工作方案》已经市政府同意，现印发给你们，请认真组织实施。

2017 年 3 月 27 日

2017年市政府重点任务信息公开工作方案

为贯彻落实《北京市人民政府关于印发2017年市政府工作报告重点工作分工方案的通知》(京政发〔2017〕1号)精神，做好2017年市政府重点任务信息公开工作，特制定本方案。

一、指导思想

坚持以习近平总书记视察北京重要讲话精神为根本遵循，深入贯彻落实党中央、国务院决策部署和市委、市政府工作要求，紧紧围绕2017年市政府重点任务，进一步加强信息公开，坚持重点任务与政策解读同步研究、同步部署、同步推进，强化主动发声，解读疑点难点，展示政府工作亮点，切实提升政府公信力和执行力，促进法治政府、创新政府、廉洁政府和服务型政府建设。

二、公开重点

（一）着力公开有序疏解非首都功能、全力推动京津冀协同发展的新进展。

1. 坚持疏存量、控增量方面。做好严格落实新编制的城市总体规划，关停退出500家以上一般制造业和污染企业，加大疏解批发市场力度，严格执行新增产业禁止和限制目录，严控城六区人口规模和开发强度，落实腾退空间管理和使用意见等方面的信息公开工作。

2. 推动三个重点领域率先取得突破方面。做好促进京津冀交通一体化，加强区域生态环境保护，产业对接协作，加快构建协同创新共同体，扎实推进新机场外围市政交通项目，启动实施临空经济区规划等方面的信息公开工作。

3. 高水平建设城市副中心方面。做好行政办公区和配套设施建设，完善副中心内部路网系统，推进优质教育医疗项目落地，基本消除通州区黑臭水体，实施海绵城市试点，深入挖掘历史文化资源，建设环球主题公园等方面的信息公开工作。

4. 推进冬奥会、冬残奥会和世园会筹办方面。做好赛事基础规划和赛事交付计划编制，建立可持续管理、无障碍服务等工作体系方面的信息公开工作。

5. 做好对口支援和区域合作方面。做好聚焦精准扶贫、精准脱贫，抓住改善民生、特色产业等重点领域，开展对口帮扶、对口支援和区域合作等方面的信息公开工作。

（二）着力公开大力推进供给侧结构性改革，促进首都经济提质增效升级的新举措。

1. 深入调整供给结构方面。做好“三去一降一补”，坚决退出低端无效供给，大力发展新兴消费，规划建设一批特色旅游村镇和旅游休闲度假项目，实施230项市级重点工程，落实促进民间投资27条具体措施等方面的信息公开工作。

2. 加快推进关键性改革方面。做好深入推进“放管服”改革，推进公共服务类建设项目投资审批改革试点，大力推进政府和社会资本合作，深化国企国资改革，促进民营经济发展等方面的信息公开工作。

3. 推动产业高端化发展方面。做好落实加快生产性服务业发展的实施意见，推动创建“中国制造2025”示范区，完善促进总部经济发展的政策措施等方面的信息公开工作。

4. 深入推进农村改革发展方面。做好深入推进国家新型城镇化综合试点，培育发展功能性特色小城镇，大力推进农业供给侧结构性改革，推进 300 个美丽乡村建设等方面的信息公开工作。

5. 提高开放型经济发展水平方面。做好深化服务业扩大开放综合试点，推动建设一批境外产能合作项目等方面的信息公开工作。

（三）着力公开下大气力治理“大城市病”，提升城市可持续发展水平的新突破。

1. 综合施策加强人口调控方面。做好实施“疏解整治促提升”专项行动，拆除违法建筑 4000 万平方米以上，完成地下空间三年综合整治任务，严厉打击开墙打洞、占道经营、无证无照经营等行为，完成 100 个市级挂账重点地区整治任务等方面的信息公开工作。

2. 加大力度治理大气污染方面。做好大力压减燃煤，抓好重型柴油车管控，实施低排区管控，淘汰老旧机动车 30 万辆，加大工业治污减排力度，严格控制扬尘污染，区域联防联控，加强环保警察队伍建设等方面的信息公开工作。

3. 实施新一轮缓堵专项行动计划方面。做好坚持公交优先战略，完成 600 公里自行车道和步道整治，加强交通设施建设，实施 100 项疏堵工程，推进智慧交通建设，加强路侧停车管理，促进巡游车、网约车融合发展等方面的信息公开工作。

4. 着力改善生态环境质量方面。做好实施新一轮污水处理设施建设三年行动计划，严格落实“河长制”，全面消除建成区黑臭水体；建成运行 6 项垃圾处理设施，推进生活垃圾源头减量和分类回收利用等方面的信息公开工作。

5. 加强城市精细化管理方面。做好积极建设智慧城市，推进陕京四线等天然气工程建设，建立完善热电气常态化联调联供机制，改善中心城区市容市貌，持续推进城区架空线入地，抓好地下综合管廊建设等方面的信息公开工作。

（四）着力公开深入实施创新驱动发展战略，加强全国科技创新中心建设的新经验。

1. 建设“三大科学城”方面。做好全力服务保障国家实验室在京布局，超前布局脑科学、人工智能、生物技术、石墨烯和第三代半导体等基础前沿研究，打造世界知名科学中心；进一步拓展和优化中关村科学城发展空间，全面落实怀柔科学城发展规划，实施未来科学城行动计划等方面的信息公开工作。

2. 深化科技体制机制改革方面。做好发挥中关村改革试验田作用，在推动技术与资本结合等方面探索新的改革举措，全面落实科研项目和经费管理 28 条政策措施；推进中关村人才管理改革试验区建设，引进、支持全球顶尖科学家及创新团队；加快国家科技金融创新中心建设，深入推进中关村“双创”综合改革试点和海淀区国家“双创”示范基地建设，推进中关村国家知识产权服务业集聚发展示范区建设等方面的信息公开工作。

（五）着力公开坚持社会主义先进文化前进方向，加强全国文化中心建设的新措施。

1. 培育和践行社会主义核心价值观方面。做好拓展百姓宣讲、中国梦 365 个故事等宣传品牌影响力，开展“2017 北京榜样”大型主题活动，统筹推进文明城区、文明村镇、文明单位、文明家庭和文明校园创建工作等方面的信息公开工作。

2. 完善公共文化服务方面。做好推动首都公共文化服务示范区创建，提高基层公共文化设施水平，举办 2 万场次首都市民系列文化活动；深化市属国有文化企业改革，促进文化创意和设计服务与相关产业融合发展等方面的信息公开工作。

3. 保护好历史文化名城“金名片”方面。做好加强旧城整体保护，推进文保区腾退疏解和有机更新；传承弘扬优秀民族文化和民俗文化，支持老字号品牌传承发展，统筹推进长城、运河、西山文化带建设，保护名镇、名村和传统村落等方面的信息公开工作。

（六）着力公开以人民为中心，切实保障和改善民生的新成就。

1. 扎实办好重要民生实事方面。做好实施提高生活性服务业品质行动计划，实现城镇新增就业36万人，实施精准救助，完善社会化养老服务体系，深入推进医养结合；促进房地产市场平稳健康发展，建设筹集保障房和实施棚户区改造，继续推进老旧小区综合整治等方面的信息公开工作。

2. 发展更高质量更加公平的教育方面。做好持续推进素质教育，深化学区制改革，扩大优质教育资源覆盖面，大力发展学前教育，深化高等学校高水平人才交叉培养等方面的信息公开工作。

3. 深入推进健康北京建设方面。做好协调推进医疗、医保、医药联动改革，推进分级诊疗，提高基层医疗服务能力，优化妇幼保健和计划生育服务等方面的信息公开工作。

4. 确保首都和谐稳定方面。做好加强和创新社会治理，狠抓安全生产责任制落实，推进国家食品安全城市创建工作；抓好重点区域的环境整治和景观提升，做好重大活动服务保障工作等方面的信息公开工作。

三、工作安排

（一）突出公开重点，细化工作方案。围绕市政府重要决策部署、重大改革举措、重点工作，市政府信息和政务公开办公室负责制定全年市政府重点任务信息公开目录（附后）。各部门、各单位要结合工作实际，围绕公开目录中的相关主题，研究制定具体实施方案，并及时将工作进展报市政府信息和政务公开办公室（邮箱：gksc@bjgov.gov.cn）。

（二）主动发布权威信息，回应社会关切。各部门、各单位要根据工作进展，主动协商宣传部门适时采取新闻发布会等形式，主动公开相关情况。要高度重视公共政策出台前后的舆论引导工作，立足“早预判、早评估、早准备、早应对”，加强舆情监测和研判，对事关群众切身利益的热点难点问题，主动发布权威信息，及时回应关切，做好解疑释惑。

（三）加大政策解读力度，强化正面声音。在市政府重要决策部署和重大改革举措出台前后，市政府信息和政务公开办公室联合相关部门，组织邀请相关领域专家学者、专业人士对相关政策内容进行深入解读，增强科学性、权威性，多角度、全方位强化政府正面声音。各部门、各单位的主要负责人是“第一解读人和责任人”要在政策研究制定过程中同步研究政策解读方案，充分利用新闻发布、接受访谈、发表文章等形式，带头解读政策，传递权威信息。

（四）善于运用新媒体，加强政民互动。各部门、各单位要适应分众化、差异化传播趋势，善于运用政府网站、政务微博微信和移动客户端等新媒体平台，以及商业网站和都市类、专业类媒体，根据受众特点和需求，创新公开方法手段，切实增强传播效果；要加强政民互动，积极利用政府网站、新媒体等渠道广泛开展民意征集、留言办理等工作。

（五）服务媒体报道，主动提供线索。各部门、各单位要充分发挥主流媒体“定向定调”作用，主动为中央及市属主要媒体提供服务，抓住媒体和公众关注的热点，多挖掘鲜活素材，多提供生动事例和典型案例，使媒体对政府工作和政策的信息公开贴近群众，富有吸引力，真正让公众看得到、听得懂、能理解、愿支持。

（六）打造统一平台，实施工作考核。“首

都之窗”开设“市政府年度重点任务信息公开”专栏。各部门、各单位要根据工作方案和信息公开目录安排，将信息公开稿件（包括新闻通稿、文件说明、政策问答、权威解读、图表图解等）按要求发至“首都之窗”运行管理中心（邮箱：jiedu@bjeit.gov.cn），以便及时、统一、集中呈现。市政府办公厅综合参考“首都之窗”“市政府年度重点任务信息公开”专栏和各部门、各单位的工作开展情况，进行绩效考评，并将结果纳入年终考核。

四、工作要求

（一）高度重视，精心策划。各部门、各单位要充分认识信息公开工作的重要性，按照围绕中心、服务大局，团结人民、鼓舞士气，成风化人、凝心聚力，澄清谬误、明辨是非的要求，根据各自分工，制定详细的落实措施，明确公开主题，丰富公开形式，精心策划，狠抓落实，切实发挥信息公开工作动员社会参与、促进工作开展的积极作用。

（二）周密组织，密切配合。各部门、各单位要把握公开重点，细化责任分工。公开工作涉及多个部门和单位的，由主责单位协调组织相关单位，共同研究信息公开和舆论引导工作；相关单位要积极配合，主动沟通，统一步调，共同发声。

（三）坚持创新，及时应对。各部门、各单位要充分发挥自身优势和主观能动性，深入研究问题，不断创新公开手段，密切关注社会舆情动向，加强舆情信息收集、汇总和反馈。根据工作实际，制定相应的公开应急工作预案，遇有突发事件及时启动，及时做出回应。

附件

2017年市政府重点任务信息公开目录

序号	主要内容	主责单位
一、有序疏解非首都功能，全力推动京津冀协同发展		
1	严格落实新编制的城市总体规划，严格管控生态红线和城市开发边界	市规划国土委
2	修订并落实污染行业淘汰退出目录，关停退出500家以上一般制造业和污染企业	市经济信息化委
3	全面清理整治镇村产业小区和工业大院，清理整治2570家“散乱污”企业	市经济信息化委
4	加大疏解批发市场力度，完成动物园地区、大红门地区等批发市场的撤并升级和外迁，基本完成官园、万通、雅宝路地区等批发市场的调整疏解和升级改造	市商务委
5	加快部分市属高校、医院疏解步伐，全面推进既定项目的落实，抓好中国人民大学、北京电影学院等高校新校区建设，加快建设友谊医院顺义院区，实现天坛医院新院试运行	市教委 市卫生计生委
6	严格执行新增产业禁止和限制目录，严控城六区人口规模和开发强度	市发展改革委
7	落实腾退空间管理和使用意见，建立新增建设用地与疏解腾退土地挂钩机制	市规划国土委
8	积极推动京津冀地区城际铁路网和首都地区环线高速规划建设，实现京秦高速全线竣工，抓好轨道交通平谷线建设，促进京津冀交通一体化	市交通委
9	加强区域生态环境保护，持续推进京津风沙源治理工程，完成10万亩京冀生态水源保护林、4万亩京津保造林绿化任务	市园林绿化局
10	强化区域水污染防治协作，推动永定河、潮白河、北运河等跨省市河流环境整治和生态修复	市水务局
11	做好产业对接协作，引导产业项目向曹妃甸示范区等地转移集聚，推动天津滨海—中关村科技园打造特色鲜明的创新服务平台，支持张承生态功能区绿色产业发展	市发展改革委

（续表）

序号	主要内容	主责单位
12	扎实推进新机场外围市政交通项目，启动实施临空经济区规划	市交通委
13	坚持城市副中心的功能定位，以新的理念编制各项规划设计，严格规划执行	市规划国土委
14	城市副中心行政办公区建设情况	市行政办公区工程建设办
15	完善副中心内部路网系统，建设广渠路东延段并开展沿线环境整治	市交通委
16	建设环球主题公园	市发展改革委 市旅游委
17	基本消除通州黑臭水体，实现副中心现有建成区污水全收集全处理	市水务局
18	实施海绵城市试点，大力推进森林湿地和公园绿地建设	市水务局
19	深入挖掘以运河为核心的城市副中心历史文化资源，塑造鲜明的城市特色	市文化局 市水务局
20	新建竞赛场馆和相关基础设施全面开工，建设国家速滑场馆	市重大项目办 冬奥组委有关部门
21	推动冰雪运动进校园、进社区，普及冰雪运动和冬奥知识	市体育局 市教委 冬奥组委有关部门
22	全面开工建设世园会园区展馆、世园村基础设施，基本完成公共景观建设，开工建设部分展园，推进国际国内招展工作	世园局
23	启动2020年世界休闲大会筹备工作	市旅游委
24	聚焦精准扶贫、精准脱贫，开展对河北省16个区县的对口帮扶，认真做好援藏、援疆、援青等对口支援工作，完成京蒙对口帮扶、京沈对口合作及南水北调对口协作年度任务	市支援合作办
二、大力推进供给侧结构性改革，促进首都经济提质增效升级		
25	支持首钢集团化解外埠产能，退出处理危险废物以外的全部水泥产能	市国资委
26	开展亏损企业专项治理，支持分类处理50户以上的“僵尸企业”	市国资委
27	实施消费品标准升级和质量提升规划	市质监局
28	规划建设一批特色旅游村镇和旅游休闲度假项目，推进昌平、延庆、平谷、怀柔、门头沟全域旅游示范区创建工作	市旅游委
29	聚焦重点促投资，在京津冀协同发展、“高精尖”产业、生态环境、基础设施、民生改善等领域，实施230项市级重点工程	市发展改革委
30	落实促进民间投资27条具体措施，推动重点项目落地	市发展改革委 市投资促进局
31	深入推进“放管服”改革，继续取消下放行政审批事项，清理审批中介服务和基层各类证明，推进公共服务类建设项目投资审批改革试点	市编办
32	所有投资项目实行一站式审批	市发展改革委
33	开展全程电子化登记和市场主体简易注销登记试点	市工商局
34	加强信用管理和诚信体系建设	市经济信息化委 市工商局
35	探索建立跨部门、跨领域“双随机、一公开”监管机制	市工商局 市编办
36	大力推进政府和社会资本合作，重点抓好11个国家级示范项目	市财政局
37	积极防范化解金融风险	市金融局 市公安局
38	深化国企国资改革，研究推出职业经理人、员工持股等改革试点	市国资委

（续表）

序号	主要内容	主责单位
39	以混合所有制改革为突破口，加大企业调整重组力度	市国资委
40	推动创建“中国制造 2025”示范区，加快产业创新中心建设，高水平筹办 2017 世界机器人大会	市经济信息化委
41	完善促进总部经济发展的政策措施，优化提升总部经济	市商务委
42	在全市开展农村集体经营性建设用地乡镇统筹利用试点，基本完成承包经营权登记颁证，推进土地征收制度改革	市规划国土委 市农委 市发展改革委
43	深入推进国家新型城镇化综合试点工作，培育发展功能性特色小城镇	市发展改革委 市农委
44	高质量完成第三次全国农业普查任务	市统计局
45	大力推进农业供给侧结构性改革，继续调减退出高耗水种养农业，着力发展现代种业、休闲农业、乡村旅游等都市型现代农业，增加绿色优质农产品和生态产品供给	市农委
46	推进 300 个美丽乡村建设，实施 6 万户农民住宅抗震节能改造，全面完成第三轮山区搬迁计划	市农委
47	聚焦低收入农户增收，大力推进“六个一批”精准帮扶，努力改善低收入群众生活	市农委
48	深化服务业扩大开放综合试点，完成国家已批复的试点任务，抓紧推出试点深化方案和新一轮开放措施，促进服务业转型升级和服务贸易发展	市商务委
三、下大力气治理“大城市病”，提升城市可持续发展水平		
49	实施“疏解整治促提升”专项行动，把疏解非首都功能、城市综合治理专项行动与人口调控紧密挂钩，形成支撑，确保取得明显成效	市发展改革委
50	坚决遏制新增违法建设，拆除违法建筑 4000 万平方米以上	市规划国土委
51	集中开展直管公房违规转租转借和商改住清理整治，持续整治群租房和出租大院，完成地下空间三年综合整治任务	市住房城乡建设委
52	严厉打击开墙打洞、占道经营、无证无照经营等行为	市城管执法局
53	推进城乡接合部地区综合整治，完成 100 个市级挂账重点地区整治任务	首都综治办 市农委 市城乡办
54	落实户籍制度改革措施，完善积分落户标准和政策，做好人口服务管理	市公安局 市发展改革委
55	完成 700 个村煤改清洁能源，实现城六区和南部平原地区基本“无煤化”，实施 4000 蒸吨燃煤锅炉清洁能源改造，工业企业燃煤设施“清零”，全面淘汰 10 蒸吨及以下燃煤锅炉，全年压减燃煤 30%	市环保局
56	抓好重型柴油车管控，推动实施六环路重型柴油车限行，公交、环卫等行业新增重型柴油车全部安装颗粒捕集器	市交通委 市环保局
57	在城六区、北京经济技术开发区、通州区划定区域实施低排区管控，不符合国 III 标准的非道路移动机械一律禁止使用	市环保局
58	供应第六阶段成品油，淘汰老旧机动车 30 万辆，两年以上出租车全部更换三元催化器	市环保局
59	进一步推广新能源汽车，新建 3000 个公用充电桩	市科委
60	加大工业治污减排力度，完成 1 万蒸吨燃气锅炉低氮改造，加快实施燕化低氮改造、挥发性有机物泄漏检测修复等治理工程	市环保局
61	严格控制扬尘污染，全面落实施工单位责任，开展渣土车专项整治	市住房城乡建设委 市环保局
62	严格执行排放标准，增加环保执法编制，加强环保警察队伍建设，强化环境监管执法，严厉惩处偷排超排行为	市编办 市环保局

（续表）

序号	主要内容	主责单位
63	严格落实新修订的空气重污染应急预案，加强区域大气污染联防联控，完善预警会商和应急联动机制，动员全社会共同参与，切实做好空气重污染应对	市环保局
64	坚持公交优先战略，强化公交服务，新开和优化调整40条公交线路，完成600公里自行车道和步道整治，中心城区绿色出行比例提高到72%	市交通委
65	加强交通设施建设，开工建设2条轨道交通新线，年内增加运营里程30公里	市重大项目办
66	推进兴延、延崇等高速公路建设，抓紧建设西外大街西延、姚家园路、丽泽路等城市快速路	市交通委
67	实施100项疏堵工程，推进城六区次支路建设，畅通道路微循环。开工建设北苑北、苹果园等综合交通枢纽	市交通委
68	推进智慧交通建设，集中开展交通秩序整治行动，遏制因乱致堵	市交通委
69	增加居住区停车设施，加强路侧停车管理，在城六区建设12处停车管理示范区	市交通委
70	深化出租车行业改革，促进巡游车、网约车融合发展	市交通委
71	建立生态文明建设目标评价和考核体系	市发展改革委
72	实施新一轮污水处理设施建设三年行动计划，突出抓好污水管线和农村分散处理设施建设，城六区建成区基本完成污水收集管网铺设	市水务局
73	严格落实“河长制”，实施水环境区域补偿机制，改善国家和市级监测断面水质	市水务局
74	建设生态清洁小流域29条，完成57条段黑臭水体治理任务，全面消除建成区黑臭水体	市水务局
75	建成运行6项垃圾处理设施，推进生活垃圾源头减量和分类回收利用，生活垃圾资源化率达到57%	市城市管理委
76	深入开展农业面源污染治理，全面禁止秸秆焚烧，完成100家规模化养殖场污染治理	市农委
77	推进延庆、密云、怀柔、平谷生态文明先行示范区建设，提高门头沟生态发展水平	市发展改革委
78	新城造林16万亩、城市绿地600公顷，建设14处城市休闲公园和郊野公园，恢复和增加湿地2200公顷	市园林绿化局
79	全面推进城市管理、社会服务、社会治安、城管综合执法等多网融合，推广“北京通”，实施一批智慧惠民工程，积极建设智慧城市	市城市管理委 市经济信息化委 市社会办
80	持续推进城区架空线入地，抓好地下综合管廊建设	市城市管理委
81	全面建设节水型社会，制定出台推进海绵城市建设的实施意见，大力推进城六区自备井置换，完成汛后水毁修复工程	市水务局
82	继续做好南水北调工程运行管理，加快建设大兴支线等配套工程，编制完成并抓紧实施后续规划	市南水北调办
83	推进陕京四线等天然气工程建设，建立完善热电气常态化联调联供机制，确保城市运行平稳有序	市城市管理委 市重大项目办
四、深入实施创新驱动发展战略，加强全国科技创新中心建设		
84	进一步拓展和优化中关村科学城发展空间，积极承接国家实验室、“两机”专项等重大项目，在前沿科学技术创新、成果转化、双创平台建设和环境服务提升等方面实施一批项目	中关村管委会
85	全面落实怀柔科学城发展规划，推进综合性国家科学中心建设，开工建设地球系统数值模拟等2个国家重大科技基础设施和材料基因组研究等一批前沿交叉研究平台，推进高能同步辐射光源等3个国家重大科技基础设施立项前期工作	市发展改革委 市科委
86	实施未来科技城行动计划，持续引进“千人计划”等高端创新创业人才，建设高水平企业研发中心，实施10项关键技术攻关，加快20项重大科技成果转移转化，提升科技城发展活力	市科委

（续表）

序号	主要内容	主责单位
87	发挥中关村改革试验田作用，在激发科技人员积极性、推动技术与资本结合等方面探索新的改革举措	中关村管委会
88	建立重大项目统筹落地机制，促进一区多园高端化、差异化发展	中关村管委会
89	全面落实科研项目和经费管理28条政策措施，赋予科研单位和人员更多自主权，推动中央在京科研单位适用北京的创新激励政策	市科委 市财政局
90	深入推进中关村“双创”综合改革试点和海淀区国家“双创”示范基地建设，依托高校院所、企业建立专业化“双创”平台，引导众创空间、创新型孵化器高端化发展	中关村管委会
91	加强知识产权运用、保护和标准化工作，推进中关村国家知识产权服务业集聚发展示范区建设，提升北京品牌的影响力	市知识产权局
92	培育新能源汽车等重点行业联盟，为区域内企业提供技术支持和科技服务	市科委
五、坚持社会主义先进文化前进方向，加强全国文化中心建设		
93	拓展百姓宣讲、中国梦365个故事等宣传品牌影响力，用中国梦和社会主义核心价值观凝聚共识，坚定文化自信	首都精神文明办
94	开展“2017北京榜样”大型主题活动，评选表彰第六届首都道德模范，做好先进典型、时代楷模、最美人物和身边好人的选树宣传	首都精神文明办
95	统筹推进文明城区、文明村镇、文明单位、文明家庭和文明校园创建工作，进一步提升市民素质和城市文明程度	首都精神文明办
96	推动首都公共文化服务示范区创建，提高文化综合服务效能	市文化局
97	加强乡镇、街道综合文化中心建设，推进数字化图书馆、公共电子阅览室建设，提高基层公共文化设施水平	市文化局
98	健全公共图书、文化活动、公益演出三大配送体系，把更多公共文化产品送到基层，倡导全民阅读。创新百姓周末大舞台等演出形式和内容，举办2万场次首都市民系列文化活动	市文化局
99	深化市属国有文化企业改革，完善国有文化企业分类监管	市文资办
100	推动文化创意产业功能区转型升级，抓好国家文化产业创新实验区等一批重大项目建设，促进文化创意和设计服务与相关产业融合发展，办好北京国际设计周	市文资办
101	做好中轴线申遗前期准备工作，推动恢复“一轴一线”魅力景观	市文物局
102	加强旧城整体保护，推进文保区腾退疏解和有机更新，保护南锣鼓巷等历史文化街区特色，延续古都历史文脉	市文物局
103	传承弘扬优秀民族文化和民俗文化，扶持非物质文化遗产代表性项目和传承人，支持老字号品牌传承发展	市文化局
104	统筹推进长城、运河、西山文化带建设，加强历史文化景区整体保护和环境整治	市文物局
105	积极保护名镇名村和传统村落	市农委 市文物局
六、以人民为中心，切实保障和改善民生		
106	实施提高生活性服务业品质行动计划，建设提升1000个便民商业网点，推动规范化、连锁化、品牌化发展	市商务委
107	加强高校毕业生、就业困难群体和农村转移劳动力就业帮扶，做好相关企业职工分流安置，实现城镇新增就业36万人	市人力社保局
108	统一城乡居民医保制度，全面实现持卡就医即时结算	市人力社保局
109	实施精准救助，加大“救急难”力度，保障困难群众基本生活，积极做好困境儿童和留守儿童保障工作	市民政局
110	深化残疾人社会保障和公共服务体系建设，加强残疾人融合教育，推进残疾人小康进程	市民政局 市残联

（续表）

序号	主要内容	主责单位
111	完善社会化养老服务体系，大力发展居家养老，建设200家社区养老服务驿站，发展农村互助养老和志愿服务，深入推进医养结合	市民政局
112	探索建立符合国情、适应市场规律的基础性制度和长效机制，促进房地产市场平稳健康发展	市住房城乡建设委
113	加大中低价位、中小套型普通商品住房供应比例，保障房建设筹集5万套、竣工6万套，棚户区改造3.6万户	市住房城乡建设委 市重大项目办
114	完成1.5万套自住型商品住房供地	市规划国土委
115	培育和规范发展住房租赁市场，加快发展装配式建筑	市住房城乡建设委
116	以城六区为重点，继续推进老旧小区整治，切实改善群众居住条件	市住房城乡建设委
117	扩大优质教育资源覆盖面、促进教育优质均衡发展	市教委
118	大力发展学前教育，新建、改扩建一批公办幼儿园，扶持发展普惠性民办幼儿园	市教委
119	继续实施中招市级统筹各项举措，推动优质高中名额分配向一般初中校倾斜，开展中高职与本科教育贯通培养改革试点，深化高等学校高水平人才交叉培养	市教委
120	制定实施健康北京2030规划纲要，促进卫生与健康事业改革发展	市卫生计生委
121	协调推进医疗、医保、医药联动改革，全面实施医药分开，调整医疗服务价格，推进复合型医保支付方式改革，大力推行药品阳光采购	市发展改革委 市卫生计生委
122	完善基层医疗绩效考核制度，推广家庭医生签约服务，提高基层医疗服务能力	市卫生计生委
123	落实院前医疗急救服务条例，加强重点传染病和慢性病防控	市卫生计生委
124	优化妇幼保健和计划生育服务，增加助产服务资源，提高儿科救治能力	市卫生计生委
125	认真执行新修订的北京市全民健身条例，新建专项活动场地509片，开展丰富多彩的全民健身活动	市体育局
126	大力开展群众性赛事活动，提高竞技体育发展水平	市体育局
127	开展全民国家安全教育，牢固树立总体国家安全观，切实做好维护安全稳定、促进社会和谐各项工作	市公安局
128	加强和创新社会治理，深化社会组织管理制度改革，健全枢纽型社会组织工作体系，培育发展社区社会组织	市社会办 市民政局
129	深化街道社区管理体制改革，推进社区减负增效、社区协商，建设100个一刻钟社区服务圈	市社会办 市商务委
130	支持国防和军队建设改革，抓好全民国防教育，加强双拥共建，推动军民深度融合发展，巩固发展军政军民团结	市民政局 市政务服务办 市经济信息化委
131	认真贯彻民族工作方针政策，推进民族团结进步事业发展，依法管理宗教事务，构建积极健康的宗教关系	市民委
132	制定安全生产领域改革发展实施方案，狠抓安全生产责任制落实，启动全市安全生产重大风险源普查，开展危险化学品正面清单编制工作和集中管理体系建设，完善隐患排查治理和安全预防控制体系	市安全监管局
133	大力推进消防基础设施建设，提升消防综合应急救援能力	市公安局
134	推进国家食品安全城市创建工作，强化食品药品全过程监管，让群众饮食用药安全放心	市食品药品监管局
135	围绕中共十九大、“一带一路”国际合作高峰论坛安保，深入开展公民反恐防恐知识宣传	市公安局
136	完善立体化、信息化社会治安防控体系，依法治理网络空间，防范打击电信网络诈骗犯罪，深化公安执法规范化建设，严厉打击违法犯罪行为，增强人民群众的安全感	市公安局

北京市人民政府办公厅关于印发《北京市 2017 年政务公开工作要点》的通知

京政办发〔2017〕21 号

各区人民政府，市政府各委、办、局，各市属机构：

《北京市 2017 年政务公开工作要点》已经市政府同意，现印发给你们，请结合实际认真贯彻落实。

北京市人民政府办公厅

2017 年 4 月 16 日

北京市 2017 年政务公开工作要点

2017 年全市政务公开工作的总体要求是：以习近平总书记视察北京重要讲话精神为根本遵循，牢固树立和贯彻落实新发展理念，牢牢把握首都城市战略定位，按照中共中央办公厅国务院办公厅《关于全面推进政务公开工作的意见》及其实施细则、国务院办公厅《2017 年政务公开工作要点》和中共北京市委办公厅北京市人民政府办公厅《关于全面推进政务公开工作的实施意见》要求，全面推进决策、执行、管理、服务、结果公开（以下统称“五公开”）加强政策解读，回应社会关切，扩大公众参与，充分发挥公开促落实、促规范、促服务的作用，进一步提升政府的执行力和公信力。

一、以政务公开助力稳增长、防风险

（一）加强预期引导。做好产业、财政、就业等对市场预期有重大影响政策的发布解读工作，及时准确传递政策意图，有力引导预期。按月度公开财政收支情况，解读财政收支增减变化及原因，主动回应可能引发社会关注的热点问题。及时发布全市经济社会发展重要指标数据，并对经济形势进行解读。每季度组织召开经济运行情况新闻发布会，发布经济发展质量、效益、结构变化以及供给侧结构性改革进展等情况，引导社会各界正确认识经济形势。在政府债券发行前和存续期内，披露本市经济运行、财政收支、政府债务、信用评级等信息。（市发展改革委、市财政局、市人力社保局、市统计局分别负责落实）

（二）推进减税、降费、降低要素成本信息公开。通过政府网站、新媒体、自助终端等渠道，加大对减税降费政策措施的公开力度。深入解读税收相关政策措施和操作办法，密切关注企业对政策调整的反映，及时回应关切。持续推进行政事业性收费和政府性基金目录清单管理工作。及时公开清理规范涉企收费、降低物流成本和降低企业用电、用地等要素成本的政策措施以及执行情况。发布年度社会保障事业发展情况报告，定期公布阶段性降低社会保险费率的执行情况和实际效果，以及参加社会保险情况和社会保险基金运行情况。（市财政局、市人力社保局、市规划国土委、市地税局

分别负责落实）

（三）推进重大建设项目和公共资源配置信息公开。做好生态环境、轨道交通等重大建设项目审批、核准等结果公开。及时发布重点建设项目目录，做好招标公告、开标信息、中标公示、合同备案、施工许可、竣工验收备案、行政处罚结果等事项公开。及时公开重大建设项目稽查计划、专项稽查工作进展情况。及时发布重大项目建设重要节点信息。推进全市公共资源配置平台建设，制定发布公共资源交易监督管理办法和公共资源交易目录，实现交易公告、资格审查信息、交易过程信息、成交信息在平台上统一发布，推进公共资源配置全流程透明化。（市发展改革委、市住房城乡建设委、市重大项目办、市政务服务办分别负责落实）

（四）推进政府和社会资本合作（PPP）项目以及政府采购信息公开。通过PPP综合信息平台，全面公开PPP相关法律法规、政策文件、项目审批、项目进展、专家库等信息，及时公开项目识别、准备、采购、执行、移交阶段的信息，加大对社会资本参与方式、项目合同和回报机制等内容的公开力度。（市发展改革委、市财政局负责落实）在指定的政府采购信息发布平台上，及时公布政府采购项目采购文件、中标成交公告、采购合同、投诉处理结果等信息。（市财政局牵头落实）

（五）推进财政预决算和审计信息公开。进一步扩大财政预决算公开范围，细化公开内容。除涉及国家秘密的信息外，使用财政资金的市级预算单位要按规定做好部门预决算公开工作。各级政府及其部门要公开收支总体情况、财政拨款收支情况、机关运行经费安排和政府采购情况等。公开2017年政府债务限额、2016年末政府债务余额预计执行数等。（市财政局牵头，各区政府、市政府相关部门负责落实）做好部门预算执行和其他财政收支单项审计结果公开，推进市区审计部门专项资金单项审计结果公开，继续做好年度预算执行和其他财政收支审计查出问题和整改情况公开。（市审计局负责落实）

（六）围绕防范金融风险推进公开。做好金融政策对外发布、解读和舆论引导工作，密切关注政府债务、银行信贷、企业投资负债、金融市场运行、互联网金融等方面的舆情，及时予以回应。加强本市交易场所、融资性担保公司、小额贷款公司审批监管，及时向社会发布风险提示，依法依规发布违规案件查处情况。将存在经营异常情形的投融资类市场主体列入经营异常名录并对社会公开。（市金融局、市国资委、市工商局分别负责落实）

（七）围绕促进房地产市场平稳健康发展推进公开。建立房地产市场信息定期发布机制，继续做好预售、现售项目信息公示。做好房地产政策措施的宣传解读工作，正确引导舆论，稳定社会预期。按季度公开房地产中介机构“双随机”检查及监管执法情况。及时公开保障性住房年度建设计划及完成情况，以及保障性住房分配对象、房源、程序、过程、结果及退出等信息。（市住房城乡建设委牵头，各区政府负责落实）公开年度农村危房改造对象家庭户数、任务分解、补助对象范围与标准、建设标准、工作流程等信息。（市住房城乡建设委负责落实）加大棚户区改造及配套基础设施建设审批、实施、进展情况公开力度。（市重大项目办、市住房城乡建设委负责落实）及时发布土地供应计划、出让公告、成交公示和供应结果信息，按季度公布房地产用地供应数据、城市地价动态监测数据等。加快建设征地信息公开平台，统一发布征地信息。（市规划国土委负责落实）

二、以政务公开助力促改革、强管理

（一）推进简政放权各类清单公开。做好政府部门权力清单清理规范工作，制定公布2017年政府部门权力清单，并通过在政府网站集中发布、开设反馈意见信箱、增加在线提交意见建议功能等方式，让公众了解放权情况、监督放权进程、评价放权效果。继续清理规范行政审批中介服务，编制公布本市保留中介服务事项清单。推进政府核准企业投资项目目录、国家职业资格目录清单、政府定价（或指导价）的涉企经营服务收费目录清单、工商登记前置审批事项目录和企业设立后的经营许可清单等公开。（市编办、市发展改革委、市人力社保局、市工商局分别负责落实）各级政府及其部门要做好政策性文件的清理工作，及时向社会公布废止、失效等情况。（各区政府、市政府各部门负责落实）

（二）推进政务服务事项公开。制定深入推进“互联网 + 政务服务”的实施方案。完成政务服务事项目录编制，并通过政府网站集中全面公开。推进网上政务服务平台建设，整合政务服务资源，优先推动企业注册登记、项目投资、创业创新以及与群众生活密切相关的服务事项网上办理。（市经济信息化委、市政务服务办负责落实）

（三）推进企业信用信息公开。通过“北京市企业信用信息网”“信用北京网”向社会公众提供市场主体信用信息查询服务，优化查询体验，提升服务质量。修订“北京市企业信用信息网”归集信息目录，对行政许可、行政处罚等信息进行归集汇总并公示。及时公开市场主体年报、经营异常名录和严重违法失信企业名单信息。加大企业信用信息共享和公示力度，建立健全企业信用联合奖惩机制。（市工商局、市经济信息化委负责落实）

（四）推进社会组织信息公开。及时公开社会组织成立、变更、注销等行政许可信息，按年度公开社会组织评估等级结果信息。通过“北京市社会组织公共服务平台”，实时公开社会组织年检结果信息、社会组织基本信息。及时公开慈善组织认定信息和获得慈善组织公开募捐资格信息。（市民政局牵头，各区政府负责落实）

（五）推进农业供给侧结构性改革信息公开。通过编印操作手册、组织专题培训、驻村干部讲解等方式，加大农村土地“三权分置”、农民创业辅导、定向减税和普遍性降费、农业补贴、农业劳动力转移就业、财政贴息、融资担保等惠农政策措施公开和解读力度。推进农村土地承包经营权确权登记颁证、集体资产清产核资、农业“三项补贴”改革等工作进展情况的公开。（市规划国土委、市农委、市农业局分别负责落实）

（六）推进国资国企信息公开。做好国有产权交易、增资扩股项目的信息披露和结果公示工作，推动产权交易机构与公共资源交易平台实现信息共享。依法依规公开市属国有企业生产经营、业绩考核总体情况，国有资产保值增值情况，企业改革重组情况，企业领导人员职务变动、企业负责人年度薪酬情况。督促市属国有企业公开履行社会责任重点工作情况，稳妥有序启动市属国有企业信息公开试点工作。（市国资委负责落实）

（七）推进监管和执法信息公开。围绕年内实现“双随机、一公开”全覆盖的目标，各级政府要汇总形成并统一公布本级随机抽查事项清单，明确抽查依据、主体、内容、方式等，通过企业信用信息公示系统及其他平台及时公开抽查结果和查处情况。（市编办、市政府法制办牵头，各区政府、市政府相关部门负责落实）

加大安全生产监管监察信息公开力度，及时准确发布安全生产行政许可、执法检查、行政处罚、事故调查处理等信息。及时发布重特大事故预警信息和安全提示，做好重大风险隐患排查信息公开工作。重点做好社会影响较大、关注度较高的事故信息发布工作。完善生产安全事故应急处置信息公开机制，及时发布突发事故应急处置情况。落实好安全生产不良记录“黑名单”制度，并向社会公布。（市安全监管局负责落实）发布重点产业专利白皮书和知识产权保护白皮书，公布专利行政执法十大案件。（市知识产权局负责落实）持续推进制售假冒伪劣商品和侵犯知识产权行政处罚案件信息公开，及时公开案件名称、被处罚者姓名或单位名称、主要违法事实、处罚种类、处罚依据、处罚结果等。（市商务委牵头，市政府相关部门负责落实）推进旅游市场综合监管和联合执法检查情况公开，大力开展清理网络虚假旅游信息专项整治行动，公布旅行社网站黑白名单、非法旅游宣传招揽电话、“一日游”旅行社推荐名单等。按季度发布旅行社服务质量投诉情况，推进全域旅游示范区创建工作情况公开。（市旅游委负责落实）

三、以政务公开助力调结构、转方式

（一）推进发展新产业、培育新动能工作信息公开。围绕推进创业创新、推动新产业健康发展、改造提升传统产业，做好政策及其执行情况公开。推进产业技术创新战略联盟、科技成果转化基地、众创空间等创新平台建设情况公开，做好科技型中小企业技术创新促进工作情况公开。加大高新技术企业认定、科研项目和科研经费管理等政策措施解读力度。做好“高精尖”产业重点领域项目征集、技术突破、产业应用等信息公开。推进新能源汽车推广与技术创新、智能汽车关键技术突破、大气污染防治和生态环境建设、重大疾病科技攻关等领域研究进展和项目实施情况公开。推进中关村国家自主创新示范区“一区多园”统筹协同发展情况公开。（市发展改革委、市科委、市经济信息化委、中关村管委会、各区政府负责落实）

（二）推进化解过剩产能工作信息公开。健全去产能公示公告制度，实行“事前公示、事后公告”。根据年度目标任务要求，向社会公示承担化解过剩产能任务的企业名单、已完成化解过剩产能任务的企业名单，公布企业产能、奖补资金分配、违法违规建设生产和不达标情况。及时向社会公开上一年度化解过剩产能情况。在政府网站集中发布化解过剩产能相关信息，并通过“信用北京网”同步发布。督促指导市属国有企业做好去产能公示公告工作。（市经济信息化委、市财政局、市城市管理委、市国资委、各区政府负责落实）

（三）推进消费升级、产品质量提升工作信息公开。及时发布促进消费增长有关政策，重点发布与群众密切相关的消费品和旅游、体育、养老、文化等服务业领域的消费情况，引导消费升级。推进产品质量监管依据、标准、程序和结果公开。做好质量提升行动、重要执法专项行动信息公开，及时发布质量违法行为行政处罚记录、缺陷产品召回等信息。及时公开流通领域商品质量抽检结果。围绕重点业态、重点区域、重点消费问题，及时公开消费者诉求数据分析结果。加大对虚假广告、价格欺诈等行为的公开力度。（市商务委、市质监局、市工商局分别负责落实）

（四）推进全国科技创新中心建设工作信息公开。推动中关村科学城、未来科学城和怀柔科学城建设情况公开。做好中关村国家自主创新示范区先行先试政策公开解读工作，加大促进创业创新服务机构建设、科技金融创新、外籍人才出入境等政策的公开解读力度。做好《怀柔科学城发展建设规划（2016—2020年）》实施情况公开。推进科技重大专项实施、重大科技基础设施建设、原始创新能力提升、重大科技成果转移转化、科技体制机制改革等情况公开。（市发展改革委、市科委、中关村管委会、海淀区政府、昌平区政府、怀柔区政府负责落实）

四、以政务公开助力惠民生、促服务

（一）推进教育信息公开。推进学前教育和义务教育招生入学信息公开，各区要制定并公布本区学前教育和义务教育阶段入学政策，公布每所公办学校的招生区域、招生人数等信息，公开非本市户籍适龄儿童少年入学办法、入学流程、证件要求和办理方式，指导幼儿园和中小学做好信息公开工作。全面落实高校招生“阳光工程”，推动市属高校重点做好招生办法、录取程序、咨询及申诉渠道、重大违规事件处理结果等信息公开工作。推动市属高校认真落实财务公开制度。进一步做好教育监管信息公开，继续推进市属高校本科教学质量报告、毕业生就业质量年度报告和高校信息公开年度报告公开，加大本市教育督导评估监测报告发布力度。（市教委牵头，各区政府负责落实）

（二）推进医疗卫生信息公开。推行卫生计生重大民生决策事项民意调查制度。集中发布医药分开、药品阳光采购和医疗服务价格调整综合政策。做好社会办医相关政策宣传，推动社会办医健康有序发展。及时公开解读分级诊疗制度建设、推进家庭医生签约服务等政策。推进医德医风建设，建立违规违纪问题处理结果公开机制，改善群众就医感受。（市发展改革委、市人力社保局、市卫生计生委分别负责落实）

（三）推进食品药品安全领域信息公开。加大食品、药品、医疗器械、化妆品监管信息公开力度，定期公开抽检信息、违法广告监测信息，及时公开食品药品安全违法行为处罚信息、产品召回信息等。及时公开药品GMP、GSP认证公告信息及证书收回撤销情况。及时回应食品药品安全热点问题，客观准确发布热点问题处理措施和进展情况等。做好医药代表登记备案信息公开工作。（市食品药品监管局负责落实）

（四）推进养老服务、社会救助和慈善事业信息公开。做好养老服务政策公开解读工作，加大居家养老、农村互助养老、医养结合信息公开力度。及时公开社区养老服务驿站信息。按月公开低保、特困人员的人数、资金支出情况；按季度公开医疗救助、临时救助的人次数、资金支出情况；按学年公开高等教育新生入学救助的人次数、资金支出情况。推进慈善事业发展信息公开，及时公开解读慈善事业有关政策。及时公开慈善信托备案事项信息，按年度公开慈善信托检查评估结果。（市民政局负责落实）

（五）推进户籍、居住证管理服务信息公开。围绕户籍和居住证业务办理，及时公开受理条件、申报材料、办理流程、工作时限、办理机构等信息。（市公安局负责落实）

（六）推进就业创业信息公开。多形式、多渠道做好各项就业创业帮扶政策的公开和解读。积极搭建就业创业服务平台，及时发布人力资源市场信息。进一步加大大学生就业服务信息公开力度，深入高校开展就业创业政策宣讲。做好“就业援助月”“春风行动”“民营企业招聘月”“百姓就业”等专项服务的宣传工作。（市人力社保局负责落实）

（七）推进公共企事业单位办事公开。指导教育、医疗卫生、环保、交通等领域公共企事业单位编制公共服务事项目录和办事指南，通过网站、新媒体平台等渠道进行公开，方便

群众办事。(市教委、市环保局、市交通委、市水务局、市卫生计生委等部门分别负责落实)

(八)推进生活性服务业信息公开。做好“提升生活性服务业品质行动计划”的解读工作,公开便民商业网点建设情况,开展洗染、家政、餐饮等行业服务规范标准的宣传和解读工作。(市商务委负责落实)

(九)推进公共文化服务信息公开。做好国家公共文化服务体系示范区和首都公共文化服务示范区创建信息公开工作,公开北京文化中心建设情况,及时发布公益惠民活动信息。(市文化局负责落实)

(十)推进市政府重要民生实事信息公开。公开市政府重要民生实事项目进展情况和结果,积极回应群众关切,扩大群众对民生实事项目的参与度,提升人民群众获得感。(市政府相关部门负责落实)

五、以政务公开助力疏功能、促协同

(一)推进京津冀协同发展信息公开。及时发布京津冀产业协同发展政策文件、共建园区、产业承接、典型案例等信息。推进京秦、兴延、延崇等高速公路建设进展情况公开,公布京津冀区域交通一卡通互联互通工作进展。公开京唐城际铁路(北京段)、城际铁路联络线(一期)北京段建设情况及征地拆迁进展情况。做好天津滨海—中关村科技园等创新服务平台建设情况信息公开。推进京津冀医疗合作信息公开。推动京津冀知识产权联合执法信息公开。(市发展改革委、市经济信息化委、市住房城乡建设委、市交通委、市卫生计生委、市知识产权局分别负责落实)

(二)推进有序疏解非首都功能信息公开。推进一般性制造业疏解退出工作进展情况的信息公开。公开疏解非首都功能重点项目、“疏解整治促提升”专项行动工作进展。及时发布市场和物流中心疏解提升完成情况,做好“疏解提升并举”有关政策解读工作。做好医疗卫生、教育领域非首都功能疏解工作信息公开。推进打击“开墙打洞”、整顿“散乱污”企业等工作信息公开,依法公示疏解整治工作中无证无照经营处罚信息。(市发展改革委、市教委、市经济信息化委、市城市管理委、市商务委、市卫生计生委、市工商局、市城管执法局、各区政府负责落实)

(三)推进城市副中心建设信息公开;做好城市副中心教育、交通、医疗卫生等公共服务设施的规划建设信息公开工作。对城市副中心纳入年度重点工程计划的政府投资项目,及时公布工程计划等相关信息。推进城市副中心智慧城市建设的规划、项目招投标、项目建设、项目应用进展情况公开。(市教委、市经济信息化委、市规划国土委、市住房城乡建设委、市城市管理委、市交通委、市卫生计生委、市园林绿化局、通州区政府负责落实)

(四)推进2022年冬奥会筹办信息公开。推进冬奥会场馆等基础设施建设情况公开。通过广播电视栏目宣传、社会体育指导员培训等方式,普及冰雪运动和冬奥会知识。推进快乐冰雪季等冰雪系列活动信息公开。(市重大项目办、市住房城乡建设委、市体育局分别负责落实)

(五)推进对口支援和区域合作信息公开。及时公开对口支援地区基本情况、区域合作产业相关政策和典型案例,按年度公开对口支援和区域合作援助资金总额。(市政府相关部门负责落实)

六、以政务公开助力治环境、促提升

(一)推进环境保护信息公开。实施环境保护例行新闻发布会制度,及时公开环境政策措施、环境治理工作进展等信息，主动回应社会关注的热点问题。持续发布本市集中式生活饮用水水源水质监测信息和空气质量监测预测信息。加大空气重污染预警、区域联防联控工作进展和成效等信息的公开力度。按时公布本市年度重点排污单位名录，引导重点排污单位主动通过北京市企业事业单位环境信息公开平台向社会公开环境信息。依法公开重特大或敏感突发环境事件调查结论、环境影响和损失评估结果等信息。定期公开污水管线建设、再生水厂建设、农村治污工程及黑臭水体治理的进展情况。及时公开全市各级河长名单和全面推进河长制工作进展。（市环保局、市水务局分别负责落实）

（二）推进城市环境整治提升信息公开。推进城市运行管理、城乡接合部治理、环境卫生整治信息公开。推进打击违法用地违法建设专项行动信息公开，及时向社会公布专项行动目标任务、工作方案、具体措施、进展情况等。做好垃圾分类、再生资源回收、垃圾处理设施建设等重点任务信息公开工作。做好中心城区架空线入地、背街小巷环境整治等工作的信息公开。（市规划国土委、市城市管理委分别负责落实）

（三）推进缓解交通拥堵信息公开。重点推进公交线路优化，自行车道和步道整治，加快城市快速路、次支路、疏堵工程建设等方面的信息公开。全面公开并深度解读交通拥堵治理相关法规政策，做好交通拥堵治理各阶段措施、成效的公开工作，加大治理过程中社会资源整合利用、意见建议征集反馈等方面信息的公开力度。（市公安局、市交通委负责落实）

七、以政务公开助力连民心、促公信

（一）加强公众参与和政民互动。出台本市行政机关扩大公众参与、加强政民互动工作意见。以群众需求为导向，细化公众参与事项的范围，完善民意汇集机制。发挥好人大代表、政协委员、民主党派、人民团体、社会公众、新闻媒体的监督作用，积极运用第三方评估等方式，做好对政策措施执行情况的评估和监督工作。积极探索公众参与新模式，通过运用新媒体等多种方式，拓宽公众参与政策制定、执行和监督的渠道。（市政府办公厅牵头，各区政府、市政府各部门负责落实）

（二）推出惠民便民系列地图。围绕教育、空气质量、住房保障、养老服务、医疗卫生、社区服务、政务服务等民生事项，推出惠民便民综合服务系列地图，打通服务市民的“最后一公里”。（市教委、市民政局、市环保局、市住房城乡建设委、市商务委、市卫生计生委、市社会办、市政务服务办分别负责落实）

（三）打造民意连接系列工程。围绕问需于民、问计于民、问效于民三个专题，在民生实事办理、惠民政策效果、建言献策、政府数据利用、政策落实督办等方面，开展民意连接系列工程，促进市民对政府工作的理解、参与和支持。（市政府办公厅、市信访办牵头，各区政府、市政府相关部门负责落实）

（四）开展政府开放日系列活动。围绕空气质量、交通、住房保障、科技创新中心建设等社会关注热点，组织开展政府开放日系列活动，拉近政府与群众的距离，进一步树立公开透明的政府形象。（市政府办公厅牵头，市科委、市环保局、市住房城乡建设委、市交通委、市信访办、中关村管委会、市重大项目办负责落实）

（五）开展“以公开促落实”系列行动。以政务公开辅助政府督查，通过重点任务推进情况定期公开、重大项目落实情况可视化公开、组织媒体公众监督评议等方式，促进全年重点任务落实，不断增强政府执行力和公信力。（市

政府办公厅牵头，各区政府、市政府相关部门负责落实）

八、深化“五公开”，完善机制建设

（一）持续深化政务公开三级清单管理。推进重点领域政务公开三级清单的动态更新，实现清单涉及信息“应公开、尽公开”。将政务公开三级清单推广至全市各行业（系统），市政府各部门要在年内完成本行业（系统）的市、区、街道（乡镇）政务公开三级清单编制工作，明确各行业（系统）“五公开”的主体、内容、时限、方式等。（市政府办公厅牵头，各区政府、市政府各部门负责落实）

（二）加强行政机关公文公开属性管理。出台本市行政机关公文公开属性管理工作制度，将“五公开”要求落实到公文办理程序，从源头上解决公文公开属性的认定问题，提升公文主动公开比率。建立健全公开属性定期审查机制，有序拓展公开范围。（市政府办公厅牵头，各区政府、市政府各部门负责落实）

（三）推进基层政务公开标准化规范化。在全市选取基层试点单位，重点围绕乡镇土地利用总体规划、税费收缴、征地补偿、拆迁安置、环境治理、公共事业投入、公共文化服务、救灾等群众关切信息，以及劳动就业、社会保险、社会救助、社会福利、户籍管理、宅基地审批、涉农补贴、医疗卫生等方面的政务服务事项，开展“五公开”标准化规范化试点工作，利用1年时间形成基层政务公开标准规范。（市政府办公厅牵头，各区政府、市政府各部门负责落实）

（四）推进重大行政决策公开。进一步明确决策公开的标准和要求，保障人民群众的知情权、参与权和监督权。各区政府、市政府各部门对提交市政府常务会议审议的涉及群众切身利益的公共决策、重大项目等，应在决策前向社会公布决策草案、决策依据，广泛听取公众意见。邀请利益相关方、公众代表、专家、媒体等列席政府有关会议，增强决策透明度。对涉及公众利益、需要社会广泛知晓的电视电话会议，除涉及国家秘密的外，应积极采取广播电视、网络和新媒体直播等形式向社会公开，畅通公众了解政府工作的渠道。（市政府办公厅牵头，各区政府、市政府各部门负责落实）

（五）推进建议和提案办理结果公开。进一步做好全国人大代表建议和全国政协委员提案办理结果公开工作，对涉及公共利益、社会广泛关注的建议提案，原则上都要公开答复全文，及时回应关切，接受群众监督。（市政府办公厅牵头，各区政府、市政府各部门负责落实）

九、加强解读回应，优化平台建设

（一）加强政策解读工作。出台本市行政机关政策解读工作办法。各区政府、市政府各部门要按照“谁起草、谁解读”的原则，做好政策解读工作。坚持政策性文件与解读方案、解读材料同步组织、同步审签、同步部署。善于运用媒体，实事求是、有的放矢开展政策解读，及时准确传递政策意图。继续做好市政府重大决策事项、市政府常务会议议题、政府工作报告的深度解读，创新办好“市民对话一把手”互动平台。（市政府办公厅、市政府新闻办牵头，各区政府、市政府各部门负责落实）

（二）加强政务舆情回应工作。出台本市行政机关政务舆情回应工作办法。各区政府、市政府各部门要建立健全政务舆情收集、研判、处置、回应机制，与宣传、网信等部门共同建立政务舆情快速反应和协调联动机制，完善重大舆情联席会议制度。增强政务舆情回应工作的及时性和针对性，主动回应重大舆论关切，释放信号，引导预期。严格执行特别重大、重大突发事件最迟5小时内发布权威信息、24小时内举行新闻发布会的时限要求。对重大舆情回应不及时、不主动、不准确并造成严重不良影响的，进行通报批评和约谈。（市网信办、市政府办公厅、市政府新闻办牵头，各区政府、市政府各部门负责落实）

（三）加强政务公开平台建设。强化政府网站的建设管理，实行政府网站内容日常监测机制，及时发现和解决政府网站存在的突出问题；推进网站集约化建设，对保障不力的要关停上移；加强政府网站与主要新闻媒体、新闻网站、商业网站的联动，提升网站的集群和扩散效应。加强政务微博微信和移动客户端等新媒体平台建设，明确开办主体责任，根据受众特点和需求，个性化设置议题，突出新媒体特色，增强传播效果；加大利用新媒体发布政府权威信息的力度，提高便民服务信息推送比例，实现新媒体平台政务信息发布常态化。强化政府公报服务功能，加强电子公报建设，优化功能设置，提供打印、下载、分享等功能，进一步方便群众查询阅读；各区政府要加强公报属地管理，定期对本区公共图书馆以及街道（乡镇）、居委会（村委会）图书阅览室接收政府公报并及时上架情况进行督促检查。（市政府办公厅牵头，各区政府、市政府各部门负责落实）

十、夯实工作基础，加强队伍建设

（一）着力规范依申请公开工作。各区政府、市政府各部门要畅通依申请公开受理渠道，依法保障公众合理的信息需求。进一步规范依申请公开答复工作，严格按照法定时限，严谨规范进行答复，明示救济渠道。针对全市依申请公开存在的问题，加强指导和督促整改。对公众申请较为集中的政府信息，可以转为主动公开的，应当主动公开。（市政府办公厅牵头，各区政府、市政府各部门负责落实）

（二）着力健全各级行政机关政务公开领导体制和工作机制。各级行政机关要将政务公开工作纳入重要议事日程，主要领导亲自抓，明确一位分管负责人具体抓。主要负责人每年要听取政务公开工作汇报，研究推动工作，有关情况和分管负责人工作分工要对外公布。各区政府、市政府各部门要完成政务公开领导小组调整，更好协调处理政务公开重大问题，部署推进有关工作。各区政府要健全专门工作机构，市、区政府各部门和各街道办事处（乡镇政府）要配齐配强专职工作人员。（市政府办公厅牵头，各区政府、市政府各部门负责落实）

（三）着力推进政务公开考核、评估和问责。各级行政机关要将信息公开、政策解读、回应关切、公众参与等政务公开工作纳入绩效考核体系，政务公开工作分值权重不低于4%。建立健全科学合理、有效的量化评估指标体系，根据评估结果不断调整优化政务公开的方式方法。定期对政务公开工作开展情况进行督查，强化政务公开工作责任追究。（市政府办公厅牵头，各区政府、市政府各部门负责落实）

（四）着力抓好政务公开教育培训。组织开展局级领导专题培训、处级骨干培训、系统业务培训、网上专题培训。将政务公开列入公务员初任培训、干部任职培训、“干部在线学习”等课程体系。支持政务公开工作人员接受相关继续教育。（市政府办公厅、市人力社保局牵头，各区政府、市政府各部门负责落实）

各区政府、市政府各部门要高度重视政务公开工作，注重对基层政务公开工作的指导规范，着力解决工作中的突出问题。同时，要按照本要点明确的重点任务分工，细化措施，明确责任，抓好落实。市政府办公厅将对落实情况进行专项督查评估，并公布相关结果。

北京市人民政府办公厅关于印发《北京市进一步推进跨境电子商务发展的实施意见》的通知

京政办发〔2017〕24 号

各区人民政府，市政府各委、办、局，各市属机构：

《北京市进一步推进跨境电子商务发展的实施意见》已经市政府同意，现印发给你们，请认真组织实施。

2017 年 5 月 8 日

北京市进一步推进跨境电子商务发展的实施意见

为深入贯彻落实《国务院关于大力发展电子商务加快培育经济新动力的意见》（国发〔2015〕24 号）和《国务院办公厅关于促进跨境电子商务健康快速发展的指导意见》（国办发〔2015〕46 号），进一步推进本市跨境电子商务发展，培育经济发展新动力，结合实际，现提出以下实施意见。

一、指导思想和工作目标

（一）指导思想

以习近平总书记视察北京重要讲话精神为根本遵循，牢固树立和贯彻落实新发展理念，适应把握引领经济发展新常态，以服务业扩大开放综合试点为契机，着力推进跨境电子商务体制机制和监管服务模式创新，营造开放、规范、诚信、安全的发展环境，进一步激发跨境电子商务创新动力、创造潜力、创业活力，促进经济提质增效升级。

（二）工作目标

到 2020 年，建设 10 个跨境电子商务产业园区（基地），培育一批跨境电子商务骨干企业，打造一批知名品牌的跨境电子商务产业集群，跨境电子商务出口额占本市出口总额的比重达到 5%。

二、完善服务体系

（三）搭建公共服务平台

拓展完善北京跨境电子商务公共信息平台（简称公共信息平台）功能，为跨境电子商务企业提供关、检、税、汇等一站式服务，并实现与北京电子口岸平台的互联互通，打造跨境电子商务线上“单一窗口”。建设集行政审批、信用监管、数据统计分析、投资贸易环境介绍与预警、商务成果展示等功能于一体的“开放北京”公共服务平台，促进部门间信息共享和协同联动，推动公共服务水平提升。（责任单位：市商务委、北京海关、北京出入境检验检疫局、市国税局、国家外汇管理局北京外汇管理部、市工商局、市发展改革委、市经济信息化委、市政府口岸办）

（四）完善跨境物流体系

鼓励企业建设运营海外仓、智能口岸仓、

出口集货仓和海外联合仓，建立集分拨、推广、产品展示等功能于一体的跨境电子商务海外运营中心，推动实现物流服务的规模化、标准化和服务链条完整化。充分发挥本市在航线、邮路、市场和人才等方面的优势，着力构建以空港口岸为核心，铁路、公路相配套，跨区域、跨行业的立体化智慧物流信息平台，提供仓储、集货、物流配送、通关、信息查询等跨境物流服务。（责任单位：市商务委、市邮政管理局、北京海关、北京出入境检验检疫局、天竺综保区管委会、相关区政府）

（五）优化支付结算方式

推动跨境电子商务外汇支付业务试点机构开展收结汇业务，并积极争取扩大试点范围，为跨境电子商务企业收结汇提供更多便利服务。推广使用人民币结算。完善在线金融服务体系，推动移动金融在跨境电子商务领域的规范化应用，提升跨境电子商务在线支付的安全性，为跨境电子商务加快发展提供保障。（责任单位：国家外汇管理局北京外汇管理部、人民银行营业管理部、市商务委）

（六）创新监管服务

实施正面清单和“通道式验放”的海关监管模式；采取征税担保实时验放，零售进口“清单核放、汇总缴纳”，零售出口“清单核放、汇总申报”的通关和税收管理方式。实施便利备案、便利申报、便利放行的检验检疫监管模式，鼓励跨境电子商务企业通过公共信息平台进行物品备案，对出口跨境电子商务商品实行集中申报、集中办理放行手续，对进口跨境电子商务商品实行集中申报、核查放行。（责任单位：北京海关、北京出入境检验检疫局）

（七）支持外贸综合服务企业发展

积极推进国家外贸综合服务企业试点工作，通过制度创新、管理创新、服务创新，为试点企业创造良好的发展环境，并逐步构建外贸综合服务企业认证体系，培育认定一批外贸综合服务示范企业，为跨境电子商务企业提供报关报检、物流、退税、结算、融资、信用保险等综合服务，促进跨境电子商务健康发展。（责任单位：市商务委、北京海关、北京出入境检验检疫局、市国税局、国家外汇管理局北京外汇管理部、市金融局、相关区政府）

（八）进一步加强国际合作

充分发挥世界贸易网点联盟北京中心作用，加强与世界贸易网点联盟其他网点间的资源共享，拓展跨境电子商务国际合作渠道。通过组团出海、牵线搭桥等方式，帮助跨境电子商务企业与境外商会组织对接，助力更多企业走出去。指导企业依托海外仓等跨境电子商务发展节点，加强与境外经贸园区、自由贸易区的对接，完善国际营销网络体系。（责任单位：市商务委、市发展改革委、市邮政管理局）

三、促进规范发展

（九）推进产业园区（基地）建设

建设一批跨境电子商务产业园区（基地），完善园区仓储物流、展示交易、金融服务、信用保险、研发创新等服务支撑体系，促进跨境电子商务企业集群化发展，形成布局合理、运行高效、要素集聚、管理科学的跨境电子商务发展体系。（责任单位：市商务委、北京海关、北京出入境检验检疫局、天竺综保区管委会、相关区政府）

（十）完善监管场所

加强北京站国际邮局、国门商务区、首都机场快件监管中心和首都机场国航库等跨境电子商务监管场所的配套设施建设，完善跨境电子商务监管体系，进一步提高跨境电子商务通关便利化水平，提供24小时便捷通关服务。科学规划北京新机场跨境电子商务监管场所，提供集仓储、收寄、通关、结汇、报税等功能于一体的一站式综合服务。（责任单位：北京海关、北京出入境检验检疫局、市商务委、市政府口岸办、市邮政管理局、天竺综保区管委会、相关区政府）

（十一）健全统计监测体系

探索建立涵盖 B2B、B2C 等多种跨境电子商务经营模式的统计监测体系，完善统计方法和指标体系。将跨境电子商务经营和服务主体、贸易规模、商品信息、结汇、出口退税等数据纳入专项统计分析，为推动跨境电子商务发展提供数据支撑。（责任单位：北京海关、市商务委、北京出入境检验检疫局、市国税局、国家外汇管理局北京外汇管理部、市工商局、市统计局）

（十二）加强诚信体系建设

建立健全跨境电子商务信用信息管理制度，完善信用评估机制，对跨境电子商务经营主体实施信用管理，引导其规范经营和服务。加快跨境电子商务领域失信行为联合惩戒机制建设，加强知识产权保护，坚决打击跨境电子商务中出现的各类违法行为。（责任单位：市工商局、市商务委、北京海关、北京出入境检验检疫局、市国税局、国家外汇管理局北京外汇管理部、市知识产权局）

（十三）加强风险防控

鼓励跨境电子商务企业建立跨境电子商务交易风险数据库，通过大数据分析评估跨境交易风险，提升防范能力。引导企业进入出入境物品质量安全追溯监管体系，对跨境电子商务物品实施全程监管。（责任单位：市商务委、市工商局、北京海关、北京出入境检验检疫局、市食品药品监管局）

四、推动创新发展

（十四）推广应用线上线下（O2O）直购体验模式

支持保税展示与完税销售相结合、线下体验与线上购物相结合的运营模式，鼓励跨境电子商务企业开设直购体验店；支持保税免税一体化运营模式，推动在机场航站楼免税店内增设保税进口商品直购体验区，进一步丰富国内消费者购买境外商品的渠道。（责任单位：市商务委、北京海关、北京出入境检验检疫局、市工商局、市食品药品监管局、天竺综保区管委会、相关区政府）

（十五）探索开展保税备货运营模式

在海关特殊监管区域、保税物流中心（B 型）探索开展保税备货，加快建设保税仓库等配套设施，建立跨境电子商务保税备货信息系统，制定保税备货业务管理办法，并积极争取国家关于网购保税备货的相关政策支持。通过开展保税备货，降低跨境电子商务企业采购及物流成本，提高配送服务效率。（责任单位：北京海关、北京出入境检验检疫局、市商务委、市国税局、天竺综保区管委会、大兴区政府）

（十六）推广使用电子发票

鼓励跨境电子商务企业使用电子发票，简化票据管理，降低经营成本；利用电子发票分析消费者购买行为和热销商品，提高经营决策能力。同时，探索借助电子发票加强对跨境电子商务交易行为的实时统计监测，及时掌握市场运行情况。（责任单位：市商务委、市国税局、北京海关、北京出入境检验检疫局、市工商局）

北京市人民政府办公厅

2017 年 5 月 8 日

北京市人民政府办公厅关于进一步加强全市政府网站规范管理的通知

京政办发〔2017〕34 号

各区人民政府，市政府各委、办、局，各市属机构：

为贯彻落实《国务院办公厅关于印发政府网站发展指引的通知》（国办发〔2017〕47 号）和《国务院办公厅秘书局关于 2017 年第二季度全国政府网站抽查情况的通报》（国办秘函〔2017〕20 号）精神，进一步加强本市政府网站规范管理，现就有关事项通知如下：

一、加快做好政府网站查遗补漏工作。要重点梳理本地区、本部门、本单位“政务服务网”“公共资源交易网”“数据开放网”等各类专项工作网站，以及承担行政职能的事业单位网站，及时在全国政府网站信息报送系统中填报有关信息，并按照《国务院办公厅关于开展第一次全国政府网站普查的通知》（国办发〔2015〕15 号）中全国政府网站普查评分表指标要求，加强网站信息内容建设，确保达标。（2017 年 8 月 31 日前完成）

二、抓紧完成“我为政府网站找错”监督举报平台入口添加工作。要按照全国政府网站信息报送系统中的“政府网站找错平台添加说明”，正确下载并在网站首页底部添加平台专属代码。要安排专人负责网民留言办理工作，对网民反映的问题认真核实处理，在收到留言后 2 个工作日内答复网民。（2017 年 8 月 31 日前完成）

三、加快完成政府网站名称规范工作。政府网站要以本地区、本部门、本单位机构名称命名，并在网站头部标识区域显著展示网站全称。已有名称不符合要求的，要尽快调整。（2017 年 9 月 10 日前完成）

四、严格规范外部链接管理工作。要建立政府网站链接地址监测巡检机制，及时清除不可访问的链接地址，避免产生“错链断链”，确保所有链接有效可用。对于外部链接要严格审查发布流程，不得引用与所在页面主题无关的内容。严格对非政府网站链接的管理，确需引用非政府网站链接的，要加强对相关页面内容的实时监测和管理，严禁刊登商业广告，严禁刊载不合法、不真实、不准确的内容。（2017 年 8 月 31 日前完成）

五、加强政府网站平台功能建设。要进一步完善政府网站信息发布、解读回应、互动交流、办事服务功能。要对网站信息数据进行科学分类、及时更新，对信息数据无力持续更新或维护的栏目要进行优化整合。

六、加强变更信息备案工作。政府网站名称、首页网址、ICP 备案号、负责人和联系人、栏目地址等基本信息发生变化的，要及时在全国政府网站信息报送系统中进行更新备案，确保信息准确、完整。

北京市人民政府办公厅

2017 年 8 月 18 日

北京市人民政府办公厅
关于贯彻落实《政府网站发展指引》的实施意见

京政办发〔2017〕51号

各区人民政府，市政府各委、办、局，各市属机构：

为深入贯彻落实《国务院办公厅关于印发政府网站发展指引的通知》（国办发〔2017〕47号，简称《发展指引》）精神，进一步加强全市政府网站建设管理，引领政府网站创新发展，提升政府网上履职能力和服务水平，结合本市工作实际，现提出以下实施意见。

一、总体要求

（一）指导思想

深入学习贯彻党的十九大精神，以习近平新时代中国特色社会主义思想为指导，深入学习贯彻习近平总书记两次视察北京重要讲话和对北京工作的一系列重要指示精神，牢固树立和贯彻落实新发展理念，牢牢把握首都城市战略定位，按照建设法治政府、创新政府、廉洁政府和服务型政府的要求，适应人民群众新期待和新需要，坚持分级分类、问题导向、利企便民、开放创新、集约节约的工作原则，全面提升政府网站信息发布、解读回应、办事服务、互动交流的能力和水平，打通信息壁垒，推动政务信息资源共享，切实推动政府网站有序、健康、创新发展，以信息化推进首都治理体系和治理能力现代化。

（二）发展目标

适应互联网发展变化，推进集约共享，持续开拓创新，让人民群众在共享互联网发展成果上有更多获得感。到2018年年底，政府网站开办整合更加规范有序、服务功能更加完善便捷、信息数据更加集约开放、安全防护更加稳定可靠、保障机制更加健全有力；到2019年年底，将政府网站打造成为更加全面的政务公开平台、更加权威的政策发布解读和舆论引导平台、更加及时的回应关切和便民服务平台；到2020年年底，建成以市政府门户网站为主平台、市政府各部门各单位和各区政府网站为支撑的整体联动、高效惠民的网上政府。

二、明确职责分工

（一）管理职责

市政府办公厅是全市政府网站的主管单位，负责推进、指导、监督全市政府网站建设和发展。各区政府办公室、市政府各部门、各单位办公室是本地区、本部门、本单位及本系统政府网站的主管单位。主管单位负责对政府网站进行统筹规划和监督考核，做好开办整合、考核评价和督查问责等管理工作。

市网信办统筹协调全市政府网站安全管理工作。市经济信息化委负责全市政府网站基础设施的规划、建设和管理工作。市编办、市公安局、市通信管理局作为全市政府网站的协同监管单位，共同做好网站标识管理、域名管理和网络内容服务商（ICP）备案、网络安全等级保护、打击网络犯罪等工作。

（二）办站职责

市政府门户网站（“首都之窗”）由市政府

办公厅主办，市经济信息化委承办。各区政府门户网站的主办单位是区政府办公室，市政府各部门、各单位网站的主办单位是其办公室。主办单位承担网站的建设规划、组织保障、健康发展等职责，配合有关部门做好安全管理工作。主办单位可指定内设机构或委托其他专门机构作为承办单位，具体落实主办单位的有关要求，承担网站技术平台建设维护、安全防护，以及内容发布、审核检查、传播推广和页面设计等日常运行保障工作。

三、规范政府网站的开设与整合

（一）规范政府网站名称和域名

市政府办公厅负责推进、指导、监督全市政府网站的名称和域名规范工作，明确本市政府网站名称和域名规范工作的具体要求。

各区政府、市政府各部门、各单位的网站要以本地区、本部门、本单位机构名称命名。政府网站要使用以 .gov.cn 为后缀的英文域名和符合要求的中文域名，不得使用其他后缀的英文域名。要对照检查网站名称和域名是否符合《发展指引》要求，并按照市政府办公厅工作部署开展网站名称和域名的规范工作。

（二）规范整合现有政府网站

市政府办公厅负责推进、指导、监督全市政府网站的清理整合工作，对已开设的政府网站进行重新审核登记，统筹做好政府网站的整合迁移、临时下线工作。政府网站的整合迁移、临时下线由主办单位提出申请，逐级审核，经市政府办公厅审批同意后启动。

各区政府、市政府各部门、各单位只开设一个网站，其所属部门、单位不单独开设政府网站，通过上级单位网站开展政务公开、政务服务、政务宣传等；开展重大活动或专项工作时，可在政府门户网站或部门网站临时开设专栏专题。

各区政府、市政府各部门、各单位要对本地区、本部门、本单位及本系统的政务服务网、公共资源交易网、数据开放网等各类网站进行全面梳理，摸清底数。2018 年 6 月底前完成市政府各部门、各单位政府网站的规范整合工作，2018 年 12 月底前完成区级及以下政府网站的规范整合工作。

（三）规范新增政府网站开设程序

拟新开设政府网站的，经本单位主要负责人同意后，向市政府办公厅提出申请。经市政府办公厅批准后，政府网站主办单位向机构编制部门提交加挂党政机关网站标识申请，按照流程注册政府网站中文域名；向电信主管部门申请网络内容服务商（ICP）备案；根据网络系统安全管理的有关要求向公安机关备案；在“全国政府网站信息报送系统”中进行登记并获取政府网站标识码后，方可上线运行。

四、加强政府网站功能建设

（一）完善信息发布功能

建立完善政府网站常态化信息发布机制，及时准确发布重要会议、重要活动、重大决策信息。依法依规做好概况信息、机构职能、负责人信息、文件资料、政务动态、信息公开指南及目录和年报、社会关注度高的统计数据等信息的发布工作。对中国政府网、市政府门户网站发布的重要政策信息，要在 12 小时内转载。

（二）强化解读回应功能

政府网站发布重要政策文件时，要同步制作便于公众理解和互联网传播的解读产品，通过数字化、图表图解、音频、视频、动漫等形式予以展现，增强政策的传播力、影响力、公信力。对涉及本地区、本部门、本单位的重大突发事件，要会同宣传部门，按程序在政府网站上及时发布回应信息，公布客观事实，并根据事件发展和工作进展发布动态信息，表明政府态度。对社会公众关注的热点问题，要邀请相关部门做出权威、正面回应。重要政策文件、解读产品、回应信息要及时报送市政府门户网站，并主动向各类传统媒体和新媒体平台推送，扩大传播范围，增强互动效果。

（三）整合办事服务功能

依托政府门户网站，整合全市政务服务资源与数据，加快构建权威、便捷的一体化互联网政务服务平台，设置统一的办事服务入口，发布政务服务事项目录，编制网站在线服务资源清单，细化规范办事指南和要求，与线下办理保持一致。整合各区、各部门、各单位办事服务系统前端功能，实现网站统一受理、统一记录、统一反馈。办事服务功能要有机关联文件资料库、互动交流平台、答问知识库中的信息资源，形成互联互通的政务信息资源库，让“数据多跑路、群众少跑腿”。

（四）提升互动交流功能

政府门户网站要搭建统一的互动交流平台，根据工作需要，实现留言评论、在线访谈、征集调查、咨询投诉和即时通信等功能，为听取民意、了解民愿、汇聚民智、回应民声提供平台支撑。政府网站要建立网民意见建议的审看、处理和反馈等机制，做到件件有落实、事事有回音；对收集到的意见建议要认真研判，有参考价值的政策建议要按程序转送业务部门研究办理，提出答复意见；定期整理网民咨询及答复内容，做好意见建议受理反馈情况的公开工作，列清受理日期、答复日期、答复部门、答复内容及有关统计数据等。各区政府、市政府各部门、各单位要对中国政府网、市政府门户网站转办的网民意见建议，认真研究办理、及时反馈。

五、推进政府网站集约化建设

（一）推进市、区两级政府网站集约化平台建设

市政府办公厅负责全市政府网站集约化工作的统筹推进、组织协调和考核管理。市政府办公厅、市经济信息化委等有关部门要尽快研究制定本市政府网站集约化建设工作方案。市经济信息化委负责市级政府网站集约化平台的建设维护，并牵头制定各项接口数据标准，市政府各部门、各单位网站逐步向市级平台迁移。经市政府办公厅批准后，各区政府建设本区集约化平台，并与市级集约化平台实现互联互通和协同联动。

（二）加快推进信息资源整合共享

构建分类科学、集中规范、共享共用的全平台统一信息资源库，按照“先入库，后使用”原则，对平台上各政府网站的信息资源统一管理，实现统一分类、统一元数据、统一数据格式、统一调用、统一监管。已建成的集约化平台要进一步完善功能，使平台具备与政务公开、政务服务、电子证照库等系统和数据库对接融合的扩展性。

六、做好政府网站安全防护和创新发展

（一）加强网站安全防护

政府网站要根据《中华人民共和国网络安全法》等相关法律法规要求，贯彻落实网络安全等级保护制度，加强网络安全监测预警技术能力建设，建立安全监测预警和应急处置机制，定期开展网站安全管理和防护检查。政府网站服务器不得放在境外，禁止使用境外机构提供的物理服务器和虚拟主机。对监测发现或网民举报的假冒政府网站，经核实后，市政府办公厅要及时会同网信部门处理。在政府网站遭受重

大网络攻击、域名劫持、网页篡改等网络安全突发事件后，公安部门应立即组织有关单位、技术力量采取果断措施，及时消除危害，并依法开展调查处理工作。

（二）推进政府网站创新发展

要利用大数据、云计算、人工智能等新技术，提供个性化服务，根据用户群体特点和需求，为残疾人、老年人、外籍人士等群体提供无障碍浏览功能；优化网站搜索功能，提供关键字推荐、拼音转化、通俗语言搜索功能，实现多维度分类展现；通过自然语言处理等相关技术，自动解答用户咨询。构建开放式网站系统框架，融合新技术、加载新应用、扩展新功能，实现平滑扩充和灵活扩展；开放网上政务服务接口，引入社会力量，开展预约查询、证照寄送以及在线支付等服务。对政府网站用户的行为信息进行大数据分析，对政府网站各项功能进行客观量化评价，为改进工作提供建议。推进政府网站向移动终端、自助终端、热线电话、政务新媒体延伸；加强与网络媒体、电视广播、报纸杂志等的合作，通过公共搜索、社交网络等公众常用的平台和渠道，传播政府网站的声音。

七、组织保障

（一）健全协同机制

政府网站主管单位要建立与本级宣传、网信、编制、电信主管和公安部门的协同机制，做好政府网站重大事项沟通交流、信息共享和问题处置等工作；要与宣传、网信部门建立政务舆情回应协同机制，督促相关单位及时通过政府网站、新闻媒体和网络媒体等发布回应信息；要建立政府网站间协同联动机制，畅通沟通渠道，共同打造整体联动、同步发声的政府网站体系。

（二）强化考评监管

市政府办公厅要制定政府网站考评办法，将考评结果纳入政府年度绩效考核，列入重点督查事项。各区政府要根据实际情况完善政府网站年度绩效考核办法。要完善奖惩问责机制，每季度对政府网站信息内容开展一次巡查抽检，并及时在门户网站公开检查情况；加大问题网站曝光力度，对严重问题网站的主管、主办、承办单位进行通报，并对相关责任人进行严肃问责。政府网站主管单位和主办单位要分别编制政府网站监管年度报表和政府网站年度工作报表，确保数据真实、准确、完整，于每年1月31日前向社会公开。

（三）加强运维保障

政府网站要实行专人负责制度，对信息内容和安全运行负总责，加强内容审核和保密审查。建立24小时值班制度，编辑、审核和发布信息，及时处理政府网站突发情况。健全读网制度，设立质量管理岗位，加强日常监测，每日浏览网站内容，及时发现问题、纠正错漏并做好记录。对网民提出的纠错意见要在2个工作日内予以答复。政府网站主办单位要把政府网站经费足额纳入部门预算，科学核定政府网站运行维护经费，统筹安排好网站的栏目策划、宣传解读产品制作等内容保障工作经费。

（四）加强队伍建设

要将政府网站工作纳入干部教育培训内容，定期组织开展培训，不断提高机关工作人员知网、懂网、用网的意识和水平，提升网上履职能力。加强专业人才培养，努力打造一支熟悉政务工作和互联网传播规律，具有高度政治责任感和工作担当的专业化队伍。积极开展试点示范，树立标杆典型，建立交流平台，加强业务研讨，分享经验做法，共同提高管网、建网、办网的能力。

各区政府、市政府各部门、各单位要按照明确的重点任务分工，细化措施，狠抓落实；市政府办公厅将对本实施意见落实情况开展督查。

附件

北京市人民政府办公厅

2017年12月7日

政府网站建设管理重点任务分工方案一览表

类别	工作任务	牵头单位	责任单位	完成时限
一、规范政府网站的开设与整合	1. 按《发展指引》要求完成政府网站名称和域名的调整规范工作	市政府办公厅、市编办、市网信办、市经济信息化委、市公安局、市通信管理局	各区政府、市政府各部门、各单位	2018年3月
	2. 对已开设的政府网站进行重新审核登记，按照《发展指引》要求，制定政府网站整合工作方案	市政府办公厅	市编办、市网信办、市经济信息化委、市公安局、市通信管理局	2018年4月
	3. 规范政府网站的开设、整合迁移、临时下线流程	市政府办公厅	各区政府、市政府各部门、各单位	2018年4月
	4. 完成市政府各部门、各单位政府网站的整合工作	—	市政府各部门、各单位	2018年6月
	5. 完成区政府以下的政府网站整合工作	—	各区政府	2018年12月
	6. 因机构调整、网站改版等原因，政府网站主办单位、负责人、联系方式、网站域名、栏目的主体结构或访问地址等信息发生变更的，应及时向上级主管单位备案并更新相关信息。网站域名发生变更的，要在原网站发布公告	—	各区政府、市政府各部门、各单位	立即落实
	7. 审核政府网站主办单位提交的网站基本信息，报国务院办公厅获取政府网站标识码	市政府办公厅	各区政府、市政府各部门、各单位	立即落实
二、加强政府网站功能建设	8. 推进全市政府网站的信息发布、解读回应、办事服务、互动交流等功能建设	市政府办公厅、市政务服务办、市经济信息化委	各区政府、市政府各部门、各单位	持续落实
	9. 建立完善政府网站信息发布机制，及时准确发布重要会议、重要活动、重大决策信息	—	各区政府、市政府各部门、各单位	立即落实
	10. 对中国政府网、市政府门户网站发布的重要政策信息，要在12小时内转载	—	各区政府、市政府各部门、各单位	立即落实
	11. 政府网站对发布的信息和数据要进行科学分类、及时更新，确保准确权威，便于公众使用。对信息数据无力持续更新或维护的栏目要进行优化调整。已发布的静态信息发生变化或调整时，要及时更新替换	—	各区政府、市政府各部门、各单位	立即落实
	12. 政府网站使用地图时，要采用测绘地信部门发布的标准地图或依法取得审图号的地图	—	各区政府、市政府各部门、各单位	立即落实

（续表）

类别	工作任务	牵头单位	责任单位	完成时限
二、加强政府网站功能建设	13．要做好概况信息、机构职能、负责人、文件资料、政务动态、信息公开指南、目录和年报、统计等信息和数据在政府网站上的发布工作	—	各区政府、市政府各部门、各单位	立即落实
	14．加强与业务部门相关系统的对接，通过数据接口等方式，动态更新相关数据，并做好与中国政府网、市政府门户网站等网站的数据对接和前端整合。要按照主题、地区、部门等维度对数据进行科学合理分类，并通过图表图解、地图等可视化方式展现和解读。提供便捷的数据查询功能，可按数据项、时间周期等进行检索，动态生成数据图表，并提供下载功能	市经济信息化委	各区政府、市政府各部门、各单位	2018年12月完成并持续落实
	15．通过全市统一的公共信息资源开放平台集中规范向社会开放政府数据集，并持续更新，提供数据接口，方便公众开发新的应用。公开已在网站开放的数据目录，并注明各数据集浏览量、下载量和接口调用等情况	市经济信息化委	各区政府、市政府各部门、各单位	2018年12月完成并持续落实
	16．在政府网站发布重要政策文件，要同步发布各种形式的解读、评论、专访，详细介绍政策的背景依据、目标任务、主要内容和解决的问题等。要通过数字化、图表图解、音频、视频、动漫等形式，制作便于公众理解和互联网传播的解读产品	—	各区政府、市政府各部门、各单位	立即落实
	17．政府网站要做好政策文件与解读材料的相互关联，在政策文件页面提供解读材料页面入口，在解读材料页面关联政策文件有关内容。及时转载对政策文件精神解读到位的媒体评论文章，形成传播合力，增强政策的传播力、影响力	—	各区政府、市政府各部门、各单位	立即落实
	18．建立健全与宣传、网信部门及主要媒体的政务舆情回应和协调机制	—	各区政府、市政府各部门、各单位	2018年6月完成并持续落实
	19．对涉及本区、本部门的重大突发事件，在宣传部门指导下，及时在政府网站发布回应信息，公布客观事实，根据事件发展和工作进展发布动态信息，并主动向各类传统媒体和新媒体平台推送	—	各区政府、市政府各部门、各单位	立即落实
	20．对社会公众关注的热点问题，要在政府网站上做出权威、正面的回应，阐明政策，解疑释惑，并主动向各类传统媒体和新媒体平台推送	—	各区政府、市政府各部门、各单位	立即落实
	21．对涉及本区、本部门的网络谣言，及时在政府网站发布相关部门辟谣信息，并主动向各类传统媒体和新媒体平台推送	—	各区政府、市政府各部门、各单位	立即落实
	22．重要政策文件、解读产品、回应信息要及时报送市政府门户网站	—	市政府各部门、各单位	立即落实
	23．依托政府门户网站，整合政务服务资源与数据，加快构建权威、便捷的一体化互联网政务服务平台	市政务服务办、市经济信息化委	各区政府、市政府各部门、各单位	2018年12月完成并持续落实
	24．做好网上政务服务平台与中国政府网对接	市政务服务办	—	2018年12月完成并持续落实
	25．设置统一的办事服务入口，发布政务服务事项目录，集中提供在线服务	市政务服务办、市经济信息化委	各区政府、市政府各部门、各单位	2018年6月

（续表）

类别	工作任务	牵头单位	责任单位	完成时限
二、加强政府网站功能建设	26．编制发布网站在线服务资源清单，按主题、对象等维度，对服务事项进行科学分类、统一命名、合理展现。标明每一服务事项网上可办理程度，能全程在线办理的要集中突出展现	市政务服务办、市经济信息化委	各区政府、市政府各部门、各单位	2018年6月
	27．细化规范办事指南，列明依据条件、流程时限、收费标准、注意事项、办理机构、联系方式等；明确需提交材料的名称、依据、格式、份数、签名签章等要求，并提供规范表格、填写说明和示范文本，确保内容准确，并与线下保持一致	市政务服务办、市经济信息化委	各区政府、市政府各部门、各单位	2018年6月完成并持续落实
	28．办事服务功能要有机关联文件资料库、互动交流平台、答问知识库中的信息资源，在事项列表页或办事指南页提供相关法律法规、政策文件、常见问题、咨询投诉和监督举报入口等，实现一体化服务	市政务服务办、市经济信息化委	各区政府、市政府各部门、各单位	2018年12月完成并持续落实
	29．做好市政府门户网站文件资料库、答问知识库等信息服务资源与中国政府网的对接，形成互联互通的政务信息资源库	市经济信息化委	—	2018年6月完成并持续落实
	30．整合业务部门办事服务系统前端功能，综合提供在线预约、在线申报、在线咨询、在线查询以及电子监察、公众评价等功能，实现网站统一受理、统一记录、统一反馈	市政务服务办、市经济信息化委	各区政府、市政府各部门、各单位	2018年12月完成并持续落实
	31．实现企业群众在线办事过程全程记录，对查阅、预约、咨询、申请、受理、反馈等关键数据进行汇总分析	市政务服务办、市经济信息化委	各区政府、市政府各部门、各单位	2018年12月完成并持续落实
	32．政府门户网站要搭建统一的互动交流平台，根据工作需要，实现留言评论、在线访谈、征集调查、咨询投诉和即时通信等功能，为听取民意、了解民愿、汇聚民智、回应民声提供平台支撑。部门网站开设互动交流栏目尽量使用政府门户网站统一的互动交流平台。互动交流栏目应标明开设宗旨、目的和使用方式等。信息发布、解读回应和办事服务类栏目要通过统一的互动交流平台提供留言评论等功能，实现数据汇聚、统一处理	—	市经济信息化委、各区政府、市政府各部门、各单位	2018年12月完成并持续落实
	33．对中国政府网、市政府门户网站转办的网民意见建议，要认真研究办理、及时反馈	—	各区政府、市政府各部门、各单位	立即落实
	34．建立网民意见建议的审看、处理和反馈等机制，做到件件有落实、事事有回音，更好听民意、汇民智	—	各区政府、市政府各部门、各单位	2018年6月完成并持续落实
	35．做好政府网站上意见建议受理反馈情况的公开工作，列清受理日期、答复日期、答复部门、答复内容以及有关统计数据等	—	各区政府、市政府各部门、各单位	2018年6月完成并持续落实
	36．定期整理网民咨询及答复内容，编制形成知识库，实行动态更新	—	各区政府、市政府各部门、各单位	2018年6月完成并持续落实
	37．按《发展指引》要求，做好政府网站展现布局、地址链接、网页标签等网页设计规范工作	—	各区政府、市政府各部门、各单位	立即落实
	38．政府网站严禁刊登商业广告或链接商业广告页面	—	各区政府、市政府各部门、各单位	立即落实

（续表）

类别	工作任务	牵头单位	责任单位	完成时限
	39．办好政府外文门户网站（“eBeijing”）	—	市政府外办、市经济信息化委、市政府新闻办	持续落实
三、推进政府网站集约化建设	40．研究制定本市政府网站集约化建设工作方案	市政府办公厅、市经济信息化委	各区政府、市政府各部门、各单位	2018 年 12 月
	41．建设完善市级政府网站集约化平台，制定集约化平台建设的各项接口数据标准，市级政府部门网站逐步向市级平台迁移	市经济信息化委	市政府各部门、各单位	2019 年 12 月
	42．各区政府经市政府办公厅批准后，建设本区政府网站集约化平台，并与市级平台实现互联互通和协同联动。已建成区级集约化平台的，部门和乡镇政府（街道办事处）网站要尽快向平台迁移	—	各区政府	2019 年 12 月
	43．做好政府网站集约化平台的统筹管理和考核监督	市政府办公厅、各区政府	—	2019 年 12 月
	44．构建分类科学、集中规范、共享共用的全平台统一信息资源库，按照“先入库，后使用”原则，对来自平台上各政府网站的信息资源统一管理，实现统一分类、统一元数据、统一数据格式、统一调用、统一监管	市经济信息化委、各区政府	各区政府、市政府各部门、各单位	2019 年 12 月
	45．基于信息资源库、电子证照库和统一身份认证系统，从用户需求出发，推动全平台跨网站、跨系统、跨层级的资源相互调用和信息共享互认	市经济信息化委、各区政府	各区政府、市政府各部门、各单位	2019 年 12 月
	46．市政府各部门、各单位网站集约至统一平台后，信息资源要纳入统一的信息资源库共享管理，同时可按部门网站形式展现，保留相对独立的页面和栏目	市经济信息化委	市政府各部门、各单位	2019 年 12 月
	47．区政府部门、乡镇政府（街道办事处）网站的信息、服务和互动资源原则上要无缝融入区政府门户网站各相关栏目，由区政府门户网站统一展现，实现信息、服务和互动资源的集中与共享	各区政府	—	2019 年 12 月
四、做好政府网站安全防护和创新发展	48. 对政府网站安全管理工作进行统筹协调	市网信办	市政府办公厅、市经济信息化委、市公安局、市通信管理局	持续落实
	49．贯彻落实网络安全等级保护制度，对攻击、侵入和破坏政府网站的行为以及影响政府网站正常运行的意外事故进行防范。在网信、公安等部门的指导下，加强网络安全监测预警技术能力建设	—	各区政府、市政府各部门、各单位	立即落实
	50．在政府网站遭受重大网络攻击、域名劫持、网页篡改等网络安全突发事件后，应立即组织有关单位、技术力量采取果断措施，及时清除危害，并依法开展调查处理工作	市公安局	—	立即落实
	51．定期对政府网站开展安全检测评估	—	各区政府、市政府各部门、各单位	持续落实
	52．政府网站服务器不得放在境外，禁止使用境外机构提供的物理服务器和虚拟主机。优先采购通过安全审查的网络产品和服务	—	各区政府、市政府各部门、各单位	立即落实

（续表）

类别	工作任务	牵头单位	责任单位	完成时限
四、做好政府网站安全防护和创新发展	53．加强后台发布终端的安全管理，定期开展安全检查，防止终端成为后台管理系统的风险入口	—	各区政府、市政府各部门、各单位	立即落实
	54．加强用户管理，根据用户类别设置不同安全强度的鉴别机制。严格设定访问和操作权限，实现系统管理、内容编辑、内容审核等用户的权限分离。对管理用户的操作行为进行记录	—	各区政府、市政府各部门、各单位	立即落实
	55．加强网站平台的用户数据安全防护工作	—	各区政府、市政府各部门、各单位	立即落实
	56．逐步建立基于密码的网络信任、安全支撑和运行监管机制	—	各区政府、市政府各部门、各单位	2018 年 6 月完成并持续落实
	57．建立安全监测预警机制，实时监测网站的硬件环境、软件环境、应用系统、网站数据等运行状态以及网站挂马、内容篡改等攻击情况，并对异常情况进行报警和处置	—	各区政府、市政府各部门、各单位	立即落实
	58．定期对网站应用程序、操作系统及数据库、管理终端进行全面扫描	—	各区政府、市政府各部门、各单位	持续落实
	59．建立政府网站应急响应机制，制定应急预案，明确应急处置流程，开展应急演练，提高对网络攻击、病毒入侵、系统故障等风险的应急处置能力	—	各区政府、市政府各部门、各单位	2018 年 6 月完成并持续落实
	60．对假冒政府网站的域名解析和互联网接入服务进行处置，对假冒政府网站开办者等人员依法予以打击处理	—	市网信办、市政府办公厅、市经济信息化委、市通信管理局	立即落实
	61．落实安全保护责任，强化安全培训，定期对相关人员进行安全教育、技术培训和技能考核，提高安全意识和防范水平	—	各区政府、市政府各部门、各单位	持续落实
	62．制定完善政府网站安全管理制度和操作规程，做好网站安全定级、备案、检测评估、整改和检查工作，提高网站防篡改、防病毒、防攻击、防瘫痪、防劫持、防泄密能力	—	各区政府、市政府各部门、各单位	2018 年 6 月完成并持续落实
	63．建立政府网站信息数据安全保护制度	—	各区政府、市政府各部门、各单位	2018 年 6 月完成并持续落实
	64．打造个人和企业专属主页，提供个性化、便捷化、智能化服务，针对特殊群体提升信息无障碍水平	—	各区政府、市政府各部门、各单位	2019 年 6 月
	65．优化政府网站搜索功能，根据用户真实需求调整搜索结果排序，提供多维度分类展现，实现“搜索即服务”	—	各区政府、市政府各部门、各单位	2019 年 6 月
	66．实现自动解答用户咨询、转人工服务功能，实现快捷注册、登录、支付功能	—	各区政府、市政府各部门、各单位	2019 年 6 月
	67．构建开放式政府网站系统框架，支撑融合新技术、加载新应用、扩展新功能，随技术发展变化持续升级，实现平滑扩充和灵活扩展	—	各区政府、市政府各部门、各单位	2019 年 12 月

（续表）

类别	工作任务	牵头单位	责任单位	完成时限
四、做好政府网站安全防护和创新发展	68．开放网上政务服务接口，积极利用第三方平台，开展预约查询、证照寄送以及在线支付等服务	—	各区政府、市政府各部门、各单位	2018 年 12 月完成并持续落实
	69．建立完善公众参与办网机制，鼓励引导群众分享用网体验，开展监督评议，探索网站内容众创，形成共同办网的新局面	—	各区政府、市政府各部门、各单位	2019 年 12 月完成并持续落实
	70．对网站用户的基本属性、历史访问页面内容和时间、搜索关键字等行为信息进行大数据分析	—	各区政府、市政府各部门、各单位	2018 年 6 月完成并持续落实
	71．利用大数据支撑，研究分析网站各栏目更新、浏览、转载、评价以及服务使用等情况，对有关业务部门贯彻落实决策部署，开展信息发布、解读回应、办事服务、互动交流等方面工作情况进行客观量化评价	—	各区政府、市政府各部门、各单位	2019 年 12 月完成并持续落实
	72．推进政府网站向移动终端、自助终端、热线电话、政务新媒体等多渠道延伸，为企业和群众提供多样便捷的信息获取和办事渠道	—	各区政府、市政府各部门、各单位	2018 年 12 月完成并持续落实
	73．建立健全人工在线服务机制，融合已有的热线资源，完善知识库，及时响应网民诉求，解答网民疑惑	—	各区政府、市政府各部门、各单位	2019 年 12 月完成并持续落实
	74．加强与网络媒体、电视广播、报纸杂志等的合作，通过公共搜索、社交网络等公众常用的平台和渠道，多渠道传播政府网站的声音	—	各区政府、市政府各部门、各单位	2018 年 6 月完成并持续落实
	75．开展线上线下协同联动的推广活动，提高政府网站的用户黏性、公众认知度和社会影响力	—	各区政府、市政府各部门、各单位	2018 年 12 月完成并持续落实
五、组织保障	76．制定政府网站考评办法，把考评结果纳入政府年度绩效考核	—	市政府办公厅	2018 年 4 月完成并持续落实
	77．根据实际情况完善政府网站年度绩效考核办法	—	各区政府	2018 年 4 月完成并持续落实
	78．每季度对政府网站信息内容开展一次巡查抽检，及时公开检查情况。对问题严重的进行通报并约谈有关责任人	—	市政府办公厅、各区政府	立即落实
	79．完善奖惩问责机制，推广先进经验，并给予相关单位和人员表扬和奖励，对因网站出现问题造成严重后果的，对分管领导和有关责任人进行严肃问责	—	市政府办公厅、各区政府	2018 年 12 月完成并持续落实
	80．开展本实施意见贯彻落实情况的督查	—	市政府办公厅	2018 年 12 月完成并持续落实
	81．采用第三方评估、专业机构评定、社情民意调查等多种方式，对工作效果进行客观、公正、多角度的评价	—	市政府办公厅、各区政府	2018 年 12 月完成并持续落实
	82．编制政府网站监管年度报表，每年 1 月 31 日前向社会公开	—	市政府办公厅、各区政府办公室、各单位	2018 年 1 月完成并持续落实

（续表）

类别	工作任务	牵头单位	责任单位	完成时限
五、组织保障	83．积极开展试点示范，树立标杆典型，建立交流平台，加强业务研讨，分享经验做法，共同提高管网、建网、办网的能力	—	各区政府、市政府各部门、各单位	2019年6月完成并持续落实
	84．及时总结政府网站管理经验，研究制定政府网站管理办法	—	市政府办公厅	2019年12月
	85．健全政府网站工作机构，增强政府网站工作力量	—	各区政府、市政府各部门、各单位	立即落实
	86．安排专人每天及时处理网民纠错意见，在2个工作日内答复网民	—	各区政府、市政府各部门、各单位	立即落实
	87．将政府网站工作纳入干部教育培训内容，定期组织开展培训，把提升网上履职能力作为培训的重要内容，不断提高机关工作人员知网、懂网、用网的意识和水平	市政府办公厅、市人力社保局	各区政府、市政府各部门、各单位	2018年12月完成并持续落实
	88．加强专业人才培养，建设一支熟悉政务工作和互联网传播规律，具有高度责任感和工作担当的政府网站工作专业化队伍	—	各区政府、市政府各部门、各单位	2018年12月完成并持续落实
	89．建立专人负责制度，指定专人对政府网站信息内容和安全运行负总责，明确栏目责任人，严格审校流程，加强内容审核和保密审查	—	各区政府、市政府各部门、各单位	2018年6月完成并持续落实
	90．建立24小时值班制度，及时处理突发事件，编辑、审核和发布相关稿件。建立每日读网制度，对政府网站的整体运行情况、链接可用情况、栏目更新情况、信息内容质量等进行日常巡检，每日浏览网站内容，及时发现问题、纠正错漏并做好记录	—	各区政府、市政府各部门、各单位	2018年6月完成并持续落实
	91．把政府网站经费足额纳入部门预算，科学核定政府网站运行维护经费需要，统筹安排好网站的栏目策划、宣传解读产品制作等内容保障工作经费	—	各区政府、市政府各部门、各单位	2018年12月完成并持续落实
	92．对外包的业务和事项，严格审查服务单位的业务能力、资质和管理制度，细化明确外包服务的人员、内容、质量和工作信息保护等要求，确保人员到位、服务到位、安全到位	—	各区政府、市政府各部门、各单位	立即落实
	93．编制政府网站年度工作报表，于每年1月31日前向社会公开	—	各区政府、市政府各部门、各单位	2018年1月完成并持续落实
	94．建立与本级宣传、网信、编制、电信主管和公安部门的协同机制，做好政府网站重大事项沟通交流、信息共享和问题处置等工作	市政府办公厅、各区政府	市委宣传部、市网信办、市编办、市公安局、市通信管理局，各区相关部门	2018年6月完成并持续落实
	95．要与宣传、网信部门建立政务舆情回应协同机制，督促相关单位及时通过政府网站、新闻媒体和网络媒体等发布回应信息	市政府办公厅、各区政府	市委宣传部、市网信办、市公安局，各区相关部门	2018年12月完成并持续落实
	96．建立政府网站间协同联动机制，畅通沟通渠道，共同打造整体联动、同步发声的政府网站体系	市政府办公厅、各区政府	各区政府、市政府各部门、各单位	2018年12月完成并持续落实

北京市人民政府办公厅关于印发《北京市深入推进“互联网＋流通”行动实施方案》的通知

京政办发〔2017〕50 号

各区人民政府，市政府各委、办、局，各市属机构：

《北京市深入推进“互联网＋流通”行动实施方案》已经市政府同意，现印发给你们，请认真组织实施。

2017 年 12 月 11 日

北京市深入推进“互联网＋流通”行动实施方案

为贯彻落实《国务院办公厅关于深入实施“互联网＋流通”行动计划的意见》（国办发〔2016〕24 号），进一步推进流通创新发展，推动实体商业转型升级，拓展消费新领域，增强经济发展新动能，结合本市实际，特制定本实施方案。

一、指导思想

深入学习贯彻党的十九大精神，以习近平新时代中国特色社会主义思想为指导，深入贯彻落实习近平总书记两次视察北京重要讲话和对北京工作的一系列重要指示精神，牢固树立新发展理念，牢牢把握首都城市战略定位，大力推进流通业与移动互联网、大数据、物联网等新一代信息技术深度融合，优化资源配置，促进创新发展，为拓展消费新领域、带动创业就业、增强经济发展新动能提供有力支撑。

二、主要目标

到 2018 年年底，全市统一共享、创新协同、竞争有序、畅通高效的智慧流通体系框架基本建成。互联网与流通产业深度融合，全市通过互联网销售商品和服务的规模以上商业法人单位数量比 2015 年翻一番；规模以上批发零售企业中网上零售额超过亿元的企业数量比 2015 年翻一番。电子商务市场规模进一步扩大，全市电子商务交易额突破 2.5 万亿元；规模以上商业企业通过互联网实现的销售额占主营业务收入的比重达到 20% 左右。“互联网＋流通”创新示范成效初显，培育一批消费体验示范中心、社区商业“E 中心”和流通协同服务平台。

三、推动流通转型升级

（一）引导传统零售转型升级

鼓励百货商店、超市等实体零售企业积极开展全渠道营销，发展线上线下融合的体验式服务新模式，提供全方位、全天候服务。鼓励企业突出商品和服务特色，应用移动互联网、大数据等信息技术，在营销、支付、售后服务等方面线上线下互动，满足多元化消费需求，降低消费成本。支持企业通过发展连锁经营、集中采购、共同配送等形式降本增效，提高利

用智慧供应链实现转型升级的能力。（责任单位：市商务委、市国资委、市经济信息化委，各区政府）

（二）鼓励传统批发业转型升级

支持传统批发企业线上交易平台建设，应用大数据增强线上供需信息匹配、线下商品集散配送能力，实现在线交易、精准营销。支持农产品、医药流通等大宗商品交易平台应用互联网创新商业模式，拓展服务功能，提高精细化、专业化发展水平。（责任单位：市商务委、市发展改革委、市农委，各区政府）

（三）强化骨干企业示范带动作用

鼓励重点电子商务平台与实体企业进行资源对接，培育具有市场竞争优势的新型流通主体，推动互联网与实体经济融合发展。充分利用本市国有流通企业在市场规模和要素聚集等方面优势，鼓励其发展“互联网＋流通”新模式，优化经营结构，推动全市流通产业发展质量提升。发挥骨干企业示范带动作用，促进传统中小企业应用电子商务快速发展。（责任单位：市商务委、市国资委、市经济信息化委）

四、推进流通创新发展

（四）积极发展新型流通方式

支持发展分享经济新模式，鼓励企业利用互联网优化社会闲置资源配置，提高资源利用率，促进创业创新。支持发展协同经济新模式，鼓励有条件的企业开放数据资源，通过众创、众包等形式，建立产业链、供应链、服务链上下游企业、创业者之间的协作机制，提高资源优化配置能力。（责任单位：市商务委、市经济信息化委、市科委、市发展改革委、市网信办、市旅游委、中关村管委会）

（五）大力发展流通创新基地

发挥本市电子商务资源聚集优势，加强电子商务示范基地和示范园区建设，为符合条件的中小企业应用互联网创业创新提供集群注册、办公场所、基础设施、人才培训、运营推广等一体化服务。（责任单位：市商务委、市人力社保局、市工商局，各区政府）

（六）推广应用电子发票

鼓励符合条件的社会组织和企事业单位开展电子发票电子化入账报销试点，并制订相应管理标准规范。支持社会资本建设电子发票综合服务平台，集成电子发票大数据分析、信息互联共享、安全查验等服务功能，深化电子发票应用，更好发挥电子发票对流通经济的促进作用。（责任单位：市商务委、市国税局、市财政局、市档案局）

五、提升智慧流通发展水平

（七）加强智慧流通基础设施建设

加强冷链物流基础设施建设，鼓励企业应用互联网、物联网等技术完善智慧物流体系，提升冷链运输和安全监控能力，发展上下游高效衔接的全程冷链物流服务模式。支持企业应用互联网优化物流节点布局，建立高效便捷的“基地＋配送中心＋末端配送网点”城市微物流网络。推进智慧乡村信息化基础设施建设，加大宽带建设投入，加快提速降费进程。（责任单位：市商务委、市发展改革委、市经济信息化委）

（八）促进物流配送协同发展

引导物流、仓储企业与电子商务企业对接合作，提高流通资源协同利用效率，构建信息化、便捷化、智能化的物流配送体系。研究解决电子商务快递从业人员基本技能培训、快递运营车辆规范通行等问题，补齐电子商务物流发展短板。鼓励有条件的企业开放海外仓集货、配送、产品展示等功能，降低跨境电子商务物流成本。

（责任单位：市商务委、市交通委、市公安局公安交通管理局、市邮政管理局、北京海关、北京出入境检验检疫局）

六、发展智能绿色消费

（九）鼓励拓展智能消费新领域

挖掘新型消费需求，鼓励发展线上线下融合的体验式智慧商圈，促进商圈内购物、休闲、娱乐、餐饮、教育等业态优势互补、资源共享，提高商圈内资源整合能力和消费集聚水平。大力推广智能家居机器人、可穿戴设备等新兴智能化消费产品，提高智能化消费产品和服务的供给能力与水平。（责任单位：市商务委、市发展改革委、市经济信息化委、市规划国土委、市科委、市教委、市文化局、市新闻出版广电局）

（十）大力发展绿色流通和消费

研究制定快递包裹运输、包装材料回收处理相关标准，推动仓储配送与包装绿色化发展，提高商贸物流绿色化发展水平。推动发展“互联网＋回收”新模式，鼓励在线回收，支持企业应用信息技术优化生活垃圾分类回收和再生资源回收流程。开展绿色商场示范活动。创建一批集门店节能改造、节能产品销售和废弃物回收于一体的绿色商场。鼓励发展网上拍卖、二手商品在线交易，推动旧货市场创新发展。（责任单位：市邮政管理局、市城市管理委、市商务委、市环保局）

七、推进电子商务进社区进农村

（十一）积极促进电子商务进社区

优化社区商业网点布局，鼓励发展集购物、休闲、健康等服务于一体，线上线下深度融合的“一刻钟”便民服务商圈，不断满足社区居民多样性便利化消费需求。支持各类市场主体利用社区现有便民服务设施、闲置物业和疏解腾退空间，打造社区商业“E 中心”，通过互联网整合社区服务资源，集成家政、洗染、维修、自助缴费、末端配送等基本便民服务功能。（责任单位：市商务委、市社会办、市住房城乡建设委，各区政府）

（十二）深入推进农村电子商务

鼓励电子商务企业与农村便民商业网点合作，针对农村消费需求精准匹配商品和服务，带动工业品下乡，方便农民消费。推动农产品网络销售，鼓励农民合作社等市场主体拓展适合网络销售的农产品和休闲农业等产品和服务，促进农民增收。（责任单位：市商务委、市农委、市邮政管理局、市国资委）

八、加强组织保障

（十三）健全工作机制

建立由分管副市长牵头，各区政府和市相关部门参与的综合协调机制，研究提出流通业转型发展重点任务和配套措施，协调解决遇到的重点难点问题。各区政府、市相关部门要根据本行动方案，制定具体措施，确保任务落到实处。（责任单位：市相关部门，各区政府）

（十四）加大资金支持

统筹现有资金渠道，加大对流通模式创新、流通基础设施及公共服务平台建设等的支持力度。充分发挥北京生活性服务业发展基金等政府投资基金引导作用，吸引社会资本参与“互联网＋流通”建设，提升资金保障能力。（责任单位：市财政局、市发展改革委、市商务委、市经济信息化委，各区政府）

（十五）强化基础支撑

打造“商务通”信息化服务平台，实现商务信息资源整合与共享，提高服务保障能力。研究完善本市电子商务、连锁经营、物流配送等统计监测体系，提升流通领域经济运行监测分析能力。委托第三方机构开展综合评估，研究分析本市“互联网＋流通”发展水平、结构变化及总体趋势，为科学制定促进“互联网＋流通”发展政策措施提供依据。鼓励有条件的企业建立实训基地，培养既懂流通又懂创意创新和网络运营的复合型人才。（责任单位：市商务委、市统计局、市发展改革委、市经济信息化委、市人力社保局）

（十六）营造良好环境

创新监管方式，加强事中事后监管，严厉打击侵权假冒、无证无照经营、不正当竞争、虚假交易等行为，保障消费者权益。鼓励平台型服务企业利用技术手段加强对网络经营者的资格审查及违法违规行为的监测、识别和防范，主动与执法部门建立联防联控机制，营造保障“互联网＋流通”行动顺利实施的法治化营商环境。依托本市公共信用信息服务平台，健全企业信用信息采集、共享和使用机制，形成多方参与的商务诚信体系。（责任单位：市工商局、市质监局、市食品药品监管局、市经济信息化委、市商务委）

北京市人民政府办公厅

2017 年 12 月 12 日

北京市经济和信息化委员会　天津市工业和信息化委员会　河北省工业和信息化厅关于联合印发《京津冀协同推进北斗导航与位置服务产业发展行动方案（2017—2020 年）》的通知

京经济信息化委发〔2017〕19 号

各相关单位：

为深入贯彻落实《京津冀协同发展规划纲要》等文件精神，全面提升京津冀地区北斗导航与位置服务产业的整体水平，使京津冀地区成为国内最具影响力的北斗导航与位置服务产业聚集区和科技创新制高点，我们编制了《京津冀协同推进北斗导航与位置服务产业发展行动方案（2017—2020 年）》，现印发给你们，请结合实际贯彻执行。

附件：《京津冀协同推进北斗导航与位置服务产业发展行动方案（2017—2020 年）》

2017 年 3 月 31 日

京津冀协同推进北斗导航与位置服务产业发展行动方案（2017—2020年）

为深入贯彻党中央、国务院关于京津冀协同发展的重大战略决策部署，立足整体及三地功能定位，疏解北京非首都功能，实现产业转型升级，以信息化带动工业化，加快推进北斗卫星导航系统在京津冀三地的综合应用，促进京津冀北斗导航与位置服务产业协同发展，力争在新一轮信息技术发展的竞争中抢占先机，占领高端，形成新优势，由北京市经济和信息化委员会、天津市工业和信息化委员会、河北省工业和信息化厅三地主管部门牵头共同制定本行动方案。

一、指导思想

以党中央、国务院关于京津冀协同发展的重大战略决策部署为指导，深入贯彻落实《京津冀协同发展规划纲要》，坚持创新、协调、绿色、开放、共享五大发展理念，切实抓住京津冀协同发展和北斗系统发展双重机遇，发挥京津冀三地各自优势，找准共同行动的契合点，在更大的空间范围统筹推动北斗应用规模化发展，从更高的战略角度协同推进北斗导航与位置服务产业快速健康发展。

通过本行动方案的实施，旨在进一步加强京津冀三地北斗导航与位置服务产业的合作与联动，共同推进科技创新，解决城市发展问题，满足民生服务重大需求，推动传统产业转型升级，促进区域经济协调发展，从而全面提升京津冀北斗导航与位置服务产业的整体水平，形成区域一体化发展竞争优势。

二、发展原则与总体目标

（一）发展原则

1. 需求引领、统筹协调。以京津冀一体化发展所面临的重大需求为导向，充分发挥市场在资源配置中的决定性作用，加强三地在资源和行动上的统筹协调，形成强大合力，共同推进北斗导航与位置服务产业发展。

2. 重点突出、协同推进立足京津冀区域整体及三地功能定位，重点围绕城市发展和民生服务中的关键问题，建立协调机制，明确具体任务和行动分工，切实保障方案实施。

3. 规模应用、互利共赢。聚焦重点领域，共同推动北斗规模化应用，促进产业一体化发展，探索三地在技术创新、人才培养、资金投入及利益分配等方面的互利共赢模式，实现区域经济的共同发展。

4. 深化合作、创新驱动。推进京津冀产学研用深化合作，促进三地科研机构与企业的协同创新与成果转化，共同推动北斗导航与位置服务产业“大众创业、万众创新”发展，以科技创新为核心驱动力，促进产业转型升级。

（二）总体目标

在京津冀三地充分利用现有北斗导航与位置服务产业基础设施和成果，围绕公共安全应急保障、交通与物流、养老等领域开展规模化应用，通过促进共用共建共享协调发展，推动北斗基础设施一体化、应用示范一体化和运营服务一体化，通过组织管理、资金投入和政策标准等方面的可持续保障，不断挖掘新的应用需求，推动京津冀北斗规模化应用和产业协同发展，显著提升产业创新力和竞争力。

在京津冀地区打造形成能够基本满足北斗规模化应用服务的基础设施和公共服务平台，建立领先全国并具有国际影响力的权威智库，巩固并保持京津冀北斗导航与位置服务产业在全国的领先优势。到2020年，实现北斗导航与位置服务产业总体产值超过1200亿元，使京津冀地区成为国内最具影响力的北斗导航与位置服务产业聚集区和科技创新制高点。

三、重点任务

（一）重点技术研发方向

1. 集中力量攻关北斗导航与位置服务共性基础技术，配合国家相关重大专项，加大研发支持力度，综合提升北斗导航芯片与多源传感器的集成应用，在综合性能、功耗、成本等方面得到显著提升。

2. 重点突破协同精密定位、智能导航、泛在位置服务核心技术，实现位置服务技术的大幅提升，在高精度室内外无缝导航定位授时技术取得突破。

3. 积极促进北斗导航与位置服务技术和各行业的融合，以产业共性技术研发与产业化应用为重点，加强集成创新与应用模式创新。

（二）重点发展应用领域

1. 公共安全应急保障领域

依托区域和政策优势，强化区域间北斗导航与位置服务产业基础设施互联互通和信息资源共建共享，提高公共安全体系中位置空间的精细化水平，解决公共安全领域的突出风险和突发事件的辨识、定位、导航、监测等一系列关键问题，提供从预判预警到应急处置的全过程服务能力。促进跨地区跨部门跨行业应用规范资源优化配置和协同治理，立足一体化协同发展的总体战略，充分发挥北京在技术、人员、资源和经验方面的优势，在区域内推广各自的先进技术和平台，提供深层次的一体化应用，提高区域公共安全的协同治理和服务保障水平。

2. 交通与物流领域

利用北斗导航、地理信息、遥感、物联网、大数据等新兴技术在交通出行、物流运输领域的创新应用，加快推进京津冀区域交通与物流一体化发展。实现区域内车辆出行与共享单车的精准化服务，方便区域统一出行，解决实际出行困难问题。推动京津冀一体化交通出行位置服务平台建设，通过多种方式，为公众提供跨区域、全过程基于位置的实时交通信息服务。推动电子口岸、道路运输危险品信息监管平台和邮政业务信息监管平台等相关支撑平台建设，建立跨区域跨行业的物流信息平台，形成开放、透明、共享的供应链协作模式。打造智能化物流公共配送中心、中转分拨站，加强物流车辆的规范管理以及社区自提点、服务点的共建共享。

3. 养老领域

依托北斗导航定位功能，研制推广智慧养老可穿戴型设备，为老年群体提供定位、位置服务、健康监测、预警、监护等与医疗服务相结合的功能应用与服务体验；搭建京津冀一体化北斗智慧养老服务平台，开展养老云计算数据中心、养老服务支撑平台的建设，并结合物联网技术为社保、医保等管理部门提供终端远程授信机制，提供智能化服务；统筹规划建设以“医养结合”为特色的京津冀北斗养老服务片区，开展养老应用示范工程项目，对周边社区老人提供信息采集、医疗救助、健康体检等服务，探索开展养老服务、医疗服务新模式，建立以居家为基础、社区为依托、机构为补充的多层次养老服务体系，形成京津冀养老服务发展新格局。

（三）重点工程

1. 建设北斗导航与位置服务产业聚集区

鉴于众多北斗导航与位置服务产业核心企业在北京中关村已形成相对聚集效果，打造以北京中关村为核心的京津冀发展北斗导航与位置服务产业的聚集区，形成企业孵化成长区、加速发展区和企业总部聚集区三大梯次功能区，辐射周边地区北斗导航与位置服务企业，引领产业发展，形成京津冀整个产业集聚区的中心。

在天津市建立北斗导航产业基地、北斗战略新兴产业园区、北斗卫星导航数据中心等多个北斗产业创新服务平台及科技成果转化与产学研合作平台。

在河北省建立卫星导航国家级工程技术中心、国家级通信导航监督检验中心、卫星导航运营服务中心与卫星导航产业基地。

2. 推进北斗导航与位置服务标准化及规范化

积极开展北斗导航与位置服务标准化研究与推进工作，积极制定或参与制定具有自主知识产权的各类标准及相应的计量检测技术规范，完善北斗卫星导航标准体系。以北斗导航与位置服务产业的高新技术和典型示范应用为基础，建立相应的先进技术标准集群和应用服务标准集群。面向京津冀三地北斗公共服务平台协同发展、协同运行的需要，制定京津冀北斗区域示范应用统一的数据接口标准和通信协议标准，形成京津冀区域统一的导航与位置服务协同标准体系。

联合组建京津冀北斗导航与授时计量测试平台，提供公共计量测试服务，形成计量测试互认机制。制定针对标准测试设备的计量校准规范，对测试条件、测试方法和测试设备提出统一具体的计量性能要求，为产品质量的客观科学评价提供技术依据和保障。

进一步提高质量技术基础内部各要素之间相互融合，在典型企业和产业聚集区综合发挥标准、计量、认证认可和检验检测的作用，组织研究制定北斗导航与位置服务产业核心标准，开展质量技术基础“一站式”服务示范试点，形成适合北斗导航与位置服务产业的质量提升方案与可复制推广的一站式质量服务模式和服务规范，提升北斗导航与位置服务产品的综合质量水平。联合组建京津冀北斗导航与授时计量测试平台，提供公共计量测试服务，形成计量测试互认机制。

3. 建立一体化协同发展与应用服务体系

促进共用共建共享协调发展，推动空间信息基础设施一体化、应用平台一体化和运营服务一体化。

（1）空间信息基础设施一体化

在国家“北斗地基增强系统工程”统筹之下，配合国家《“十三五”国家信息化规划》中建设陆海空天一体化信息基础设施要求，利用京津冀三地已有资源，完成京津冀北斗地基增强系统（一张网）的建设并准备进行应用推广。

利用遥感卫星资源，基于自主知识产权的国产空间数据库系统建立面向北斗的时空信息云服务平台，与京津冀北斗一体化运营服务平台对接，为其移动终端和相应的业务系统提供即时高分辨率影像服务和相关空间信息服务。

（2）应用平台一体化

根据京津冀三地整体产业布局情况，以行业应用需求为导向，联合开展北斗导航与位置服务产业的应用平台建设，充分发挥各地的优势资源，根据各地产业转型的实际要求，优先开展京津冀区域公共安全应急保障应用、交通物流一体化应用、智慧养老应用等应用工程建设。

（3）运营服务一体化

通过“终端＋系统＋平台”模式，提供成本低、功能强、广域性的北斗导航与位置服务一站式服务。在运营服务方面，依托京津冀三地现有的运营服务平台企业，从统一服务、数据共享、任务协同入手，逐步实现商业运营的一体化，打造京津冀北斗导航与位置服务的集团企业。

4. 支撑冬奥会北斗导航与位置服务建设

根据2022年北京—张家口冬季奥林匹克运动会相关需求，推动京津冀产业协同创新，综合应用北斗导航、地理信息、遥感、室内定位等空间信息技术，融合新一代移动通信、互联网、物联网、云计算、大数据等新兴技术，重点针对冬奥会安全保障能力建设、智能交通与物流、公众信息服务等方面开展北斗应用示范工程，为将2022年冬奥会办成一届“精彩、非凡、卓越”奥运盛会打好基础，并形成可持续发展的奥运遗产。

四、保障措施

（一）成立联合工作组，加强统筹协调

由北京市经济和信息化委员会、天津市工业和信息化委员会、河北省工业和信息化厅三个单位牵头，会同京津冀三地行业主管部门，成立联合工作组，组建专家智库，共同制定京津冀北斗导航与位置服务产业发展路线图，在政策制定、标准研究、科研攻关等方面统筹管理，加强协同与推进力度。建立北斗导航与位置服务产业京津冀协同发展联席会议机制，促进三地政府与行业企业的互动沟通。

（二）建立重点项目库，加大资金投入力度

建立重点项目库，对京津冀三地列为重点的项目实行政府全程跟踪服务，定期进行调度与协调，择优给予重点支持。将北斗导航与位置服务产业列入政府重大科技研发和产业化资金重点支持范围，采取股权投资、贷款贴息、无偿资助等方式。设立产业发展基金，支持北斗导航与位置服务产业的研发与产业化、应用示范工程、产业聚集区建设等项目。充分发挥政府投入对社会投资的引导带动作用，引导社会资本支持京津冀北斗导航与位置服务相关产业。

（三）完善政策体系，创造良好的产业发展环境

将北斗导航与位置服务产业作为京津冀三地新时期重点发展的产业以及现代服务业的重要组成部分加以推广。在政府部门和公用事业的信息化应用中采购相关产品及服务，以政府采购引导产业发展。

以政府支持促进三地北斗导航与位置服务平台建设。对于京津冀三地目前经济发展所急需的相关行业应用，如物流监控、应急减灾、高精度授时、地理国情监测等给予优先支持。

（四）积极争取国家项目，加速应用示范与规模化应用进程

积极争取国家发展改革委、财政部、科技部、工信部等国家部委的支持，组织协调京津冀三地企业承担北斗导航与位置服务产业相关国家重大科技攻关和产业化项目，推动国家重大专项落地京津冀地区，对承接国家重大专项的企事业单位优先给予地方政府的配套支持。整合资源，创造条件争取国家重大工程在京津冀率先应用示范，加速北斗导航与位置服务产业规模化应用进程。结合京津冀大数据综合试验区建设，将北斗导航与位置服务产业相关大数据项目纳入支持范围。

（五）加强高端人才培养和引进力度，促进京津冀人才交流

协助企业引进北斗导航与位置服务产业领域国际国内优秀人才，充分利用好中央“千人计划”和京津冀三地的人才服务平台与政策，引进一批掌握前沿技术的创新创业人才。做好北京高端人才在京津冀区域流动与交流工作。

加强对国内北斗导航与位置服务产业人才的引进和政策支持力度，将本领域企业高端人

才纳入高端人才奖励范围。

（六）发挥产业联盟作用，鼓励模式与机制创新

充分发挥产业联盟的组织作用，鼓励产业联盟成员间的交流与合作，大力推进以企业为主体的产学研用合作，推动应用示范与规模化应用项目建设。鼓励产业联盟组织制定行业公约规范，加强行业自律。引导产业链内部各种形式的资源整合和横向联合，创新产业发展机制，形成集团化、组织化的推进模式，培育产业高端创新集群。

北京市经济和信息化委员会办公室

2017 年 3 月 31 日

北京市经济和信息化委员会等部门关于转发国家发展改革委等部门《关于全面加强电子商务领域诚信建设的指导意见》的通知

京经济信息化委发〔2017〕45 号

各相关单位：

为建立健全本市电子商务领域诚信体系，褒扬诚信，惩戒失信，营造良好的市场信用环境，促进电子商务健康快速发展，现转发国家发展改革委等部门《关于全面加强电子商务领域诚信建设的指导意见》（发改财金〔2016〕2794 号），并补充如下：

一、完善信用信息共享应用机制

各行业主管、监管部门要完善有关信息系统，建立健全电子商务平台以及相关机构和从业人员的信用记录。依托市公共信用信息服务平台实现部门间包括红黑名单在内的各类信用信息的共享，实现与全国信用信息共享平台的互联共享，建立政府部门与电子商务平台的数据交换机制，电子商务平台将平台内网店基本数据依法报送相关行业主管、监管部门。并按照有关规定在“信用北京”网站和北京市企业信用信息网集中公示。

二、健全政府部门协同监管联动机制

各行业主管、监管部门研究构建以信用为核心，以实时监控、智能识别、风险预警、科学处置为主要特点的电子商务领域新型市场监管体系。加强多部门联合执法检查协同，共享检查记录。实施信用分级分类监管，建立集风险监测、网上抽查、源头追溯、属地查处、信用管理为一体的电子商务信用监督机制。在市社会信用体系建设联席会议统筹协调下，建立电子商务领域诚信典型“红名单”和严重失信主体“黑名单”制度，明确认定标准，依托市公共信用信息服务平台开展电子商务领域信用联合奖惩，实现发起响应、信息推送、执行反馈、信用修复、异议处理等业务协同。

三、强化电子商务平台主体责任

电子商务平台要建立健全内部信用管理制度、投诉举报制度和对交易主体的信用监管机

制，要落实身份标识和用户实名登记制度，要建立平台、入驻商家和物流企业等服务合作机构的信用承诺制度，要建立完善交易双方信用记录，及时将不诚信行为信息纳入信用档案，并依法报送相关行业主管、监管部门，要建立基本信息、信用信息及重大事件信息披露制度，要积极配合监管部门执法，提供网店违法证据，及时将自行发现的涉嫌违法违规网店的信息、违法违规事实报送相关行业主管、监管部门。相关工作的落实情况将作为电子商务平台的信用记录内容纳入市公共信用信息服务平台。支持电子商务平台对交易流程、流通环节进行实时动态监控的基础上，加强对失信行为的分类与甄别，防范信用炒作风险。支持电子商务平台开展信用信息的汇聚整合和关联分析，有效识别和打击失信商家。

四、支持第三方机构创新服务应用

鼓励第三方机构和社会组织在电子商务信用管理中积极发挥作用。支持相关机构建设电子商务领域信用管理的第三方服务平台，以需求为导向依法采集电子商务平台、交易主体及其物流等相关服务企业的信用信息，依法依规与市公共信用信息服务平台建立信用信息共享机制，实现电子商务领域信用信息交互融合、应用创新。支持第三方机构构建大数据监管模型，对电子商务平台及相关经营机构定期进行信用状况评估，检测失信行为信息，提供信用调查、评估、担保、保险等信用产品和服务，支撑电子商务平台加强在商品质量、知识产权、服务水平等方面的信用管控，为电子商务平台落实主体责任提供支撑，为行业主管、监管部门创新管理提供协助。

五、创新信用公示手段

鼓励企业和电子商务平台将企业网站、法人单位网店首页与北京市企业信用信息网的企业信息页面对接，实现点对点查看企业信用信息。

附件：1. 北京市关于加强电子商务领域诚信建设重点任务分工及进度安排

2.《关于全面加强电子商务领域诚信建设的指导意见》（发改财金〔2016〕2794 号）

市经济信息化委
人民银行营业管理部
市网信办　市公安局　市交通委
市邮政管理局　市商务委　市工商局
市质监局　市食品药品监管局
2017 年 6 月 20 日

附件

北京市关于加强电子商务领域诚信建设重点任务分工及进度安排一览表

序号	工作任务	负责单位	时间进度
1	督促电子商务平台落实身份标识和用户实名登记制度，对开办网店的单位和个人核实身份，定期更新并将企业注册号、企业名称、网店名称、网店首页域名等信息依法报送相关行业主管、监管部门	市工商局、市公安局、市商务委、市网信办	2017 年年底前完成
2	推动电子商务平台建立交易双方的信用互评、信用积分制度，探索建立交易后评价或追加评价制度，将交易双方评价和服务承诺履约情况记入信用档案，并将评价结果和积分充分公开	市经济信息化委、人民银行营业管理部、市商务委、市工商局	2017 年年底前完成
3	支持开展第三方信用评价，建立对电子商务平台、入驻商家和上下游企业的综合信用评价机制	市经济信息化委、人民银行营业管理部	2017 年年底前完成
4	加强电子商务平台与非银行支付机构的协调配合。充分发挥非银行支付机构在电子商务账款支付中的作用，防范网络欺诈等行为。进一步完善网络支付服务体系	人民银行营业管理部	持续实施
5	加强对寄递物流企业及其从业人员的信用管理，探索建立监管部门、商户和消费者对寄递物流企业及其从业人员的信用评价机制。建立健全责任倒查和追究机制，对严重失信寄递物流企业限制入驻电子商务平台	市邮政管理局、市交通委、市网信办、市商务委	2018 年年底前完成
6	支持和鼓励电子商务平台落实经营者首问和赔偿先付制度，积极和解消费纠纷。电子商务平台和有关市场监管部门建立处理消费投诉的沟通协调机制，及时回应并积极处理消费者投诉问题	市工商局、市商务委及相关部门	2017 年年底前完成
7	建立健全电子商务平台及为电子商务提供支撑服务的代运营、物流、咨询、征信等相关机构和从业人员的信用记录，按照有关规定在“信用北京”网和北京市企业信用信息网公示	市经济信息化委、人民银行营业管理部、市网信办、市公安局、市交通委、市邮政管理局、市商务委、市工商局、市食品药品监管局	2017 年 6 月底前完成
8	建立市场主体事前信用承诺制度，推动电子商务平台、入驻商家、个人卖家，物流企业等提供商品销售和服务的市场主体就遵纪守法、信息真实性、产品质量、服务保证、承担的责任与义务等情况做出信用承诺，以规范格式向社会公开	市经济信息化委、人民银行营业管理部、市商务委、市工商局、市食药监局、市邮政管理局	2017 年年底前完成
9	建立电子商务领域线上线下信用信息共享机制，依托北京市公共信用信息服务平台，归集电子商务领域信用信息，实现各地区和有关行业主管，监管部门信用信息的互联互通和共享交换。建立政府部门与电子商务平台的信息交换机制，政府完成数据比对后，应向电子商务平台反馈企业主体信用信息	市经济信息化委、人民银行营业管理部、市工商局及相关部门	2017 年年底前完成
10	引导和规范征信机构依法采集、整合电子商务领域交易主体信用信息。鼓励社会信用评价机构对电子商务平台定期进行信用状况评估，监测失信行为信息	市经济信息化委、人民银行营业管理部	持续实施
11	督促电子商务平台建立健全内部信用约束机制，建立商家信用风险预警制度，建立完善举报投诉处理机制，积极配合监管部门执法，提供网店违法证据，及时将自行发现的涉嫌违法违规网店的信息、违法违规事实报道报送相关行业主管、监管部门	市经济信息化委、人民银行营业管理部、市商务委、市工商局	2017 年年底前完成
12	督促电子商务平台在市场主体经营页面显著位置公示其营业执照、身份核验标识、信用等级等信息或包含以上信息的电子链接标识。在电子商务平台网站首页试点建立“信用北京”和北京市企业信用信息公示查询窗口，提供市场主体信用信息查询服务。将企业网站、法人单位网店首页与北京市企业信用信息网的企业信息页面对接，实现点对点查看企业信用信息	市经济信息化委、市工商局、市网信办	2017 年 6 月底前完成

（续表）

序号	工作任务	负责单位	时间进度
13	建立电子商务领域红黑名单制度，实施守信联合激励和失信联合惩戒	市经济信息化委、人民银行营业管理部、市工商局及各相关部门	2017 年年底前完成
14	严厉打击整治电子商务领域违法失信行为。严厉打击制假售假、以次充好、虚假宣传、恶意欺诈、服务违约、恐吓威胁，以及通过恶意刷单、恶意评价、空包裹代发邮寄等方式伪造交易记录和物流信息实现“增信”“降信”等违法失信行为	市公安局、市商务委、市工商局、市质监局、市网信办	持续实施
15	推进电子商务诚信建设相关法律法规建设。研究制定电子商务领域信用信息采集、共享、披露、管理、评价等方面相关标准规范	市经济信息化委、市商务委、市工商局、市质监局、市网信办	持续实施
16	建立以信用为核心的电子商务领域新型市场监管体系。加强多部门联合执法检查协同，共享检查记录。实施信用分级分类监管，建立集风险监测、网上抽查、源头追溯、属地查处、信用管理为一体的电子商务信用监督机制	市工商局、市商务委、市经济信息化委及各相关部门	持续实施
17	支持第三方机构创新服务应用	市经济信息化委、市工商局、市商务委	持续实施

附件 2（略）

北京市经济和信息化委员会关于印发《北京市电子政务网络升级改造实施方案》的函

京经济信息化委函〔2017〕257 号

各有关单位：

为贯彻落实京津冀一体化国家战略和《国务院办公厅关于印发政务信息系统整合共享实施方案的通知》（国办发〔2017〕39 号）有关要求，满足北京城市副中心信息化需求，支撑云计算和大数据应用开展，促进资源复用和信息共享，加快推进部门业务专网整合，结合本市实际，我委组织制定了《北京市电子政务网络升级改造实施方案》，并于 2017 年 7 月启动相关工作，计划 2018 年 12 月底前完成全部改造任务，请各单位积极支持配合相关工作。

北京市经济和信息化委员会

2017 年 7 月 7 日

北京市电子政务网络升级改造实施方案

北京市电子政务网络（简称电子政务网络）是在“十五”期间，“加快国民经济和社会信息化”成为国家重要发展战略的大背景下，由市政府统筹，市经济信息化委主导，企业投资建设的重大信息化项目。经过十余年的建设运营，电子政务网络为服务北京市各级党政机关和行政事业单位的政务信息化发挥了重要的作用。

当前有三大核心动力推动着电子政务网络的演进和变革：

一是市委、市政府关于贯彻《京津冀协同发展纲要》的意见中指出，北京市将贯彻京津冀一体化国家战略，疏解北京非首都功能，未来将聚焦通州，加快北京城市副中心建设。中共北京市委、市政府、市人大、市政协等四套班子和大部分市属委办局将整体搬迁至北京城市副中心。作为服务于市属各行政事业单位的电子政务网络需要与北京城市副中心基础设施同步规划建设，并在市属单位的搬迁前完成建设，为北京市行政事业单位搬迁和日常工作的平滑过渡提供信息化基础支撑。

二是北京市正式发布了《北京市大数据和云计算发展行动计划（2016—2020年）》，并率先建成了市级电子政务云平台。云计算和大数据分析技术在北京市政务领域的普遍采用将改变原有的电子政务业务模式：各政务单位分散管理和使用的业务数据将逐步迁移到政务云平台上承载，数据汇集后，将为政务大数据深度分析和跨部门的数据共享提供基础性的支撑，因此在电子政务网络所承载的业务数据流向和流量必将随之发生显著的变化。

三是国务院印发了《政务信息系统整合共享实施方案》，力图解决长期以来困扰我国政务信息化建设的“各自为政、条块分割、烟囱林立、信息孤岛”问题。要求“除极少数特殊情况外，目前政府各类业务专网都要向国家电子政务内网或外网整合”。这为北京市多年来分散建设的部门业务专网的整合指明了方向，也对北京市电子政务网络的承载能力和安全防护提出了更高的要求。

为更好地适应上述变革，落实国家和北京市相关文件要求，指导北京市电子政务网络升级改造工作，制定本实施方案。

一、总体要求

（一）指导思想

全面贯彻党的十八大和十八届三中、四中、五中、六中全会精神，深入贯彻习近平总书记系列重要讲话精神和治国理政新理念新思想新战略，认真落实党中央、国务院决策部署，紧紧围绕北京城市副中心建设要求、北京市电子政务云业务发展要求和加快推进部门业务专网整合共享要求，牢固树立和贯彻落实创新、协调、绿色、开放、共享的发展理念，统筹谋划，锐意改革，重点突破，尽快见效。

（二）基本原则

1．统筹规划、统一建设。市级信息化主管部门负责根据国家和北京审的相关要求，统筹规划制定电子政务网络升级改造方案，统建共用，满足应用需求，避免重复建设。

2．资源整合、互联互通。以电子政务网络为基础，整合各类业务专网，实现各部门间的网络互联互通，推进政务信息资源共享，为云计算和大数据应用的广泛开展奠定基础。

3．应用导向，满足需求。以电子政务业务为导向，满足党政机关信息化对政务网络的需求为目标，加快网络新技术应用，注重实效，不断推进电子政务网络发展，提升电子政务网络的服务能力。

4．强化管理、注重安全。建立统一管理机制，加强全程全网管理，确保网络高效稳定运行。加强信息安全技术体系建设和管理制度建设，提高安全防御能力和水平，确保网络安全。

（三）工作目标

电子政务网络升级改造总体目标是：以集约、开放、稳定、安全为前提，通过对现有资源的扩充增强、优化升级，建成技术先进成熟、高速互联互通、满足业务需求、安全稳定可控的电子政务城域网络，支持 IPv6 协议，便于信息共享，符合国家相关建设指导要求。重点实现如下具体目标：

1．调整网络结构，满足北京城市副中心信息化需求。(1）适应市属政务机关单位迁移后网络布局的变化。随着各市级政务机关单位陆续向北京城市副中心迁移，对电子政务网络的物理拓扑结构进行调整，包括光缆路由、传输网、IP 网核心及汇聚节点。(2）适应北京城市副中心大规模集中办公需求。实现电子政务网络与副中心行政办公区园区网的高速可靠对接，满足大容量的信息承载需求。

2．实现政务云平台间高速互联，支撑云计算和大数据应用开展。(1）实现北京市政务服务中心、北京城市副中心政务云计算中心、北京市政务信息安全容灾备份中心等云平台数据中心之间双路由光纤直连，满足相互间大容量数据交换需求。(2）实现各云平台双链路安全可靠接入政务外网，满足用户访问需求。(3）为各云平台的管理提供专用传输链路，满足云平台管理需求。

3．调整业务组网方式，促进资源复用和信息共享。(1）调整政务外网 IP 网现有的纵向业务系统和横向共享服务访问控制策略，在加强网络安全防护的基础上，按照“开放为常态，隔离为特例”的原则进行业务组网，为政务信息系统的互联互通、业务协同、信息共享创造条件。(2）充分利用政务光缆网和政务外网传输网资源，为高清视频会议和高清图像监控等流媒体业务提供高速可靠的传输通道，确保通信质量，同时减轻政务外网 IP 网压力。

4．增强网络安全防护能力，满足用户灵活快速安全接入的需求。(1）建设统一的政务外网安全接入平台，整合北京市移动通信接入管理平台，实现政务外网与其他固定网络、移动网络的安全连接，支持多种实名接入认证手段，满足用户灵活快速安全的接入和访问相关信息系统的需求。(2）构建统一的市级政务外网实名接入认证体系，对接入政务外网的终端进行行为管理和审计，实现行为可追溯，保证安全策略的落实和安全管理规章制度的执行。从其他网络接入政务外网的用户的实名认证，由安全接入平台负责实现。

5．整合部门专网，实现网络集约化建设和管理。完成高可信网、金财网、医保网、一号应急视频会议系统专线，以及工商、地税等专网的整合工作。

6．完善管理体系，提高网络管理水平。加强网络管理体系建设，增强对政务外网自建资源和租用资源的管理，完善市级网络管系统功能，规范各区网络管理系统建设，并按国家政务外网网络管理要求进行对接，实现上联国家政务外网管理平台，下联各区级外网网管系统，外联运营商网管系统。在网元管理、网络管理、服务管理及事务管理等各层面全面监控网络资源使用情况和运行状态，提高故障分析诊断、性能统计分析、业务监控及业务统计分析能力。

二、重点任务

（一）调整政务网络机房布局

结合北京市市属单位向北京城市副中心的搬迁，及现有部分机房的腾退，调整电子政务网络核心及汇聚机房布局，将在腾退机房内部署的设备搬迁至保留的机房；依托北京城市副中心行政办公区园区网及政务云计算中心建设新的通信机房，并部署核心及汇聚设备。

（二）调整及增补政务光缆资源

以北京市重要政务信息化基础设施布局为

需求导向，结合政务网络机房布局的改变，调整和增补政务光缆网资源，主要满足北京市政务服务中心、北京城市副中心政务云计算中心、北京市政务信息安全容灾备份中心等云平台数据中心之间高速互联，政务传输网调整扩容，以及政务外网 IP 网结构调整等需求。

主要任务是在市级网络核心及汇聚节点、各云平台数据中心等重要节点之间规划多方向、大芯数的骨干光缆。原则上，核心节点敷设不少于三个不同方向的光缆，使之具备突发光缆中断情况下的光缆倒换和通信快速恢复能力，每个光方向光缆芯数应达到 288 芯；汇聚节点应敷设不少于两个不同方向的光缆，每方向光缆芯数应达到 144 芯。重点建设北京城市副中心与通州区政府、与顺义区政府、与北京经济技术开发区、与六里桥政务服务中心等之间的直连光缆。

（三）调整及升级扩容政务传输网

适应云平台间高速数据交换、重要流媒体业务高速可靠传输等业务需求，进一步扩大传输网服务范围，利用分组传输、弹性管道、灵活组网等新技术特性提高传输网络的线路复用能力和业务承载效率，为政务网络中日益增长的大流量、低时延业务建立可靠的传输通道。

主要任务包括：调整政务传输网节点布局，增设北京城市副中心核心及汇聚节点，迁移撤销部分市内节点；升级扩容现有政务外网传输网，核心环网容量 100Gbps、城区汇聚环网容量 40Gbps（远郊环网仍为 10Gbps）；为高清视频会议和高清图像监控等流媒体业务提供高速可靠的传输通道，确保通信质量。

（四）调整及升级改造政务外网 IP 网

以创新开放、整合共享为指导思想，对政务外网 IP 网进行结构调整和升级改造，一是满足国家政务外网、城市副中心园区网、政务云平台等的高速对接以及部门业务专网整合的需求，二是结合市级行政事业单位向城市副中心的搬迁，优化网络结构，调整访问控制策略，同时提高网络安全防护、网络管理和接入能力。主要任务包括：

1. 调整网络结构，提高网络容量。增设北京城市副中心核心及汇聚设备，增设面向政务云平台、政务外网安全接入平台及国家电子政务外网的对接汇聚设备，迁移撤销部分市内核心汇聚设备。升级扩容网络容量，核心层链路带宽达到 40Gbps，具备升级到 100Gbps 能力；汇聚层链路带宽达到 10Gbps，具备升级到 40Gbps 能力；接入层链路带宽达到 1Gbps，具备升级到 10Gbps 能力，为有重要业务系统的单位提供可靠的双链路接入。

2. 调整网络访问策略。实现“开放为常态，隔离为特例”的网络访问控制策略。设置公共域，在公共域内不设任何访问限制，可实现各个接入单位间服务器与终端的互访。各横向业务系统、视频会议系统、图像监控系统均纳入公共域。无特殊隔离需求的纵向业务系统，在符合网络实名接入认证和信息系统等级保护测评要求的前提下，取消现有的虚拟专网隔离，纳入公共域。有特殊隔离需求的业务系统可单独形成独立的虚拟专网。这些虚拟专网可根据业务需要，与公共域实现完全隔离或在采取安全措施满足安全防护要求的前提下进行双向互访。

3. 建设安全接入平台和实名认证系统。一是建设统一的政务外网安全接入平台，整合北京市移动通信接入管理平台，实现政务外网与互联网、移动通信网络、物联网等其他固定网络、移动网络的安全连接，支持多种接入认证手段，满足不具备专线接入条件的单位接入、移动办公用户接入、物联网终端接入，以及临时接入等需求。建设政务外网实名接入认证管理系统，在政务外网汇聚节点部署网络实名接入认证网关进行网络准入控制，实现政务外网网络访问实名认证及用户访问行为全程可追溯的目标。

4. 建设网络智能化运维管理平台和统一授时平台。建设智能化网络运维管理平台和统一的网络授时平台，实施用户分级管理，强化流量监控、流量统计和绩效分析等深度管理功能，建立运维大数据分析系统，实现对设备事件日志、性能日志、认证日志、业务日志、安全日志等信息的收集和快速分析，为提高网络资源使用效率，预判和快速定位网络故障等提供信息化支撑。

5. 整合部门业务专网。结合电子政务网络升级改造工作和市级委办局向北京城市副中心的搬迁工作，完成对金财网、医保网、高可信网、工商专网、地税专网、北京市移动通信接入管理平台、一号应急视频会议系统等业务专网和信息系统向政务外网的整合，相关接入链路和业务流量均并入政务外网 IP 网。

三、进度计划

（一）建设期

电子政务网络升级改造工程建设为期一年半（2017 年 7 月—2018 年 12 月），分为以下两个阶段：

第一阶段，为期半年（2017 年 7—12 月），实现与北京城市副中心行政办公区园区网的对接，完成对金财网、医保网、高可信网、北京市移动通信接入管理平台、应急视频会议系统的整合。其中，2017 年 9 月底完成北京城市副中心东古城核心、汇聚设备部署，为 10 月份北京市机关事务管理局入驻北京城市副中心提供网络接入条件。

第二阶段，为期一年（2018 年 1—12 月），在完成各项工程建设任务的基础上，再利用半年时间，完成对工商、地税专网的整合。

（二）实施进度

附件：

电子政务网络升级改造工程实施进度一览表

序号	任务内容	开始时间	完成时间
1	调整政务外网核心及汇聚机房	2017.7	2018.6
2	调整及增补政务光缆资源	2017.7	2018.6
3	政务外网传输网调整及建设	2017.7	2018.6
4	政务内网传输网调整	2017.7	2018.6
5	市级政务外网 IP 网调整及建设（含运维管理和统一授时平台建设）	2017.7	2018.6
6	政务外网安全接入平台建设	2017.7	2017.12
7	政务外网实名接入认证系统建设	2017.7	2018.6
8	政务外网网络管理平台建设	2017.7	2018.6
9	政务外网统一授时平台建设	2017.7	2018.6
10	金财网、医保网、高可信网、北京市移动通信接入管理平台、应急视频会议系统整合	2017.7	2017.12
11	工商、地税专网整合	2018.7	2018.12

四、投资模式

本次电子政务网络升级改造工程继续沿用 BOT（建设—运营—转移）模式，由首都信息发展股份有限公司负责投资建设和运维。

北京制造业创新发展领导小组关于印发《北京市推进两化深度融合推动制造业与互联网融合发展行动计划》的通知

京制创组发〔2017〕2 号

各区人民政府，市政府各委、办、局，各市属机构：

《北京市推进两化深度融合推动制造业与互联网融合发展行动计划》经市委第 12 次常委会和市政府第 152 次常务会审议通过，现印发你们，请结合实际认真贯彻落实。

北京制造业创新发展领导小组

2017 年 8 月 28 日

北京市推进两化深度融合推动制造业与互联网融合发展行动计划

为贯彻落实《国务院关于深化制造业与互联网融合发展的指导意见》《信息化和工业化融合发展规划（2016—2020 年）》《软件和信息技术服务业发展规划（2016—2020 年）》《〈中国制造 2025〉北京行动纲要》，持续推动本市两化深度融合，促进制造业转型升级，加快构建“高精尖”产业体系，深化全国科技创新中心建设，制定本行动计划。

一、总体要求

（一）指导思想

全面贯彻落实党的十八大和十八届三中、四中、五中、六中全会精神，深入贯彻落实习近平总书记系列重要讲话精神和治国理政新理念新思想新战略，以习近平总书记两次视察北京重要讲话精神为根本遵循，立足首都城市战略定位和京津冀协同发展布局，以激发制造业创新活力、转型动力和发展潜力为主线，以强化提升信息技术的支撑服务能力为基础，通过信息化和工业化深度融合发展，加快引导传统优势企业转型升级，加快培育形成新模式新业态，加快推动“在北京制造”向“由北京创造”转变，使本市成为引领中国制造向中国创造转变的先行区域和战略高地。

（二）总体目标

到 2020 年，以信息化改造提升传统产业、培育发展新动能的工作格局基本形成，重点行业骨干企业两化融合发展水平显著提高，制造业与互联网融合进一步深化，制造业创新发展的“双创”体系更加健全，支撑融合发展的基础设施和产业生态日趋完善，制造业数字化、网络化、智能化取得明显进展，产业融合创新催生的新业态成为北京经济增长的新引擎，成为辐射引领京津冀协同乃至全国产业升级的新典范。

2020年全市重点行业骨干企业主要发展指标一览表

<table>
<tr><th>类别</th><th colspan="2">指 标</th><th>2016年</th><th>2020年（目标值）</th></tr>
<tr><td>总体水平</td><td colspan="2">两化融合发展水平（分）</td><td>61.4</td><td>70</td></tr>
<tr><td>发展阶段</td><td colspan="2">达到集成提升及以上阶段的企业比例（%）</td><td>36.5</td><td>50</td></tr>
<tr><td rowspan="10">数字化、网络化、智能化水平</td><td rowspan="2">数字化装备</td><td>生产设备数字化率（%）</td><td>54.20</td><td>65</td></tr>
<tr><td>关键工序数控化率（%）</td><td>58.30
（51.60）</td><td>70
（60）</td></tr>
<tr><td rowspan="4">工业软件</td><td>数字化研发工具普及率（%）</td><td>81.20</td><td>90</td></tr>
<tr><td>ERP普及率（%）</td><td>87.30</td><td>92</td></tr>
<tr><td>PLM普及率（%）</td><td>41.30</td><td>55</td></tr>
<tr><td>MES普及率（%）</td><td>34.90</td><td>50</td></tr>
<tr><td>设备互联</td><td>数字化生产设备联网率（%）</td><td>44.90</td><td>60</td></tr>
<tr><td>云平台</td><td>云平台应用率（%）</td><td>66.70</td><td>75</td></tr>
<tr><td rowspan="2">企业间业务协同</td><td>工业电子商务普及率（%）</td><td>60.40</td><td>70</td></tr>
<tr><td>“双创”平台普及率（%）</td><td>52.40</td><td>70</td></tr>
<tr><td rowspan="4">新模式新业态培育</td><td colspan="2">智能制造就绪率（%）</td><td>10.90</td><td>18</td></tr>
<tr><td colspan="2">实现网络化协同的企业比例（%）</td><td>31.30</td><td>45</td></tr>
<tr><td colspan="2">开展服务型制造的企业比例（%）</td><td>25.70</td><td>40</td></tr>
<tr><td colspan="2">开展个性化定制的企业比例（%）</td><td>8.60</td><td>20</td></tr>
</table>

说明：针对该指标，括号内为算术平均值，反映该指标企业平均水平；括号外为按照企业规模设置权重的加权平均值，反映该指标国家（行业、区域）的综合水平，其中《中国制造2025》中测算的是算术平均值。

二、主要行动

（一）生产模式转型行动

1.行动目标。到2020年，实现重点领域智能化转型，支撑各领域全面构建绿色制造体系，重点行业骨干企业形成一批基于智能、绿色的网络化协同、个性化定制、服务型制造等新模式。

2.行动内容。(1)加快发展智能制造。重点围绕智能制造系统级软件和集成服务、智能传感和感知、工业物联网、工业控制系统等领域推进智能制造创新中心建设。加快建设“中国制造2025”试点示范城市，支持智能机器人、高档数控机床、三维打印设备等高端智能装备的研发和产业化。聚焦智能网联电动汽车技术体系和全球领先的产业化能力建设，鼓励发展电动汽车研发、设计、试验试制、验证等环节。加快汽车制造、电子信息、生物医药、高端装备等领域数字化车间、智能工厂的建设和广泛应用，实现重点领域的智能化转型。(2)全面推进绿色制造。大力推进物联网、云计算、大数据、移动互联网等新一代信息技术与环保技术、节能技术、资源综合利用技术融合创新，研发推广核心关键绿色工艺，建设绿色设计支撑数据库、能源管理中心、绿色原料及产品可追溯信息系统、产品信息化管理平台、企业间废物交换信息网络及企业智能环境数据感知体系，全面提升设计、制造、物流、使用、回收、拆解与再利用等产品全生命周期的资源利用效率和环境保护综合效益，推动构建高效、清洁、低碳、循环的绿色制造体系。(3) 大力推广网络化生产新模式。发展网络化协同制造，推动企业内的纵向集成和企业间的横向集成，实现企业内全流程信息共享和上下游企业间协同联动，加快建设第三方协同制造平台，重点支持制造能力在线发布和交易平台，加快形成社会协作式的新型生产体系。发展个性化定制，鼓励汽车、装备、都市等行业利用互联网采集并对接用户个性化需求，开展基于个性化产品的研发、生产、服务和商业模式创新，促进供给与需求精准匹配。发展服务型制造，支持有条件的企业由提供设备向提供系统集成总承包服务、由提供产品向提供整体解决方案转变，推动传统生产企业向总部研发、科技服务和文化创意等业态转型，发展设计、测试和运营维护、数据信息等增值服务业态，优化提升总部经济。

（二）服务模式创新行动

1. 行动目标。到 2020 年，制造业企业和互联网企业融合发展的“双创”平台建设成效显著。建成一批面向京津冀、辐射全国的工业云和工业大数据服务平台，培育一批行业性和综合性工业电子商务平台。形成一批两化融合系统解决方案，以两化融合管理体系贯标引领新旧动能转换的工作格局基本形成。

2. 行动内容。(1) 构建融合创新新体系。引导和支持制造业重点行业骨干企业、大型互联网企业、基础电信企业建立互联网“双创”平台，集聚、共享企业内外创业创新资源，探索基于平台的众包研发、协同制造、众创定制等新模式，拓展专业化服务，开创大中小企业联合创新创业的新局面。强化产业链前端创新，发挥新一代信息技术产业优势，推进首都科技资源在线开放，搭建研发试验、检验检测、知识产权、技术交易等专业化创新服务平台，强化海淀区等国家“双创”示范基地、中关村创业大街、中关村智造大街的辐射引领功能，加快打造集工业设计、技术研发、检测认证、产品中试、协同服务、营销推广于一体的“双创”服务体系。支持企业、高校和科研院所联合搭建协同创新平台网络，推动国家级制造业创新中心、国家级企业技术中心、市级产业创新中心建设，积极创建驱动产业转型的国家创新高地。(2) 培育融合服务新业态。鼓励大型制造企业将信息技术、电子商务、物流等优势业务剥离，加快培育一批第三方工业电子商务综合服务平台，支持发展智慧物流、支付结算、网络安全、供应链金融等专业化工业电子商务服务，打造共建共赢的电子商务生态圈。支持云计算企业建立面向工业企业的云计算资源池，搭建战略性工业云平台，创新云计算产品和服务，推动制造资源开放共享，带动云服务器、云平台软件及云服务企业协同发展，构建全国云计算解决方案研制中心和云服务汇聚中心。完善工业大数据产业链布局，在关键核心领域培育和引进龙头骨干企业，加快开发面向研发设计、生产制造、经营管理等关键环节的工业大数据分析技术、工具和平台，制定和完善工业信息资源采集、分析、利用、开放和共享机制。(3) 打造融合发展新供给。发挥北京市数字经济服务资源优势，跨界整合软硬件、云计算、物联网、大数据等信息技术服务企业，形成并持续提升涵盖技术、管理等领域的系统解决方案服务能力。以两化融合管理体系贯标为引领，推动制造企业与咨询机构和信息技术服务提供商深度合作，面向制造企业新型能力打造需求，研制多层级、多类别、个性化的两化融合系统解决方案。在重点行业领域推动制造企业与服务提供商精准对接，形成并推广以数据为驱动、新型能力建设为主线的北京市产业转型升级新模式。加速数字经济视角下北京市新旧动能转换，实现“理念—方法—工具—解决方案”的京津冀区域经济整体提升。

（三）基础能力提升行动

1. 行动目标。围绕两化融合对信息技术产业的需求，在集成电路、基础元器件、高端工业软件等领域取得重大突破，建设开放、融合、协同的产业体系，夯实产业基础支撑。到2020年，建成一批具备自主发展能力的通用基础软硬件平台，形成一批安全可靠的综合验证、系统评测、公共服务平台，信息技术产业支撑能力全面提升。

2. 行动内容。（1）夯实融合发展技术基础。聚焦智能终端、网络通信、工业控制、存储、图像处理等芯片，以加快推进14纳米先进工艺技术研发及生产线建设为切入点，在新一代集成电路关键核心技术上取得突破性进展。突破工业控制系统发展瓶颈，加快推动可编程逻辑控制器、分布式控制系统等的研发和产业化。加快计算机辅助设计仿真、制造执行系统、产品全生命周期管理等工业软件的研发和产业化，加强软件定义和支撑制造业的基础性作用。充分发挥北京市科研资源优势，支持科研院所、高校、大型企业研发行业信息物理系统（CPS）开发工具、知识库、组件库及通用开发平台，支持企业研发物理仿真、人机交互、智能控制、系统自治等关键技术及产品。大力推广中国国际软件博览会品牌，推动软件产业创新发展。（2）加快部署工业互联网。发挥北京市高级智力创新资源优势，统筹全市工业互联网基础设施建设规划与布局，推进新型传感器、执行器、控制器、嵌入式软硬件系统方面的基础性研发，加快网络互联体系、网络地址与标识、数据交换、通信协议的技术攻关与标准制定。大力投入泛在无线网路、IPv6、工业以太网、软件定义网络、网络功能虚拟化等新型网络技术在工业网络的研发应用，研发用于保障网络运营、调度基础网络设施的各种管理系统。支持企业开展工业互联网创新应用示范，推动企业加快以工业以太网、智能传感、NB-IoT等网络互联新型技术为主的生产现场网络、IT系统网络的改造，逐步实现工厂内生产网络、IT网络、互联网之间的融合。（3）提升工业信息安全保障能力。制定完善工业信息安全管理政策法规，建立工业控制系统安全的信息共享、漏洞信息发布、风险信息采集汇总和分析通报机制。支持制定工业信息安全标准，规范工业互联网和工业信息访问、安全漏洞检测、安全应急处置等关键环节，提升工业控制系统安全管理能力。加大安全自主可控的工业控制系统、基础软硬件产品、专用安全产品、应急通信装备等信息安全产业的扶持力度，推进工业领域国产化产品替代工程。组织开展工业企业信息安全保障试点示范，支持系统仿真测试、评估验证等关键共性技术平台建设，推动访问控制、追踪溯源、商业信息及隐私保护等核心技术产品的应用及产业化。

三、重点工程——五个100工程

（一）贯标100工程

结合北京市产业发展需求，在高端装备、电子信息、汽车、生物医药、航空航天等重点产业领域，遴选500家企业开展两化融合管理体系贯标试点，并推动100家企业通过评定。围绕企业新型能力打造过程和所采用的产品、服务与解决方案等，分行业树立 30 家两化融合管理体系贯标示范企业，系统总结推广贯标达标企业优秀经验和成果。探索形成两化融合管理体系有效落地的路径和方法，支持行业两化融合共性解决方案和标准研制。搭建支撑两化融合管理体系贯标的软件工具和服务平台，建设完善线上线下协同的市场化服务体系。持续推进北京市重点行业规上企业两化融合自评估、自诊断、自对标全覆盖，明确两化融合发展现状、发展重点、特征模式及发展趋势。分级分类有序引导企业贯彻实施两化融合管理体系，加快打造互联网时代企业的核心竞争能力。

（二）智造 100 工程

围绕高端装备、电子信息、汽车、生物医药、航空航天等重点产业，累计支持 100 个智能制造模式应用项目。大力推广数字化车间建设，推动企业信息互联互通和集成，加快提升人机交互协同能力，实现产品全生命周期管理和全过程闭环管理。加快发展智能工厂，推动关键生产环节实现先进控制和在线优化，实现企业生产信息共享及经营管理和决策智能优化。支持在京津冀产业协同布局的企业，通过实施数字化车间、智能工厂项目，探索形成跨区域联网智能制造系统，提升企业智能制造系统集成能力。鼓励汽车、航空航天、服装、家具等行业企业建立用户个性化需求信息平台和开放式个性化定制平台，推动研发、测试、生产、物流、管理、服务等环节数据的互联、互通与互操作，加快柔性化改造，实现以用户为中心的个性化定制与按需生产。鼓励企业拓展系统集成和系统运维等新服务领域，提供设备状态监测、产品质量监测、生产运行分析等服务。支持电子终端、家居建材等行业企业研发制造智能终端、可穿戴产品和智能家居等产品，为客户提供环境监测、医疗健康、生活服务、在线教育等高端服务。

（三）“双创”100 工程

围绕制造业“双创”平台及“双创”服务体系建设，累计支持 100 个试点示范项目。支持制造业重点行业骨干企业建立基于互联网的内部“双创”平台，实现研发设计、生产制造、市场资源、企业数据、投融资等资源的内部共享，充分激发企业内“众”部门、“众”环节、“众”员工的创业创新潜力。鼓励大型制造企业面向行业和全社会开放“双创”平台资源，发展专业化服务，推动形成大中小企业协同共进的产业创新生态。支持大型互联网企业、基础电信企业建设面向制造企业的“双创”服务平台，在全球范围内集聚共享资金、技术、人才、渠道、品牌等创新创业资源，完善制造业“双创”服务体系，加快建立低门槛、广覆盖、有活力的“双创”生态圈。聚焦高端创新创业核心区、南北创新创业发展带和郊区创新创业特色园区，支持和发展一批创新创业大街、产业孵化平台、新技术和新产品推介平台、开源社区等创新创业载体。

（四）协同 100 工程

聚焦网络化协同制造和京津冀协同发展，累计支持 100 个试点示范项目。鼓励大型制造企业加强供应链成员间关联信息共享和实时交互，实现供应链的市场信息协同、研发设计协同、生产制造协同、物料采购协同、订单库存协同、物流执行协同和账务结算协同，提升供应链运营效率。支持大企业加强企业集团信息化管控，发展“研发设计和营销推广两端在京 + 异地制造”的经营新模式，在京津冀合理布局研发、孵化、制造、售后等环节，加快构建京津冀智能制造网络。依托北京市工业云服务平台构建面向区域、行业和企业的“京津冀互联网协同制造平台”，加快打造实时、开放、高效、协同的社会化供应链体系，推进京津冀创新资源和制造资源快速聚集、消费需求响应和个性化定制模式创新、生产要素优化配给和产品服务价值延伸。

（五）新供给100工程

面向北京市重点行业企业转型升级需求，分级分类梳理形成约50个互联网时代企业新型能力，建立涵盖北京市贯标咨询服务机构、信息技术企业、互联网企业等近100家数字经济服务领先企业能力清单。遴选50家制造企业开展新旧动能转换试点，与贯标咨询服务机构和解决方案提供商进行精准对接，确保试点企业建立系统化运行管理新机制，构建并持续打造新型能力。搭建京津冀工业云服务平台，汇聚共享创新资源、制造资源、数字经济服务资源，提供两化融合系统解决方案，快速响应用户个性化需求，优化生产要素配给，促进产品服务价值延伸。创建京津冀工业大数据服务平台，加强工业信息资源采集、分析、利用、开放和共享、推动大数据在产业链全流程的应用，助力产业转型升级和区域协同一体化。

四、保障措施

（一）强化组织保障

在北京市制造业创新发展领导小组的领导下，各职能部门和各区要加强市区协同和京津冀区域合作，把推进两化深度融合和推动制造业与互联网融合发展有机结合起来，加强整体规划布局和要素聚集，分步骤组织实施各项行动和工程。市经济信息化委要联合市统计局，建立融合发展的跟踪监测、统计分析、动态调整、绩效评价和综合性监督考核机制，创新推进制造业融合发展数据统计监测工作，形成北京市制造业数据统计和量化评价新模式。市国资委、市科委、中关村管委会以及各区要加强组织协调，切实推进市属国有企业和区属企业两化融合、制造业与互联网融合相关工作的落实。

（二）创新财税金融支持

统筹各类专项资金和信息化发展资金，加大对融合发展共性技术突破、平台建设、试点示范及两化融合管理体系贯标和采信等重点项目的支持，加大对两化融合提供新供给能力的新一代信息技术发展的支持力度。积极推动政府采购面向重点行业和领域的云计算和大数据服务。鼓励金融机构依托制造业产业链核心企业，积极开展产业链金融业务；稳妥有序推进北京中关村国家自主创新示范区投贷联动业务试点。鼓励各类资本参与，分层分类推进市属国有企业混合所有制改革。支持优质企业上市融资，积极推进首台（套）重大技术装备保险补偿机制试点工作。利用好“高精尖”产业发展基金及科技创新基金等基金政策，建立两化融合发展基金，支持产业基金、股权投资、贷款贴息等多种方式，带动更多社会资本投入融合发展项目建设。

（三）建立健全融合发展标准体系

充分发挥本市创新资源优势，围绕融合发展重点领域，鼓励高校、科研院所、龙头企业、行业联盟、技术服务组织、国际标准化组织等加快相关技术、产品及管理类基础共性标准的研制，推动面向新技术、新产品、新服务的综合类标准研制，推进试验验证、检验检测和条件平台的建设，有效掌握重点行业标准话语权。

（四）加强融合发展人才支撑

推进融合发展高端人才引进和培养“百千万”计划。在人工智能、机器人、新材料、3D打印等领域，面向全球引进百名具有世界科技前沿水平的顶尖专家，千名能够突破重点行业与领域融合发展关键技术的领军人才；培养万名专业突出、技艺精湛、创新有为，在推进融合发展领域起骨干作用、具有发展潜能的优秀高技能年轻人才。支持高校围绕两化融合人才培育设立相关学科，鼓励高校、企业、研究机构等设置融合发展实训基地，产业园区开展融合发展高端人才置换。

（五）推动融合发展国际交流

紧紧抓住国家“一带一路”发展战略的历史机遇，以提升“北京创造”品牌世界影响力为核心，围绕融合发展相关技术研发、标准研制、人才培养、行业应用等领域，建立多层次、多渠道、多方式的国际合作与交流机制。支持和鼓励企业积极引进、吸收和转化国际先进的融合发展创新成果。鼓励具有实力的龙头骨干企业通过收购兼并、联合经营、设立分支机构和研发中心等方式积极拓展国际市场，构建国际化的资源配置体系，推动融合发展的相关产品、技术、标准、服务“走出去”。

北京信息化年鉴

附　录

本栏目收录北京市国家级及市级两化融合管理体系贯标试点企业名单、2017 北京软件和信息服务业综合实力百强企业榜单、2017 年（31 届）中国电子信息百强企业北京地区企业排名和“2017 信息服务业新业态创新企业 30 新遴选”获奖企业名单。

北京市国家级及市级两化融合管理体系贯标试点企业名单一览表

序号	企业名称	所属区域	认定级别	认定年份
1	北京华航无线电测量研究所	东城区	国家级	2017
2	国网冀北电力有限公司	西城区	国家级	2017
3	国网北京市电力公司	西城区	国家级	2017
4	中国神华煤制油化工有限公司	朝阳区	国家级	2017
5	中国航空工业集团公司北京航空制造工程研究所	朝阳区	国家级	2017
6	北京世纪互联宽带数据中心有限公司	朝阳区	国家级	2017
7	中国神华能源股份有限公司国华电力分公司	朝阳区	国家级	2017
8	中国石化润滑油有限公司	海淀区	国家级	2017
9	中国恩菲工程技术有限公司	海淀区	国家级	2017
10	中铝国际贸易有限公司	海淀区	国家级	2017
11	北京机械设备研究所	海淀区	国家级	2017
12	北京广利核系统工程有限公司	海淀区	国家级	2017
13	航天科工防御技术研究实验中心	海淀区	国家级	2017
14	北京自动化控制设备研究所	丰台区	国家级	2017
15	北京动力源科技股份有限公司	丰台区	国家级	2017
16	北京航天新风机械设备有限责任公司	房山区	国家级	2017
17	北京国能电池科技有限公司	房山区	国家级	2017
18	北京航天奥祥通风科技有限公司	房山区	国家级	2017
19	北京顺鑫控股集团有限公司	顺义区	国家级	2017
20	有研半导体材料有限公司	顺义区	国家级	2017
21	北京京诚凤凰工业炉工程技术有限公司	大兴区	国家级	2017
22	施耐德（北京）中低压电器有限公司	大兴区	国家级	2017
23	航卫通用电气医疗系统有限公司	大兴区	国家级	2017
24	北京海纳川李尔汽车系统有限公司	大兴区	国家级	2017
25	舒泰神（北京）生物制药股份有限公司	大兴区	国家级	2017
26	北京德鑫泉物联网科技股份有限公司	大兴区	国家级	2017
27	北方导航控制技术股份有限公司	大兴区	国家级	2017
28	葛洲坝能源重工有限公司	大兴区	国家级	2017
29	北京福田戴姆勒汽车有限公司	怀柔区	国家级	2017
30	奥瑞金包装股份有限公司	怀柔区	国家级	2017
31	北京当当网信息技术有限公司	东城区	市级	2017

（续表）

序号	企业名称	所属区域	认定级别	认定年份
32	北京市燃气集团有限责任公司	西城区	市级	2017
33	北京汇士通国际标准技术有限公司	朝阳区	市级	2017
34	北京盛世大唐科技发展中心	朝阳区	市级	2017
35	北京睦合达信息技术股份有限公司	朝阳区	市级	2017
36	北京京东尚科信息技术有限公司	海淀区	市级	2017
37	北京优炫软件股份有限公司	海淀区	市级	2017
38	北京一亩田新农网络科技有限公司	海淀区	市级	2017
39	绿蜘蛛科技有限公司	海淀区	市级	2017
40	依文服饰股份有限公司	丰台区	市级	2017
41	北京东西分析仪器有限公司	门头沟区	市级	2017
42	北京五隆兴科技发展有限公司	房山区	市级	2017
43	北京潞电电气设备有限公司	通州区	市级	2017
44	北京黎明文仪家具有限公司	通州区	市级	2017
45	北京华商三优新能源科技有限公司	通州区	市级	2017
46	北京索迪医疗器械开发有限责任公司	通州区	市级	2017
47	国药集团工业有限公司	顺义区	市级	2017
48	中煤电气有限公司	顺义区	市级	2017
49	北京康仁堂药业有限公司	顺义区	市级	2017
50	中粮（北京）饲料科技有限公司	顺义区	市级	2017
51	延锋海纳川汽车饰件系统有限公司	顺义区	市级	2017
52	北京嘉孚科技有限公司	顺义区	市级	2017
53	北京美格兴业家具制造有限公司	顺义区	市级	2017
54	北京安达泰克科技有限公司	顺义区	市级	2017
55	北京金雨弘泰科技发展有限公司	顺义区	市级	2017
56	北京仁和热力中心	顺义区	市级	2017
57	北京欧菲堡酒庄有限公司	顺义区	市级	2017
58	北京奇良海德印刷股份有限公司	顺义区	市级	2017
59	北京路星沥青制品有限公司	顺义区	市级	2017
60	北京潼潮混凝土有限公司	顺义区	市级	2017
61	北京宇远汽车部件有限公司	怀柔区	市级	2017
62	北京众生平安卫生护理用品有限公司	平谷区	市级	2017
63	北京森普杨环境科技有限公司	平谷区	市级	2017
64	北京宝沃汽车有限公司	密云区	市级	2017
65	北京普莱德新能源电池科技有限公司	大兴区	市级	2017
66	华克医疗科技（北京）股份公司	大兴区	市级	2017
67	北京天成瑞源电缆有限公司	大兴区	市级	2017
68	荏原机械（中国）有限公司	大兴区	市级	2017

（续表）

序号	企业名称	所属区域	认定级别	认定年份
69	北京东方泰洋装饰工程有限公司	大兴区	市级	2017
70	富思特新材料科技发展股份有限公司	大兴区	市级	2017
71	北京洪树冶金机械厂	大兴区	市级	2017
72	北京世纪恒宇印刷有限公司	大兴区	市级	2017
73	北京航安特机电技术有限公司	大兴区	市级	2017
74	北京海林节能科技股份有限公司	昌平区	市级	2017
75	中信国安盟固利动力科技有限公司	昌平区	市级	2017
76	中信国安盟固利电源技术有限公司	昌平区	市级	2017
77	北京雪迪龙科技股份有限公司	昌平区	市级	2017
78	北京华业阳光新能源有限公司	昌平区	市级	2017
79	北京诚益通控制工程科技股份有限公司	昌平区	市级	2017
80	北京市燕通建筑构件有限公司	昌平区	市级	2017
81	扬子江药业集团北京海燕药业有限公司	昌平区	市级	2017
82	北京丰宝广源汽车部件有限公司	昌平区	市级	2017
83	北京东方广视科技股份有限公司	昌平区	市级	2017
84	博奥生物集团有限公司	昌平区	市级	2017
85	北京亚东生物制药有限公司	昌平区	市级	2017
86	北京马可正嘉汽车运动股份有限公司	延庆区	市级	2017
87	北京华兴长泰物联网技术研究院有限责任公司	开发区	市级	2017
88	神州高铁技术股份有限公司	中关村管委会	市级	2017
89	北京东土科技股份有限公司	中关村管委会	市级	2017
90	智慧工匠（北京）科技有限公司	中关村管委会	市级	2017
91	北京市舒华体育用品有限公司	东城区	市级	2017
92	北京市老才臣食品有限公司	平谷区	市级	2017
93	北京北排膜科技有限公司	平谷区	市级	2017
94	北京市华都峪口禽业有限责任公司	平谷区	市级	2017
95	太平洋制罐（北京）有限公司	怀柔区	市级	2017
96	北京太尔时代科技有限公司	怀柔区	市级	2017
97	北京南通大地电气有限公司	怀柔区	市级	2017
98	北京玛诺生物制药股份有限公司	怀柔区	市级	2017
99	北京广振商工汽车部件有限公司	怀柔区	市级	2017
100	北京天元奥特橡塑有限公司	怀柔区	市级	2017
101	北京奥康达体育产业股份有限公司	怀柔区	市级	2017
102	北京杰远电气有限公司	怀柔区	市级	2017
103	北京火炬生地人造草坪有限公司	怀柔区	市级	2017
104	北京博龙阳光新能源高科技开发有限公司	怀柔区	市级	2017
105	东明兴业科技股份有限公司	怀柔区	市级	2017

（续表）

序号	企业名称	所属区域	认定级别	认定年份
106	北京朝立新科技发展有限公司	顺义区	市级	2017
107	北京科荣达航空科技股份有限公司	顺义区	市级	2017
108	北京艾莱发喜食品有限公司	顺义区	市级	2017
109	北京莱恩斯涂料有限公司	通州区	市级	2017
110	北京市通州堡头注塑厂	通州区	市级	2017
111	北京维通利电气有限公司	通州区	市级	2017
112	北京嘉洁能科技股份有限公司	通州区	市级	2017
113	北京五木服装有限责任公司	通州区	市级	2017
114	北京凯达恒业农业技术开发有限公司	房山区	市级	2017
115	北京高超连振汽车销售有限公司	房山区	市级	2017
116	北京金朋达航空科技有限公司	房山区	市级	2017
117	北京博明信德科技有限公司	丰台区	市级	2017
118	北京三兴汽车有限公司	丰台区	市级	2017
119	北京一商兰枫叶商业有限公司	丰台区	市级	2017
120	北京太空板业股份有限公司	丰台区	市级	2017
121	中农绿能科技集团有限公司	海淀区	市级	2017
122	北京大唐物业管理有限公司	海淀区	市级	2017
123	北京中科大洋科技发展股份有限公司	海淀区	市级	2017
124	北京燃气绿源达清洁燃料有限公司	海淀区	市级	2017
125	北京酷绅服装有限公司	海淀区	市级	2017
126	北京金控数据技术股份有限公司	海淀区	市级	2017
127	中电华瑞技术有限公司	海淀区	市级	2017
128	北京联合智业检验检测有限公司	朝阳区	市级	2017
129	北京海誉动想科技股份有限公司	朝阳区	市级	2017
130	北京慧博云通科技股份有限公司	朝阳区	市级	2017
131	北京海丰宝物流有限公司	朝阳区	市级	2017
132	新华都特种电气股份有限公司	朝阳区	市级	2017
133	安东石油技术集团有限公司	朝阳区	市级	2017
134	北京国华恒源科技开发有限公司	西城区	市级	2017
135	北京汉龙思琪数码科技有限公司	西城区	市级	2017
136	中国中纺集团公司	东城区	国家级	2016
137	北京大豪科技股份有限公司	朝阳区	国家级	2016
138	中国航空综合技术研究所	朝阳区	国家级	2016
139	中广核铀业发展有限公司	朝阳区	国家级	2016
140	中国造纸装备有限公司	朝阳区	国家级	2016
141	华润万东医疗装备股份有限公司	朝阳区	国家级	2016
142	北京双杰电气股份有限公司	海淀区	国家级	2016

（续表）

序号	企业名称	所属区域	认定级别	认定年份
143	北京石油机械厂	海淀区	国家级	2016
144	普天信息技术有限公司	海淀区	国家级	2016
145	北京机电工程总体设计部	海淀区	国家级	2016
146	时代集团公司	海淀区	国家级	2016
147	北京北大维信生物科技有限公司	海淀区	国家级	2016
148	中广核太阳能开发有限公司	海淀区	国家级	2016
149	中铝国际工程股份有限公司	海淀区	国家级	2016
150	北京巴布科克·威尔科克斯有限公司	石景山区	国家级	2016
151	北京恒通创新赛木科技股份有限公司	房山区	国家级	2016
152	李宁（中国）体育用品有限公司	通州区	国家级	2016
153	曲美家居集团股份有限公司	顺义区	国家级	2016
154	悦康药业集团有限公司	开发区	国家级	2016
155	中冶京诚工程技术有限公司	开发区	国家级	2016
156	拜耳医药保健有限公司	开发区	国家级	2016
157	中核控制系统工程有限公司	开发区	国家级	2016
158	乐视网信息技术（北京）股份有限公司	海淀区	市级	2016
159	北京顺鑫农业股份有限公司	顺义区	市级	2016
160	北京国林系统家具有限公司	通州区	市级	2016
161	北京花儿朵朵花仙子农业有限公司	通州区	市级	2016
162	德中飞美家具（北京）有限公司	大兴区	市级	2016
163	北京天岳恒房屋经营管理有限公司	西城区	市级	2016
164	北京远东神华陶瓷销售有限公司	丰台区	市级	2016
165	北京航天奥祥通风科技有限公司	房山区	市级	2016
166	北京以岭药业有限公司	大兴区	市级	2016
167	通达耐火技术股份有限公司	海淀区	市级	2016
168	北京中丽制机工程技术有限公司	通州区	市级	2016
169	北京中电科电子装备有限公司	开发区	市级	2016
170	北京梅泰诺通信技术股份有限公司	西城区	市级	2016
171	北京网库信息技术股份有限公司	海淀区	市级	2016
172	葛洲坝能源重工有限公司	开发区	市级	2016
173	北京中瑞宏宇幕墙装饰工程有限公司	顺义区	市级	2016
174	北京澳佳生态农业股份有限公司	通州区	市级	2016
175	北京军立方机器人科技有限公司	开发区	市级	2016
176	北京安达维尔科技股份有限公司	海淀区	市级	2016
177	北京顺鑫控股集团有限公司	顺义区	市级	2016
178	中国海洋石油总公司销售分公司	东城区	国家级	2015
179	北京福田康明斯发动机有限公司	昌平区	国家级	2015

（续表）

序号	企业名称	所属区域	认定级别	认定年份
180	北京现代汽车有限公司	顺义区	国家级	2015
181	中建材国际贸易有限公司	海淀区	国家级	2015
182	北京新立机械有限责任公司	海淀区	国家级	2015
183	中国三峡新能源公司	西城区	国家级	2015
184	中化化肥有限公司	西城区	国家级	2015
185	北京南瑞智芯微电子科技有限公司	海淀区	国家级	2015
186	北京卫星制造厂	海淀区	国家级	2015
187	国电联合动力技术有限公司	海淀区	国家级	2015
188	北京航天时代光电科技有限公司	海淀区	国家级	2015
189	北京计算机技术及应用研究所	海淀区	国家级	2015
190	普天新能源有限责任公司	海淀区	国家级	2015
191	中钢设备有限公司	海淀区	国家级	2015
192	北京四环科宝制药有限公司	丰台区	国家级	2015
193	北京动力机械研究所	丰台区	国家级	2015
194	北京星航机电装备有限公司	丰台区	国家级	2015
195	重庆长安汽车股份有限公司北京长安汽车公司	房山区	国家级	2015
196	北京首钢冷轧薄板有限公司	顺义区	国家级	2015
197	北京九州通医药有限公司	大兴区	国家级	2015
198	北京威克多制衣中心	大兴区	国家级	2015
199	北京新能源汽车股份有限公司	大兴区	国家级	2015
200	北京复盛机械有限公司	昌平区	国家级	2015
201	北京利德曼生化股份有限公司	开发区	国家级	2015
202	北京泰德制药股份有限公司	开发区	国家级	2015
203	中国黄金集团黄金珠宝有限公司	开发区	国家级	2015
204	北京华德液压工业集团有限责任公司	开发区	国家级	2015
205	北京远东仪表有限公司	东城区	国家级	2014
206	北京水泥厂有限责任公司	昌平区	国家级	2014
207	和利时科技集团有限公司	开发区	国家级	2014
208	北京金风科创风电设备有限公司	开发区	国家级	2014
209	中国国机重工集团有限公司	朝阳区	国家级	2014
210	经纬纺织机械股份有限公司	朝阳区	国家级	2014
211	华润双鹤药业股份有限公司	朝阳区	国家级	2014
212	北京七星华创电子股份有限公司	朝阳区	国家级	2014
213	北京一轻控股有限责任公司	朝阳区	国家级	2014
214	华润医药商业集团有限公司	朝阳区	国家级	2014
215	北京四方继保自动化股份有限公司	海淀区	国家级	2014
216	大唐微电子技术有限公司	海淀区	国家级	2014

（续表）

序号	企业名称	所属区域	认定级别	认定年份
217	中国铝业股份有限公司	海淀区	国家级	2014
218	航天恒星科技有限公司	海淀区	国家级	2014
219	北京机电工程研究所	丰台区	国家级	2014
220	中广核风电有限公司	丰台区	国家级	2014
221	中国北方车辆研究所	丰台区	国家级	2014
222	北京电子工程总体研究所	丰台区	国家级	2014
223	北京同仁堂科技发展股份有限公司	丰台区	国家级	2014
224	首钢股份公司迁安钢铁公司	石景山区	国家级	2014
225	首钢矿业公司	石景山区	国家级	2014
226	中国石油化工股份有限公司北京石油分公司	房山区	国家级	2014
227	北京亚太汽车底盘系统有限公司	顺义区	国家级	2014
228	北京汽车股份有限公司	顺义区	国家级	2014
229	北京汇源食品饮料有限公司	顺义区	国家级	2014
230	北京顺鑫农业股份有限公司鹏程食品分公司	顺义区	国家级	2014
231	江河创建集团股份有限公司	顺义区	国家级	2014
232	北京三元食品股份有限公司	大兴区	国家级	2014
233	北京市三一重机有限公司	昌平区	国家级	2014
234	北汽福田汽车股份有限公司	昌平区	国家级	2014
235	中材科技风电叶片股份有限公司	延庆区	国家级	2014
236	北京北方微电子基地设备工艺研究中心有限责任公司	开发区	国家级	2014
237	北京京城工业物流有限公司	开发区	国家级	2014
238	酒仙网电子商务股份有限公司	开发区	国家级	2014
239	北京同仁堂健康药业股份有限公司	开发区	国家级	2014
240	北京奔驰汽车有限公司	开发区	国家级	2014
241	北京盛通印刷股份有限公司	开发区	国家级	2014
242	凡客诚品（北京）科技有限公司	开发区	国家级	2014
243	中国石化销售有限公司北京石油分公司	东城区	国家级	2014
244	京东方科技集团股份有限公司	朝阳区	国家级	2014
245	中国中材国际工程股份有限公司	朝阳区	国家级	2014
246	首都航天机械公司	丰台区	国家级	2014
247	北京交控科技有限公司	丰台区	国家级	2014
248	北京燕京啤酒股份有限公司	顺义区	国家级	2014

（市经济信息化委软件服务处提供）

2017北京软件和信息服务业综合实力百强企业榜单一览表

序号	企业名称	序号	企业名称
1	百度在线网络技术（北京）有限公司	34	北京五八信息技术有限公司
2	航天信息股份有限公司	35	同方知网（北京）技术有限公司
3	腾讯科技（北京）有限公司	36	完美世界（北京）软件科技发展有限公司
4	京东集团	37	北京启明星辰信息安全技术有限公司
5	中国民航信息网络股份有限公司	38	拉卡拉支付股份有限公司
6	神州数码信息服务股份有限公司	39	北京金山办公软件股份有限公司
7	北京搜狗科技发展有限公司	40	网易乐得科技有限公司
8	用友网络科技股份有限公司	41	北京宇信科技集团股份有限公司
9	亚信科技（中国）有限公司	42	北京四方继保自动化股份有限公司
10	东华软件股份公司	43	北京网御星云信息技术有限公司
11	北京智明星通科技股份有限公司	44	和利时科技集团有限公司
12	太极计算机股份有限公司	45	北京荣之联科技股份有限公司
13	软通动力信息技术（集团）有限公司	46	博彦科技股份有限公司
14	文思海辉技术有限公司	47	北京旋极信息技术股份有限公司
15	北京全路通信信号研究设计院集团有限公司	48	宜人恒业科技发展（北京）有限公司
16	北京中电普华信息技术有限公司	49	北京拓尔思信息技术股份有限公司
17	广联达科技股份有限公司	50	北京海鑫科金高科技股份有限公司
18	北京华胜天成科技股份有限公司	51	长城计算机软件与系统有限公司
19	中科软科技股份有限公司	52	北京神舟航天软件技术有限公司
20	北京畅游时代数码技术有限公司	53	北京立思辰科技股份有限公司
21	北京神州泰岳软件股份有限公司	54	飞天诚信科技股份有限公司
22	中国软件与技术服务股份有限公司	55	新浪网技术（中国）有限公司
23	高德软件有限公司	56	北京车之家信息技术有限公司
24	北京天融信科技有限公司	57	暴风集团股份有限公司
25	北京华宇软件股份有限公司	58	大唐移动通信设备有限公司
26	北京四维图新科技股份有限公司	59	北京数字政通科技股份有限公司
27	北京千方科技股份有限公司	60	北京握奇数据股份有限公司
28	联通系统集成有限公司	61	安世亚太科技股份有限公司
29	北京联众互动网络股份有限公司	62	联动优势科技有限公司
30	石化盈科信息技术有限责任公司	63	链家网（北京）科技有限公司
31	北京久其软件股份有限公司	64	北京三星通信技术研究有限公司
32	北京易华录信息技术股份有限公司	65	中国航空结算有限责任公司
33	北京东方国信科技股份有限公司	66	金航数码科技有限责任公司

（续表）

序号	企业名称	序号	企业名称
67	北京超图软件股份有限公司	84	北京二六三企业通信有限公司
68	京北方信息技术股份有限公司	85	紫光软件系统有限公司
69	博雅软件股份有限公司	86	北京飞利信电子技术有限公司
70	北京字节跳动科技有限公司	87	互爱互动（北京）科技有限公司
71	北京用友政务软件有限公司	88	北京国双科技有限公司
72	中科创达软件股份有限公司	89	同方鼎欣科技股份有限公司
73	北京北信源软件股份有限公司	90	北京致远互联软件股份有限公司
74	北京创世漫道科技有限公司	91	北京睿至大数据有限公司
75	北京银信长远科技股份有限公司	92	北京康邦科技有限公司
76	北京思特奇信息技术股份有限公司	93	北京南天软件有限公司
77	首都信息发展股份有限公司	94	利亚德光电集团
78	恒安嘉新（北京）科技股份公司	95	北京数码大方科技股份有限公司
79	新奥特（北京）视频技术有限公司	96	北京方正数码有限公司
80	北京瑞友科技股份有限公司	97	北京同方软件股份有限公司
81	北京慧点科技有限公司	98	北京鼎兴达信息科技股份有限公司
82	游久时代（北京）科技有限公司	99	百望金赋科技有限公司
83	苍穹数码技术股份有限公司	100	大唐软件技术股份有限公司

（北京软协提供）

2017年（31届）中国电子信息百强企业北京地区企业排名一览表

北京排序	全国排序	企业名称
1	2	联想集团
2	9	北大方正集团有限公司
3	10	京东方科技集团股份有限公司
4	12	小米通讯技术有限公司
5	13	紫光股份有限公司
6	20	同方股份有限公司
7	23	航天信息股份有限公司
8	29	大唐电信科技产业集团
9	96	北京华胜天成科技股份有限公司
10	98	利亚德光电股份有限公司

（北京电子商会提供）

“2017信息服务业新业态创新企业30新遴选”获奖企业名单一览表

序号	企业名称
1	北京摩拜科技有限公司
2	百融金融信息服务股份有限公司
3	北京二六三企业通信有限公司
4	北京数字冰雹信息技术有限公司
5	美创（北京）科技发展有限公司
6	北京汉邦高科数字技术股份有限公司
7	北京春雨天下软件有限公司
8	北京金山云网络技术有限公司
9	益体康（北京）科技有限公司
10	北京新海联达科技有限公司
11	天津赞普科技股份有限公司
12	北京芯一航科技有限公司
13	北京旷视科技有限公司
14	北京华宇元典信息服务有限公司
15	柒贰零（北京）健康科技有限公司
16	上海众调信息科技有限公司
17	天津市万贸科技有限公司
18	神州网云（北京）信息技术有限公司
19	北京云中融信网络科技有限公司
20	北斗导航位置服务（北京）有限公司
21	东峡大通（北京）管理咨询有限公司 ofo
22	北京金鸿泰科技有限公司
23	智慧足迹数据科技有限公司
24	北京创酷库科技有限责任公司
25	北京聚爱财科技有限公司
26	现在（北京）支付股份有限公司
27	济南创智电气科技有限公司
28	北京媒立方传媒科技有限公司
29	北京致远互联软件股份有限公司
30	北京德塔精要信息技术有限公司

（北京信息化协会提供）

北京信息化年鉴

索　引

说　明

本索引采取主题索引也称内容分析索引法编纂。主题词（标目）主要以《北京信息化年鉴》(2018) 版正文中出现的专业名词、名词性词组、地名、机构名、人名为主。

特载、专文、大事记、附录等栏目内容不在标引范围内。

本索引基本按汉语拼音音序排列，汉字打头的标目按首字的音序音调依次排列，首字相同时则以第二字排序，依次类推；以阿拉伯数字打头的主题词，排在最前面；以英文字母打头的主题词，列于其后。

本索引的文字部分为标目，标目之后的阿拉伯数字表示该标目所在正文中的页码（地址页），其后的小写英文字母 (a、b) 表示正文中的栏别（从左至右）。部分标目后面有若干个页码或栏别，则表示该标目均在这些地方出现。

A

B

E

F

G

H

J

K

L

M

N

P

Q

R

S

T

W

X

Y

Z